강제동원편
전시동원 기구와 제도(1)
총동원체제 관련 주요 법령 및 각의결정 등

강제동원편

일제침탈사
자료총서 79

전시동원 기구와 제도(1)

– 총동원체제 관련
  주요 법령 및 각의결정 등

동북아역사재단 일제침탈사 편찬위원회 기획
오일환 · 정혜경 · 허광무 · 김종구 편역

동북아역사재단
NORTHEAST ASIAN HISTORY FOUNDATION

발간사

　일본이 한국을 침탈한 지 100년이 지나고 한국이 일본의 지배로부터 벗어난 지 70년이 훌쩍 넘었건만, 식민 지배에 대한 청산은 이루어지지 못하고 있다. 일본의 독도영유권 주장은 도를 넘어섰다. 일본은 일본군'위안부', 강제동원 등 인적 수탈의 강제성도 인정하지 않고 있다. 일본군'위안부'와 강제동원의 피해를 해결하는 방안을 놓고 한·일 간의 갈등은 최고조에 이르고 있다. 역사문제를 벗어나 무역분쟁, 안보위기 등 현실문제가 위기국면을 맞고 있다.

　한·일 간의 갈등은 식민 지배의 역사를 어떻게 볼 것인가 하는 역사인식에서 기인한다. 역사는 현재와 과거의 대화이며 이를 기반으로 미래로 나아갈 수 있다. 과거 침략의 역사를 미화하면서 평화로운 미래를 말하는 것은 불가능하다. 식민 지배와 전쟁 발발의 책임을 인정하지 않고 반성하지 않으면 다시 군국주의가 부활할 수 있고 전쟁이 일어날 위험성도 배제할 수 없다. 미래지향적 한일 관계를 형성하고 나아가 동아시아의 평화와 번영의 기틀을 조성하기 위해 일본은 식민 지배의 책임을 인정하고 그 청산을 위해 노력해야 할 것이다.

　식민 지배의 역사를 청산하기 위해서는 식민 지배가 어떻게 이루어졌는지 그 실상을 명확하게 규명하는 일이 긴요하다. 그동안 일본제국주의에 맞서 조국의 독립을 위해 헌신한 독립운동가들의 활동을 찾아내고 역사적으로 평가하는 일에는 상당한 성과를 거두었다. 반면 일제 식민 침탈의 구체적인 실상을 규명하는 일에는 충분한 노력을 기울이지 못하였다. 제국주의가 식민지를 침탈했다는 것은 너무나 당연한 사실로 여겨졌기 때문에, 굳이 식민 지배에서 비롯된 수탈과 억압, 인권유린을 낱낱이 확인할 필요가 없었는지도 모른다. 그러는 사이 일본은 식민 지배가 오히려 한국에 은혜를 베푼 것이라고 미화하고, 참혹한 인권유린을 부인하는 역사부정의 인식을 보이는 데에까지 이르고 있다. 일제의 통치와 침탈, 그리고 그 피해를 종합적으로 조사하고 편찬할 필요성이 여기에 있다.

　일제침탈사를 체계적으로 정리하는 일은 개인이 감당하기 어렵다. 이에 우리 재단은 한국학계의 힘을 모아 일제침탈사 편찬위원회를 꾸렸다. 편찬위원회가 중심이 되어 일제의 식민지 침탈사를 정치·경제·사회·문화 모든 방면에 걸쳐 체계적으로 집대성하기로 하였다. 일제 식민 침탈의 실체를 파악하기 위해 2020년부터 세 가지 방면으로 사업을 추진하고 있다. 하나는 일제 침탈의 실상을 구체적이고 생생한 자료를 통해 제공하는 일로서 〈일제침탈사 자료총서〉로 편찬한다. 다른 하나는 이들 자료를 바탕으로 연구한 결과물을 〈일제침탈사 연구총서〉로 간행한다. 그리고 연구의 결과를 대중들이 이해하기 쉽게 〈일제침탈사 교양총서〉를 바로알기 시리즈로 간행한다. 자료총서 100권, 연구총서 50권, 교양총서 70권을 기본목표로 삼아 진행하고 있다.

〈일제침탈사 자료총서〉에서는 정치·경제·사회·문화 모든 방면에 걸쳐 침탈의 역사를 자료적 차원에서 종합하였다. 침략과 수탈의 역사를 또렷하게 직시할 수 있도록 생생한 자료를 제공하는 데 목표를 두었다. 그동안 관련 자료집이 여러 방면에서 편찬되었지만 원자료를 그대로 간행한 경우가 많았다. 이번에 발간되는 자료총서는 해당 주제에 대한 침탈의 실상을 체계적으로 이해할 수 있는 구성방식을 취했으며, 지배자의 언어로 기록되어 있는 자료들을 독자들이 쉽게 읽을 수 있도록 모두 번역하였다. 자료총서를 통해 일제 식민 지배의 실체와 침탈의 실상을 있는 그대로 이해할 수 있게 되기를 기대한다.

2022년
동북아역사재단 이사장

편찬사

　1945년 한국이 일제 지배로부터 해방된 지 77년의 세월이 지났다. 그럼에도 일본 사회 일각에서는 여전히 일제의 한국 지배를 합리화하고 미화하는 주장이 나오고 있으며, 최근에는 한국 사회 일각에서도 일제 지배를 왜곡하고 옹호하는 주장이 나오고 있다. 이는 한국과 일본 사회, 한일 관계와 동아시아 국제관계의 미래를 위해서도 결코 바람직하지 않은 일이다.
　이에 동북아역사재단은 일제의 한국 침략과 식민 지배에 대한 학계의 연구 성과를 총정리한 〈일제침탈사 연구총서〉를 발간하기로 하였다. 이에 따라 2019년 9월 학계의 전문가를 중심으로 편찬위원회를 구성하였으며, 편찬위원회는 학계의 연구 성과를 토대로 정치·경제·사회·문화 부문에서 일제의 침탈이 어떻게 이루어졌는지 정리하여 연구총서 50권을 발간하기로 하였다.
　주지하듯이 1905년 일제는 러일전쟁에서 승리한 뒤, 한국에 군대를 주둔시키면서 한국의 외교권을 빼앗고 통감부를 두어 내정에 간섭하였다. 1910년 일제는 군사력으로 한국 정부를 강압하여 마침내 한국을 강제병합하였다. 이후 35년간 한국은 일제의 식민 통치를 받았다.
　일제는 한국의 영토와 주권을 침탈하였을 뿐만 아니라, 군사력과 경찰력으로 한국을 지배하면서 정치·경제·사회·문화의 모든 부문에서 한국인의 권리와 자유, 기회와 이익을 박탈하거나 제한하였다. 정치적으로는 군사력과 경찰력, 각종 악법을 동원하여 독립운동을 탄압하고, 한국인의 정치활동을 억압하고 참정권을 박탈하였으며, 집회와 결사의 자유를 억압하였다. 경제적으로는 일본 자본이 경제의 주도권을 장악하고 일본인 위주의 경제정책을 수행하였으며, 식량과 공업원료, 지하자원 등을 헐값으로 빼앗아 갔고, 농민과 노동자 등 대다수 한국인의 경제생활을 어렵게 하였다. 사회적으로는 한국인을 차별적으로 대우하고, 한국인의 교육의 기회를 제한하고, 한국인으로서의 정체성을 박탈하여 결국은 일본의 2등 국민으로 만들고자 하였다. 문화적으로는 표현과 창작의 자유, 종교와 사상의 자유를 억압하고, 한글 대신 일본어를 주로 가르치고, 언론과 대중문화를 통제하였다. 중일전쟁, 아시아태평양전쟁을 도발한 뒤에는 인적·물적 자원을 전쟁에 강제동원하고, 많은 이들을 전장에 징집하여 생명까지 희생시켰다.

〈일제침탈사 연구총서〉는 침탈, 억압, 차별, 동화, 수탈, 통제, 동원 등의 단어로 요약되는 일제의 침략과 식민 지배의 실상과 그 기제를 명확히 밝히고자 하였다. 이를 통해 일제의 강제병합을 정당화하거나 식민 지배를 미화하는 논리들을 비판·극복하고, 더 나아가 일제 식민 지배의 특성이 무엇이었는지, 식민 통치의 부정적 유산이 해방 이후에 어떤 영향을 미쳤는지를 밝히고자 하였다.

편찬위원회는 연구총서와 함께 침탈사와 관련된 중요한 주제들에 관하여 각종 법령과 신문·잡지 기사 등 자료들을 정리하여 〈일제침탈사 자료총서〉도 발간하기로 하였다. 아울러 일반인과 학생들이 보다 쉽게 읽을 수 있는 〈일제침탈사 교양총서〉를 바로알기 시리즈로 발간하기로 하였다.

일제의 한국 침략과 식민 지배의 역사는 광복 후 서둘러 정리해 냈어야 했지만, 학계의 연구가 미흡하여 엄두를 내기 어려웠다. 이제 학계의 연구가 어느 정도 축적되어 광복 80주년을 맞기 전에 이와 같은 작업을 할 수 있게 된 것을 다행으로 생각한다. 한일 양국 국민이 과거사에 대한 올바른 역사인식을 갖고 성찰을 통해 미래로 함께 나아갈 수 있기를 기대하면서 삼가 이 책들을 펴낸다.

2022년
동북아역사재단 일제침탈사 편찬위원회

차례

발간사	4
편찬사	6
편역자 서문	11

I 총론

1	각 절의 구성과 용어 및 표현	16
2	국가총동원체제	23
3	조선에서의 총동원체제 적용과 전개	33

II 총동원체제에 관한 주요 법령 및 각의결정 등

1	총동원체제 관련 법령 및 각의결정	38
2	국민정신총동원 관련 각의결정 등	268
3	조선인 인신(人身) 통제 관련 법령	302
4	중요산업 통제에 관한 법령과 각의결정	319
5	국방 및 치안에 관한 법령 등	406
6	국민동원계획 관련 법령 및 각의결정	438

7	언론, 집회, 결사 통제 관련 법령	481
8	방공 관련 법령 및 각의결정	502
9	결전비상조치 관련 각의결정	535
10	총동원체제 관련 신문기사	569

자료 목록	657
참고 문헌	662
찾아보기	666

일러두기

1. 일제침탈사 자료총서는 가급적 일반 시민들이 읽고 이해할 수 있는 현대적인 문장과 내용으로 구성하였다.
2. 인명, 지명 등 고유명사는 처음 등장할 때 원어를 병기하고 이후에는 한글만 표기하였다. 한글 표기는 국립국어원 외래어 표기법에 따랐다.
3. 연도는 서력 표기를 원칙으로 하고 관련 연호는 병기하였다. 날짜는 원문 그대로 하고 음력과 양력 여부를 알 수 있는 경우에만 '(음)' 또는 '(양)'으로 기재하였다.
4. 숫자는 천 단위까지 아라비아 숫자로 표기하고 만 단위 이상은 '만' 자를 넣어 표기하였다. 도표 안의 숫자는 가급적 그대로 표기하였다.
5. 국한문 혼용체와 같이 탈초만으로 문장을 이해하기 힘든 경우 가급적 현대어에 가깝게 윤문하였다. 단 풀어 쓰기 어려운 낱말이나 문구는 원문을 병기하거나 편역자 주를 이용하였다.
6. 낱말이나 문구에 대한 설명이 필요한 경우 또는 편찬 사업의 취지에 따라 자료 해설이 필요한 경우 편역자 주를 적극 활용하였다. 단 편역자 주는 1, 2 등으로 표기하고, 원 자료의 주석이 있는 경우는 *, ** 등으로 표현하였다.
7. 판독이 불가한 글자의 경우 ■로 표기하였다.
8. 화폐 단위는 원문에 따라 원(圓), 엔을 그대로 표기하였다. 일제강점기 조선에서 조선은행권 '원'을 사용하였지만 일본은행권 '엔'과 등가교환권이었기 때문에 표기할 때 원과 엔이 혼용되어 사용되었다. 한글 신문이나 잡지, 한국인 저서에 대부분 '원'으로 표기하였고 일본어 자료나 저서에는 '엔'으로 표기하는 경우가 많았다.
9. 자료 원문에 많이 나오는 '역사적' 용어는 당시 시대적 상황을 드러내기 위해 원문 그대로 표기하였다.
10. 지명 중 '대만'과 '화태(사할린)'는 법률 등에 표기된 명칭과의 일치를 위해 그대로 두었다.
11. 법령 등의 개요표에는 공포일을 기준으로 하고, 번역문에는 제정 또는 재가한 날짜를 기준으로 표기하였다.

| 편역자 서문

이 책은 〈일제침탈사 자료총서〉 시리즈 중 하나로 총동원체제와 강제동원의 관련 법규, 제도 및 기구 등에 대한 자료를 번역하여 소개하는 데 목적을 두고 있다.

일본의 총동원체제는 국가권력이 법령 등에 근거해 운용한 시스템이다. 국가총동원법이 제정된 것은 1938년 4월 1일이지만, 일제는 이미 제1차 세계대전 직후부터 총동원체제 준비에 착수하였다. 일본은 1918년 4월에 제정한 '군수공업동원법(軍需工業動員法)'을 필두로 총 800여 건에 달하는 법률을 제정·공포하고, 100건이 넘는 행정명령을 하달하였다. 이러한 법령들은 일본 본토뿐만 아니라 전쟁에 필요한 물적(物的)·인적(人的) 자원을 조달하는 공급원이자 병참기지로 간주한 만주, 조선, 대만, 화태(사할린), 남양군도 등 식민지와 점령지에 적용되었으며, 별도의 칙령과 총독부령, 제령 등으로 더욱 강화, 시행되었다.

총동원체제 관련 법령에 대한 이해는 전시체제기 일제의 강제동원을 규명하고 연구하는 데 기초가 되는 작업이다. 그러나 현재 관련 연구는 법제사적 법령 구조에 대한 이해를 돕는 수준에 그치고 있다. 연구가 부진한 이유는 관련 법령과 동원기구에 관한 기본자료의 수집과 정리, 해제와 번역이 선행되지 않았기 때문이다. 현재 법령의 경우 제정 당시 내용과 취지는 일부 알려져 있으나, 개정 내용에 대해서는 현황 파악도 어려운 상황이며, 동원 및 집행 기관의 경우 단편적인 단서들만 알려져 있을 뿐이다.[1]

이에 이 책은 학계와 일반 대중에게 일제 식민 지배의 구조와 총동원체제의 관계, 그리고

---

1   총동원체제와 강제동원 분야의 기초사료인 관련 법령·법규 등에 관한 연구는 안자코 유카(庵逧由香)의 연구 외에 정긍식과 김창록의 법제사적인 법령 구조에 대한 이해 연구, 그리고 정혜경의 노무동원 분야에서 국민징용령 등의 법령에 초점을 맞춘 연구가 있다. 안자코 유카, 「조선총독부 총동원체제(1937~1945) 형성정책」, 고려대학교 박사학위논문, 2006; 안자코 유카(해설), 『朝鮮勞務(復刻板)』 1~4, 綠陰書房, 2000; 정긍식, 「일제의 식민정책과 식민지 조선의 법제」, 『법제연구』 14, 1988; 김창록, 「식민지 피지배기 법제의 기초」, 『법제연구』 8, 1995; 김창록, 「제령에 관한 연구」, 『법사학연구』 26, 2002; 정혜경, 『일본제국과 조선인 노무자 공출』, 도서출판 선인, 2011.

총동원체제하에서 인적 동원이 어떻게 전개되었는가를 이해하는 데 필요한 기초사료로서 일제의 총동원체제와 강제동원 관련 법규, 제도 및 기구 등에 관한 자료를 번역하여 소개하는 데 초점을 두었다.

정혜경 박사의 연구에 따르면, 1917년 일본 총동원체제 준비기부터 1945년 8월 일본 패망 후 총동원체제 종결 때까지 제정·공포된 총동원 관련 법령은 34종에 걸쳐 약 900건에 달하는 것으로 확인되고 있다.[2]

이번 과제에서는 1931년 이후 1945년에 이르기까지 제정·공포된 총동원 관련 법령과 동원기구의 전반에 대한 개요와 특징 등을 살펴보고, 3개년 동안 총동원체제, 노무동원, 군인·군무원동원, 여성동원, 학생동원 관련 분야에 걸쳐 각각의 주요 법령과 각의결정, 그리고 기구와 조직 등에 관한 원문을 번역, 수록하고자 한다.

이 책은 그 첫 번째 작업으로 총동원체제 전반에 관한 법령과 각의결정에 대해서만 자료를 해제하고 원문을 번역, 수록하였다.

총동원체제의 대상은 크게 물자, 자금, 인력의 동원과 기타 분야의 통제로 구분할 수 있다. 국가총동원법에서 정한 동원과 통제의 대상은 인원(노무동원, 군인·군무원동원, 국민동원, 여성동원 등), 물자, 자금(금융 및 자본), 카르텔, 가격통제, 언론(출판) 등이다.

제1권에서는 총동원체제 전반에 관한 주요 법령과 각의결정 등을 다루었다. 국가총동원법의 토대가 되는 기존의 군수공업법과 총동원계획, 총동원기본계획, 기본국책요강 등의 기본 법령과 각의결정을 비롯하여 국민정신총동원, 조선인 호적 등 인신(人身) 통제, 인적 동원을 수반하는 물자동원과 주요 산업 통제, 언론 통제, 교육 통제, 방공(防空), 결전비상조치 등의 분야별 총동원 법률과 주요 결정을 집중적으로 다루었다.

일반적으로 널리 알려진 징용 등 인력의 동원은 군인·군무원의 동원과 전문직종과 기술

---

[2] 현재 국내에는 일제강점기 조선과 관련이 있는 주요 법령 등에 관한 연구가 일부 진행되고 있는데, 총동원체제에 관한 주요 법령과 각의결정, 그리고 각종 동원계획 등의 전체 목록을 정리하거나 이를 번역한 총서 또는 자료집이 없는 실정이다. 정혜경 박사는 오랜 기간에 걸쳐 일제강점기 총동원체제에 관련된 주요 법령과 각의결정 등의 현황을 정리하였는데, 이 책에서 번역의 대상으로 선정한 법령과 각의결정 등의 목록은 정혜경 박사가 제공한 것을 기초로 첨삭하였다. 이 책의 번역과 집필 과정에서 일부 법령과 각의결정 등이 새롭게 추가되었으며, 향후 노무, 군인·군무원, 학생, 여성, 기구 등에 관한 법령 등의 번역과 총서가 발간될 예정인데, 이 과정에서 역시 관련 법령 등이 계속 추가될 것으로 예상된다.

자, 일반 국민, 학생·학도, 여성, 보국대 등의 신분별·계층별 노무동원으로 세분할 수 있다. 노무동원 전반과 군인·군무원, 학생·학도 및 여성 인력 동원에 관해서는 강제동원편 제2권에서 집중적으로 다룰 예정이다. 이 책에서는 주로 총동원체제와 '인적 동원'에 관련된 주요 법령과 기구 등에 초점을 맞추었기 때문에 물자와 자금, 카르텔, 가격통제 등에 관해서는 다루지 않는다.

다만, 총동원체제와 국가총동원법에 관한 주요 법령과 각의결정 등 상위 통제법령 등에는 인적 동원 외에 물자[3]와 자금, 경제와 산업에 관한 규정과 내용을 대체로 망라하기 때문에 총동원체제 전반과 각 분야별 동원을 이해하기 위해서 물적 동원이 포함된 각의결정과 기본법령 등을 다루지 않을 수 없다. 특히 이 책에서는 인적 동원과 통제가 수반되는 공장과 기업, 경제와 산업 등에 관한 법령과 주요 각의결정을 포함하였다.

그 밖에 총동원체제에 관한 법령과 각의결정의 분량이 상당히 많기 때문에 이를 관장하고 운영하거나 시행한 각종 기관들, 예를 들면 '국가총동원심의회(國家總動員審議會)', '국가총동원업무위원회(國家總動員業務委員會)', 또는 조선총독부 내의 '노무과(勞務課)'를 비롯한 수많은 부서들이나 '국민정신총동원조선연맹(國民精神總動員朝鮮聯盟)', 각 산업별 '통제회(統制會)', '통제조합(統制組合)', 각종 '보국대(報國隊)' 등의 대(隊) 조직과 기구, 조직 및 규정 등에 관해서는 제3권에서 별도로 구성할 예정이다.

총동원체제에 관한 주요 법령들이 본격적으로 제정되기 시작한 것은 1937년 중일전쟁을 전후한 시기다. 특히 1938년에 국가총동원법이 공포됨에 따라 노무와 물자, 자금 등 각 분야별 통제에 관한 칙령과 제령, 조선총독부령과 각 시행령, 규칙 등이 집중적으로 제정, 개정되었다.

이에 이 책에서는 이 무렵 이후 일본의 패전 직전까지 총동원체제에 관한 주요 법령과 각의결정 등 112건을 번역, 수록하였다.

전술한 바와 같이, 총동원체제 전 분야에 걸친 법령과 일본 정부 및 조선총독부의 주요 결정과 방침 등은 본 법령과 각의결정 외에도 각각의 하위 법령과 개정법령, 시행령, 규칙, 세칙

---

3 물자 동원에 관한 법령 중 대표적으로 '군수회사법(軍需會社法)' 등을 들 수 있는데, 이는 주요 공장, 사업장을 군수회사로 지정하고 소속 종업원을 징용하는 내용이다. 이 책에서는 '물자 동원'에 관해 본격적으로 다루지 않기 때문에 이를 수록하지 않는다.

등까지 포함할 경우 1,000개를 넘는 방대한 규모이기 때문에, 이 책에서는 총동원체제와 직결된 주요 법령과 각의결정 중에서 가급적 조선에 시행된 것, 조선에 시행되지 않았더라도 조선의 총동원체제와 법령 등에 크게 영향을 미쳤거나 관련이 있는 것을 우선적으로 선별하였다.

이 책에 수록된 각의결정과 법령 등이 향후 전시체제기 강제동원의 구조와 실체를 규명하는 데 토대가 되기를 바라며, 나아가 더 많은 관련 제도와 법령 등에 관한 연구의 시금석이 되기를 고대한다.

편역자를 대표하여
오일환

�
I

총론

1. 각 절의 구성과 용어 및 표현

1) 각 절의 구성 및 개요

총동원체제에 관한 본격적인 해제와 번역을 수록한 Ⅱ장에서는 120여 개에 달하는 주요 법령과 각의결정을 몇 개의 절로 구분하였는데, 전술한 바와 같이 주요 법령과 각의결정이 인력, 자금, 물자, 산업 등 단 하나의 분야만 특정한 경우도 있지만 대개의 경우 2개 이상 또는 거의 모든 분야를 망라한 경우도 적지 않기 때문에 명확하게 구분하는 것이 용이하지 않다. 이에 이 책에서는 법령과 각의결정의 명칭과 주된 내용을 중심으로 9개의 범주로 구분하였다. 그리고 마지막 절은 신문기사로 구성하였다.

각 절의 맨 앞에는 해당 분야와 번역·수록한 법령 등의 간단한 해제 또는 설명을 덧붙이고, 각 법령 등의 앞에는 전술한 개요표를 배치하였다.

각 절에서 번역·수록한 법령 등의 배열 순서는 공포 연월일 또는 각의결정이 발표된 연월일을 기준으로 하였다. 각 분야 내에서도 하위 분야가 서로 다른 법령과 내각결정 등이 혼재되어 있지만, 시계열별 배치는 해당 분야와 관련된 내각의 각의결정과 이에 따른 주요 법령, 하위 규정 등의 제정·개정 순서와 변화 추이를 이해하는 데 도움이 될 것이다.

Ⅱ장 각 절의 내용은 다음과 같다.

제1절에서는 총동원체제 또는 국가총동원법과 직결되는 주요 법령과 각의결정을 공포 또는 결정된 연월일 순서대로 배치하였다. 이 중에는 총동원계획 수립, 국책대강, 총동원업무 및 사업 등 전반적인 총동원체제 관련 법령과 각의결정을 중심으로 물자, 인력, 물가, 경제, 산업 통제 등의 대표적인 사례에 해당하는 법령과 각의결정, 그 밖에 노무, 군인·군무원, 학생, 여성 동원 중 2개 분야 이상에 걸친 법령과 각의결정의 일부 사례 등을 수록하고 있다.

제2절에서는 국민정신총동원에 관한 주요 법령과 각의결정을 수록하고 있다. 국가총동원법과 일련의 법령 등이 인력과 물자, 자금 등의 총동원체제를 규정한 것이라면, 국민정신총동원운동 등은 국민교화정책의 일환이자 전시체제와 인적·물적 총동원체제를 지탱하는 정신적·국민적 기반에 관한 것이라 할 수 있다. 이에 제2절에서는 국민정신총동원운동과 국민

사상, 총후보국(銃後報國)[1] 등의 시행에 관한 주요 법령과 각의결정 등을 다루고 있다.

제3절에서는 조선인 인신(人身) 통제에 관한 주요 법령을 다루고 있다. 여기에서 인신이란 노무동원과 군인·군무원, 학도병, 학생·학도동원, 여성동원 등 신병(身柄)을 직접 동원하는 것이 아니라 이들을 동원하는 데 필요한 기본적인 신원, 호적, 씨명 변경, 기류 신고, 소재 파악 등에 관한 것을 가리킨다. 일제는 조선인 노무동원을 위해 일찍이 일본식 호적제와 창씨개명을 강제하였고 나아가 전면적 징용, 징병을 위해 호적제와 별도로 개인별 신원과 소재를 파악하기 위해 기류(寄留) 제도를 도입하였다. 제3절에서는 조선인 인신 통제를 위한 '조선민사령(朝鮮民事令)'과 '조선호적령(朝鮮戶籍令)', '창씨개명(創氏改名)', '조선기류령(朝鮮寄留令)' 등에 관한 주요 법령을 다루고 있다.

제4절에서는 인적 동원과 직결되는 중요산업의 통제에 관한 주요 법령과 각의결정 등을 다루고 있다. 연차별로 수립되는 총동원계획 중에서 근간이 되는 것은 '물자동원계획(物資動員計劃)'이다. 이 물자동원계획에 따라 생산력 확충, 자금(資金), 노무(勞務) 등 각각의 동원계획이 수립되어 연동한다. 이때 생산력 확충과 노무동원계획은 결국 전시체제의 전력(戰力)을 좌우하는 전략물자와 무기 생산 등 군수공업을 중심으로 한 중요산업에 대한 통제로서 구현되었다. 따라서 제4절에서는 '중요산업통제법(重要產業統制法)', '중요산업단체령(重要產業團體令)', '방위생산체제 확립에 관한 건', 그리고 전시체제하 행정관청의 권한을 각종 통제회, 통제조합, 통제회사 등에 위임하는 것과 관련된 법령 등을 다루고 있다.

제5절에서는 국방과 치안에 관한 주요 법령을 다루고 있다. 일제는 전시체제기에 접어들면서 기존의 '조선형사령(朝鮮刑事令)'과 '치안유지법(治安維持法)' 등의 개정을 통하여 사상범과 항일인사들에 대한 통제를 강화하였다. 또한 국가기밀, 군사기밀의 보호를 명분으로 '국방보안법(國防保安法)'을 공포하여 방첩활동을 강화하였는데, 이처럼 치안유지법과 국방보안법 등은 사상범이나 항일운동가는 물론 전시체제와 총동원에 불응하거나 비협조적인 조선인을 강력하게 예방하고 처벌하며 감시하는 법령이었으며 조선에서는 전시특례를 통해 3심제를 배제하는 등 더욱 폭압적으로 운용되었다.

제6절에서는 '국민동원계획(國民動員計劃)'에 관한 각의결정을 주로 살펴보고 있다. 전술한

---

1 총후(銃後)는 최전선을 뒷받침하는 후방, 즉 민간의 영역 전반을 아우르는 표현이다.

바와 같이, 총동원체제 중 노무동원에 관한 법령 등은 당초의 계획에 따라 별도의 책으로 구성할 예정이다. 다만, 이 책에서는 아시아·태평양전쟁 중반 이후 기존의 노무동원계획이 '국민동원계획'으로 명칭을 달리하게 되는 배경과 주요 각의결정의 원문만을 우선 선별하여 번역, 소개하고자 한다. 여기에서는 1942년과 1943년의 국민동원실시계획을 중심으로 '생산증강근로긴급대책', '긴급국민근로동원방책', '근로앙양방책' 등의 각의결정과 포로, 과학자 등의 동원에 이르기까지 분야별 노동력 동원에 관한 각의결정에 주목하였다.

제7절에서는 영화, 신문, 출판, 집회, 결사 등 언론 통제에 관한 법령을 다루고 있다. 일제는 각종 정책과 지침 등을 통해 신문 등 언론을 통제해 왔는데, 중일전쟁을 전후하여 조선에서 총동원체제를 순조롭게 운용하기 위해 언론 통제를 더욱 강화하였다. 물자와 인력, 사상을 통제하기 위해서는 언론과 출판, 결사의 자유를 철저히 통제하는 것이 긴요하였기 때문이다. 이에 일제는 '영화사업, 신문사업 및 출판사업 관련 허가인가 등 임시조치령 시행규칙', '신문지 등 게재 제한령', '조선임시보안령', '언론, 출판, 집회, 결사 등 임시단속법' 등을 조선에 시행하였다.

제8절[2]에서는 방공(防空) 통제에 관한 주요 법령과 각의결정에 관해 다루었다. 전시체제 이전부터 조선총독부와 일본군은 조선에서 방공에 관한 여러 시책과 캠페인을 벌였는데, 이는 실제 공습에 대한 우려라기보다 지역별로 조선인을 조직하고 통제하기 위한 목적이었다. 그리고 아시아·태평양전쟁 발발 이후 전세가 악화되어 감에 따라 일제와 조선총독부는 방공훈련과 등화관제연습을 더욱 강화하였다. 제8절에서는 이에 관한 '방공법 조선시행령(防空法朝鮮施行令)', '조선등화관제규칙(朝鮮燈火管制規則)' 등 방공 통제에 관한 법령과 각의결정을 번역하였다.

제9절에서는 '결전비상조치(決戰非常措置)'에 관해 다루고 있다. 1944년 이후 패색이 짙어진 가운데 일제 당국은 총동원에 관한 기존의 각 분야별 법령과 시책 등이 제대로 작동하지 않고 비상시국에 대비한 최소한의 인적, 물적 자원마저 거의 다 고갈되자, 중등학교 이상의 수업을 전폐하여 학생들을 공장과 노무에 동원하고 여자근로정신대를 비롯해 여성동원을 본격 시

---

[2] 당초 제8절에서 '조선교육령', '결전교육비상조치' 등 교육 관련 법률과 각의결정 등을 다루었는데, 조선의 교육에 관해 별도의 책으로 편찬했기 때문에 이 책에서는 '교육' 관련 내용을 삭제하였다.

행하였다. 심지어 전쟁 말기에는 결전태세에 돌입하며 남녀노소를 망라한 거의 모든 국민을 준(準)전투원으로 조직하여 전투태세에 투입하였다. 이에 제9절에서는 전쟁 말기 본토결전에 대비하여 총동원체제를 능가하는 결전비상조치에 관한 각의결정을 중점적으로 다루었다.

제10절에서는 이상의 총동원체제에 관한 조선의 주요 신문기사를 발췌하여 번역하였다. 총동원체제에 관한 주요 법령과 각의결정 등의 원문만으로는 총동원체제의 전체적인 배경과 각 방침 등의 취지와 목적, 그리고 일제와 조선총독부의 구체적 의도를 파악하기 어려운 측면이 있다. 이에 제10절에서는 위의 총동원 관련 주요 법령과 각의결정 등이 공포, 시행되는 전후로 조선의 신문에 게재된 수상과 조선총독, 정무총감 등 주요 인사들의 성명, 훈시, 훈령, 담화, 설명, 해설 등을 선별하여 번역, 수록하였다. 이러한 기사들은 총동원체제에 관한 일제의 입장과 태도, 그리고 당시 분위기를 생생하게 보여 준다.

이상에서 번역, 수록한 법령과 각의결정 등의 목록은 마지막 부록에 표로 정리하였다.

2) 용어와 표현의 이해

이 책에서 주로 다루고 있는 것은 총동원체제와 관련된 주요 법률, 칙령, 각 성령, 제령, 각령, 조선총독부령, 각 시행령, 시행규칙, 통첩 등과 각의결정, 각의훈령, 각의고유 등이다. 이하에서는 편의상 이를 총동원체제 또는 해당 분야 관련 주요 '법령 등' 또는 '법령 및 각의결정 등'으로 요약하여 표현하고자 한다. 다음 [표 1]은 각의결정과 기타 법령 등 각 종류의 성격을 간략히 요약한 것이다.

일반적으로 정부가 주요 법률과 명령 등을 의회에 제출할 때에는 수개월 전에 각의에서 중요한 방침과 대강 등을 발표하고 이를 실현하기 위한 법률안(法律案) 등을 마련하여 각의에 보고한다. 더욱이 의회의 비준과 의결이 필요 없는 칙령과 각령, 부령, 성령, 훈령 등은 필요에 따라 내각과 주무장관의 배서와 결정 또는 심의만으로 공포할 수 있기 때문에 이 역시 내각의 결정과 명령에 따른 후속조치라고 할 수 있다.

따라서 총동원체제에 관한 칙령과 법률 등은 사실상 내각의 주요한 결정과 방침에 따른 것으로서 총동원체제의 전후 맥락을 이해하기 위해서는 각의결정과 주요 법령 등을 모두 함께 살펴보아야 한다.

[표 1] 각의결정 및 법령 등의 구분

범례	내용
각의결정(閣議決定)	내각이 정부의 주요 국책과 정책, 시행 등의 지시, 강령 등을 밝힌 결정 합의체인 내각의 회의에서 일반 안건과 법률 등 국정에 관한 사항을 결정하는 방법 중 가장 중요한 것임. 이 밖에 각의요해(閣議了解), 각의보고(閣議報告) 등이 있음
내각훈령(內閣訓令)	내각이 각 성(省)과 하급 관청 등에 대해 직무 수행과 권한 행사 등을 지휘하기 위해 내리는 명령의 하나
내각고유(內閣告諭)	내각총리대신이 국민들에게 정부의 뜻을 알리는 전언문
칙령(勅令)	천황이 공포하는 법률
법률(法律)	의회가 제정하는 법률
정령(政令)	내각이 제정하는 명령
각령(閣令)	법률의 위임 또는 법률 시행을 위하여 내각총리대신이 공포하는 내각의 명령
부령(府令)	내각총리대신이 내리는 명령
성령(省令)	각 성(省)의 대신(大臣)이 내리는 명령
훈령(訓令)	상급 관청이 하급 관청에 대해 내리는 명령
규칙(規則)	의회, 정부, 지자체 등 각 기관이 제정하는 명령
제령(制令)	법령에 정한 사항에 대해 조선총독(朝鮮總督)이 천황의 재가를 얻어 내리는 명령
총독부령(總督府令)	법령 외 사항에 대해 총독이 내리는 명령
통첩(通牒), 통달(通達)	행정기관의 상급 관청이 하급 관청에 내려 보내는 통지(通知)의 일종

Ⅱ장 이하에서는 강제동원 관련 법령 및 각의결정 등의 원문을 번역, 수록하는데, 각각의 법령 등에 대해서는 서두에 간단한 개요표를 만들어 해당 법령 등의 명칭과 공포·개정 및 폐지 등의 기본사항을 요약해 두었다.

개요표에 수록되는 항목과 내용은 [표 2]와 같다.

[표 2]에서 ①의 '구분'은 각의결정 또는 법령 등의 종류를 표시한 것이다.

②의 '법령명/건명'은 법령과 각의결정 등의 명칭과 건명을 번역한 것인데, 어순과 표현이 현대적 국문에 적합하지 않더라도 법률 용어와 내각의 명령이기 때문에 가급적 직역을 하되, 의미가 전달되기 어려운 일부 표현의 경우만 우리말로 풀어서 번역하였다. 예를 들면, '취체법(取締法)'은 '단속법'으로, '처무(處務)'는 '처리업무' 등으로 번역하였다. 일부 건명이 없는 경우에는 필자가 요지에 따라 건명을 표기하였다.

③의 '공포·개정·결정·폐지 연월일'은 각 법령의 제정 및 개정의 연월일, 각의결정의 연월일,

[표 2] 총동원체제 관련 법령 등의 개요표 항목

항목	내용
①	구분 : 각의결정, 칙령, 제령, 훈령 등 구분
②	법령명/건명
③	공포·개정·결정·폐지 연월일
④	구성(본문과 부칙 등)
⑤	선행 규범·법령
⑥	원문의 표지 또는 일부 이미지
⑦	주요 내용 및 특징
⑧	법령 적용 범위(적용 대상 지역 등)
⑨	관련 법령, 통합·폐지 사항
⑩	유사·파생 법령

폐지 연월일을 표시한 것인데, 법령의 경우 '공포일'을 기준으로 하였다. 다만 번역문 상단에 있는 연월일은 법령 원문에 기재된 '제정일' 또는 천황이 재가한 날짜다. 이는 각 시대와 국가에 따라 법령의 '공포일'에 대한 기준과 실제가 명확하지 않은 사정에 기인한다. 일본 역시 법령의 '공포일'에 관해 천황이 재가한 날을 공포일로 하는 경우, 관보에 게재한 날을 공포일로 하는 경우와 법령의 부칙 등에 명시된 날짜를 공포일로 삼는 경우가 서로 상이하며 일관되지 않다. 또한 천황이 재가한 날짜와 관보에 게재된 날짜가 동일한 경우에는 공포일이 같지만, 대체로 재가한 다음날 또는 수일 뒤에 관보에 게재되는 사례도 적지 않다. 그런데 천황이 재가한 법령의 원문에 기재된 날짜는 분명하게 명시된 반면, 관보에 게재된 날짜가 분명하지 않거나 아예 게재되지 않은 법령, 사료마다 공포일이 제각각인 경우도 있다. 게다가 같은 법령인 경우라도 관보와 법령 검색DB에 공포일과 제정일이 상이하게 표시된 사례가 있다.

이에 개요표의 '공포·개정·결정·폐지 연월일'은 일반적으로 알려져 있는 공포일을 명시하는 대신, 해당 법령의 번역문에서는 법령의 원문에 천황이 재가한 날짜 또는 공포한 날짜를 그대로 적시하였다.[3]

---

3 실제로 원문을 기재된 그대로 번역하기 때문에 공포일을 임의로 대체할 수 없다는 점도 고려하였다.

⑤의 '선행 규범·법령'은 해당 법령 등을 제정하도록 명령한 상위 법령, 명령, 각의결정 등이다. 또는 해당 법령 등이 제정되는 데 관련이 있는 선행 방침, 규범 또는 각의결정 등이다. 예를 들면, 국가총동원법의 선행 규범·법령은 군수공업동원법이 된다.

⑥에서는 번역한 실제 원문의 일부 이미지를 예시하였다. 법령 등의 경우 주로 제1면을 예시하였고, 각의결정의 경우 일본 국회도서관이 제공하는 내용의 일부 이미지를 예시하였다.[4]

이 책에서 번역 대상으로 한 법령과 각의결정의 원문은 일본의 국립공문서관, 국립국회도서관, 아시아역사자료센터에서 제공하는 것과 『조선총독부관보』에 게재된 원문을 참고하였는데, 일부 원문의 판본이 불량하거나 판독이 불가능한 경우에는 2차 문헌과 사료 등의 이미지를 예시하였다.

단, 각의결정의 경우는 원본의 이미지가 아니라 일본 국회도서관이 활자로 입력한 디지털 데이터를 참고하였다.

⑦의 '주요 내용 및 특징'에서는 법령 또는 각의결정의 주요 골자와 의미 등을 간단히 요약, 설명하였다.

⑧의 '법령 적용 범위(적용 대상 지역 등)'은 법령 등이 적용 또는 시행되는 지역을 표시하였다. 대체로 대부분의 법령은 일본 제국 전역에 미치는데, 예를 들면 '국가총동원법을 조선, 대만 및 화태에 시행하는 건'이나 '조선기류령'과 같이 조선에 특정한 칙령이나 '조선등화관제규칙'과 같이 조선에서 공포된 조선총독부령 등 조선에서만 시행되는 경우에는 '조선' 또는 기타 지역을 표시하였다.

⑨의 '관련 법령, 통합·폐지 사항'은 해당 법령의 내용과 관련된 다른 법령, 또는 해당 법령의 제정 또는 내각결정에 따라 개정되거나 폐지 또는 흡수 통합된 법령 등을 표시하였다.

⑩의 '유사·파생 법령'은 해당 법령과 유사하거나 병행되는 법령, 또는 해당 법령으로 인해 파생된 법령, 또는 해당 법령의 제정 이후에 다른 법령의 제정으로 인해 해당 법령이 흡수 또는 폐지된 경우 이를 흡수 통합한 다른 법령이 된다. 예를 들면, 군수공업동원법의 유사·파생 법령은 국가총동원법이 된다.

---

4 이 책의 목적은 원문의 수록보다 번역자료집을 제공하는 데 있다. 이에 이 책의 개요표에서는 원문의 일부만을 예시하는 데 그친다. 각의결정은 매우 방대한 기록으로서 이 책에서는 일본 국회도서관이 제공하는 각의결정의 입력문 중 일부를 예시하기로 하였다.

2. 국가총동원체제

1) 총동원체제의 배경

1937년 7월 중일전쟁이 발발하기 오래 전부터 일제는 만주와 중국의 식민화 구상은 물론 남방과 동남아 지역으로 진출할 것을 염두에 두며 전쟁 준비와 이를 위한 총동원체제의 강화를 추진해 왔다.

제1차 세계대전 직후 각 국가들은 현대전의 양상이 최다, 최신의 무력을 총동원할 뿐만 아니라 전쟁 목적 달성을 위하여 정치와 외교, 그리고 국가의 모든 자원을 동원하는 양상으로 바뀌었음을 확연히 깨달았다. 특히 일제의 군부와 엘리트들은 유럽 열강들의 총력전과 총동원체제에 큰 충격을 받았다.

이후 총력전 개념을 적극 수용한 일제의 군부는 동아시아 대륙, 즉 만주와 중국에 대한 지배 공고화와 남방과 동남아, 태평양 지역으로의 지배 확대 전략을 추진하기 위해서 총력전을 뒷받침하는 새로운 국가체제의 건설을 지향하였다. 이를 법률로 집대성한 것이 바로 국가총동원법이다.

일본 육군은 1915년 12월 '임시군사조사위원회(臨時軍事調査委員會)'를 설치하여 유럽에서의 세계대전과 현대전의 양상에 대한 면밀한 조사에 착수하였다. 실제 군사전문가들이 유럽 각 국에 파견되어 전쟁을 모니터링하며 정부와 군 수뇌부의 관계, 국력의 동원과 군사력의 관계, 각 국가의 정치·경제·사회·국민의식이 군사력에 미치는 영향 등에 대한 조사를 진행하였다.

당시 각 국가들은 평시에도 비효율적인 의회의 입법권만으로는 총력전을 제대로 수행할 수 없기 때문에 전시와 비상시에 정부가 의회로부터 광범위하고 강력한 입법상의 권한을 위임받아야만 전쟁 목적의 사명을 효율적으로 수행할 수 있다는 인식을 갖게 되었다.

특히 현대전의 승리를 결정짓는 것은 비단 현대적 무기의 생산뿐만 아니라 국가총동원계획의 수립과 장기 소모전에 인내할 수 있는 국민의 정신적, 사상적 단결에 있다는 것이 강조되었다. 나아가 이러한 전시경제를 지탱할 수 있는 관건은 전쟁 수행에 필요한 다양하고 막대한 자원의 안정적 확보와 자급자족의 경제체제를 구축하는 데 있다.

이러한 연구결과를 바탕으로 일본의 군부는 국가적 전쟁의 목적을 성공적으로 달성하기 위해서 현대 국가의 총동원체제를 법제화해야 한다는 결론에 도달하였다. 이러한 결론에 따라 일본은 1918년 3월 마침내 전쟁과 유사시에 대비한 '군수공업동원법(軍需工業動員法)'을 제정하기에 이르렀는데, 이것이 바로 국가총동원법의 모태가 된다.

하지만 제1차 세계대전 종전 직후 미국과 영국, 프랑스 등 열강과 일본 내 국민 여론은 전쟁에 대한 염증과 자유주의 확산의 기조 아래 군비 축소를 기치로 내걸었다. 군비 축소가 대세인 가운데 총력전을 상정한 군수공업동원법의 구체적 적용과 후속 조치 마련, 집행기관의 정비 등에 대한 동력이 크게 떨어졌다. 당초 군수공업동원법을 시행할 기관으로 설치된 '군수국(軍需局)'은 이내 '국세원(國勢院)'으로 합병되었다가 폐지되었고, 군부의 반발 때문에 1927년 '내각자원국(內閣資源局)'이 다시 설치되었지만 초기에는 이렇다 할 활동을 하지 못하였다.

이후 1930년대 접어들어 세계적인 대공황이 심화되자 전 세계는 보호무역의 확산과 블록경제(Bloc economy)가 대두되면서 또다시 국제적 차원의 대결과 갈등이 반복되는 악순환에 빠져들었다.

세계적인 대공황의 여파로 일본의 국내 정치·경제 상황이 악화되자, 일본의 지배계층과 군부는 국내의 모순과 위기를 모면하기 위해 자원과 시장의 확보를 명분으로 영토 확장이라는 침략주의 노선을 채택하였다. 만주 침략과 중국 대륙의 분할과 지배, 소련에 대한 견제, 남방으로의 진출이라는 침략주의 노선은 필연적으로 국제사회의 비난과 미국, 영국 등 서방국가들과의 전쟁을 염두에 둔 국가전략이었다.

이러한 침략주의 노선과 국가전략을 추진하기 위해서는 군부의 절대적 영향력 확보와 국가총동원체제를 마련하는 것이 필수적이었다.

국가총동원체제의 계획 수립과 조속한 발동에 가장 열을 올린 것은 군부 내에서도 도조 히데키(東條英機)를 중심으로 한 강경파와 만주와 관동군(關東軍)에서 기반을 닦은 관료 그룹이었다. 육군성 내에서 전쟁과 침략을 부르짖던 파벌인 목요회(木曜會)의 회원 도조는 나가타 데쓰잔(永田鐵山),[5] 오카무라 야스지(岡村寧次),[6] 이시와라 간지(石原莞爾),[7] 스즈키 데이이치(鈴木

---

5 육군 군인으로서 통제파(統制派)의 중심인물이었다. 육군 내에서 최고의 수재로 손꼽히는 리더였는데, 육군성 군무국장 시절 통제파와 황도파(皇道派)의 갈등 와중에 1935년 황도파 청년 장교에게 살해당했다.
6 육군 군인으로서 지나(支那)파견군 총사령 등을 지냈다. 중국에서 해군 위안소를 참고하여 육군 위안소를 설치한 인물이다.

貞一)⁸ 등과 함께 '국가총력전체제(國家總力戰體制)' 등을 주장하였다.

만주사변이 발발할 당시 도조 히데키는 참모본부의 편제동원과장(編制動員課長)이었는데, 만주에서 전개되는 관동군의 작전을 포함하여 군의 편제와 군수 동원의 책임자로서 국가적 총동원체제로의 전환을 절감한 최고위급 군인이었다. 이후 도조는 1938년까지 관동군 헌병대사령관에 이어 관동군 참모장을 지냈는데 1937년 중일전쟁 당시에는 내몽골 지역을 침공하는 데 앞장섰다. 이 무렵 도조는 만주 지역의 산업정책을 총괄하는 기시 노부스케(岸信介)⁹ 등과 교유하며 국가총동원체제에 군수물자, 즉 산업의 동원과 이를 위한 만주, 중국, 조선의 자원과 인력 동원이 필수적이라는 인식을 확고히 다지게 되었다. 이후 도조는 육군대신을 거쳐 총리대신에 올라 진주만 공격을 필두로 태평양전쟁을 일으키는 장본인이 되었고, 기시는 도조 내각에서 상공대신으로서 총동원체제를 주도하였다.

1938년 4월에 국가총동원법이 제정된 직후 각 분야별 집행은 현실적 여건이 상이하고 여의치 않기 때문에 시차를 두고 시행되었는데, 이때 국가총동원법의 발동과 즉시 시행을 강력하게 주장한 것도 역시 도조였다. 총리대신에 취임한 도조가 곧바로 진주만 공습을 단행하고 태평양전쟁에 돌입한 이후 총동원체제를 더욱 강화하는 데 혈안이었던 것은 충분히 예견된 일이었다.

이처럼 도조를 위시한 군부 강경파는 만주사변 이후 시종일관 중국 침략과 미국 등 연합국과의 일전, 즉 아시아·태평양전쟁을 주장하며 국가총동원체제를 확립하고 이를 강화하는 데 앞장섰다.

7　육군 군인으로서 조선에서 근무했으며 관동군 참모 시절 만주사변의 도화선이 된 '남만주 철도 폭파 사건'을 조작하여 일으킨 인물이다. 관동군 상부의 허가를 받지 않고 무단으로 이 사건을 일으켰다.
8　육군 군인으로 도조 히데키의 측근이다. 만주 침략과 지배 정책에 관여했으며, 군부에서 일본의 국제연맹 탈퇴를 주도한 인물이다. 아시아·태평양전쟁 기간 중 총동원체제를 총괄하는 기획원 총재를 지냈고, 국무대신 등 관료로서 활약했다. 전후 A급 전범으로 기소되어 종신형 판결을 받았으나 1955년 가석방되었다.
9　1930년대 만주국의 산업부 차관으로서 만주의 재계와 산업계를 지배한 인물이다. '경제개발 5개년 계획'의 최초 기획자이자 총동원체제의 동원계획을 입안한 인물이다. 도조 내각에서 상공대신을 지냈으며 사실상 총동원체제의 경제·산업 분야를 진두지휘했다. 전후 A급 전범으로 체포되었으나 불기소 처분으로 석방되었다. 1950년대 정계에 복귀하여 1957년 총리대신이 되었다.

2) 국가총동원법의 제정 경위

1920년대 후반에 설치된 내각자원국은 1929년 '자원조사법(資源調査法)'[10] 제정과 '총동원계획설정처리업무요강'[11]의 각의결정을 이끌어 냈다. 이에 따라 '총동원기본계획요강(總動員基本計劃要綱)', '잠정기간계획 설정처리업무규정(暫定期間計劃設定處務規程)', '잠정기간계획 설정에 관한 방침', '잠정기간계획 설정에 관한 지시사항' 등의 정책과 방침들이 책정되었다. 이는 총동원체제를 위한 각종 준비계획과 필요한 조치의 강령이라 할 수 있다. 이와 함께 총동원체제 기획과 실행에 필요한 기구로서 '내각심의회(內閣審議會)',[12] '내각조사국(內閣調査局)',[13] '정보위원회(情報委員會)'[14] 등이 설치되었다.

그 사이 자원국은 프랑스와 체코슬로바키아의 국가총동원법안, 독일의 전시법령 등을 두루 조사하며 일본의 사정에 적합한 총동원체제의 법제화를 준비하였다. 마침 중일전쟁을 준비하던 일본 육군은 전쟁 발발 2개월 전인 1937년 5월 내각자원국에 '총동원법 입안에 대한 의견'을 보내 국가총동원법의 제정을 재촉하였다.

7월 7일 중일전쟁이 발발한 직후 전쟁의 확대와 장기화가 예상되는 가운데 군부로부터 국가총동원법의 제정 압력을 받은 정부와 내각은 국가총동원법의 제정에 착수하였다. 아울러 일제는 전시체제에 대비하여 국민적 지지와 여론을 결집시키기 위해 '국민정신총동원 실시요강'을 발표하였다. 이를 실현하기 위해 일본의 주요 단체를 참여시킨 '국민정신총동원 중앙연맹'을 발족했다.

1937년 10월 25일 내각자원국은 기존의 '기획청(企劃廳)'[15]과 통합하여 '기획원(企劃院)'으로 확대·개편되었다. 기획원은 중일전쟁 장기화와 전면전에 대비한 국가총동원정책을 총괄하는 최상위의 입법적 정책 수립 및 집행 기관으로 태동하였다.

제1차 고노에(近衛) 내각은 11월 9일 국가총동원법 제정에 관한 기본방침을 결정하고 기획

---

10 법률 제53호, 1929. 4. 12.
11 각의결정, 1929. 6. 18.
12 칙령 제118호(1935. 5. 10.)에 의해 설치하였다.
13 칙령 제119호(1935. 5. 10.)에 의해 설치하였다.
14 칙령 제138호(1936. 7. 1.)에 의해 설치하였다.
15 내각조사국이 기획청으로 개편되었다.

원의 주도 아래 입법안의 제출을 진행하였다. 다음날인 10일 기획원은 산하에 '국가총동원법안준비위원회(國家總動員法案準備委員會)'를 설치하고 곧바로 법률안의 기초에 착수하였다.

그리고 마침내 1938년 1월 각의에서 법률안 제출을 결정한 직후 이에 관한 요강을 공포하였다. 이에 따라 2월 24일 제73회 제국의회에 '국가총동원법률안'이 제출되었고 1~2월에 걸쳐 제국의회에서 법률안에 대한 설명과 검토가 이루어졌다.

이후 의회에서는 정당 간의 갈등, 정치와 군부 간의 갈등, 그리고 법률의 위헌 소지 때문에 수많은 논란과 충돌이 벌어졌다. 이 중에서도 특히 국가총동원법은 전시와 준전시 상태에서 의회의 기능을 대신하여 정부가 재량으로 국민의 자유와 경제활동 등을 무한대로 제한·통제하게 되고, 정부 역시 천황의 대권과 통수권을 보위하고 있는 군부의 영향하에 놓이기 때문에 사실상 군부의 독재를 용인하는 결과가 예견되었다. 이러한 폐단을 예견한 일부 야당 정치인들이 반발했지만 중의원(衆議院)회의에 출석한 군인이 의원들을 향해 호통치는[16] 등 강압적인 분위기가 조성되었다. 결국 국가총동원법률안은 3월 24일 귀족원(貴族院)에서 수정 없이 통과되었다. 법률안은 곧바로 천황의 재가를 거쳐 4월 1일 관보 제3371호에 법률 제55호로 공포되었다.

3) 국가총동원법의 개념과 특징

총동원체제란 국가의 정치·경제·사회까지 전쟁 승부를 결정하는 구성요소로 파악하고 전쟁 수행을 위해 이를 효율적으로 동원하려는 목적으로 형성되는 체제라 할 수 있다.

다시 말해, 국가총동원체제란 곧 '전쟁과 전시(戰時, 전쟁에 준하는 사변의 경우를 포함)에 국방 목적을 달성하기 위해 국가의 전력(全力)을 가장 유효하게 발휘할 수 있도록 국가의 인적, 물적 자원을 통제하고 운용하는 것을 목적으로 국민의 노동력(노무)과 물자, 자금, 물가, 시설 등을 정부가 통제'하는 것이다.

총동원체제의 특징은 전시뿐만 아니라 언제든지 전시로 이행할 수 있는 평시(平時)의 태세

---

16 1938년 3월 3일 중의원 국가총동원법위원회 심의에 출석한 육군성 군무국 군무과 국내반장인 사토 겐료(佐藤賢了) 중좌가 의원들을 향해 "입 닥쳐!"라고 하여 한때 소동이 일었다.

를 갖추는 것, 전쟁 발발 직후에는 군사적 총력을 기울이는 단기적 전시태세로 전환하여 전쟁의 승기를 확보하는 것, 그리고 전쟁이 장기화할 경우에 대비하여 국민생활을 확보하는 한편 국가적 총력을 기울여서 전쟁에서 필승을 거두는 장기적 전시태세로 구분하는 데 있다.

그 밖에 국가총동원법은 언론과 출판의 통제를 강조한 반면, 이와 직결되는 국민 생활과 사상의 통제에 관해서는 직접 다루지 않고 있다. 이는 국가총동원법이 넓은 의미의 물적 동원과 통제에 초점을 두었기 때문인데, 사람의 경우 신체와 신병(身柄)을 물적 동원의 범주에 포함하여 국가총동원법에서 인적 동원으로 다루었지만, 사람의 정신(情神)과 사상에 관해서는 기존의 국민교화정책(國民敎化政策)을 별도의 동원체제로 상정하였다. 그것이 바로 '국민정신총동원(國民精神總動員)' 개념이다.

국민정신총동원운동은 국가총동원법보다 앞선 1937년 이후 이미 활발하게 전개되고 있었다. 결국 일제는 국민정신총동원운동과 더불어 물적 동원과 신체적 동원을 한데 묶은 국가총동원법을 통해 국가체제 개조와 전시체제를 이끌어 나가고자 했던 것이다.[17]

4) 국가총동원법의 구성

국가총동원법은 전시와 사변 시는 물론 이에 대비한 평시에 모든 국가의 물적 및 인적 자원을 총동원할 수 있게 한 전시전권위임법(戰時全權委任法)이다. 국가총동원법은 중일전쟁이 발발한 이듬해인 1938년 4월 1일 공포되어 5월 5일부터 시행된 법률이다. 법률은 총 50개조와 부칙으로 구성되어 있다. 또한 정부가 법률에 근거하여 전시에 대비한 평시와 전시 및 사변 시에 국가의 모든 자원과 물자, 인력, 기업과 단체, 자금과 물가, 언론과 출판 등을 망라하여 총동원 및 통제할 수 있다는 내용을 담은 법률이다.

제1조부터 제3조까지는 국가총동원, 총동원물자, 총동원업무를 정의하였고, 제4조부터 제

---

17 이상 총동원체제에 관한 내용은 다음의 자료들을 참고하였다. 안자코 유카, 「조선총독부 총동원체제(1937~1945) 형성정책」, 고려대학교 박사학위논문, 2006; 庵逧由香(解說), 『朝鮮勞務(復刻版)』 1~4, 綠陰書房, 2000; 정혜경, 『일본제국과 조선인 노무자 공출』, 도서출판 선인, 2011; 진필수, 「일제 총동원체제의 기원과 특징에 대한 재검토: 전쟁인류학의 모색」, 『비교문화연구』 제22집 2호, 2016의 논문과 저서, 그리고 唐島基智三, 『國家總動員法解說』, 淸敎社, 1938; 朝鮮總督府, 『改訂 朝鮮制裁法規』, 1939; 産業報國聯盟, 『各國의 國民組織과 勞働組織』, 1940; 內閣情報局, 『國家總動員法 解說』, 1941.

20조까지는 전시 규정으로서 이른바 징용(徵用)으로 불리는 노무와 인적 동원에 관해서, 그리고 물자·무역·자금 등의 사용과 수용(收用) 및 통제, 언론 및 출판의 통제 등을 명시하였다.

총동원물자의 범위란, ① 병기, 함정, 탄약 기타 군용 물자, ② 국가총동원에 필요한 피복, 식량, 음료, 사료(군수용), ③ 의료용, 수송용, 통신용, 토목건축용 물자, ④ 연료, 전력, 기계·기구, 장치 등 기타 물자, ⑤ 기타 칙령으로 지정하는 물자를 가리킨다.

총동원업무란, ① 물자의 생산, 유통, 수출입을 비롯해서 운수, 통신, 금융, 위생, 교육, 연구, 정보, 선전 등 총동원에 필요한 업무, ② 회사 설립, 자본 증감, 합병 등 기업의 활동과 규제에 관한 일체의 업무를 포함한다. 단순히 물자를 규제하는 수준을 넘어 사적 영역에 속하는 기업 활동의 모든 업무를 정부가 통제하고 동원할 수 있음을 선포한 것이다.

인적 동원의 근거가 된 조항은 국가총동원법 제4조(징용), 제5조(국민 협력), 제6조(노무 통제)가 중심이고, 제7조에서는 노동쟁의 등을 금지하였다. 제13조 제2항은 종업원의 공용(供用),[18] 제21조는 국민등록(國民登錄), 제22조는 기능자 양성 등에 관해 명시하였다.

이 조항에 근거하여 일제는 '국민징용령'을 비롯해 '국민근로보국협력령', 의료관계자, 수의사, 선원 등의 직업능력신고 및 징용령, 일반 국민의 직업능력신고, 종업자 고입 제한, 공장 취업시간 제한, 임금 통제, 학교 기능자 양성, 공장사업장 기능자 양성, 학교졸업자 및 청소년의 동원, 노무조정령 및 국민근로보국대 동원 등에 관한 법령을 제정·개정함으로써 남녀노소를 망라한 전 국민의 신병과 취업, 취학, 일상을 구속하고 강제하였다.

또한 국가총동원법은 강력한 처벌 규정을 명시하였는데, 예를 들면 제7조의 쟁의 금지 명령을 위반하거나 총동원업무와 물자의 수용 등을 거부, 기피한 경우에 5,000엔 이하의 벌금에 처하는 등 무거운 처벌을 규정하고 있다.

제21조부터 제26조까지는 평시 규정으로서 전시 동원에 대비한 국민등록, 직업등록, 기능자 양성, 총동원물자의 보유와 시험연구에 관한 명령, 총동원업무의 사업계획 수립과 훈련, 사업자에 대한 계획 수립과 감독, 보고에 관한 명령과 이익 보장 및 보조금 등에 관한 규정들을 담고 있다.

제27조부터 제31조까지는 손실 보상에 관한 규정들을 담고 있으며, 제32조부터 제49조까

---

[18] 공장, 사업장, 기관, 시설 등에 소속된 종업원을 총동원업무 관계자가 사용할 수 있도록 제공하는 것을 가리킨다.

지는 국가총동원법의 위반에 대한 죄와 벌칙에 관한 규정들을 밝히고 있다.

마지막 제50조는 국가총동원법의 이행과 심의 등을 관장하는 기관인 국가총동원심의회에 관한 규정이다.

5) 위임과 시행 지역

국가총동원법은 50개조에 이르는 비교적 방대한 법률이지만, 국가와 사회의 전 분야를 망라한 총동원의 구체적 분야와 방법 및 범위 등을 모두 담을 수 없기 때문에 별도의 칙령과 시행령 및 시행규칙 등에 위임한 사항이 많을 수밖에 없었다.

또한 1938년 국가총동원법이 공포되었지만 모든 분야에 걸친 총동원체제가 곧바로 시행될 수 있는 여건과 환경이 조성된 상태가 아니었기 때문에, 각 분야마다 실제 국가총동원법이 적용되거나 하위 시행령 등이 제정되어 본격 시행에 들어간 시기는 모두 제각각이었다. 1938년 국가총동원법 공포 이래 1943년 3월까지 무려 167개에 달하는 칙령, 각령, 성령 등이 공포되었다.

국가총동원법의 적용과 시행 지역 역시 차이가 있었다. 기본적으로 국가총동원법은 일본 제국의 관할권이 미치는 내지와 외지는 물론 점령지역에 이르기까지 적용되는 것이 당연하였지만, 법률에서조차 각 지역을 특별히 언급하여 각각의 시행 시기를 같게 하거나 달리했으며 실제 집행 역시 차이를 보였다.

국가총동원법은 별도의 칙령을 통해 조선, 대만, 화태(사할린) 및 남양군도에 시행되는 것을 천명하였고, 국가총동원법에 따른 각 분야별 하위 법률과 칙령 등에서도 각각의 행정관청으로서 조선총독부와 대만총독부, 화태청(樺太廳), 남양청(南洋廳)을 구분하였으며 주무대신과 지방장관의 경우 조선총독과 도지사 등을 따로 명시하였다.

다만, 관동주에 관해서는 그 시행에 관한 별도의 칙령[19]을 두었지만 별도의 하위 시행령은 공포되지 않았다.

---

19 관동주국가총동원령(1939. 8. 26. 칙령 609호)이 1939년 9월 11일부터 시행되었다.

6) 국가총동원법의 개정과 폐지

국가총동원법의 공포 이후 이어진 관련 법령의 제정·개정을 통해 국가총동원체제가 일사분란하게 운영되는 듯 보였지만, 실제 내용과 운용은 결코 순조롭지 않았다.

군수물자 공급을 위한 생산력 확충은 당초 기대치에 훨씬 미치지 못했고 암시장의 성황이 전시경제에 큰 혼란을 초래하였다. 또한 고갈되는 인적, 물적 자원 때문에 징용과 동원을 강화할수록 국가 재정과 실물경제는 더욱 파탄 위기에 직면하고 전쟁 국면은 점점 더 불리해져 갔다.

이에 일제는 국가총동원법의 확대 적용과 더불어 법률의 개정을 통해 총동원체제를 더욱 강화시켰다. 개정의 배경은 태평양전쟁의 위기가 고조되는 현실에 맞추어 미비한 점을 보완하고, 기존 법률이 '총동원물자'에 한정되고 벌칙이 가벼워서 위반자가 많다는 지적에 따라 노무 통제와 금융 통제, 산업 통제, 가격 통제 등 물가정책에 관한 조항을 보완하고, 처벌과 형벌에 관한 조항을 강화하는 데 초점을 맞추었다.

국가총동원법은 모두 세 차례 개정되었는데, 이 중에서 1941년 3월의 개정이 가장 폭넓은 개정에 해당한다.

1940년 제2차 고노에 내각은 경제신체제(經濟新體制) 수립과 '대정익찬회(大政翼贊會)' 결성으로 집약되는 이른바 신체제운동(新體制運動)을 내걸었다. 당초 대정익찬회 결성의 취지는 전쟁 수행 주체가 국무(정부)와 통수권(군부)으로 분열된 것을 통합하고, 정치·사회의 각 정당과 단체를 하나로 통합시켜 국방국가체제(國防國家體制), 즉 총동원체제를 더욱 강화시키는 데 있었다. 하지만 신체제와 대정익찬회는 군부의 반발과 비협조로 인해 군정의 통합체 또는 정당이 아닌 파시즘적 국민운동단체로 남게 되었다. 이에 따라 대정익찬회는 먼저 출발한 국민정신총동원운동 등 교화운동을 흡수하면서 총동원체제의 슬로건을 점차 익찬체제 또는 익찬운동으로 바꾸었다.[20]

한편, 경제신체제 강화를 위해 기존의 국가총동원법을 개정하라는 방침에 따라 1941년

---

20 익찬체제에 관해서는 김봉식, 「도조(東條) 내각기의 의회세력, 요쿠소(翼壯)의원을 중심으로」, 『국제·지역연구』 제16권 1호(봄), 2007; 「戰時體制下 의회세력 재편 과정」, 『日本學誌』 제18집, 1998 등 참조.

3월 1일 경제 통제 조항의 미비점을 보완하는 것을 골자로 국가총동원법이 개정되었다(1941. 3. 1. 법률 제19호).

이때 개정을 통해 종업자의 해고뿐만 아니라 다른 곳으로의 취업, 퇴직, 그리고 임금 외에 급여, 종업조건까지 통제하도록 하였다. 그리고 '총동원물자'를 '물자'로 개정함으로써 사실상 모든 물자에 대한 통제가 가능해졌다. 그 밖에 자금과 산업단체 등에 대한 통제도 더욱 강화되었다.

국가총동원법은 일본이 패망한 후 1945년 12월 20일 공포된 '국가총동원법 및 전시긴급조치법 폐지 법률'(1945년 법률 제44호)에 의해 1946년 4월 1일 완전히 폐지되었다. 이 법률로 그동안 '국가총동원법'에 의해 제정된 각종 통제법령 70여 개가 모두 폐지되었다.[21]

---

21 이후에도 관련 법령의 하위 시행령과 시행규칙 등 수백여 건의 법령 등이 전후 수년간에 걸쳐 개정 또는 폐지되었다.

3. 조선에서의 총동원체제 적용과 전개

1) 군수공업동원법의 적용

국가총동원법의 효시에 해당하는 군수공업동원법은 처음부터 적용 대상에 조선을 포함시켰다. 1918년 4월에 군수공업동원법을 공포한 다음 일제는 10월 2일 칙령으로 군수공업동원법을 조선과 대만 및 화태에 시행한다고 공포하였다.[22] '군수조사령(軍需調査令)' 역시 조선에 적용한다는 내용을 담고 있다. 이처럼 전시총동원체제의 근간이 되는 법령을 조선에 적용하고 시행한다는 발상은 1918년경부터 일찍이 자리를 잡고 있었음을 알 수 있다.

총동원체제 구축에서 중요한 관건은 모든 인적·물적 자원을 동원하기에 앞서 사전에 이를 정확하고 상세하게 파악하고, 평시에 미리 전시와 사변 시에 즉각 동원할 수 있는 계획을 수립하고, 부족한 자원을 사전에 확충하고 육성·개발하는 데 있다. 이는 곧 모든 자원에 대한 조사·계획·종합·육성·개발이 핵심이라는 뜻이다.

특히 영토 확장과 전쟁 준비에 혈안이었던 일제는 조선을 대륙 진출의 병참기지로서 인적·물적 자원을 조달할 수 있는 토대로 인식하였다.

이러한 인식 아래 조선에 대한 총동원체제 구축 역시 자원조사에서 시작되었다. 1930년대 중반에 걸쳐 조선군사령부와 조선총독부는 '조선총동원계획 설정사무협의회'를 구성하여 조선의 농축산, 식량, 교통, 연료, 광공업, 경비, 노무 등 각 분야의 자원을 조사하고 확인하는 작업에 착수하였다.[23]

그 일환으로 1935년 조선에서도 대대적인 국세조사(國勢調査)[24]가 시작되었다. 이는 일본 내지를 비롯해 제국 내 인적 동원의 토대가 되는 인구의 분포와 계층, 세대원, 남녀 비율 등을 조사한 것인데, 장래 일본군에 징병할 잠재적 병력과 노무동원계획 등을 입안하는 데 매우

---

22 군수공업동원법을 조선, 대만 및 화태에 시행하는 건(1918. 10. 2. 칙령 제368호).
23 「朝鮮に於ける總動員計劃事業打ち合わせに關係官參加の件」, 『昭和10年密大日記』 第2冊; 「朝鮮總動員業務促進に關する意見の件」, 『昭和10年密大日記』 第3冊.
24 일본의 국세조사는 1920년부터 5년 간격으로 실시되었다. 조선의 경우 본격적인 총동원계획을 수립하기 시작한 이래 추진된 1935년의 제4회 국세조사와 전시하에 추진된 1940년의 제5회 국세조사가 노무동원에 중요한 기초자료로 활용되었다.

중요한 기초자료로 활용되었다.

그 밖에 조선총독부와 조선군사령부는, 조선에서의 총동원체제가 일본과 다른 특징들 특히 지리적, 자원적 특성과 만주, 중국, 소련과 직접 닿아 있는 특성 등을 고려하여 별도의 총동원계획을 수립해야 한다는 점을 인식하고, 조선에서의 총동원업무에 필요한 조직을 정비하고 직원을 증원하는 등의 조치를 취하였다.

2) 국가총동원법의 적용

이러한 조치들은 1937년 중일전쟁이 발발한 직후 그 필요성이 명확해짐에 따라 더욱 속도를 내기 시작했고, 1938년 국가총동원법의 공포 이후 이전의 여러 계획과 구상들이 신속하게 구체화되었다.

조선에서의 총동원체제 역시 물자와 노동력, 그리고 정신을 총동원하는 데 있었다.

물자 동원의 경우는 군수 등 중요한 물자를 군사 부문에 배분하고 동원하기 위해서 수요와 공급 그리고 가격의 세 부문에 대해 통제하는데, 역시 그 중심은 공급이다. 공급 통제를 위해 필요한 요소로는 배급의 조정, 생산력 확충, 수출력의 증대(무역 통제), 금(金)의 보유(자금력 강화)가 포함된다.

이때 노동력은 자원의 개발, 자금의 조달, 군수공업의 육성과 더불어 생산력 확충을 지탱하는 중요한 요소로 간주되었다.

조선총독부가 실시한 전시 노동력 배치와 충원 방법 중 주요한 것으로, 첫째 자연 전입 및 연고 고용, 둘째 직업소개소에 의한 소개, 셋째 '조선직업소개령(朝鮮職業紹介令)'에 의한 모집(1940년 1월 이후), 넷째 '조선총독부노동알선요강(朝鮮總督府勞動斡旋要綱)'에 의한 관알선, 다섯째 '국민징용령(國民徵用令)'에 의한 징용(1941년 3월 이후),[25] 여섯째 근로보국대(1941년 12월 이후), 일곱째 '국민근로동원령(國民勤勞動員令)'에 의한 동원(1945년 3월 이후) 등이 있다.

---

[25] 종래 국민징용령이 1944년 이후 조선에 적용된 것으로 소개되었으나, 정혜경의 연구를 통해 1939년 7월 국민징용령이 공포된 이래 9월경 조선에서도 같은 령의 시행규칙과 출두여비 지급 부령 등의 관련 법규가 마련되었으며, 1941년 3월 이후부터 조선총독부 내 행정부서의 직제가 운영·개편되는 등 '국민징용' 업무가 시행되었음이 밝혀졌다.

인적 동원, 즉 조선인의 노동력을 확충·동원하기 위해 조선총독부는 1934년부터 조선 남부의 '잉여 노동력'을 북부와 서부로 집단 이동시켰으며, 일본 내지의 탄광회사 등에 취업한 조선인 광부의 가족 등 연고자의 취업과 고용을 촉진하였다.

일제는 1938년 국가총동원법 공포를 전후하여 조선의 노무자원조사에 착수하고, 국가총동원법에 근거하여 20여 종류에 가까운 노동통제법령을 제정하여 조선에 시행하였다.

노무자원조사는 노동력의 공급원(供給源)에 대한 조사로서 농촌의 인력을 잉여 또는 과잉 노동력으로 간주하여 이를 각 도(道)와 군(郡) 별로 파악하여 군수공업을 비롯한 생산력확충부문 등 총동원업무에 투입 또는 배치하려는 목적하에 실시되었다.[26]

아울러 1940년부터 일제와 조선총독부는 '노무동원계획'을 수립하여 조선인을 일본으로 동원하기 시작했으며, 이는 1942년 '국민동원계획'으로 전환되어 지속되었다. 일찍이 '모집'이나 '관알선' 같은 형태로 추진된 노동력 확보 시책이 국가총동원법과 '노무동원계획'의 추진을 통해 총동원체제하의 국가정책에 따른 노동력 확보 및 재배치로 전환한 것이다.

기술직 노무자에 대해서도 국가총동원법에 근거하여 1939년 국민직업능력신고령이 시행되면서 '국민등록' 제도가 실행되었다. 이 역시 총동원업무에 필수 요원인 의사, 수의사, 선원 등의 전문직뿐만 아니라 조선총독이 지정한 50세 미만의 직업 종사자, 전직자(轉職者), 공업전문학교 등 졸업자, 기능인 양성시설 수료자 등의 기술직 노무자를 사전에 등록하도록 강제한 것이다.

총동원체제 시행 초기 기술직 노무자에 대한 동원정책은 '종업자고입제한령(從業者雇入制限令)', '청소년고입제한령(青少年雇入制限令)', '종업자이동방지령(從業者移動防止令)' 등의 법령을 통한 국민등록, 군수산업 분야의 배치, 이동 방지에 초점이 맞춰져 있었다. 이러한 법령들은 각각의 개정을 통해 그 대상을 점차 확대해 나가다가 태평양전쟁이 발발됨에 따라 노무자가 절대적으로 부족해지자 결국 1942년 이를 한데 통합한 '노무조정령(勞務調整令)'이 공포, 시행되기에 이르렀다.

그리고 1939년에 공포, 시행중이던 국민징용령 역시 하위 법규 제정과 조선총독부 직제 운

---

26 조선총독부는 1940년 전국 13개도 별로 노동력 조사를 실시하여 동원 가능한 인력을 파악하였다. 조선총독부 작성, 「노동자원조사에 관한 건」, 1940.

영 등을 통해 최소 1941년 3월 이후 조선에서도 시행되었다. 이후 국민징용령은 수차례의 개정을 통해 그 대상을 대폭 확대해 나갔다. 이를 통해 조선의 청년과 학생, 기술직 노무자와 공장·사업장에 취업중인 노무자는 물론이고 말기에는 사실상 거의 모든 작업장에 소속된 사람을 '몽땅 동원'하게 되었다.

그리고 마침내 1945년 3월 패전이 임박한 일제는 본토결전(本土決戰)을 준비하면서 기존의 국민징용령, 노무조정령, 국민근로보국협력령, 여자정신근로령 등을 통폐합하여 국민근로동원령을 제정, 시행하기에 이르렀다.

국민근로동원령은 사실상 현역 군인이 아닌 학생과 여성까지 망라한 남녀노소 전 국민을 준(準)군사조직에 편입시켜 총동원업무와 생산력 확충 노무에 무한대로 투입하는 한편 준전투요원으로 동원하는 초법적 강제법령이라 할 수 있다.

총동원체제에 관한 주요 법령 및 각의결정 등

1. 총동원체제 관련 법령 및 각의결정

1929년 내각은 각의결정 '총동원계획설정처리업무요강안'을 발표하였다. 그 내용은 자원국을 중심으로 총동원계획 수립에 필요한 기본계획을 관련 관청이 수립하게 하는 것이다. 이 무렵 일제는 이미 만주사변과 중국과의 전쟁을 대비하여 전시총동원에 필요한 자원의 수요와 공급 계획은 물론이고 자원의 배당과 충원, 정보와 선전, 경비 계획, 전시법령의 준비 등에 대비하도록 지시하였다.

이후 내각은 중국과 태평양 지역에 걸친 대규모 전쟁을 기정사실화하는 내용의 방침을 발표하였다. 1936년 8월 내각은 국방과 외교 분야에서의 국책에 대한 기준을 발표하였다. 각의결정 '국책기준'은 만주와 중국 등 동아시아 지배에 대한 의지('긴밀한 제휴'로 호도)를 노골적으로 천명하면서 제국의 경제를 발전시키는 것이 정책의 기조라고 밝혔다.

나아가 일제는 남방 해양, 특히 외남양 방면에 대한 진출 의지를 천명하였다. 이를 위해 국방과 군비에 대한 조정을 실시하였는데, 육군의 군비는 소련에 대한 대응이고 해군 군비 증강은 서태평양에서 미군에 대한 제해권을 확보하는 데 충분한 병력을 충원하는 것이라고 밝혔다.

그 밖에 일제는 여론을 장악하고 행정기구와 경제조직을 정비하고, 항공과 해운 산업을 조정하고, 국방과 군비 산업에 필요한 중요 자원과 원료의 자급자족방책을 강구할 것을 지시하였다. 이는 사실상 중국 대륙에 대한 침략전쟁과 미국·소련과의 전쟁을 노골적으로 드러낸 것이다.

내각은 전쟁에 대비한 '국책기준'에 따라 '총동원계획'의 기본계획 수립에 관한 강령을 잇달아 발표하였다. 1936년 8월 28일 각의결정 '제2차 총동원기간계획강령 설정의 건'은 식량 등 중요 자원 전반에 관한 총동원계획을 지시한 지침이다. 내각은 자원국을 비롯해 해당 관청에 식량, 농림·축산원료, 철금속, 비철금속, 공업약품 등, 공작기계, 석탄 등, 석유, 선박, 항만, 자동차, 통신설비의 12개 항목에 걸쳐 총동원계획을 수립할 것을 지시하였다.

1936년 12월 26일 각의결정 '제2차 총동원기간계획강령 등 설정의 건'은 앞의 '제2차 총동원기간계획강령 설정의 건'에 노무와 의료, 과학 분야의 총동원계획을 추가한 것이다. 특히 노무 분야는 기술직원, 직공 및 광부 등에 관한 동원계획을 수립하라는 내용인데, 이것이 후에 조선인, 중국인 노무자를 동원하는 준거가 되었다.

같은 날 내각은 '총동원경비(總動員警備)계획잠정강령'을 발표하였다. '총동원경비계획잠정강령'은 기존의 총동원기본계획강령(1930. 4. 8. 각의결정) 제4장 제1절을 확대하여 관계 각 청에 대해 군사기밀, 치안유지, 전시범죄 처리, 경비원 정비, 통신망 정비, 개전 시 경비 요령, 교통·통신·전력 등 시설 경비 등의 각 분야에 대해 계획을 수립하고 훈련과 전시에 이를 이행할 것을 상세히 명시한 것이다. 강령에서는 내지의 각 관련 청 외에 외지의 '조선 및 대만'을 특별히 구분하여 조선총독, 조선군사령관, 요새부사령관이 경비계획을 수립하고 이행할 것을 지시하고 있다. 특히 제54조에서 조선 경비의 유의사항을 별도로 명시하였는데, 그 내용은 다음과 같다.

1. 만주국 내, 소련 내, 그리고 상하이(上海) 방면에서의 불령선인(不逞鮮人)들의 책동, 만주국 내 반일 무리의 준동, 중국의 교란 공작, 소련의 적화(赤化) 공작을 경계하고 이에 호응하는 한반도 내 불령한 무리를 소멸한다.
   1) 만주국 방면에 대해서는 국경을 엄중하게 감시하고 항만을 경계한다. 또한 간도 방면에 필요한 조치를 강구한다. 그리고 재만(在滿)기구와 연계한다.
   2) 소련 방면에 대해서는 국경을 폐쇄하고 조선 북부 지역의 항구와 기타 항만을 경계하되 특히 육해군과 연계한다.
   3) 상하이 방면과 기타 중국 방면에 대해서는 항만을 경계하고 관련 방면과 연계한다.
   4) 한반도 내에서는 첩보를 엄밀히 하고 사찰을 엄중히 하며 책모가 준동할 여지가 없도록 한다.
2. 한반도 내에서의 우리 군사행동을 엄중하게 은폐한다.

조선에 관한 경비의 중점은 만주와 중국, 소련으로부터의 위협이 조선에 확산하는 것을 막고 조선의 치안과 해안경비, 군사행동을 엄중하게 은폐하라는 데 있음을 알 수 있다.

1937년에 접어들어 중일전쟁을 결심한 군부와 내각은 본격적인 국가총동원 준비에 착수하였다. 1937년 5월 27일 내각은 각의결정 '국가총동원 준비에 관한 건'을 공표하고 각 관청과 공직자에 대해 전쟁에 대비하여 군비 충실에 필요한 인적 및 물적 자원의 통제와 운영에 관한 정확하고 세밀한 최신 조사를 통해 계획을 수립할 것 등을 지시하였다.

1937년 7월 7일 중일전쟁이 발발한 직후 일제는 향후 전쟁이 전면전으로 확대될 가능성을 염두에 두고 기존의 총동원계획을 신속하게 확대 조정하여 시행할 것을 관계 각 청에 지시하였다. 그 첫 번째 지시는 9월 4일의 각의결정 '북지사변(중일전쟁)에 적용해야 할 국가총동원계획요강'이다. 이 요강은 기존의 총동원기본계획강령, 제2차 총동원기간계획강령을 확대하여 제3차 총동원기간계획을 수립할 것을 지시하고 있다. 그 내용은 자원 배당 및 보전, 국민정신, 노무, 산업, 무역, 식량, 운수, 재정, 금융, 사회시설, 방역, 경비(警備), 정보 및 선전 등에 관한 지침을 중심으로 하고 있다.

1938년 1월 20일 내각은 각의결정 '국책대강'을 발표하며 중일전쟁의 의미와 동아시아의 지배 의지를 천명하는 동시에 국가총동원태세의 완성을 지시하였다. 일제는 향후 4년간 군비 충실에 필요한 중요산업의 발전을 도모하는 한편, 전상병자 원호, 부조 조치, 공산주의 등 척결, 국민사상 지도 철저, 문교 쇄신 등을 강조하고, 물가·금융·사업·무역·교통·동력·노무 등의 국가적 통제와 비상시 재정계획의 확립을 지시하였다.

1937년 7월에 시작된 중일전쟁이 해를 넘겨서도 지속되고 전장이 더욱 확대되자, 마침내 일제는 4월 1일 국가총동원법을 공포함으로써 전시체제로 전환하고 일본과 외지, 점령지역의 모든 인적, 물적 자원을 국가가 직접 통제하고 동원하는 태세에 돌입하였다. 국가총동원법은 별도의 칙령인 '국가총동원법을 조선, 대만 및 화태에 시행하는 건'에 의해 5월 5일부터 조선에 적용되었다.

국가총동원법은 말 그대로 행정부와 군부가 물자는 물론이고 사람과 국가의 모든 자원을 강제로 통제하고 무한대로 동원할 수 있는 무소불위의 최상위 통제법령이다. 국가총동원법은 무기와 식량, 연료, 수송 물자 등의 총동원물자를 규정하고, 이러한 총동원물자의 생산·수리·배급·수출·수입 또는 보관에 관한 업무에서부터 운수, 통신, 금융, 가축, 위생, 교육, 시험연구, 정보, 선전, 경비 등을 총동원업무로 지정하고, 정부와 군부 등이 이에 필요한 모든 사람과 물자를 강제하고 동원할 수 있는 권한을 부여하였다.

특히 국가총동원법 제4조, 제6조는 제국 신민의 징용, 종업원의 사용, 고용, 해고, 임금, 노동조건에 필요한 명령을 강제하고, 제5조는 법인과 단체 등을 총동원업무에 종사시킬 수 있도록 강제하고 있다. 이를 통해 조선인은 일제의 총동원체제, 즉 강제동원 상태에 놓이게 되었다고 할 수 있다.

이후 일제는 국가총동원법에 기초하여 각종 인적, 물적 통제법령을 제정, 공포하였다.

1939년 중반에는 국가총동원법에서 명시한 총동원업무와 사업 등에 관한 일련의 칙령을 공포하였다. '총동원업무지정령(總動員業務指定令)', '총동원업무사업설비령(總動員業務事業設備令)', '총동원업무사업주계획령(總動員業務事業主計劃令)', '총동원시험연구령(總動員試驗研究令)' 등이다. 이는 주로 군수공업에 관한 공장 및 사업장을 총동원업무의 사업으로 지정하는 동시에, 해당 사업주에 대해 정부가 지정하는 특정 무기와 총동원업무에 필요한 물자를 생산하는데 필요한 설비를 징발하고 해당 사업장의 종업자를 징용하게 하고, 사업주가 총동원계획을 수립하고 이에 대한 훈련을 실시하고 정부가 이를 감독하는 내용 등을 담고 있다. 또한 총동원시험연구령은 국책 연구기관뿐만 아니라 각종 대학과 전문학교, 민간 연구소, 관련 시설과 공장, 사업장에 대해 정부가 지정한 군수물자와 무기 등의 실험과 연구를 강제할 수 있는 칙령이다.

우선 군수공업 등 생산력 확충에 긴요한 산업 부문에 투입할 기술직 노동력을 파악하고 동원하기 위해 '국민직업능력신고령'을 공포하였다. 그리고 전비 조달과 자원의 적정한 배분을 위한 수요 통제와 소작료 및 물가 통제 등에 긴요한 '가격 등 통제령(價格等統制令)', '총동원물자사용수용령(總動員物資使用收用令)', '소작료통제령(小作料統制令)' 등을 1939년 말에 잇달아 공포하였다.

진주만 공습 이후 전선이 아시아에서 태평양으로 확대되자, 일제는 전쟁의 규모가 방대해진 만큼 자원을 동원하고 총동원체제를 효율적으로 운용하기 위해 정부의 권한과 기능을 주요 산업단체에 이양하여 감독하게 하는 일련의 법령을 제정, 공포하였다. 예를 들면 체신대신(遞信大臣)이 주관하던 선박의 징발과 선원의 징용 및 해운업무 전반에 대한 통제와 운영을 선박운영회(船舶運營會)를 통해 추진한다든지, 철강·제철·석탄·광산·차량·기계·전기·철도 등 각 분야별 통제회를 조직하여 통제회가 해당 분야의 회원, 즉 관련 회사와 공장, 사업장, 판매 및 유통 관계자 등의 신고와 등록, 각종 인허가를 통제하게 하였다. 이를 위해 일제는 1942년 이래 '국가총동원법 제18조 규정에 따른 법인 등이 행정관청의 직권을 행사하는 건에 관한 법률', '전시해운관리령(戰時海運管理令)', '행정관청직권위양령(行政官廳職權委讓令)'과 그 시행규칙, '철도성 소관의 직권에 관한 행정관청직권위양령 시행규칙' 등을 공포, 시행하였다.

1943년 이후 전세가 급격히 불리해지면서 2년 간격으로 편성하던 국가총동원계획을 수정하고 이를 강화하는 조치들이 이루어졌다. 특히 일제는 패전할 때까지 국가총동원계획 자체를 크게 변경하기보다는 결전태세(決戰態勢)에 대비한 비상조치들을 남발하기에 급급하였다. 식량 가공·저축 철저에 관한 각의결정을 통해 알 수 있듯이, 이 무렵 일제 당국은 치밀하게 계획한 국가총동원계획 등을 제대로 이행할 수 없는 형편임에도 이를 전면 개정하기보다는 각종 비상조치들을 통해 턱없이 부족한 노동력과 물자를 무조건 끌어모으는 데 혈안이었음을 엿볼 수 있다.

전쟁 말기의 총동원체제는 현실과 괴리된 허황한 대의명분과 실현 불가능한 방책을 '강화'하고 '철저'히 하라는 지시만 반복하는 지경에 이르렀다.

이하에 번역, 수록한 주요 법령과 각의결정 등의 목록은 다음 표와 같다.

자료번호	법령 및 각의결정 등의 명칭	형태	제정·공포·결정일	쪽수
1	군수공업동원법	법률	1918. 4. 17	44
2	군수공업동원법을 조선, 대만 및 화태에 시행하는 건	칙령	1918. 10. 2	49
3	총동원계획설정처리업무요강안	각의결정	1929. 6. 18	51
4	잠정총동원기간계획 설정에 관한 방침의 건	각의결정	1930. 4. 1	56
5	총동원기본계획강령 규정의 건	각의결정	1930. 4. 8	60
6	국책기준	각의결정	1936. 8. 11	82
7	제2차 총동원기간계획강령 설정의 건	각의결정	1936. 8. 28	85
8	1936년도(昭和 11), 1937년도(昭和 12) 총동원계획 설정의 건	각의결정	1936. 9. 15	88
9	제2차 총동원기간계획강령 등 설정의 건	각의결정	1936. 12. 26	90
10	총동원경비계획잠정강령	각의결정	1936. 12. 26	93
11	국가총동원 준비에 관한 건	내각훈령	1937. 5. 27	121
12	북지사변(중일전쟁)에 적용해야 할 국가총동원계획요강	각의결정	1937. 9. 4	123
13	군수공업동원법의 적용에 관한 법률	법률	1937. 9. 10	132
14	군수공업동원법 적용에 관한 법률을 조선, 대만 및 화태에 시행하는 건	칙령	1937. 9. 18	134
15	국책대강	각의결정	1938. 1. 20	136
16	국가총동원법	법률	1938. 4. 1	139
17	국가총동원법을 조선, 대만 및 화태에 시행하는 건	칙령	1938. 5. 3	149

18	남양군도에서의 국가총동원에 관한 건	칙령	1938. 5. 4	151
19	국가총동원상 긴급을 요하는 제 정책의 철저 강행에 관한 건	각의결정	1938. 6. 23	153
20	1939년도(昭和 14) 국가총동원실시계획 설정에 관한 건	각의결정	1938. 9. 13	156
21	국민직업능력신고령	칙령	1939. 1. 7	158
22	1940년도(昭和 15) 이후 국가총동원계획 설정방침에 관한 건	각의결정	1939. 6. 16	164
23	총동원업무사업설비령	칙령	1939. 7. 1	168
24	총동원업무지정령	칙령	1939. 7. 5	171
25	총동원업무사업주계획령	칙령	1939. 7. 26	173
26	관동주국가총동원령	칙령	1939. 8. 26	176
27	총동원시험연구령	칙령	1939. 8. 30	178
28	국가총동원법 등 시행의 통할에 관한 건	칙령	1939. 9. 30	181
29	가격 등 통제령	칙령	1939. 10. 18	183
30	소작료통제령	칙령	1939. 12. 6	191
31	총동원물자사용수용령	칙령	1939. 12. 16	196
32	국민체력법	법률	1940. 4. 8	203
33	1940년(昭和 15) 국세조사시행령	칙령	1940. 5. 24	208
34	기본국책요강	각의결정	1940. 7. 26	212
35	국가총동원법 중 개정법률	법률	1941. 3. 3	216
36	국가총동원법 중 개정법률 시행기일의 건	칙령	1941. 3. 12	221
37	국정처리의 전시태세화에 관한 건	각의결정	1941. 7. 25	223
38	총동원업무지정령	칙령	1942. 1. 31	227
39	전시해운관리령	칙령	1942. 3. 25	229
40	국가총동원법에 기반을 둔 칙령에 의한 재단 등의 등기수속에 관한 건	사법성령	1942. 5. 20	241
41	1943년도(昭和 18) 국가총동원계획 등의 편성에 관한 건	각의결정	1943. 2. 19	245
42	1944년도(昭和 19) 국가동원계획 책정에 관한 건	각의결정	1943. 8. 3	248
43	총동원경비요강 설정에 관한 건	각의결정	1944. 8. 15	251
44	총동원업무지정령 중 개정	칙령	1945. 2. 28	266

자료 1	
군수공업동원법	
구분	법률 제38호
법령명/건명	군수공업동원법 軍需工業動員法
공포·개정·결정·폐지 연월일	공포 1918년 4월 17일[1]
구성	22개 조항, 부칙 없음
선행 규범·법령	징발령(徵發令, 1882. 8. 12. 太政官布告 제43호)
원문 일부	
주요 내용 및 특징	○ 국가총동원법의 토대가 되는 물자 및 인원 동원 법률 ○ 군수품 지정, 군수품 생산 공장, 사업장, 관련 토지, 가옥, 창고 등의 수용(收用)을 강제 ○ 군수품 생산 관련 공장 등의 종업원 사용을 강제 ○ 전시에 병역인 자를 군 수송기관 또는 사업장에 종사하도록 강제 ○ 전시의 징발, 징용, 수용, 공용(供用) 비밀보호 등에 관한 강제와 명령, 처벌 등을 망라
법령 적용 범위	제국 전역
관련 법령 통합·폐지 사항	
유사·파생 법령	국가총동원법(법률 제55호, 1938년 4월 1일)

---

[1] '공포일'은 천황이 법률을 재가하거나 제정한 날과 반드시 일치하지 않는다. 이하에서는 특별한 언급이 없는 경우, 일본의 법률정보DB 등에 공개된 '공포일'을 기준으로 하며, 법령 등의 번역문 상단에는 제정 또는 재가일을 기준으로 한다.

법률 제38호

1918년 4월 16일[2]

군수공업동원법
軍需工業動員法

제1조 본 법에서 군수품이란 다음 각 호에 열거하는 것을 가리킨다.

    1. 병기, 함정, 항공기, 탄약 및 군용 기구, 기계 및 물품

    2. 군용으로 공급할 수 있는 선박, 해륙(海陸)연락수송설비, 철도, 궤도 및 그 부속 설비와 기타 수송용 물건

    3. 군용으로 공급할 수 있는 연료, 피복, 식량 및 사료

    4. 군용으로 공급할 수 있는 위생(衛生)재료 및 수의(獸醫)재료

    5. 군용으로 공급할 수 있는 통신용 물건

    6. 위의 각 호에 열거한 것의 생산 또는 수리에 필요한 재료, 원료, 기구, 기계, 설비 및 건축 재료

    7. 위의 각 호에 열거한 것 이외에 칙령으로 지정한 군용으로 공급할 수 있는 물건

제2조 정부는 전시에 군수품의 생산 또는 수리를 위해 필요한 때에 다음 각 호에 열거하는 공장 및 사업장, 그리고 그 부속 설비의 전부 또는 일부를 관리하고 사용하거나 수용(收用)할 수 있다.

    1. 군수품의 생산 또는 수리를 하는 공장 및 사업장

    2. 전호(前號)에 열거한 공장 및 사업장에서 필요한 원료나 연료를 생산하고 또는 전력이나 동력을 발생하는 공장 및 사업장

    3. 위의 각 호에 열거한 공장으로 전용(轉用)할 수 있는 공장

제3조 정부는 전시에 군수품의 생산, 수리 또는 저장을 위해 필요한 때에 토지와 가옥, 창

---

2 이 날짜는 법률이 제정되었거나 천황이 재가한 날짜를 기준으로 한다. 법령 원문 이미지에 표시된 날짜와 일치하며, 개요표의 '공포일'과 반드시 일치하지 않는다. 이하 마찬가지다.

고, 기타의 공작물 및 그 부속 설비의 전부 또는 일부를 관리하고 사용하거나 수용할 수 있다.

정부는 전시에 필요한 때에 제1조 제2호에 열거한 물건의 전부 또는 일부를 관리할 수 있다.

제4조 위 2개조의 경우에 정부는 종업원을 공용(供用)[3]하도록 할 수 있다.

제5조 위 3개조의 규정에 따른 처분으로 인해 발생하는 손해는 정부가 이를 보상한다.

제6조 정부는 전시에 군수품 또는 제2조 제2호의 원료나 연료의 양도, 사용, 소비, 소득, 이동 또는 수출입에 관해 필요한 명령을 할 수 있다.

제7조 전시에 제1조에 열거한 건으로서 징발령(徵發令) 중에서 규정하지 않은 것을 사용 또는 수용하려고 할 때에는 징발령의 규정을 준용한다.

제8조 정부는 전시에 병역에 있는 자를 징병령(徵兵令)에 상관없이 칙령이 정한 바에 따라 소집하고, 군사수송기관 또는 제2조의 규정에 따라 정부가 관리하는 공장 또는 사업장의 업무에 종사하도록 할 수 있다.

제2조 각 호에 열거한 공장이나 사업장으로서 국가가 경영에 관여하는 것에 관해서는 전항(前項)의 규정을 준용한다.

제9조 정부는 전시에 칙령이 정하는 바에 따라 병역에 있지 않은 자를 징용하여 전조(前條)에 열거한 업무에 종사하도록 할 수 있다.

제10조 제2조 또는 제3조의 규정에 따라 수용된 공장, 사업장, 토지 또는 가옥과 기타 공작물 및 그 부속 설비를 사용하지 않기로 한 경우에, 수용된 때로부터 5년 이내에 불하할 때에는 구 소유자 또는 그 승계인이 우선적으로 매수할 수 있다.

제11조 정부는 군사상 필요한 때에 제2조 각 호에 열거한 공장 또는 사업장을 소유한 자 또는 관리자에 대해 그 사업에 사용할 설비, 기구, 기계, 종업원 또는 재료, 원료, 기구, 기계의 공급자, 또는 생산 발생, 수리의 능력, 또는 수량, 기타 사업의 상황에 대해 필요하다고 인정하는 사항의 보고를 명령할 수 있다.

제12조 정부는 군사상 필요한 때에 철도, 궤도, 선박, 해륙연락수송설비, 기타의 수송용 물

---

[3] '공용(供用)'이란 사용하도록 제공하는 것을 가리킨다.

건의 소유자 또는 관리자에 대해 차량, 궤도, 선박 또는 해륙연락수송설비의 수량, 구조, 수송능력, 종업원, 기타 필요하다고 인정하는 사항의 보고를 명령할 수 있다.

제13조 정부는 군사상 필요한 때에 군수품 또는 제2조 제2호의 원료나 연료의 거래 또는 보관을 업(業)으로 하는 자에 대해 그 거래의 상대방, 거래 또는 상황에 관하여 필요하다고 인정하는 사항의 보고를 명령할 수 있다.

제14조 정부는 군사상 필요한 때에 칙령이 정하는 바에 따라 제2조 각 호에 열거한 공장이나 사업장을 소유한 자 또는 전조에서 열거한 자로서 일정한 자격을 지닌 자에 대해 예산의 범위 내에서 일정한 이익을 보증(保證)하거나 또는 장려금을 교부할 수 있다. 이 경우에 정부는 그 자에 대해 군수품의 생산, 수리 또는 저장을 하도록 하거나 군사상 필요한 설비를 하도록 할 수 있다.

정부는 전항의 규정에 따라 이익보증 또는 장려금 교부를 받는 사업을 감독하고 이를 위해 필요한 명령이나 처분을 할 수 있다.

제15조 제5조의 규정에 따른 보상금 및 전조의 이익보증 또는 장려금의 산정과 제10조의 규정에 따른 불하가격은 군수평의회(軍需評議會)의 결의를 거쳐 정한다.

군수평의회에 관한 규정은 칙령으로 이를 정한다.

제16조 해당 관리 또는 공무원은 제11조부터 제13조까지의 규정에 따른 보고를 명령할 사항, 조사를 위해 또는 제14조의 규정에 따른 감독 또는 처분을 하기 위해 필요한 장소에 입회하여 검사를 하고, 조사자료의 제공을 요구하거나 종업원에 대해 질문을 할 수 있다.

제17조 공업적 발명에 관한 물(物) 또는 방법에 관해 미리 정부의 승인을 받아야 하는 사항 또는 설비에 대해서는 보고를 명령하고, 검사를 하고, 조사자료의 제공을 요구하거나 종업에 대해 질문을 할 수 있다.

제18조 이익보증 또는 장려금을 받는 사업을 승계한 자는 본 법 또는 본 법에 기반하여 발령한 명령, 그에 따라 이루어진 처분 또는 이익보증이나 장려금 교부 시 부여된 조건에 따라 전자의 권리의무를 승계한다.

제19조 다음 각 호의 하나에 해당하는 자는 3년 이하의 징역 또는 3,000엔 이하의 벌금에 처한다.

1. 제2조 또는 제3조의 규정에 따른 관리, 사용 또는 수용을 거부한 자

2. 제4조의 규정에 따른 공용을 거부한 자

제20조 제14조 제1항의 규정에 따른 명령을 위반한 자는 2년 이하의 징역 또는 2,000엔 이하의 벌금에 처한다.

전시에 전항의 죄를 범한 때의 벌은 전조와 같다.

제21조 다음 각 호의 하나에 해당하는 자는 1년 이하의 징역 또는 1,000엔 이하의 벌금에 처한다.

1. 제8조의 규정에 따른 소집에 응하지 않거나 동조(同條)의 규정에 따른 업무에 종사할 것을 거부한 자

2. 제9조의 규정에 따른 징용에 응하지 않거나 동조의 규정에 따른 업무에 종사할 것을 거부한 자

3. 제11조부터 제13조까지의 규정에 따라 명령을 받은 보고를 하지 않거나 허위의 보고를 한 자

4. 제14조 제2항의 규정에 따른 명령을 위반한 자

5. 제16조의 규정에 따른 해당 관리나 공무원의 직무집행을 거부하고 방해하거나 기피하고, 조사자료를 제공하지 않거나 허위의 조사자료를 제공하고 또는 질문에 대하여 허위의 진술을 한 자

제22조 해당 관리나 공무원 또는 그 직무에 있는 자가 본 법에 따른 직무를 통해 취득한 사업상의 비밀을 누설하거나 도용한 때에는 2년 이하의 징역 또는 2,000엔 이하의 벌금에 처한다. 해당 관리나 공무원이 제17조의 규정을 위반한 때 역시 마찬가지다.

직무상 전항의 비밀을 취득한 기타의 관리나 공무원인 자가 그 비밀을 누설하거나 도용한 때의 벌도 전항과 마찬가지다.

자료 2	
	군수공업동원법을 조선, 대만 및 화태에 시행하는 건
구분	칙령 제368호
법령명/건명	군수공업동원법을 조선, 대만 및 화태에 시행하는 건 軍需工業動員法ヲ朝鮮臺灣及樺太ニ施行スルノ件
공포·개정·결정·폐지 연월일	공포 1918년 10월 2일
구성	1개 조항, 부칙
선행 규범·법령	군수공업동원법(1918. 4. 17. 법률 제38호)
원문 일부	
주요 내용 및 특징	○ 군수공업동원법을 조선, 대만 및 화태에 시행하는 것을 명령 ○ 공포일로부터 시행 ○ 국가총동원법을 조선, 대만 및 화태에 시행하는 것의 전신
법령 적용 범위	조선, 대만, 화태
관련 법령 통합·폐지 사항	
유사·파생 법령	군수공업동원법의 적용에 관한 법률을 조선, 대만 및 화태에 시행하는 건(1937. 9. 18. 칙령 제505호) 국가총동원법을 조선, 대만 및 화태에 시행하는 건(1938. 5. 4. 칙령 제316호)

칙령 제368호

1918년 10월 1일

군수공업동원법을 조선, 대만 및 화태에 시행하는 건
軍需工業動員法ヲ朝鮮臺灣及樺太ニ施行スルノ件

군수공업동원법은 이를 조선, 대만 및 화태에 시행한다.

부칙

본 령은 공포한 날로부터 이를 시행한다.

자료 3	총동원계획설정처리업무요강안
구분	각의결정
법령명/건명	총동원계획설정처리업무요강안 總動員計劃設定處務要綱案
공포·개정·결정·폐지 연월일	결정 1929년 6월 18일
구성	2장 19개 조항, 별표 등
선행 규범·법령	군수공업동원법, 국가총동원계획
원문 일부	**総動員計画設定処務要綱案** 更新日：2012年12月20日 収載資料：国立公文書館所蔵公文別録　90　ゆまに書房　1997.5　8-18　当館請求記号：YC-98 昭和前半期閣議決定等凡例 -------- 総動員計画設定処務要綱案 昭和4年6月18日　閣議決定 第一章　通則 第一条　資源局ハ総動員計画ニ関シ一般統轄上必要ナル基本的事項ニ付総動員基本計画綱領ヲ立案ス其ノ内容概ネ左ノ如シ 一　総動員機関ノ組織ニ関スル事項 二　資源ノ配当及補填ニ関スル事項 三　資源ノ編成利用管理等ニ関スル事項 四　総動員ニ必要ナル情報宣伝及警備ニ関スル事項 五　戦時法令ノ準備ニ関スル事項 前項ノ基本計画綱領設定ニ付テハ資源局ハ基本計画設定ノ基準タルベキ一般方針ヲ立案スルコトヲ要シ各庁ハ一般方針ニ基キ各庁ノ担任ニ属スル事項ニシテ一般統轄上必要ナルモノニ付計画案ヲ作成シ資源局ニ提出スルコトヲ要ス 第二条　各庁ハ前条ノ基本計画綱領ヲ基準トシテ総動員計画ニ関シ各庁ノ担任ニ属スル事項ニシテ基本的ナルモノニ付各庁総動員基本計画ヲ設定ス 第三条　資源局ハ一定期間ニ適用スベキ総動員計画ニ関シ必要ナル事項ニ付総動員計画綱領ヲ立案ス其ノ内容概ネ左ノ如シ
주요 내용 및 특징	○ 자원국의 총동원계획의 일반 통할에 필요한 기본사항으로 총동원기본계획 강령 입안 ○ 1930~1932년(3개년)에 걸친 총동원 잠정기간계획 설정 ○ 전시에 대비하여 공급량과 수요량, 배당계획, 보전계획 작성 지시
법령 적용 범위	자원국, 자원담당관청, 자원수요관청, 각 청 등
관련 법령 통합·폐지 사항	
유사·파생 법령	국가총동원법

각의결정

1929년 6월 18일

총동원계획설정처리업무요강
總動員計劃設定處務要綱案

제1장 통칙

제1조 자원국은 총동원계획에 관하여 일반 통할(統轄)에 필요한 기본적 사항에 대해 총동원기본계획강령을 입안하는데, 그 내용은 대략 다음과 같다.

1. 총동원기관의 조직에 관한 사항
2. 자원의 배당 및 보전에 관한 사항
3. 자원의 편성, 이용, 관리 등에 관한 사항
4. 총동원에 필요한 정보, 선전, 경비에 관한 사항
5. 전시법령의 준비에 관한 사항

전항의 기본계획강령 설정에서 자원국은 기본계획 설정의 기준이 되는 일반 방침을 입안할 필요가 있으며, 각 청은 일반 방침에 따라 각 청의 담당에 속하는 사항으로서 일반 통할에 필요한 것에 대해 계획안을 작성하고 이를 자원국에 제출할 필요가 있다.

제2조 각 청은 전조의 기본계획강령을 기준으로 총동원계획에 관하여 각 청의 담당에 속하는 사항으로서 기본적인 것에 대해 각 청의 총동원기본계획을 설정한다.

제3조 자원국은 일정 기간 적용해야 할 총동원계획에 관하여 필요한 사항에 대해 총동원계획강령을 입안하는데, 그 내용은 대략 다음과 같다.

1. 일정 기간 적용해야 할 자원의 배당 및 보전에 관한 사항
2. 기타 일정 기간 적용해야 할 자원의 통제, 운영에 관한 사항

전항의 기간계획강령 설정에 대해서는 제1조 제2항의 규정을 준용한다.

제4조 각 청은 전조의 기간계획강령을 기준으로 일정 기간 적용해야 할 총동원계획에 관

하여 그 담당에 속하는 사항에 대해 각 청의 총동원기간계획을 설정한다.

제5조 제1조, 제3조의 계획강령을 보완, 수정할 필요가 있을 때에는 자원국이 각 청의 의견과 자료를 참조하여 수정안을 작성한다.

제6조 제2조와 제4조에서 각 청의 계획은 각 청이 이를 자원국을 경유하여 내각총리대신에게 보고하고 필요한 사항을 관계 각 청에 통지한다. 보완과 정정을 한 때 역시 이와 마찬가지다.

제7조 총동원계획사무는 각 청의 소관에 따라 각 청이 담당한다. 담당하는 구분은 대략 다음과 같다.

    1. 자원의 배당 및 보전에 관한 계획사무의 담당 구분은 〈별표 1〉에 따른다.

    2. 자원의 편성·이용·관리 등에 관한 계획사무와 더불어 총동원에 필요한 정보, 선전, 경비에 관한 계획사무의 담당 구분은 〈별표 2〉에 따른다.

각 청의 담당에 속하는 계획사무로서 다른 청과 관련된 것에 대해서는 해당 관청이 관계 각 청과 협의하고, 필요한 때에는 자원국과의 연락과 협조를 담당한다.

제2장 잠정기간계획 설정

제8조 기간계획은 우선 1930년부터 1932년까지 잠정적으로 설정한다. 그 사무의 과정은 대략 다음의 구분에 따른다.

    제1차년(1930년도) 기간계획 설정에 관한 준비 사무

    제2차년(1931년도) 기간계획강령 설정 사무

    제3차년(1932년도) 각 청의 기간계획 설정 사무

전항의 기간계획은 1933년도 이후 3년에 걸쳐 적용하는 것으로 하고, 군의 동원과 작전행동에 필요한 철도, 선박에 관한 계획과 기타 특별히 필요한 것에 대해서는 해마다 보완, 정정한다.

제9조 자원국은 기간계획 설정 시 해당 계획의 범위, 준비조사 범위와 정도, 양식, 기타 사무에 필요한 사항을 미리 관계 각 청에 통지한다.

제10조 자원의 배당 및 보전에 관한 계획사무를 담당하는 관청(자원담당관청)은 각 자원

에 대해 그 현황, 국민생활에 필요한 최소한도의 수요량, 전시공급력을 조사하여 자원국에 제출한다.

제11조 각 청(자원수요관청)은 전시에 소관 사무 수행에 필요한 자원에 대해 다음 각 호에 따라서 전시수요량을 조사하여 자원국에 제출한다.

  1. 개전 1차년의 수요량(개전 전의 분량을 포함한다.)은 1933년도로 한다.

  2. 각 청의 수요량은 개전 시 군의 전쟁준비 완료에 필요한 것, 개전 후 군용의 보급에 필요한 것, 전시 국가기관이 업무 수행에 필요한 것으로 구분한다.

    전항의 전시수요량의 조사와 제출에 대해서는 우선 육군성(陸軍省)과 해군성(海軍省)이 그 수요량을 제출하고, 자원국은 이에 따라 필요한 사항을 관계 각 청에 통지하고, 관계 각 청은 이에 따라 수요량을 추가하여 그 수요량을 제출한다.

제12조 자원국은 전조의 전시수요량 수령 후 잠정기간계획 설정의 기준이 되는 일반 방침을 입안한다. 그 내용은 대체로 다음과 같다.

  1. 지정 배당이 필요한 자원의 종류 또는 명칭, 수량과 그 수요 청의 명칭

  2. 자원 배당의 순위와 필요한 자원에 대해서는 배당의 대략적인 비율 또는 특별 지시

  3. 필요한 자원에 대해서는 배당의 시기, 기간 또는 장소

  4. 민수(民需)에 관해 특별히 지시해야 하는 사항

  5. 부족한 자원에 대해서는 배당에 관한 특별 지시와 더불어 보전 방법 및 시기에 관해 필요한 지시

  6. 대용품과 기타 전용에 의해 보전하는 경우에 필요한 때에 다시 이를 보전하는 방법

  7. 부족한 자원의 보전을 위해 필요한 경우 사용 또는 소비를 제한해야 할 자원의 종류와 정도

제13조 각 청이 전조의 일반 방침에 따라 사무를 수행하는 데 다시 자원이 필요한 때에는 제2차 수요량을 조사하여 자원국에 제출한다. 이후 조사의 절차는 자원국의 통지에 따라 여러 차례에 걸쳐 반복할 수 있다.

제14조 자원국은 제10조, 제11조 그리고 제13조의 규정에 따라 제출된 자원의 전시 공급력과 전시수요량을 심사하고 정리한다.

제15조 각 자원담당관청은 제12조의 일반 방침에 따라 자원의 수급 관련을 고려하고 기간계획강령 작성의 자료로서 자원의 배당 및 보전을 위해 일반 통할에 필요한 사항에 대한 배당계획강령안과 부족자원에 대한 보전계획강령안을 작성하여 자원국에 제출한다.

배당계획강령안은 각 자원별과 자원수요관청별로 구분하고 또한 현재 양과 현재 설비에서 생산충당할 수 있는 것과 보전계획의 실시에 따라 충당할 수 있는 것으로 구분한다.

보전계획강령안의 내용은 대체로 다음과 같다.

1. 부족자원 보전방책
2. 부족자원 보전 가능 시기
3. 보전계획강령의 설정을 위해 다른 청에 요구해야 할 사항

제16조 각 자원담당관청은 전조의 배당계획강령안과 보전계획강령안을 작성할 때 다른 청에 관련된 사항으로서 필요한 것을 자원국과 관계 각 청에 통지한다.

관계 각 청은 전항의 통지 등에 따라 다시 요구해야 할 사항을 자원국에 통지하고 자원국은 이를 자원담당관청에 통지하며 필요한 때 보충적 지시를 한다.

각 자원담당관청은 전항의 통지 등에 따라 계획강령안 작성에 필요한 보정을 한다.

위의 3개항의 절차는 필요에 따라 여러 차례에 걸쳐 반복될 수 있다.

제17조 자원국은 제15조의 규정에 따라 제출된 배당계획강령안과 보전계획강령안을 심사, 정리하고 기간계획강령에 포함되어야 할 자원의 배당 및 보전의 계획강령에 관한 최종안을 작성한다.

제18조 전조의 규정에 따른 계획강령에 근거하여 자원담당관청은 자원의 배당 및 보전에 관하여 기간계획을 설정하고, 자원수요관청은 자원의 취득, 사용에 관하여 각 청의 기간계획을 설정한다.

제19조 기간계획에 관하여 보고 또는 통지가 필요한 사항의 기한은 〈별표 3〉에 따른다.

표 (생략)

자료 4	
잠정총동원기간계획 설정에 관한 방침의 건	
구분	각의결정
법령명/건명	잠정총동원기간계획 설정에 관한 방침의 건 暫定總動員期間計劃設定ニ關スル方針ノ件
공포·개정·결정·폐지 연월일	결정 1930년 4월 1일
구성	5개 절
선행 규범·법령	총동원계획설정처리업무요강(1929. 6. 18. 각의결정)
원문 일부	暫定総動員期間計画設定ニ関スル方針ノ件 更新日 2012年12月20日 昭和前半期閣議決定等凡例 収載資料:国家総動員史 資料編 第1 石川準吉著 国家総動員史刊行会 1975.8 pp.13-21 当館請求記号:AZ-668-5 ……… 暫定総動員期間計画設定ニ関スル方針ノ件 昭和5年4月1日 閣議決定 昭和四年六月一八日閣議決定ヲ経タル総動員計画設定処務要綱ニ基キ昭和五年度乃至七年度ニ於テ設定スベキ暫定総動員期間計画ハ左記方針ニ依リ之ヲ設定スルモノトス 第一 暫定総動員期間計画ニ包含スベキ資源ノ種類ハ別表ニ依ル 第二 暫定総動員期間計画ニ於テ計画スベキ事項ノ範囲ハ左ノ各号ニ依ル 一 資源ノ配当及補填ニ関スル事項 二 前号計画ニ付必要ナル管制ニ関スル事項 三 総動員上必要ナル警備ニ関スル事項 第三 資源ノ配当及補填ニ関スル計画ノ程度ハ概ネ左ノ各号ニ依ル 一 計画ノ資源区分ハ別表ニ定ムル資源ノ分類ニ依ル 二 計画ノ地理的区分ハ内地、朝鮮、関東州(南満洲鉄道附属地ヲ含ム以下同ジ)、樺太及南洋群島トス但シ内地ニ付テハ必要ニ応ジ更ニ地方ノ区分ヲ為シ南洋群島ニ付テハ特ニ指示スル資源ニ
주요 내용 및 특징	○ 1930~1932년(3개년)의 총동원기간계획 설정방침 ○ 자원 배당과 보전에 관한 계획 설정방침 ○ 자원 배당과 보전에 필요한 관제 설정방침 ○ 경비에 관한 계획 설정방침 ○ 내지, 조선(조선-만주 철도 포함), 관동주, 화태, 남양군도별로 설정
법령 적용 범위	관할 각 청 및 조선 등
관련 법령 통합·폐지 사항	
유사·파생 법령	국가총동원법

각의결정

1930년 4월 1일

잠정총동원기간계획 설정에 관한 방침의 건
暫定總動員期間計劃設定ニ關スル方針ノ件

1929년 6월 18일 각의결정을 거친 '총동원계획설정처리업무요강'에 근거하여 1930년도부터 1932년도까지 설정해야 할 잠정총동원기간계획은 다음 방침에 따라 설정한다.

제1 잠정총동원기간계획에 포함해야 할 자원의 종류는 〈별표〉에 따른다.

제2 잠정총동원기간계획에서 계획해야 할 사항의 범위는 다음 각 호에 따른다.

    1. 자원의 배당 및 보전에 관한 사항

    2. 전호의 계획에 필요한 관제(管制)에 관한 사항

    3. 총동원에 필요한 경비에 관한 사항

제3 자원의 배당 및 보전에 관한 계획의 정도는 대략 다음 각 호에 따른다.

    1. 계획에서 자원의 구분은 〈별표〉에서 정한 자원의 분류에 따른다.

    2. 계획에서 지리적 구분은 내지, 조선, 관동주(남만주철도 부속지를 포함한다. 이하 같다.), 화태 및 남양군도로 한다. 단, 내지에 대해서는 필요에 따라 다시 지방별로 구분하고, 남양군도에 대해서는 특별히 지시한 자원이 아니면 이에 관한 계획을 설정하지 않는다.

    3. 국민생활에 필요한 최소한도의 수요량에 대해서는 우선 따로 정하는 바에 따르고 산정한 국민생활 수요량에 대해서는 대략 이를 충족할 수 있는 정도를 검토하는 데 그친다.

    4. 쌀, 철, 질산, 석탄, 석유에 대해서는 계획강령 외에 가능한 각 청별로 상세한 계획을 설정한다.

    5. 공장에 대해서는 〈별표〉의 공장 중에 육해군성이 관리, 사용 또는 수용(收用)하기 위해 배당해야 하는 공장에 한해서만 배당계획을 설정한다.

6. 철도 전반에 대해서는 개략적인 계획을 설정한다. 단, 조만(朝滿)철도(군사수송 제외)와 기타 군사수송에 관한 것에 대해서는 가능한 상세한 계획을 설정한다.

7. 기선에 대해서는 배 이름을 기준으로 육해군성에 배당해야 하는 것에 대해서만 배당계획을 설정하고, 해상수송력의 대강으로 배당해야 하는 것에 대해서는 개략적인 계획을 설정한다.

8. 해륙연락수송시설에 대해서는 〈별표〉의 항만에 대해 주요 설비, 선적하역능력, 부지 등에 관해 개략적인 계획을 설정한다.

9. 자동차에 대해서는 종류와 수량만으로 배당하는 계획을 설정하고, 이 배당에 관한 계획에 대해서는 내지에 한해 다시 주요 지방별로 구분한다.

10. 외국의 자원에 관한 사항은 일단 자료에 있는 것만 그 취득과 이용에 필요한 사항에 대해 별도로 정한다.

11. 대용품에 관한 사항은 대략 연구가 완료된 것으로 한정한다.

12. 보전에 관한 각 청의 계획은 특별히 지시한 것 외에 개략적인 계획을 설정한다.

13. 기타 각 청의 계획에 대해서는 별도로 정한다.

제4 자원의 관제에 관한 계획의 정도는 다음 각 호에 따른다.

1. 개전 전과 개전 초기 관제에 필요한 사항은 가능한 상세하게 계획한다.

2. 전호 이외에 대략 다음 사항에 대해 개략적인 계획을 설정한다.

    1) 주요 식량의 관제

    2) 주요 원료와 재료의 확보 및 배급 관제

    3) 연료 및 전력의 관제

    4) 주요 원료, 재료 및 성분의 수출입 관제

    5) 〈별표〉에 정한 항만의 항만업무 관제

    6) 주요 공업 관련 연구기관 관제

3. 쌀, 철, 질산, 석탄, 석유의 관제에 대해서는 특히 가능한 상세한 계획을 설정한다.

제5 총동원에 필요한 경비에 관한 계획은 다음 각 호에 따른다.

1. 경찰력 정비에 관한 사항에 대해 주로 경찰직원을 충실하게 증원하고 소집자에 대한 보충 계획을 설정한다. 구분은 내지, 조선, 대만, 관동주, 화태, 남양군도로 하고

이어서 중국에서의 영사경찰에 관한 것도 포함한다.
2. 다음 지역의 경비에 관해서는 가능한 상세하게 계획한다.

도쿄·요코하마(東京·橫浜), 나고야(名古屋) 지방, 오사카·고베(大阪·神戶) 지방, 히로시마(廣島) 지방, 시모노세키(下關) 및 기타큐슈(北九州) 지방, 니가타(新潟) 및 아키타현(秋田縣)의 유전 지방

별표
잠정총동원기간계획에 포함해야 하는 자원분류표 (생략)

주(註) (생략)

자료 5	
\multicolumn{2}{c}{총동원기본계획강령 규정의 건}
구분	각의결정
법령명/건명	총동원기본계획강령 규정의 건 總動員基本計劃綱領規定ノ件
공포·개정·결정·폐지 연월일	결정 1930년 4월 8일
구성	7장 111개 조항
선행 규범·법령	총동원계획설정처리업무요강(1929. 6. 18. 각의결정)
원문 일부	総動員基本計画綱領規定ノ件 更新日:2012年12月20日 昭和前半期閣議決定等凡例 収載資料:国家総動員史 資料編 第1 石川準吉著 国家総動員史刊行会 1975.8 pp.36-48 当館請求記号:AZ-668-5 -------- 総動員基本計画綱領規定ノ件 昭和5年4月8日 閣議決定 第一章 総則 第一条 総動員計画ノ目的ハ有事ニ際シ国防上国ノ全力ヲ最モ有効ニ発揮セシムル様一切ノ人的及物的資源ノ体用ヲ平時状態ヨリ非常時状態ニ移スニ在リ 第二条 総動員計画ハ国ノ全力ヲ挙ゲテ行フベキ戦争ニ対シ之ヲ設定シ其ノ範囲ハ資源ノ統制運用ニ関シ必要ナル一切ノ事項ニ亘ルモノトス 但シ事ノ軍機軍令ニ係ルモノノ設定ニ関与スルコトナシ 第三条 総動員計画ハ開戦ノ時ヲ基準トシ之ヲ設定スルモ開戦前ニ対スル計画ヲ包含スルモノトス 開戦前ニ対スル計画事項概ネ別表ノ如シ 第四条 開戦前及開戦直後ニ対スル計画ハ軍ノ戦争準備完了ヲ迅速確実ナラシメ爾後ニ対スル計画ハ長期戦ヲ顧慮シ戦争力ヲ維持増進セシムルヲ旨トス 第五条 総動員計画ニ包含スベキ資源ハ帝国ノ領域(関東州、南満洲鉄道附属地及南洋群島ヲ含
주요 내용 및 특징	○ 총동원기본계획 수립에 관한 총체적인 지시 ○ 자원의 배당, 보전, 편성, 관리, 노무, 식량, 산업, 연료, 전력, 무역, 국민교화, 보건, 원호, 경비 등 국가 전반에 대한 전쟁 전, 개전 직후, 장기전에 대비한 총동원계획의 수립과 이행을 지시함 ○ 이후 모든 총동원계획의 규범이자 1938년 국가총동원법의 전범이 됨
법령 적용 범위	제국 전역
관련 법령 통합·폐지 사항	
유사·파생 법령	국가총동원법

각의결정

1930년 4월 8일

총동원기본계획강령 규정의 건
總動員基本計劃綱領規定ノ件

제1장 총칙

제1조 총동원계획의 목적은 유사시 국방을 위해 국가의 최대 전력을 유효하게 발휘하도록 모든 인적 및 물적 자원의 실체와 사용을 평시상태에서 비상사태로 전환하는 데 있다.

제2조 총동원계획은 국가의 전력을 기울여야 할 전쟁에 대비하여 설정하며 그 범위는 자원의 통제와 운용에 필요한 모든 사항에 해당한다.

다만, 군기(軍機)·군령(軍令)에 관한 설정은 관련되지 않는다.

제3조 총동원계획은 개전 시점을 기준으로 하여 설정하되 개전 이전의 계획을 포함한다.

개전 이전의 계획사항은 대체로 〈별표〉와 같다.

제4조 개전 이전과 직후의 계획은 군의 전쟁준비 완료를 신속하고 확실하게 하는 데 있으며. 이후의 계획은 장기전을 고려하여 전쟁능력을 유지하고 증진시키는 데 있다.

제5조 총동원계획에 포함해야 할 자원은 제국의 영역(관동주, 남만주철도 부속지 및 남양군도를 포함한다. 이하 같다.)에 있는 것을 주로 하며 또한 이용에 필요하고 이용할 수 있을 것으로 전망되는 외국의 자원을 포함한다.

제6조 총동원계획의 내용인 자원의 배당, 보전, 그리고 관제는 다음의 방침에 따른다.

1. 전쟁 수행을 위해 필수불가결한 수요는 완전히 충족하는 것으로 한다. 다만, 국민 생활은 최소한도로 보장한다.
2. 자원 수요의 경중과 완급에 따라 그 우선순위를 매긴다.
3. 자원 수급의 통제는 각 자원별로 해마다 전반적으로 실시하는 것으로 하며, 그 실시는 필요에 따라 총동원 관구(管區)를 설정하여 실시한다.

제7조 총동원계획의 실시에 대해서는 해당 전쟁과 기타 사변의 특성 및 상황 변화에 즉각 대응하고, 특히 작전상의 요구를 고려하여 빈틈이 없도록 한다. 그리고 국외 출병 또는 사변에 대해서도 필요에 따라 적당히 그 일부를 실시할 수 있다.

제8조 총복원계획(總復員計劃)의 목적은 비상사태에 있는 자원의 실체와 사용을 원활하고 신속하게 평시상태로 전환함으로써 가장 유효하게 국력을 회복하는 데 있다.

제2장 자원의 배당 및 보전

제9조 자원의 배당은 중요하거나 공급이 곤란하여 특히 각 청이 배당할 필요가 있는 것에 대해 실시한다.

제10조 전쟁 수행을 위해 필수불가결한 수요에 대해 자원 배당의 우선순위는 다음의 방침에 따른다.

    1. 개전 시 군의 전쟁준비 완료에 필요한 자원(작전상 필요한 수송력, 통신력, 토지, 가옥, 창고와 기타 공작물 및 군기·병기 제작에 필요한 공장 포함)의 수요는 우선순위 1순위로 한다.

    2. 군용 보급 및 국가기관이 소관하는 업무 수행에 필요한 자원의 수요는 우선순위 2순위로 한다.

제11조 자원 배당의 특별원칙은 다음과 같다.

    1. 인원

    공장 및 사업장, 선박과 기타 설비의 종업원은 자원수요관청에서 특별한 수요가 없는 경우를 제외하고, 해당 설비와 함께 배당한다.

    2. 전력(電力)

    사용할 수 있는 전력을 배당하고 설비는 배당하지 않는다.

    3. 공장 및 사업장

    육해군성에서 관리, 사용 또는 수용해야 하는 것에 대해 이를 배당하고, 기타 각 청에서는 꼭 필요한 경우를 제외하고 이를 배당한다.

    4. 철도 및 궤도

이용할 수 있는 수송력을 배당하고 설비는 배당하지 않는다. 다만, 이송재료는 여기에 구애되지 않는다.

5. 선박

선박은 육해군성에서 배당하고, 기타 각 청에서는 이용할 수 있는 수송력을 기준으로 배당을 실시한다. 선박의 명칭 순서로 배당하지 않는다.

6. 육해연락수송설비

전호에 준한다.

7. 통신시설

육해군성에 배당하고, 기타 각 청에서는 통신력으로만 배당을 실시한다.

8. 토지, 가옥, 창고, 기타 공작물

정부에서 관리, 사용 또는 수용해야 할 것에 대해 배당한다.

9. 치료시설

전호에 준한다.

10. 재력(財力)

전비(戰費)는 배당하지 않는다.

제12조 자원의 모든 수요에 대해 전시공급력(현재 양과 현재 설비에 따른 모든 능력)이 부족한 것에 대해서는 이를 보전한다.

제13조 보전에 관해서는 수요의 경중과 완급, 자원의 특성 등을 고려하여 소요 시기에 소요량을 확보할 수 있는 적절한 방법을 강구한다.

제14조 인원의 충원에 대해서는 다음의 방침에 따른다.

1. 군사노무자는 완전히 충원할 수 있도록 한다.
2. 직접총동원노무자는 가능한 한 이를 충원하도록 힘쓴다. 이를 위해 필요하다면 군사상 허용할 수 있는 범위에서 육해군성 병역 관계자의 소집을 유예한다.

제15조 자원수요관청은 자원 배당의 수량 범위 내에서 이를 취득하여 사용하도록 한다.

제3장 자원의 편성, 이용, 관리 등

제1절 통칙

제16조 국론을 통일하고 국민의 단결을 공고히 하는 동시에 맡은 바 본분을 스스로 하도록 정신을 진작하는 조치를 강구한다.

제17조 전시경제조직의 이전을 특별히 신속하고 원활하게 하고 각종 조직의 유기적인 연계를 확보할 필요가 있다.

제18조 단체는 그 특성에 따라 전시의 목적에 적합하도록 관제한다. 특히 산업단체에 대해서는 다음 각 호에 따른다.

   1. 생산 및 수입의 유지와 증가, 더불어 수습의 조절, 배급의 적정과 원활을 기하기 위해 산업단체를 조장, 개편 또는 신설한다.

   2. 아래의 사업은 필요에 따라 특수한 기업단체가 이를 담당하게 하고 그 밖에 특별한 사정이 있는 경우에는 현재의 회사 등에 특별한 사명을 부여하여 추진하게 한다.

     1) 해운업

     2) 중요물자의 수입

     3) 식량의 배급

     4) 주요 연료 및 전력, 기타 주요 물자의 생산 및 배급

제19조 필요에 따라 미(未)이용 자원의 개발과 이용에 힘쓰는 동시에 외국 자원의 수입과 이용을 도모한다.

제20조 생산력 증가에 장해가 되는 각종 제한은 필요에 따라 완화하거나 철폐한다.

제21조 가격의 안정과 배급을 원활하게 하기 위해 대체로 다음의 조치를 강구한다.

   1. 배급조직의 규정(規正)

   2. 수송의 규정

   3. 상거래의 규정

     1) 매점매석의 금지, 기타 폭치 단속

     2) 계약과 기타 상행위에 대한 특별조치

4. 필요에 따라 물가, 임금, 요금, 운임 등을 규정

제22조 자원 확보에 필요한 물자의 소비를 제한하거나 금지한다.

제23조 전쟁에 따른 국민 손해의 보상 및 구제에 대해서는 대체로 다음 각 호에 따른다.

　　　1. 전쟁 수행을 위해 정부가 가한 다음 손해 중 필요가 있는 것은 이를 보상한다.

　　　　　1) 관리, 사용 또는 수용에 따른 공장 및 사업장 등이 받은 손해

　　　　　2) 징발령 적용에 따라 발생한 손해

　　　　　3) 경비상 필요에 따라 직접 발생한 손해

　　　2. 전호 외에 전쟁에 따른 다음 손해에 대해서는 이를 구제하는 조치를 강구한다.

　　　　　1) 산업관제상 제한하거나 금지로 인해 발생한 손해

　　　　　2) 기타 구제할 필요가 있는 손해

제24조 전시재해에 대한 특별한 보험제도를 설치한다.

제25조 적국과의 거래에 대해서는 대체로 다음의 조치를 취한다.

　　　1. 적국 및 적국인과의 거래는 금지한다.

　　　2. 전호 외에 적국을 이용해야 하는 거래는 금지한다.

제26조 적국재산관리에 필요한 조치를 취한다.

제2절 노무

제27조 노무에 관한 기초자료를 확보하기 위해 다음 각 호의 취지에 따라 전시국민등록제를 실시한다.

　　　1. 등록의무 설정의 범위는 상황에 따라 국민의 일부 또는 전부로 한다.

　　　2. 등록의무자는 본인 또는 관계자로 한다.

　　　3. 등록사항은 다음과 같다.

　　　　1) 씨명, 성별 및 연령

　　　　2) 병역관계별

　　　　3) 주소 및 거주지

　　　　4) 신체 상황

　　　　5) 직업, 경력, 기능 등

6) 부양가족

7) 노무에 관한 희망

제28조 노무관제를 위해 채택할 방책 중 일반적인 사항은 다음과 같다.

1. 노무의 관제는 중앙과 지방에서 노무관제관청을 특설하여 이를 담당하게 한다. 전항의 노무관제관청에는 정부, 사업주, 노동자 등의 대표자로 조직하고 자문기관을 부설한다.

2. 노무에 관한 자격요건과 기타 제한은 필요에 따라 이를 완화하거나 철폐하도록 한다.

3. 노무자의 고입은 원칙적으로 공익직업소개기관이 이를 실시하고 그 직업소개는 관계사업주와 노동자단체가 모두 서로 연락을 취하여 이를 실시한다.

4. 노무자의 해고에 일정한 제한을 두고 노무자의 전환을 원활하게 한다.

5. 노무의 경중 및 그 수요의 완급에 따라 충원의 순위를 정한다.

6. 각종 노무자에 대해 제반 사정을 비교, 검토하여 취업의 순위를 정한다.

제29조 전쟁 수행에 필요한 노무 충원을 위해 다음 각 호의 취지에 따라 국민노무제를 실시한다.

1. 제국 신민에 대해 병역 이외에 별도로 전쟁 수행에 필요한 노무에 취로할 의무를 설정한다.

2. 전호의 국민노무는 다음의 3종류로 나눈다.

    1) 군사노무

    2) 직접총동원노무

    3) 간접총동원노무

3. 군사노무는 육해군에 소속된 노무로 한다.

    직접총동원노무는 군사노무를 제외하고 전쟁 수행에 직접 필요한 노무로 하고, 다음의 노무에 취로할 것을 정한다.

    1) 관공서 소속의 노무

    2) 기업 경영에 관한 노무

    3) 군수산업에 관한 노무

        4) 수송통신에 관한 노무

        5) 무역에 관한 노무

        6) 금융에 관한 노무

        7) 특수기능자 양성에 관한 노무

        8) 발명, 고안, 기타 이와 유사한 노무

        9) 의료에 관한 노무

        10) 경비에 관한 노무

            간접총동원노무는 군사노무와 직접총동원노무를 제외하고 국민생활의 유지에 불가결한 노무에 취로하는 것으로 정한다.

    4. 국민노무의 충원방법에 대해서는 우선 합의에 따르고, 합의에 따를 수 없는 때에는 지정된 노무를 강제한다.

    5. 군사노무자는 육해군이 정한 통제에 복종한다.

        직접총동원노무자는 그 노무 수행에 관해 공무원에 준하는 책임을 지며 정부의 감독에 복종한다.

        간접총동원노무자는 그 전업에 대해 제한을 받는다.

제30조 노동쟁의의 예방 및 해결을 위해 취해야 할 방책은 다음과 같다.

    1. 노동쟁의의 원인이 되기 쉬운 사항은 정부가 관리한다.

    2. 특히 노사협조를 장려하고 사정에 따라 공장위원회와 기타 노사의 의사를 소통하는 기관을 설치하게 한다.

    3. 고용주의 불법 또는 부당한 조치에 대해 노무자가 구제청구를 한 경우에는 이를 특별히 간소하고 신속하게 처리한다.

    4. 노동쟁의는 알선조정 외에 필요에 따라 강제 중재제도로 해결한다.

    5. 주장을 관철하는 수단으로서 다음의 행위는 필요에 따라 이를 금지한다.

        1) 태업 또는 파업

        2) 공장 폐쇄 또는 해고

제31조 총동원에 필요한 특수기능자 양성을 위해 취해야 할 방책은 다음과 같다.

    1. 특수기능자 양성은 가능한 한 현재 시설을 이용하도록 힘쓰고 필요에 따라 이를

확장하거나 신설한다.

2. 양성과정은 실용과 신속에 주안을 두고 이를 편성한다.

3. 직공 양성을 위해 공장에 속성기관을 부설하도록 하는 한편, 교육기관의 상황에 따라 위탁제도를 병용하게 한다.

제32조 노무에 관해 특별히 실시해야 할 사항은 다음과 같다.

1. 아래 노무자의 고입을 장려하고 필요에 따라 그 고입에 관해 특전을 부여한다. 또한 필요한 작업시설을 제공한다.

   1) 실업자
   2) 전쟁 수행에 필요하지 않은 업무에 종사하는 자
   3) 부녀자
   4) 노인과 어린이
   5) 불구질환자

2. 부녀자, 노인, 어린이 및 불구질환자가 종사할 업무의 범위를 정하고 이들에게 업무를 소개하고 보도(輔導)한다. 이를 위해 특종 노무자에 적합한 일정한 작업 형태를 채택하고 이들의 취로를 쉽게 한다.

3. 죄수에 대해 필요한 노무를 부과한다.

4. 필요에 따라 포로에게 노무를 부과한다.

5. 단체에는 결성의 동기와 목적을 고려하여 이에 적당한 노무를 부과한다.

제3절 식량

제33조 주요 식량생산 유지의 방책으로서 대략 다음의 조치를 강구한다.

1. 농업 경영의 집약, 공지(空地)의 경작을 장려하고 필요에 따라 경작물을 지정하고 사업이 중단된 개간, 경지 정리, 용수·배수 간선 개량 등의 사업을 국영으로 한다.

2. 농업 운영을 위해 관유지의 불하와 대여를 쉽게 한다.

3. 경작의 지속에 필요한 사항을 규정한다.

4. 농업상의 분쟁은 주로 소작조정법의 적용과 농회 등의 알선조정으로 신속하게 해결한다.

5. 필요에 따라 학교의 생도로 하여금 농작의 원조를 하게 한다.
　　　6. 정촌경작조합, 이용조합 등의 설치를 장려하고 협동이용의 시설을 강구한다.
　　　7. 농업용 및 어업용 기계·기구, 경영재료의 생산을 유지하고 배급을 원활하게 한다.
　　　8. 비료의 생산, 소비, 배급을 원활하게 하기 위해 비료관리방책을 강구한다.
　　　9. 농업 및 어업 자금을 특별히 융통하는 방법을 강구한다.
제34조 주요 식량의 절약, 대용식의 이용을 확대하기 위해 대체로 다음의 조치를 취한다.
　　　1. 쌀을 주조하거나 제과원료로 하는 것을 제한하거나 금지한다.
　　　2. 주요 식량을 사료와 기타 용도로 사용하는 것을 제한하거나 금지한다.
　　　3. 혼식일 설정, 기타 대용식 혼식의 장려에 힘쓰고, 곡류의 도정비율과 제분비율을 정하고 조리법을 지도하는 등의 방법을 강구한다.
제35조 식량 배급의 적정과 원활을 기하기 위해 대체로 다음의 조치를 취한다.
　　　1. 식량의 생산 및 배급에 관한 공공단체 및 공익단체 사업을 장려하고 식량의 공급을 규정하는 동시에 구매조합과 기타 협동구입의 시설을 장려하는 등 배급의 연락을 유지하는 방법을 강구한다.
　　　2. 식량 수송의 순위를 정하는 등 그 이동을 규정한다.
　　　3. 주요 식량 및 중요 사료의 수출입은 정부가 관리한다.
　　　4. 주요 식량의 가격과 거래에 대해 필요한 규정을 실시한다.
　　　5. 쌀과 설탕에 관한 관리방책을 강구한다.
　　　6. 농업창고는 필요에 따라 정부가 관리한다.
　　　7. 식량 확보를 위해 필요한 때에는 현재 보유량을 신고하게 한다.
　　　8. 쌀, 보리의 국내 예비저장량을 정한다.
제36조 개인에 대한 식사정량을 정하고, 필요에 따라 특정한 주요 식량에 대해 개인당 배급량을 정하며, 구매권을 발행하여 각 시정촌(市町村)을 통해 이를 배급한다.

제4절 산업
제37조 군수산업으로서 생산력 유지와 증가가 곤란한 것에 대해서는 이를 조성하는 데 힘쓴다.

제38조 최소한도의 국민생활 보장에 필요한 산업은 이를 유지하는 데 힘쓴다.

제39조 국가적 산업은 전쟁에 직접 유효하지 않더라도 전쟁 수행에 지장이 없는 범위에서 이를 유지하는 데 힘쓴다.

제40조 전시에 비교적 유용하지 않은 산업은 필요에 따라 이를 제한하거나 금지한다.

제41조 전시에 타격을 받게 될 산업은 그 특성을 고려하여 가급적 전쟁 수행에 유효하게 이용한다.

제42조 전시에 유용한 산업에 대해서는 이를 가장 유효하게 이용하기 위해 필요에 따라 기업의 합병이나 합동 및 표준주의를 채용하는 등 기업의 합리화를 도모한다.

제43조 전쟁 수행상 특히 중요한 사업은 정부가 관리한다.(필요에 따라 그 일부 또는 전부를 국영으로 한다.)

제44조 전쟁 수행에 특별히 중요한 물자를 생산할 수 있는 공장 및 사업장 중에서 필요한 것은 정부가 관리, 사용 또는 수용한다. 다만, 주요 군수품의 생산에 특별히 필요한 공장 및 사업장은 육해군성이 직접 관리, 사용 또는 수용한다.

제45조 전쟁 수행에 중요한 원료와 재료 및 기성품에 대해서는 일반에서 소비를 절약하게 하고, 필요에 따라 그 소비를 제한 또는 금지한다.

제46조 전쟁 수행에 필요한 원료와 재료 및 기성품은 이를 완전히 충족하기 위해 공장 및 사업장의 확장, 신설 또는 이전 등을 통해 증산을 적극 도모하고, 주문의 배분을 규정한다.

제47조 전쟁 수행에 필요한 원료와 재료 및 기성품 중에서 군수에 특별히 중요한 것에 대해서는 이를 관제하기 위해 필요에 따라 다음의 조치를 강구한다.

   1. 보호조치

     1) 현재 보유량의 신고

     2) 저장의 규정

     3) 이동의 규정

     4) 사용의 규정

     5) 판매 및 가공의 규정

     6) 수출입의 규정

    2. 배급조치
        1) 수송 우선순위 설정
        2) 배급 우선순위 설정
        3) 배급기관의 특설
        4) 정부의 직접 공급

제48조 중요한 물자의 생산에 필요한 원료와 재료에 대해서는 이를 충분히 공급하기 위해 위의 3개조 외에 대용품의 사용, 폐품 및 불요품의 이용, 기성품의 재활용을 도모한다.

제49조 광산의 능력 증가 수단으로서 특별히 다음의 조치를 강구한다.
    1. 채광장, 선광장 및 제련장 간에, 그리고 외부와의 수송연락설비를 완비한다.
    2. 폐갱, 휴갱 등을 이용한다.

제50조 임산업에 대해서는 특별히 목재의 남벌을 방지하는 조치를 강구한다.

제51조 축산업에 대해서는 각 수요의 완급에 따라 이를 유지하고 증식하는 데 적극 힘쓰고 가축전염병의 예방조치를 취한다.

제52조 말[馬]의 확보와 증식에 대해서는 국내 마수와 각 수요의 관련을 고려하여 대체로 다음의 조치를 취한다.
    1. 이동의 규정
    2. 처분의 규정
    3. 우량마의 수입
    4. 종마와 암말의 적정 수 유지

제53조 수산의 유지를 위해 특별히 어장을 확보하는 조치를 강구한다.

제5절 연료 및 전력

제54조 일반에 연료의 소비를 절약하게 하고, 필요에 따라 소비를 제한하거나 금지한다.

제55조 연료의 증산에 대해서는 특별히 대규모 시굴을 하고 집약적 생산 조치를 강구한다.

제56조 연료의 합리적 이용을 도모하는 동시에 특히 석탄가스와 부산물의 강제 채취 조치를 강구한다.

제57조 대용연료를 증산하고 이것의 사용을 지정하거나 장려한다.

제58조 앞의 각 조 외에 연료의 관제는 다음 각 호에 따른다.

 1. 석유는 정부가 관리하며, 석탄은 필요에 따라 정부가 관리한다.

 2. 석유 관리는 다음에 따른다.

  1) 채유장과 제유공장의 관리

  2) 보유량의 신고

  3) 이동의 규정

  4) 사용의 규정

  5) 수출입의 규정

  6) 분배의 규정

 3. 석탄에 대해서는 제47조에 준하며 그 밖에 탄질과 수송 사정에 따라 분배를 규정한다.

제59조 전력 소비의 절약을 위해 다음의 조치를 취한다.

 1. 전등 장식의 제한 또는 금지

 2. 조명용 전력의 제한

 3. 위 2개 호 외에 전력 사용의 제한

제60조 전력은 필요에 따라 다음 각 호에 따라 정부에서 관리한다.

 1. 발전소 및 변전소 관리

 2. 송전선로의 관리

 3. 분배의 규정, 특히 전력배급 우선순위의 설정

제6절 운송통신

제61조 운송통신의 관제는 개전 초기에 작전상 요구에 따라 군의 전쟁준비 완료를 신속하고 확실하게 하는 데 있으며, 이후에는 장기간에 걸친 전쟁 수행에 용이하도록 그 수요의 완급에 따라 각종 운수통신기관의 모든 능력을 최대한 유효하게 발휘하는 데 주안을 둔다.

제62조 중요물자에 대해 그 수송 목적, 수송 시기, 수송량, 이용할 운송시설, 특히 육상수

송력과 해상수송력의 관계, 물자 이동의 변화, 배급조직 등을 고려하여 생산지, 집산지, 소비지를 적당하게 연계하는 전시수송계통을 설정한다.

제63조 철도 및 궤도는 필요에 따라 정부가 관리한다.

제64조 군용으로 공급된 것 외에 해운에 종사하는 선박은 필요에 따라 정부가 관리한다.

제65조 군용으로 공급된 것 외의 항공시설은 필요에 따라 정부가 관리한다.

제66조 전장과 작전상 특별히 필요한 지역에 요구되는 운송시설은 군이 관리한다.

제67조 수송물건에 관하여 그 수요의 중요성과 시기, 수송구간 등을 고려하여 수송의 우선순위를 정한다. 또한 수송능력 전반의 발휘에 필요한 지정, 제한 또는 금지를 실시한다.

제68조 국외에 있는 선박에 대해서는 개전에 앞서 소재지에 따라 출항이나 귀환의 시기 또는 귀환지역, 기항지 또는 항로를 지정하고, 필요에 따라 중요물자의 수송이나 정보 수집의 임무를 부과한다.

제69조 수송상태의 변화에 따라 필요한 운수시설 및 보관시설을 이동, 확장한다.

제70조 각 지방의 상황에 따라 소규모 운송수단을 적당하게 이용한다.

제71조 각종 수송의 연락을 확보하고 특히 육상수송과 해상수송 간의 연락 및 철도수송과 소규모 운송 간의 연락을 원활하게 한다.

제72조 각종 항만업무기관의 연락을 긴밀하게 하고 필요에 따라 각 지역마다 적당한 기관을 설치하여 항만업무를 관제한다.

제73조 수송력의 낭비를 예방하고 수송능력을 발휘하도록 특히 포장의 규정, 복행(復行)수송장비의 이용, 교차수송의 방지, 기타 수송속도의 조절 등의 조치를 취한다.

제74조 통신력 수요의 변화에 따라 각종 통신시설의 모든 능력을 발휘하기 위해 전시통신계통을 설정하고 필요한 시설을 변경하며, 필요에 따라 통신의 방법, 종류, 시간 등에 대해 지정, 제한 또는 금지한다.

제75조 방송, 무선전화 시설은 필요에 따라 정부가 관리한다.

제76조 전장과 작전상 특히 필요한 지역에서 요구되는 통신시설은 군이 관리한다.

제77조 무선전신 및 무선전화에 대해서는 원활하고 확실하게 관제하고 특히 다음의 조치를 취한다.

1. 주파수, 시간, 전략 등은 관계 각 청에서 협정을 정한다.
2. 무선전신 및 무선전화의 불법시설 및 불법사용을 철저히 단속하고, 필요에 따라 시설(施設)무선전화의 사용을 제한하거나 금지한다.
3. 군이 관리하는 것 이외의 무선전신전화에 대해서는 그 소재지와 설비에 따라 전쟁 수행에 필요한 임무를 부과한다.

제78조 전화 및 무선전화에 대해서는 그 우선사용에 대해 필요한 조치를 취한다.

제79조 은어 및 비사(秘辭), 기타 비밀통신은 이를 제한하거나 금지한다. 필요에 따라 전보에 사용하는 외국어를 제한한다.

제80조 통신력 수요의 변화에 따라 필요한 통신시설 등을 확장하고, 특히 해저전선을 시급하게 시설하는 데 필요한 조치를 취한다.

제81조 운수통신시설의 천재지변과 기타에 의한 손해의 예방과 복구, 기타 교통상의 안전 확보를 위해 필요한 조치를 취한다.

주(主)운송통신선에 발생하는 장해를 고려하여 부(副)운송통신선을 미리 정해 놓는다.

제7절 무역

제82조 무역의 관제는 전국적으로 실시한다.

제83조 전쟁 수행에 필요한 중요물자에 대해서는 수출을 금지하며, 필요에 따라 수출금지 품목을 정한다.

외국 시장을 목적으로 하는 물자의 수출은 전쟁 수행을 저해하지 않는 한 이를 적극 장려한다.

제84조 전쟁 수행에 필요한 중요물자는 안팎의 정세에 따라 관세의 경감 또는 철폐 등의 방법으로 이를 적극적으로 수입하는 데 힘쓴다.

제85조 중요물자의 수입은 정부가 관리하며, 해외의 원산지 또는 조달지에 특수구매시설을 설치하는 등의 조치를 취한다.

제86조 전비는 임시군사비와 총동원비로 하며 각각 개전 전의 전쟁준비에 필요한 경비, 개전 후 전쟁준비완료에 필요한 경비, 전쟁계속에 필요한 경비로 구분한다.

임시군사비는 육해군에 소요되는 경비로 한다.

총동원비는 총동원 실시에 필요한 다음의 경비로 한다.

1. 총동원기관의 편성과 유지 및 총동원사무에 필요한 경비
2. 전쟁에 직접 필요한 국영사업의 창설 또는 확장 및 그 유지에 필요한 경비
3. 전쟁에 직접 필요한 민간사업, 특히 군수산업의 조성에 필요한 경비
4. 전역(戰役)종사자의 가족, 전사자 및 전병사자의 유족 등의 구호와 부조에 필요한 경비
5. 위의 각 호 외에 오로지 총동원업무 수행에 필요한 경비

제87조 임시군사비는 사건의 개시로부터 그 종결까지를 하나의 회계연도로 하는 특별회계를 설치한다.

전비예산은 가능한 한 탄력성이 있도록 간소한 형식으로 편성한다.

제88조 중앙과 지방의 모든 기존 경비에서 절약을 단행한다.

전쟁 수행에 필요한 경우를 제외하고, 신규사업은 인정하지 않는다.

제89조 전시세제에 대해서는 대체로 다음 각 호에 따른다.

1. 조세수입을 공채이자 이외의 전비 변제에도 충당하도록 힘쓴다.
2. 전시세(戰時稅)를 폭넓게 설정한다. 특히 전시이득과 기타 불로이득 및 사치품 등에 중과세한다.
3. 일반에 대한 증세는 국민생활을 현저하게 압박하지 않도록 힘쓴다.

제90조 전쟁 수행에 필요한 경우를 제외하고, 중앙과 지방 및 민간 모두에서 채권 발행을 억제한다.

채권 발행에 대해서는 특히 전쟁 수행에 유용하지 않은 사업에 대한 민간투자의 흡수에 힘쓰고, 소액공채·애국공채 등을 발행하는 방법을 강구한다.

제91조 금(金)의 인출 및 유출을 방지하거나 화폐의 충실에 관한 조치를 취한다.

제92조 통화 증가를 위해 은행권 발행 제한의 완화, 소액지폐 및 보조화폐의 증발, 전투 지역에서 유통시킬 특별통화 발행의 조치를 취한다.

제93조 개전 전후의 환율, 공채, 기타 주요 유가증권의 폭락, 은행예금인출사태, 금융경색 등에 대한 응급조치를 강구한다.

제94조 전시산업, 전시금융의 편의를 도모하며 주요 금융기관의 연합조직, 산업조성채권 발행 등의 조치를 취한다.

제8절 기타

제95조 국민교화(國民教化)에 관해서는 다음 각 호에 따른다.

1. 애국교육의 보급, 기타 전쟁 수행에 필요한 교화의 조치를 취한다. 전쟁 수행에 유해한 선전, 사교, 송신 등의 유행을 방지한다. 국민교화를 실시할 때에는 교육기관과 관련 단체들을 적극 이용하도록 한다.
2. 교육은 평시와 같이 유지하되 필요에 따라 학과 과정과 그 정도를 개폐한다. 다만, 직업교육과 전문교육의 경우 필요한 것은 제31조의 각 호에 준거하여 전쟁 수행의 목적에 적합하도록 힘쓴다.

제96조 국민보건에 관해서는 다음 각 호에 따른다.

1. 특히 전시에 발생하거나 증가할 우려가 있는 전염병과 기타 질병의 예방에 힘쓴다.
2. 다음 지역에 대해서는 특별히 방역을 철저히 한다.

    1) 전투지역과 교통이 빈번한 지역

    2) 개항지

    3) 중요한 공장 및 사업지대

    4) 물자, 특히 식량의 대규모 집산지

    5) 중요 도시의 수원지

    6) 주택밀집지역

3. 치료관계자, 의료품 및 치료설비의 부족에 대응하는 데 필요한 조치를 강구하며 필요에 따라 특수한 의료품과 치료설비는 정부가 관리한다.
4. 다음에 해당하는 자에 대해서는 보건상 필요한 조치를 취한다.

    1) 임산부 및 유아

    2) 전시에 새로 노무에 종사하는 부녀자, 노인, 어린이 및 불구자, 그리고 노무량이 급격히 증가한 자

제97조 과학연구에 관해서는 다음 각 호에 따른다.

    1. 과학연구기관(공장 및 사업장 등에 부속하는 것을 포함한다. 이하 같다)으로서 전쟁 수행에 필요한 것은 단일 기관이 이를 관제한다.

    2. 중요한 과학연구기관은 필요에 따라 정부가 관리한다.

    3. 필요에 따라 과학연구기관의 조직을 변경하고 필요한 과학연구기관에 대해서는 연구항목, 연구담당자, 기타 연구에 관한 사항을 지정한다.

제98조 발명, 고안 및 저작의 관제에 대해서 특별히 필요한 조치를 취한다.

제99조 보호 및 구제에 관해서는 다음 각 호에 따른다.

    1. 전사자 및 전병사자의 유족, 전몰종사자 및 그 가족, 그리고 전병자 및 그 가족에 대한 위문과 구호에 관해 필요한 조치를 강구한다.

    2. 특히 무직자와 기타 소액소득자에 대한 간이금융, 간이식당, 탁아설비 등 보호시설을 강구한다.

    3. 전시에 축소 또는 휴지시켜야 할 기업의 관계자에 대해서는 미리 그 실업구제 조치를 취한다.

제4장 총동원에 필요한 정보, 선전 및 경비(警備)

제1절 총동원에 필요한 경비

제100조 총동원에 필요한 경비(이하 '경비'라 약칭한다.)는 자원의 궤멸을 방지하고 치안을 유지하며 기타 국방의 목적 달성을 방해하는 모든 행위를 배제하는 데 목적을 둔다.

제101조 경비는 관계 각 청의 경찰력을 주체로 한다. 또한 필요한 모든 관계 기관과 단체가 이를 시행한다. 군이 시행하는 경비와 밀접한 협조 및 연락을 유지한다.

제102조 개전 시 경비는 특히 신속과 철저를 기하기 위해 특별한 조치를 강구한다.

제103조 경비상 일반적으로 고려해야 할 사항은 대략 다음과 같다.

    1. 경비담당관청 상호 간의 밀접한 협조와 연락

    2. 정보, 선전에 관한 기관과 밀접한 연락

3. 경비통신망의 정비

4. 사고 발생에 대한 응급처치

5. 경비원에 관한 조치

제104조 군기(軍機)와 총동원상 기밀보호를 위해 대체로 다음 사항을 철저히 한다.

1. 간첩 단속

2. 통신 단속

3. 신문, 기타 출판물 단속

4. 내외국인의 출입국 및 여행 단속

5. 기타 군기 및 총동원 기밀에 접촉하는 자의 특별 단속

제105조 치안유지와 기타 국방 목적 달성에 유해하거나 위험한 행동과 선전 등을 방지하기 위해 필요에 따라 다음의 조치를 강구하며 이를 철저히 이행한다.

1. 유언비어 단속

2. 요시찰인물에 대한 조치

3. 파업, 태업 및 공장 폐쇄 금지

4. 각종 계급투쟁의 방지와 금지

5. 국외에서의 음모와 기타 각종 운동에 대한 적당한 조치

6. 총포화약류, 기타 위험물 단속

7. 기타 국방 목적 달성에 유해하거나 위험한 언론, 결사, 시위운동, 기타 행위의 단속

제106조 전시의 범죄에 대해서는 비상시 정세에 적합하도록 특별한 조치를 취한다.

제107조 내지 이외의 제국 영역에서의 경비에 대해서는 특별히 세심하게 고려하고, 사고 발생을 미연에 방지하도록 힘쓴다.

제108조 전력시설, 공장 및 사업장, 그리고 철도, 궤도 및 통신시설의 직접 경비는 주로 종업원이 직접 수행하고, 필요에 따라 경찰관과 기타의 자가 원조한다.

경비에 대해 특별히 조치해야 할 사항은 대체로 다음과 같다.

1. 화재 예방 및 소방기관의 정비

2. 군사상 비밀의 보호

3. 중요 설비 개소의 방호

4. 경비 분담을 명시하고 협동과 연락을 긴밀하게 할 것

5. 종업원의 불온한 행동 방지에 대한 응급조치

제109조 일반의 통신 단속에 대해서는 특별히 통신의 조직적, 과학적 검열을 장려하고 대체로 다음의 조치를 취한다.

1. 비밀통신에 관한 자료의 수집

2. 비밀통신 검열을 위한 전문기술원의 양성

3. 기타 통신의 검열 및 단속에 관한 시설의 정비

제110조 주요 경비지역의 경비는 대체로 다음 각 호에 따른다.

1. 주요 경비지역의 범위는 대체로 다음과 같다.

    1) 대묘(大廟) 소재지

    2) 6대 도시

    3) 위수지 및 요새 소재지

    4) 군항, 요항지 및 주요한 항만

    5) 주요한 공업, 광업 지역

    6) 중요한 자원 집적지

    7) 주요 수송통신계통에서 중요 지역

2. 주요 경비지역에서 일반적으로 경비가 필요한 것은 대략 다음과 같다.

    1) 주요 관공서

    2) 상수도시설

    3) 발전, 송전, 변전 및 배전 시설

    4) 가스공급시설

    5) 중요한 공장 및 사업장

    6) 중요한 수송통신시설

    7) 주요한 은행, 거래소, 시장 및 창고

    8) 주요한 교육기관, 과학연구기관 및 역사적 기념물

3. 주요 경비지역의 경비에 대해 특별히 조치해야 할 사항은 다음과 같다.
   1) 선전 단속
   2) 기밀 보호
   3) 수도 단절에 대한 응급조치
   4) 방화, 특히 특별방화구역 및 피난소 설정, 그리고 동시에 여러 곳의 발화와 중요 자원 방호에 대한 조치
   5) 방역, 방독
4. 항만의 경비에 대해서는 특별히 다음 사항을 철저히 한다.
   1) 해륙(海陸)연락수송설비의 경비
   2) 출입선박의 단속
   3) 밀수출입 단속
   4) 침전·침하물에 대한 경계

제111조 방공에 필요한 경비는 군의 방공계획에 따라 관계 각 청이 대체로 다음 사항에 대처해야 한다.
   1. 방공에 관한 경계 및 통신
   2. 등화, 음향, 신호 등의 관제
   3. 소방, 방독, 피난, 구호, 교통정리 및 경보의 전달
   4. 경비를 위한 시민의 조직적 훈련

제2절 총동원에 필요한 정보 및 선전

(별도로 입안한다.)

제5장 총동원기관의 조직

(별도로 입안한다.)

제6장 전시법령의 준비

(별도로 입안한다.)

제7장 총복원

(총동원계획의 진척에 따라 별도로 입안한다.)

별표

개전 전에 대한 계획사항

(생략)

자료 6

	국책기준
구분	각의결정
법령명/건명	국책기준 國策ノ基準
공포·개정·결정·폐지 연월일	결정 1936년 8월 11일
구성	2절 7개 항목
선행 규범·법령	
원문 일부	**国策ノ基準** 更新日：2012年12月20日 昭和前半期閣議決定等凡例 収載資料：昭和社会経済史料集成　第2巻　大久保達正（他）　大東文化大学東洋研究所 1980.3　pp.291-292　当館請求記号：GB631-37 ……… 国策ノ基準 昭和11年8月11日　閣議決定 一、国家経綸ノ基本ハ大義名分ニ即シテ内国礎ヲ強固ニシ外国運ノ発展ヲ遂ゲ帝国ガ名実共ニ東亜ノ安定勢力トナリテ東洋ノ平和ヲ確保シ世界人類ノ安寧福祉ニ貢献シテ茲ニ肇国ノ理想ヲ顕現スルニアリ 帝国内外ノ情勢ニ鑑ミ当ニ帝国トシテ確立スベキ根本国策ハ外交国防相俟ツテ東亜大陸ニ於ケル帝国ノ地歩ヲ確保スルト共ニ南方海洋ニ進出発展スルニ在リテ其ノ基準大綱ハ左記ニ拠ル (一)東亜ニ於ケル列強ノ覇道政策ヲ排除シ真個共存共栄主義ニヨリ互ニ慶福ヲ頒タントスルハ即チ皇道精神ノ具現ニシテ我対外発展政策上常ニ一貫セシムベキ指導精神ナリ (二)国家ノ安泰ヲ期シ其ノ発展ヲ擁護シ以テ名実共ニ東亜ノ安定勢力タルベキ帝国ノ地位ヲ確保スルニ要スル国防軍備ヲ充実ス (三)満洲国ノ健全ナル発達ト日満国防ノ安固ヲ期シ北方蘇国ノ脅威ヲ除去スルト共ニ英米ニ備ヘ日満支三国ノ緊密ナル提携ヲ具現シテ我力経済的発展ヲ策スルヲ以テ大陸ニ対スル政策ノ基調トスルト之ガ遂行ニ方リテハ列国トノ友好関係ニ留意ス (四)南方海洋殊ニ外南洋方面ニ対シ我民族的経済的発展ヲ策シ努メテ他国ニ対スル刺戟ヲ避ケツ
주요 내용 및 특징	○ 제국의 근본 국책으로 외교와 국방을 전면에 내세움 ○ 만주, 중국에 대한 지배 의지와 소련 위협 제거 노골화 ○ 남방 해양 진출, 발전을 목표로 천명 ○ 개전에 대비하여 만주와 조선에 주둔한 병력 충실 ○ 미 해군에 대비하여 서태평양 제해권 확보를 위한 병력 충실 ○ 사실상 전쟁을 염두에 둔 국방, 산업, 행정, 해운 및 항공 분야의 대비 지시
법령 적용 범위	제국 전역
관련 법령 통합·폐지 사항	
유사·파생 법령	국가총동원법

각의결정

1936년 8월 11일

국책기준
國策ノ基準

1. 국가경륜의 기본은 대의명분에 따라 국내의 기초를 강고하게 하고 국제관계의 발전에 따라 제국이 명실공히 동아시아의 안정 세력이 되어 동양의 평화를 확보하고 세계 인류의 안녕과 복지에 공헌함으로써 이에 국가의 이상을 실현하는 데 있다.

   제국 안팎의 정세를 감안하여 현 단계에서 제국이 확립해야 할 근본국책은 외교와 국방인데, 동아시아 대륙에서 제국의 지위를 확보하는 동시에 남방 해양에 진출, 발전함에 있어 그 기준과 대강은 다음과 같다.

   1) 동아시아에서 열강의 패도(覇道)정책을 배제하고 진정한 공존공영을 통해 상호 큰 복을 나누려는 것은 황도(皇道)정신을 구현하는 데 있는데, 이는 우리와 외국이 서로 발전하는 정책에서 항상 일관되어야 하는 지도정신이다.

   2) 국가의 안태(安泰)를 기하고 그 발전을 옹호함으로써 명실공히 동아시아의 안정 세력인 제국의 지위를 확보하는 데 필요한 국방과 군비를 충실히 한다.

   3) 만주국의 건전한 발전과 일본과 만주의 국방상 안전을 기하고 북방 소련의 소련의 위협을 제거하는 동시에 영미에 대해 일본, 만주, 중국 3국의 긴밀한 제휴를 구현하여 우리의 경제를 발전시키는 것을 대륙에 대한 정책의 기조로 삼는다. 그리고 이를 수행할 때 여러 나라와 우호적 관계를 유지하는 데 유의한다.

   4) 남방 해양, 특히 외남양(外南洋) 방면에 대해 우리 민족의 경제적 발전을 이루는 데 노력하여 다른 나라를 자극하지 않도록 하면서 점진적이고 평화적인 수단으로 우리 세력의 진출을 도모함으로써 만주국의 완성과 더불어 국력의 충실을 강화한다.

2. 이상의 근본국책을 구축함으로써 내외의 제반 정책을 통일, 조정하고 현재 정세에 따라 정치를 일신하는 요강은 다음과 같다.

1) 국방, 군비의 조정
    (1) 육군 군비는 소련이 극동에서 사용할 수 있는 병력에 대항할 수 있도록, 특히 극동에 배치된 병력에 대해 개전 초기에 일격을 가할 수 있도록 만주와 조선에 주둔한 병력의 충실을 기한다.
    (2) 해군 군비는 미국 해군에 대해 서태평양의 제해권을 확보하는 데 충분한 병력을 충실하게 조정한다.
2) 외교방책은 1의 근본 국책을 원만하게 수행하는 것을 기본으로 하여 이를 종합하고 쇄신한다. 군부는 외교기관의 활동을 유리하고 원만하게 추진할 수 있도록 내면적인 원조에 힘쓰며 표면적인 공작은 피한다.
3) 정치행정기구의 쇄신, 개선 및 재정은 경제정책의 확립과 기타 제반 시설의 운영으로 하는데, 위의 근본 국책에 조응시킨다.
    (1) 국내 여론을 지도, 통일하여 비상시국의 타개에 관해 국민의 각오를 다지게 한다.
    (2) 국책의 수행에 필요한 산업과 중요한 무역의 진흥을 기하기 위해 행정기구와 경제조직에 적절한 개선을 가한다.
    (3) 국민생활의 안정, 국민체력의 증강, 국민사상의 건전화에 대해 적절한 조치를 강구한다.
    (4) 항공과 해운 사업의 약진을 위해 적당한 방책을 강구한다.
    (5) 국방 및 산업에 필요한 중요 자원과 원료에 대해 자급자족 방책의 확립을 촉진한다.
    (6) 외교기관의 쇄신과 동시에 정보, 선전조직을 충실히 대비하고 외교기능과 대외문화의 발양을 활발히 전개한다.

자료 7	
\multicolumn{2}{c}{제2차 총동원기간계획강령 설정의 건}
구분	각의결정
법령명/건명	제2차 총동원기간계획강령 설정의 건 第2次總動員期間計劃綱領設定ノ件
공포·개정·결정·폐지 연월일	결정 1936년 8월 28일
구성	12호
선행 규범·법령	총동원계획설정처리업무요강(1929. 6. 18. 각의결정)
원문 일부	**第2次総動員期間計画綱領設定ノ件** 更新日：2012年12月20日 昭和前半期閣議決定等凡例 収載資料：国家総動員史　資料編　第1　石川準吉著　国家総動員史刊行会　1975.8　pp.133-135　当館請求記号：AZ-668-5 ……… 第2次総動員期間計画綱領設定ノ件 昭和11年8月28日　閣議決定 総動員計画設定処務要綱ニ基キ第二次総動員期間計画綱領ヲ別冊ノ通設定ス （別冊ハ全部参拾弐冊、資源局ニ返却シ、同局ニ保管ス） 別冊第二次総動員期間計画綱領目録 第一号　食糧計画 （資計H三五一号） 第二号　（食糧、衣料以外ノ）農林、畜産原料計画 （資計H五一五一号） 第三号　鉄類計画 （資計H三七九〇号）（資計H三七九一号） 第四号　非鉄金属及非金属鉱物計画 （資計H三九九五号）（資計H三九〇号）（資計H四一九〇号） 第五号　工業薬品、医療品、油脂類、窯業製品、船底塗料計画 （資計H四五五六号）（資計H四五六〇号） 第六号　工作機械計画 （資計H五七五〇号）（資計H五七五一号）
주요 내용 및 특징	○ 총동원계획설정처리업무요강에 따라 제2차 총동원기간계획강령을 설정 ○ 전쟁에 대비하여 중요 자원과 시설을 총동원하는 계획에 관한 강령 ○ 식량, 농림·축산원료, 철금속, 비철금속, 공업약품 등, 공작기계, 석탄 등, 석유, 선박, 항만, 자동차, 통신설비의 12개 항목에 걸친 강령
법령 적용 범위	제국 전역
관련 법령 통합·폐지 사항	
유사·파생 법령	국가총동원법

각의결정

1936년 8월 28일

제2차 총동원기간계획강령 설정의 건
第2次總動員期間計劃綱領設定ノ件

총동원계획설정처리업무요강에 따라 제2차 총동원기간계획강령을 별책과 같이 설정한다. (별책은 전부 32책, 자원국에 반납하고 자원국에서 보관한다.)

별책 제2차 총동원기간계획강령 목록

제1호 식량 계획

  (資計H3551호)

제2호 (식량, 의료 이외의) 농림·축산원료 계획

  (資計H5151호)

제3호 철류(鐵類) 계획

  (資計H3795호)(資計H3790호)

제4호 비철금속 및 비금속광물 계획

  (資計H3995호)(資計H3990호)(資計H4190호)

제5호 공업약품, 의료품, 유지류(油脂類), 요업제품(窯業製品), 배 밑바닥 도료 계획

  (資計H4558호)(資計H4560호)

제6호 공작기계 계획

  (資計H5750호)(資計H5751호)

제7호 석탄, 코크스, 석탄가스 계획

  (資計H6161호)(資計H6166호)(資計H6157호)

제8호 석유 계획

  (資計H6190호)

제9호 선박 계획

(資計H6953호)(資計H6954호)(資計H6958호)(資計H6968호)(資計H6970호)

제10호 항만 계획

(資計H7152호)(資計H7153호)(資計H7155호)(資計H7156호)(資計H7154호)

(資計H7157호)(資計H7158호)

제11호 자동차, 자동이륜차, 자동3륜차 계획

(資計H7360호)(資計H7351호)

제12호 통신설비 계획

(資計H7553호)(資計H7555호)(資計H7555호의 2)(資計H7555호의 3)

(資計H7557호)

자료 8

1936년도(昭和 11), 1937년도(昭和 12) 총동원계획 설정의 건	
구분	각의결정
법령명/건명	1936년도(昭和 11), 1937년도(昭和 12) 총동원계획 설정의 건 昭和11, 12兩年度ニ於ケル總動員計劃設定ノ件
공포·개정·결정·폐지 연월일	결정 1936년 9월 15일
구성	1개 항목
선행 규범·법령	총동원계획설정처리업무요강(1929. 6. 18. 각의결정)
원문 일부	**昭和11、12両年度ニ於ケル総動員計画設定ノ件** 更新日: 2012年12月20日 昭和前半期閣議決定等凡例 収載資料: 国家総動員史 資料編 第1 石川準吉著 国家総動員史刊行会 1975.8 pp.136-137 当館請求記号: AZ-668-5 …… 昭和11、12両年度ニ於ケル総動員計画設定ノ件 昭和11年9月15日 閣議決定 昭和十一、十二両年度ニ於ケル総動員計画設定ノ事務ニ関シテハ概ネ総動員計画設定処務要綱(昭和四年六月十八日閣議決定)ニ依ルモ期間計画設定ノ期間ヲ二年トシ且各庁計画ノ設定ニ付必ズシモ基本計画ト期間計画トヲ区別スルコトナク処理スルモノトス
주요 내용 및 특징	○ 총동원계획설정처리업무요강에 따라 1936년도와 1937년도의 총동원계획 설정 ○ 기존의 기본계획과 기간계획을 구분하지 않고 계획할 것을 지시
법령 적용 범위	제국 전역
관련 법령 통합·폐지 사항	
유사·파생 법령	국가총동원법

각의결정

1936년 9월 15일

1936년도(昭和 11), 1937년도(昭和 12) 총동원계획 설정의 건
昭和11,12兩年度ニ於ケル總動員計劃設定ノ件

  1936년도와 1937년도의 총동원계획설정사무에 관해서는 대체로 총동원계획설정처리업무요강(1929년 6월 18일 각의결정)에 따르되, 기간계획 설정의 기간을 2년으로 하고 각 청의 계획 설정에 대해서는 굳이 기본계획과 기간계획을 구별하지 말고 처리하도록 한다.

자료 9	
\multicolumn{2}{c}{제2차 총동원기간계획강령 등 설정의 건}	
구분	각의결정
법령명/건명	제2차 총동원기간계획강령 등 설정의 건 第2次總動員期間計劃綱領等設定ノ件
공포·개정·결정·폐지 연월일	결정 1936년 12월 26일
구성	13호
선행 규범·법령	총동원계획설정처리업무요강(1929. 6. 18. 각의결정)
원문 일부	第2次総動員期間計画綱領等設定ノ件 更新日：2012年12月20日 昭和前半期閣議決定等凡例 収載資料：国家総動員史 資料編 第1 石川準吉著 国家総動員史刊行会 1975.8 pp.142-143 当館請求記号：AZ-668-5 -------- 第2次総動員期間計画綱領等設定ノ件 昭和11年12月26日 閣議決定 総動員計画設定処務要綱ニ基キ第二次総動員期間計画綱領等別冊ノ通追加設定ス 別冊 第二次総動員期間計画綱領等目録 第一号 戦務組合制度要綱 （資計Hハ三五一） 第二号 輸入計画綱領 （資計Hハ一六七） 第三号 労務(技術職員、職工及鉱夫)ニ関スル計画綱領 （資計H二五一） 第四号 労務(技術職員、職工及鉱夫)ニ関スル計画綱領別冊 （資計H二五一ノ二） 第五号 交通従業者(船員、無線通信有技者)計画綱領 （資計H二七五二） 第六号 衣料計画綱領
주요 내용 및 특징	○ 기존의 제2차 총동원기간계획강령에 노무, 교통종사자, 의료인, 과학종사자 등을 동원하는 계획을 추가한 강령 ○ 노무(기술직원, 직공 및 광부), 교통종사자(선원, 무선통신기능보유자), 의료, 과학자 동원계획 및 총동원경비계획 강령
법령 적용 범위	제국 전역
관련 법령 통합·폐지 사항	
유사·파생 법령	국가총동원법

각의결정

1936년 12월 26일

제2차 총동원기간계획강령 등 설정의 건
第2次總動員期間計劃綱領等設定ノ件

총동원계획설정처리업무요강에 따라 제2차 총동원기간계획강령 등을 별책과 같이 추가하여 설정한다.

별책 제2차 총동원기간계획강령 등 목록

제1호 전무조합제도(戰務組合制度) 요강

    (資計H8351호)

제2호 수입계획 강령

    (資計H8167호)

제3호 노무(기술직원, 직공 및 광부)에 관한 계획 강령

    (資計H2551호)

제4호 노무(기술직원, 직공 및 광부)에 관한 계획 강령 별책

    (資計H2551호의 2)

제5호 교통종사자(선원, 무선통신기능 보유자) 계획 강령

    (資計H2752호)

제6호 의료계획(衣料計劃) 강령

    (資計H5351호)

제7호 의료계획 강령 별책

    (資計H5351호 별책)

제8호 과학동원계획 강령

    (資計H7951호)

제9호 과학동원계획 강령 별책 제1

　　(資計H5351호 별책 제1)

제10호 과학동원계획 강령 별책 제2

　　(資計H5351호 별책 제2)

제11호 총동원경비계획잠정 강령

　　(資計H8990호)

제12호 총동원기간경비계획 강령

　　(資計H8991호)

제13호 총동원기간경비계획 강령 별책

　　(資計H8991호 별책)

자료 10	
\multicolumn{2}{|c|}{총동원경비계획잠정강령}
구분	각의결정
법령명/건명	총동원경비계획잠정강령 總動員警備計劃暫定綱領
공포·개정·결정·폐지 연월일	결정 1936년 12월 26일
구성	전문 : 6개 항목, 내용 : 7장 76개 조항
선행 규범·법령	총동원기본계획강령(1930. 4. 8. 각의결정)
원문 일부	総動員警備計画暫定綱領 更新日 : 2012年12月20日 昭和前半期閣議決定等凡例 収載資料 : 国家総動員史 資料編 第2 石川準吉著 国家総動員史刊行会 1975.8 pp.1005-1014 当館請求記号 : AZ-668-5 .... 総動員警備計画暫定綱領 昭和11年12月26日 閣議決定 一 本綱領ハ総動員警備ノ実施ノ為必要ナル事項ニ関シ総動員基本計画綱領第四章第一節ヲ拡充敷衍シ暫定的ニ関係各庁ノ統轄ニ資スルモノトス但シ必要ト認ムル事項ニ付テハ別ニ期間計画綱領ヲ設定ス 二 本綱領及期間計画綱領ニ基キ各庁ハ各庁警備計画ヲ設定シ開戦ニ際シ適時之ヲ実施ニ移スベキモノトス 三 本綱領ハ空襲ニ対シ十分ニ考慮ヲ払ヒ設定シアルモ防空関係法令ヲ以テ定メラルベキ事項ハ差当リ之ヲ掲記セズ 前項ノ事項ニ付テハ陸海軍ノ防空計画ニ則ルホカ防空関係法令ノ施行ト共ニ其ノ定ムル所ニ従フモノトシ其ノ施行前ニ在リテハ現ニ陸海軍ニ於テ指導シアル所ニ概ネ順応シ各庁事前ニ協議ヲ遂ゲ警備ノ完キヲ期スベキモノトス 四 本綱領中総動員庁ニ関スル記述ハ同庁特設前ニ於テハ資源局ニ之ヲ適用スルモノトス
주요 내용 및 특징	○ 총동원기본계획강령 제4장 제1절을 확대하여 각 청을 통할하는 강령 ○ 각 청의 경비계획 수립과 준비, 훈련 등을 지시 ○ 내지 외에 외지의 '조선 및 대만'을 특별히 구분하여 조선총독, 조선군사령관, 요새부사령관이 경비계획을 수립하고 이행할 것을 지시 ○ 군사기밀, 치안유지, 방공(防空), 전시범죄 처리, 경비원 정비, 통신망 정비, 개전 시 경비 요령, 교통·통신·전력 등 시설 경비 등을 망라 ○ 제54조에 조선 경비의 유의사항을 특별히 명시
법령 적용 범위	제국 전역
관련 법령 통합·폐지 사항	
유사·파생 법령	국가총동원법

각의결정

1936년 12월 26일

총동원경비계획잠정강령
總動員警備計劃暫定綱領

1. 본 강령은 총동원경비의 실시를 위해 필요한 사항에 관해 총동원기본계획강령 제4장 제1절을 확대하여 잠정적으로 관계 각 청의 통할에 사용하도록 한다. 다만, 필요하다고 인정하는 사업에 대해서는 따로 기간계획강령을 설정한다.
2. 본 강령 및 기간계획강령에 근거하여 각 청은 각 청의 경비계획을 설정하고 개전 시 적당한 때에 이를 실행에 옮겨야 한다.
3. 본 강령은 공습(空襲)에 대해 충분히 고려하여 설정하는데, 방공(防空) 관련 법령으로 정해야 하는 사항은 당분간 이를 기재하지 않는다.

    전항의 사항에 대해서는 육해군의 방공계획에 따르고, 방공 관련 법령의 실시와 동시에 정하는 바에 따르도록 한다. 그 시행 전에는 현재 육해군에서 지도하는 바에 대체로 순응하고 각 청이 사전에 협의를 추진하여 경비의 완비를 기하도록 한다.
4. 본 강령 중에서 총동원청(總動員廳)에 관한 기술은 동 청이 특설되기 전에는 자원국(資源局)에서 이를 적용하는 것으로 한다.
5. 본 강령에서 정한 사항으로서 전시에 신속하게 시설하기 어려운 것은 미리 훈련을 실시하는 것이 유리한데, 이들에 관해서는 평시부터 필요한 준비를 하도록 한다.
6. 본 강령 및 기간계획강령에서 정한 사항의 실시에 관한 명령, 통보 및 보고에는 가급적 암호, 은어 또는 약어 등을 사용하도록 한다.

목차 (생략)

제1장 총칙

제1조 나라의 전력을 기울여 수행하는 전쟁을 할 때는 전국에서 총동원경비를 실시한다. 다만, 여타의 전시 또는 사변 시에도 필요에 따라 적절하게 총동원경비의 대부분 또는 일부를 전국적으로 또는 지역을 한정해 실시할 수 있다.

제2조 총동원경비는 선전포고일로부터 전쟁의 전(全) 기간에 걸쳐 실시한다. 단, 필요가 있을 때에는 선전포고에 앞서 제1조 제1항의 단서를 준용한다.

총동원경비 실시의 중점은 당초 이를 개전의 벽두 및 공습 시에 두는데, 전쟁이 장기에 걸치고 내외의 정세가 호전되지 않으면 특히 경비를 상시 엄중하게 한다.

제3조 총동원경비는 관계 각 청의 경찰력을 주체로 하고 여기에 여러 관계 기관 및 단체들을 규합하여 행정상의 소관에 따라 담임을 나누어 이를 시행한다.

제4조 총동원경비는 육해군의 경비와 긴밀하게 연락하고 협조하여 실시한다.

육해군의 경비는 군사행동 및 군사시설을 엄호하는 것을 주 목적으로 하여 이루어지지만, 그 범위 및 정도는 정세에 따라 육해군의 필요에 따라 변한다.

제5조 정세에 따라 전국적으로 또는 지역을 한정해 특수한 전시법령을 시행하고, 총동원경비의 확실과 철저를 기한다.

제2장 일반 요령

제1절 각 청 연락협조 요령

제1관 내지

제6조 총동원경비의 실시에 관해 다음에 따라 총동원경비협의회를 설치하여 관계 각 청이 연락협조한다.

1. 중앙
   - 총동원청에 중앙총동원경비협의회를 설치한다.
   - 중앙총동원경비협의회는 총동원 실시에 관해 각 고문이 연락협조를 도모하며

또한 각 청의 관련 사항을 심의한다.
- 중앙총동원경비협의회는 총동원청, 정보국 및 각 성의 관계 직원으로 조직한다.

2. 지방
- 도청, 부현청 및 경시청에 지방총동원경비협의회를 설치한다.
- 지방총동원경비협의회는 지방장관, 도쿄경비사령관, 사단장(유수(留守)사단장 또는 유수사령관을 포함), 요새사령관, 진수부사령장관, 요새부사령관, 전시에 특설된 지휘관(이상을 '육해군사령관'으로 약칭한다.), 검사장, 검사정(正), 세관장, 체신국장, 철도국장 그리고 전시에 특설한 지방공업관리장, 지방선박관리국장 및 기타 필요한 관청 간에 연락협조를 도모한다. 또한 청, 부, 국의 관련 사항을 심의한다.
- 지방총동원경비협의회는 도부현의 경찰부장, 경시청의 부장, 육해군사령관의 막료(해군에서는 방비전대(防備戰隊)사령관), 필요에 따라 2개 이상의 지방경비협의회를 합쳐 연합지방경비협의회를 열 수 있다.

제7조 총동원경비를 실시할 때 지방장관은 그 청의 직원을 연락위원으로 지정하여 관계 육해군에 설치된 연락위원과 협력하고 경찰관헌과 연락하도록 한다.

제8조 위의 2개조의 협의회 및 연락위원은 평시에 총동원경비계획 설정을 위해 설치된 것을 계승한다.

제9조 총동원경비를 실시할 때 평시계획을 변경할 필요가 발생한 경우에는 이를 실시하기에 앞서 지방장관이 관계 육해군사령관과 협의한다.

육해군의 경비와 관련하여 평시계획을 변경할 필요가 있을 때에는 관계 육해군사령관이 지방장관에게 통지한다.

제2관 외지

제10조 총동원경비의 실시에 관해 외지에서는 다음에 따라 각 해당 지역의 특성에 따라 협의하여 정한다.

1. 조선 및 대만
- 총독, 군사령관 및 요항부(要港部)사령관이 협의하여 정한다.

2. 화태
- 화태청장관, 제7사단장 및 오미나토(大湊)요항부사령관 간에 협의하여 정한다.

3. 남양
- 남양청장관 및 요코스카(橫須賀)진수부사령장관 간에 협의하여 정한다.

4. 관동주 및 남만주 철도부속지
- 만주의 특성 및 전시의 실정에 맞추어 관동군사령관 및 뤼순(旅順)요항부사령관의 통제를 받는다.

제2절 기밀보호 요령

제11조 군기밀 및 총동원기밀의 누설을 미연에 방지하는 동시에 그 누설 상황을 수색하고 단속하는 데 철저를 기한다.

제12조 군기밀 및 총동원기밀의 보호를 위해 강구해야 할 조치는 대체로 다음과 같다.

1. 간첩 단속

1) 관계 각 청이 상호협력하여 간첩을 색출하고, 첩보기관 및 첩보망을 탐지하여 첩보기관, 첩보망 및 간첩의 활동상황과 통신수단을 밝혀내며 또한 통신문 또는 암호를 입수한다.

2) 관계 각 청이 상호협력하여 간첩을 체포하고, 첩보망을 파괴하며, 간첩에 대해 내외의 교통통신을 차단하며, 기타 필요한 수단을 강구하여 간첩의 활동을 저지하는 데 힘쓴다.

3) 관계 각 청의 자료에 따라 총동원경비협의회는 간첩 정보를 제작하여 관계 각 기관에 통지한다. 간첩 정보에 기록할 사항은 대체로 다음과 같다.

(1) 간첩의 종류 및 계통
(2) 첩보기관 및 첩보망의 편성, 조직, 그리고 활동 상황
(3) 간첩이 이용한 통신연락기관, 통신수단, 사용하는 암호, 은어, 약어 등

2. 통신 단속
- 간첩이 이용하는 통신수단을 고려하여 제7장에 열거한 것을 운용한다.

3. 내외인 출입국 및 여행 단속

1) 내외인 출입국의 단속을 엄중히 한다.
  2) 간첩용의자, 요시찰인물 및 요주의인물 등에 대해 그들의 행동을 엄중히 감시하고, 특히 그들의 출입국에 대해 적시에 적절한 대처를 강구한다.
 4. 신문, 잡지 및 기타 출판물 단속
  1) 검열단속을 엄중히 하고 이를 위해 각 청은 긴밀하게 연락한다. 특히 정보국과의 조정에 유감이 없도록 한다.
  2) 각 청은 미리 신문사 및 기타 출판업자에게 필요한 지시를 내린다. 그리고 적절히 지도하여 위법의 기회가 없도록 한다.
 5. 군기밀 및 총동원기밀에 접촉하는 자에 대한 특별단속
  1) 군기밀 및 총동원기밀에 관한 도서, 물건, 시설의 감수를 엄중히 하고 이에 관여하는 자에 대한 감독을 엄밀히 한다.
  2) 관계 법령의 운용을 적절히 하여 기밀의 누설 방지 및 범죄자의 검열을 철저히 한다.
  3) 상업거래에 대해 적시적절한 단속을 실시하고 이와 관련하여 유발될 수 있는 기밀 누설을 방지한다.

제3절 치안유지 요령

제13조 사회와 민심의 불안을 없애고 국론을 통일하여 정부 및 육해군을 전폭적으로 신뢰하도록 하며 기타 화근이 될 수 있는 사회적 인자의 배양을 방지하는 등 국정 일반의 운용을 적절히 한다. 그 밖에 치안을 유지하기 위해, 그리고 국방 목적의 달성에 유해 또는 위험한 행동과 선전 등을 방지하기 위해 대체로 다음의 대처를 강구한다.
 1. 유언비어 단속
  1) 방지해야 할 유언비어의 종류와 이것이 유포될 수 있는 사회적 조건을 규명한다. 그리고 그것이 발생하는 근원을 제거한다.
  2) 유언비어의 타파를 위해 필요한 적극적 선전에 힘쓴다. 특히 진상을 적절히 발표하여 유언비어가 발생할 여지가 없도록 한다.
  3) 경찰범처벌령, 출판법, 신문지법, 치안유지법, 통신법 및 무선전화법 등 여러

현행 법령을 운용하는 외에 필요에 따라 전시법령의 시행에 따라 국방 목적 달성에 유해하거나 위험한 유언비어를 단속한다.

2. 요시찰인물 및 요주의인물에 대한 조치
   - 특히 감시가 필요한 요시찰인물과 요주의인물의 신규 발견에 힘쓰고 이들을 시찰범위에 편입한다.
   - 행정경찰규칙, 행정집행법, 경찰범처벌령, 치안경찰법, 치안유지법, 출판법, 총포화약단속법, 동 시행규칙, 1899년(明治 32)내무성령 제32호, 1918년(大正 7)내무성령 제1호 등 여러 현행 법령의 운용에 따라 요시찰인물 및 요주의인물 등의 사찰감독을 엄중하게 하고 특히 내외 각 기관의 연락협조를 긴밀하게 하여 그 단속에 철저를 기한다.

3. 파업, 태업 및 공장폐쇄 금지
   - 노동쟁의조정법 등 현행 법령을 운용하여 단속하지만 별도로 전시법령을 시행하여 파업, 태업 및 공장폐쇄를 금지한다.

4. 각종 계급투쟁 방지, 금지
   - 각종 계급투쟁의 원인을 규명하여 제거하고 계급 간의 이해불일치 또는 감정 대립을 미연에 방지하는 데 힘쓰고, 이것이 발생한 때에는 이것이 격화하지 않도록 하고 이미 격화한 경우에는 곧바로 적시에 투쟁을 금지시키는 조치를 취한다.

5. 반전, 반군의 언론 및 운동 방지, 금지
   - 현행 법령의 운용에 따라 또는 필요에 따라 시행하는 전시 법령에 의거하여 다음의 언론 및 운동을 방지, 금지한다.
     1) 전쟁의식을 소모시킬 목적으로 하는 정치적, 사회적, 사상적, 종교적, 문화적 언론 및 운동
     2) 전쟁반대 언론 및 운동
     3) 군민을 이간시킬 목적으로 하는 언론 및 운동
     4) 군비, 병역제도, 군사교련 및 기타 국방 시설에 반대하는 언론 및 운동
     5) 군기를 파괴하거나 교란할 목적으로 하는 언론 및 운동

6. 내외에서의 음모 및 기타 운동들에 대한 조치

    1) 국내의 음모 및 기타 운동들, 특히 내란으로 이어질 우려가 있는 것에 대해서는 단호하게 탄압한다. 외지에서는 일반의 민심이 이에 부화하는 것을 특히 경계한다.

    2) 만주국 또는 전시에 우리 세력권 안에 있는 외국의 땅에서 음모 및 기타 운동들이 우리 국내에 내홍을 일으킬 우려가 있는 것에 대해서는 육해군과 기타가 연계하여 필요한 조치를 취한다.

    3) 우리나라의 영향력이 미치지 않는 외국 및 적국에서 이루어지는 음모 및 기타의 운동들로서 전호에 준하는 것에 대해서는 그것들이 우리나라에 파급되는 것을 방지하는 수단을 강구한다.

7. 총포화약류 및 기타 위험물 단속

    - 총포화약류단속법, 동 시행규칙, 폭발물단속벌칙 등을 운용하고 우편법에서의 우편금지품목의 단속을 장려한다. 특히 밀수입 및 밀매매를 방지한다.

8. 기타 국방 목적 달성에 유해 또는 위험한 언론, 결사 및 시위운동 등의 단속

    - 현행 법령들의 운용에 따라 단속을 엄중히 하는 외에 필요에 따라 전시 법령의 시행에 따라 공중의 합동·다중운동의 실시에 대해 허가를 받도록 한다. 그리고 요시찰인물, 요주의인물 등의 집회 및 운동 참가, 일정 지역에서의 집회, 운동 등의 개최를 금지한다.

제4절 전시범죄 처리 요강

제14조 전시에 범죄를 저질러 앞의 2개 절에 해당하는 자의 처리에 관해서는 특히 수사 및 재판을 신속하게 한다. 이를 위해 필요에 따라 관계 직원을 증원한다.

제15조 경비에 관한 전시법령을 시행한 경우에는 해당 령에서 정한 벌칙에 따라 전시범죄를 처리한다.

제5절 경비원 정비 요령

제16조 각 청의 경비원은 다음에 따라 정비한다.

1. 육해군의 충원 소집에 따라 감원을 신속하게 보충한다.
2. 전시에 증원이 필요한 인원을 충원한다.
3. 관련 단체들(재향군인회를 제외)을 적절히 이용한다.

제17조 경비원, 특히 경찰직원 정비를 위해 다음의 조치를 강구한다. 단, 세부에 대해서는 기간계획강령으로 이를 정한다.

1. 미경험자를 공모하고 이에 필요한 교육을 실시한다.
2. 경험자 중에서 소질이 우수한 자를 소집하여 개전 전 또는 개전 초에 응급 보충한다. 단, 병역 관계자가 이들을 채용하지 않고 공모할 때에는 가급적 채용조건을 완화하고 교양기간을 단축한다.

제18조 경비원 정비를 위해서는 특히 개전 초의 조치에 만전을 기해야 한다. 육해군의 충원 소집에 의한 경찰 경비력의 급감, 동원실시 중 군대의 경비출동능력 감퇴, 개전 시 급변하는 사회정세 및 기타 제반 상황들을 고려한다.

특수한 경험과 기능이 필요하고 신속하게 여력을 구하기 어려운 자 등의 경우에는 소집유예의 조치를 취한다.

제6절 경비용 통신망의 정비 및 이용 요령

제19조 경비용 통신망으로서 다음을 이용하고 특히 필요한 것에 대해서는 이를 정비한다.

1. 경찰용 전화 및 전신망
2. 공중용 전화망
3. 공중용 전신망
4. 철도용 전화 및 전신망
5. 무선전신 및 무선전화
6. 무선방송
7. 군용 전화, 전신 등

제20조 경찰용 전화 및 전시망을 경비용 통신망의 주체로 한다.

경찰용 전화 및 전신망은 가능한 한 이를 확충, 정비한다.

경찰용 전화 및 전신망은 경찰 관헌 상호 간 및 군경 간의 연락에 사용하며 경찰업무에 지장이 없는 경우에 한 해 육해군이 사용하는 데 제공한다.

경찰용 전화 및 전신망을 정비하는 데 지장이 없는 한, 공중용 또는 철도용 전화전신의 전주(電柱)에 추가로 가설하거나 또는 그 회선에 연결시킬 수 있도록 한다.

제21조 공중용 전화망은 경비용 통신망의 보조로 한다.

공중용 전화는 군경 간 및 각 청과 각종 기관의 연락 등에 폭넓게 이용한다.

공중용 전화망은 경비를 위해 특히 필요한 것에 대해 회선의 신설 또는 증가, 가입의 증가 등을 하며, 특히 긴요한 사항인 경우에는 일부의 회선을 사정이 허락되는 한 경비용에 전용할 수 있으며, 또한 중요한 지방 및 긴요한 회선에 있어서는 예비시설을 준비하는 데 힘쓴다.

공중용 전화망을 이용한 경비에 관한 긴급한 통화는 이를 '긴급통화'로서 우선 접속하며 계속통화 시간제한을 완화하거나 철폐한다.

제22조 공중용 전신망은 주로 경비에 관한 중요한 명령, 통보, 보고로서 신속하게 전달할 필요가 있는 것에 한하여 이를 이용한다.

공중전신을 이용한 경비 하에서 명령에 관한 전보는 동원령 전보에 준하여 우선 취급한다.

제23조 철도용 전화 및 전신망은 철도 경비에 이용한다.

철도용 전화 및 전신망은 철도업무에 지장이 없는 경우에 한해 경비와 관계된 군대 및 경찰, 특히 철도 경비를 위해 출동한 자에게 제공한다.

제24조 공중용 무선전신은 특히 원거리 통신으로서 제22조에 준하는 경우에만 이를 이용한다.

소형무선전신기 및 소형무선전화기에 있어서는 다음에 따라 정비하고 이를 이용한다.

1. 방공 감시초소와의 연락을 위해 사설 무선전신기 또는 무선전화기를 필요한 지점에 배치하고 무선통신망을 구성한다. 이를 위해 무선전신법 제6조를 운용하여 사설기를 군용에 제공하도록 한다.

2. 멀리 떨어진 섬 또는 벽지 등과의 연락을 위해 필요한 지점에 휴대용 소형무선전신기를 배치하고 필요한 통신계(係)를 구성한다.

3. 해상감시 지점 또는 방공 감시상 또는 기타 군사상 특히 긴요한 지점에 필요에 따라 소형무선전신기를 배치하고 필요한 통신계를 구성한다.

4. 해상에서 초계 또는 방공감시에 힘쓰며 선박, 특히 어선에 소형무선전신기를 설비하도록 한다.

5. 이상 각종 무선전신 및 무선전화의 주파수 배당 등에 관해서는 특히 필요한 조치를 강구한다.

제25조 방송무선은 도시 방공과 경비 또는 경비상 민중에게 통보할 사항의 전달에 이를 이용한다.

제26조 군용 전화 또는 전신은 오로지 육해군 자체용으로 사용하기 위한 시설이다. 단, 군과의 협의에 따라 특히 필요한 경우에 한해 군경 간의 연락 등에 이용할 수 있다.

군용 전화 또는 전신에 대해서도 제20조 제4항을 준용한다.

제27조 제24조에 열거한 것 이외의 사설 전신전화(영림서용(營林署用) 및 광산용(鑛山用) 전화를 포함)를 경비용으로 이용할 경우에는 전신법 제3조의 운용에 따라 이를 군용 또는 공중용으로 제공한다.

제3장 개전 시 경비 요령

제28조 개전이 임박하면 관계 각 청은 즉시 다음의 조치를 강구하고 특히 이를 신속철저하게 이행하는 데 유의한다.

1. 통신의 단속
2. 항만 및 국경에 대한 필요한 조치
3. 군기밀 및 총동원기밀 보호를 위해 필요한 조치
4. 치안유지상 긴급한 조치
5. 경비력 정비상 응급 조치

제29조 개전 시 관계 각 청은 즉시 인심의 안정을 위해 필요한 조치를 강구하고 특히 이를

위해 경비기관과 정보선전기관들은 긴밀하게 연계한다.

제30조 개전 시 관계 각 청은 긴밀하게 연락협조하고 사회정세와 기타 제반 사항의 급변에 따라 경비상의 만전을 기한다.

이때 특히 일반 경비력이 희박해지는 것에 대해 충분히 고려한다.

제31조 개전 시 경비상 필요한 전시 법령은 적시에 이를 시행한다.

제4장 교통, 통신, 전력 계통 및 시설의 경비 요령

제32조 교통, 통신, 전력 계통 및 시설은 특히 육해군과 긴밀하게 연계하여 주도면밀하게 이를 경비하고 그 기능의 발휘에 지장이 없도록 한다.

제33조 교통, 통신, 전력 계통의 경비에 있어서 전 계통 중 요점, 특히 중요 시설의 엄호(嚴護)에 만전을 기하고 지역을 구분하고 담임을 정한다. 또한 필요한 예비 경비력을 대기시키고 지방단체 등을 적당하게 운용하고 자치단체마다 경비를 분담하도록 하는 등 필요한 조치를 취한다.

제34조 교통, 통신, 전력 시설의 직접 경비는 해당 관청 또는 기타 관리자 또는 소유자가 직접 담당하고 그 종업원으로 하여금 자위한다.

제35조 (1행, 본문 미게재로 인해 생략) 하도록 할 수 있다. 이 경우 각 해당 관헌은 육해군 지휘관과의 긴밀한 연계를 유지한다.

제36조 교통, 통신, 전력 시설 등의 경비에서 일반에 조치할 사항은 대체로 다음과 같다.

    1. 중요 시설의 경호, 특히 그 파괴 또는 차단 방지

    2. 화재예방

    3. 파괴 또는 차단에 대한 응급수리 및 복구

    4. 소방

    5. 군기밀 및 총동원기밀 보호

    6. 경비 분담과 공동 연락

    7. 유동 예비경비력의 대기

    8. 종업원의 불온행동 방지

제37조 교통 계통, 특히 경호해야 할 것의 범위는 다음과 같다.

    1. 철도

        1) 주요 간선에 있는 중요한 교량 및 터널 등, 노선의 중요부

        2) 중요한 정거장 및 조차장

        3) 급수, 전력, 통신 및 신호 설비의 각 중요부

        4) 기관차, 전차 차고

    2. 항로

        1) 주요 항만의 중요 시설(항만에 관해서는 뒤에 서술한다.)

        2) 주요 항로상의 항로 표식

        3) 주요 항로상의 협수로, 특히 폐쇄에 대한 경계가 필요한 곳

        4) 관계 해안무선국, 나침국, 표식국 및 어업 관계 무선시설

        5) 원호설비 등으로 특히 경호가 필요한 곳

    3. 항공로

        1) 비행장 및 부속 설비

        2) 항공 표식

        3) 항공무선국

    4. 도로

        1) 중요한 간선도로의 긴요한 교량 및 터널 등

제38조 경비해야 할 주요 교통 계통은 대체로 다음과 같다.

    1. 철도

        1) 주요선

            모지(門司)-가고시마(鹿兒島) 간(鹿兒島본선)

            도스(鳥栖)-나가사키(長崎) 간(長崎본선)

            신주쿠(新宿)-나고야(名古屋) 간(中央본선)

            시노노이(篠ノ井)-시오지리(鹽尻) 간(篠ノ井본선)

            우에노(上野)-아오모리(青森) 간(東北본선)

            우에노-이와누마(巖沼) 간(常磐線)

오미야(大宮)-다카사키(高崎) 간(高崎線)

아키타(秋田)-아오모리 간(娛羽본선의 일부)

다카사키-니가타(新潟) 간(信越본선)

마이바라(米原)-나오에쓰(直江津) 간(北陸본선)

쓰루가(敦賀)-아야베(綾部) 간(小浜線, 舞鶴線)

니쓰(新津)-아키타 간(羽越본선)

교토(京都)-하타부(幡生) 간(山陰본선)

하코다테(函館)-아사히카와(旭川) 간(函館본선)

부산-안둥(安東)[4] 간(경부(京釜)본선, 경의(京義)본선)

지룽(基隆)-가오슝(高雄) 간(縱貫線)

경성-회령(會寧)-나진(羅津) 간(경원선(京元線), 함경선(咸鏡線), 만철(滿鐵)관리선)

2) 주요선에서 위수지, 요새 소재지, 군항 및 요항에 이르는 선

3) 주요선에서 주요 항만에 이르는 선 및 임항선

4) 주요선에서 중요한 공업, 광업 지방 등에 이르는 선

2. 항로

시모노세키(下關)-부산 간, 시모노세키-여수 간, 모지-다롄(大連) 간

니가타, 쓰루가, 후시키(伏木)-청진(淸津), 웅기(雄基), 나진 간

모지-지룽-가오슝 간

아오모리-하코다테 간

왓카나이(稚內)-오도마리(大泊)[5] 간

3. 항공로

도쿄-후쿠오카-신의주(新義州)-다롄 간, 후쿠오카-타이베이(臺北) 간

4. 도로

국도 및 부현도 및 외지에서 이에 준하는 도로로서 특히 긴요한 곳

---

4 만주의 안둥(安東), 현재의 단둥(丹東)을 가리킨다.
5 일본 제국이 화태, 즉 사할린의 남단에 위치한 코르사코프를 명명한 지역명이다.

제39조 통신 계통 중에서 특히 경호해야 할 곳의 범위는 다음과 같다.

   1. 통신 중추

      1) 가장 긴요한 전화국 및 전신국

      2) 긴요한 무선전신국

      3) 방송국

   2. 통신축

      다수의 회선이 집합하고 모든 통신계의 중심이 되는 곳

   3. 긴요한 통신계

      중요한 지방으로 통하는 회선 또는 그 연쇄선

제40조 경비해야 할 주요 통신계 및 중요 시설은 대체로 다음과 같다.

   1. 중요 시설

      1) 아래 각 지역의 전신, 전화의 중요 시설

        - 도쿄, 오사카, 나고야, 히로시마, 후쿠오카, 나가사키, 가고시마, 부산, 경성, 평양, 신의주, 원산, 청진, 타이베이, 센다이(仙臺), 아오모리, 삿포로(札幌), 도요하라(豐原)[6]

      2) 아래 각 지역의 무선전신(전화)국

        - 도쿄[오야마(小山), 후쿠오카(福岡), 게미가와(檢見川), 이와쓰키(巖槻), 나사키(名崎), 고무로(小室)], 나고야[요사미(依佐美), 욧카이치시(四日市)], 落成[오치이시(落石), 네무로(根室)], 나가사키, 가고시마, 나하(那覇), 다롄, 경성, 부산, 청진, 타이베이[반차오(板橋), 단수이(淡水)]

      3) 각 지역 방송국

   2. 통신축

      내지 및 조선을 관통하는 것

   3. 통신계

      1) 주간선

---

6 화태청이 있었던 유즈노사할린스크를 가리킨다. 사할린의 주도(州都)이다.

도쿄-오사카-시모노세키 간, 시모노세키-경성-신의주 간, 경성-청진 간, 시모노세키-후쿠오카-나가사키 간, 후쿠오카-가고시마 간, 나가사키-타이베이 간, 가고시마-단수이 간, 지룽-타이베이-가오슝 간, 야프(ヤップ)[7]-나하 간, 도쿄-삿포로 간

  2) 주간선에서 위수지, 요새 소재지, 군항, 요항 및 주요 전진 근거지 등에 이르는 선

제41조 전력 계통 중에서 특히 경호해야 할 범위는 다음과 같다.

 1. 중요한 발전 시설

 2. 중요한 변전소

 3. 중요한 송전 및 배전 시설

  1) 위수지, 요새 소재지, 군항, 요항 및 주요 전진 근거지 등에 이르는 중요한 송전 및 배전 시설

  2) 대도시, 대규모 공업·광업 지방에 이르는 중요한 송전 및 배전 시설

제42조 경비해야 할 주요 전력 계통 및 중요 시설은 대체로 다음과 같다.

 1. 부록의 그림에 보이는 전력 계통 및 동 계통 중에서 중요 시설은 대체로 다음과 같다.

 2. 다음 각 지방에서 주요 전력 계통 및 동 계통 중에서 중요 시설

  게이힌(京浜) 지방,[8] 게이한신(京阪神) 지방,[9] 기타큐슈(北九州) 지방, 나고야(名古屋) 지방, 히로시마(廣島) 지방, 나가사키(長崎) 지방, 경성 지방, 평양 지방, 대만 서부 지방

제43조 교통, 통신, 전력 및 시설의 경비에 관해서는 필요에 따라 별도로 기간계획강령으로 필요한 사항을 정할 수 있다.

제44조 주요한 대도시에서 상수도 급수 계통도 위의 조항들에 준하여 경비한다.

---

7 야프(Yap)섬 또는 제도, 미크로네시아 연방의 섬으로서, 일본군 군사기지가 설치된 곳이다.
8 도쿄(東京)·가나가와현(神奈川縣) 요코하마(橫浜) 일대.
9 교토·오사카·고베 일대.

제5장 주요 경비지의 경비 요령

제45조 총동원경비상 중요한 지역을 지정하고 주요 경비지로 한다. 다만, 관동주의 예비 남만주철도 부속지의 경우에 정부는 다롄(大連) 이외의 지역을 지정하지 않는다.

1. 내용 없음(원문)
2. 6대 도시, 경성부 및 타이베이시(臺北市)
3. 위수지, 요새 소재지, 군항 및 요항
4. 주요 항만

    1) 해상교통의 간선 중 가장 긴요한 관문에서 교통량이 특히 막대한 곳, 물자의 집산이 막대한 곳, 군사상 가장 중추적인 곳, 전시에 교통량이 현저하게 증가할 곳, 항구 또는 부근에 중요한 특수공장이 있는 곳
        - 오사카, 히로시마, 고베, 요코하마, 시모노세키, 모지, 부산, 다롄, 도쿄, 나고야, 니가타, 쓰루가, 나진, 청진, 웅기, 지룽, 가오슝, 무로란(室蘭), 나가사키, 와카마쓰(若松), 여수, 하코다테, 아오모리

    2) 해상교통선의 관문인 곳, 특정 물자의 전시 반입이 현저한 곳, 군사상 중요한 곳, 또는 군사상 시기에 따라 중요한 곳
        - 고쿠라(小倉), 하카타(博多), 가라쓰(唐津), 아이노우라(相ノ浦), 미이케(三池), 우노시마(宇ノ島), 다카마쓰(高松), 오타루(小樽), 루모이(留萌), 구시로(釧路), 우노(宇野), 이토자키(糸崎), 구다마쓰(下松), 다케시키(竹敷), 다쿠마(詫間), 미쓰하마(三津浜), 네무로, 왓카나이, 하나사키(花咲), 하라기시(原岸), 요나바루(與那原), 가리마타(狩俣), 인천, 진남포, 신의주, 단수이(淡水), 화롄항(花蓮港), 오도마리, 하부(波浮)

5. 주요 공업·광업 지역

    1) 공업지역 및 광업을 주로 하는 지역

        (1) 대(大)공업지
            - 게이힌 지방, 게이한신 지방, 기타큐슈 지방, 나고야 지방, 히로시마 지방, 시모노세키 지방

(2) 공업을 주로 하는 공업지, 광업지 및 특수공업지

   - 우베(宇部) 지방, 도쿠야마(德山) 지방, 미이케 지방, 나가사키 지방, 나가오카(長岡) 지방, 가시와자키(柏崎) 지방, 니가타·니쓰 지방, 무로란 지방, 우라가(浦賀) 지방, 흥남 지방, 겸이포(兼二浦) 지방,[10] 하마마쓰(浜松) 지방, 마쓰모토(松本) 지방, 도야마(富山) 지방

 2) 광업지역 및 광업을 주로 하는 지역

  (1) 대(大)광업지 및 광업을 주로 하는 대광, 광업지

   - 아키타 지방(유전), 니가타 지방(유전), 구시로 지방, 소라치(空知)·유바리(夕張) 지방, 굿찬(倶知安) 지방, 가마이시(釜石) 지방, 조반(常磐) 지방, 히타치(日立) 지방, 니이하마(新居浜) 지방, 치쿠호 탄전(筑豊炭田)지대, 무산(茂山) 지방, 대만 북부 광업 및 유전 지대

  (2) 광업을 주로 하는 광공업지

   - 아시오(足尾), 고사카(小阪), 가미오카(神岡), 이쿠노(生野)·아케노베(明延), 사가노세키(佐賀關), 기타마쓰우라(北松浦), 분고다케다(豐後竹田), 평양

 6. 중요한 자원 집적지

  - 게이힌 지방, 한신(阪神) 지방, 기타큐슈 지방, 나고야 지방, 히로시마 지방, 간몬(關門) 지방, 경성 지방, 부산 지방, 청진·나진 지방, 평양 지방

제47조 주요 경비지의 구획에 대해서는 내지의 경우 지방장관, 외지의 경우 총독 또는 해당 청장관이 관계 육해군사령관과 협의하여 결정하고, 내지에서는 지방경비협의회에 부의한다.

제48조 (1행, 본문 미게재, 생략) 더불어 기간계획강령으로 정한다.

 1. 주요 관공서 및 국무대신 관사, 중신 관저 및 숙소, 의회 및 외국 공관 등
 2. 상수도 시설, 특히 취입구, 저수지, 침전지, 여과지, 배수지, 도수관선, 상수도간선 및 이에 부속하는 중요 시설
 3. 전력 시설, 특히 발전, 송전, 변전 및 배전 중요 시설

---

[10] 미쓰비시제철(三菱製鐵)이 황해도 송림면(松林面)에 건설한 제철소와 공업지대.

4. 가스 공급 시설, 특히 중요 가스제조소, 가스공급소 및 도관 간선

5. 아래에 관한 중요 공장

> 보통강(普通鉎), 저린강(低燐鉎), 합금강(合金鉎), 선주물(銑鑄物), 강괴(鋼塊), 광재(鑛材), 광편(鑛片), 강주물(鋼鑄物), 특수강, 철사, 사슬(닻), 베어링, 못, 금속판제품, 경금속(구리, 납, 아연, 주석, 기관), 증기터빈, 내연기관, 승강기, 기중기, 수압기, 펌프, 송풍기, 기체압축기, 발전기, 전동기, 축전기, 전선, 전■(電■), 무선통신기계기구, 유선통신기계기구, 광학기계기구, 의료기계, 시계, 계량기구, 전기계기, 기타 계기, 공작기계, 철도차량, 자동차 제조·조립·부품, 조선, 항공기, 병기, 석유 및 기타 액체연료, 유지(油脂), 염료, 도료, 화약, 폭약, 황산(硫酸), 질산, 소다, 황산암모늄, 고무제품, 피혁, 기타 의료섬유, 직물, 식료품 등에 관한 것으로서 특히 중요한 것

6. 중요 유전, 철광산 및 기타 광산 및 석탄산

7. 중요 운수통신 시설

8. 주요 은행, 거래소, 시장 및 창고

9. 주요 교육기관, 특히 전문학교 이상 및 특기자 양성기관으로서 중요한 곳

10. 주요 과학연구기관, 특히 다음에 관해 중요한 연구기관

    1) 채광 야금 공업, 특히 채광, 선광, 제선 및 제강, 그리고 비철금속 정련

    2) 금속광업

    3) 기계공업, 특히 공작기계, 정밀기계, 항공기, 선박

    4) 전기공업, 특히 통신 및 신호, 전기계기, 전기재료, 전지

    5) 화학공업, 특히 공업약품, 의약품, 화약 및 폭약, 염료, 도료 및 안료, 유지, 연료, 석탄, 석유 등의 가공 및 생성

    6) 의복 및 식량 공업

    7) 기타 영양, 위생 및 의료 관련, 그리고 물리화학 계통

11. 주요한 역사적 기념물, 기타 국민적 관심이 가장 큰 것

12. 형무소

제49조 주요 경비지 경비에 대해 특히 조치해야 할 사항은 대체로 다음과 같다.

1. 치안유지를 위해 특별히 조치해야 할 사항은 대체로 다음과 같다.
2. 군기밀 및 총동원기밀 보호
3. 철도, 궤도, 통신 및 전력 시설의 경비, 이것들의 차단 또는 파괴에 대한 대응 조치
4. 공업 및 사업장, 그리고 집적 자원의 방호
5. 방화 및 소방, 특히 특별방화구역 및 피난소 설정, 위험물 및 중요 자원 분산, 여러 곳의 동시 발화에 대한 조치
6. 수도 단절, 특히 수원(水源) 및 간선의 장애, 독물 또는 세균 투입에 대한 대응 조치
7. 방역, 방독 및 구호

제50조 주요 경비지의 경비 중 전조 제1호 및 제2호에 관해서는 제2장 2, 제3호에 관해서는 제4장에서 열거하는 바에 준거하고, 제4호 이하에 대해서는 다음에 따른다.

1. 공장 및 사업장과 더불어 집적(集積)자원의 방호에 관해서는 해당 관헌 또는 그 관리자나 소유자가 종업원으로 하여금 자위한다.
2. 중요한 공장이 밀집한 지역에서 필요하다고 인정한 경우에는 해당 관헌 또는 그 관리자나 소유자가 서로 협력하여 경찰 관헌의 양해하에 자위의 범위에서 집단 방호의 조치를 강구할 수 있다.
3. 중요한 공장이 밀집한 구역에는 별도의 방화지대를 설정한다.
4. 다수 주민의 피난을 고려할 필요가 있는 경비지역에서는 공습에 대비하여 지하실과 지하통로 등을 준비하고, 화재에 대비하여 공원과 공터 등을 적당한 피난소로 설정하고 교통정리 수단을 준비한다.
5. 위험물 및 중요 자원은 이를 분산·배치하도록 노력하고, 자원의 종류에 따라 연소 위험이 있는 것은 적절히 배치하여 공습과 기타 원인에 의한 피해를 줄인다.
6. 공습 등의 원인에 의해 여러 곳이 동시에 발화하는 것에 대비하여 주요 경비지역마다 소방지구를 구획하고 각 구획마다 가급적 소방기관을 배치하도록 힘쓴다.
7. 공습 등의 원인에 의해 수도 단절, 특히 수원(水源)과 주요 급수원에 장애가 발생하는 경우에 대비하여 응급처치에 필요한 기술적 준비를 갖추는 동시에 우물, 하천 등의 적절한 이용, 특히 대도시에서는 배급을 준비한다.

공중 또는 지상에서 수원지나 주요 급수지에 독극물 또는 세균을 투입할 경우에는 신속하게 경보를 전파하여 적시에 단수하고 또한 소독(消毒)·살균 조치를 강구하여 가급적 신속하게 복구한다.

8. 방역에 관해서는 전호에 따른 조치 외에 항구 등의 경계를 엄격히 하여 간첩과 불령한 무리의 책동을 경계하고, 특히 은밀하게 실시하는 세균전에 대비하여 이를 미연에 방지하고 피해를 제한하는 데 힘쓴다.

9. 방독은 주로 공습 시에 이를 실시한다.

이를 위해 방독실과 방독면을 준비하고, 간이 방독법을 보급하며, 독가스에 대비한 피난 요령 등을 민중들에게 철저히 주지시킨다.

10. 구호(救護)는 위의 방역, 방독 외에 화재, 교통사고에 의한 상해(傷害) 등에 대해 실시한다.

제51조 주요 경비지역 중 항만의 경비에 관해서는 위에 열거한 사항 외에 다음 사항에 만전을 기한다.

1. 해륙(海陸)연락수송시설의 경비

    1) 선창, 부두, 하역장의 경계 및 단속

    2) 창고, 가건물, 기타 보세 지역의 경계 및 단속

    3) 육상수송통로(보세통로, 하역장, 주차장 등을 포함)의 교통 통제, 기타 단속, 임항(臨港)철도의 경호

2. 출입 선박의 단속

    1) 선박 단속, 선박 및 선원의 검색, 선원 단속

    2) 임항 검역

    3) 전화(특정 항만의 특정 선박)

    4) 거룻배, 소형운송선의 단속

3. 내·외부인 출입 단속

    1) 출입 외부인의 휴대 여권, 신분 및 일반 출입자의 신분, 휴대품 등의 검사, 조사 및 단속

    2) 해원 및 항만 노무자의 검사, 감독 및 단속

4. 밀수 단속

   1) 출입 선박 및 적재화물, 창고 및 재고품의 검사 및 단속

   2) 출입 내·외부인의 휴대품 검사

5. 수역, 특히 항구 또는 협수로 폐쇄에 대비한 경계 및 항구와 출입항로의 교통 통제
6. 급수, 급유 및 급탄 설비의 경호
7. 선로 표식 및 선박 신호소 등의 경호

이상을 위해 육상에서는 경비원을 배치하고, 교통을 제한하거나 금지하고 또는 기타 필요한 조치를 강구하며, 수역에서는 감시소를 신설 또는 증설하여 순찰선, 수로안내선을 준비하여 표식을 증설하고 출입수로 및 출입항 시각을 규정하고 소해(掃海) 작업을 실시한다. 또한 해상과 육상의 사고를 방지하고 응급복구조치를 강구하며 위험물을 단속하며 또한 기밀보호에 힘쓴다. 또한 특히 전술한 제5호를 실시할 때에는 관련 육해군과 긴밀하게 연락한다.

제6장 외지 경비 요령

제52조 외지의 경비에 대해서는 전술한 각 장에서 열거한 사항 외에 각 해당 지역의 특성을 고려한다.

제53조 외지의 경비에 대해 일반적으로 고려해야 할 사항은 다음과 같다.

1. 이민족 통치를 적정하게 하여 민심의 귀추를 지배한다.
2. 황국에 의존하는 관념이 민심에 두루 미치도록 계몽하고 이를 강화한다.
3. 민심의 불안을 없애고 승리를 확신하며 국방에 적극 협력하도록 지도한다.
4. 특히 군경의 위세를 더하여 경비를 엄중히 하고 또한 육해군과의 연계를 가장 긴밀하게 하여 한 치의 빈틈이 없도록 한다.
5. 변경의 보안과 용지 및 중요 시설의 확보에 만전을 기하고, 특히 공습 시 경비에 만전을 기한다.
6. 내지와 외지의 음모를 봉쇄하고 사찰과 경비, 경계를 엄중히 하고 불령한 무리를 탄압하고 교란의 발생을 방지한다.

7. 위험이 예상되는 지방에서는 피난과 구호의 조치에 관해 빈틈이 없도록 한다.

8. 경찰력의 경비 강화에 힘을 다하되, 필요하면 내지로부터 필요한 인원을 초치한다.

제54조 조선의 경비에서 특히 유의해야 하는 사항은 대체로 다음과 같다.

1. 만주국 내, 소련 내, 그리고 상하이(上海) 방면에서의 불령선인들의 책동, 만주국 내 반일 무리의 준동, 중국의 교란 공작, 소련의 적화(赤化) 공작을 경계하고 이에 호응하는 한반도 내 불령한 무리를 소멸한다.

    1) 만주국 방면에 대해서는 국경을 엄중하게 감시하고 항만을 경계한다. 또한 간도 방면에 필요한 조치를 강구한다. 그리고 재만(在滿)기구와 연계한다.

    2) 소련 방면에 대해서는 국경을 폐쇄하고 조선 북부 지역의 항구와 기타 항만을 경계하되 특히 육해군과 연계한다.

    3) 상하이 방면과 기타 중국 방면에 대해서는 항만을 경계하고 관련 방면과 연계한다.

    4) 한반도 내에서는 첩보를 엄밀히 하고 사찰을 엄중히 하며 책모가 준동할 여지가 없도록 한다.

2. 한반도 내에서의 우리 군사행동을 엄중하게 은폐한다.

제55조 대만의 경비에서 특히 유의해야 하는 사항은 대체로 다음과 같다.

1. 중국 및 상하이 방면, 난징(南京) 방면, 남중국 방면, 필리핀(菲島) 방면의 교란 공작을 경계하고 이에 호응해 준동하는 도내 불령한 무리를 탄압한다. 이를 위해,

    1) 모든 항만, 특히 서부 해안 일대를 경계한다.

    2) 도내 첩보를 면밀히 하고 사찰을 엄중하게 한다.

2. 도내와 부근에서의 우리 군사행동을 엄중하게 은폐한다.

제56조 화태의 경비에서 특히 유의해야 하는 사항은 대체로 다음과 같다.

1. 맞닿아 있는 소련령과 연해주 방면에 대해 국경과 해안을 경계한다.

2. 우리가 군사행동을 할 경우에는 이를 엄중하게 은폐한다.

제57조 남양의 경비에서 유의해야 하는 사항은 대체로 다음과 같다.

1. 해상에 대해 경계한다.

2. 우리의 군사행동을 엄중하게 은폐한다.

제7장 통신 단속

제1절

제58조 군기 및 총동원기밀을 보호하고 경비상 유해한 제반 통신을 차단하기 위해 통신 단속을 엄중하게 한다. 이를 위해 필요한 조치는 개전 전부터 이를 강구한다.

제59조 통신의 검열 및 단속은 통신자(외지에서는 총독부 또는 해당 부서)가 이를 주관하는 것으로 하고 특히 통신의 조직적, 과학적 검열을 권장하되, 필요한 것에 대해서는 비밀개통을 실시한다.

통신의 조직적 검열을 위해서는 대체로 다음의 조치를 취한다.

1. 비밀통신에 관한 자료의 모집
2. 비밀통신 검열을 위한 전문 기술원의 양성
3. 기타 통신의 검열 및 단속에 관한 시설의 준비

통신의 검열·단속에 관해 통신대신의 권한 밖의 사항을 처리하기 위해서는 전시법령을 시행한다. 그리고 외교관이 송수신하는 통신, 영사관과 본국 정부와의 통신 검열은 특히 엄밀하고 신중하게 실시한다.

제60조 통신의 검열 및 단속의 실시에 관해 관계 각 부서 간의 연락과 협조를 긴밀하게 하기 위해 체신성 및 각 체신국에 정보국, 외무성, 내무성, 육군성, 해군성 및 척무성 직원을 각각 파견하여 조직하는 통신취체위원회를 설치한다.

제61조 특히 필요하다고 인정하는 중추적인 우편국, 전화국, 전신국 및 무선전화국에는 육군 또는 해군에서 관계관을 파견한다.

이 경우 체신 관헌은 위의 관계관과 연락하고 협조한다.

제62조 주요한 우편국, 전화국, 전신국 및 무선전화국, 특히 부록표에 있는 기관 및 외지의 이에 준하는 곳에 대해서는 우편, 전신 및 전화의 검열 집행에 필요한 인원, 설비 및 자료를 정비한다.

제63조 우편 관서, 전화 관서, 전신 관서 및 무선전신 관서는 우편, 전신 및 전화를 취급할 때 정보 또는 경비에 관해 가치가 있는 자료를 취득할 경우에 지체 없이 이를 관계 부서와 육해군에 통지한다.

경비 관계 부서는 그 집무와 관련하여 통신의 단속이 필요한 사항을 취득할 경우에는 지체 없이 이를 관련된 우편 관서, 전신 관서 또는 전화 관서 등에 통지한다.

제2절 우편 단속 요령

제64조 적지에서 발송된 또는 적지로 보내는 우편물, 그리고 적국인이 발송한 또는 적국인에게 보내온 우편물은 다음에 열거하는 것을 제외하고 그 취급을 정지한다.

    1. 제국 관공서가 송수신하는 것

    2. 내지에 있는 포로가 송수신하는 것

    3. 제국에 파견된 외교관이 송수신하는 것

    4. 기타 제국 정부가 특별히 인정하는 자가 송수신하는 것

제65조 외국에 보내는 서신 및 우편엽서에는 다음에 열거하는 것을 제외하고 암호의 사용을 금지한다.

    1. 제국 관공서가 발신하는 것

    2. 제국에 파견된 외교관이 발신하는 것

    3. 기타 정부가 특별히 인정하는 자(예를 들면 특정 영사 등)가 발신하는 것

제66조 제국 관공서가 송수신하는 것 그리고 정부에서 특별히 지장이 없다고 인정하는 자가 송수신하는 것을 제외하고, 다음에 열거하는 우편물은 모두 검열하고 검열한 결과 기밀 보호와 기타 경비상 필요하다고 인정되는 것은 우편법 제46조에 의거하여 몰수 또는 송달을 정지한다.

    1. 외국으로 보내거나 외국에서 보내온 것

    2. 외국인이 송수신하는 것

    3. 일본어(조선에서는 언문을, 대만에서는 한문을 포함) 이외의 언어로 기재한 것이 인정되는 것

    4. 정부에서 특별히 지시하는 자가 송수신하는 것

    5. 기타 취급우편 관서에서 필요하다고 인정한 것 그리고 경비 관련 부서에서 특별히 요구한 것

제3절 전보 취급 요령

제67조 외국전신업무 중 적지와 정부에서 특별히 인정하는 지역에서 발신하거나 그 지역으로 보내는 전보는 다음에 열거하는 것을 제외하고 그 취급을 정지한다.

    1. 제국 관보, 그리고 보통어 또는 제국 정부가 지정하는 은어로 기재된 제국 관보 이외의 관보

    2. 다음의 개인 전보

        1) 내지에 있는 포로가 송수신하는 것

        2) 정부에서 특별히 문제없다고 인정하는 자가 송수신하는 것

        3) 항해 또는 항공 중 인명의 안전에 관한 것 그리고 기타 정부에서 특별히 문제없다고 인정하는 종류의 것

제68조 개인 전보의 용어를 다음과 같이 제한한다.

    1. 일본어-보통사

    2. 서양언어-일본어, 영어, 불어에서 보통사 또는 보통어, 은어로 기재하는 전보는 은어 서명을 부기하게 하고, 전보를 보낼 때 일본어, 영어 또는 불어로 기재한 번역문을 첨부하고 관계 은어서를 제시하도록 한다.

    3. 언문-보통사

    4. 한문-보통사

제69조 전보는 수신인이 위험을 부담하는 조건에서만 취급하되 그 미착, 지연, 오착 등에 관해서 정부는 일절 책임이 없다.

제70조 제국 관공서가 송수신하는 것 그리고 정부에서 특별히 문제없다고 인정한 것을 제외하고, 다음에 열거하는 전보는 모두 이를 검열하고 검열 결과 기밀의 보호와 기타 경비상 지장이 있다고 인정되는 것은 그것의 전부 또는 일부를 정지한다.

    1. 외국에서 보낸 것이나 외국으로 보내는 것

    (이하 2행 미게재, 생략)

    4. 정부에서 특별히 지시한 자가 송수신하는 것

    5. 기타 취급 전신관서에서 필요하다고 인정하는 것 그리고 경비 관련 부서가 특별히 요구하는 것

제4절 전화 단속 요령

제71조 국제전화 연락업무는 필요에 따라 전부 또는 일부를 정지한다.

제72조 국제통화는 일본어(조선에서는 조선총독이 허가하는 자에 한해 조선어 또는 만주국어), 영어 및 불어로 제한한다. 그리고 그 통화 내용은 가급적 통속적으로 감사(監査)하고 필요한 때에는 이를 중단한다.

제73조 국내통화는 필요에 따라 구역을 정하고 일본어 통화를 정지한다. 그리고 특별히 단속이 필요한 회선은 상시적으로, 기타 회선은 단속적으로 감청하며 필요한 때에는 이를 중단한다.

제5절 불법 무선전신전화 단속 요령

제74조 무선전신, 무선전화의 불법 시설 또는 불법 사용에 대해서는 무선전신법에 의거하여 단속하는 외에 다음의 조치를 강구한다.

1. 무선전신법 제6조의 운용에 의거하여 사설 무선전신 및 무선전화를 가능한 한 국가관리로 이관한다.
2. 불법 사설 및 불법 사용을 단속하는 장비를 확충하고 각 체신국이 무선주파수대를 분담하여 감청하도록 한다. 그리고 육상무선통신감시국이 그 일상업무 이외의 주파수대를 감청하도록 한다.
3. 각 체신국에서 이동감시대를 설치하고 전기의 고정 감시를 맡아 엄중하게 감시한다.
4. 경비 관련 부서와의 연락을 긴밀하게 하고 감시에 소홀함이 없도록 한다.
5. 신문잡지 등의 간행물, 특정 인물의 서신 검열 등에 의해 취득하는 자료를 이용하여 감시하도록 한다.
6. 불법 시설 용의자의 행동 및 지인 관계 등을 엄중하게 감시한다.
7. 무선기 제작 및 판매를 통제한다.

제6절 국외방송전파 및 비둘기통신 단속 요령

제75조 국외방송전파는 단절하지 않고 이를 감청하며, 필요에 따라 불온한 방송전파를 교란하는 기술적 조치를 취한다.

제76조 비둘기통신에 대해서는 필요에 따라 이를 단속하는 조치를 취한다.

자료 11	
\multicolumn{2}{c	}{국가총동원 준비에 관한 건}
구분	내각훈령 제2호
법령명/건명	'국가총동원 준비에 관한 건' (별도의 제목 없음)
공포·개정·결정·폐지 연월일	훈령 1937년 5월 27일 (조선총독부관보 1937년 6월 3일, 제3113호 게재)
구성	
선행 규범·법령	
원문 일부	●内閣訓令第二號 ○訓令 各官廳 現下内外世局ノ促ガス所、内ハ庶政ヲ一新シ、外ハ非常ニ變ニ備ヘ、以テ帝國存榮ノ基礎ヲ鞏ウシ、常ニ擧國躍進ヲ期スベキノ機運ニ際會ス。若シ夫レ一朝有事ニ對スルノ備ヘニ至ツテハ、必ズヤ軍備ノ充實ト相俟ッテ、廣ク各般ノ人的及物的資源ヲ統制運用シテ、國力全般ノ最高發揮ヲ期スルノ總動員準備ニ遺算ナキヲ要スルハ、之ヲ既往ノ經驗ニ稽ヘ、之ヲ近代國防ノ意義ニ察シ、寔ニ明白ナル所ナリ。惟ニ國家總動員準備ノ要ハ、汎ク人的及物的資源ニ關シテ、正確精新ナル調査ニ基キ綿密到到ナル計畫ヲ樹立スルト共ニ、其ノ總動員上ノ要諦ヲ平時ノ施設ニ調和綜合シテ、資源ノ圓滿育成開發ヲ圖ルニ在ル。卽チ民力ノ涵養ニ、國力ノ綜合的充實ヲ期スルハ、一般施政ノ要諦タルト共ニ、資源ノ海外ニ依存スルコト大ナル我邦ノ現狀ニ鑑ミ、特ニ必須ノ要件ナリトス。是ノ故ニ、職ニ奉ズル者ハ、深ク思ヲ此ニ致シ、職司各、異ル所アリト雖モ、苟モ此ノ見地ヨリスルノ省察ヲ怠ラズ、各般ノ施設ヲシテ常ニ國家總動員準備ノ要請ニ合致セシムルノ用意アルヲ念トシ、協力一致、齊シク處務ノ核心ニ著眼シ、本末輕重ヲ分チ先後緩急ヲ制シテ、煩能ク時世ノ要求ニ適應セシメンコトヲ望ム。 昭和十二年五月二十七日 内閣總理大臣　林　銑十郎
주요 내용 및 특징	○ 중일전쟁에 대비하여 각 관청에 국가총동원체제를 준비하게 함 ○ 전쟁에 대비하여 군비 충실에 필요한 인적 및 물적 자원의 통제와 운영에 관한 정확하고 세밀한 최신 조사를 통해 계획을 수립할 것 지시 ○ 국가총동원 준비에 공직자의 철저 대응을 지시
법령 적용 범위	각 관청에 대해
관련 법령 통합·폐지 사항	
유사·파생 법령	국가총동원법

내각훈령 제2호

1937년 5월 27일(조선총독부관보 1937년 6월 3일, 제3113호)

'국가총동원 준비에 관한 건'[11]

각 관청에 대해

현재 내외의 정세가 급박해지는 가운데 안으로는 서정(庶政)을 일신하고 밖으로는 비상한 변화에 대비함으로써 제국이 존영할 기초를 다지고 마땅히 거국적으로 약진해야 할 기운을 맞이하고 있다. 만약의 경우 유사시에 대비한다면 반드시 군비의 충실이 긴요하며, 이전의 경험에 비추어 보거나 근대 국방의 의의를 살펴보더라도 널리 각 분야의 인적 및 물적 자원을 통제, 운영하며 국력의 모든 분야를 최고도로 발휘하는 총동원 준비에 빈틈이 없어야 하는 것이 실로 명백하다.

생각건대 국가총동원 준비의 핵심은 무릇 인적 및 물적 자원에 관하여 정확하고 세밀한 최신의 조사에 근거하여 주도면밀한 계획을 수립하는 동시에, 이를 총동원하려는 요청을 평상시의 시설에 조화 및 종합시키고 자원의 원만한 육성과 개발을 도모하는 데 있다. 즉 국민능력을 함양하고 국력을 종합적으로 충실히 하는 것이 일반 시정의 요체이다. 동시에 특히 자원의 해외 의존도가 큰 우리나라의 현 상황을 감안하는 것은 필수 요건이다.

이 때문에 공직자는 깊이 생각하여 매일 일변하는 시국에 따라 맡은 바 직책은 서로 다르지만 이러한 견지에서 성찰하는 것을 게을리하지 않으며, 제반 시정을 함에 있어 항상 국가총동원 준비의 요청에 부합하도록 대비할 것을 염두에 두며 일치협력하고 항상 처리업무의 핵심에 착목하고 본말과 경중을 분별하고 선후와 완급을 조절하여 모두 능숙하게 현 시국의 요구에 적절히 대응하기를 바란다.

1937년 5월 27일

내각총리대신 하야시 센주로(林銑十郞)

---

[11] 본 내각훈령의 건명은 명시되지 않았다. 이른바 제목 '국가총동원 준비에 관한 건'은 일반적으로 알려진 건명이다.

자료 12

	북지사변(중일전쟁)에 적용해야 할 국가총동원계획요강
구분	각의결정
법령명/건명	북지사변(중일전쟁)에 적용해야 할 국가총동원계획요강 北支事變ニ適用スベキ國家總動員計劃要綱
공포·개정·결정·폐지 연월일	결정 1937년 9월 4일
구성	14장 50개 조항
선행 규범·법령	총동원기본계획강령, 제2차 총동원기간계획강령
원문 일부	北支事変ニ適用スベキ国家総動員計画要綱 更新日：2012年12月20日 収載資料：資料日本現代史 10 吉田裕 吉見義明 大月書店 1984.4 pp.16-20 当館請求記号：GB631-39 昭和前半期閣議決定等凡例 -------- 北支事変ニ適用スベキ国家総動員計画要綱 昭和12年9月4日 閣議決定 第一章 総則 第一条 本要綱設定ノ目的ハ今次事変処理ノ為総動員基本計画綱領及第二次総動員期間計画綱領ニ準拠シ総動員実施ノ範囲及程度ヲ定メ以テ実施及実施ノ準備ニ必要ナル基準タラシムルニ在リ 別ニ第三国ノ事変参加ニ因リ最悪ナル場合ヲ考慮シ帝国ノ全面的戦争ニ対スル準備トシテハ現ニ作成中ナル第三次総動員期間計画ヲ現状ニ即応スル如ク速ニ完成スルト共ニ之ニ関連シ国力充実ニ必要ナル諸施設ヲ為スモノトス 第二条 本要綱ニ基キ定ムル事項ハ差当リ第一半年ニ対スル所要計画トシ爾後ニ対スル計画ハ事変ノ進展ニ伴ヒ之ヲ定ムルモノトス 第三条 本要綱ニ定ムル事項ノ実施ハ適時現況ニ即応スル様之ヲ行ヒ本要綱ニ定メタル機宜ノ措置ニシテ重要ナルモノニ付テハ其ノ都度閣議ニ於テ之ヲ定ムルモノトス 第四条 軍需ハ陸海軍省ノ提示セル数額トス、民需ハ需要増加ノ趨勢ヲ考慮シタル平時需要ノ程度トシ必要アルモノニ付テハ所要ノ節約ヲ加フルモノトス 第五条 総動員実施ノ為必要ナル戦時法令ノ制定又ハ適用ニ付テハ必要ニ応ジ速ニ之ヲ実現シ得ル様措置ヲ講ズ 第二章 資源ノ配当及補填 第六条 特定重要資源ニ付テハ新ニ其ノ需給対照並ニ配当及補填計画ヲ定ム 自余ノ資源ニ付テハ第二次総動員期間計画綱領ニ準拠シ適宜必要ニ応ジ実施スルモノトス 第七条 資源需要官庁ハ取得シタル特定重要資源ニ付毎三ケ月末ニ其ノ数量ヲ総動員統轄事務機関及資源担当官庁ニ通知スルモノトス
주요 내용 및 특징	○ 중일전쟁이 전면전으로 확대될 것에 대비하여 제3차 총동원기간계획을 준비하고 실시하는 요강을 명시 ○ 자원 배당 및 보전, 국민정신, 노무, 산업, 무역, 식량, 운수, 재정, 금융, 사회시설, 방역, 경비(警備), 정보 및 선전 등에 관한 지침
법령 적용 범위	각 관청에 대해
관련 법령 통합·폐지 사항	
유사·파생 법령	국가총동원법

각의결정

1937년 9월 4일

북지사변(중일전쟁)에 적용할 국가총동원계획요강
北支事變ニ適用スベキ國家總動員計劃要綱

제1장 총칙

제1조 본 요강을 설정하는 목적은 이번 사변의 처리를 위한 총동원기본계획강령과 제2차 총동원기간계획강령에 준거하여 실시하는 범위와 정도를 정함으로써 실시와 실시 준비에 필요한 기준으로 삼는 데 있다.

특히 제3국이 사변에 참여하는 최악의 경우를 고려하여 제국의 전면전 대비는 현재 작성 중인 제3차 총동원기간계획을 상황에 맞춰 즉시 적용하고 신속하게 완성하도록 하는 동시에 이와 관련하여 국력의 충실에 필요한 모든 시설을 하는 데 있다.

제2조 본 요강에서 정한 사항은 당분간 초기의 반년 동안 필요한 계획으로 하고 그 이후의 계획은 사변의 진전에 따라 정한다.

제3조 본 요강에서 정한 사항의 실시는 적당한 때에 현황에 맞추어 시행하고, 본 요강에서 정하지 않은 시의적절한 조치로서 중요한 것에 대해서는 그때마다 각의에서 이를 정한다.

제4조 군수물자는 육해군성이 제시하는 수량과 금액으로 하되, 민수용품는 수요가 증가하는 추세를 고려하여 평시 수요의 정도로 하고 필요한 것은 한층 더 절약한다.

제5조 총동원 실시를 위해 필요한 전시 법령의 제정 또는 통용에 대해서는 필요에 따라 신속하게 이를 실현할 수 있도록 조치를 취한다.

제2장 자원의 배당 및 보전

제6조 특정한 중요 자원에 대해서는 새로 그 수급 대조와 함께 배당 및 보전 계획을 정한다.

그 외의 자원에 대해서는 제2차 총동원기간계획강령에 준거하여 적절하게 필요에 따라 실시한다.

제7조 자원의 수요 관청은 취득해야 하는 특정한 중요 자원에 대해 매 3개월 말에 그 수량을 총동원통할사무기관 및 자원 분담 관청에 통지한다.

자원 담당 관청 및 관계 관청은 특정한 중요 자원에 대해 매 3개월 말에 그 생산 수량, 현존 수량 및 수입 수량을 총동원통할사무기관 및 관계 관청에 통지한다.

제3장 정신 진작

제8조 국론의 통일과 국민정신의 진작에 관해 필요한 조치를 취한다.

제4장 노무

제9조 노무에 관해서는 노무자의 수급 조정을 목표로 하고, 특히 이를 적시에 적당한 직종에 종사할 수 있도록 대체로 다음 사항에 대해 필요한 조치를 취한다.
1) 기술직원 및 직공의 쟁탈 방지
2) 노무자 수급 조정 기관의 정비
3) 일부 국민등록 준비
4) 기술직원 및 직공 양성

제5장 산업

제10조 산업지도통제에 필요한 사항은 대체로 다음과 같다.
1) 중요 자원의 자급을 목표로 하고 특히 군수산업의 생산력 확충을 촉진한다.
2) 수출산업은 군사상 커다란 지장이 없는 한 이를 적극적으로 유지한다.
3) 필요에 따라 일부 공장 또는 사업장을 관리한다.
4) 중요산업에 대해서는 통제기구를 정비한다.

5) 수입 억제에 따라 국민생활에 필요한 자원의 생산을 장려한다.

제11조 우선 생산의 촉진 또는 생산력 확충이 필요한 중요물자는 대체로 다음과 같다.

    1) 금

    2) 철강 및 제철용 원광

    3) 동, 납, 아연, 주석, 니켈, 안티몬, 수은, 알루미늄, 마그네슘 등 비철금속류

    4) 벤젠 및 톨루엔

    5) 페놀

    6) 황산암모늄

    7) 펄프

    8) 공작기계

    9) 석탄

    10) 석유 및 석유대용품

    11) 철도차량 및 선박

    12) 화물자동차

    13) 항공기

제12조 다음의 물자 및 이를 재료로 하는 물품에 대해서는 일반의 소비절약을 장려하는 외에 용도의 제한, 대용품 사용 지정 등 필요한 조치를 취한다.

    1) 강재(鋼材)

    2) 동, 백금, 납, 아연, 주석, 니켈, 안티몬

    3) 고무

    4) 피혁

    5) 면화

    6) 양모

    7) 종이류

    8) 목재

    9) 연료 특히 석유 및 석유대용품

    10) 전력

이상과 관련하여 필요한 대용품의 증산 및 연구에 대해 특별히 고려한다.

제13조 우선 다음의 물자에 대해 배급을 적정하고 원활하게 하기 위해 필요한 조치를 취한다.

1) 쌀, 보리 및 사료

2) 철강

3) 화학비료

4) 공작기계

5) 석탄

6) 석유

7) 위의 각 호 이외의 주요 수입물자

제14조 다음의 물자 및 이를 재료로 하는 물품에 대해 국민운동과 기타 적절한 방법으로 회수하는 조치를 취한다.

1) 고철

2) 동

3) 납

4) 주석

5) 알루미늄

6) 고무

7) 면화

8) 양모

9) 종이

제15조 전력에 관해서는 원활하고 적정한 수급을 위해 필요한 조치를 취한다.

제16조 폭리의 단속과 기타 물가, 운임, 요금 등의 규정에 관해 필요한 조치를 취한다.

물가의 규정에 대해서는 철강, 화학비료, 석탄, 석유, 전력 등의 중요물자 및 생활필수품에 대해 고려한다.

제17조 보전계획 실시를 위해 필요한 자금에 대해서는 완급을 고려하고, 그 조달에 편의를 부여한다.

제6장 무역

제18조 수입에 관해서는 중요물자의 수급 상황 및 국제수지의 상황을 고려하고 수입 우선순위를 정하여 적절하게 지도와 통제를 한다.

제19조 수출에 관해서는 특히 필요한 것을 제외하는 외에, 당분간 제한 또는 금지를 하지 않는다.

제20조 중국에 대해서는 무기와 기타 작전에 필요한 자재의 수출을 금지하는 외에, 경제적 타격을 주는 데 유효한 무역상의 조치를 취한다.

제21조 중국에 대한 무역 상황의 변화에 따라 대책을 강구한다.

제22조 미국의 중립법 발동과 기타의 원인에 의해 수입이 두절되는 경우를 고려하여 적시에 이에 대응할 수 있는 방도를 강구한다.

제7장 식량

제23조 식량에 관해서는 그 생산, 배급 등에 대해 필요한 지도와 통제를 하는 외에 대체로 다음의 조치를 취한다.
  1) 수입 식량에 대한 소비절약과 대용품의 사용
  2) 응소자(應召者)가 다수인 농산어촌에서 생산유지에 관한 지도와 원조
  3) 비료 및 사료의 자급 장려, 구입 비료 및 사료의 소비절약

제8장 운수

제24조 철도 및 선박에 의한 중요물자의 수송에 대해서는 필요에 따라 우선순위를 정하고 각 수송의 연락을 확보하여 운수 전반을 원활하게 한다.

제25조 선박은 필요에 따라 정부가 이를 관리한다.
  또한 이와 관련하여 필요한 조치를 취한다.

제26조 선박의 증가에 대해서는 다음의 조치를 취한다.

1) 조선(造船)능력의 확충을 도모하고 조선 재료의 공급에 편의를 제공한다.

2) 외국선박의 용선과 구매에 관해서는 현재와 미래의 관계를 고려한다.

제27조 해상보험에 관해 시의적절한 조치를 취한다.

제28조 자동차 징발에 따른 보충에 관해 시의적절한 조치를 취한다.

제29조 항공시설의 정비에 관해 필요한 조치를 취한다.

제9장 재정, 금융

제30조 중앙, 지방, 외지에서 불급한 기정 경비의 절약을 단행한다.

제31조 전비 조달은 주로 공채를 통해 하지만 일부 증세를 병용한다.

양자의 조달에 관해서는 국민의 공평 부담을 특별히 고려한다.

또한 공채의 소화에 관해서는 적절한 조치를 취한다.

제32조 금융의 혼란 및 공황 방지에 대해서는 적시에 필요한 조치를 취한다.

제33조 국방과 기타 공익 측면에서 불급한 사업에 대해서는 투자, 증자 및 채권 발행을 억제한다.

제34조 비상시 산업금융의 편의를 도모하기 위해 자금 통제와 기타 필요한 조치를 취한다.

제35조 환율 유지를 위해 적시에 필요한 조치를 취하는데, 특히 대외 결제에 충당할 자금의 충실을 도모한다.

제36조 북중국에 대한 금융정책에 관해 시의적절한 조치를 취한다.

제10장 사회시설

제37조 출동 군인과 그 가족 및 유족에 대한 위문, 보호 및 구제에 관해 필요한 조치를 취한다. 이를 위해 고려해야 할 사항은 대체로 다음과 같다.

1) 응소자에게 소집 전의 근무지로부터의 급여 지급

2) 응소자의 보험에 관한 특별조치

3) 응소자의 가족 및 유족에 대한 진찰, 직업소개, 부조, 구호 등

4) 농산어촌 응소자의 가족 및 유족의 생업 조성 및 부채 정리에 관해 필요한 조치

5) 응소상공업자의 가족 및 유족에 대한 금융

6) 입영자에 대한 직업 보장

7) 전상자에 대한 직업재교육

8) 출정자 및 전사자, 부상자에 대한 위문

제38조 사변지역 이재민 및 피난자의 구제에 관해 필요한 조치를 취한다.

제39조 물자 징발과 기타 사변 때문에 생업이 곤란해진 자에 대해 필요한 보호와 구제의 조치를 취한다.

제11장 방역

제40조 방역의 철저를 기하기 위해 필요한 조치를 취한다. 이를 위해 특별히 고려해야 할 지역은 대체로 다음과 같다.

1) 전투지역과 교통이 빈번한 지역

2) 위수지역, 군항 및 요새

3) 주요 항만

4) 중요 공장지대

5) 식량의 대규모 집산지역

6) 중요 도시

제12장 총동원에 필요한 경비(警備)

제41조 중앙, 지방 및 외지에 경비협의회를 설치하여 신속하고 적절한 총동원경비를 실시한다.

제42조 기밀보호를 위해 각 주무관청은 필요한 조치를 취한다. 특히 우리나라에 재류 중인 외국인과 특정한 국민 및 그 주변 인물의 언동에 주의를 기울인다.

제43조 반군, 반전의 기사와 언론을 단속하고 외국으로부터의 사상공작 방지에 중점을 두

며 출판물을 엄중히 검열하여 유언비어와 운동을 단속한다. 총포 및 화약류와 기타 위험물의 단속 등 특히 치안유지에 필요한 조치를 취한다.

제44조 경찰 직원, 소방 직원 및 형무 직원의 소집에 따라 이를 보충하는 데 필요한 조치를 취한다.

또한 경찰력 보조를 위해 필요에 따라 지방의 여러 단체를 이용하는 조치를 취한다.

제45조 요(要)경비대상물의 경비에 대해 각 주무관청은 필요한 조치를 취한다.

제46조 경비용 통신망의 정비 및 통신 단속에 대해 필요한 조치를 취한다.

제47조 공습의 우려가 있는 지방에서는 방공에 대비하여 준비하고, 방공 실시의 시기는 별도의 명령에 따른다.

제48조 사설 무선전신전화 시설을 엄중하게 단속한다.

제13장 정보 및 선전

제49조 이번 사변의 처리를 위해 필요한 정보 및 선전에 관해 필요한 조치를 취한다.

제14장 기타

제50조 과학연구의 지도, 발명의 장려와 지원 등에 대해 필요한 조치를 취한다.

자료 13	
\multicolumn{2}{c}{군수공업동원법의 적용에 관한 법률}	
구분	법률 제88호
법령명/건명	군수공업동원법의 적용에 관한 법률 軍需工業動員法ノ適用ニ關スル法律
공포·개정·결정·폐지 연월일	1937년 9월 10일
구성	1개 조항, 부칙 1개 조항
선행 규범·법령	군수공업동원법
원문 일부	朕帝國議會ノ協贊ヲ經タル軍需工業動員法ノ適用ニ關スル法律ヲ裁可シ茲ニ之ヲ公布セシム 法律第八十八號 軍需工業動員法中戰時ニ關スル規定ハ支那事變ニ亦之ヲ適用ス 　附　則 本法ハ公布ノ日ヨリ之ヲ施行ス
주요 내용 및 특징	○ 기존의 군수공업동원법 중 전시 규정을 지나사변(중일전쟁)에 적용할 것을 명령 ○ 즉 중일전쟁 발발 이후 군수공업동원법을 적용하여 총동원체제를 발동한다는 명령임
법령 적용 범위	제국 전역
관련 법령 통합·폐지 사항	
유사·파생 법령	국가총동원법

법률 제88호

1937년 9월 9일

군수공업동원법의 적용에 관한 법률
軍需工業動員法ノ適用ニ關スル法律

군수공업동원법 중 전시에 관한 규정은 지나사변(중일전쟁)에서도 이를 적용한다.

부칙

본 령은 공포한 날로부터 이를 시행한다.

자료 14	
군수공업동원법의 적용에 관한 법률을 조선, 대만 및 화태에 시행하는 건	
구분	칙령 제505호
법령명/건명	군수공업동원법의 적용에 관한 법률을 조선, 대만 및 화태에 시행하는 건 軍需工業動員法ノ適用ニ關スル法律ヲ朝鮮臺灣及樺太ニ施行スルノ件
공포·개정·결정·폐지 연월일	1937년 9월 18일
구성	1개 조항, 부칙 1개 조항
선행 규범·법령	군수공업동원법(1918. 4. 17. 법률 제88호) 군수공업동원법의 적용에 관한 법률(1937. 9. 10. 법률 제88호)
원문 일부	
주요 내용 및 특징	○ 기존의 군수공업동원법 중 전시 규정을 지나사변(중일전쟁)에 적용한다는 칙령(법률 제88호)을 조선, 대만, 화태에 시행한다는 명령 ○ 즉 중일전쟁 발발 이후 군수공업동원법을 조선 등에 적용하여 총동원체제를 발동한다는 명령임
법령 적용 범위	조선, 대만, 화태
관련 법령 통합·폐지 사항	
유사·파생 법령	군수공업동원법을 조선, 대만 및 화태에 시행하는 건(1918. 10. 2. 칙령 제368호), 국가총동원법

칙령 제505호

1937년 9월 17일

군수공업동원법의 적용에 관한 법률을 조선, 대만 및 화태에 시행하는 건
軍需工業動員法ノ適用ニ關スル法律ヲ朝鮮臺灣及樺太ニ 施行スルノ件

1937년 법률 제88호는 조선, 대만 및 화태에서 시행한다.

부칙

본 령은 공포한 날로부터 이를 시행한다.

자료 15	
\multicolumn{2}{c}{국책대강}	
구분	각의결정
법령명/건명	국책대강 國策大綱
공포·개정·결정·폐지 연월일	결정 1938년 1월 20일
구성	10개 조항
선행 규범·법령	국책 기준
원문 일부	**国策大綱** 更新日：2012年12月20日 昭和前半期閣議決定等凡例 収載資料：国家総動員史　資料編　第4　石川準吉著　国家総動員史刊行会　1976.3　pp.459-460　当館請求記号：AZ-668-5 ……… 国策大綱 昭和13年1月20日　閣議決定 国体ノ本義ニ基キ挙国一致内ニ国力ノ充実ヲ図リ外ニ帝国ノ発展ヲ遂グルヲ以テ施政ノ根本方針トシ向後数年ニ亘ル非常時ヲ目標トシ緩急軽重ヲ計リテ左記諸政策ヲ遂行ス 一、帝国ノ対外国策ハ日満支ノ鞏固ナル提携ヲ具現シ東洋永遠ノ平和ヲ確立シ世界ノ平和ニ貢献スルヲ以テ基本トス 二、日満両国不可分関係ヲ堅持シテ対満重要策ノ完成ヲ期シ対支策ノ具現ニ積極的努力ヲ為シ南方ニ対スル経済発展ニ努ム 三、支那事変ニ対スル軍事目的ノ達成ニ遺憾ナカラシメ且国防ノ必要ニ応ズル為国家総動員態勢ヲ完成スルト共ニ今後一層軍備ノ充実ヲ図ル尚支那長期抵抗ニ対応スル一切ノ措置ヲ執ル 四、向後四年ヲ目標トシ重要産業ノ振興ヲ計リテ生産力ノ総合的拡充ヲ為シ日満ノ外更ニ北支等ヲモ加ヘテ全体的計画ノ下ニ国防上重要物資ノ供給ヲ確保シ且輸出貿易ヲ促進シテ国際収支ヲ改善シ以テ国防経済ノ確立、帝国経済力ノ充実ヲ期ス 五、今次事変ニ於ケル銃後ノ処理及戦死傷病者並ニ其ノ遺族家族ニ対スル扶助援護ニ遺憾ナカラシメ且復員ノ措置ニ適切ニシ在支居留民ノ復興ニ必要ナル措置ヲ講ジ以テ将来ニ於ケル帝国発展ノ万全ヲ期ス 六、国民思想ノ指導ヲ強化徹底シ学術文化ノ振興ヲ図リ大国民タルノ資質ヲ涵養スベク文教ノ刷新ヲ期ス
주요 내용 및 특징	○ 중일전쟁의 목적이 동아시아 지배에 있음을 밝히고 향후 수년간 비상시국이 지속됨을 목표로 국책의 대강을 천명함 ○ 국가총동원태세의 완성, 향후 4년간 중요 산업 발전을 도모 ○ 전상병자 원호, 부조 조치 지시 ○ 공산주의 등 척결 지시, 국민사상 지도 철저, 문교 쇄신 등 강조 ○ 군비 충실, 산업 진흥, 물가, 금융, 사업, 무역, 교통, 동력, 노무 등의 국가적 통제와 비상시 재정계획 확립 지시
법령 적용 범위	제국 전역
관련 법령 통합·폐지 사항	
유사·파생 법령	국가총동원법

각의결정

1938년 1월 20일

국책대강
國策大綱

국체의 본의에 근거하여 거국일치한다. 안으로 국력의 충실을 도모하고 밖으로 제국의 발전을 완수하는 것을 시정의 근본방침으로 삼고 향후 수년에 걸쳐 비상시국을 목표로 하되, 완급과 경중을 살펴 다음의 제반 정책을 수행한다.

1. 제국의 대외 국책은 일본, 만주, 중국의 견고한 제휴를 구현하고 동양의 영원한 평화를 확립하고 세계의 평화에 공헌하는 것을 기본으로 한다.
2. 일본과 만주국의 양국은 불가분의 관계를 견지하고 만주에 대한 중요 정책의 완성을 기한다. 중국에 대한 정책의 구현에 적극적인 노력을 기울이고 남방에 대해서는 경제발전에 노력한다.
3. 중일전쟁에 대한 군사적 목적 달성에 유감이 없도록 하고 또한 국방의 필요에 따라 국가총동원태세를 완성하는 동시에 향후 한층 더 군비의 충실을 도모한다. 또한 중국의 장기적 저항에 대응하여 모든 조치를 취한다.
4. 향후 4년을 목표로 중요산업의 진흥을 꾀하고 생산력의 종합적 확충을 위해 일본, 만주 외에 중국 북부 등을 더하여 전체적인 계획을 확립하고 제국의 경제력 충실을 기한다.
5. 이번 중일전쟁에서 후방의 처리와 전사상병자 그리고 유가족에 대한 부조(扶助)와 원호에 유감이 없도록 하고, 또한 복원(復員)의 조치를 적절하게 한다. 중국에 거주하는 거류민의 부흥에 필요한 조치를 강구함으로써 장래 제국의 발전에 만전을 기한다.
6. 국민사상의 지도를 철저히 강화하고 학술과 문화의 진흥을 도모하여 대국민다운 자질을 함양시킬 문교(文教) 쇄신을 기한다.
7. 비상시국에 대해 국민의 각오를 한층 더 강조하고 희생정신을 발휘하도록 하는 동시에, 국민생활의 안정에 필요한 제반 정책 가운데 농산어촌의 진흥, 중소상공업자 및 노동자

의 후생과 더불어 국민체력의 향상에 온 힘을 다한다.
8. 군비 충실, 산업 진흥 및 국민생활 안정을 위해 물가, 금융, 사업, 무역, 교통, 동력, 노무 등에 대해 필요한 국가적 통제를 더하는 동시에 비상시 재정계획을 확립한다.
9. 공산주의와 기타 국체와 상존할 수 없는 사상과 행동에 대해 이를 척결하고 극복한다.
10. 이상의 여러 정책을 신속하고 적확하게 수행하기 위해 정치행정을 쇄신하고 국가의 모든 기구가 이에 적응하도록 한다.

자료 16

	국가총동원법
구분	법률 제55호
법령명/건명	국가총동원법 國家總動員法
공포·개정·결정·폐지 연월일	1938년 4월 1일 공포 1938년 5월 3일 조선 공포, 5월 5일 시행 1941년 3월 1일 개정(법률 제19호) 1945년 12월 20일 폐지(법률 제44호)
구성	본문 50개 조항, 부칙 4개 조항
선행 규범·법령	군수공업동원법 및 1937년 법률 제88호, 국책 대강
원문 일부	法律第五十五號 國家總動員法 第一條 本法ニ於テ國家總動員トハ戰時(戰爭ニ準ズベキ事變ノ場合ヲ含ム以下之ニ同ジ)ニ際シ國防目的ノ達成ノ爲國ノ全力ヲ最モ有效ニ發揮セシムル樣人的及物的資源ヲ統制運用スルヲ謂フ 第二條 本法ニ於テ總動員物資トハ左ニ揭グルモノヲ謂フ 一 兵器、艦艇、彈藥其ノ他ノ軍用物資 二 國家總動員上必要ナル被服、食糧、飮料及飼料 三 國家總動員上必要ナル醫藥品、醫療機械器具其ノ他ノ衛生用物資及家畜衛生用物資 四 國家總動員上必要ナル船舶、航空機、車輛、馬其ノ他ノ輸送用物資 五 國家總動員上必要ナル通信用物資 朕帝國議會ノ協贊ヲ經タル國家總動員法ヲ裁可シ茲ニ之ヲ公布セシム 裕仁 昭和十三年三月三十一日
주요 내용 및 특징	○ '국가총동원법'은 1937년 중일전쟁 발발 이후 일제가 국가총력전을 목표로 일본 본토와 조선 등 식민지 전체를 전시 총동원체제로 전환하기 위해 제정한 최상위의 통제법령임 ○ '국가총동원법'은 전시에 국방 목적을 달성하기 위해 국가가 모든 인적, 물적 자원을 통제하고 동원할 수 있다고 규정함
법령 적용 범위	별도 칙령에서 '조선·대만·화태에서는 1938년 5월 5일부터 시행한다.'라고 규정
관련 법령 통합·폐지 사항	군수공업동원법 및 1937년 법률 제88호 군수공업동원법을 기초로 한 명령 또는 처분 폐지(처벌은 예외)
유사·파생 법령	국가총동원심의회관제(칙령 제319호)

법률 제55호

1938년 3월 31일

국가총동원법
國家總動員法

제1조 본 법에서 국가총동원이란 전시(전쟁에 준하는 사변의 경우를 포함한다. 이하 동일하다.)에 국방의 목적을 달성하기 위해 국가의 전력(全力)을 가장 유효하게 발휘하도록 인적·물적 자원을 통제·운용하는 것을 가리킨다.

제2조 본 법에서 총동원물자란 다음을 말한다.

    1. 병기, 함정, 탄약, 기타 군용 물자

    2. 국가총동원에 필요한 피복, 식량, 음료 및 사료

    3. 국가총동원에 필요한 의약품, 의료기계·기구, 기타 위생용 물자 및 가축 위생용 물자

    4. 국가총동원에 필요한 선박, 항공기, 차량, 말, 기타 수송용 물자

    5. 국가총동원에 필요한 통신용 물자

    6. 국가총동원에 필요한 토목건축용 물자 및 조명용 물자

    7. 국가총동원에 필요한 연료 및 전력

    8. 이상 각 호에 열거한 물품의 생산, 수리, 배급 또는 보존에 필요한 원료, 재료, 기계·기구, 장치, 기타 물자

    9. 이상 각 호에 열거한 물품을 제외하고 칙령으로 지정한 국가총동원에 필요한 물자

제3조 본 법에서 총동원업무란 다음을 가리킨다.

    1. 총동원물자의 생산·수리·배급·수출·수입 또는 보관에 관한 업무

    2. 국가총동원에 필요한 운수 또는 통신에 관한 업무

    3. 국가총동원에 필요한 금융에 관한 업무

    4. 국가총동원에 필요한 위생, 가축 위생 또는 구호에 관한 업무

    5. 국가총동원에 필요한 교육훈련에 관한 업무

6. 국가총동원에 필요한 시험연구에 관한 업무

7. 국가총동원에 필요한 정보 또는 계발, 선전에 관한 업무

8. 국가총동원에 필요한 경비에 관한 업무

9. 이상 각 호에서 언급한 것을 제외하고 칙령으로 지정한 국가총동원에 필요한 업무

제4조 정부는 전시에 국가총동원에 필요한 경우에 칙령이 정하는 바에 따라 제국 신민(帝國臣民)을 징용하여 총동원업무에 종사시킬 수 있다. 단 병역법의 적용을 저해하지 않는다.

제5조 정부는 전시에 국가총동원에 필요한 경우에 칙령이 정하는 바에 따라 제국 신민 및 제국 법인, 기타 단체를 국가, 지방공공단체 또는 정부가 지정하는 자가 행하는 총동원업무에 협력하게 할 수 있다.

제6조 정부는 전시에 국가총동원에 필요한 경우에 칙령이 정하는 바에 따라 종업자의 사용, 고용 또는 해고 또는 임금, 기타 노동조건에 대하여 필요한 명령을 할 수 있다.

제7조 정부는 전시에 국가총동원에 필요한 경우에 칙령이 정하는 바에 따라 노동쟁의의 예방 또는 해결에 관하여 필요한 명령을 내리거나 작업소의 폐쇄, 작업 또는 노무의 중지, 기타 노동쟁의에 관한 행위의 제한 또는 금지를 할 수 있다.

제8조 정부는 전시에 국가총동원에 필요한 경우에 칙령이 정하는 바에 따라 물자의 생산·수리·배급·양도·기타 구분·사용·소비·소지 및 이동에 관하여 필요한 명령을 할 수 있다.

제9조 정부는 전시에 국가총동원에 필요한 경우에 칙령이 정하는 바에 따라 수출 또는 수입의 제한 또는 금지를 하고, 수출 또는 수입을 명령하며 수출세 또는 수입세를 부과하거나 수출세 또는 수입세를 증과 또는 감면할 수 있다.

제10조 정부는 전시에 임하여 국가총동원에 필요한 경우에 칙령이 정하는 바에 따라 총동원물자를 사용 또는 수용(收用)할 수 있다.

제11조 정부는 전시에 국가총동원에 필요한 경우에 칙령이 정하는 바에 따라 회사 설립, 자본 증가, 합병, 목적 변경, 사채 모집 또는 2회 이상의 주식출자금[株金]의 불입에 대하여 제한 또는 금지를 하고, 회사 이익금의 처분, 배상, 기타 경리에 관하여 필요한 명령을 할 수 있다. 또는 은행, 신탁회사, 보험회사, 기타 칙령으로 지정한 자에

대해 자금의 운용에 관해 필요한 명령을 할 수 있다.

제12조 정부는 전시에 국가총동원에 필요한 경우에 총동원업무인 사업을 경영하는 회사가 해당 사업에 속하는 설비의 비용에 충당하기 위한 사채의 모집 또는 증자를 할 때 상법 제200조 또는 제297조의 규정에 구속되지 않으며 별도의 칙령으로 이를 정할 수 있다.

제13조 정부는 전시에 국가총동원에 필요한 경우에 칙령이 정하는 바에 따라 총동원업무인 사업에 속하는 공장, 사업장, 선박, 기타 시설, 또는 이로 전용할 수 있는 시설의 전부 또는 일부를 관리·사용 또는 수용할 수 있다.

정부는 전항에 든 것을 사용 또는 수용하는 경우에 칙령이 정하는 바에 따라 그 종사자를 공용(供用)하거나 해당 시설에서 현재 실시하는 특허발명 또는 등록실용신안을 사용할 수 있다.

정부는 전시에 국가총동원에 필요한 경우에 칙령이 정하는 바에 따라 총동원업무에 필요한 토지 또는 가옥, 기타 공작물을 관리, 사용 또는 수용하거나 총동원업무를 수행하는 자에게 이를 사용 또는 수용하게 할 수 있다.

제14조 정부는 전시에 국가총동원에 필요한 경우에 칙령이 정하는 바에 따라 광업권, 사광권(砂鑛權) 및 물[水]의 사용에 관한 권리를 사용 또는 수용할 수 있다.

제15조 앞의 2개 조항의 규정에 따라 수용한 것을 사용하지 않을 경우에 수용한 때로부터 10년 이내에 불하할 때에는 칙령이 정하는 바에 따라 구(舊)소유자 또는 구권리자 또는 그 일반 승계인이 이를 우선적으로 매수할 수 있다.

제16조 정부는 전시에 국가총동원에 필요한 경우에 칙령이 정하는 바에 따라 사업에 속하는 설비의 신설, 확장 또는 개량을 제한 또는 금지하거나 총동원업무 사업에 속하는 설비의 신설, 확장 또는 개량을 명령할 수 있다.

제17조 정부는 전시에 국가총동원에 필요한 경우에 칙령이 정하는 바에 따라 총동원업무인 동종(同種) 또는 이종(異種) 사업의 사업주 간에 해당 사업에 관한 통제협정의 설정, 변경 또는 폐지에 대하여 인가를 받게 하고 통제협정의 설정, 변경 또는 폐지에 대하여 인가를 받게 하며, 통제협정의 설정, 변경 또는 취소를 명령하거나 통제협정의 가맹자 또는 그 통제협정에 가맹하지 않은 사업주에게 대하여 그 통제협정에

따르도록 명령할 수 있다.

제18조 정부는 전시에 국가총동원에 필요한 경우에 칙령이 정하는 바에 따라 총동원업무인 동종 또는 이종 사업의 사업주에 대하여 해당 사업의 통제를 목적으로 하는 조합의 설립을 명령할 수 있다.

전항의 조합은 법인으로 한다.

제1항의 규정에 따라 설립을 명령받은 자가 그 설립을 하지 않은 경우에는 정부가 정관의 작성, 기타 설립에 관하여 필요한 처분을 할 수 있다. 제1항의 조합이 성립된 경우에는 정부가 칙령이 정하는 바에 따라 해당 조합의 조합원 자격을 갖춘 자에게 그 조합에 참여하게 할 수 있다.

정부는 제1항의 조합에 대하여 조합원의 영업에 관한 통제규정의 설정, 변경 또는 폐지에 대하여 인가를 받게 하고, 통제규정의 설정 또는 변경을 명령하거나 조합원에 대하여 조합의 통제규정에 따르도록 명령할 수 있다.

제1항의 조합에 관하여 필요한 사항은 칙령으로 정한다.

제19조 정부는 전시에 국가총동원에 필요한 경우에 칙령이 정하는 바에 따라 가격·운송비·보험료·임대료 또는 가공비에 관하여 필요한 명령을 할 수 있다.

제20조 정부는 전시에 국가총동원에 필요한 경우에 칙령이 정하는 바에 따라 신문지, 기타 출판물의 게재에 대하여 제한 또는 금지를 할 수 있다.

정부는 전항의 제한 또는 금지를 위반한 신문지, 기타 출판물에 대하여 국가총동원에 지장이 있는 것의 발매 및 배포를 금지하고 이를 압류할 수 있다. 또한 이 경우에는 원판을 압류할 수 있다.

제21조 정부는 국가총동원에 필요한 경우에 칙령이 정하는 바에 따라 제국 신민 및 제국 신민을 고용 또는 사용하는 자에게 제국 신민의 직업능력에 관한 사항을 신고하게 하거나 제국 신민의 직업능력에 관하여 검사할 수 있다.

제22조 정부는 국가총동원에 필요한 경우에 칙령이 정하는 바에 따라 학교·양성소·공장·사업장·기타 기능자의 양성에 적합한 시설의 관리자 또는 양성되는 자의 고용주에게 국가총동원에 필요한 기능자의 양성에 관하여 필요한 명령을 할 수 있다.

제23조 정부는 국가총동원에 필요한 경우에 칙령이 정하는 바에 따라 총동원물자의 생산·

판매 또는 수입에 종사하는 자에게 해당 물자 또는 그 원료 또는 재료의 일정수량을 보유하도록 할 수 있다.

제24조 정부는 국가총동원에 필요한 경우에 칙령이 정하는 바에 따라 총동원업무인 사업의 사업주 또는 전시에 있어서 총동원업무를 실시하게 해야 하는 자에게 전시에 실시하는 총동원업무에 관한 계획을 설정하도록 하거나 해당 계획을 기초로 하여 필요한 연습과 훈련을 하도록 할 수 있다.

제25조 정부는 국가총동원에 필요한 경우에 총동원물자의 생산 또는 수리를 업무로 하는 자 또는 시험연구기관의 관리자에 대하여 시험연구를 명령할 수 있다.

제26조 정부는 국가총동원에 필요한 경우에 칙령이 정하는 바에 따라 총동원물자의 생산 또는 수리를 업으로 하는 자에게 예산의 범위 내에서 일정한 이익을 보증하거나 보조금을 교부할 수 있다. 이 경우에 정부는 그자에게 대하여 총동원물자의 생산 또는 수리를 하도록 하거나 국가총동원에 필요한 설비를 하도록 할 수 있다.

제27조 정부는 칙령이 정하는 바에 따라 제8조·제10조·제13조 또는 제14조의 규정에 따른 처분, 제9조의 규정에 따른 수출 또는 수입의 명령, 제11조의 규정에 따른 자금의 융통 또는 유가증권의 응모·인수 또는 매입의 명령, 또는 제16조의 규정에 따른 신설·확장 또는 개량의 명령으로 인하여 발생한 손실을 보상한다.

제28조 정부가 제22조·제23조 또는 제25조의 규정에 따라 명령을 내리는 경우에 칙령이 정하는 바에 따라 이로 인해 발생한 손실을 보상하거나 보조금을 교부한다.

제29조 앞의 2개 조항의 규정에 따른 불하의 가격은 총동원보상위원회의 회의를 거쳐 정부가 이를 정한다.

총동원보상위원회에 관한 규정은 칙령으로 정한다.

제30조 정부는 제26조 또는 제28조의 규정에 따라 이익의 보증 또는 보조금의 교부를 받는 사업을 감독하고, 이를 위해 필요한 명령 또는 처분을 할 수 있다.

제31조 정부는 국가총동원에 필요한 경우에 명령이 정하는 바에 따라 보고를 받거나 해당 관리가 필요한 장소에서 임검(臨檢)하여 업무의 상황 또는 장부, 서류, 기타 물건을 검사하도록 할 수 있다.

제32조 제9조의 규정에 따른 명령을 위반하여 수출하거나 수입을 하거나 하려고 한 자는

3년 이하의 징역 또는 1만 원 이하의 벌금에 처한다.

전항의 경우에 수출 또는 수입을 하려고 한 물건에 대해서 범인이 소유하거나 소지한 것은 이를 몰수할 수 있다. 만약 그 전부 또는 일부를 몰수하지 못하는 경우에는 그 가격대로 추징할 수 있다.

제33조 다음 각 호의 한 가지에 해당하는 자는 3년 이하의 징역 또는 5,000엔 이하의 벌금에 처한다.

1. 제7조의 규정에 따른 명령 또는 제한 또는 금지를 위반한 자
2. 제8조의 규정에 따른 명령을 위반한 자
3. 제9조의 규정에 따른 명령을 위반하여 수출 또는 수입을 한 자
4. 제10조의 규정에 따른 총동원물자의 사용 또는 수용을 거부·방해하거나 회피한 자
5. 제13조의 규정에 따른 시설·토지 또는 공작물의 관리·사용이나 수용 또는 종업자의 사용을 거부·방해하거나 기피한 자
6. 제19조의 규정에 따른 명령을 위반한 자

제34조 다음 각 호의 한 가지에 해당하는 자는 2년 이하의 징역 또는 3,000엔 이하의 벌금에 처한다.

1. 제11조의 규정에 따른 제한 또는 금지 또는 명령을 위반한 자
2. 제16조의 규정에 따른 제한 또는 금지 또는 명령을 위반한 자
3. 제17조 또는 제18조 제5항의 규정을 위반하여 인가를 받지 아니하고 통제협정 또는 통제규정을 설정·변경 또는 폐지하거나, 제17조 또는 제18조 제5항의 규정에 따른 명령을 위반한 자
4. 제23조의 규정에 따른 명령을 위반하여 보유를 하지 않은 자
5. 제26조의 규정을 위반하여 생산·수리 또는 설비를 하지 아니한 자

제35조 앞의 3개 조항의 죄를 범한 자에게는 정상을 참작하여 징역 또는 벌금을 부과할 수 있다.

제36조 다음 각 호의 한 가지에 해당하는 자는 1년 이하의 징역 또는 1,000엔 이하의 벌금에 처한다.

1. 제4조의 규정에 따른 징용에 응하지 않거나 제4조의 규정에 따른 업무에 종사하지 않는 자

2. 제6조의 규정에 따른 명령을 위반한 자

제37조 다음 각 호의 한 가지에 해당하는 자는 3,000엔 이하의 벌금에 처한다.

1. 제22조의 규정에 따른 명령을 위반한 자

2. 제24조의 규정에 따른 명령을 위반하여 계획의 설정 또는 연습을 하지 않은 자

3. 제25조의 규정에 따른 명령을 위반하여 시험연구를 하지 않은 자

제38조 다음 각 호의 한 가지에 해당하는 자는 1,000엔 이하의 벌금에 처한다.

1. 제18조 제1항의 규정에 의한 명령을 위반하여 조합의 설립을 하지 않은 자

2. 제30조의 규정에 따른 명령 또는 처분을 위반한 자

3. 제31조의 규정에 따른 보고를 게을리하거나 허위 보고를 한 자

제39조 제20조 제1항의 규정에 따른 제한 또는 금지를 위반한 경우에는 신문지의 경우 발행인 및 편집인, 기타 출판물은 발행자 및 저작자를 2년 이하의 징역·금고 또는 2,000엔 이하의 벌금에 처한다.

신문지의 경우 편집인 이외에 실제 편집을 담당한 자 및 게재기사에 서명한 자 역시 전항과 동일하다.

제40조 제20조 제2항의 규정에 따른 압류 처분의 집행을 방해한 자는 6개월 이하의 징역 또는 금고 또는 500엔 이하의 벌금에 처한다.

제41조 앞의 2개 조항의 죄에는 형법병합죄의 규정을 적용하지 않는다.

제42조 제31조의 규정에 따른 해당 관리의 검사를 거부·방해하거나 회피한 자는 6개월 이하의 징역 또는 500엔 이하의 벌금에 처한다.

제43조 제21조의 규정을 위반하여 신고를 게을리하거나 검사를 거부·방해하거나 회피한 자는 50엔 이하의 벌금 또는 구류 또는 과료에 처한다.

제44조 총동원업무에 종사한 자가 그 업무 수행에 관하여 알게 된 해당 관청 지정의 총동원업무에 관한 관청의 기밀을 누설 또는 도용한 경우에는 2년 이하의 징역 또는 2,000엔 이하의 벌금에 처한다.

공무원 또는 그 직업에 있는 자가 직무상 알게 된 해당 관청 지정의 총동원업무에

관한 관청의 기밀을 누설 또는 도용한 경우에는 5년 이하의 징역에 처한다.

제45조 공무원 또는 그 직업에 있는 자가 본 법의 규정에 따른 직무집행에 관하여 알게 된 법인 또는 다른 사람의 업무상의 기밀을 누설하거나 도용한 경우에는 2년 이하의 징역이나 2,000엔 이하의 벌금에 처한다.

제46조 제18조 제1항 또는 제3항의 규정에 따라 설립한 조합의 임원이 그 직무에 관하여 뇌물을 수수하거나 요구 또는 약속한 경우에는 2년 이하의 징역에 처한다. 또한 부정한 행위를 하거나 또는 상당한 행위를 하지 않을 경우에는 5년 이하의 징역에 처한다.

전항의 경우에 수수한 뇌물은 이를 몰수하고, 만약 그 전부 또는 일부를 몰수할 수 없는 경우에는 그 가격을 추징한다.

제47조 앞의 조항 제1항에 해당하는 자에 대하여 뇌물을 교부·제공하거나 약속한 자는 2년 이하의 징역 또는 500엔 이하의 벌금에 처한다.

전항의 죄를 범한 자가 자수한 때에는 그 형을 감경 또는 면제할 수 있다.

제48조 법인의 대표자 또는 법인 또는 다른 사람의 대리인·사용인·기타 종업자가 그 법인 또는 다른 사람의 업무에 관하여 제32조 내지 제34조·제36조 제2호·제37조·제38조 또는 제43조 전단(前段)의 위반 행위를 한 경우에는 행위자를 벌하는 것 이외에 그 법인 또는 사람에 대하여 각 본조의 벌금형 또는 과료형을 부과한다.

제49조 전조의 규정은 본 법 시행지에 본점 또는 주요 사무소를 가진 법인의 대표자·대리인·사용인·기타의 종업자가 본 법 시행지 이외에서 한 행위에 대해서도 이를 적용한다. 본 법 시행지에 주소를 두고 있는 사람의 대리인·사용인·기타의 종업자가 본 법 시행지 이외에서 한 행위에 대해서도 동일하다.

본 법의 벌칙은 본 법 시행지 외에서 죄를 범한 제국 신민에게도 적용한다.

제50조 본 법 시행에 관한 중요 사항(군사기밀에 관한 것은 제외)에 대하여 정부의 자문에 응하기 위하여 국가총동원심의회를 설치한다.

국가총동원심의회에 관한 규정은 칙령으로 정한다.

부칙

본 법 시행기일은 칙령으로 정한다.

군수공업동원법 및 1937년 법률 제88호는 폐지한다.

본 법 시행 전 군수공업동원법을 기초로 한 명령 또는 처분은 본 법 중에서 해당하는 규정을 기초로 하는 것으로 간주한다.

군수공업동원법을 위반한 자의 처벌에 대해서는 구법(舊法)을 따른다.

자료 17	
\multicolumn{2}{c}{국가총동원법을 조선, 대만 및 화태에 시행하는 건}
구분	칙령 제316호
법령명/건명	국가총동원법을 조선, 대만 및 화태에 시행하는 건 國家總動員法ヲ朝鮮臺灣及樺太ニ施行スルノ件
공포·개정·결정·폐지 연월일	1938년 5월 3일 공포, 5월 5일 시행 조선총독부관보 제3391호(1938년 5월 10일) 게재
구성	본문 1개 조항, 부칙 1개 조항
선행 규범·법령	국가총동원법(법률 제55호)
원문 일부	勅令第三百十六號 國家總動員法ハ之ヲ朝鮮、臺灣及樺太ニ施行ス 附則 本令ハ昭和十三年五月五日ヨリ之ヲ施行ス 朕國家總動員法ヲ朝鮮、臺灣及樺太ニ施行スルノ件ヲ裁可シ茲ニ之ヲ公布セシム 裕仁
주요 내용 및 특징	○ '국가총동원법'을 조선, 대만, 화태에서 1938년 5월 5일부터 시행한다는 별도의 칙령
법령 적용 범위	조선, 대만, 화태
관련 법령 통합·폐지 사항	
유사·파생 법령	군수공업동원법의 적용에 관한 법률을 조선, 대만 및 화태에 시행하는 건(1937. 9. 18. 칙령 제505호)

칙령 제316호

1938년 5월 3일

국가총동원법을 조선, 대만 및 화태에서 시행하는 건
國家總動員法ヲ朝鮮臺灣及樺太ニ施行スルノ件

국가총동원법은 이를 조선, 대만 및 화태에서 시행한다.

부칙

본 령은 1938년 5월 5일부터 이를 시행한다.

자료 18	
\multicolumn{2}{|c|}{남양군도에서의 국가총동원에 관한 건}
구분	칙령 제317호
법령명/건명	남양군도에서의 국가총동원에 관한 건 南洋群島ニ於ケル國家總動員ニ關スル件
공포·개정·결정·폐지 연월일	1938년 5월 4일
구성	1개 조항, 부칙 1개 조항
선행 규범·법령	국가총동원법
원문 일부	南洋群島ニ於ケル國家總動員ニ關スル件 （昭和十三年五月四日 勅令第三百十七號） 南洋群島ニ於ケル國家總動員ニ關シテハ國家總動員法ニ依ル 附則 本令ハ昭和十三年五月五日ヨリ之ヲ施行ス
주요 내용 및 특징	○ 남양군도의 국가총동원 시행은 국가총동원법에 따를 것을 명령
법령 적용 범위	남양군도
관련 법령 통합·폐지 사항	
유사·파생 법령	

칙령 제317호

1938년 5월 4일

남양군도의 국가총동원에 관한 건
南洋群島ニ於ケル國家總動員ニ關スル件

남양군도의 국가총동원에 관해서는 국가총동원법에 따른다.

부칙

본 령은 1938년 5월 5일부터 이를 시행한다.

자료 19	
국가총동원상 긴급을 요하는 제(諸) 정책의 철저 강행에 관한 건	
구분	각의결정
법령명/건명	국가총동원상 긴급을 요하는 제(諸) 정책의 철저 강행에 관한 건 國家總動員上緊急ヲ要スル諸政策ノ徹底强行ニ關スル件
공포·개정·결정·폐지 연월일	결정 1938년 6월 23일
구성	전문 및 본문 13개 항목
선행 규범·법령	국가총동원법(법률 제55호)
원문 일부	国家総動員上緊急ヲ要スル諸政策ノ徹底強行ニ関スル件 更新日：2012年12月20日 昭和前半期閣議決定等凡例 収載資料：内閣制度百年史 下 内閣制度百年史編纂委員会 内閣官房 1985.12 pp.215-216 当館請求記号：AZ-332-17 ……… 国家総動員上緊急ヲ要スル諸政策ノ徹底強行ニ関スル件 昭和13年6月23日 閣議決定 支那事変ハ今ヤ徐州陥落ニ因リ戦局ノ一大進展ヲ見ルニ至レリト雖モ其ノ前途ハ猶遼遠ニシテ国民ハ益々堅忍持久ノ覚悟ヲ固ムルノ要緊切ナルモノアリ 今回内閣ニ於テ国家総動員会議ヲ開キ国家総動員ノ実施ニ関シ各省ヨリ報告ヲ求メ之ガ審議ヲ行ヒタルガ其ノ結果ニ徴スレバ輸出ノ減退其ノ他ノ事由ニ因ル国際収支ノ不均衡甚シク先ニ策定セル昭和十三年物資動員計画ノ実現ハ極メテ困難ナルニ至レリ 此ノ状勢ニ対シ当面ヲ糊塗シ荏苒推移スルニ於テハ刻下喫緊ノ要務タル軍需ノ充足、生産力ノ拡充等ノ遂行ニ一大支障ヲ来シ重大ナル結果ヲ招来スルノ虞アリ 依テ此ノ際政府ハ一大決意ヲ以テ諸般ノ施設ガ戦争目的ノ遂行ニ集中シ官民ノ時局ノ重大性ニ対スル認識ヲ深メ之ニ処スル国民ノ一大覚悟ヲ促ス為声明ヲ発スルト共ニ断乎各般ノ障碍ヲ排除シ国家存立上緊急ト認ムル左ノ諸方策ヲ強行スルコトトス 一 為替相場ノ堅持、軍需資材ノ供給確保、輸出ノ振興及国民(消費者)生活維持ヲ為現在以上ノ物価騰貴ヲ抑制スルニ必要ナル措置ヲ講ズルト共ニ基準価格又ハ公定価格ノ設定等ノ外消費節約及配給統制ヲ併セ強化シ物価ノ引下ヲ行フコト 二 一般物資ニ付極力消費節約ヲ図ルコト 特ニ輸入物資ニ付テハ必要ニ応ジ使用制限乃至禁止規則ヲ制定シ代用品ノ使用ヲ強制スル等ノ方法ニ依リ国内不急用途ニ対スル物資ノ消費節約ヲ徹底強化スルコト 三 輸出増進ノ為総合計画ノ下ニ之ガ一般的促進策ヲ強化スル外
주요 내용 및 특징	○ 중국 쉬저우(徐州) 함락 직후 국가총동원체제의 철저를 지시 ○ 외환시장 유지, 군수자재 확보, 물가억제조치 강구할 것 지시 ○ 소비절약, 저축 보급, 수입 규제, 수출 증진 및 촉진, 물자 증산 강조 ○ 수입통제기구 완비, 외환 및 재외 자금 동원 ○ 국민운동 전개, 기술자 및 노무자 충원 조치 강구 ○ 폐품 회수, 실업자 구제책, 국가총동원법 발동 강조
법령 적용 범위	제국 전역
관련 법령 통합·폐지 사항	
유사·파생 법령	

각의결정

1938년 6월 23일

국가총동원상 긴급을 요하는 제(諸) 정책의 철저 강행에 관한 건
國家總動員上緊急ヲ要スル諸政策ノ徹底強行ニ關スル件

이제 쉬저우(徐州)를 함락함으로써 중일전쟁의 전세가 크게 진전되었다고는 하지만 앞길이 아직 멀기 때문에 국민들은 더욱더 참고 견디겠다는 각오를 다질 필요가 있다.

이번에 내각에서 국가총동원회의를 열어 국가총동원 실시에 관하여 각 성으로부터 보고를 받아 이를 심의한 결과, 수출 감퇴와 기타 사유에 따라 국제수지 불균형이 심화됨으로써 기존에 책정한 물자총동원계획의 실현이 매우 곤란하게 되었다.

이러한 상황에 대해 당면한 문제를 덮어두고 꾸물거리다가는 현재 시급한 업무인 군수의 충족, 생산력확충 등의 수행에 커다란 지장을 야기하여 중대한 결과를 초래할 우려가 있다.

따라서 이번에 정부는 일대 결의를 통해 제반 시설을 전쟁 목적의 수행에 집중시키고 관민이 시국의 중대성을 깊이 인식하며 국민들의 일대 각성을 촉구하기 위해 성명을 발표하는 동시에, 단호하게 모든 장애를 배제하고 국가 존립에 긴급하다고 인정되는 다음의 방책을 강행하기로 하였다.

1. 외환거래시장의 유지, 군수자재의 공급 확보, 수출 진흥 및 국민(소비자)생활 유지를 위해 현재 이상의 물가 급등을 억제하는 데 필요한 조치를 강구하는 동시에 기준물가 또는 공정가격의 설정하는 외에, 소비절약과 배급통제를 동시에 강화하여 물가를 인하한다.
2. 일반 물자에 대해 소비절약을 강력하게 실시한다. 특히 수입 물자에 대해서는 필요에 따라 사용 제한 및 금지 규칙을 제정하고 대용품의 사용을 강제하는 등의 방법을 통해 국내에서 불요불급한 물자에 대해서는 소비절약을 철저하게 강화한다.
3. 수출 증진을 위해 종합계획하에서 일반적인 촉진책을 강화하는 외에 다음을 실시한다.
   1) 무역행정기능을 일원화한다.
   2) 제품의 수출과 그 원료와 재료의 수입을 잘 연계시키는 방법을 통해 수출용 원료와

재료의 수입을 확보한다.

3) 수입 원료와 재료에 대해 이를 국내 소비용과 수출용으로 구별하고 수출용 원료와 재료의 국내 소비 전용을 철저히 방지한다.

4) 해외 여러 국가에서 엔화를 배척하는 풍조를 방지하기 위해 특별한 조치를 강구한다.

5) 필요한 특정 품목에 대해서는 보조금 교부, 민간무역기구 개편 등 철저하게 조치를 강구한다.

4. 주요 물자에 대해서는 수입 및 배급 기구를 신속하게 완비한다.

5. 외환 자금 확충을 위해 재외 자금의 동원을 실시한다.

6. 전시이윤 추구의 억제와 합리화에 노력한다.

7. 저축의 보급을 철저하게 도모한다.

8. 비상시 국민생활양식을 간소화하기 위해 국민운동을 일으키는 동시에, 정부에서도 관리 스스로 모범을 보이는 등 필요한 조치를 강구한다.

9. 주요 물자의 증산, 특히 광산의 증가에 대해 철저한 조치를 강구한다.

10. 군수공업능력 증진을 위해 교대제 채택, 기술원과 기타 노무자의 급속한 충원에 대해 필요한 조치를 강구한다.

11. 폐품 등의 회수에 대해 국민운동을 지도하고 이용하는 동시에 필요한 조직을 확립한다.

12. 전업(轉業) 및 이에 따른 실업자 구제를 위해 필요한 대책을 강구한다.

13. 위 각 호의 정책은 관계 각 성에서 이를 신속하게 시행한다. 이를 위해 필요하다면 국가총동원법 중에서 일부 조항을 발동하도록 한다.

자료 20	
\multicolumn{2}{|c|}{1939년도(昭和 14) 국가총동원실시계획 설정에 관한 건}
구분	각의결정
법령명/건명	1939년도(昭和 14) 국가총동원실시계획 설정에 관한 건 昭和14年度國家總動員實施計劃設定ニ關スル件
공포·개정·결정·폐지 연월일	결정 1938년 9월 13일
구성	3개 항목
선행 규범·법령	국가총동원법(법률 제55호)
원문 일부	昭和14年度国家総動員実施計画設定ニ関スル件 更新日:2012年12月20日 昭和前半期閣議決定等凡例 収載資料:国家総動員史 資料編 第1 石川準吉著 国家総動員史刊行会 1975.8 pp.279-280 当館請求記号:AZ-668-5 ……… 昭和14年度国家総動員実施計画設定ニ関スル件 昭和13年9月13日 閣議決定 一、方針 昭和十四年度国家総動員実施計画ハ長期戦時態勢ノ強化ヲ目標トシ昭和十四年四月一日ヨリ昭和十五年三月三十一日ニ至ル期間ニ適用スル実施計画トシ重要物資ノ動員計画ヲ主体トシ之レガ実行ノ完璧ヲ期スル為必要ナル労務ノ動員、交通電力ノ動員、資金並貿易ノ統制ニ付総合的ニ出来得ル限リ具体的ナル計画ヲ樹立ス 二、計画設定期日 昭和十三年十二月迄ヲ準備期間トシ各般ノ資料整理、計画綱領概略案作成ヲ行ヒ爾後補修整理ノ上出来得ル限リ速ニ計画綱領ニ付閣議決定ヲ為ス 三、計画設定ノ要領 (イ)別ニ定ムル処ニ従ヒ各庁ハ計画綱領設定ノ資料ヲ企画院ニ提出ス (ロ)企画院ハ右資料ヲ総合整理シ計画綱領案ヲ立案シ各庁ト協議ノ上閣議ニ提出ス (備考) 昭和十四年一月乃至三月ノ物資需給ノ計画ハ改訂昭和十三年物資動員計画(昭和十三年六月二十三日閣議決定)ヲ基準トシ別ニ昭和十三年十一月上旬迄ニ之ヲ決定ス計画設定ノ要領ハ右三、二ニ準ズ
주요 내용 및 특징	○ 1939년 4월부터 1940년 3월까지의 국가총동원실시계획 수립 지시 ○ 국가총동원실시계획의 완벽한 시행을 위해 노무의 동원, 교통과 전력(電力)의 동원, 자금 및 무역의 통제에 관해 구체적인 계획 수립을 지시
법령 적용 범위	제국 전역
관련 법령 통합·폐지 사항	
유사·파생 법령	

각의결정

1938년 9월 13일

1939년도(昭和 14) 국가총동원실시계획 설정에 관한 건
昭和14年度國家總動員實施計劃設定ニ關スル件

1. 방침

1939년도 국가총동원실시계획은 장기전투태세의 강화를 목표로 1939년 4월 1일부터 1940년 3월 31일까지 적용하는 실시계획으로서 중요물자의 동원계획을 중심으로 하는데, 이것의 완벽한 시행을 위해 필요한 노무의 동원, 교통과 전력(電力)의 동원, 자금 및 무역의 통제에 관해 종합적이며 가능한 한 구체적인 계획을 수립한다.

2. 계획 설정 기일

1938년 12월까지 준비기간으로 하며 각 방면의 자료를 정리하여 계획강령과 개략적인 안을 작성한 이후 보완·정리하여 가능한 한 신속하게 계획강령을 각의에서 결정한다.

3. 계획 설정 요령

1) 별도로 정하는 바에 따라 각 청은 계획강령 설정에 필요한 자료를 기획원에 제출한다.
2) 기획원은 위 자료를 종합정리하여 계획강령안을 입안하고 각 청과 협의한 다음 각의에 제출한다.

비고

1939년 1월부터 3월까지의 물자수급계획은 개정 1938년 물자동원계획(1938년 6월 23일 각의결정)을 기준으로 하되, 별도로 1938년 11월 상순까지 이를 결정한다. 계획 설정 요령은 위의 3에 준한다.

자료 21

	국민직업능력신고령
구분	칙령 제5호
법령명/건명	국민직업능력신고령 國民職業能力申告令
공포·개정·결정·폐지 연월일	1939년 1월 7일 공포, 1월 10일 시행 1939년 5월 15일 조선 공포, 6월 1일 시행 1946년 4월 1일 폐지(법률 제44호)
구성	본문 18개 조항, 부칙 1개 조항
선행 규범·법령	국가총동원법 제21조 노무긴급대책(1941. 8. 29. 각의결정)
원문 일부	
주요 내용 및 특징	○ 노무동원에 필요한 기능인의 실태 등의 기초자료를 파악하기 위해 등록제도를 도입 ○ 등록업무는 직업소개소가 담당 ○ 1940년 10월 개정을 통해 청년국민등록제를 도입하여 16세 이상 20세 미만의 남자는 모두 등록하도록 함 ○ 1941년 10월 개정에서는 청장년국민등록제를 도입하여 16세 이상 40세 미만 남자와 16세 이상 25세 미만의 여자로 확대
법령 적용 범위	제국 전역 조선에서는 1939년 5월 15일 공포
관련 법령 통합·폐지 사항	
유사·파생 법령	의료관계자직업능력신고령, 선원직업능력신고령, 수의사직업능력신고령

칙령 제5호

1939년 1월 6일

국민직업능력신고령
國民職業能力申告令

제1조 국가총동원법 제21조의 규정에 기초하여 제국 신민의 직업능력에 관한 사항의 신고(申告) 및 그 직업능력에 관한 검사는 별도로 정한 것 이외에 본 령이 정한 바에 따른다.

제2조 직업능력에 관한 사항의 신고(이하 '신고'라고 한다.)는 본 령의 시행지 내에 거주하는 연령 16세 이상 50세 미만의 제국 신민으로서 다음 각 호의 하나에 해당한 자(이하 '요(要)신고자'라고 한다.)에 대해 이를 하도록 한다. 단, 명령으로 정한 자에 대해서는 여기에 제한되지 않는다.

　1. 본 령 시행지 내에서 연속으로 3개월 이상 후생대신이 지정하는 직업에 종사하는 자
　2. 연속으로 1년 이상 전호의 직업에 종사하다가 그 직업을 그만두고 그 직업을 그만 둔 날로부터 5년이 경과하지 않은 자
　3. 후생대신이 지정한 대학, 전문학교, 실업학교와 기타 이에 준하는 각종 학교에서 후생대신이 지정하는 학과를 수료하고 그 학교를 졸업한 자
　4. 후생대신이 지정한 기능자양성시설에서 소정의 과정을 수료한 자
　5. 후생대신이 지정하는 검정이나 시험에 합격한 자 또는 후생대신이 지정하는 면허를 받은 자
　6. 기타 후생대신이 지정하는 자

제3조 요(要)신고자와 전조 제1호의 직업에 종사하는 요신고자를 사용하는 자(이하 '사용자'라고 한다.)는 요신고자의 직업능력에 관한 사항의 신고의무자(이하 '신고의무자'라고 한다.)라 한다. 단, 요신고자를 임시로 사용하는 자로서 명령으로 정한 것은 여기에 제한되지 않는다.

제4조 제국 신민이 요신고자(제11조의 규정에 해당하는 자를 제외)의 연령에 이르렀을

때 또는 제11조의 규정에 해당하는 요신고자로서 신고하지 않은 자가 동조의 규정에 해당하지 않게 되었을 때에는 신고의무자가 14일 이내에 다음에 열거하는 사항(취업의 장소가 일정하지 않은 자에 대해서는 1.~8.에 열거하는 사항을 제외한다.)을, 요신고자가 직업에 종사하는 자인 경우에는 그 자의 취업지를 관할하는 국민직업지도소장(國民職業指導所長)에게, 기타의 자인 경우에는 그 자의 거주지를 관할하는 국민직업지도소장에게 신고해야 한다. 신고를 한 후에 요신고자가 내지, 조선, 대만, 화태 또는 남양군도의 어느 지역으로 거주의 장소를 옮겼을 경우에 그 지역에서의 요신고자도 역시 마찬가지다.

1. 씨명
2. 출생연월일
3. 본적
4. 거주 장소
5. 병역 관계
6. 학력
7. 직업에 종사하는 자는 그 직업명
8. 취업 장소(2개 이상의 취업 장소를 가진 자에 대해서는 주된 취업 장소)
9. 제2조 제1호의 직업에 종사하거나 종사한 자는 그 직업의 경력과 기능 정도
10. 제2조 제4호에 해당하는 자는 그 수료한 과정에 관한 사항
11. 제2조 제5호에 해당하는 자는 그 시험, 검정 또는 면허에 관한 사항
12. 급료나 임금을 받는 자는 그 금액
13. 배우자의 유무 및 현재 부양하는 자의 숫자
14. 정신 또는 신체의 장애 때문에 노무를 할 수 없는 상황
15. 총동원업무의 종사에 관한 희망
16. 기타 명령으로 정한 사항

신고업무자는 전항의 신고를 한 후에 동항 제1호, 제3호, 제5호에서 제8호까지, 제10호 또는 제11호에 열거한 사항에서, 또한 제2조 제1호의 직업에 종사하지 않는 요신고자의 경우에는 전항 제4호에 열거하는 사항에서 변동이 발생한 때에는 해당 사

실이 발생한 달의 다음달 말까지 전항의 직업소개소장에게 그 내용을 신고해야 한다.

제5조 후생대신이 특별히 필요 있다고 인정한 때에는 전조의 규정에 따른 신고 외에 전부 또는 일부의 요신고자에 관하여 전조 제1항 각 호에 열거한 사항의 전부 또는 일부에 대해 신고를 명령할 수 있다.

제6조 신고한 요신고자가 다음 각 호의 하나에 해당하게 될 때에는 신고의무자가 14일 이내에 그 취지를 이전에 신고한 국민직업지도소장에 신고해야 한다.

    1. 요신고자에 해당하지 않게 된 때(제4조 제1항 후단(後段)의 경우를 포함하지 않는다.)

    2. 제11조의 규정에 해당하게 된 때

제7조 동일한 요신고자에 대해 그자와 그자의 사용자가 모두 신고의무자인 경우의 신고는 신고의무자가 공동으로 이를 해야 한다.

제8조 지방장관 또는 국민직업지도소장은 명령이 정하는 바에 따라 해당 관리로 하여금 요신고자에 관한 기능과 기타 직업능력에 관한 검사를 하도록 할 수 있다.

제9조 지방장관 또는 국민직업지도소장은 명령이 정하는 바에 따라 본 령의 신고 또는 검사에 관하여 국가총동원법 제31조의 규정에 기초한 보고를 요구할 수 있다.

지방장관 또는 국민직업지도소장은 본 령의 신고 또는 검사에 관하여 필요 있다고 인정한 때에 국가총동원법 제31조의 규정에 기초하여 해당 관리로 하여금 공장, 사업장, 기타의 장소에 임검(臨檢)하여 업무의 상황 또는 장부와 서류, 기타 물건을 검사하도록 할 수 있다. 이 경우에는 해당 관리에게 그 신분을 나타내는 증표를 휴대하도록 해야 한다.

제10조 후생대신은 필요 있다고 인정한 경우에 다른 대신에게 촉탁하여 그 소관 관청의 장으로 하여금 제2조의 규정에 준하여 검사에 관한 직권을 행사하도록 할 수 있다.

제11조 본 령은 제6조 제2호의 규정에 따른 신고에 관한 규정을 제외하고 육해군 군인으로서 현역 중인 자(귀휴 하사관 장병을 제외) 및 전시나 사변 시 또는 병역법 제55조 제2항의 규정(지원에 따라 병적에 편입된 자에 대해서는 이에 해당하는 칙령의 규정을 포함한다.)에 따라 소집 중인 자, 병적에 편입된 육해군 학생생도(해군예비훈련생 및 해군예비후보생을 포함한다.), 육해군 군속, 국가총동원법 제4조의 규정에 따라 징용 중인 자, 의료관계자직업능력신고령의 규정에 따라 신고를 해야 하

는 자, 수의사직업능력신고령의 규정에 따라 신고를 해야 하는 자, 그리고 선원법의 선원 및 조선선원령(朝鮮船員令)의 선원에 관한 신고 및 직업능력의 검사에는 이를 적용하지 않는다.

제12조 요신고자로서 다음 각 호의 하나에 해당하는 자의 신고에 관해서는 명령이 정하는 바에 따라 신고기한을 연장할 수 있다.

    1. 육해군 군인으로서 소집 중인 자(전조에서 규정하는 소집 중인 자를 제외)

    2. 외국 여행 중인 자

    3. 기타 명령으로 정한 자

제13조 2개 이상의 취업 장소를 가진 자에 대해서는 주된 취업 장소의 소재지로, 취업의 장소가 일정하지 않은 자와 선박 내에서 취업한 상황에 있는 자에 대해서는 거주지를 본 령의 취업지로 간주한다.

제14조 요신고자로서 후생대신이 지정하는 관청에서 사용되거나 사용되었던 자에 관한 신고 및 직업능력의 검사에 대해서는 명령으로 별도로 정할 수 있다.

제15조 본 령 중 후생대신이라고 한 것은 조선에서는 조선총독, 대만에서는 대만총독, 화태에서는 화태청장관, 남양군도에서는 남양청장관으로 하고, 지방장관이라고 한 것은 조선에는 도지사, 대만에서는 주지사 또는 청장, 화태에서는 화태청장관, 남양군도에서는 남양청장관으로 하고, 국민직업지도소장이라고 한 것은 조선에서는 부윤(府尹), 군수(郡守) 또는 도사(島司)로 하고, 대만에서는 시윤(市尹) 또는 군수(평후청澎湖廳에서는 청장), 화태에서는 화태청지청장, 남양군도에서는 남양청지청장으로 하고, 국민직업지도소개소라고 한 것은 조선에서는 부군도(府郡島), 대만에서는 시군(市郡, 평후청에서는 청), 화태와 남양군도에서는 남양청지청장으로 한다.

제16조 본 령에서 규정한 것 이외의 신고에 관해서 필요한 사항은 명령으로 이를 정한다.

부칙

본 령은 1939년(昭和 14) 1월 20일부터 이를 시행한다. 단, 조선, 대만, 화태 및 남양군도에서 신고 및 검사에 관한 규정은 1939년 6월 1일부터 이를 시행한다.

본 령의 신고로서 1939년 3월 말일 이전에 그 신고기한이 도래한 것은 이날까지 신고한 것을 저해하지 않는다.

자료 22	
\multicolumn{2}{l}{1940년도(昭和 15) 이후 국가총동원계획 설정방침에 관한 건}
구분	각의결정
법령명/건명	1940년도(昭和 15) 이후 국가총동원계획 설정방침에 관한 건 昭和15年度以降國家總動員計劃設定方針ニ關スル件
공포·개정·결정·폐지 연월일	결정 1939년 6월 16일
구성	4장
선행 규범·법령	총동원계획설정처리업무요강, 총동원기간계획강령 국가총동원법(법률 제55호)
원문 일부	**昭和15年度以降国家総動員計画設定方針ニ関スル件** 更新日:2012年12月20日 昭和前半期閣議決定等凡例 収載資料:国家総動員史 資料編 第1 石川準吉著 国家総動員史刊行会 1975.8 pp.310-311 当館請求記号:AZ-668·5 ……… 昭和15年度以降国家総動員計画設定方針ニ関スル件 昭和14年6月16日 閣議決定 昭和十五年度以降国家総動員計画設定方針 第一章 総則 一 昭和十五年度以降ニ対スル国家総動員計画ハ年度実施計画ト昭和十七、十八年度ニ適用スヘキ期間計画(以下第四次総動員期間計画ト称ス)ノ二ツニ付之ヲ設定ス尚右計画ノ進捗ニ伴ヒ基本計画綱領ニ所要ノ補修ヲ加ヘヲ完成ス 二 計画設定ノ要領ハ概ネ総動員計画設定処務要綱ニ準拠スルモ特ニ必要アルモノニ付テハ企画院各庁ト協議シテ之ヲ定ム 三 計画設定ニ当リテハ日満支ノ総力ヲ最モ有効ニ発揮シ得ル様ニ満支両国トノ連繋ヲ緊密ナラシム 第二章 年度実施計画ノ設定 一 年度実施計画ハ今次事変処理ノ為特ニ毎年度計画的ニ実施スル必要アル事項ニ付計画シ戦局ノ拡大又ハ経済圧迫ヲ蒙リタル場合ニ対応スヘキ措置ヲモ併セ考慮スルモノトス 二 年度実施計画ニ於テハ別ニ企画スル国家総動員準備ニ関スル長期整備計画ノ年度別計画ノ実現ヲ図ル如ク考慮スルモノトス
주요 내용 및 특징	○ 종전의 2년간을 단위로 하는 총동원기간계획과 별도로 1940년부터 각 연도별 총동원계획 수립을 지시 ○ 전쟁의 확대와 장기화에 대비하여 제4차 총동원기간계획(1942~1943년) 설정을 미리 지시
법령 적용 범위	관계 각 청
관련 법령 통합·폐지 사항	국가총동원법
유사·파생 법령	

각의결정

1939년 6월 16일

1940년도(昭和 15) 이후 국가총동원계획 설정방침에 관한 건
昭和15年度以降國家總動員計劃設定方針ニ關スル件

제1장 총칙

1. 1940년도 이후 국가총동원계획은 연도별 실시계획과 1942년도, 1943년도에 작용할 기간계획(이하 '제4차 총동원기간계획'이라고 한다.)의 두 가지로 설정한다. 또한 이 계획의 진척에 따라 필요한 보완을 더하여 기본계획요강을 완성한다.
2. 계획의 설정요령은 대체로 총동원계획설정업무처리요강에 따르되, 필요한 것에 대해서는 기획원이 각 청과 협의하여 이를 정한다.
3. 계획을 설정할 때에는 일본·만주·중국의 총력을 최대한 유효하게 발휘할 수 있도록 하되, 특히 만주국 및 중국과 긴밀하게 연계한다.

제2장 연도별 실시계획의 설정

1. 연도별 실시계획은 이번 전쟁의 처리를 위해 특별히 해마다 계획적으로 실시할 필요가 있는 사항에 대해 계획하고, 전쟁의 확대 또는 경제적 압박이 불가피한 경우에 대비한 조치도 고려한다.
2. 연도별 실시계획에서는 별도로 기획하는 국가총동원 준비에 관한 장기정비계획의 연도별 계획 실현을 도모하도록 고려한다.
3. 연도별 실시계획 설정의 범위는 인원, 물자, 교통, 전력, 자금, 무역, 물가, 과학연구, 정신진작 등에 관한 사항으로 하되, 시국의 상황에 따라 적절하게 그 범위를 변경할 수 있다.
4. 연도별 실시계획에서 계획해야 하는 각 사항의 세부항목과 그 정도, 그리고 설정의 요령은 해당 국가총동원업무위원회에서 정한다.

5. 연도별 실시계획은 매년 11월 말까지 이듬해의 계획을 예정하고 2월 말까지 이를 결정한다.

제3장 제4차 총동원기간계획의 설정

1. 제4차 총동원기간계획은 미래의 전쟁에 적용해야 하는 계획으로서 적용 연차는 1942년도, 1943년도이며, 1941년 말까지 이를 완성한다.
2. 제4차 총동원기간계획은, 1) 국가총동원에 필요한 방책과 조치에 관한 사항(이하 '통제운용계획'이라고 한다.), 2) 자원의 수급에 관한 계수적 사항(이하 '수급계획'이라고 한다.)의 두 가지에 대해 설정한다. 그 범위와 정도는 총동원계획위원회에서 정한다.
3. 제4차 총동원기간계획의 실시에 앞서 미리 정비해 둘 필요가 있는 사항은 별도로 기획하는 국가총동원 준비에 관한 장기정비계획 및 연도별 실시계획에서 이를 적극 실현하도록 조치한다.
4. 제4차 총동원기간계획 설정업무의 예정은 〈별표〉와 같다.

제4장 기본계획에 관한 사항

연도별 실시계획, 제4차 총동원기간계획의 진척에 따라 필요한 보완을 더하여 현행 기본계획요령을 완성한다. 단, 총복원(總復員)에 관해서는 별도로 연구하도록 한다.

〈별표〉

제4차 총동원기간계획 설정업무 예정

1939년도
  계획설정사무요강의 결정
  계획요령개략안 작성

1940년도
  계획요령 결정

각 청별 계획개량안 작성

1941년도

　각 청별 계획(지방행정청 및 민간이 수립하는 계획을 포함)의 결정

　계획의 보완 및 연습

자료 23	
	총동원업무사업설비령
구분	칙령 제427호
법령명/건명	총동원업무사업설비령 總動員業務事業設備令
공포·개정·결정·폐지 연월일	1939년 7월 1일
구성	7개 조항, 부칙 1개 조항
선행 규범·법령	국가총동원법(법률 제55호)
원문 일부	
주요 내용 및 특징	○ 국가총동원법 제16조에 근거하여 총동원업무에 속하는 사업의 설비를 신설·확장·개량할 것을 명령 ○ 해당 사업의 손실 보상, 양도양수, 보고 및 검사 등을 규정 ○ 군용으로 제공하는 물자와 관련된 사업, 군사상 필요한 설비를 육군대신, 해군대신이 주관함 ○ 조선의 경우는 조선총독이 이를 주관함
법령 적용 범위	제국 전역
관련 법령 통합·폐지 사항	
유사·파생 법령	총동원업무사업주계획령

칙령 제427호

1939년 6월 30일

총동원업무사업설비령
總動員業務事業設備令

제1조 국가총동원법 제16조의 규정에 따라 총동원업무인 사업에 속하는 설비의 신설, 확장 또는 개량을 명령하는 것은 본 령에서 정하는 바에 따른다.

제2조 주무대신은 총동원업무인 사업의 확충을 위해 필요하다고 인정한 때에는 군용으로 제공할 물자의 생산 또는 수리에 관한 업무인 사업 또는 명령에 따른 총동원업무인 사업을 운영하는 자에 대해 그 사업에 속하는 설비의 신설, 확장 또는 개량을 명령할 수 있다.

주무대신이 전항의 명령을 발동하거나 동항의 규정에 따라 설비의 신설, 확장 또는 개량을 명령하고자 할 때에는 내각총리대신에게 협의해야 한다.

제3조 국가총동원법 제27조 규정에 따라 보상해야 할 손실은, 제2조의 규정에 의한 설비의 신설, 확장 또는 개량의 명령으로 인해 통상 발생할 수 있는 손실로 한다.

손실의 보상을 청구하려는 자는 주무대신이 정하는 바에 따라 제2조의 규정에 따른 설비, 확장 또는 개량의 명령에 관한 설비의 사용을 폐지한 후에 이를 청구해야 한다. 단, 주무대신이 정한 바에 따라 별도의 시기에 이를 청구할 수 있다.

제4조 제2조의 명령을 받아 설비의 신설, 확장 또는 개량을 한 자, 기타 설비를 변경하거나 폐지하려는 때에는 명령이 정한 바에 따라 주무대신의 허가를 받아야 한다.

제5조 제2조의 규정에 따라 신설, 확장 또는 개량의 명령에 관계된 설비에 속하는 사업을 승계하는 자는 본 령 또는 본 령에 의한 명령에 근거하여 전자의 권리와 의무를 승계한다.

제6조 제2조의 규정에 따라 신설, 확장 또는 개량의 명령에 관계된 설비 또는 그 설비에 속한 사업을 양도하려는 자는 국가총동원법 제31조의 규정에 근거한 명령이 정하는 바에 따라 양수인과 연서하여 그 취지를 주무장관에게 보고해야 한다.

주무대신은 국가총동원법 제31조의 규정에 근거하여 제2조의 규정에 따른 신설, 확장 또는 개량의 명령에 관계된 설비에 관한 보고를 요구하거나, 해당 관리로 하여금 그 설비가 있는 장소, 기타 필요한 장소에 임검하여 업무 상황 또는 장부, 서류, 기타 물건을 검사하도록 할 수 있다.

전항의 규정에 따라 해당 관리로 하여금 임검검사하게 할 경우에는 그 신분을 표시하는 증표를 휴대하도록 해야 한다.

제7조 본 령 중에서 주무대신이라고 한 것은 군기보호(軍機保護)상 기타 군사상 특히 필요한 설비에 대해서는 육군대신 또는 해군대신으로 한다.

전항의 경우를 제외하고, 본 령 중에서 주무대신이라고 한 것은 조선, 대만, 화태 또는 남양군도에 있어서 각각 조선총독, 대만총독, 화태청장관 또는 남양청장관으로 한다.

부칙

본 칙령은 1939년 7월 10일부터 이를 시행한다.

자료 24	
총동원업무지정령	
구분	칙령 제443호
법령명/건명	총동원업무지정령 總動員業務指定令
공포·개정·결정·폐지 연월일	1939년 7월 5일
구성	1개 조항, 부칙 1개 조항
선행 규범·법령	국가총동원법(법률 제55호)
원문 일부	勅令第四百四十三號 總動員業務指定令 國家總動員法第三條第九號ノ規定ニ依リ國家總動員上必要ナル業務ヲ指定スルコト左ノ如シ 軍事上特ニ必要ナル土木建築ニ關スル業務 附則 本令ハ公布ノ日ヨリ之ヲ施行ス 朕總動員業務指定令ヲ裁可シ茲ニ之ヲ公布セシム 裕仁 昭和十四年七月四日
주요 내용 및 특징	○ 국가총동원법 제3조 제9호에 근거하여 군사상 필요한 토목건축업무를 총동원업무로 지정 ○ 이후 동 칙령을 개정하여 증권생산업, 주택공급업 등이 추가됨
법령 적용 범위	제국 전역
관련 법령 통합·폐지 사항	
유사·파생 법령	국가총동원법

칙령 제443호

1939년 7월 4일

총동원업무지정령
總動員業務指定令

국가총동원법 제3조 제9호에 근거하여 국가총동원에 필요한 업무를 다음과 같이 지정한다.

군사상 특히 필요한 토목건축에 관한 업무

부칙

본 령은 공포한 날로부터 시행한다.

자료 25	
총동원업무사업주계획령	
구분	칙령 제493호
법령명/건명	총동원업무사업주계획령 總動員業務事業主計劃令
공포·개정·결정·폐지 연월일	1939년 7월 26일
구성	9개 조항, 부칙 1개 조항
선행 규범·법령	국가총동원법(법률 제55호)
원문 일부	
주요 내용 및 특징	○ 국가총동원법 제24조, 제31조에 근거하여 총동원업무에 해당하는 사업주에게 사업계획을 수립하고 계획에 필요한 연습을 하도록 명령함 ○ 사업주에게 사업계획에 따라 연습을 하고 이에 관해 주무대신에게 보고를 하도록 지시함 ○ 군사상 필요한 사업과 훈련은 육군대신, 해군대신이 주관함 ○ 조선의 경우는 조선총독이 이를 주관함
법령 적용 범위	제국 전역
관련 법령 통합·폐지 사항	
유사·파생 법령	총동원업무지정령, 총동원업무사업설비령

칙령 제493호

1939년 7월 25일

총동원업무사업주계획령
總動員業務事業主計劃令

제1조 국가총동원법 제24조의 규정에 따라 총동원업무에 해당하는 사업의 사업주(이하 '사업주'라고 한다)가 전시(전쟁에 준하는 사변의 경우를 포함한다)에 실시해야만 하는 총동원업무의 사업에 관한 계획(이하 '계획'이라고 한다)을 설정하게 하고 또는 해당 계획에 근거하여 필요한 연습을 하게 하는 것은 본 령에서 정한 바에 따른다.

제2조 주무대신이 사업주에게 계획을 설정하도록 할 때에는 내각총리대신에게 협의해야 한다.

제3조 주무대신이 계획을 설정하게 할 때에는 해당 사업주에 대해 그 범위와 정도, 기타 필요한 사항을 통지해야 한다.

제4조 계획 설정의 명령을 받은 사업주는 주무대신이 지정하는 시기까지 이를 설정하고 이것의 승인을 받아야 한다.

제5조 주무대신은 사업주에 대해 설정한 계획의 보정을 명령할 수 있다.
 전항의 경우에는 전조의 규정을 준용한다.

제6조 주무대신은 사업주가 설정한 계획에 근거하여 필요한 연습을 하게 할 때에는 그 요목을 사업주에게 통지해야 한다.
 사업주가 연습을 종료한 때에는 국가총동원법 제31조의 규정에 근거하여 주무대신이 정한 바에 따라 연습에 관하여 보고를 해야 한다.

제7조 주무대신은 국가총동원법 제31조의 규정에 근거하여 계획의 설정 또는 연습에 관하여 보고할 것을 강제할 수 있으며, 또한 해당 관리에게 계획의 설정 또는 연습의 명령에 관하여 공장, 사업장 또는 사무소에 임검하여 업무의 상황 또는 장부와 서류 및 기타 물건을 검사하도록 할 수 있다.
 전항의 규정에 따라 해당 관리가 임검과 검사를 할 경우에는 그 신분을 밝히는 증표를 휴대해야 한다.

제8조 주무대신은 본 령에서 규정한 직권의 일부를 그 소관 관청의 장 또는 지방장관이 대신하게 할 수 있다.

제9조 본 령 중에서 주무대신이라 함은 군기보호의 목적과 기타 군사상 특별히 필요한 사항에 대해서는 육군대신 또는 해군대신으로 한다.

전항의 경우를 제외하고, 본 령에서 주무대신이라 함은 조선, 대만, 화태 또는 남양군도에 있어서는 각각 조선총독, 대만총독, 화태청장관 또는 남양청장관으로 한다.

부칙

본 령은 1939년 8월 1일부터 시행한다.

자료 26	
\multicolumn{2}{c}{관동주국가총동원령}
구분	칙령 제609호
법령명/건명	관동주국가총동원령 關東州國家總動員令
공포·개정·결정·폐지 연월일	1939년 8월 26일
구성	3개 조항, 부칙 2개 조항
선행 규범·법령	국가총동원법(법률 제55호)
원문 일부	
주요 내용 및 특징	○ 국가총동원법을 관동주에 적용할 때의 예외 규정을 명시 ○ 관동주에서 예외 규정을 제외한 나머지에 관해 국가총동원법을 준용할 것을 명령
법령 적용 범위	관동주
관련 법령 통합·폐지 사항	1918년(大正 7)칙령 제369호 및 1937년(昭和 12)칙령 제604호 폐지
유사·파생 법령	총동원업무지정령, 총동원업무사업설비령, 총동원업무사업주계획령

칙령 제609호

1939년 8월 25일

관동주국가총동원령
關東州國家總動員令

제1조 관동주(關東州)에서의 국가총동원에 관해서 본 령에서 규정한 것을 제외한 나머지는 국가총동원법에 따른다. 단, 같은 법 제50조의 규정은 여기에 제한되지 않는다.

제2조 국가총동원법 제5조, 제23조 및 제26조 중에서 칙령이라고 한 것은, 군기보호(軍機保護)와 기타 군사상 특별히 필요한 경우에는 육군성령 또는 해군성령으로 하고 기타의 경우에는 관동국령(關東局令)으로 한다.

국가총동원법 제7조 및 제19조부터 제22조까지 칙령이라고 한 것은 관동국령으로 한다.

국가총동원법 제28조 중 칙령이라고 한 것은, 같은 법 제23조 또는 제25조의 규정에 따라 육군대신 또는 해군대신이 명령을 한 경우에 발생하는 손실의 보상 또는 보조금의 교부에 관해서는 육군대신령 또는 해군대신령으로 하고 기타의 경우에는 관동국령으로 한다.

제3조 관동주에 거주하는 제국 신민이 아닌 자에 관해서는 국가총동원법 중 제국 신민에 관한 규정을 준용한다.

부칙

본 령은 1939년 9월 11일부터 이를 시행한다.

1918년(大正 7)칙령 제369호 및 1937년(昭和 12)칙령 제604호는 폐지한다.

자료 27	
\multicolumn{2}{c}{총동원시험연구령}
구분	칙령 제623호
법령명/건명	총동원시험연구령 總動員試驗硏究令
공포·개정·결정·폐지 연월일	1939년 8월 30일
구성	10개 조항, 부칙 1개 조항
선행 규범·법령	국가총동원법(법률 제55호)
원문 일부	
주요 내용 및 특징	○ 국가총동원법 제25조에 근거하여 총동원물자 생산자, 수리업자, 시험연구기관 관리자에게 시험연구를 명령함 ○ 주무대신이 사업주 또는 관리자에게 시험연구의 항목, 방법, 규모, 기타 필요한 사항을 정하여 시험연구를 명령함 ○ 군사상 필요한 사업과 훈련은 육군대신, 해군대신이 주관함 ○ 조선의 경우에는 조선총독이 이를 주관함
법령 적용 범위	제국 전역
관련 법령 통합·폐지 사항	
유사·파생 법령	총동원업무지정령, 총동원업무사업설비령, 총동원업무사업주계획령

칙령 제623호

1939년 8월 29일

총동원시험연구령
總動員試驗硏究令

제1조 국가총동원법 제25조의 규정에 따라 총동원물자의 생산 또는 수리를 업으로 하는 자(이하 '사업주'라고 한다.) 또는 시험연구기관의 관리자에 대하여 총동원물자에 관한 사항과 기타 국가총동원에 필요한 사항의 시험연구를 명령하는 것은 본 령이 정하는 바에 따른다.

제2조 주무대신은 사업주 또는 시험연구기관의 관리자에 대하여 시험연구의 항목, 방법, 규모, 기타 필요한 사항을 정하여 시험연구를 명령할 수 있다.

제3조 주무대신이 시험연구를 명령할 때에는 내각총리대신에게 협의해야 한다.

제4조 시험연구를 명령받은 자는 시험연구의 실시계획 개요를 주무대신에게 제출해야 하고 이를 변경할 때에도 마찬가지다.

주무대신은 필요하다고 인정한 때에 전항의 실시계획 개요의 변경을 명령할 수 있다.

제5조 시험연구를 명령받은 자가 시험연구를 종료한 때에는 지체 없이 국가총동원법 제31조의 규정에 따라 시험연구성적을 주무대신에게 보고해야 한다.

명령받은 시험연구에 관하여 이루어진 발명 또는 고안에 대해 특허출원 또는 실용신안의 등록출원을 한 자는 지체 없이 국가총동원법 제31조의 규정에 따라 그 취지를 주무대신에게 보고해야 한다.

제6조 주무대신은 시험연구성적의 보고를 받은 때에 내각총리대신에게 보고해야 한다.

제7조 주무대신이 필요하다고 인정한 때에 시험연구에 관하여 국가총동원법 제31조의 규정에 따라 보고를 요구할 수 있다.

주무대신은 필요하다고 인정한 때에 시험연구에 관하여 국가총동원법 제31조의 규정에 따라 해당 관리로 하여금 해당 시험연구를 하게 하거나, 시험연구를 하는 장소와 기타 필요한 장소에 임검하여 시험연구와 기타 업무의 상황 또는 장부와 서류,

기타의 물건을 검사하도록 할 수 있다.

제8조 명령이 정하는 바에 따라 주무대신은 본 령에 의한 시험연구를 하는 자에 대해 예상 범위 내에서 보조금을 교부한다.

주무대신은 본 령에 따른 시험연구로 인해 손실이 발생한 경우에 통상 발생할 수 있는 손실을 보상한다.

손실의 보상을 청구하고자 하는 자는 시험연구의 종료 후 명령이 정하는 바에 따라 이를 청구해야 한다. 단, 명령이 정하는 바에 따라 별도의 시기에 이를 청구할 수 있다.

제9조 군사기밀 보호와 기타 군사상 특별히 필요가 있는 시험연구에 관한 경우를 제외하고, 제2조·제4조·제5조·제7조·제8조의 규정을 시행하는 데 필요한 사항은 각령으로 이를 정하고 전조에서 명령이라고 한 것은 각령으로 한다.

제10조 본 령에서 주무대신이라고 한 것은 군사기밀 보호와 기타 군사상 특별히 필요가 있는 시험연구에 관해서는 육군대신 또는 해군대신으로 한다.

전항의 경우를 제외하고, 본 령 중에서 주무대신이라고 한 것은 조선의 경우 조선총독으로, 대만의 경우 대만총독으로, 화태의 경우 화태청장관, 남양군도의 경우 남양청장관으로 한다.

전항 중에서 각령이라고 한 것은 조선과 대만의 경우에 총독부령으로, 화태와 남양군도의 경우에는 청령으로 한다.

부칙

본 령은 1939년 9월 5일부터 이를 시행한다.

자료 28	
\multicolumn{2}{c}{국가총동원법 등 시행의 통할에 관한 건}
구분	칙령 제672호
법령명/건명	국가총동원법 등 시행의 통할에 관한 건 國家總動員法等ノ施行ノ統轄ニ關スル件
공포·개정·결정·폐지 연월일	1939년 9월 30일
구성	2개 조항, 부칙 1개 조항
선행 규범·법령	국가총동원법(법률 제55호)
원문 일부	
주요 내용 및 특징	○ 주무대신과 조선, 대만, 화태, 만주, 남양주, 관동주 등 각 총독, 청장관 등이 국가총동원법 시행에 필요한 명령을 내릴 수 있다는 칙령 ○ 각 총독 등이 명령, 변경, 폐지 등을 할 때 내각총리대신과 협의할 것을 전제로 하여 총리가 이를 통할하게 함
법령 적용 범위	일본 외 전역 및 총리대신 통할 사항
관련 법령 통합·폐지 사항	국가총동원법
유사·파생 법령	

칙령 제672호

1939년 9월 29일

국가총동원법 등 시행의 통할에 관한 건
國家總動員法等ノ施行ノ統轄ニ關スル件

제1조 각 성의 대신 또는 조선총독, 대만총독, 만주국주차특명전권대신, 화태청장관 또는 남양청장관은 국가총동원법(관동주 국가총동원령 및 1938년 칙령 제370호를 포함한다. 이하 같다.)의 시행에 필요한 명령을 발동하고 또는 이를 폐지·변경하려고 하는 때에는 내각총리대신에게 협의해야 한다.

제2조 내각총리대신은 관계 각 청에 대해 국가총동원법의 시행에 관한 사항에 관해 통할상 필요한 지시를 할 수 있다.

부칙

본 칙령은 공포일로부터 시행한다.

자료 29	
\multicolumn{2}{c	}{가격 등 통제령}

구분	칙령 제703호
법령명/건명	가격 등 통제령 價格等統制令
공포·개정·결정·폐지 연월일	1939년 10월 18일 개정 1940년 9월 26일 제635호 개정 1940년 10월 19일 제677호 개정 1941년 9월 3일 제841호 개정 1942년 6월 6일 제560호 개정 1943년 3월 31일 제343호
구성	21개 조항, 부칙 3개 조항
선행 규범·법령	국가총동원법 제19조
원문 일부	
주요 내용 및 특징	○ 가격, 운송비, 보관료, 손해보험료, 임대료, 가공비, 수선료, 기타 재산적 급부 등 가격 통제에 관한 명령 ○ 가격을 1939년 9월 18일자 기준의 가격으로 동결하고, 이 가격 이상의 계약, 지불, 수령을 금지함 ○ 각 가격 통제의 주무대신과 소관 부서를 명시함
법령 적용 범위	제국 전역 조선, 대만, 화태, 남양군도에서는 1941년 9월 10일부터 시행
관련 법령 통합·폐지 사항	임금통제령 등
유사·파생 법령	

칙령 제703호
1939년 10월 16일

가격 등 통제령
價格等統制令

제1조 국가총동원법(1938년 칙령 제317호에 남양군도에서의 경우를 포함한다. 이하 같다) 제19조의 규정에 기초하여 가격, 운송비, 보관료, 손해보험료, 임대료, 가공비, 수선료, 기타의 재산적 급부(이하 '가격 등'이라고 한다)에 관하여 필요한 명령을 하는 것은 별도로 정한 것을 제외하고 본 령이 정하는 바에 따른다.

제2조 가격, 운송비, 보관료, 손해보험료, 임대료 또는 가공비(이하 '가격운송비 등'이라고 한다)는 1939년 9월 18일(이하 '지정기일'이라고 한다) 시점의 가격을 넘어서 계약·지불 또는 수령할 수 없다. 단, 각령(閣令)이 정하는 바에 따라 가격 등의 지불자 또는 수령자가 행정관청의 허가를 받은 경우와 본 령 시행 시 현존하는 계약으로서 그때 다음 각 호의 하나에 해당하는 것에 대해서는 여기에 제한되지 않는다.

1. 주문생산품의 가격에 대해 생산자가 생산에 착수한 것
2. 기타의 가격에 대해 구매주와 기타 지불자가 목적물의 인도를 받은 것
3. 운송비 또는 가공비에 대해 운송인 또는 가공자가 목적물의 인도를 받은 것
4. 보관료, 손해보험료 또는 임대료에 대해 지불자가 이행을 지체한 것

전항에서 지정기일의 가격은 가격운송비 등의 수령자에 대한 금액에 따라 수령자가 별도로 정한 것으로 하고, 지정기일에 이루어진 계약의 경우에는 그 계약금액(같은 사정 아래 여러 종류의 계약금액이 있은 때에는 그중 최고액)으로, 마침 지정기일에 이루어진 계약이 없는 경우에는 계약을 한 것으로 한다.

가격 등에 대해 전항의 규정에 따른 금액이 없는 경우에는 각령이 정한 것으로 지정기일의 금액으로 한다. 단, 각령에서 정한 것이 판정하기 곤란한 경우에 가격운송비 등의 수령자가 신청한 때에는 행정관청에서 그 금액을 지시하여 그 지시액을 지정기일의 금액으로 한다.

제3조 상공농업자 등의 조합과 기타 이에 준하는 자가 각령이 정하는 바에 따라 전조 제2항 또는 제3항의 금액을 대신하는 금액을 정하고 행정관청의 인가를 받은 때에는 그 조합과 기타 이에 준하는 자, 그리고 그 구성원(구성원이 조합과 기타 이에 준하는 경우에는 그 구성원을 포함한다. 이하 같다)에 대해서는 그 금액을 지정기일의 금액으로 간주한다.

행정관청이 필요하다고 인정한 때에는 각령이 정한 바에 따라 상공농업자 등의 조합과 기타 이에 준하는 자의 지구(地區) 내에서 그 구성원 자격을 가진 자로서 그 구성원이 아닌 자에 대해서도 전항의 규정에 따른 금액을 지정기일의 금액으로 간주할 수 있다.

전항의 규정에 따른 처분이 있은 때에 제1항의 규정에 따른 금액의 변경이 있은 때에는 전항의 금액이 해당 변경금액으로 변경된 것으로 한다.

제1항의 규정에 따른 인가 또는 제2항의 규정에 따른 처분은 이러한 처분을 실시할 때 현존하는 계약으로서 처분을 실시할 때에는 전조 제1항 단서의 각 호의 하나에 해당하는 것에 대해서는 영향을 미치지 않는다.

제4조 행정관청은 지정기일의 금액(전조 제1항이나 제2항 또는 제20조의 규정에 따라 간주되는 것을 제외)이 현저하게 부당하다고 인정되는 때에는 각령이 정하는 바에 따라 그 금액을 인하할 수 있다. 단, 그 인하를 실시할 때 현존하는 계약으로서 인하할 때에는 제2조 제1항의 단서 각 호의 하나에 해당하는 것에 대해서는 영향을 미치지 않는다.

제5조 제2조부터 제4조까지 그리고 전조의 규정은 유가증권의 가격과 임대료, 토지 및 건물의 가격, 기타 각령으로 정한 가격 등에 대해서는 적용하지 않는다.

제6조 가격 등은 제2조부터 제4조까지 그리고 제4조 4의 규정에도 불구하고 다른 법령으로 정한 금액 또는 다른 법령에 기초하여 행정관청이 결정, 명령, 허가, 인가, 기타의 처분이 있은 금액을 초과하여 계약·지불하거나 수령할 수 없다. 단 본령 시행 후의 처분은 처분을 실시하는 현재 존재하는 계약으로서 이때 제2조 제1항의 단서 각 호의 하나에 해당하는 것에 대해서는 영향을 미치지 않는다.

전항의 다른 법령은 각령으로 이를 정한다.

제7조 제2조에 규정한 경우를 제외하고 행정관청은 각령이 정하는 바에 따른 가격 등(유가증권의 가격 및 임대료를 제외한다. 이하 같다)의 금액을 지정한 때에는 제2조부터 제4조의 4까지의 규정에도 불구하고 그 금액을 초과하여 계약·지불하거나 수령할 수 없다. 단, 각령이 정하는 바에 따라 가격 등의 지불자나 수령자가 행정관청의 허가를 받은 경우에는 여기에 제한되지 않는다.

전항의 지정은 지정을 실시할 때 현존하는 계약으로서 제2조 제1항 단서 각 호의 하나 또는 제4조 2의 단서 각 호의 하나에 해당한 것에 대해서는 영향을 미치지 않는다.

제8조 지불조건, 인도조건, 기타의 계약 변경(제6조에서 규정한 다른 법령에 의한 것, 기타 법령에 기초한 행정관청의 결정, 명령, 허가, 인가, 기타 처분이 있는 것을 제외한다)으로서 지불자에게 불이익이 되는 것은 그 한도에서 이를 가격 등의 금액을 인상한 것으로 간주한다.

제9조 어떠한 명분이든 불문하고 제2조, 제4조 2, 제4조 4, 제6조부터 제7조까지의 규정에 따른 금지를 벗어나는 행위를 할 수 없다.

제10조 주무대신이 필요 있다고 인정한 때에는 각령이 정하는 바에 따라 가격 등의 원가에 관해 계산을 할 수 있다.

제11조 행정관청이 필요 있다고 인정한 때에는 국가총동원법 제31조의 규정에 따라 생산, 판매, 운송, 보관, 임대, 손해보험, 가공 또는 수선료 등에 대한 급부에 관한 보고를 요구하고 또는 해당 관리로 하여금 공장, 사업장, 판매소, 창고, 사무소, 기타의 장소에 임검하여 업무의 상황 또는 장부, 서류, 기타 물건을 검사하도록 할 수 있다.

전항의 규정에 따라 해당 관리가 임검검사를 할 경우에는 그 신분을 보여주는 증표를 휴대하도록 해야 한다.

제12조 본 령은 다음에 열거하는 가격 등에는 적용하지 않는다.

    1. 누에고치, 생사(生絲), 면화 또는 면포 거래소에서의 매매거래 가격

    2. 관동주, 만주 및 중국 이외의 지역과 본 령 시행지 사이에 있는 수출입거래의 가격 및 두 지역 간의 운송비(주무대신이 고시한 것을 제외한다)

    3. 기타 각령으로 정한 것

제13조 본 령은 계약 당사자가 영리를 목적으로 해당 계약을 하든 그렇지 않든 상관없다.

단, 해당 계약을 하는 것이 자기의 의무에 속하는 자에 대해서는 여기에 제한되지 않는다.

제14조 본 령에서 정하는 것 이외에 본 령의 시행에 관하여 필요한 사항은 각령으로 이를 정할 수 있다.

제15조 본 령의 시행에 관한 주무대신은 다음 각 호에 정하는 바에 따른다.

1. 농림축산수산물·음식료품 및 농림축산수산업 전용물품의 가격에 관한 사항은 농림대신

2. 손해보험료에 대해서는 대장대신, 주조세법의 주류 그리고 주정(酒精) 및 주정함유음료세법의 주정 및 주정함유음료의 가격에 관한 사항에 대해서는 상공대신 및 대장대신

3. 의약품 가격에 관한 사항은 상공대신 및 후생대신

4. 운송비와 운송에 직접 관련된 보관료, 임대료, 하역청부료, 작업료, 수수료, 사용료, 운송업자 또는 운송취급업자의 하역료, 기타 각령으로 정한 수선료 등에 관한 사항에 대해서 육상운송은 철도대신, 수상운송 및 항공운송은 체신대신

5. 논·밭·산림·원야(原野)의 가격 및 임대료, 논·밭·산림·원야의 매매 또는 임대의 알선수수료, 가축의 임대료, 가축의 매매 또는 임대의 알선수수료, 오로지 농림축산수산물 및 음식료품의 보관을 목적으로 하는 창고(창고영업자의 창고를 제외한다)의 보관료 및 입고입하료, 각령으로 정한 농림축산수산물·음식료품 및 농림축산수산업 전용물품의 가공비, 그리고 각령으로 정한 농림축산수산업·음식료품공업 및 농림출산수산업 전용물품에 관한 수선료 등에 관한 사항은 농림대신

6. 선박의 가격, 임대료(기간용선료를 포함한다), 운항수수료 및 수선료, 그리고 선박의 매매, 임대(기간용선을 포함한다) 또는 운항위탁의 알선수수료에 관한 사항은 체신대신. 단, 총톤수 20톤 미만의 어선의 매매가격 및 임대료(기간용선료를 포함한다)와 총톤수 20톤 미만 어선의 매매 또는 임대(기간용선료를 포함한다)의 알선수수료에 관한 사항은 농림대신 및 체신대신

7. 병기, 탄약, 함선 등의 가격운송비 등에 관해 제2조에서 규정한 사항, 그리고 병

기, 탄약, 함선 등의 수선료에 관해 제4조 2의 단서에서 규정한 사항으로서 군기보호상 필요 있는 것에 대해서는 육군대신 및 해군대신
8. 위 각 호의 경우에서 제외된 것은 상공대신
9. 제6조에서 규정한 법령에서 규정한 가격 등에 관한 사항은 위 각 호에도 불구하고 해당 법령에서 정한 주무대신

제16조 전조 제7호에 열거한 경우를 제외하고 본 령 중에서 주무대신이라고 한 것은 조선에서는 조선총독, 대만에서는 대만총독, 화태에서는 화태청장관, 남양군도에서는 남양청장관으로 하고, 각령이라고 한 것은 조선과 대만에서는 총독부령, 화태 및 남양군도에서는 청령으로 한다.

부칙

제17조 본 령은 1939년 10월 20일부터 시행한다. 단, 조선, 대만, 화태 및 남양군도에서는 1939년 10월 27일부터 이를 시행한다.
제18조 제2조부터 제4조 3까지의 규정은 당분간 그 효력을 유지한다.
제19조 다음에 열거하는 명령은 이를 폐지한다.

    1939년 농림성령 제42호 농림수산물 및 농림수산업용품 판매가격 취체규칙
    1938년 상공성령 제24호 면사 판매가격 취체규칙
    1938년 상공성령 제31호 스테이플파이버 및 스테이플파이버사(絲) 판매가격 취체규칙
    1938년 상공성령 제56호 물품 판매가격 취체규칙
    1938년 상공성령 제63호 인조견사 판매가격 취체규칙
    1939년 상공성령 제63호 견방사 판매가격 취체규칙
    1938년 조선총독부령 제218호 조선물품 판매가격 취체규칙
    1938년 대만총독부령 제114호 물품 판매가격 취체규칙
    1938년 화태청령 제63호 물품 판매가격 취체규칙
    1938년 남양청령 제38호 남양군도물품 판매가격 취체규칙

다음에 열거하는 규정은 이를 삭제한다.

1938년 상공성령 제45호 피혁배급 통제규칙 제9조 및 제10조

1939년 조선총독부령 제31호(1937년 법률 제92호 제2조의 규정에 따른 피혁배급 통제에 관한 건) 제8조 및 제9조

1938년 대만총독부령 제84호 피혁배급 통제규칙 제5조 및 제6조

1939년 화태청령 제36호 피혁배급 통제규칙 제6조 및 제7조

위 2개항에 열거한 명령 및 규정은, 본 령 시행 전에 이루어진 행위에 관한 벌칙 적용에 대해서는 본 령 시행 후에라도 그 효력이 있다.

제20조 다음에 열거하는 규정에 따라 농림대신, 상공대신, 조선총독, 대만총독, 화태청장관 및 남양청장관이 지정하는 날의 판매가격은 제2조의 지정기일의 금액으로 간주한다.

1939년 농림성령 제42호 농림수산물 및 농림수산업용품 판매가격 취체규칙 제1조

1938년 상공성령 제56호 물품 판매가격 취체규칙 제1조

1938년 조선총독부령 제218호 조선물품 판매가격 취체규칙 제1조

1938년 대만총독부령 제114호 물품 판매가격 취체규칙 제1조

1938년 화태청령 제63호 물품 판매가격 취체규칙 제1조

1938년 남양청령 제38호 남양군도물품 판매가격 취체규칙 제1조

제21조 다음에 열거하는 규정에 따라 농림대신, 상공대신, 조선총독, 대만총독, 화태청장관 및 남양청장관, 지방장관, 조선총독부 도지사, 대만총독부 주지사 또는 청장, 남양청지청장이 행한 판매가격 지정 또는 허가는 제2조 제1항의 단서 또는 제7조 제1항의 규정에 따라 각각 상당하는 행정관청이 행한 가격 금액의 지정 또는 허가로 간주한다. 단, 각령으로 별도로 정할 수 있다.

1939년 농림성령 제42호 농림수산물 및 농림수산업용품 판매가격 취체규칙 제1조

1938년 상공성령 제24호 면사 판매가격 취체규칙 제1조 제2항

1938년 상공성령 제31호 스테이플파이버 및 스테이플파이버사(絲) 판매가격 취체규칙 제1조 제2항

1938년 상공성령 제45호 피혁배급 통제규칙 제9조

1938년 상공성령 제56호 물품 판매가격 취체규칙 제1조

1938년 상공성령 제63호 인조견사 판매가격 취체규칙 제1조 제2항

1938년 상공성령 제75호 모사(毛絲) 판매가격 취체규칙 제1조 제2항

1939년 상공성령 제63호 견방사 판매가격 취체규칙 제1조 제2항

1938년 조선총독부령 제218호 조선물품 판매가격 취체규칙 제1조

1939년 조선총독부령 제31호(1937년 법률 제92호 제2조의 규정에 따른 피혁배급 통제에 관한 건) 제8조

1938년 대만총독부령 제84호 피혁배급 통제규칙 제5조

1938년 대만총독부령 제114호 물품 판매가격 취체규칙 제1조

1938년 화태청령 제63호 물품 판매가격 취체규칙 제1조

1939년 화태청령 제36호 피혁배급 통제규칙 제6조

1938년 남양청령 제38호 남양군도물품 판매가격 취체규칙 제1조

자료 30	
소작료통제령	
구분	칙령 제823호
법령명/건명	소작료통제령 小作料統制令
공포·개정·결정·폐지 연월일	1939년 12월 6일
구성	13개 조항, 부칙 4개 조항
선행 규범·법령	국가총동원법 제19조
원문 일부	
주요 내용 및 특징	○ 국가총동원법 제19조에 근거하여 소작료를 1939년 9월 18일 기준으로 인상하는 등 허가 없이 변경하지 못하도록 명령 ○ 소작료의 종별, 금액, 비율, 감면조건을 지역별 농지위원회에서 결정하되 이를 지방장관이 허가함
법령 적용 범위	제국 전역 제8조의 규정은 조선, 대만 및 남양군도에서는 적용하지 않는다. 조선 등에서는 1939년 12월 11일부터 시행
관련 법령 통합·폐지 사항	소작조정법, 조선소작조정령
유사·파생 법령	

칙령 제823호

1939년 12월 5일

소작료통제령
小作料統制令

제1조 국가총동원법(1938년 칙령 제317호에서의 남양군도의 경우를 포함한다. 이하 같다) 제19조의 규정에 기초하여 소작료에 관하여 필요한 명령을 하는 것은 본 령에서 정하는 바에 따른다.

제2조 본 령에서 소작료란 경작의 목적으로 농지(농지 이외의 토지가 농지에 부수하여 임차된 경우 또는 건물과 기타의 공작물이 농지에 부속하여 임차되고 그 임차비가 농지의 임차비와 구분할 수 없는 경우에는 그 토지 또는 건물과 기타의 공작물을 포함한다. 이하 같다)가 임차된 경우의 임차료 또는 경작의 목적으로 영구소작권(永久小作權)이나 도지권(賭地權)이 설정된 경우의 소작료를 가리킨다.

제3조 농지의 임대인 또는 영구소작권이나 도지권의 목적이 되는 농지의 소유자(이하 '대주(貸主)'라고 한다)는 다음 각 호의 소작료의 금액이나 비율을 초과하여 소작료의 금액 또는 비율을 정하거나 다음 각 호의 소작료의 종별이나 감면조건에 대해 농지의 임차인 또는 영구소작권자나 도지권자(이하 '차주(借主)'라고 한다)의 부담이 되는 변경을 할 수 없다. 단, 특별한 사유가 있는 경우에 지방장관의 허가가 있을 때에는 여기에 제한되지 않는다.

　1. 1939년 9월 18일에 소작료가 정해진 농지에 대해서는 동일(同日)의 소작료 종별, 금액 또는 비율 및 감면조건(불명확한 때에는 이날 이후에 판명된 최초 소작료의 종별, 금액 또는 비율 및 감면조건)

　2. 전호에 해당하지 않는 농지에 대해서 1939년 9월 19일 이후 본 령 시행 전에 소작료가 정해진 것에 대해서는 동일 이후에 최초 소작료의 종별, 금액 또는 비율 및 감면조건(불명확한 때에는 판명된 최초 소작료의 종별, 금액 또는 비율 및 감면조건)

3. 위 2개호에 해당하지 않는 농지로서 본 령 시행 후에 소작료가 지정된 것에 대해서는 본 령 시행 후 최초의 소작료 종별, 금액 또는 비율 및 감면조건

제4조 시정촌농지위원회가 필요 있다고 인정한 때에는 해당 시정촌에 있는 농지에 대해 소작료의 종별, 금액이나 비율 또는 감면조건을 정할 수 있다.

시정촌농지위원회는 전항의 규정에 따라 정해진 소작료의 종별, 금액이나 비율 또는 감면조건에 대해 지방장관의 인가를 받아야 한다.

지방장관이 전항의 규정에 따른 인가를 한 때에는 농림대신이 정하는 바에 따라 그 취지를 공시해야 한다.

공시한 소작료의 종별, 금액이나 비율 또는 감면조건을 변경할 경우에는 전항의 규정을 준용한다.

제5조 지방장관이 전조 제3항 또는 제4항의 규정에 따라 공시한 소작료의 종별, 금액이나 비율 또는 감면조건은, 대주 및 차주가 농림대신이 정한 바에 따라 이에 따른다는 취지에 합의한 때에는 그 농지에 관해서 이를 제3조 규정의 적용에 대해 동조 각 호에 열거한 소작료의 종별, 금액이나 비율 또는 감면조건으로 간주한다.

제6조 지방장관은 소작료의 종별, 금액이나 비율 또는 감면조건이 현저하게 부당하다고 인정한 때에는 대주에 대해 소작료 종별의 변경, 금액이나 비율의 감소 또는 감면조건의 변경을 명령하거나 감면조건을 정하도록 명령할 수 있다.

전항의 지방장관 명령에 따라 변경한 종별, 감소한 금액이나 비율 또는 변경하거나 정해진 감면조건은, 제3조의 규정의 적용에 대해서 이를 동조 각 호에 열거한 소작료의 종별, 금액이나 비율 또는 감면조건으로 간주한다.

제1항의 규정은 재판, 재판상의 화해, 소작조정법, 조선소작조정령 또는 1904년(明治 37) 법률 제3호에 따른 조정 또는 조선소작조정령에 따른 인가의 결정이 있은 권고에 따라 정해진 소작료의 종별, 금액이나 비율 또는 감면조건에 대해서는 이를 적용하지 않는다.

제7조 가격 등 통제령 시행 후의 재판, 재판상의 화해, 소작조정법, 조선소작조정령 또는 1904년(明治 37) 법률 제3호에 따른 조정 또는 조선소작조정령에 따른 인가의 결정이 있은 권고에 따라 차주에게 유리하게 변경된 소작료의 종별, 금액이나 비율 또는

감면조건은, 제3조의 규정 적용에 대해서 이를 동조 각 호에 열거한 소작료의 종별, 금액이나 비율 또는 감면조건으로 간주한다.

제8조 지방장관이 제3조의 단서 규정에 따른 허가, 제4조 제2항 또는 제4항의 규정에 따른 인가 또는 제6조 제1항의 규정에 따른 명령을 할 때에는 도부현(道府縣)농지위원회의 의견을 청취할 필요가 있다.

제9조 대주는 본 령의 적용을 피하기 위해 농지의 경작을 목적으로 하는 청부와 기타 계약을 하거나 어떠한 명분이든 불문하고 차주에 대해 농지의 임대차계약 또는 영구소작권이나 도지권을 설정하는 계약을 할 때 정해지지 않은 재산상의 이익을 요구할 수 없다.

제10조 지방장관이 필요 있다고 인정한 때에는 국가총동원법 제31조의 규정에 따라 농지의 임대차, 영구소작이나 도지권에 의한 소작에 관하여 그 당사자로부터 보고를 요구하거나, 해당 관리로 하여금 일출부터 일몰까지 농지와 기타 장소에 임검하여 수확의 상황 또는 계약서와 기타 물건을 검사하도록 할 수 있다.

전항의 규정에 따라 해당 관리가 임검하여 검사하도록 할 경우에는 그 신분을 밝히는 증표를 휴대하도록 해야 한다.

제11조 보증금, 보상금 조의 곡식, 수선료 및 용배수비(用排水費)의 부담과 소작료의 종별, 금액이나 비율 또는 감면조건 이외의 농지 임대차, 영구소작이나 도지권에 따른 소작 또는 이에 부속되는 계약의 조건으로서 농림대신이 지정하는 것에 대해서는 제3조부터 제8조까지의 규정을 준용한다.

제12조 본 령은 국가 또는 도부현이 대주인 농지에 대해서는 이를 적용하지 않는다.

제13조 제4조 및 제5조의 규정은 남양군도에서는 적용하지 않는다.

제8조의 규정은 조선, 대만 및 남양군도에서는 적용하지 않는다.

본 령 중에서 농림대신이라고 한 것은 조선에서는 조선총독, 대만에서는 대만총독, 남양군도에서는 남양청장관으로 하고, 지방장관이라고 한 것은 조선에서는 도지사(제6조의 경우에는 도지사 또는 부군도(府郡道)소작위원회), 대만에서는 주지사 또는 청장, 남양군도에서는 남양청장관으로 하고, 도부현이라고 한 것은 조선에서는 도, 대만에서는 주 또는 청, 남양군도에서는 남양군도지방비로 하고, 시정촌이라고 한 것은 조선에서는 부군도, 대만에서는 시가장(市街莊)으로 하고, 시정촌농지위원회라고 한 것은 조선에서는 부군도소작위원회, 대만에서는 시윤(市尹) 또는 가장장(街莊長)으로 한다.

부칙

제14조 본 령은 내지에서는 1939년 12월 11일부터, 조선·대만·남양군도에서는 12월 18일부터 이를 시행한다.

제15조 가격 등 통제령 시행 전에 제3조 제1호 또는 제2호의 소작료의 종별, 금액이나 비율 또는 감면조건을 차주에게 불이익이 되도록 변경한 농지에 대해서는 대주가 농림대신이 정하는 바에 따라 본 령 시행 후 최초 소작료의 납기 도래분부터 이를 동조 제1호 또는 제2호 소작료의 종별, 금액이나 비율 또는 감면조건으로 회복시켜야 한다.

제16조 전항의 규정은 가격 등 통제령 시행 전의 재판, 재판상의 화해, 소작조정법, 조선소작조정령 또는 1904년(明治 37) 법률 제3호에 따른 조정 또는 조선소작조정령에 따른 인가의 결정이 있은 권고에 따라 차주에게 불이익이 되도록 변경된 소작료의 종별, 금액이나 비율 또는 감면조건에 대해서는 이를 적용하지 않으며, 가격 등 통제령이 시행되는 때에 계류 중인 소송, 재판상의 화해사건 또는 조정사건에서 차주에게 불이익이 되도록 변경된 소작료의 종별, 금액이나 비율 또는 감면조건에 대해서도 마찬가지다.

전항의 재판, 화해, 조정 또는 권고에 따라 차주에게 불이익이 되도록 변경된 소작료의 종별, 금액이나 비율 또는 감면조건은, 제3조 규정의 적용에 대해서는 이를 동조 제1호 또는 제2호의 소작료의 종별, 금액이나 비율 또는 감면조건으로 간주한다.

제17조 보증금, 보상금 조의 곡식, 수선료 및 용배수료의 부담, 그리고 소작료의 종별, 금액이나 비율 또는 감면조건 이외의 농지 임대차, 영구소작이나 도지권에 따른 소작 또는 이에 부수되는 계약의 조건으로서 농림대신이 지정하는 것에 대해서는 위 2개조의 규정을 준용한다.

자료 31	
\multicolumn{2}{c}{총동원물자사용수용령}
구분	칙령 제838호
법령명/건명	총동원물자사용수용령 總動員物資使用收用令
공포·개정·결정·폐지 연월일	1939년 12월 16일
구성	23개 조항, 부칙 1개 조항
선행 규범·법령	국가총동원법 제10조
원문 일부	
주요 내용 및 특징	○ 국가총동원법 제10조에 근거하여 동원물자의 사용 또는 수용에 관한 명령을 규정 ○ 동원물자 사용 또는 수용 시 사용령서(使用令書), 수용령서(受用令書)를 발부할 것을 규정 ○ 사용 또는 수용에 관한 명령을 받은 소유자에게 해당 물자를 사용, 전용, 매각, 인도, 폐기, 저당 등의 행위를 금지 ○ 사용 또는 수용에 따른 보상, 사용 후 반환 등에 관한 규정 등
법령 적용 범위	제국 전역
관련 법령 통합·폐지 사항	
유사·파생 법령	

칙령 제838호

1939년 12월 15일

총동원물자사용수용령
總動員物資使用收用令

제1조 국가총동원법 제10조의 규정에 근거하여 동원물자의 사용 또는 수용(收用)에 관해서는 본 령이 정하는 바에 따른다.

제2조 주무대신은 국가총동원법에 필요한 수요를 충족하기 위해 특히 필요하다고 인정할 때에는 군용으로 제공한 총동원물자, 그 생산 또는 수리에 필요한 총동원물자, 기타 각령으로 정한 총동원물자를 사용 또는 수용할 수 있다.

주무대신이 전항의 규정에 따라 총동원물자를 사용 또는 수용하도록 할 때에는 내각총리대신에게 협의해야 한다.

제3조 주무대신이 총동원물자를 사용 또는 수용하려고 할 때에는 해당 총동원물자의 소유자에 대해 사용령서(使用令書) 또는 수용령서(受用令書)를 교부해야 한다. 단, 소유자를 알지 못하는 때, 또는 교부에 상당한 시일이 소요될 경우, 기타 소유자에게 교부하는 것이 몹시 곤란한 경우에는 권원(權原)에 따라 해당 총동원물자를 점유하는 자(이하 '관리자'라고 한다)에 대해 이를 교부하는 것으로 충분하다.

제4조 주무대신이 영서를 교부한 때에는 지체 없이 영서가 교부된 시점에 해당 총동원물자의 소유자 또는 관리자(영서의 교부를 받은 자 제외), 기타 해당 총동원물자에 대해 권리를 가진 자로 알려진 자에 대해 이를 통지해야 한다. 영서를 교부한 후 해당 총동원물자의 소유자 또는 관리자, 기타 해당 총동원물자에 대해 권리를 가지게 된 자로 알려진 자에 대해서도 마찬가지다.

주무대신이 영서를 교부한 때에는 전항의 통지 외에 군기보호상 특히 지장이 있는 경우를 제외하고 이를 관보에 공지해야 한다.

사용하거나 수용할 총동원물자에 대해 선취특권, 질권 또는 저당권을 가진 자는 제1항의 통지를 받은 자(통지를 받지 않은 자 가운데 영서를 교부할 때 권리를 가진 자에 있어서는 공고가 있는 경우는 공고를 한 때, 공지가 없는 경우는 영서를 교부한 때, 영서 교부 후 권리를 가지게 된 자에 있어서는 권리를 가지게 된 때)는 지체 없이 해당 권리를 주무대신에게 신고해야 한다.

제5조 사용영서 또는 수용영서에는 다음 사항을 기재해야 한다.

    1. 사용 또는 수용하는 주무대신 이름

    2. 영서를 교부받은 자의 이름

    3. 사용 또는 수용해야 할 총동원물자의 소유자 이름(소유자를 모를 때에는 관리자 이름)

    4. 사용 또는 수용할 총동원물자의 명칭, 종류 및 수량, 그리고 주소와 장소

    5. 사용 또는 수용할 총동원물자의 인도 시기

    6. 사용의 경우에는 사용 기간

    7. 제11조 제2항의 규정에 따라 소관 관아의 장 또는 지방장관으로서 주무대신의 직권을 행사할 경우에는 그러한 취지

    8. 기타 필요하다고 인정하는 사항

제6조 영서의 교부 또는 제4조 제1항의 통지를 받은 자는 사용 또는 수용에 지장을 미칠 우려가 없는 경우를 제외하고, 주무대신의 허가 없이 해당 총동원물자의 형질 또는 소재 장소를 변경하거나 이를 양도·임대하거나, 질권 또는 저당권을 목적으로 하는 기타 총동원물자에 관한 새로운 처분을 할 수 없다.

제7조 영서의 교부 또는 제4조 제1항의 통지를 받은 소유자 또는 관리자는 다른 자가 다음 각 호의 어느 하나에 근거하여 해당 총동원물자의 소유자 또는 관리자가 된 때에는 국가총동원법 제31조 규정에 근거하여 지체 없이 이를 주무대신에게 보고해야 한다.

    1. 영서가 교부된 시점에 존재하는 선취특권, 질권 또는 저당권으로서 해당 총동원물자를 목적으로 하는 것

    2. 영서가 교부된 시점에 존재하는 채권으로서 해당 총동원물자의 양도 또는 점유의 이동을 목적으로 하는 것

    3. 위 2개 호에 열거한 것 외에 영서가 교부된 시점에 존재하는 법률상의 원인

4. 강제집행수속, 국세징수법에 따른 강제징수수속, 기타 이들 수속에 준하는 것

제8조 영서의 교부 또는 제4조 제1항의 통지를 받은 자가 제10조의 규정에 따라 해당 총동원물자의 인도의무자인데 해당 총동원물자가 멸실, 훼손, 기타 부득이한 사유로 인해 사용 또는 수용에 응할 수 없게 된 때에는 국가총동원법 제31조의 규정에 근거하여 이를 지체 없이 주무대신에게 보고해야 한다.

제6조의 허가가 있는 경우 및 전조의 경우에는 전항의 규정을 적용하지 않는다.

제9조 주무대신이 영서를 교부한 다음 사용 또는 수용의 개시 전에 해당 총동원물자를 사용 또는 수용하지 않기로 결정한 때에는 제10조의 규정에 따라 해당 총동원물자의 인도의무자인 자에게 그 취지를 통지해야 한다.

전항의 경우에는 제4조 제1항의 전단 및 제2항의 규정을 준용한다.

제10조 영서의 교부 또는 제4조 제1항의 통지를 받은 자로서 영서에 기재된 인도 시기에 해당 총동원물자의 소유자인 자는 그 영서에 기재된 인도 시기에 해당 총동원물자의 소재 장소에서 이를 인도해야 한다. 인도 시기에 소유자를 알 수 없는 경우 또는 소유자로부터 인도할 수 없을 경우 또는 인도하는 것이 몹시 곤란한 경우에는 영서의 교부 또는 제4조 제1항의 통지를 받은 자는 영서에 기재된 인도 시기에 해당 총동원물자의 관리자로 하여금 이를 인도하게 해야 한다.

전항의 규정은 해당 총동원물자에 관해 강제집행수속, 국세징수법에 따른 강제징수수속, 기타 이러한 수속에 준하는 것이 진행 중이더라도 적용할 수 있다.

제11조 주무대신은 해당 관리로 하여금 사용 또는 수용할 총동원물자의 인도를 받게 한다.

주무대신이 필요하다고 인정한 때에는 그 소관 관아의 장 또는 지방장관으로 하여금 전항이 규정하는 직권을 행사하도록 할 수 있다.

앞의 2개 항의 규정에 따라 해당 관리로 하여금 인도를 받게 할 경우에는 그 신분을 밝히고 증표를 휴대하도록 해야 한다.

제12조 해당 관리가 총동원물자의 인도를 받은 때에는 수령조서를 작성하여 인도하는 소유자 또는 관리자에 이를 교부해야 한다.

해당 관리가 전항의 규정에 따라 수령조서를 관리자에게 교부한 경우에는 지체 없이 소유자에게 그 등본을 교부해야 한다.

제13조 총동원물자를 사용하는 경우에는 해당 총동원물자를 인도한 때에 정부가 그 사용권을 취득하며, 사용 기간 중 그 밖의 권리 행사는 중지된다. 단, 사용을 방해하지 않는 것은 여기에 제한되지 않는다.

총동원물자를 수용한 경우에는 해당 총동원물자를 인도한 때에 정부가 그 소유권을 취득하고 그 외의 권리는 소멸된다.

제14조 사용할 총동원물자가 인도된 다음 해당 총동원물자의 소유자가 된 자는 국가총동원법 제31조의 규정에 근거하여 지체 없이 이를 주무대신에게 보고해야 한다.

제15조 총동원물자의 사용 기간이 만료되거나 또는 그 사용을 폐지할 때에는 주무대신이 해당 총동원물자를 소유자에게 반환해야 한다. 단, 반환의 시기에 관리자가 될 자로부터 미리 청구가 있는 때에는 그 자에게 반환할 수 있다.

주무대신이 전항의 규정에 따라 총동원물자를 반환하고자 할 때에는 반환을 받을 자에게 미리 반환통지서를 교부해야 한다. 단, 소유자를 알 수 없는 경우 또는 소유자에게 교부하는 것이 현저히 곤란한 경우에 전항의 단서 규정에 따라 청구가 없는 때에는 그 취지를, 그리고 반환통지서에 기재할 사항의 개요를 공지하는 것으로 충분하다.

제4조 제1항의 전단의 규정은 전항의 경우에, 동조 제2항의 규정은 전항 본문의 경우에 이를 준용한다.

제16조 반환통지서에는 다음 사항을 기재해야 한다.

    1. 반환 관청의 명칭

    2. 반환을 받는 자의 이름

    3. 반환할 총동원물자의 소유자 이름

    4. 반환할 총동원물자의 명칭, 종류 및 수량 그리고 소재와 장소

    5. 반환 시기 및 장소

    6. 기타 필요하다고 인정하는 사항

전항의 반환 장소는 특별한 사유가 있는 경우를 제외하고 인도를 받은 장소로 한다.

제17조 총동원물자의 사용권은 반환통지서 또는 공고의 반환 시기에 소멸한다.

제18조 국가총동원법 제27조의 규정에 따라 보상해야 할 손실은, 사용의 경우에 영서를

교부한 때로부터 반환통지서 또는 공고의 반환 시기까지, 수용의 경우에 제10조의 규정에 따라 해당 총동원물자의 인도가 있은 때까지, 해당 총동원물자에 관해 소유권과 그 밖에 권리를 가진 자에 대해 사용 또는 수용의 처분으로 인해 통상적으로 발생한 손실로 한다.

손실 보상을 청구하려는 자는 각령이 정하는 바에 따라 사용의 경우에 사용 기간 만료 또는 사용 폐지 후, 수용의 경우에 수용이 있은 후 이를 청구해야 한다. 단, 사용의 경우에는 각령으로 정한 별도의 시기에 이를 청구할 수 있다.

제6조의 규정에 위반하여 해당 총동원물자의 형질 또는 소재의 장소를 변경하거나 이를 양도·임대하고 질권 또는 저당권을 목적으로 그 밖에 해당 총동원물자에 관해 새로운 처분을 한 자에 대해서는 이에 관한 손실의 보상을 하지 않을 수 있다.

제19조 사용 또는 수용한 총동원물자가 제4조 제3항에서 신고한 선취특권, 질권 또는 저당권의 대상인 경우에는 주무대신이 해당 총동원물자에 교부할 보상금을 공탁해야 한다. 신고하지 않은 경우에도 알려진 선취특권, 질권 또는 저당권 역시 마찬가지다.

선취특허자, 질권자 또는 저당권자는 전항의 공탁금에 대해도 그 권리를 행사할 수 있다.

제20조 주무대신은 사용 또는 수용하려는 총동원물자에 관해 국가총동원법 제31조의 규정에 따라 보고를 지시하거나 해당 관리로 하여금 해당 총동원물자의 소재와 장소, 기타 필요한 장소에 임검하여 해당 총동원물자, 장부, 서류, 기타 물건을 검사하도록 할 수 있다.

주무대신은 필요하다고 인정한 경우에 그 소관 관아의 장 또는 지방장관으로 하여금 전항에서 규정한 직권의 일부를 행사하도록 할 수 있다.

전항의 경우에 해당 관아의 장은 주무대신이 정하는 바에 따라 전항의 규정에 의해 직권을 소관 관아의 장으로 하여금 행사하도록 할 수 있다.

위의 3개 항의 규정에 따라 해당 관리로 하여금 임검검사를 하게 할 경우에는 신분을 표시한 증표를 휴대하도록 해야 한다.

제21조 제4조부터 제8조까지, 제11조, 제12조, 제14조부터 제16조까지 그리고 제20조 제4

항의 규정의 시행에 관해 필요한 사항은 각령으로 이를 정한다.

제22조 본 령 중에서 각령이라고 한 것은 군기보호, 기타 군사상 특히 필요가 있는 총동원물자의 사용 또는 수용에 관한 경우에 있어서는 육군성령 또는 해군성령으로 한다.

전항의 경우를 제외하고, 본 령 중에서 각령이라고 한 것은 조선 또는 대만에 있어서는 총독부령으로, 화태 또는 남양군도에 있어서는 청령(廳令)으로 한다.

본 령 중에서 관보라고 한 것은 군기보호, 기타 군사상 특히 필요가 있는 총동원물자의 사용 또는 수용에 관한 경우를 제외하고, 조선에 있어서는 조선총독부관보로, 대만에 있어서는 대만총독부관보로, 화태에서 있어서는 화태청공보로, 남양군도에 있어서는 남양청공보로 한다.

제23조 본 령 중에서 주무대신이라고 한 것은 군기보호, 기타 군사상 특히 필요가 있는 총동원물자의 사용 또는 수용에 관해서는 육군대신 또는 해군대신으로 한다.

전항의 경우를 제외하고, 본 령 중에서 주무대신이라고 한 것은 조선에 있어서는 조선총독으로, 대만에 있어서는 대만총독으로, 화태에 있어서는 화태청장관으로, 남양군도에 있어서는 남양청장관으로 한다.

본 령 중에서 지방장관이라고 한 것은 조선에 있어서는 도지사로, 대만에 있어서는 주지사 또는 청장으로, 화태에 있어서는 화태청장관으로, 남양군도에 있어서는 남양청장관으로 한다.

부칙

본 령은 1939년 12월 20일부터 이를 시행한다.

자료 32	
\multicolumn{2}{c}{국민체력법}
구분	법률 제105호
법령명/건명	국민체력법 國民體力法
공포·개정·결정·폐지 연월일	1940년 4월 8일
구성	21개 조항, 부칙 2개 조항
선행 규범·법령	
원문 일부	
주요 내용 및 특징	○ 미래의 병력 자원인 미성년자의 체력 검사와 관리를 명령 ○ 지역별 장과 학교장, 공장 및 사업장 사업주 또는 관리자, 감옥, 교정원(矯正院), 소년교호원(少年教護院)의 책임자 등에게 해당 미성년자에 대해 체력검사를 실시·관리하고 신고하도록 강제함 ○ 체력수첩을 교부하여 지속적으로 신체와 체력을 관리함
법령 적용 범위	제국 전역
관련 법령 통합·폐지 사항	병역법
유사·파생 법령	

법률 제105호

1940년 4월 6일

국민체력법
國民體力法

제1조 정부는 국민체력의 향상을 도모하기 위해 본 법이 정하는 바에 따라 국민의 체력을 관리한다.

전항의 관리란 국민의 체력을 검사하고 그 향상에 대해 지도와 기타 필요한 조치를 하는 것을 가리킨다.

제2조 본 법에서 피(被)관리자라 하는 것은 본 법 시행지역 내에 거주지(일정한 거주지가 없는 자에 대해서는 명령으로 정한 지역으로 한다. 이하 같다.)를 가진 제국 신민인 미성년자로 하며 다음 각 호의 하나에 해당하지 않는 자를 가리킨다.

   1. 육해군 군인으로서 현역인 자(아직 입영하지 않은 자와 귀휴 하사관 병사를 제외) 또는 전시나 사변에 즈음하여 소집된 자
   2. 육해군의 학생생도
   3. 기타 칙령으로 정한 자

제3조 본 법에서 보호자라 하는 것은 피관리자에 대해 친권을 행사하는 자(친권을 행사하는 자가 없는 자는 후견인 또는 후견인의 직무를 행사는 자)로서 본 법의 시행지역 내에 거주지를 가진 자를 가리킨다.

제4조 피관리자로서 그해의 11월 30일에 연령 20세에 달하지 않는 자는 본 법이 정하는 바에 따라 체력검사를 받을 필요가 있다.

보호자는 전항의 피관리자로 하여금 체력검사를 받게 할 의무를 진다. 단, 피관리자를 교육감호(敎育監護) 또는 사용(使用)의 목적으로 임시 거주하게 하는 자가 있을 경우에는 그 자가 의무를 진다.

제5조 시정촌장은 전조 제1항의 규정에 따라 체력검사를 받을 필요가 있는 피관리자로서 그 시정촌 내에 거주지가 있는 자에 대한 체력검사를 실시해야 한다. 단, 사무소, 상

점, 공장, 사업장 등의 사업주 또는 관리자로서 칙령이 정하는 바에 따라 지방장관으로부터 체력검사를 실시하도록 명령을 받은 자는 그 사업소, 상점, 공장, 사업장 등에서 사용되고 있는 피관리자로서 전조 제1항의 규정에 따라 체력검사를 받을 필요가 있는 자의 체력검사를 실시해야 한다.

칙령으로 정한 학교 또는 유치원에 재학 또는 재원을 하는 피관리자로서 전조 제1항의 규정에 따라 체력검사를 받을 필요가 있는 자의 체력검사는 전항의 규정에 구애됨이 없이 해당 학교장 또는 원장이 이를 실시해야 한다.

제6조 제4조 제2항의 규정에 따른 의무자는 피관리자의 씨명, 생년월일, 기타 명령으로 정한 사항을 피관리자의 거주지인 시정촌장에게 신고해야 한다. 단, 전조 제2항의 피관리자에 관해서는 이에 제한되지 않는다.

제7조 본 법에서 정한 것 외에 체력검사의 항목, 시기, 방법, 결과의 보고, 기타 체력검사에 관한 사항은 명령으로 이를 정한다.

제8조 피관리자가 체력검사를 받을 때에는 본인 또는 보호자에게 체력수첩을 교부한다.

체력수첩은 명령이 정하는 바에 따라 피관리자나 보호자 또는 피관리자나 보호자에 해당하는 자가 보존하며, 체력검사와 기타 명령으로 정하는 경우에 이를 제시해야 한다.

제9조 검진, 요양의 지도, 기타 체력관리에 관한 의무(醫務)에 종사하도록 하기 위해 국민체력관리의(國民體力管理醫)를 둔다.

국민체력관리의는 의사 또는 치과의사 중에서 이를 선임한다.

의사 또는 치과의사는 정당한 사유가 없이 국민체력관리의인 것을 거부할 수 없다.

본 법에서 정한 것 외에 국민체력관리의에 관해서 필요한 사항은 칙령으로 이를 정한다.

제10조 국민체력관리의가 체력검사에서 피관리자를 검진하는 경우, 필요하다고 인정할 때에는 본인 또는 제4조 제2항에서 의무자에 대해 피관리자의 체력향상에 관한 지도를 해야 한다.

제11조 지방장관은 체력검사에 기반하여 필요하다고 인정할 때에는 피관리자에 관해 본인 또는 보호자에 대해 국가 또는 공공단체의 체력향상시설의 이용, 취업의 장소

또는 시간의 제한, 업무의 변경, 기타 체력향상에 관한 지시를 할 수 있다. 이 경우에 필요하다고 인정할 때에는 피관리자를 사용하는 자에 대해서도 이를 지시할 수 있다.

제12조 지방장관은 체력검사에 기반하여 필요하다고 인정할 때에는 주무대신이 지정하는 질병에 걸린 피관리자에 관해 본인 또는 보호자에 대해 요양에 관한 처치를 명령할 수 있다. 단, 관립학교 또는 공립이나 사립의 대학, 전문학교, 실업전문학교, 고등학교나 이에 준하는 학교에 재학 또는 재원하는 피관리자에 관해서는 칙령으로 별도의 규정을 할 수 있다.

전항의 처치를 명령받은 자가 빈곤 때문에 그 의무를 이행할 수 없을 때에는 지방장관이 그 자의 신청에 따라 국민체력관리의로부터 요양의 지도를 받게 할 수 있다.

제13조 국가 또는 도부현의 사업에 사용되는 피관리자에 관하여 제5조 제1항 및 제10조부터 전조까지의 규정을 적용하기 어려운 사항에 대해서는 칙령으로 별도의 규정을 할 수 있다.

감옥, 교정원(矯正院), 소년교호원(少年敎護院), 기타 칙령으로 정하는 시설에 있는 피관리자에 관해 제4조 제2항, 제5조 제1항, 제6조, 제8조 제1항 및 제2항, 제10조부터 제12조까지의 규정을 적용하기 어려운 사항에 대해서도 역시 전항과 같이 할 수 있다.

제14조 피관리자를 사용하는 자는 체력검사의 결과를 부당하게 인용하여 피관리자에 대해 불이익이 되는 취급을 할 수 없다.

제15조 다음 각 호의 하나에 해당하는 자는 1,000엔 이하의 벌금에 처한다.

    1. 제5조 제1항의 단서 규정에 따른 지방장관의 명령을 위반하여 체력검사를 실시하지 않은 자

    2. 피관리자, 보호자 또는 제4조 제2항의 단서 규정에 따른 의무자가 의무의 이행을 방해한 자

제16조 다음 각 호의 하나에 해당하는 자는 과태료에 처한다.

    1. 제4조 제2항의 규정에 따른 의무자로서 피관리자가 체력검사를 받기 위해 필요한 조치를 하지 않은 자

2. 제6조의 규정을 위반하여 신고를 하지 않은 자

제17조 사업주 또는 관리인은 그 대리인, 호주, 가족, 동거인, 고용인, 기타의 종업원이 그 업무에 관하여 제15조 제1호의 위반행위를 한 때에는 자기가 지휘하지 않았다는 이유 때문에 처벌을 면할 수 없다.

제18조 제15조 제1호의 벌칙은 그 자가 법인인 때에는 이사, 사장, 기타 법인의 업무를 집행하는 임원에게, 미성년자 또는 금치산자인 때에는 그 법정대리인에게 이를 적용한다. 단, 영업에 관하여 성년자와 동일한 능력을 지닌 미성년자에 대해서는 이에 제한되지 않는다.

제19조 체력검사, 기타 체력관리의 사무에 종사하고 또는 종사한 자가 그 직무상 취득한 사람의 비밀을 이유 없이 누설한 때에는 6개월 이하의 징역 또는 1,000엔 이하의 벌금에 처한다.

전항의 죄는 고소를 한 경우에 이를 논(論)한다.

제20조 본 법의 벌칙은 국가, 도부현, 시정촌, 기타 이에 준하는 자에게는 이를 적용하지 않는다.

제21조 정촌제(町村制)를 시행하지 않는 지역에서는 본 법 중 정촌에 관한 규정은 정촌에 준하는 것에, 정촌장에 관한 규정은 정촌장에 준하는 것에 이를 적용한다.

부칙

본 법 시행의 기일은 칙령으로 이를 정한다.

당분간 피관리자의 범위는 칙령으로 이를 한정할 수 있다.

자료 33	
	1940년(昭和 15) 국세조사시행령
구분	칙령 제343호
법령명/건명	1940년(昭和 15) 국세조사시행령 昭和15年國勢調查施行令
공포·개정·결정·폐지 연월일	1940년 5월 24일 (조선총독부관보 6월 20일 호외 게재)
구성	5개 조항, 부칙 없음
선행 규범·법령	국세조사령
원문 일부	(朝鮮總督府官報 號外 昭和十五年六月二十日)
주요 내용 및 특징	○ 총동원에 필요한 인원, 인력, 가계구성원을 파악하기 위한 국세조사를 명령 ○ 5년 간격의 정기적인 국세조사 ○ 노무, 징병, 징용 등의 기초자료가 됨
법령 적용 범위	제국 전역
관련 법령 통합·폐지 사항	국세조사령
유사·파생 법령	

칙령 제343호

1940년 5월 24일

1940년(昭和 15) 국세조사시행령
昭和十五年國勢調査施行令

제1조 1940년(昭和 15) 국세조사는 1940년 10월 1일 오전 0시 현재에 따라 이를 시행한다.

제2조 1940년 국세조사는 전조의 시기에 다음 각 호의 하나에 해당하는 자에 대해 이를 실시한다.

    1. 제국 판도(版圖) 내 현재하는 자로서 현역 군인 또는 소집 중인 재향군인이 아닌 자

    2. 현역 군인 및 소집 중인 재향군인

    3. 육해군 함선의 승조원인 자로서 현역 군인 또는 소집 중인 재향군인이 아닌 자

    4. 종군 중인 군속, 종군보도반원, 종군신사신직(從軍神社神職) 및 종군종교인으로서 제국 판도 밖에 현재하는 자

전조의 시기 이전에 제국의 항만을 출발하여 도중에 기항하지 않았고 전조의 시기 이후에 4개월 이내를 비롯해 제국의 항만에 들어 온 자는 1940년 10월 1일 오전 0시에 제국 판도 내에 현재하는 자로 간주한다.

본 령에서 현역 군인이란 육군의 현역 장교, 준사관, 하사관, 병사(특별지원장교, 현역무관이라 할 수 있는 육군의 모든 생도 중 의탁학생생도 이외의 자와 현재 육군에서 수업 중인 간부후보생, 조종후보생을 포함하며 귀휴병사를 제외한다.), 그리고 해군의 현역 사관, 특무사관, 준사관, 하사관, 병사(각과 소위후보생, 해군 제(諸) 학교의 생도 및 현재 해군에서 교육 중인 해군예비원, 후보자를 포함하며 귀휴 중인 하사관, 병사를 제외한다.)를 가리킨다. 소집 중인 재향군인이란 육군의 예비역과 후비역인 장교, 준사관, 하사관, 병사, 예비역인 간부후보생, 조종후보생, 귀휴병, 보충병 및 국민병역에 있는 자, 그리고 해군의 예비역과 후비역인 사관, 특무사관, 준사관, 또한 예비역, 후비역, 제1국민병역 또는 귀휴 중인 하사관, 병사 및 해군예비원으로서 충원소집자, 임시소집자, 국민병소집자, 연습소집자, 교육소집자, 귀휴병소

집자, 보결소집자 또는 근무소집을 받은 자를 가리킨다. 육해군의 함선이란 함선령에 따라 함선, 특무함정, 잡역선, 육군소유선, 육군징용선, 해군징용선을 가리킨다.

제3조 1940년 국세조사는 전조에 해당하는 자에 대해 다음의 사항을 조사한다. 단, 전조 제1항 제2호, 제3호 그리고 제4호에 해당하는 자에 대해서는 제7호의 사항을 조사하지 않는다.

1. 씨명
2. 세대에서의 지위
3. 남녀 성별
4. 출생연월일
5. 배우자 관련
6. 소속 산업 및 직업
7. 내각총리대신이 지정하는 기능(지정기능)
8. 병역 관련
9. 출생지
10. 본적지
11. 민적(民籍)과 국적

전항 제6호의 기능은 조선, 대만 및 화태에서는 각 조선총독, 대만총독 및 화태청장관이 내각총리대신의 승인을 받은 자를 지정한다.

제4조 제2조의 조사는 각 세대에 대해 이를 집행한다.

본 시행령에서 세대란 주거와 가계를 함께하는 자를 가리킨다.

1인이 주거를 갖고 가계를 꾸린 자 역시 1세대로 한다.

가계를 함께하지만 따로 주거를 가진 자 또는 주거를 함께하지만 따로 가계를 꾸린 자는 1세대로 한다. 그것이 1인인 경우 역시 마찬가지다.

기숙사, 병원, 여관, 하숙집, 합숙소, 기타 가계를 함께하지 않는 자가 집합한 경우 그리고 선박에 있는 자로서 가계를 함께하지 않는 자는 1시설[場屋] 또는 1선박마다 1세대로 준한다.

제5조 세대주 또는 세대의 관리자는 세대의 현재자 및 세대의 관계자에 대해 제3조 제1항

각 호의 사항을 신고할 의무가 있는 것으로 한다.

전항에서 세대 현재자란 제2조 제1항 제1호에서 열거한 자로서 그 세대에 현재하는 자를 가리킨다.

제2조 제1항 제2호부터 제4호까지 열거한 자는 다음의 구별에 따라 각 세대의 세대관계자라 한다.

1. 배우자가 있는 경우에는 그 배우자가 현재하는 세대
2. 배우자가 없는 경우에는 그 부친이 현재하는 세대. 단, 부친이 없는 경우에는 그 모친이 현재하는 세대
3. 배우자와 부모가 없는 경우에는 그자(여러 명인 경우는 최연장자)가 현재하는 세대
4. 배우자, 부모, 자가 없는 경우에는 그 조부가 현재하는 세대. 단, 조부가 없는 경우에는 그 조모가 현재하는 세대
5. 배우자, 부모, 자, 조부모가 없는 경우에는 그 형제자매(여러 명인 경우는 최연장자)가 현재하는 세대
6. 배우자, 부모, 자, 조부모 및 형제자매가 없는 경우에는 그 소집통보인이 현재하는 세대
7. 배우자, 부모, 자, 조부모, 형제자매 및 소집통보인이 없는 경우에는 그 본적지의 시정촌장(시정촌장이 없는 경우에는 그 직무를 행사하는 자)이 현재하는 세대

자료 34

	기본국책요강
구분	각의결정
법령명/건명	기본국책요강 基本國策要綱
공포·개정·결정·폐지 연월일	결정 1940년 7월 26일
구성	3개항
선행 규범·법령	국책기준, 국책대강
원문 일부	**基本国策要綱** 更新日：2012年12月20日 昭和前半期閣議決定等凡例 収載資料：内閣制度百年史　下　内閣制度百年史編纂委員会　内閣官房　1985.12　pp.233-234　当館請求記号：AZ-332-17 .... 基本国策要綱 昭和15年7月26日　閣議決定 世界ハ今ヤ歴史的ノ一大転機ニ際会シ数個ノ国家群ノ生成発展ヲ基調トスル新ナル政治経済文化ノ創成ヲ見ントシ、皇国亦有史以来ノ大試練ニ直面ス、コノ秋ニ当リ真ニ挙国ノ大精神ニ基ク皇国ノ国是ヲ完遂セントセハ右世界史的発展ノ必然的動向ヲ把握シテ庶政百般ニ亘リ速ニ根本的ノ刷断ヲ加ヘ万難ヲ排シテ国防国家体制ノ完成ニ邁進スルコトヲ以テ刻下喫緊ノ要務トス、依ツテ基本国策ノ大綱ヲ策定スルコト左ノ如シ 基本国策要綱 一、根本方針 皇国ノ国是ハ八紘ヲ一宇トスル肇国ノ大精神ニ基キ世界平和ノ確立ヲ招来スルコトヲ以テ根本トシ先ツ皇国ヲ核心トシ日満支ノ強固ナル結合ヲ根幹トスル大東亜ノ新秩序ヲ建設スルニ在リ之カ為皇国自ラ速ニ新事態ニ即応スル不抜ノ国家態勢ヲ確立シ国家ノ総力ヲ挙ケテ右国是ノ具現ニ邁進ス 二、国防及外交 皇国内外ノ新情勢ニ鑑ミ国家総力発揮ノ国防国家体制ヲ基底トシ国是遂行ニ遺憾ナキ軍備ヲ充実ス皇国現下ノ外交ハ大東亜ノ新秩序建設ヲ根幹トシ先ツ其ノ重心ヲ支那事変ノ完遂ニ置キ国際的大変局ヲ達観シ建設的ニシテ且ツ弾力性ニ富ム施策ヲ講ジ以テ皇国国運ノ進展ヲ期ス 三、国内態勢ノ刷新 我国内政ノ急務ハ国体ノ本義ニ基キ諸政ヲ一新シ国防国家体制ノ基礎ヲ確立スルニ在リ之カ為左記諸件ノ実現ヲ期ス
주요 내용 및 특징	○ 국가총력을 발휘하여 국방국가체제를 기반으로 군비 충실을 강조 ○ 국민동원 조직 확립, 계획경제를 수행하는 통제기구 정비 등을 지시
법령 적용 범위	제국 전역
관련 법령 통합·폐지 사항	
유사·파생 법령	

각의결정
1940년 7월 26일

기본국책요강
基本國策要綱

세계는 이제 역사적 일대 전환의 기로에서 몇 개의 국가 그룹이 생성·발전하는 것을 기조로 새로운 정치·경제·문화가 발현하였는데, 황국 역시 유사 이래 커다란 시련에 직면하였다. 이번 가을에 실로 국가의 대정신에 기반하여 황국의 국시(國是)를 완수하는 것은 위의 세계사적인 발전의 필연적 동향을 파악하고 제반 정치에 걸쳐 신속하고 근본적인 쇄신을 가하여 수많은 어려움을 물리치고 국방국가체제의 완성에 만전을 기하는 것을 현재의 긴급하고 절실한 중요 임무로 삼는다. 이에 기본국책의 대강을 다음과 같이 책정한다.

기본국책요강

1. 근본방침

황국의 국시는 팔굉일우(八紘一宇)[12]로서 조국의 대정신에 근거하여 세계평화의 확립을 초래하는 것을 근본으로 한다. 우선 황국을 핵심으로 하는 일본, 만주, 중국의 강고한 결합을 근간으로 하여 대동아(大東亞)의 신질서를 건설하는데 이를 위해 황국이 우선 신속하게 새로운 사태에 즉시 응하여 근본적인 국가태세를 확립하고 국가의 총력을 기울여 위의 국시를 구현하는 데 매진한다.

2. 국방 및 외교

황국 안팎의 새로운 정세를 감안하여 국가총력을 발휘하는 국방국가체제를 기저로 하여

---

12 '여덟 방위, 즉 온 천하가 한집안'이라는 의미로, 일제가 전 세계를 침략하는 것을 합리화하기 위해 내세운 구호이다.

국시 수행에 유감이 없도록 군비를 충실히 한다.

현재 황국의 외교는 대동아의 신질서 건설을 근간으로 하는데 우선 그 중심을 중일전쟁의 완수에 두고 국제적 대전환의 국면을 초월하여 건설적이며 탄력성이 풍부한 시책을 강구함으로써 황국 국운의 전진을 기한다.

3. 국내 태세의 쇄신

우리나라 내정의 급무는 국체의 본의에 기반하여 여러 정책을 일신하고 국방국가체제의 기초 확립에 있는데 이를 위해 다음을 실현한다.

1) 국체의 본의에 투철한 교육을 쇄신하고 자기의 공명과 이익을 추구하는 사상을 배척하고 국가봉사의 관념을 첫째로 하는 국민도덕을 확립하고 또한 과학적 정신을 진흥한다.
2) 강력한 신정치체제를 확립하고 국정의 종합적 통일을 도모한다.
   (1) 관민의 일치협력과 각각 그 직역에서 국가에 봉공할 것을 기조로 하는 새로운 국민조직을 확립한다.
   (2) 신정치제체에 맞는 의회제도의 개혁
   (3) 행정의 운용에 근본적인 쇄신을 가하여 이것의 통일과 활성화를 목표로 관가의 새로운 태세를 확립한다.
3) 황국을 중심으로 일본, 만주, 중국 3국 경제의 자주적 건설을 기조로 국방경제의 발판을 확립한다.
   (1) 일본, 만주, 중국을 하나의 원으로 대동아를 포용하는 황국의 자급자족 경제정책을 확립한다.
   (2) 관민 협력에 의해 계획경제의 수행, 특히 주요 물자의 생산, 배급, 소비를 일원적으로 통제하는 기구를 정비한다.
   (3) 종합경제력 발전을 목표로 재정계획을 확립하고 금융통제를 강화한다.
   (4) 세계의 새로운 정세에 대응하여 무역정책을 쇄신한다.
   (5) 중요산업, 특히 중화학공업과 기계공업을 획기적으로 발전시킨다.
   (6) 과학의 획기적 진흥과 생산의 합리화
   (7) 안팎의 새로운 정세에 대응하는 교통·수송시설의 정비와 확충

(8) 일본, 만주, 중국을 통합하는 종합국력의 발전을 목표로 국토개발계획을 확립한다.

4) 국시 수행의 원동력인 국민의 자질, 체력의 향상과 더불어 인구 증가에 관해 항구적인 방책, 특히 농업 및 농가의 안정과 발전에 관한 근본적 방책을 수립한다.

5) 국책의 수행에 따른 국민희생의 불균형을 시정하고 후생적 시책의 철저를 기하는 동시에 국민생활을 쇄신하고 실로 인고의 10년 세월을 극복할 수 있는 자질을 충실히 하고 강건한 국민생활의 수준을 확보한다.

자료 35	
\multicolumn{2}{c}{국가총동원법 중 개정법률}
구분	법률 제19호
법령명/건명	국가총동원법 중 개정법률 國家總動員法中改正法律
공포·개정·결정·폐지 연월일	1941년 3월 3일
구성	20개 개정 조항(5조, 6조, 8조 등), 부칙 1개 조항
선행 규범·법령	국가총동원법(법률 제55호)
원문 일부	
주요 내용 및 특징	○ 국가총동원법을 강화하는 내용의 개정법률 ○ 강제력을 확대, 강제 대상 확대, 총동원업무 수행자가 권한을 확대 ○ 노무에 대해 해고 외에 '취업, 종업 또는 퇴직' 추가, 임금 외에 '급료, 기타 종업조건' 등으로 개정하여 노무동원의 내용을 강화 ○ 산업, 사업주, 단체에 대한 통제 확대 ○ 금융 분야 통제 확대 ○ 벌칙 내용과 처벌을 확대
법령 적용 범위	제국 전역
관련 법령 통합·폐지 사항	
유사·파생 법령	국가총동원법 중 개정 시행기일의 건

법률 제19호

1941년 3월 1일

국가총동원법 중 개정법률
國家總動員法中改正法律

국가총동원법을 다음과 같이 개정한다.

제5조에서 '또는 지방공공단체'를 '지방공공단체 또는 정부가 지정하는 자'로 개정한다.

제6조에서 '또는 해고'의 아래에 '취업, 종업 또는 퇴직'을 추가하고, '임금, 기타 노무조건'을 '임금, 급료, 기타 종업조건'으로 개정한다.

제8조에서 '총동원물자'를 '물자'로 개정한다.

제10조에서 '사용 또는 수용(收用)할 수 있다'를 '사용 또는 수용하고 또는 총동원업무를 하는 자가 이를 사용 또는 수용하도록 할 수 있다'로 개정한다.

제11조에서 '자금의 운용'을 '자금의 운용, 채무의 인수 또는 채권의 보증'으로 개정한다.

제13조 제3항에서 '토지 또는 가옥, 기타 공작물을 관리, 사용 또는 수용할 수 있다'를 '토지 또는 가옥, 기타 공작물을 관리, 사용 또는 수용하고 또는 총동원업무를 하는 자가 이를 사용 또는 수용하도록 할 수 있다'로 개정한다.

제14조에서 '사용 또는 수용할 수 있다'를 '사용 또는 수용하고 또는 총동원업무를 하는 자가 특허발명 및 등록실용신안을 실시하고 또는 광업권, 사광권(砂鑛權) 및 물의 사용에 관한 권리를 사용하도록 할 수 있다'로 개정한다.

제15조에서 '앞의 2개 조항의 규정에 따라'의 아래에 '정부의'를 추가하고, '10년 내에 불하한 때'의 아래에 '또는 제13조 제3항의 규정에 따라 총동원업무를 하는 자가 수용할 것을 수용한 때로부터 10년 이내에 불용으로 처리할 때'를 추가한다.

제16조 제2항 정부는 전시에 국가총동원상 필요한 때에 칙령이 정하는 바에 따른 사업에 속하는 설비 또는 권리의 양도, 기타의 처분, 출자, 사용 또는 이동에 관해 필요한 명령을 내릴 수 있다.

제16조 제3항 정부는 전시에 국가총동원법상 필요한 때에 칙령이 정하는 바에 따른 사업의 개시, 위탁, 공동경영, 양도, 폐지 또는 휴지(休止) 또는 법인의 목적 변경, 합병 또는 해산에 관한 명령을 내릴 수 있다.

제17조에서 '국가총동원 업무'를 삭제한다.

제18조 정부는 전시에 국가총동원법상 필요한 때에 칙령이 정하는 바에 따라 동종 또는 이종 사업의 사업주 또는 그 단체에 대하여 해당 사업의 통제 또는 통제를 위한 경영을 목적으로 하는 단체 또는 회사의 설립을 명령할 수 있다.

전항의 명령에 따라 설립된 단체는 법인으로 한다.

제1항의 규정에 따라 설립을 명받은 자가 그 설립을 하지 않을 때에는 정부가 정관의 작성, 기타 설립에 관하여 필요한 처분을 할 수 있다.

제1항의 단체가 성립한 때에 정부는 칙령에서 정하는 바에 따라 해당 단체의 구성원 자격을 가진 자로 하여금 그 단체의 구성원이 되게 할 수 있다.

정부는 제1항의 단체에 대해 그 구성원(그 구성원의 구성원을 포함한다. 이하 같다.)의 사업에 관한 통제규정의 설립, 변경 또는 폐지에 관해 인가를 받도록 하고 통제규정의 설정 또는 변경을 명령하고 또는 그 구성원 또는 구성원 자격을 지닌 자에 대해 단체의 통제규정에 따르도록 명령할 수 있다.

제1항의 단체 또는 회사에 관해 필요한 사항은 칙령으로 정한다.

제18조 제2항 제16조의 제2항 규정에 따라 설비 또는 권리의 양도 또는 출자를 명령하거나 또는 제16조의 제3항 규정에 따라 사업의 양도를 명할 경우에 양도자 또는 출자자가 부담하는 채권의 승계 및 담보의 처리에 관해 필요한 사항은 칙령으로 정한다.

제18조 제3항 제16조의 제2항 규정에 따른 설비 또는 권리의 양도 또는 출자, 제16조 규정에 따른 사업의 양도 또는 법인의 합병 또는 제18조 제1항의 규정에 따라 설립한 단체 또는 회사에 관해서는 칙령이 정하는 바에 따라 과세표준의 계산에 관해 특례를 설치하거나 또는 조세의 감면을 할 수 있다.

제19조에서 '또는 가공비'를 '가공비, 수선료, 기타 재산적 급부'로 개정한다.

제20조 정부는 칙령이 정하는 바에 따라 제8조, 제9조, 제13조, 제14조 또는 제16조 제2항

의 규정에 따른 처분, 제9조의 규정에 따른 수출 또는 수입의 명령, 제11조 규정에 따른 자본의 융통, 유가증권의 응모, 인수자의 매입, 채무의 인수 또는 채권의 보증 명령, 제16조의 규정에 따른 설비의 신설, 확장 또는 개량의 명령 또는 제16조 제3항의 규정에 따른 사업의 위탁·양도·폐지·휴지 또는 법인의 목적 변경 또는 해산의 명령에 의해 발생하는 손실을 보상한다. 다만 제2항의 경우는 여기에 제한되지 않는다.

총동원업무를 하는 자는 제10조, 제13조 제3항 또는 제14조의 규정에 따라 사용, 수용 또는 실시하는 경우에는 칙령이 정하는 바에 따라 발생하는 손실을 보상해야 한다.

제29조에서 '불하'를 '매수'로 개정한다.

제31조 제2항 다음 각 호의 어느 하나에 해당하는 자는 10년 이하의 징역 또는 5만 원 이하의 벌금에 처한다.

    1. 제8조의 규정에 따른 명령을 위반한 자

    2. 제19조의 규정에 따른 명령을 위반한 자

제33조에서 제2호 및 제6호를 삭제하고 제3호를 제2호로 하고 그 아래는 차례로 1호씩 앞당긴다.

제34조에서 제3호를 제5호로 하고 그 아래는 차례대로 2호씩 앞당기고 제2호 다음에 다음의 2호를 추가한다.

    3. 제16조 제2항의 규정에 따른 명령을 위반한 자

    4. 제16조 제3항의 규정에 따른 명령을 위반한 자

제35조에서 '제3조'를 '제4조'로 개정한다.

제38조 제1호에서 '조합'을 '단체 또는 회사'로 개정하고 같은 조에서 제2호를 제3호로 하고 제3호를 제4호로 하고 제1호의 다음에 다음의 제2호를 추가한다.

    2. 제18조 제6항의 규정에 따른 명령을 위반한 자

제45조에서 다음의 항을 추가한다.

제18조 제1항 또는 제3항의 규정에 따른 사업의 통제를 목적으로 설립된 단체 또는 회사, 기타 본 법에 따른 명령에 의해 통제를 하는 법인, 기타 단체의 임원 또는 사용인

또는 그 직책에 있는 자가 그 업무 집행에 관해 취득한 법인 또는 사람의 업무상 비밀을 누설 또는 유용할 때 역시 전항과 마찬가지다.

제46조 제1항에서 '설립된 조합의 임원 기타 직무'를 '사업의 통제를 목적으로 설립된 단체 또는 회사, 기타 본 법에 의한 명령에 따라 통제를 하는 법인, 기타 단체의 임원 또는 사용인이 담당하는 통제사무'로 개정한다.

제48조에서 '제32조'를 '제31조의 2'로 개정한다.

부칙

본 법의 시행기일은 칙령으로 정한다.

자료 36	
\multicolumn{2}{|l|}{국가총동원법 중 개정법률 시행기일의 건}
구분	칙령 제205호
법령명/건명	국가총동원법 중 개정법률 시행기일의 건 昭和十六年法律第十九號(國家總動員法中改正)施行期日ノ件
공포·개정·결정·폐지 연월일	1941년 3월 12일
구성	1개 조항
선행 규범·법령	국가총동원법(법률 제55호) 국가총동원법 중 개정법률(법률 제19호)
원문 일부	
주요 내용 및 특징	○ 국가총동원법 중 개정법률(제19호)을 1941년 3월 20일부터 시행할 것을 명령
법령 적용 범위	제국 전역
관련 법령 통합·폐지 사항	
유사·파생 법령	

칙령 제205호

1941년 3월 11일

국가총동원법 중 개정법률 시행기일의 건
昭和十六年法律第十九號(國家總動員法中改正)施行期日ノ件

1941년 법률 제19호는 1941년 3월 20일부터 이를 시행한다.

자료 37	
\multicolumn{2}{l	}{국정처리의 전시태세화에 관한 건}
구분	각의결정
법령명/건명	국정처리의 전시태세화에 관한 건 國政處理ノ戰時態勢化ニ關スル件
공포·개정·결정·폐지 연월일	1941년 7월 25일
구성	2개조(1조 요령 3개항, 2조 실시방책 6개항) 외 비고
선행 규범·법령	국가총동원법(법률 제55호)
원문 일부	国政処理ノ戰時態勢化ニ関スル件 更新日: 2012年12月20日 昭和前半期閣議決定等ノ例 収載資料: 国策研究会文書 憲政·美濃部洋次文書 Reel No.88 item6827 当館請求記号: 憲政資料室 -------- 国政処理ノ戰時態勢化ニ関スル件 昭和016年7月25日　閣議決定 国際情勢ノ緊迫化ニ対応シ速ニ国内諸般ノ態勢ヲ刷新強化センガ為ニハ先ヅ国政処理ニ関スル政府機構ヲ戰時態勢化シ戰時国政ノ運用ニ高度ノ一体性, 敏達性並ニ弾力性ヲ発揮セシムルコト緊要ナル仍テ左ノ措置ヲ講ズ 第一　要領 一, 戰時業務ノ体系ヲ確立シ部内組織ノ戰時態勢化ヲ図ルト共ニ之ニ伴ヒ必要ナル行政機構ノ改革ヲ断行スルコト 二, 戰爭目的完遂上不急事務ノ停止若ハ縮少, 事務処理手続ノ単純簡易化其ノ他部内事務各般ニ亘リ其ノ能率化, 敏達化ヲ徹底的ニ断行スルコト 三, 挺身垂範ノ官吏精神ヲ振作シ協力精神ノ作興, 紀律ノ振粛, 能率ノ増強ニ努メテ官庁戰時勤務体制ヲ確立スルコト 第二　実施方策 一, 高度ノ重点主義及効率主義ニ則リ戰時行政ヲ再編成スル為不急不要事務ノ徹底的ノ整理又ハ縮少ヲ断行スルコト
주요 내용 및 특징	○ 미국 등 연합국과의 전쟁, 즉 태평양전쟁에 대비하여 국가기관 및 행정 각 부처의 업무를 전시태세로 전환할 것을 명령 ○ 전시업무와 전쟁 목적 수행을 위해 부서를 통폐합하고 업무와 사무를 축소, 중단, 단소화, 단순화하여 신속하게 처리할 것을 명령 ○ 각 청 및 국(局)·부(部)·과(課)의 통폐합하여 잉여 인력을 재배치함 ○ 각 기관별 소관 위원회, 시험소, 연구소, 훈련소, 관련 민간단체가 조사 후 통제를 계획함
법령 적용 범위	중앙 및 지방의 관청
관련 법령 통합·폐지 사항	
유사·파생 법령	

각의결정

1941년 7월 25일

국정처리의 전시태세화에 관한 건
國政處理ノ戰時態勢化ニ關スル件

국제정세의 긴박화에 대응하여 국내의 제반 태세를 신속하게 쇄신, 강화하기 위해서는 우선 국정처리에 관한 정부기구를 전시태세로 전환하고 전시국정의 운용에 고도의 일체성과 신속성, 그리고 탄력성을 발휘하는 것이 긴요하기 때문에 다음의 조치를 강구한다.

제1 요령

1. 전시업무의 체계를 확립하고 부(部)의 내부 조직을 전시태세로 전환하는 동시에 이에 따라 필요한 행정기구의 개혁을 단행한다.
2. 전쟁 목적 완수에 불급한 사무를 정지 또는 축소하고, 사무처리 절차를 단순화하고 간소화하며, 기타 부내 사무 전반에 걸쳐 능률화와 신속화를 철저하게 단행한다.
3. 헌신과 솔선수범의 관리정신을 진작하고 협력정신을 발휘하고 기율을 엄중하게 하고 능률을 배가하는 데 힘써 관청의 전시근무체제를 확립한다.

제2 실시방책

1. 고도의 중점주의와 효율주의에 따라 전시행정을 재편성하기 위해 불요불급한 사무를 철저하게 정리하거나 축소한다.
2. 6월 3일의 각의결정에 따라 신속하게 인허가 사항 및 각 청 간의 협의사항을 정리하는 동시에 필요에 따라 법령의 일시 중지 또는 개폐를 단행하는 등, 각 분야에 걸쳐 사무처리 절차를 간소화한다.

3. 각 청 및 각 국(局)·부(部)·과(課)에 나누어진 사무로서 신속성과 통일성이 결여된 것은 이번에 과감히 정리하는 동시에 필요에 따라 사무를 이관 또는 통합한다.
4. 관청 사무의 중지, 축소 또는 간소화에 따라 국·부·과를 통폐합하거나 정리한다.
5. 전시긴급요무(要務)처리를 위해 새로 증원이 필요할 때에는 이상의 각 항의 조치에 따라 발생하는 잉여인원으로 이를 충원한다.
6. 관청의 전시근무체제 확립에 대해 내각과 각 성에서 신속한 조치를 강구한다.

비고
1. 중앙의 각 관청은 지체 없이 8월 10일까지 이에 대한 구체안을 작성한다.
2. 지방의 관청에서도 중앙의 개혁에 대응할 수 있는 조치를 취한다.

각 과별 행정사무운용 상황

(표 생략)

비고

1. 조사는 1941년 7월 25일 현재로 한다. 단, 8월 5일까지 과를 나누는 개혁을 단행하는 성에 대해서는 8월 5일 현재로 한다.
2. 분과규정란에는 그 과의 소관 사항을 열거하고, 1940년 이후에 개정된 것이 있을 때에는 그 내용의 경과를 비고란에 간단하게 기입한다.
3. 예산에는 인건비를 제외한 금년도의 사무비와 주요 사항별 사업비를 기입하고, 구분이 명확하지 않은 것에 대해서는 이를 추정한다.
4. 법령란에는 각 과에서 실시를 관장하는 것 이외에 특별히 관련이 깊은 제반 법령도 열거한다.(단, 후자에 대해서는 △ 표시를 붙인다.)
5. 위원회란에는 각 과가 직접 운용하고 있는 위원회, 심의회, 조사회 등 이외에 특별히 관련이 있어 과 직원이 참여하거나 협력하고 있는 위원회 등에 대해서도 열거한다.(단, 후자에 대해서는 △ 표시를 붙인다.)

6. 소속관청란에는 소속 시험소, 연구소, 훈련소 등을 열거하는데, 내무성 계획국 방공과에서는 방공연구소, 상공성 광산국 총무과에서는 지질조사소 등과 같이 기입한다.

7. 관련단체란에는 그 과가 감독에 속하고 사무와 밀접한 관련이 있는 단체 등을 열거하는데, 후생성 생활국 보호과에서는 중앙사회사업협회, 동 주택과에서는 주택영단 등과 같이 기입한다.

자료 38	
\multicolumn{2}{c}{총동원업무지정령}
구분	칙령 제54호
법령명/건명	총동원업무지정령 總動員業務指定令
공포·개정·결정·폐지 연월일	1942년 1월 31일
구성	3개 조항, 부칙 1개항
선행 규범·법령	국가총동원법(법률 제55호) 제3조 총동원업무지정령(칙령 제443호, 1939년 7월 5일)
원문 일부	
주요 내용 및 특징	○ 군사상 필요한 토목건축, 증권 생산에 관한 업무를 국가총동원업무로 지정 ○ 국가총동원에 필요한 종업자의 주택의 공급에 관한 업무를 국가총동원업무로 지정
법령 적용 범위	제국 전역
관련 법령 통합·폐지 사항	
유사·파생 법령	

칙령 제54호

1942년 1월 30일

총동원업무지정령
總動員業務指定令

국가총동원법 제3조 제9호에 근거하여 국가총동원에 필요한 업무를 다음과 같이 지정한다.

1. 군사상 특히 필요한 토목건축에 관한 업무
2. 국가총동원에 필요한 증권의 생산에 관한 업무
3. 국가총동원에 필요한 종업자의 주택의 공급에 관한 업무

부칙

본 령은 공포한 날로부터 시행한다.

자료 39	
	전시해운관리령
구분	칙령 제235호
법령명/건명	전시해운관리령 戰時海運管理令
공포·개정·결정·폐지 연월일	1942년 3월 25일
구성	5장 68개 조항, 부칙 1개 조항
선행 규범·법령	국가총동원법(법률 제55호) 제4조
원문 일부	
주요 내용 및 특징	○ 국가총동원법에 근거하여 징발한 선박을 선박운영회가 사용, 운항할 수 있게 하는 명령 ○ 선박운영회가 선원의 징용, 해고, 근무, 퇴직, 급여, 위생, 교육훈련에 관한 처분을 할 수 있게 하는 명령 ○ 선박운영회의 운영에 관한 사항 등을 규정
법령 적용 범위	제국 전역
관련 법령 통합·폐지 사항	
유사·파생 법령	

칙령 제235호

1942년 3월 24일

전시해운관리령
戰時海運管理令

제1장 총칙

제1조 국가총동원법(1938년 칙령 제317호에 의한 경우를 포함한다. 이하 같다) 제4조의 규정에 따른 선박운영회(해운사업의 통제를 위한 경영을 목적으로 하는 단체를 가리킨다. 이하 같다)가 운항하는 선박에 승조해야 하는 선원의 징용, 같은 법 제6조의 규정에 따른 피징용선원의 해고, 종업, 퇴직 또는 급여에 관한 명령, 같은 법 제8조의 규정에 따른 선박운영회가 운항하는 선박의 사용에 관한 명령, 같은 법 제13조의 규정에 따라 선박운영회가 운항하는 선박의 사용과 선원의 위생 및 교육훈련에 관한 설비의 관리, 그리고 같은 법 제18조의 규정에 따른 선박운영회의 설립에 관한 명령 및 선박운영회에 관하여 필요한 사항에 대해서는 본 령이 정하는 바에 따른다.

제2장 선박 사용

제2조 체신대신은 명령으로 지정한 일본선박을 사용할 수 있다. 단, 육군관헌 또는 해군관헌이 법령이나 계약에 따른 선박의 사용을 저해하지 않는다.

제3조 체신대신이 선박을 사용할 때에는 해당 선박의 소유자에 대해 사용령서(使用令書)를 송달해야 한다. 단, 어쩔 수 없는 경우에는 권원(權原)에 따라 해당 선박을 점유하고 있는 자(이하 '관리자'라고 한다)에 대해 이를 송달하는 것으로 충분하다.

전항 본문의 경우에 소유자와 관리자가 다른 때에는 체신대신은 관리자에 대해서도 영서(令書)를 송달해야 한다.

제4조 체신대신이 영서를 송달한 때에는 명령이 정하는 바에 따라 이를 관보에 공시해야

한다. 단, 군기보호상 기타 특별히 필요 있다고 인정한 때에는 사용의 목적인 선박에 대해 권리를 가진 자(영서의 송달을 받은 자를 제외한다)가 알게 된 데 대해 이를 통지하고 공시로 대신할 수 있다.

제5조 영서에는 다음의 사항을 기재해야 한다.

    1. 영서의 송달을 받는 자의 이름

    2. 사용할 선박의 명칭과 번호

    3. 사용할 선박의 인도 시기와 장소

    4. 사용 기간

    5. 기타 필요하다고 인정하는 사항

제6조 사용의 목적인 선박의 소유자 또는 관리자는 사용에 지장을 미칠 우려가 없는 경우를 제외하고 체신대신의 허가를 받는 즉시 다음에 열거하는 행위를 할 수 없다.

    1. 해당 선박을 개조하거나 수선하는 것

    2. 해당 선박의 기관이나 의장품 또는 그 부품이나 부속품을 철거하거나 구비하지 않는 것

    3. 해당 선박을 양도 또는 임대하거나 저당권의 목적으로 기타 해당 선박에 대해 새로운 처분을 하는 것

제7조 사용의 목적인 선박의 소유자 또는 관리자가 해당 선박에 대해 양도와 기타 사유로 인해 다른 자가 소유자 또는 관리자가 되는 때, 또는 멸실, 훼손, 기타 어쩔 수 없는 사유로 인해 제9조의 규정에 따라 인도를 할 수 없게 된 때에는 국가총동원법 제31조의 규정에 따라 지체 없이 이를 체신대신에게 보고해야 한다.

전항의 규정은 전항의 허가가 있는 경우에는 적용되지 않는다.

제8조 체신대신이 영서를 송달한 다음 제9조의 규정에 따라 인도하기 전에 해당 선박을 사용하지 않도록 결정한 때에는 그 소유자와 관리자에 대해 그 취지를 통지해야 한다.

전항의 경우에는 제4조의 규정을 준용한다.

제9조 사용의 목적인 선박의 소유자나 관리자는 영서에 기재된 인도의 시기와 장소에 해당 선박을 체신대신에게 인도해야 한다.

전항의 규정은 해당 선박에 대해 강제집행수속, 국세징수법에 따른 강제징수수속, 기타 이러한 수속에 준하는 것이 진행 중이더라도 그 적용을 저해하지 않는다.

제10조 체신대신은 해당 관리로 하여금 사용의 목적인 선박의 인도를 받게 한다.

전항의 규정에 따라 해당 관리가 인도를 받는 경우에는 그 신분을 명시하는 증표를 휴대하도록 해야 한다.

제11조 해당 관리가 선박의 인도를 받은 때에는 수령조서(受領調書)를 작성하여 인도한 소유자나 관리자에게 교부해야 한다.

해당 관리가 전항의 규정에 따라 수령조서를 관리자에게 교부한 경우에는 지체 없이 소유자에게 그 등본을 송달해야 한다.

제12조 사용의 목적인 선박의 사용권은 해당 선박의 인도가 있은 때에 정부가 이를 취득하며 기타의 권리는 사용 기간 동안 그 행사가 정지된다. 단, 사용을 저해하지 않는 것은 여기에 제한되지 않는다.

제13조 체신대신은 명령이 정하는 바에 따라 피사용선박을 선박운영회에 대부(貸付)하는 것으로 한다.

제14조 선박의 사용 기간이 만료되거나 그 사용을 폐지한 때에는 체신대신이 해당 선박을 소유자에게 반환해야 한다. 단, 반환 시기에 관리자였던 자로부터 먼저 청구가 있은 때에는 그자에게 반환할 수 있다.

체신대신은 전항의 규정에 따라 선박을 반환할 때에는 반환받아야 할 자에게 미리 반환통지서를 송달해야 한다. 단, 소유자를 모를 경우나 소유자에게 송달하는 것이 현저하게 곤란할 경우에 전에항 단서의 규정에 따른 청구가 없는 때에는 관보에 공시하는 것으로 충분하다.

전항 본문의 경우에는 제4조의 규정을 준용한다.

제15조 반환통지서에는 다음의 사항을 기재해야 한다.

    1. 반환받아야 할 자의 이름

    2. 반환할 선박의 명칭과 번호

    3. 반환 시기와 장소

    4. 기타 필요 있다고 인정한 사항

제16조 선박의 사용권은 반환통지서나 공고의 반환 시기에 소멸한다.

제17조 본 령 또는 본 령에 따라 발동한 명령에 의해 이루어진 수속과 기타의 행위는 사용의 목적인 선박의 소유자나 관계자의 승계인에 대해서도 그 효력이 있다.

제3장 선원 징용

제18조 체신대신은 다음 각 호에 열거하는 자를 징용할 수 있다.
1. 제3조 제1항의 규정에 의한 영서 송달 시 해당 선박에 승조한 선원
2. 일본선박의 소유자 또는 일본선박의 소유자 조직인 단체로서 체신대신이 지정한 것을 보유한 예비원인 선원
3. 선원직업능력신고령 제2조에 열거한 선원으로서 위의 각 호에 열거되지 않은 자

전항 제3호에 열거된 자의 징용은 동항 제1호 및 제2호에 열거된 자의 징용에 따라 필요한 인원을 확보하지 못한 경우로 한정하여 이를 한 것으로 간주한다.

제19조 본 령에 따라 징용하는 자는 선박운영회가 운항하는 선박에 배치되는 것으로 한다.

제20조 피징용선원은 그 직무에 관하여 제46조의 규정에 따라 이루어진 선박운영회의 지시에 따라야 한다.

제21조 피징용선원에 대한 급료, 수당, 상여와 기타 급여는 명령이 정하는 바에 따라 선박운영회가 이를 지급하기로 한다.

제22조 피징용선원이 승조하는 선박을 육군관헌이나 해군관헌이 사용하게 된 때에는 체신대신이 해당 선박에 승조하는 선원의 징용을 해제한다.

제23조 피징용선원의 해고 및 퇴직은 명령이 정하는 바에 따라 체신대신의 인가를 받지 않으면 할 수 없다.

　피징용선원에 대해서는 고용 기간의 만료와 기타 해고 및 퇴직 이외의 사유로 인해 고용관계가 종료한 경우에는 이어서 고용관계를 존속할 필요가 있다. 단, 명령이 정하는 바에 따라 체신대신의 인가를 받은 경우에는 여기에 제한되지 않는다.

　위의 2개항의 규정은 해원(海員)의 고입(雇入)계약에는 적용되지 않는다.

제24조 피징용선원은 체신대신이 정하는 복무규정을 따라야 한다.

제25조 피징용선원이 선박운영회가 운항하는 선박에 승조하며 직무에 종사 중 전투행위나 이에 준하는 위험에 조우함으로 인해 부상을 입거나 질병에 걸리거나 사망한 때에는 정부가 명령이 정하는 바에 따라 본인 또는 그 유족에 대해 일시금을 지급한다. 전항의 유족의 범위와 순위는 명령으로 이를 정한다.

제26조 제18조 제1항 각 호에 열거한 자의 징용에 대해서는 선원징용령 제6조, 제7조, 제12조 제2항, 제13조 제1항, 제17조 2, 제19조 및 제20조의 규정을 준용한다.

제18조 제1항 제3호에 열거한 자의 징용에 대해서는 선원징용령 제8조, 제9조 및 제16조의 규정을 준용한다.

체신대신이 필요 있다고 인정한 때에는 제18조 제1항 제1호 및 제2호에 열거한 자의 징용에 대해 제1항의 규정에 불구하고 징용영서 및 징용해제영서, 그리고 그 교부에 관한 명령으로 별도로 정할 수 있다.

제27조 체신대신은 선박소유자나 해사에 관한 법인에 속하는 선원의 위생 및 교육훈련에 관한 시설을 관리할 수 있다.

제28조 체신대신은 규정에 따라 관리하는 시설에서 선원의 위생 및 교육훈련에 관한 업무와 관련하여 경영자를 지휘·감독한다.

제29조 선원의 위생 및 교육훈련에 관한 시설의 관리에 대해서는 공장사업장관리령 제3조부터 제5조까지(제2조의 규정을 준용하는 부분을 제외한다), 제8조부터 제19조까지, 그리고 제12조의 규정을 준용한다. 단 같은 령 제4조 제3호 중에서 제14조의 규정에 따른 주무대신의 직권의 일부를 행사하는 관청의 장이라고 한 것은 전시해운관리령 제64조의 규정에 따라 같은 령 제28조의 관리에 관한 직권의 일부를 행사하는 해무국장으로 한다.

제4장 선박운영회

제30조 선박운영회는 전시에 해운의 총력을 가장 유효하게 발휘하기 위해 해운사업의 통제를 위한 경영을 하고 또한 해운에 관한 국책 수행에 협력하는 것을 목적으로 한다.

제31조 선박운영회는 그 목적을 달성하기 위해 사용선박과 기타의 선박에 의한 해운사업

을 시행한다.

선박운영회는 체신대신의 명령에 따라 또는 그 인가를 받은 전항의 사업 외에 그 목적 달성에 필요한 부대사업을 실시할 수 있다.

제32조 선박운영회의 구성원 자격을 가진 자는 일본선박의 소유자 또는 일본선박의 소유자 조직 단체로서 체신대신이 지정하는 것으로 한다.

제33조 체신대신이 선박운영회를 설립하고자 할 때에는 명령이 정하는 바에 따라 전항의 규정에 따른 구성원 자격을 지닌 자에 대해 선박운영회의 설립을 명령해야 한다.

전항의 규정에 따라 선박운영회의 설립 명령이 있은 때에는 명령이 정하는 바에 따라 창립총회를 개최하고 여기에서 결정된 정관과 기타 선박운영회의 설립에 필요한 사항을 정하여 체신대신의 인가를 받아야 한다.

제34조 선박운영회의 정관은 다음에 열거하는 사항을 기재해야 한다.

1. 목적
2. 명칭
3. 사무소의 소재지
4. 구성원에 관한 규정
5. 사업 및 그 집행에 관한 규정
6. 임원에 관한 규정
7. 회원에 관한 규정
8. 자산 및 회계에 관한 규정

제35조 선박운영회는 제33조 제2항의 인가가 있은 때 또는 국가총동원법 제18조 제3항의 규정에 따라 정관의 작성이 있은 때 성립한다.

제36조 선박운영회가 성립한 때에는 그 구성원 자격을 지닌 자는 모두 그 구성원으로 한다.

관동주에 선적항을 정한 일본상선의 소유자나 그 단체는 제32조의 규정에 불구하고 체신대신의 인가를 받아 선박운영회의 구성원으로 할 수 있다.

제37조 선박운영회는 다음의 임원을 두어야 한다.

총재　　　1명

이사장　　1명

　　　　이사　　약간 명

　　　　감사　　약간 명

　　　　평의원　약간 명

제38조 총재는 선박운영회를 대표하며 그 업무를 총괄한다.

　　　이사장은 총재를 보좌하며 선박운영회의 업무를 관장하고 총재 유고 시 그 직무를 대리하며 총재 결원 시 그 직무를 대행한다.

　　　이사는 총재와 이사장을 보좌하며 선박운영회의 업무를 분장하거나 이에 참여한다. 업무를 분장하는 이사는 미리 총재가 정한 순위에 따라 총재와 이사장이 함께 유고 시 총재의 직무를 대리하고, 총재 및 이사장이 함께 결원인 때에는 총재의 직무를 대행한다.

　　　감사는 선박운영회의 재산 상황을 감사한다.

　　　평의원은 총재의 자문에 답신하거나 총재에게 의견을 제시한다.

제39조 선박운영회의 임원은 해운에 관하여 경험이 있는 자와 학식이 있는 자 중에서 체신대신이 이를 임명한다.

　　　총재, 이사장 및 이사의 임기는 3년, 감사와 평의원의 임기는 2년으로 한다.

제40조 총재, 이사장 및 업무를 분장하는 이사는 다른 직무나 상업에 종사할 수 없다. 단, 체신대신의 허가를 받은 때에는 여기에 제한되지 않는다.

제41조 통상 총회는 매년 1회 총재가 소집한다.

　　　총재가 필요 있다고 인정한 때에는 몇 번이라도 임시총회를 소집할 수 있다.

제42조 정관의 변경은 총회에 부의해서 총재가 이를 결정한다.

제43조 총재는 매년 총회에서 선박운영회의 사업 상황을 보고하고, 감사로 하여금 재산의 상황을 보고하도록 해야 한다.

제44조 선박운영회는 명령이 정한 바에 따라 피사용선박을 차입해야 한다.

제45조 선박운영회는 체신대신이 지정하는 항해를, 그리고 체신대신이 지정하는 사람이나 물건의 운송을 해야 한다.

　　　선박운영회는 체신대신의 허가를 받지 않으면 전항의 항해 또는 운송 이외의 항해 또는 운송을 할 수 없다.

제46조 선박운영회는 명령이 정하는 바에 따라 피징용선원에 대해 직무에 관한 지시를 해야 한다.

제47조 선박운영회는 명령이 정하는 바에 따라 피징용선박의 소유자에 대해 일정한 금액을 지불해야 한다.

피징용선박이 알려진 선취특권 또는 저당권의 목적인 경우에는 선박운영회는 전항의 금액을 공탁해야 한다.

선취특권자나 저당권자는 전항의 공탁금에 대해서도 그 권리를 행사할 수 있다.

제48조 선박운영회는 제25조 제1항의 규정에 따른 일시금의 지급 및 제26조 제1항에서 준용한 선원징용령 제17조 2의 규정에 따른 부조에 필요한 금액을 명령이 정하는 바에 따라 국고에 납입해야 한다.

제49조 선박운영회는 업무규정을 설정해야 한다.

제50조 선박운영회는 운항실무자를 둔다.

전항의 운항실무자는 선박운영회의 구성원 중에서 체신대신이 이를 임명한다.

제51조 운항실무자는 명령이 정하는 바에 따라 선박운영회가 내리는 지시에 따라 선박의 운항에 관한 사무를 처리한다.

선박운영회는 명령이 정하는 바에 따라 운항실무자에게 일정 사무처리수수료를 지불해야 한다.

제52조 선박운영회는 그 구성원에게 선박운영회의 사무 수행에 필요한 사무의 처리 또는 보고의 제출을 명령할 수 있다.

전항의 규정에 따라 사무의 처리 또는 보고의 제출을 명령받은 자는 지체 없이 이에 응해야 한다.

제53조 선박운영회는 정관이 정하는 바에 따라 정관을 위반한 구성원에 대해 과태금을 부과할 수 있다.

전항의 과태금을 체납한 자가 있는 경우에 선박운영회의 청구가 있은 때에는 시정촌은 시정촌세(稅)의 예에 따라 이를 처분한다. 이 경우에 선박운영회는 그 징수금 100분의 4를 시정촌에 교부해야 한다.

전항 중에서 정촌이라고 한 것은 정촌제를 시행하지 않는 지역에서는 이에 준하는 것으로 한다.

제2항의 규정에 따른 징수금의 선취특권 순위는 시정촌과 기타 이에 준하는 것의 징수금 순서로 하며, 그 시효에 대해서는 시정촌세의 예에 따른다.

제54조 선박운영회의 정관 변경과 함께 업무규정의 설정 및 변경은 체신대신의 인가를 받지 않으면 그 효력이 발생하지 않는다.

제55조 선박운영회의 잉여금 처분에 관해서 필요한 사항은 명령으로 이를 정한다.

제56조 체신대신이 선박운영회의 목적 달성에 필요 있다고 인정한 때에는 선박운영회에 대해 필요한 사업의 시행을 명령하거나 정관의 변경, 기타 필요한 사항을 명령할 수 있다.

제57조 체신대신은 선박운영회에 대해 업무 및 회계에 관하여 감독상 필요한 명령을 발동하거나 처분할 수 있다.

체신대신이 필요 있다고 인정한 때에는 감사로 하여금 감사의 결과를 보고하도록 할 수 있다.

제58조 선박운영회사는 명령이 정하는 바에 따라 등기를 할 필요가 있다.

전항의 규정에 따른 등기해야 할 사항은 등기를 한 후가 아니면 이로써 제3자에 대항할 수 없다.

제59조 체신대신은 선박운영회의 임원 또는 운항실무자가 법령, 법령에 따른 처분, 정관 또는 업무규정을 위반한 때, 공익을 해칠 때, 기타 선박운영회의 목적 달성에 부적당하다고 인정한 때에는 이를 해임할 수 있다.

제60조 선박운영회는 체신대신의 명령으로 해산한다.

제5장 잡칙

제61조 국가총동원법 제27조의 규정에 따라 보상해야 할 손실은, 제27조의 규정에 따른 처분으로 인해 통상 발생하는 손실과 제2조 또는 제45조 제1항의 규정에 따른 처분으로 인해 발생하는 손실로서 명령으로 이를 정하기로 한다.

손실 보상의 청구 시기와 기타 손실 보상에 관해 필요한 사항은 명령으로 정한다.

제1항의 보상금에 대해서는 제47조 제2항 및 제3항의 규정을 준용한다.

제62조 체신대신 또는 해무국장이 필요 있다고 인정한 때에는 국가총동원법 제31조의 규정에 따라 사용하려는 선박의 소유자나 관리자, 체신대신의 관리와 관련된 선원의 위생 및 훈련교육에 관한 시설의 경영자나 선박운영회에 필요한 보고를 요구하거나 해당 관리로 하여금 그 사무소, 영업소, 선박과 기타 필요한 장소에 임검하고 업무의 상황이나 장부, 서류, 설비와 기타 물건을 임검하게 할 수 있다.

전항의 규정에 따라 해당 관리가 임검하고 검사할 경우에는 그 신분을 명시하는 증표를 휴대하도록 한다.

제63조 본 령 및 본 령에 기초하여 발동한 명령 중 선박소유자에 관한 규정은 선박을 공유한 경우에 선박관리인을 둔 때에는 선박관리인에게, 선박을 임차한 경우에는 선박임차인에게 적용한다.

제64조 체신대신은 본 령에서 정한 직권의 일부를 해무국장에 위임할 수 있다.

제65조 제2장 및 제4장을 제외하고 본 령 중에서 체신대신이라고 한 것은 조선, 대만, 화태 및 남양군도(이하 외지라고 한다.)에서는 각각 조선총독, 대만총독, 화태청장관 또는 남양청장관으로 한다.

제2장 중에서 체신대신이라고 한 것은 조선과 대만에 선적항을 정한 일본선박에 대해서는 각각 조선총독 또는 대만총독으로 한다.

제4조 및 제14조 제2항 중에서 관보라고 한 것은 조선이나 대만에서는 각각 조선총독부관보 또는 대만총독부보로 한다.

제53조 중에서 시정촌이라고 한 것은 조선에서 부읍면(府邑面), 대만에서는 시가장(市街莊), 남양군도에서는 남양군도지방비로 하고, 시정촌세라고 한 것은 조선에서는 국세(國稅), 대만에서는 시가재세(市街在稅), 남양군도에서는 지방비세로 하고, 100분의 4라고 한 것은 조선에서는 100분의 5로 한다.

제66조 체신대신은, 선박운영회가 내지에 있는 자와 외지에 있는 자로 조직될 경우에 이에 관하여 다음에 열거하는 처분을 할 때에는 조선총독, 대만총독, 화태청장관 또는 남양청장관에게 협의해야 한다. 단, 제1호 및 제2호에 열거하는 처분에 관해서는 외지에 있는 자에 대해 처분을 한 경우로 한정한다.

1. 제32조의 규정에 의한 지정
2. 제33조 제1항의 규정에 의한 명령
3. 제33조 제2항의 규정에 의한 인가

제67조 조선총독, 대만총독, 화태청장관 또는 남양청장관이 제21조나 제25조의 규정에 따른 처분 또는 제26조 제1항에서 준용하는 선원징용령 제17조 2의 규정에 따른 처분을 하고자 할 때에는 체신대신에게 협의해야 한다.

제68조 본 령에서 규정한 것을 제외하고 선박 사용, 선박 징용 및 선박운영회에 관하여 필요한 사항은 명령으로 이를 정한다.

부칙

본 령은 공포한 날로부터 이를 시행한다.

자료 40

국가총동원법에 기반을 둔 칙령에 의한 재단 등의 등기수속에 관한 건

구분	사법성령 제45호
법령명/건명	국가총동원법에 기반을 둔 칙령에 의한 재단 등의 등기수속에 관한 건 國家總動員法ニ基ク勅令ニ依ル財團等ノ登記ノ手續ニ關スル件
공포·개정·결정·폐지 연월일	1942년 5월 20일
구성	8개 조항, 부칙 3개 조항
선행 규범·법령	국가총동원법(법률 제55호)
원문 일부	⑥司法省令第四十五號 國家總動員法ニ基ク勅令ニ依ル財團等ノ登記ノ手續ニ關スル件左ノ通定ム 昭和十七年五月二十日 司法大臣 岩村 通世 國家總動員法ニ基ク勅令ニ依ル財團等ノ登記ノ手續ニ關スル件 第一條 國家總動員法ニ基ク左ニ揭グル勅令ニ依リ事業ニ屬スル設備若ハ權利ノ讓渡者ハ出資又ハ事業ノ讓渡アリタル場合ニ於ケル登記ニ關スル特例ハ本令ノ定ムル所ニ依ル 一 陸運統制令 二 海運統制令 三 企業整備令 四 水産統制令 第二條 前條ニ揭グル勅令ニ基ク行政官廳ノ命令ニ依リ登記シタル不動産ノ移轉アリタルトキハ常事者ハ共ノ移轉ノ登記ヲ申請スルコトヲ要ス 第三條 工場財團ニ屬スルモノノ一部ノ讓渡アリタル因ヲ爲ス場合ニ於テハ申請書ニ登記原因ヲ證スル書面ノ外工場財團目錄ヲ添附スルコトヲ要ス モノノ全部ヲ讓渡人ニ屬スルモノト讓受人ニ屬スルモノトニ區分シテ記載シタル工場財團目錄ヲ添附スルコトヲ要ス
주요 내용 및 특징	○ 국가총동원법에 기초한 육운(陸運), 해운(海運), 기업정비, 수산(水産), 대만의 수산산업에 속하는 설비의 권리 양도, 출자, 사업 양도 시 법인의 등기를 별도로 정하는 명령 ○ 해당 산업의 통제 차원에서 기업과 공장 등을 통폐합, 정비하는 데 필요한 등기의 수속 절차를 용이하게 함
법령 적용 범위	제국 전역
관련 법령 통합·폐지 사항	육운통제령, 기업정비령, 해운통제령, 수산통제령, 대만수산통제령
유사·파생 법령	1941년(昭和 16)사법성령 제100호 육운통제령 폐지

사법성령 제45호

1942년 5월 20일

국가총동원법에 기초한 칙령에 의한 재단 등의 등기 수속에 관한 건
國家總動員法ニ基ク勅令ニ依ル財團等ノ登記ノ手續ニ關スル件

제1조 국가총동원법에 기초하여 다음에 열거하는 칙령에 따른 사업에 속하는 설비 권리의 양도나 출자 또는 사업을 양도한 경우의 등기에 관한 특례는 본 령이 정하는 바에 따른다.

    1. 육운(陸運)통제령

    2. 기업정비령

    3. 해운(海運)통제령

    4. 수산(水産)통제령

    5. 대만(臺灣)수산통제령

제2조 전조에 열거하는 칙령에 기초한 행정관청의 명령에 따라 등기한 부동산을 이전한 때에는 당사자가 그 이전의 등기를 신청할 필요가 있다.

제3조 공장재단에 속하는 것의 일부를 양도함으로 인해 전조의 규정에 따라 등기를 신청한 경우에는 신청서에 등기원인을 입증하는 서면 외에, 공장재단에 속하는 것의 전부를 양도인에게 속하는 것과 양수인에게 속하는 것으로 구분하여 기재한 공장재단목록을 첨부할 필요가 있다.

    전항의 신청을 한 경우에는 신청서의 기재사항 중 공장저당법(工場抵當法) 제21조 제1호에서 제3호까지 열거한 사항은 양도인에게 속하는 것과 양수인에게 속하는 것으로 구분하여 기재할 필요가 있다.

제4조 전조 제1항의 신청이 있은 때에는 등기용지 중 표시란에 공장저당법 제21조 제1호에서 제3호까지 열거하는 사항을 양도인에게 속하는 것과 양수인에게 속하는 것으로 구분하여 표시하고, 또한 갑구(甲區)사항란에 이전의 사실을 기재하고 이전의 표시와 이전의 공장재단목록은 붉은색으로 지울 필요가 있다.

전항의 등기가 있은 때에는 전조 제1항의 목록은 이를 등기부로 간주하고, 그 목록을 기재한 것을 등기로 간주한다.

제5조 신청인은 제3조 제1항의 목록을 대신하여 양수인의 씨명과 주소, 그리고 양도의 목적을 기재한 공장재단목록을 제출할 수 있다.

전항의 규정에 따라 제출한 목록은 이전의 공장재단목록에 편철하고, 그 철의 제목에 간인하며, 이전의 목록 중 양도한 것을 표시한 옆에 이전의 사실, 신청서 접수연월일과 접수번호를 기재하고 그 표시를 붉은색 글씨로 말소할 필요가 있다.

전항의 경우에는 전조 제2항의 규정을 준용한다.

제6조 사업에 속하는 설비나 권리의 출자 또는 사업의 양도에 따른 공장재단에 속하는 것의 일부를 이전한 경우에는 위 3개조의 규정을 준용한다.

제7조 사업에 속하는 설비나 권리의 양도나 출자 또는 사업의 양도에 따른 광업재단, 어업재단, 자동차교통사업재단, 기타의 재단에 속하는 것의 일부를 이전한 경우에는 위의 4개조의 규정을 준용한다.

제8조 제1조에 열거한 칙령에 기초한 행정관청의 명령에 따른 담보부사채신탁법(擔保附社債信託法)에 따라 사채의 승계가 있은 때에는 같은 법 제34조 제1항에 준하여, 기타 사채의 승계가 있은 때에는 상법 제305조 제1항 및 제2항의 규정에 준하여 등기를 신청할 필요가 있다.

전항의 신청서에는 사채승계의 취지를 기재하고, 비송(非訟)사건수속법 제191조 제2항에 열거한 서류 대신에 사채승계를 증명하는 서면과 해당 사채를 발행한 회사의 등기부 등본을 첨부할 필요가 있다.

부칙

본 령은 공포한 날로부터 이를 시행한다.

1941년(昭和 16)사법성령 제100호 육운통제령에 따른 등기 수속에 관한 건은 폐지한다.

본 령의 시행 전에 전항의 명령에 기초하여 이루어진 등기의 수속은 본 령에 따라 이루어진 것으로 간주한다.

자료 41	
\multicolumn{2}{|l|}{1943년도(昭和 18) 국가총동원계획 등의 편성에 관한 건}
구분	각의결정
법령명/건명	1943년도(昭和 18) 국가총동원계획 등의 편성에 관한 건 昭和18年度國家總動員計劃等ノ編成ニ關スル件
공포·개정·결정·폐지 연월일	1943년 2월 19일
구성	3개항, 비고 1개항
선행 규범·법령	국가총동원법(법률 제55호)
원문 일부	昭和18年度国家総動員計画等ノ編成ニ関スル件 更新日：2012年12月20日 昭和前半期閣議決定等凡例 収載資料：国家総動員史 資料編 第2 石川準吉著 国家総動員史刊行会 1975.8 pp.4-8 当館請求記号：AZ-668-5 ．．．．．．．．． 昭和18年度国家総動員計画等ノ編成ニ関スル件 昭和18年2月19日　閣議決定 戰局進展ノ重大性ニ對處シ愈々直接戰力ノ擴大ト國民戰時生活ノ最低限確保トニ邁進スルノ緊要ナル現段階ニ於テ之等ノ基底ヲ爲スベキ昭和十八年度國家總動員諸計畫及生産力擴充計畫ヲ連ニ設定シ國家ノ運營力ヲ益々强韌且圓滑ナラシメ以テ大東亞戰爭完遂ノ爲ノ戰力增强ニ些ノ間隙及遲滯ヲ生起セシメザルモノトス 之ガ爲諸計畫ノ設定ヲ別表ノ如ク豫定シ關係官廳ハ旧習ニ促ハルルコトナク之ガ設定ニ對シ全幅ノ協力ヲ爲シ設定豫定ノ實現ヲ期スルモノトス 而シテ特ニ諸計畫ノ骨幹トスベキ物資動員計畫ハ其ノ分類、性格ニ於テ槪ネ昭和十七年度ト同樣トスルノ外客年十二月十日ノ大本營、政府連絡會議決定ニ基キ且所要ノ緊要事項ヲ加味調整シ槪ネ左記方針ニ則リ策定スルモノトス (一) 全般ニ關スル方針 (イ) 年度計畫及各四半期實施計畫ヲ一括策定スルコト (ロ) 右諸計畫ハ之ヲ輸送計畫(特ニ陸運ヲ加味ス)、供給力計畫、配當取得區分計畫ニ分ツコト
주요 내용 및 특징	○ 1943년도 국가총동원계획 편성의 주요 방침을 지시 ○ 연도 및 분기 계획을 수송계획, 공급력계획, 배당취득구분계획으로 구분 ○ 철강, 경금속, 석탄, 항공기 및 최저 식량 확보에 중점 ○ 국내 증산, 비상회수 강화, 만주 및 중국으로부터의 조달 증량 등 강조 ○ 강재, 조선(造船), 석유 등에 자원 집중 배당
법령 적용 범위	제국 전역
관련 법령 통합·폐지 사항	
유사·파생 법령	

각의결정

1943년 2월 19일

1943년도(昭和 18) 국가총동원계획 등의 편성에 관한 건
昭和18年度國家總動員計劃等ノ編成ニ關スル件

전세가 진전되는 중대성에 대처하고 이제 직접 전력의 확대와 국민 전시생활의 최저한도 확보로 매진해야 하는 긴요한 현 단계에서 이를 기반으로 하는 1943년도 국가총동원의 모든 계획과 생산력확충계획을 신속하게 설정하여, 국가의 운영력을 보다 강화하고 원활하게 함으로써 대동아전쟁(大東亞戰爭) 완수를 위해 전력을 증강해야 하는 때에 조금의 빈틈과 지체가 발생하지 않도록 한다.

이를 위해 모든 계획의 설정을 별표와 같이 예정하고 관계 관청이 구습에 얽매이지 말고 전폭적으로 협력하여 이것을 반드시 실현시켜야 한다.

그리고 특별히 모든 계획의 골자인 물자동원계획은 그 분류, 성격에서 대체로 1942년도와 마찬가지로 하되, 그 밖의 것은 작년 12월 10일의 대본영과 정부의 연락회의 결정에 따른다. 그리고 필요한 긴요 사항을 추가하고 조정하여 대체로 다음과 같은 방침에 따라 책정한다.

1. 전반적인 방침

1) 연도 계획 및 각 4분기 실시계획을 일괄하여 책정한다.
2) 위의 각 계획은 수송계획(특히 육상운송을 추가한다.), 공급력계획, 배당취득구분계획으로 나눈다.
3) 철강, 경금속, 석탄, 항공기 및 최저 식량 확보에 중점을 둔다.

2. 공급력에 관한 방침

1) 공급력계획은 수송계획에 부합하도록 한다.

2) 국내 증산, 회수(특히 비상회수)의 강화, 만주와 중국(특히 만주)으로부터의 조달 증량, 갑을(甲乙)지역 및 추축국으로부터의 취득, 특별한 생산방식의 개척 증대에 힘쓴다.

3. 배당에 관한 사항

직접 전력의 증강에 필요한 자재의 확보에 힘쓰고 여기에 개별적 중점배당을 도모한다.
그리고 1943년도에는 물동계획 계상량에 구속되지 말고, 물적 전력의 증강을 핵심으로 하는 국가총력을 다음의 목표(최소한) 확보에 집중시켜 이를 적극적으로 달성하는 데 매진한다.

1) 보통강 강재 약 450만 톤
2) 고급알루미늄 약 15만 톤
3) 조선(造船) 갑조선(甲造船) 약 115만 총톤(유조선, 잡선 포함)
　　　　　　 목조선(木造船) 약 70만 총톤
4) 석유(남방환송) 약 600만 킬로리터(월 약 50만 킬로리터)
5) 폐철 비상회수 약 70만 톤(상반기 40만 톤, 하반기 30만 톤)

비고
모든 계획을 책정할 때에는 설정 예정일 1주일 전까지 사무를 완료할 수 있는 사항은 관계 각료들 간에 협의하여 결정한다.

1943년도 총동원계획 및 생산력확충계획 설정 협정

(별표 생략)

자료 42

	1944년도(昭和 19) 국가동원계획 책정에 관한 건
구분	각의결정
법령명/건명	1944년도(昭和 19) 국가동원계획 책정에 관한 건 昭和19年度國家動員計劃策定ニ關スル件
공포·개정·결정·폐지 연월일	1943년 8월 3일
구성	2개항
선행 규범·법령	국가총동원법(법률 제55호)
원문 일부	昭和19年度国家動員計画策定ニ関スル件 更新日:2012年12月20日 収載資料:国立公文書館所蔵公文別録 89 ゆまに書房 1997.5 258-262 当館請求記号:YC-98 ……… 昭和19年度国家動員計画策定ニ関スル件 昭和18年8月3日 閣議決定 第一. 方針 昭和十九年度国家動員諸計画ハ戦争指導上ノ要請ニ基キ米英戦力ヲ圧倒スベキ直接戦力就中航空戦力ノ飛躍的増強ヲ中心トシテ国家総力ノ徹底的戦力化ヲ強行スル方針ノ下ニ有機一体ノ関連性ニ於テ本年末迄ニ之ヲ策定ス 尚昭和十八年度第四四半期計画ハ本方針ニ基キ之ガ組替ヲ行フ 第二. 要領 一. 戦力ノ増強ニ関シテハ直接戦力就中航空戦力ノ飛躍的増強ヲ図ルヲ以テ第一義トシ之ガ遂行上必要ナル関連企業ノ整備及基本物資ノ輸送並ニ生産ヲ確保スル為格段ノ措置ヲ講ス 又戦力ノ捻出ヲ計ル為メ生産能率ノ画期的向上ヲ期シ且ツ民需品ハ業ヨリ軍需品ニ関シテモ代用、節約、簡易化等ニ関スル透徹セル対策ヲ講ズルト共ニ国内資源ノ開発活用ヲ徹底ス 二. 陸海空輸送力ハ戦力増強ノ基底ナルニ鑑ミ極力之ガ増強ニ努ム 之ガ為メ (イ)損害防止対策ノ強化ニ関シ悉ユル措置ヲ断行スルモノトス (ロ)造船量ノ増加、船質ノ改善、船舶修理ノ促進ニ付悉ユル対策ヲ尽スモノトス
주요 내용 및 특징	○ 1944년도 국가총동원계획의 책정에 관한 방침을 지시 ○ 전력(戰力) 증강 중 항공전력, 육해공 수송력, 과학기술력, 국민동원, 전력(電力), 전의(戰意) 고양, 식량 증산 및 자급책을 강조 ○ 학생동원, 학교교육 및 각종 요원양성제도 등의 급속한 증강을 지시
법령 적용 범위	제국 전역
관련 법령 통합·폐지 사항	
유사·파생 법령	

각의결정

1943년 8월 3일

1944년도(昭和 19) 국가동원계획 책정에 관한 건
昭和19年度國家動員計劃策定ニ關スル件

제1 방침

1944년도 국가동원의 여러 계획은 전쟁 지도부의 요청에 따라 미·영의 전력을 압도해야 하고 직접 전력 중에서도 특히 항공 전력의 비약적 증강을 중심으로 하는 국가 총력을 철저하게 전력화한다는 방침 아래 유기적인 연관성을 갖고 금년 말까지 책정한다.

또한 1943년도 사사분기계획은 이러한 방침에 따라 재편성한다.

제2 요령

1. 전력의 증강에 관해서는 직접 전력 중에서 특히 항공 전력의 비약적 증강을 최우선으로 하고, 이를 수행하는 데 필요한 관련 기업의 정비 및 기본물자의 수송과 생산을 확보하기 위해 특단의 조치를 취한다. 또한 전력의 창출을 꾀하기 위해 생산능률을 획기적으로 향상시키고 민수용품은 처음부터 군수품으로 대용하고 절약하고 간소화하는 등 투철한 대책을 강구한다. 동시에 국내 자원의 개발과 활용을 철저히 한다.
2. 육해공 수송력이 전력 증강의 바탕이라는 점을 고려하여 이를 적극적으로 증강하는 데 힘쓴다.
    1) 손해방지대책의 강화에 관한 모든 조치를 단행한다.
    2) 조선량(造船量)의 증가, 배의 품질 개선, 선박 수리의 촉진에 관한 모든 대책을 다한다.
    3) 육상운송 수송력을 철저히 강화·확립하는 동시에 육해공 수송을 일관되고 종합적으로 강화한다.
    4) 항공 수송력을 획기적으로 증강하기 위해 필요한 대책을 강구한다.

5) 선복(船腹)[13]의 가동력을 최고도로 발휘하는 동시에 본선 수송과 유기적으로 관련된 기범선의 계획수송체제를 완성한다. 또한 보조 수송력을 철저히 이용하고 이를 위해 필요에 따라 중점 생산 또는 수송 기관에 배속시켜 활용한다.

3. 과학기술의 동원에 관해서는 미·영의 과학기술력을 능가하고 전력의 질적 향상을 철저히 구현하고 우선 항공전력의 급속한 강화를 중심으로 하여 군관민을 한 몸처럼 종합적이고 능률적으로 동원하여 착상, 연구, 실용화의 유기적 연관성을 확보한다. 이를 위해 종합적이고 통일된 구심력을 확보하는 등, 기존의 동원체제를 심각하게 재검토하여 이를 정비하고 확립한다.

4. 국민동원에 관해서는 전력의 급속한 증강을 위해 수급의 수적 충족뿐만 아니라 국민근로능력의 창달과 발휘, 생산설비의 전적인 활용을 주안점으로 하는 공장기술과 노무관리를 쇄신하고 정비한다. 특히 기업정비에 따라 기술, 노무의 적정배치, 또는 중점배치에 따른 활용에 착오가 없도록 한다.

학생동원, 학교교육 및 각종 요원양성제도 등에 대해서도 전력의 급속한 증강에 대응할 수 있도록 계획적으로 정비한다.

5. 전력(電力)에 관해서는 절대량의 확보 차원에서 생산입지와 관련된 것은 신속하게 실시한다. 동시에 전력의 활용은 특히 항공전력의 급속한 강화를 중심으로 강력하게 정비한다.

6. 제국을 핵심으로 하는 대동아 각 지역의 결합을 긴밀하게 하는 동시에 각 지역의 자원과 노동력 등을 동원하여 제국의 종합전력을 적극 증강하는 데 기여시킨다.

7. 국민의 전쟁생활에 관해서는 국민의 전의 고양과 함께 최소한의 수요를 검토하고 조정을 추가하여 이를 확립하는 동시에 주요 식량의 최저 수요는 절대적으로 확보한다.

이를 위해 을(乙)지역으로부터의 식량 수입이 이루어지지 않는다는 전제 하에 일본, 만주, 중국에서 식량의 증산과 자급책을 철저하게 확립하고 강행한다.

---

13 선복(船腹)은 선박의 적재 용량을 가리키는 용어이다.

자료 43	
\multicolumn{2}{c}{총동원경비요강 설정에 관한 건}
구분	각의결정
법령명/건명	총동원경비요강 설정에 관한 건 總動員警備要綱ノ設定ニ關スル件
공포·개정·결정·폐지 연월일	1944년 8월 15일
구성	3장 66개 조항
선행 규범·법령	국가총동원법(법률 제55호)
원문 일부	**総動員警備要綱ノ設定ニ関スル件** 更新日:2012年12月20日 昭和前半期閣議決定等ノ側 収載資料:国家総動員史 資料編 第2 石川準吉著 国家総動員史刊行会 1975.8 pp.996-1004 当館請求記号:AZ-668-5 総動員警備要綱ノ設定ニ関スル件 昭和19年8月15日 閣議決定 一 軍ノ戦時警備ニ照応シ昭和十八年五月二十七日ヨリ北海道ニ昭和十九年七月十五日ヨリ樺太ヲ除ク全庁府県ニ実施シタル総動員警備ハ爾今別冊「総動員警備要綱」ニ基キ之ヲ実施スルモノトス 二 情勢ノ推移ニ依リ別冊「総動員警備要綱」中改正ヲ必要トスル場合其ノ重要ナラザルモノニ付テハ中央総動員警備協議会ノ協議決定ヲ以テ之ヲ改正スルコトヲ得ルモノトス 三 昭和十一年十二月二十六日閣議決定ニ係ル「総動員警備計画策定綱領」ハ之ヲ廃止スルモノトス 総動員警備要綱 目 次 第一章 総則 第二章 総動員警備一般要領 第一節 通則 第二節 総動員警備要員 第三節 総動員警備用通信及輸送 第四節 治安維持 第五節 重要警備対象物及主要警備地ノ総動員警備 第六節 機密保護 第三章 各種非常事態ニ対スル総動員警備要領 第一節 沿岸警備 第二節 空襲警備 第三節 災害警備 第四節 騒擾警備
주요 내용 및 특징	○ 총동원경비에 관한 내각의 지시 ○ 경비의 정의, 총동원경비계획 설정, 중앙총동원경비협의회 설치, 실시 요령, 훈련, 요원 등에 관한 방침 ○ 통신, 치안유지, 중요 경비대상, 경비지역, 기밀보호, 비상사태, 공습경비, 재해경비, 소요(騷擾)경비에 관한 방침
법령 적용 범위	제국 전역
관련 법령 통합·폐지 사항	
유사·파생 법령	

각의결정

1944년 8월 15일

총동원경비요강 설정에 관한 건
總動員警備要綱ノ設定ニ關スル件

1. 군의 전시경비에 조응하여 1943년 5월 27일부터 홋카이도에서, 1944년 7월 15일부터 화태(사할린)를 제외한 전국의 청(廳), 부(府), 현(縣)에서 실시되고 있는 총동원경비를 이제 별책「총동원경비요강」에 따라 실시한다.
2. 정세의 추이에 따라 별책「총동원경비요강」중에서 개정이 필요한 경우 중요하지 않은 것에 대해서는 중앙총동원경비협의회의 협회결정으로 이를 개정할 수 있다.
3. 1936년 12월 26일 각의결정인「총동원경비계획잠정강령」은 폐지한다.

총동원경비요강

목차

제1장 총칙
제2장 총동원경비 일반 요령
    제1절 　통칙
    제2절 　총동원경비요원
    제3절 　총동원경비용 통신 및 수송
    제4절 　치안유지
    제5절 　중요 경비대상물 및 주요 경비지역의 총동원경비
    제6절 　기밀보호
제3장 각종 비상사태에 대한 총동원경비요령
    제1절 　연안경비

제2절　공습경비

제3절　재해경비

제4절　소요경비

제1장 총칙

제1조 총동원경비의 목적은 비상사태 시 인적, 물적 자원의 피해를 방지, 경감하고 치안을 유지하고 기타 국방의 목적 달성에 방해가 될 만한 모든 사상(事象)을 배제하는 데 있다.

제2조 대동아전쟁 중 다음에 열거하는 사태가 발생하거나 우려가 클 때 필요에 따라 총동원경비의 전부 또는 일부를 전국 또는 지역에 한해 실시한다.

　　1. 연안에 대한 적의 공격

　　2. 공습

　　3. 재해, 소요, 기타 비상사태

　　본 요강에서 연안경비라 하는 것은 전항의 제1호의 사태에 대한 총동원경비를, 공습경비라 하는 것은 동 제2호의 사태에 대한 총동원경비를, 재해경비라 하는 것은 동 제3호 중 재해에 대한 총동원경비를, 소요경비라 하는 것은 동 제3호 중 소요에 대한 총동원경비를 말한다.

제3조 총동원경비는 경찰력을 핵심으로 하는데, 관계 각 청(廳)의 경비력을 규합하며 필요에 따라 제국의 법인과 기타 단체(제국재향군인회를 제외한다. 이하 같다.) 등의 협력을 얻어 실시한다.

제4조 총동원경비는 육해군이 실시하는 경비와 긴밀하게 연계, 협조하여 이를 실시하는데, 특히 연안경비는 육해군이 실시하는 방위에 따라 이를 실시한다.

제5조 외지에서의 총동원경비는 각각 해당 지역의 특성에 따라 본 요강에 준하여 이를 실시한다.

제2장 총동원경비 일반 요령

제1절 통칙

제6조 내무대신이 필요하다고 인정한 때에는 지방장관에 대해 총동원경비의 실시를 명령한다.

　　내무대신이 전항의 규정에 따라 총동원경비의 실시를 명령한 때에는 동시에 관계 대신에게 그 취지를 통지한다.

　　관계 대신이 전항의 통지를 받은 때에는 곧바로 그 감독 하에 속하는 관계 관청에 그 취지를 통지하고 필요하다고 인정한 때에는 직접 총동원경비를 실시하거나 그 감독에 속하는 관계 관청에 대해 총동원경비의 실시를 명령한다.

제7조 지방장관은 긴급한 필요에 따라 내무대신에게 전조 제1항의 조치를 신청할 겨를이 없을 때에는 총동원경비를 실시할 수 있다.

　　지방장관이 전조의 규정에 따라 총동원경비를 실시할 때에는 동시에 관계 지방관청에 그 취지를 통지한다.

　　관계 지방관청이 전항의 통지를 받아 필요하다고 인정한 때에는 총동원경비를 실시한다.

제8조 관계 관청은 앞의 2개 조의 규정에 따라 총동원경비의 실시와 이에 관한 필요한 설비와 재료의 정비를 위해 총동원경비계획을 설정한다.

제9조 총동원경비에서 일반적으로 특히 고려해야 할 사항은 대체로 다음과 같다.

　　1. 총동원경비 관계 각 청 상호 간에 긴밀한 연계와 협조, 특히 통일된 경비 실시
　　2. 총동원경비에 관한 정보의 신속한 통보
　　3. 정보와 선전에 관한 조치
　　4. 총동원경비요원에 관한 조치
　　5. 총동원경비용 통신시설의 정비
　　6. 사고 발생에 대한 응급조치
　　7. 2종 이상의 비상사태가 동시에 발생한 경우의 경비조치

제10조 총동원경비의 실시는 비상사태의 정도, 양상에 따라 중점적으로 실시하기 위해 총

동원경비요원의 집결, 배치, 근무의 정도와 방법, 업무의 범위 등에 대해 적당히 탄력성을 유지한다.

제11조 육해군의 전시경비가 실시되는 때에는 원칙적으로 동시에 총동원경비를 실시한다.

제12조 총동원경비를 실시할 때에 각 청은 경비조치를 신속하고 적정하게 하기 위해 필요에 따라 총동원경비본부를 설치한다.

총동원경비본부의 조직과 기구는 이를 적극적으로 간소하고 강력하게 하는 동시에, 공습에 대비하여 총동원경비본부는 방공계획에 따라 방공본부와 일체화시킨다.

제13조 각 청은 총동원경비계획에 따라 총동원경비훈련을 시행한다.

총동원경비훈련은 총동원경비의 여러 기관과 각종 총동원경비업무별로 적절하게 실시하되, 개별훈련 또는 종합훈련, 도상훈련 또는 실제훈련으로 구분하며 육해군과 적절히 연합하여 시행한다. 동시에 방공훈련을 시행할 때에는 원칙적으로 총동원경비훈련을 병합하여 시행한다.

제14조 총동원경비계획의 설정, 총동원경비의 실시, 기타 총동원경비에 관해 관계 각 청의 연락과 협조를 도모하고, 각 청이 관련 사항을 심의하기 위해 다음과 같이 중앙과 지방에 총동원경비협의회를 설치한다.

1. 중앙

    내무성에 중앙총동원경비협의회를 설치한다.

    중앙총동원경비협의회는 내무차관을 회장으로 하며 내각과 각 성의 관계 직원으로 조직한다.

2. 지방

    지방총동원경비협의회는 지방장관을 회장으로 하며 관계 지방청과 육해군의 관계 직원으로 조직한다.

    필요에 따라 2개 이상의 지방총동원경비협의회를 합쳐서 연합지방총동원경비협의회를 열 수 있다.

제2절 총동원경비요원

제15조 총동원경비요원의 주체는 다음에 열거하는 자로 충당한다.

　　　　1) 경찰, 소방 관리
　　　　2) 경방단(警防團)
　　　　3) 각 청 경비원
제16조 지방장관은 관계 지방관청과 협력하여 총동원경비의 실시를 위해 제국의 법인과 기타 단체 등에 협조를 구하거나 이들이 자위경비를 하도록 지도한다.
제17조 각 청은 각종 비상사태 발생 시 신속하고 적절하게 대처할 수 있도록 소속 총동원경비요원의 비상소집, 비상집합 및 배치에 대해 계획하고 준비한다.
제18조 각 청은 총동원경비요원 또는 총동원경비에 필요한 물건을 관내와 관외로 응원 또는 원호하는 것을 계획하고 준비한다.
제19조 각 청은 총동원경비계획에 따라 경비요원의 정비와 충원에 힘쓴다.

제3절 총동원경비용 통신 및 수송

제20조 총동원경비용 통신으로서 다음의 시설을 이용하되, 별도로 정하는 경비통신계획에 따라 그 실시의 확보를 도모한다.
　　　1. 경찰용 전화 및 전신
　　　2. 공중용 전화 및 전신
　　　3. 철도용 전화 및 전신
　　　4. 방송무선
　　　5. 군용 전화 및 전신
　　　6. 기타 전화 및 전신(무선전화 및 전신을 포함)
제21조 총동원경비용 통신은 경찰용 전화 및 전신을 중심으로 한다.
　　　경찰용 전화 및 전신은 경찰관헌 상호 간에 그리고 경찰 간 연락에 사용하며, 경찰업무에 지장이 없는 경우에 한해 경비에 임하는 육해군 부대의 사용에 제공한다.
제22조 총동원경비용 통신에 공중용 전화 및 전신(무선전화 및 전신을 포함)을 폭넓게 이용한다.
　　　전항의 통신에서 경찰 간에 그리고 총동원경비를 담당한 각 청 간에는 '경비통화' 또는 '경비전보'로서 우선 취급한다.

제23조 철도의 총동원경비를 위해 철도용 전화 및 전신을 이용한다.

철도용 전화 및 전신은 철도업무에 지장이 없는 경우에 한해 경비에 임하는 육해군 부대, 그리고 총동원경비를 위한 경찰과 기타 총동원경비 담당 각 청이 사용하는 데 제공한다.

제24조 방송무선은 총동원경비 때문에 민중에게 신속하게 알려야 할 사항을 전달하는 등에 이용한다.

제25조 군용 전화 및 전신은 육해군과의 협의에 따라 특히 필요한 경우에만 군경 간의 연락 등에 이용할 수 있다.

제26조 위의 각 조에 열거한 것 외에 관청용 및 사설 전화, 전신(무선전화 및 전신 포함)은 관계 법령의 규정에 근거하여 필요에 따라 총동원경비용 통신의 이용에 제공한다.

제27조 중요한 통신으로서 그 내용을 비닉할 필요가 있는 것은 적당히 암호 또는 약호 등을 사용한다.

전항의 암호 또는 약호는 가급적 각 청 간에 공통으로 한다.

제28조 비상사태가 발생하여 위의 각 조에 열거한 통신시설이 파괴 또는 고장 때문에 불통인 경우에 대비하여 이를 복구하는 기관을 정비하고 강화한다. 동시에 비둘기통신, 전령 등 모든 보조적 통신방법을 준비하고 적극적으로 연락하는 데 문제가 없도록 한다.

그리고 통신시설이 불통되는 등의 경우에는 필요에 따라 경비기관 상호 간에 통보하고, 기타 연락을 양호하게 하기 위해 적당히 관계 청의 경비기관을 통합하여 정보연락소를 설치한다.

제29조 경비기관은 각종 비상사태의 발생 시 적시에 기동력을 발휘하여 신속하게 대처할 수 있도록 미리 관계 지방의 수송담당관청과 연락하여 필요한 준비를 갖춘다.

제30조 경비기관은 상황에 따라 신속한 기동이 필요한 경우에는 임기응변으로 전차, 열차, 주정 등을 이용할 수 있도록 한다.

제31조 연안경비를 위해 배치된 제국재향군인회방위대의 경비용 통신 및 수송에 관해서는 경비에 임하는 육해군 부대에 준하여 이를 취급한다.

제4절 치안유지

제32조 비상사태에 대처하는 국정 일반의 운용에 즉각 대응하고 사회 민심의 불안을 제거하며 국론을 통일하고 정부와 육해군을 전폭적으로 신뢰하며 기타 화근이 될 수 있는 사회적 요인의 배양을 방지하는 외에, 치안유지를 위해 대체로 다음의 조치를 강구한다.

1. 정보 및 선전

    정보의 모집 및 선전은 경비, 특히 치안유지의 주요 요건이 되기 때문에, 총동원경비를 실시할 때에는 모든 수단을 다하여 신속하고 정확한 정보를 모집하여 상황을 정확하게 파악하는 데 힘쓰고, 동시에 이에 근거하여 당면한 정세에 따라 적절하게 선전하는 조치를 취한다.

2. 유언비어 단속

    유언비어를 엄격하게 단속하고 유언비어의 종류와 이를 감수하는 사회적 조건을 규명하여 발생의 근원을 발본색원한다. 동시에 진상을 적절하게 발표하는 등 유언비어를 타파하는 데 필요한 적극적인 조치를 강구한다.

3. 요(要)시찰인 및 요(要)주의인물에 대한 조치

    요시찰인 및 요주의인물을 엄중하게 사찰 및 감시하고 필요에 따라 예방검속을 실시하는 등 각 기관의 연락과 협조를 긴밀하게 하고 단속에 빈틈이 없도록 한다.

4. 언론, 출판, 집회, 결사 및 대중운동의 단속

    이를 엄격하게 단속하는 외에 총동원경비 실시 중에는 반전, 반군 언론 및 운동, 그리고 내외의 음모를 단호하게 탄압한다.

5. 태업, 파업, 기타 중요 생산을 저해하는 행위 단속

    태업, 파업, 기타 중요 생산과 사업을 저해하는 행위를 방지하기 위해 경비상 적절한 조치를 취한다.

6. 각종 모략활동의 방지

    적국의 선전 및 파괴 등에 따른 모략활동에 대해서는 이를 완전히 봉쇄하고 경비상 주도면밀한 조치를 취한다.

7. 전시경제통제 교란행위의 단속

경제 교란행위에 대비하여 엄중하게 경고, 감시, 기타 적당한 조치를 강화한다.

제5절 중요 경비대상물 및 주요 경비지역의 총동원경비

제33조 주요 관공서, 중요 생산·교통·운수·통신·공급시설과 기타 중요 시설 및 중요 자원 등(이하 '중요 경비대상물'이라고 한다)에 대해 비상사태의 종별, 양상에 따라 적절한 경비를 실시한다.

중요 경비대상물의 종별, 범위 등은 별도로 정한다.

제34조 중요 경비대상물의 경호는 그 관리자 또는 소유자가 직접 하되 종사원이 하는 것을 원칙으로 한다.

중요 경비대상물 가운데 특히 중요한 것에 한해서는 경찰 관리가 경호한다.

비상사태 시 중요 경비대상물에 대해 그 관리자 또는 소유자가 직접 경호를 실시할 때 또는 경찰관이 경호할 필요가 있다고 인정한 때에는 신속하게 그 취지를 경찰관청에 통지한다.

제35조 중요 경비대상물 가운데 군사상 특히 긴요한 것에 한해 필요에 따라 육해군이 경호한다. 이 경우에 해당 관계 경비기관은 경비에 임하는 육해군 부대와 긴밀하게 연계를 유지한다.

육해군이 경호를 담당하는 중요 경비대상물은 관계 육해군의 지휘관이 관계 관청에 통지한다.

제36조 내무대신은 중앙총동원경비협의회의 회의를 거쳐 비상사태의 종별에 따라 총동원경비상 중요한 지역을 지정하고 이를 주요 경비지역으로 한다.

지방장관은 지방총동원경비협의회 회의를 거쳐 주요 경비지역의 구획을 결정한다.

제37조 주요 경비지역에 대해서는 다른 지역에 비해 특별히 총동원경비를 엄중하게 한다.

제6절 기밀보호

제38조 기밀보호를 위해 대체로 다음 사항을 철저하게 도모한다.

    1. 간첩 단속

    2. 통신 단속

3. 신문, 잡지, 기타 출판물 단속

4. 내외인 출입국 및 여행 단속

5. 기타 군사상 비밀, 군용자원 비밀, 국가기밀, 총동원기밀 및 경제비밀에 접촉하는 자의 특별 단속

제3장 각종 비상사태에 대한 총동원경비요령

제1절 연안경비

제39조 연안경비의 주안은 적의 연안 공격에 대비하여 육해군이 행하는 방위에 즉각 응하여 관민 경비기관의 강력하고 유기적인 경비활동에 따라 국토방위에 빈틈이 없도록 하는 데 있다.

제40조 연안경비기관으로는 경찰과 기타 각 청의 경비기관, 경방단, 학교보국대, 특설방호단 등을 원칙으로 하고, 기존의 조직으로 이를 충당한다.

제41조 연안경비기관이 수행하는 업무는 혼란 방지, 유언비어 단속, 모략 방지 등 비상사태하에서 치안유지에 긴요한 업무이며, 그 밖에는 다음과 같다.

1. 경시, 경계

2. 통신

3. 경보

4. 해상에 대한 등화관제

5. 중요 경비대상물 방호

6. 대피 및 긴급피난

7. 구호

8. 자위 저항, 기타 적의 자유로운 활동을 곤란하게 하는 조치

9. 필요에 따른 소방, 기타 방호조치 및 경비에 임하는 육해군 부대에 협조

제42조 연안경비의 실시 시기 및 구역에 관해서는 육군대신 또는 해군대신의 통지에 따라 내무대신이 이를 정한다. 단, 긴급하게 필요한 경우에는 군사령관, 진수부사령장관, 경비부사령장관 또는 독립함대사령장관의 통지에 따라 지방장관이 이를 정한다.

제43조 육군대신 또는 해군대신은 육해군의 방위에 즉각 대응할 수 있도록 연안경비에 관한 계획 설정 시 기준이 되는 사항을 정하고, 이를 내무대신과 기타 관계 대신에게 제시한다.

군사령관, 진수부사령장관, 경비부사령장관 또는 독립함대사령장관은 육해군의 방위에 즉각 대응할 수 있도록 연안경비에 관한 계획 설정 시 기준이 되는 사항을 정하고, 이를 지방장관 및 기타 관계 지방관청에 제시한다.

내무대신 및 기타 관계 대신 또는 지방장관 및 기타 관계 지방관청이 위 두 항의 제시를 받은 때에는 이에 따라 연안경비에 관한 계획을 설정한다.

제44조 육군대신 또는 해군대신은 연안경비의 실시에 대해 육해군의 방위에 즉각 대응할 수 있도록 필요한 사항을 내무대신 또는 기타 관계 대신에게 청구할 수 있다.

군사령관, 사단장, 요새사령관, 방위사령관, 경비사령관, 진수부사령장관, 경비부사령장관, 독립함대사령장관, 근거지대사령관 또는 경비대사령은 연안경비의 실시에 대해 육해군의 방위에 즉각 대응할 수 있도록 필요한 사항을 지방장관, 경찰서장 또는 기타 관계 지방장관에게 청구할 수 있다.

방위에 임하는 독립된 육해군 부대의 장은 연안경비 실시 시 긴급하고 필요한 때에 육해군의 방위에 직접 필요한 사항을 기타 관계 행정청에 청구할 수 있다.

내무대신 또는 기타 관계 대신 또는 지방장관, 경찰서장 또는 기타 지방관청 또는 관계 행정청이 위 3개항의 청구를 받은 때에는 이에 따라 필요한 조치를 취한다.

제45조 해상에 대한 감시는 방공감시초소, 기타 기존의 방공감시시설로 대체하고, 연안경비를 위한 특별한 감시초소의 배치는 군사령관, 진수부사령장관, 경비부사령장관 또는 독립함대사령장관의 통지에 따라 지방장관이 이를 실시한다.

제46조 적이 공격할 때에는 일반에 경보를 전달하기 위해 필요한 조치를 취한다.

제2절 공습경비

제47조 공습경비의 주안은 공습으로 인해 야기되는 각종 유해 사상(事象)을 신속하고 적절한 경비활동으로 예방, 배제하고 중요 기관, 시설이 기능을 발휘하는 데 지장이 없도록 하는 동시에 민심의 안정을 도모하고 질서를 유지하거나 또는 회복함으로써

국토방위에 빈틈이 없도록 하는 데 있다.

제48조 경비기관의 업무는 공습 피해의 상황 등에 따라 차이가 있지만 주요한 것은 대체로 다음과 같다.

    1. 정보 모집 및 선전조치

    2. 유언비어 단속

    3. 적의 첩보, 선전, 모략 방지

    4. 중요 경비대상물 경호

    5. 전시범죄 예방 또는 단속

    6. 혼란 방지

    7. 피해 방지, 경감

    8. 피난자 유도 또는 수용

    9. 교통 제한 또는 금지

전항에 열거한 업무에 해당하는 방공법 제1조 및 같은 법 시행령 제1조에 열거한 업무의 실시 및 이에 관해 필요한 설비, 자료의 정비는 방공계획이 정하는 바에 따른다.

제49조 공습경비는 지역 또는 시설의 중요도에 따라 완급과 순서를 정하고 가장 실정에 맞게 하며, 방공계획에 맞춰 실시한다.

제50조 공습 시 각 기관의 경비력은 이를 집단적, 기동적으로 적극 운용하는 동시에 연속적인 공습을 고려하여 적당히 탄력성을 유지한다.

제51조 공습 시 경비는 항상 상황을 정확하게 파악하는 동시에, 그 추이를 통찰하여 특히 초기에 실기하지 않도록 철저하게 대응하고 조치를 취한다. 이를 위해 현장의 각 기관과 연락을 긴밀하게 하여 이러한 기관이 과감하고 통제된 행동을 하도록 한다.

제52조 공습경비는 매우 광범위하고 다양하기 때문에 현장의 각 기관과 각급 경비본부 그리고 경비기관과 그 외 관계 기관과 긴밀하게 연락하여 경비조치를 취하고 전체적이며 일관된 통일을 기한다.

제53조 공습 시 정확한 정보를 신속하게 모집하고 경비조치를 적절하게 하기 위해 총동원 경비협의회에서 적시에 경비정보회동을 활발하게 한다.

경비정보회동에서 취급해야 하는 사항은 대체로 다음과 같다.

1. 재해 상황에 관한 사항
2. 치안 상황에 관한 사항
3. 각 청의 경비 상황에 관한 사항
4. 경비상 신속하게 조치해야 하는 사항
5. 기타 필요한 사항

제54조 공습 시 관민 경비기관이 지원하고 후원하되, 치안의 유지 또는 재해 처리를 위해 군대의 출동이 있을 때에는 상호 긴밀하게 연계를 유지하며 경비의 목적을 달성하는 데 빈틈이 없도록 한다.

제3절 재해경비

제55조 재해경비의 주안은 대규모 풍수해, 지진, 화재 등에 대처하고, 이것이 전쟁 수행에 미치는 영향을 최소한으로 억제하기 위해 신속하게 피해를 방지·경감하며, 민심의 안정을 도모하고 질서를 회복하는 데 있다.

제56조 경비기관이 수행하는 주된 업무는 대체로 다음과 같다.

1. 인명의 구조
2. 자원의 궤멸 방지
3. 재해의 방어 또는 진압
4. 피난민 유도
5. 이재민 구호
6. 유언비어 단속
7. 범죄 예방 또는 단속

제57조 재해경비는 사태 발생 후에 대응과 조치를 강구하는 경향이 많기 때문에 경비요원의 집결·출동·배치, 기타 경비조치를 특히 신속하게 취하고, 그 밖에 다음에 따라 피해 발생을 미연에 방지하는 데 힘쓴다.

1. 풍수해, 지진 등에 대해서는 각종 수단을 강구하고 재해 발생을 예방하는 데 힘쓰며, 신속하고 적절하게 사전조치를 취한다.

2. 화재에 대해서는 항상 적절하고 철저하게 화재 예방 수단을 강구한다.

제58조 재해경비에 대해서는 재해의 종류별, 지리적 조건, 기타 실정을 감안하여 적절하게 경방구역을 설정하고, 경비요원의 배치와 운용, 경비용 설비자재의 정비 등에 관한 계획을 준비한다.

제59조 현장에서 재해경비에 임할 때에는 가장 신속하게 행동하는 것이 필요하기 때문에 가급적 현장지휘관이 상황에 맞게 신속하고 적절한 조치를 독단적으로 단행할 수 있다.

제4절 소요경비

제60조 소요경비의 주안은 소요 초기에 그 싹을 제거하고, 소요가 발발한 때에는 신속하고 과감하게 억압하여 공공의 안녕을 확보하며 전쟁 수행에 지장이 없도록 하는 데 있다.

제61조 소요가 발발할 조짐이 있을 때에는 필요에 따라 관계자, 특히 주모자의 예방검속, 집회 또는 대중운동 등의 제한 또는 금지, 순찰경계 실시, 유언비어 또는 불온문서, 도서 등의 단속, 필요한 지역의 교통 제한 또는 금지 등의 조치를 취하며 각종 책동을 미연에 봉쇄한다.

제62조 소요가 발발한 때에는 발생 원인에 따라 또는 그 상황에 따라 실기하지 않도록 적절한 대응책을 강구하여 이를 억압한다.

제63조 소요경비에 임하는 경비기관은 항상 공평무사의 방침에 따라 행동을 준수할 필요가 있다.

제64조 소요경비에 임할 때에는 일반에 중요 경비대상물의 경호를 강화한다.

제65조 소요경비에 임할 때에는 소요의 표면적 활동을 방지, 진압하는 동시에 비밀리에 이루어지는 각종 책동을 경계하고 봉쇄한다.

제66조 소요의 진압을 위해서는 강력한 무력을 배경으로 해야 유리한 경우가 많기 때문에 출동하는 군대와 긴밀하게 연계하고 경비에 빈틈이 없도록 한다.

전세의 추이를 감안하고 군의 전시경비에 조응하여 관계 각 성에서는 「총동원경비계획잠정강령」에 따라 총동원경비를 실시해 왔는데, 위의 강령은 1936년 각의결정을 거친 것으로서 그 내용이 현재 시국의 요청에 부합하지 않는 부분이 있기 때문에 새롭게「총동원경비요강」을 설정하고 위의 강령은 폐지하기로 한다.

요강의 주안점은 다음과 같다.

1. 총동원경비는 대동아전쟁 중 연안에 대한 적의 공격, 공습, 재해, 소요, 기타 비상사태가 발생하거나 발생할 우려가 큰 때에 실시해야 하는 것을 밝히는 동시에, 각종 사태에 따라 총동원계획의 목적과 방법을 정한다.
2. 총동원경비는 군의 경비와 관련이 깊음을 감안하여 긴밀하게 연계, 협조하도록 하고 특히 연안경비에 관해서는 군의 통지, 제시, 청구 등에 따라 군의 경비에 즉각 대응할 수 있도록 한다.
3. 총동원경비의 실시는 그 성격상 경찰력을 중심으로 하는 것이 당연한 사실이기 때문에 이를 명백히 밝히고 이를 장악하고 지휘하는 내무대신이 지방장관에게 총동원경비의 실시를 명령하는 동시에 관계 각 대신에게 그 취지를 통지하고, 이 통지를 받은 관계 대신은 곧바로 그 하급 관청에 이를 통지하고 필요한 때에는 직접 총동원경비를 실시하거나 또는 하급 관청에 그 실시를 명령하는 등 관청 간의 상호 관계를 정한다.
4. 중앙과 지방에서 총동원경비협의회를 연계하고, 군과 관계 각 청의 총동원경비에 관한 연락과 협조를 긴밀하게 하도록 한다.

자료 44	
\multicolumn{2}{c}{총동원업무지정령 중 개정}	
구분	칙령 제83호
법령명/건명	총동원업무지정령 중 개정 總動員業務指定令中改正ノ件
공포·개정·결정·폐지 연월일	1945년 2월 28일
구성	1개 조항, 부칙 1개 조항
선행 규범·법령	국가총동원법(법률 제55호), 총동원업무지정령
원문 일부	
주요 내용 및 특징	○ 국가총동원에 필요한 토목건축에 관한 업무를 총동원업무로 지정하는 명령
법령 적용 범위	제국 전역
관련 법령 통합·폐지 사항	
유사·파생 법령	

칙령 제83호

1945년 2월 27일

총동원업무지정령 중 개정
總動員業務指定令中改正ノ件

제1호를 다음과 같이 개정한다.

1. 국가총동원상 필요한 토목건축에 관한 업무

부칙

본 령은 공포한 날로부터 시행한다.

2. 국민정신총동원 관련 각의결정 등

1) 국민정신총동원운동

일제는 메이지유신 이래 주요 전쟁 또는 국난의 시기에 직면할 때마다 전 국민에게 천황제를 중심으로 하는 국체(國體)사상을 주입시켜 전쟁 수행의 정당성을 어필하고 국민적 지지와 자발적 참가를 유인하기 위한 국민교화(國民敎化)정책을 추진해 왔다.

러일전쟁 전후의 '지방개량운동(地方改良運動)', 제1차 세계대전 전후의 '민력함양운동(民力涵養運動)', 1929년 대공황 시기의 '교화총동원운동(敎化總動員運動)', '국민갱생운동(國民更生運動)', '농촌경제갱생운동(農村經濟更生運動)', 그리고 중일전쟁 전후의 '국민정신총동원운동(國民精神總動員運動)', '대정익찬운동(大政翼贊運動)' 등이 바로 국민교화의 일환이다.

이 중에서 특히 국민정신총동원운동은 중일전쟁 발발을 계기로 1938년 국가총동원법 공포·시행과 더불어 일제가 전쟁 수행을 위해 모든 인적, 물적 자원을 동원하는 데 일본 국민은 물론이고 조선에 이르기까지 모든 사람들의 사상과 정신을 총동원체제에 순응하도록 만들기 위한 국책이었다는 점에서 큰 의미가 있다. 더욱이 조선에서의 국민정신총동원운동은 조선인에 대한 황민화정책과 징용·징병 등 인적 동원을 순조롭게 진행시키는 데 필요한 토대였다는 점에서 더욱 중요한 의미가 있다.

1937년 전반기 중일전쟁이 임박하자 일본 정부와 군부는 전쟁에 대비하여 총동원체제 가동에 필요한 준비 차원에서 대국민교화정책의 일환으로 기존의 국민교화정책의 통합과 효율적 운영에 대한 검토에 착수하였다.

5월 초 내각정보위원회가 입안한 '국민교화방책(國民敎化方策)'과 '시국에 관한 선전방책'이 5월 13일 내각에서 승인되었고, 여기에 육군성이 추가 의견을 제시하여 만들어진 초안이 바로 6월 24일의 '국민교화운동에 관한 선전실시기본계획'이다.

7월 7일 중일전쟁 발발 직후 일본 내각은 위의 기본계획을 토대로 8월 24일 '국민정신총동원 실시요강'을 결정하였다.

9월 9일 일제는 내각의 훈령(訓令)과 고유(告諭)를 통해 거국일치(擧國一致), 진충보국(盡忠報國), 견인지구(堅忍持久)[14]의 3대 지표를 제시하며 국민정신총동원운동의 전개를 천명하였다.

국민정신총동원운동의 지도 강령과 방침은 '국민정신총동원 실시요강'과 '국민정신총동원 실천사항', 1938년의 각의결정 '국민정신총동원 실시기본방침' 등에 나타나 있다.

그 주요 취지는 전쟁이 장기화됨에 따라 국민들이 동요하지 말고 승리할 때까지 모든 고난을 참고 또 견디는 것이 천황과 국체를 보위하고 일본정신에 충실한 본연의 모습이라는 점을 강조하는 데 있으며, 구체적 실천사항으로서 유언비어에 현혹되지 말고, 국가기밀을 지키고, 방공훈련에 충실하고, 근검절약하고, 소비를 억제하고, 생산력확충과 근로봉사 등 노무에 헌신하고, 파병 및 순직 군인의 유가족을 위로하고, 후방[銃後]에서의 헌금·헌납과 저금 등에 적극 참여하라는 것이 주요 골자이다.

국민정신총동원운동은 단순히 구호가 아닌 국가 시책으로서 중앙의 성청과 지방기관, 민간단체, 및 지역의 주민조직을 총망라하는 조직적 운동이었다. 중앙에서는 내각의 정보위원회, 내무성, 문부성이 주무관청이 되고, 외곽 주무단체로 '국민정신총동원중앙연맹(國民精神總動員中央聯盟)'을 조직하여 각 도(道), 부(府), 현(縣), 시(市), 정(町), 촌(村) 단위까지 하위 조직을 결성하게 하였다.

이러한 조직체를 중심으로 국민정신총동원운동은 '국민교화방책 및 시국에 관한 선전방책'의 지침에 따라 라디오 방송사와 신문사 등을 비롯한 언론기관과 문예, 음악, 원예, 영화, 잡지 등의 미디어를 적극 활용하는 방식으로 전개되었다. 또한 구체적으로는 '국민정신총동원 강조주간', '국민정신 작흥(作興)주간', '건강주간', '저축보국 강조주간', '총후(銃後)후원 강화주간' 등의 장려와 캠페인을 통해 전개되었다.

이후 중일전쟁이 장기화되고 미국과의 갈등이 첨예화되면서 태평양전쟁의 가능성이 점차 높아지자 국민정신총동원운동의 강화에 대한 필요성이 더욱 강조되었다. 이에 일제는 1939년 2월 각의결정 '국민정신총동원 강화방책', 4월 각의결정 '국민정신총동원 신전개의 기본방침' 등을 잇달아 공표하였다.

그리고 마침내 아시아태평양전쟁이 시작되고 1943년 이후 전세가 악화되자 기존의 국민정신총동원운동만으로 난국을 헤쳐나갈 수 없다는 판단 아래 총후 국민들에 대한 사상 통제, 언론보도의 적극적인 통제, 대국민 선전활동 강화, 학교와 학생 동원을 강화하는 방침 등

---

14 굳게 참고 견디어 오래 버팀.

이 강화되었다. 1943년 무렵에 나온 각의결정 '국민정신총동원 총후보국 강조주간 실시에 관한 건', '보도, 선전 및 국민운동의 연락조정에 관한 건', '전시 국민사상 확립에 관한 기본방책요강', '전시 국민사상 확립에 관한 문교조치요강' 등이 그것이다.

이러한 국민정신총동원운동은 '투철한 일본정신에 입각한 자발적 국민운동'을 표방하였지만, 사실상 강제와 강요에 의한 완전한 관제운동이었다. 전 국민을 장기간에 걸쳐 수시로 동원하여 무한대의 노무와 금전적 헌납과 갹출을 강요함에 따라 근본적으로 지속될 수 없는 한계를 갖고 있었기 때문에 국민정신총동원운동은 일제가 기대한 만큼의 소기의 성과를 얻지 못하였다.

2) 조선에서의 국민정신총동원운동

조선에서의 국민정신총동원운동은 기존의 농촌진흥운동과 더불어 황민화정책과 전시총동원체제의 토대로서 전개되었다.

일제는 한반도와 조선인으로부터 전시에 필요한 인적, 물적 동원을 용이하게 전개하기 위해 천황사상과 일본정신을 주입하고 내면화하는 데 주력하였다.

조선에서 국민정신총동원운동은 1938년부터 전개되는데, 조선총독부는 7월에 '국민정신총동원조선연맹'을 결성하고 국민정신총동원운동의 상황을 감독하고 추진을 가속화하기 위해 1939년 4월 조선총독부 내부에 '국민정신총동원위원회'를 설치하였다. 그리고 그 산하 지방조직과 '애국반(愛國班)'이 결성되었다. 일본의 중앙과 부군현 및 시정촌에 대비되어 조선에서는 조선총독부의 주도 아래 국민정신총동원조선연맹, 도(道)연맹, 부군도(府郡島)연맹, 정동리(町洞里)부락연맹, 애국반의 조직망이 구축된 것이다.

조선총독부는 내지에서의 거국일치, 진충보국, 견인지구의 3대 목표 외에 내선일치(內鮮一致)를 추가하여 조선에서의 국민정신총동원 4대 목표를 내걸었다.

'국민정신총동원조선연맹'은 1938년 9월 22일에 9개 강령과 21개 실천요목을 발표하고 이를 지방의 각 연맹에 하달하였다.

그 내용의 요점은 황국정신을 내면화하고 내선일체를 달성하기 위해 개인의 이익과 생업을 포기하고 희생정신과 복종심을 발휘하여 천황과 국가에 보답하는 일상을 견지해야 한다는 데에 맞추어져 있다.

이후 조선의 각 학교와 직장 등 사회 곳곳에서 황국신민의 서사(誓詞)를 제창하고 신사참배를 강요하고, 근로보국운동, 라디오 체조, 애국일 행사, 전시 협조 등의 운동이 전개되었다.

1940년에는 '황기(皇記) 2600년'이 갖는 역사성을 활용하여 '동아 신질서 건설'이라는 미명 아래 조선 민중에 대한 국민정신총동원운동을 더욱 강화하였다.

특히 국민정신총동원운동은 근로보국대, 지원병제도, 징병제 추진 등 인적 동원에 불가결한 시책으로 활용되었다. 일제는 근로보국대 동원과 지원병 모집, 징병제 실시에 필요한 분위기를 조성하고, 모든 국민정신총동원 조직을 총동원하여 신문과 방송 및 매체, 단체와 행사 등을 통해 이를 선전, 독려하고 강제하였다.[15]

하지만 국민정신총동원운동은 조선인의 사상과 정신을 통제하고 동원함으로써 내선일체를 강화하는 데 있었지만, 실제로는 조선인들의 심리적 반발과 저항을 심화시키는 역효과를 불러왔다.

이하에 번역, 수록한 주요 법령과 각의결정 등의 목록은 다음 표와 같다.

자료번호	법령 및 각의결정 등의 명칭	형태	제정, 공포, 결정일	쪽수
45	국민정신총동원 실시요강	각의결정	1937. 8. 24	272
46	국민정신총동원 실시에 관한 내각훈령	내각훈령	1937. 9. 9	276
47	국민정신총동원 실시에 관한 내각고유	내각고유	1937. 9. 9	278
48	국민정신총동원 총후보국 강조주간 실시에 관한 건	통첩	1938. 4. 9	281
49	1938년도(昭和 13) 국민정신총동원 실시기본방침	각의결정	1938. 4. 28	285
50	국민정신총동원 강화방책	각의결정	1939. 2. 9	289
51	국민정신총동원 신전개의 기본방침	각의결정	1939. 4. 11	292
52	전시 국민사상 확립에 관한 기본방책요강	각의결정	1943. 12. 10	295
53	전시 국민사상 확립에 관한 문교조치요강	각의결정	1943. 12. 10	299

---

15 국민정신총동원운동에 관해서는 남상호, 「일본 국민정신총동원운동과 교화」, 『한일관계사연구』 제70호, 2020: 「근대일본의 교화총동원운동과 사상동원」, 『한일관계사학회』 제62집, 2018, 그리고 김영희, 「국민정신총동원운동의 전개 형태와 그 침투」, 『한국근현대사연구』 제22집, 2002 등을 참고하였다.

자료 45	
	국민정신총동원 실시요강
구분	각의결정
법령명/건명	국민정신총동원 실시요강 國民精神總動員實施要綱
공포·개정·결정·폐지 연월일	1937년 8월 24일
구성	6개항
선행 규범·법령	국민교화방책(國民敎化方策), 시국에 관한 선전방책, 국민교화운동에 관한 선전실시기본계획
원문 일부	国民精神総動員実施要綱 更新日：2012年12月20日 昭和期前半閣議決定等凡例 収載資料：国家総動員史 資料編 第4 石川準吉著 国家総動員史刊行会 1976.3 pp.452-453 当館請求記号：AZ-668-5 ……… 国民精神総動員実施要綱 昭和12年8月24日 閣議決定 一、趣旨 挙国一致堅忍不抜ノ精神ヲ以テ現下ノ時局ニ対処スルト共ニ今後持続スベキ時艱ヲ克服シテ愈々皇運ヲ扶翼シ奉ル為此ノ際時局ニ関スル宣伝方策及国民教化運動方策ノ実施トシテ官民一体トナリテ一大国民運動ヲ起サントス 二、名称 「国民精神総動員」 三、指導方針 (一)「挙国一致」「尽忠報国」ノ精神ヲ鞏ウシ事態ガ如何ニ展開シ如何ニ長期ニ亘ルモ「堅忍持久」総ユル困難ヲ打開シテ所期ノ目的ヲ貫徹スベキ国民ノ決意ヲ固メシメルコト
주요 내용 및 특징	○ 내각이 전쟁에 대비하여 국민에게 거국일치(擧國一致), 진충보국(盡忠報國), 견인지구(堅忍持久)의 정신을 바탕으로 단결할 것을 지시함 ○ 국민정신총동원운동 전개에 관한 명령 ○ 정보위원회, 내무성 및 문부성을 주무 관청으로 하고 외곽단체(나중에 국민정신총동원연맹)를 조직하고 각 지역별 단체를 조직하도록 지시함 ○ 국민생활 실천, 지식계급 대상에 철저, 회사 지도층의 솔선수범을 강조
법령 적용 범위	제국 전역
관련 법령 통합·폐지 사항	
유사·파생 법령	국민정신총동원 실시에 관한 내각훈령

각의결정

1937년 8월 24일

국민정신총동원 실시요강
國民精神總動員實施要綱

1. 취지

거국일치(擧國一致), 견인불발(堅忍不拔)[16]의 정신으로 현재의 시국에 대처하는 동시에 향후 지속될 난국을 극복하여 점차 황운(皇運)을 받들어 모시기 위해 현 시국에 관한 선전방책과 국민교화운동방책의 실시로서 관민일체가 되는 일대 국민운동을 일으키고자 한다.

2. 명칭

국민정신총동원

3. 지도방침

1) 거국일치와 진충보국(盡忠報國)의 정신을 굳건히 하여 사태가 어떻게 전개되고 얼마나 장기간에 걸치더라도 견인지구(堅忍持久)하고 난관을 타개하여 소기의 목적을 관철하고야 마는 국민의 결의를 굳세게 할 것
2) 위의 국민 결의는 이를 실천함으로써 구현하도록 할 것
3) 지도의 세목은 사상전, 선전전, 경제전, 국력전의 견지에서 판단하되 수시로 이를 정하여 전 국민으로 하여금 국책의 수행을 추진하도록 할 것
4) 실시에 있어서는 대상이 되는 자, 시기 및 지방의 정황을 고려하여 가장 적당한 실시계획을 정할 것

---

16 굳게 참고 견디어 마음이 흔들리지 않음.

4. 실시기관

1) 이 운동은 정보위원회, 내무성 및 문부성을 계획 주무 관청으로 하고 각 성의 총무계가 이를 실시하도록 할 것
2) 이 운동의 취지를 달성하기 위해 중앙에 민간의 각 방면의 유력 단체를 망라하여 외곽 단체의 결성을 도모할 것
3) 도부현(道府縣)에서는 지방장관을 중심으로 하는 관민 합동의 지방실행위원회를 조직할 것
4) 시정촌에서는 시정촌장이 중심이 되어 각종 단체 등을 종합적으로 총동원하고 나아가 부락 내에서 또는 직장을 단위로 실행을 담당하도록 할 것

5. 시행방법

1) 내각 및 각 성은 각각 그 소관 사무 및 시설과 관련하여 실시할 것
2) 폭넓게 내각 및 각 성 관계 단체를 동원하여 각각 그 사업과 관련하여 적당한 협력을 하도록 할 것
3) 도부현에서는 지방실행위원회와 협력하여 구체적인 시행계획을 수립하여 시행할 것
4) 시정촌에서는 종합적으로 그리고 부락 또는 마을마다 실시계획을 수립하고 그 실행에 힘쓰되, 각 가정에 이르기까지 스며들도록 할 것
5) 모든 회사, 은행, 공장, 상점 등의 직장에 대해서는 그 책임자가 실시계획을 수립하고 시행할 것
6) 각종 언론기관에 대해서는 이 운동의 취지를 설명하고 적극적인 협력을 구할 것
7) 라디오를 이용할 것
8) 문예, 음악, 연예, 영화 등 관계자의 협력을 구할 것

6. 실시상의 주의

1) 이 운동은 실천이 중요하므로 국민생활의 현실에 스며들도록 할 것
2) 종래 도시의 지식계급에 대해서는 철저하지 못한 유감이 있었으니, 이 점에 유의할 것
3) 회사의 지도적 지위에 있는 자에 대해서는 솔선수범을 구할 것

자료 46	
\multicolumn{2}{c}{국민정신총동원 실시에 관한 내각훈령}
구분	내각훈령 호외
법령명/건명	'국민정신총동원 실시에 관한 내각훈령' 內閣訓令號外(제목 특기 없음)
공포·개정·결정·폐지 연월일	1937년 9월 9일(조선총독부관보 제3201호, 1937년 9월 14일 게재)
구성	1개 문단
선행 규범·법령	국민정신총동원 실시요강
원문 일부	朝鮮總督府官報　第三二〇一號 ●內閣訓令號外 〇訓令 第七十二回帝國議會開院式ニ當リ優渥ナル勅語ヲ賜ヒ帝國ノ嚮フ所ヲ明ニシ國民ノ進ムベキ道ヲ示遠洵ニ恐懼感激ニ禁ヘズ 惟フニ今次ノ事變ハ其ノ由ッテ來ル所遠ク事態ノ推移亦モノアリ 此ノ秋ニ當リ職ヲ官ニ奉ズル者ハ齊シク時局ノ重大性ニ鑑ミ堅持シテ今後ニ來ルベキ如何ナル艱難ニモ堪ヘ和協一以テ所期ノ目的貫徹ノ為邁進スルノ決意アランコトヲ凡ソ難局ヲ打開シ帝國ノ興隆ヲ圖ルノ道ハ我ガ尊嚴ナル精神ヲ振起シテ之ヲ日常ノ業務生活ノ間ニ具現セシムルニ在リ此ニ亦此ニ存ス 宜シク思ヲ現下ノ時局ニ致シ日本精神ヲ昻揚シテ率先之神ノ總動員ヲ實施スル所以モ亦此ニ存ス 國力ノ增進ヲ圖リ以テ皇運ヲ扶翼シ奉ランコトヲ期ス 昭和十二年九月九日 　　　內閣總理大臣　公爵
주요 내용 및 특징	○ 중일전쟁 발발 직후 내각총리대신이 국민에게 국민정신총동원운동을 실시할 것을 국가와 정부 각 기관에 천명함
법령 적용 범위	제국 전역
관련 법령 통합·폐지 사항	국민정신총동원 실시에 관한 내각고유
유사·파생 법령	

내각훈령 호외

1937년 9월 9일

'국민정신총동원 실시에 관한 내각훈령'

제72회 제국의회 개원식에서 은혜로우신 칙어를 내려 제국의 향배를 밝혀 주시고 국민이 나아가야 할 길을 보여 주신 성군의 넓으신 뜻에 몹시 두렵고 감격을 금할 수 없다.

생각건대 이번 사변(중일전쟁)은 그 유래가 깊고 사태의 추이 또한 예단할 수 없다.

이번 가을에 입각한 자는 시국의 중대성을 깊이 감안하고 견인불발(堅忍不拔)의 지조를 견지하며 앞으로 어떠한 고난이 다가오더라도 더욱 협화일심(協和一心)하고 지극한 봉공을 다함으로써 소기의 목적을 관철하는 데 매진할 것을 결의해야 한다.

무릇 난국을 타개하고 제국의 융성을 도모하는 길은 우리의 존엄하신 국체를 따라 진충보국의 정신을 드높이고, 이를 일상의 업무와 생활에 구현하는 데 있으며, 이번에 국민정신 총동원을 실시하는 까닭 또한 여기에 있다.

현재 시국에서 일본정신을 앙양하고 솔선하여 이를 실천하고 구현하면 결국 국력이 증진됨으로써 황운을 받들고 봉사해야 한다.

1937년 9월 9일

내각총리대신 공작 고노에 후미마로(近衛文麿)

자료 47

	국민정신총동원 실시에 관한 내각고유
구분	내각고유 호외
법령명/건명	'국민정신총동원 실시에 관한 내각고유' 內閣告諭號外(제목 특기 없음)
공포·개정·결정·폐지 연월일	1937년 9월 9일
구성	1개 문단
선행 규범·법령	국민정신총동원 실시요강, 국민정신총동원 실시에 관한 내각훈령
원문 일부	朝鮮總督府官報 第三三〇一號 ○告諭 ●內閣告諭號外 第七十二回帝國議會開院式ニ當リ優渥ナル勅語ヲ賜ヒ帝國ノ嚮フ所ヲ明ニシ國民ノ進ムベキ道ヲ示シ給ヘリ眞ニ恐懼感激ニ堪ヘザルナリ惟フニ帝國ノ東亞ノ安定ヲ望ミ常ニ日支兩國ノ永遠ナル幸ヲ念ジ列國其ノ他ト欲スルハ是レ比隣ノ誼ニ於テ帝國一貫ノ國是ナリ然ルニ支那ハ常ニ此ノ帝國ノ翼ヲ樹テントシ常ニ日支兩國ノ日ヲ以テ國策トシ帝國ノ權益ヲ侵害シ暴狀ヲ極メタリ至レリ 今ヤ出征ノ將兵ハ膺懲ノ步武ヲ進メ銃後ノ國民ハ雖モ今次ノ事變ハ其ノ由ツテ來ル所遠ク事態ニ非アリ此ノ秋ニ當リ國民齊シク來ル時局ノ重大性ニ持シテ今後ノ來ルベキ如何ナル艱難ニモ堪ヘ進スルノ決意アルヲ要ス 凡ソ難局ヲ打開國運ノ隆昌ヲ圖ルノ我ガ國民ノ精神總動員ヲ實施スル所以モ亦此ニ存シ民ノ精神ヲ振起シテ之ヲ國民日常ノ業務生活古來我ガ國民ハ艱難ニ遭遇スルヤ必ズ之ヲ克服シザルナシ時局ニ際シ國民深ク如上ノ趣旨ヲ體シ
주요 내용 및 특징	○ 중일전쟁 발발 직후 내각총리대신이 국민에게 국민정신총동원운동을 실시할 것을 국민에게 천명함 ○ 중일전쟁의 명분과 정당성, 즉 배일(排日)·항일 세력에 대한 응징이라는 점을 역설하며 전 국민의 사상적 지지와 단결, 인내를 강조함
법령 적용 범위	제국 전역
관련 법령 통합·폐지 사항	국민정신총동원 실시에 관한 내각훈령
유사·파생 법령	

내각고유 호외
1937년 9월 9일

'국민정신총동원 실시에 관한 내각고유'

제72회 제국의회 개원식에서 은혜로우신 칙어를 내려 제국의 향배를 밝혀 주시고 국민이 나아가야 할 길을 보여 주신 성군의 넓으신 뜻에 심히 두렵고 감격을 금할 수 없다.

생각건대 우리 제국은 동아시아의 안정을 희망하여 항상 일본과 지나(支那) 양국이 서로 제휴함으로써 세계평화의 기초를 수립하고자 하였다. 이에 우리 제국은 이웃나라가 그 행운의 일부를 누리고 열국들도 그 복을 누리는 방도를 일관되게 국시로 해 왔지만, 지나는 항상 마땅한 교린을 망각하고 신의를 저버리고 언제까지나 배일(排日)과 항일(抗日)을 국책으로 하였다. 이에 제국의 권익이 우려되고 난폭한 형세가 극에 달하여 마침내 이번의 사변(중일전쟁)이 발생하기에 이르렀다.

이번에 출정한 장병뿐만 아니라 징용에 나서겠다는 이들이 있고 후방의 국민들이 봉공의 지성을 다하고 있지만, 이번 사변은 그 유래가 깊고 사태의 추이 또한 예단할 수 없다.

이번 가을에 국민들은 시국의 중대성을 깊이 감안하고 견인불발(堅忍不拔)의 지조를 견지하며 앞으로 어떠한 고난이 다가오더라도 소기의 목적을 관철하는 데 매진할 것을 결의해야 한다.

무릇 난국을 타개하고 제국의 융성을 도모하는 길은 우리의 존엄하신 국체를 따라 진충보국의 정신을 드높이고, 이를 일상의 업무와 생활에 구현하는 데 있으며, 이번에 국민정신총동원을 실시하는 까닭 또한 여기에 있다.

오래 전부터 우리 국민은 고난에 조우하여도 반드시 이를 극복함으로써 국가융성의 성과를 거두었으며, 현 시국에 국민이 위와 같은 취지를 깊이 체득하여 충성하고 봉공하며 협화일심으로 일본정신을 앙양하고 거국일치의 결실을 거두는 동시에 이를 실천으로 구현하면 결국 국력이 신장됨으로써 황운을 받들어 봉사하게 될 것을 본 대신은 전 국민에게 깊이 기대하는 바이다.

1937년 9월 9일

내각총리대신 공작 고노에 후미마로(近衛文麿)

자료 48	
\multicolumn{2}{l	}{국민정신총동원 총후보국 강조주간 실시에 관한 건}
구분	정무총감 관통첩(官通牒) 제11호
법령명/건명	국민정신총동원 총후보국 강조주간 실시에 관한 건 國民精神總動員銃後報國强調週間實施ニ關スル件
공포·개정·결정·폐지 연월일	1938년 4월 9일
구성	5개 항목
선행 규범·법령	국민정신총동원 실시요강, 국민정신총동원 신전개의 기본방침
원문 일부	●官通牒第十一號 昭和十三年四月九日 本府各局部長、官房課長 宛 所屬官署ノ長 ○通牒 國民精神總動員銃後報國强調週間實施ニ關スル件 國民精神總動員運動ニ關シテハ事變發生以來種々實施中ノ所ナル處今般ノ時局ノ重大性ニ付更ニ認識ヲ新タニセシムルト共ニ非常時局ニ對スル國民協力ノ最大限ヲ實現スル爲此ノ際大運動ヲ起スハ最モ好機ナリト思考セラル依テ諸般ノ情勢ニ一段ノ工夫ヲ加ヘ各種團體、組合會社、工場、傳ヘノ方法ニ依リテ啓發宣傳ノ徹底ヲ期スルト共ニ官公署職方面ノ協力ヲ得テ實行者ト爲リ其ノ效果ノ擧揚ニ付力機關所屬員ハ共ニ之ガ
주요 내용 및 특징	○ 조선총독부 정무총감이 하위 기관에 1938년 4월 26일부터 5월 2일까지 1주간을 국민정신총동원 총후보국 강조주간으로 지정하여 중일전쟁의 장기전에 대비한 물자 절약과 저축 장려 등을 실시하도록 지시함 ○ 중요물자 중 민중의 일상생활과 가장 밀접한 관련이 있는 종이와 목면(木綿) 및 연료의 세 종목을 꼽아 특별히 절약할 것을 지시함 ○ 조선중앙정보위원회와 각 도의 정보위원회가 계획하고 관공서, 학교, 회사, 은행, 공장, 상점, 각종 사회교화단체, 각종 조합 등, 각종 단체에 협력을 지시함
법령 적용 범위	조선
관련 법령 통합·폐지 사항	
유사·파생 법령	

정무총감 官通牒 제11호

1938년 4월 9일

국민정신총동원 총후보국 강조주간 실시에 관한 건
國民精神總動員銃後報國強調週間實施ニ關スル件

조선총독부 각 국, 부장, 관방과장, 소속 관서의 장 앞

　국민정신총동원운동은 사변(중일전쟁) 발발 이래 종종 실시 중인데, 사태가 항구화함에 따라 시국의 중대성에 대해 인식을 다시 새롭게 하는 동시에 비상시 재정경제에 대한 국민의 협력을 최대한으로 실현하기 위해 이제 대운동을 일으키는 것이 중요하다고 인정되는바, 제반 정세는 오늘날 이를 실현하기에 최적기라 사료된다.

　이에 대해서는 계발과 선전의 방법에 한층 더 연구를 추가하고 각종 단체, 조합회사, 공장, 상점 등의 모든 민간 방면의 협력을 얻어 계발과 선전에 철저를 기하는 동시에, 관공서 직원은 물론이고 이러한 협력단체의 소속원이 그 실행자가 되어 그 효과를 높이는 데 특단의 노력을 기울이도록 조치한다.

　그 구체적 실시방법으로는 다음과 같이 주간을 설정하고 이 주간행사에 대해 전조선의 2,300만 민중이 일치하여 각자의 입장에 맞게 각자 정해진 실시항목에 따라 전력을 기울여 이를 실행하는 데 빈틈이 없도록 한다. 이로써 이 운동을 통해 제2단계로 진입한 시국에 대해 올바르게 인식함으로써 제국의 변함없는 대방침인 성전(聖戰)의 목적을 관철하는 데 유감이 없도록 조치한다.

기(記)

국민정신총동원 총후보국 강조주간

1. 취지

항구화하는 시국의 사태에 대처하는 견인지구(堅忍持久)의 정신을 더욱 강화하고, 장기전에 다소 느슨해지기 쉬운 민심에 대하여 현재의 시국을 재인식하도록 하는 데 그 목적이 있다.

다음으로 종래의 시국선전이 오직 관청이 주도하거나 그 계열에 속하는 선전이었던 점을 감안하여, 이제는 각종 기관과 각종 단체를 연락하여 선전을 함으로써 민중선전망을 수립하는 동시에 종합적 선전 효과를 거두고 이후 수립할 선전기구의 기초가 되게 한다.

이상의 두 목적을 실현하는 선전은 단지 추상적인 표어만으로는 부족하기 때문에 비상시 재정경제에 대한 국민의 협조요청에서 중요한 사항인 소비절약과 저축장려운동을 통하여 시국을 인식하게 하는 것이 적당하다.

그리고 시국에 비추어 볼 때 특히 소비절약을 해야 하는 중요물자는 20종 이상에 이르지만 이들의 전부에 걸쳐 일시에 이를 선전하는 것은 그 효과가 약하기 때문에, 민중의 일상생활과 가장 밀접한 관련이 있는 종이와 목면(木綿) 및 연료의 세 종목을 꼽아 특별히 절약을 선전하는 동시에, 저축을 적극적으로 장려하고 지구전에 대처하는 올바른 인식을 갖게 한다. 그러나 본 운동의 목적은 그저 종이, 목면, 연료의 절약과 저축의 장려를 기대하는 데 그치는 것이 아니라 아래와 같이 세 종목의 절약과 저축 장려를 통해 비상시 절약과 저축의 진정한 의의를 철저하게 하는 데 있다.

2. 명칭

국민정신총동원 총후보국 강조주간
('총후보국 강조주간'으로 약칭하는 것도 가능하다.)

3. 기간

1938년 4월 26일부터 5월 2일까지 1주간

4. 지도방침

1) 지구전에 대한 심정을 중요물자의 절약과 저축의 장려를 통해 진작한다.
2) 각종 기관과 각종 단체를 총동원하여 소위 민중선전망의 수립을 계산하고 종합선전의 효과를 최대한 발휘하도록 한다.
3) 민중의 중요물자 절약, 폐품 회수, 자원 애호 및 저축 장려 등 비상시 국민으로서 협력해야 할 사항을 철저히 인식시킨다.
4) 종이, 목면, 연료 절약이 지닌 의의를 철저히 인식시킨다.
5) 관공서, 학교, 각종 단체와 각종 기관에서 적절한 시행항목을 정하여 실시하도록 한다.

5. 실시기관

조선중앙정보위원회와 각 도의 정보위원회가 계획하고 관공서, 학교, 회사, 은행, 공장, 상점, 각종 사회교화단체, 각종 조합 등, 각종 단체의 협력을 얻어 이를 시행한다.

자료 49	
\multicolumn{2}{l}{1938년도(昭和 13) 국민정신총동원 실시기본방침}
구분	각의결정
법령명/건명	1938년도(昭和 13) 국민정신총동원 실시기본방침 昭和13年度ニ於ル國民精神總動員實施ノ基本方針
공포·개정·결정·폐지 연월일	1938년 4월 28일
구성	요지 1개항, 3개 항목
선행 규범·법령	국민정신총동원 실시요강
원문 일부	昭和13年度ニ於ル国民精神総動員実施ノ基本方針 更新日:2012年12月20日 昭和前半期閣議決定等凡例 収載資料:国民精神総動員運動 第1巻 長浜功 明石書店 1988.6 p.34-36 当館請求記号: GB631-E3 ……… 昭和13年度ニ於ル国民精神総動員実施ノ基本方針 昭和13年4月28日 閣議決定 要旨 支那事変ノ推移ガ新段階ニ入リタルコト及之ニ伴フ内外ノ情勢ニ対スル一般國民ノ認識ヲ深メ此ノ確実ナル認識ニ基キ國民ノ積極的奮起ヲ促シ其ノ躬行スベキ所ヲ具体的ニ指示シテ之ヲ実践セシメ八紘一宇ノ大理想ノ下ニ帝国所期ノ目的達成ニ邁進セシムルコト 第一 時局ノ真相ニツキ國民ノ認識ヲ深メントスル事項 (一)支那事変ガ第二ノ段階ニ入レル意義ヲ明ニスルコト (1)支那事変第二段階ノ根本的意義 (2)國民政府,支那軍隊及支那國民生活ノ現状 (3)事変ノ支那ニ与ヘタル打撃 (4)支那ノ長期抵抗ノ実状 (5)支那事変ヲ繞ル列国ノ動勢
주요 내용 및 특징	○ 국민에게 시국에 대한 인식, 즉 중일전쟁이 2단계로 돌입하는 의미와 장기전에 대비할 것을 강조하고, 주요 실천사항과 주의사항 등에 관한 기본방침을 지시함 ○ 장기전에 대비한 사상 감시, 치안유지, 경제 통제 강조 ○ 국채 모집, 소비절약, 폐품회수, 총후생활, 원호, 과학진흥, 노사협력, 국민체력 향상, 근로봉사 강화 등 실천사항 강조 ○ 지도자 양성
법령 적용 범위	제국 전역
관련 법령 통합·폐지 사항	국민교화운동방책, 선전실시기본계획
유사·파생 법령	

각의결정

1938년 4월 28일

1938년도(昭和 13) 국민정신총동원 실시기본방침
昭和13年度ニ於ル國民精神總動員實施ノ基本方針

요지

중일전쟁의 추이가 새로운 단계로 들어감에 따라 안팎의 정세에 대한 일반 국민의 인식을 제고하고, 이를 확실하게 인식하는 데 기반하여 국민의 적극적 분기(奮起)를 촉진하고 이것의 나아가야 할 방향을 구체적으로 지시하여 이를 실천하도록 하여, 팔굉일우(八紘一宇)의 대(大) 이상 아래 제국의 소기의 목적을 달성하도록 매진할 것

1. 시국의 진상에 관해 국민의 인식을 제고시키는 사항

    1) 중일전쟁이 2단계로 진입한 의미를 분명히 할 것
        (1) 중일전쟁 제2단계의 근본적인 의미
        (2) 국민정부, 중국 군대 및 중국 국민생활의 현상
        (3) 중일전쟁이 중국에 미친 타격
        (4) 중국의 장기적 저항의 실상
        (5) 중일전쟁을 둘러싼 열국의 동향
        (6) 새로운 중국 정권의 실상
        (7) 중국 북부 및 중부의 정치, 경제, 문화, 각 방면의 현상 및 우리의 대륙경영 의의
    2) 장기전과 이에 관한 우리나라 각 방면의 정세를 분명히 할 것
        (1) 국내의 사상 동향, 치안유지의 현상 및 장래 특히 주의가 필요한 점
        (2) 우리나라의 부족한 자원과 이를 충족하는 문제
        (3) 공채(公債) 소화력, 조세 부담력, 물가와 국민소득, 기타 재정, 경제의 전망

(4) 국제수지 개황과 그 대책

(5) 국가총동원의 필요 및 그 실시계획 개요

(6) 국민정신총동원의 실상과 향후 전망

2. 주력해야 할 실천사항

1) 새로운 시국의 단계에 국민 저축이 지닌 중요한 의미를 명확히 하고 이것의 실천과 국채의 모집 협력에 철저할 것
2) 시국의 진전에 따른 물자의 수급조절, 물가조절 및 대외지불 억제의 중대성을 분명히 하고 이에 대한 협력을 구하는 동시에 소비절약의 장려와 폐품의 회수 및 대용품 사용 장려에 철저를 기할 것
3) 원시 산업자원의 배양·개발의 긴요성을 분명히 하고, 이에 대한 협력을 구하고, 필수 농림수산물의 생산 확보, 마필(馬匹)의 충실 등을 도모할 것
4) 전사자 유족, 출정군인 가족, 부상·상이군인 및 귀향군인에 대한 위무 및 후원에 유의하고 총후(銃後)원호의 강화에 더욱 힘쓸 것
5) 국방의 충실, 산업의 진전을 기하기 위해 과학진흥 및 과학의 실제적 응용에 관한 국민의 관심을 진작할 것
6) 노사협력의 정신을 강조하고 산업보국의 결실을 올릴 것
7) 자치단체 내부의 분쟁 등의 적폐를 일소하고 자치봉공의 결실을 올릴 것
8) 국민체력의 향상, 심신일체의 연마를 도모하는 동시에 의식주의 개선 합리화에 힘쓸 것
9) 집단적 근로봉사운동을 강화·보급할 것

3. 이 운동의 지도에 관해 주의해야 할 사항

1) 지도자망의 정비, 지도자 양성시설의 강화 및 지방유식자의 교화적 봉사를 촉진하는 데 힘쓸 것
2) 지도적 지위에 있는 자의 실천궁행을 구하는 데에 중점을 두고 특히 관리들의 실천운

동을 강화할 것
3) 도시에서 이 운동에 한층 더 노력해야 할 도시민의 자발적이고 적극적인 활동을 촉진하는 데 힘쓰기 위해 실천망 조직의 확립을 기하는데 특히 모든 회사, 공장 등의 직장을 단위로 이 운동의 실천을 장려할 것
4) 이 운동의 실시에 관해서 실천사항을 구체화하고 그 취지의 보급에 있어 구체적 사항을 집중적으로 실천할 것
5) 이 운동의 실시에 있어서는 시설들이 나서도록 하는 동시에 운동의 효과를 조사하는 데 소홀하지 않을 것
6) 이 운동을 실시하는 가운데 국민교화운동방책에 따른 각종 선전은 이 운동에 맞추어 실시하되, 필요에 따라 국민교화운동에 관한 선전실시기본계획(1937년 6월 24일 차관회의 결정) 별지에 정한 선전계획은 적당하게 변경할 것

자료 50	
\multicolumn{2}{c}{국민정신총동원 강화방책}
구분	각의결정
법령명/건명	국민정신총동원 강화방책 國民精神總動員强化方策
공포·개정·결정·폐지 연월일	1939년 2월 9일
구성	4개 항목
선행 규범·법령	국민정신총동원 실시요강
원문 일부	**国民精神総動員強化方策** 更新日：2012年12月20日 昭和前半期閣議決定等γ例 収載資料：国家総動員史 資料編 第4 石川準吉著 国家総動員史刊行会 1976.3 pp.464-465 当館請求記号：AZ-668-5 -------- 国民精神総動員強化方策 昭和14年2月9日 閣議決定 一 趣旨 時局ノ現段階ニ鑑ミ国民精神総動員運動ヲシテ真ニ新東亜建設ニ対処スベキ総合国力ノ充実発揮、国家総動員態勢ノ強化ニ資セシムル為此ノ際民間機構タル中央連盟ノ改組拡充ヲ行ヒ其ノ機能ノ十分ナル発揮ヲ期待スルト共ニ政府トノ連繋ヲ緊密ニシ官民一体ノ挙国実践運動タルノ実ヲ挙ゲシムル為内閣ニ新ニ官民合同ノ国民精神総動員委員会ヲ置キ之ガ企画並ニ指導ノ総合、一元化ヲ期セムトス 二 中央連盟ニ関スル事項 一、連盟ハ企画及実施ニ当リ尚加盟団体ヲ通ジ其ノ機能ノ十分ナル発揮ヲ期スルト共ニ之ガ実施ヲ促進スルコト
주요 내용 및 특징	○ 국민정신총동원위원회, 국민정신총동원중앙연맹 등 운동조직, 연락기구, 지방기구에 관한 방침
법령 적용 범위	제국 전역
관련 법령 통합·폐지 사항	
유사·파생 법령	

각의결정

1939년 2월 9일

국민정신총동원 강화방책
國民精神總動員強化方策

1. 취지

　현 단계의 시국에 비추어 국민정신총동원운동이 실로 신동아 건설에 대처해야 할 종합국력의 충실한 발휘와 국가총동원태세의 강화를 위해 이제 민간기구인 중앙연맹을 개조하고 확충하여 그 기능을 충분히 발휘할 수 있도록 기대하는 동시에, 정부와의 연계를 긴밀히 하여 관민일체의 거국적 실천운동이 결실을 거둘 수 있도록 내각에 새로운 관민합동 국민정신총동원위원회를 두고 기획원과 함께 지도를 종합, 일원화하도록 한다.

2. 중앙연맹에 관한 사항

- 연맹은 기획 및 실시를 담당하고 또한 가맹단체를 통해 그 기능을 충분히 발휘하는 동시에 이것의 실시를 촉진할 것
- 이사장을 두는 동시에 상임이사 약간 명을 두고 소수의 이사제를 실시할 것
- 간사 약간 명을 두는 동시에 상임간사 몇 명을 두고 상임이사를 보좌하도록 할 것
- 평의원의 활동을 충분히 할 것
- 연맹사무국의 내부를 조직화하고 직원의 충실을 도모할 것

3. 중앙연맹과 정부의 연락기구에 관한 사항

- 내각총리대신의 관리 아래 새롭게 국민정신총동원위원회를 두고, 정부와 중앙연맹의 협력 아래 국민정신총동원에 관한 기획을 맡도록 할 것

- 국민정신총동원위원회는 위원장, 위원, 간사로 조직할 것

    위원장은 내각총리대신의 추천으로 국무대신 중에서 천황이 임명한다.

    위원은 내각총리대신의 추천으로 관계 각 청의 칙임관, 국민정신총동원중앙연맹 수뇌자, 귀족원과 중의원 양원의 의원, 기타 학식과 경험이 있는 자 중에서 내각이 임명한다.

    간사는 내각총리대신의 추천으로 관계 각 청의 고등관, 국민정신총동원중앙연맹 간사, 민간단체의 담당자, 기타 학식과 경험이 있는 자 중에서 내각이 임명한다.
- 국민정신총동원위원회 결정 중에서 중요한 것은 각의의 결정을 얻어 실시할 것
- 국민정신총동원위원회의 업무는 내각정보부가 관장하도록 할 것

4. 지방의 기관에 관한 사항

- 도부현의 국민정신총동원지방실행위원회의 기능을 충분히 발휘하도록 하는 동시에, 그 업무를 관장하고 또한 국민정신총동원의 실시에 관한 사무를 처리하기 위해 필요에 따라 국민정신총동원사무국(가칭)을 둘 것
- 전항의 사무국 주임자는 도부현 서기관 중에서 지사가 임명할 것

자료 51	
\multicolumn{2}{c}{국민정신총동원 신전개의 기본방침}
구분	각의결정
법령명/건명	국민정신총동원 신전개의 기본방침 國民精神總動員新展開ノ基本方針
공포·개정·결정·폐지 연월일	1939년 4월 11일
구성	4개 항목(취지, 강령, 실시요령, 유의사항)
선행 규범·법령	국민정신총동원 실시요강
원문 일부	国民精神総動員新展開の基本方針 更新日：2012年12月20日 昭和前半期閣議決定等凡例 収載資料：資料日本現代史　10　大月書店　1984.4　pp.97-98　当館請求記号：GB631-39 ……… 国民精神総動員新展開の基本方針 昭和14年4月11日　閣議決定 一、趣旨 支那事変ハ今ヤ東亜ノ新秩序建設ニ展開シツツアル。而カモ国際間ノ情勢ハ世界ヲ挙ゲテ前途真ニ容易ナラザルモノガアル。国民ノ一大覚悟ヲ要スルコト実ニ此ノ秋ニ於ケルガ如キハナイ。 先ニ事変ノ勃発スルヤ、国民ニ尽忠報国ノ誠ヲ効シ、克ク挙国一致ノ戦時態勢ヲ確立シ来タツタガ、更ニ今後ノ重大ナル新局面ニ即応スルニハ国民精神総動員運動ヲ一層強化シ、物心一如ノ実践運動ニ推シ進メネバナラヌ。 今ヤ我国ノ急務ハ、肇国ノ大理想ニ鑑ミ興亜ノ聖業ヲ達成シ、世界的国際難局ノ前途ヲ打開スルガ為、全国民ノ伝統的精神力ヲ結束シテ国家総力ノ飛躍的増強ヲ図ルノ一事ニアル。茲ニ全国民ハ一大覚醒ノ下ニ其ノ決意ヲ新タニシ、打ツテ一丸トナリ所期ノ目的貫徹ニ驀進スベキデアル。
주요 내용 및 특징	○ 국민정신총동원운동의 강령, 실시요령, 유의사항에 관한 기본방침 ○ 1940년의 황기(皇紀) 2600년을 대비하여 국민정신총동원운동을 강화할 것을 지시
법령 적용 범위	제국 전역
관련 법령 통합·폐지 사항	
유사·파생 법령	

각의결정

1939년 4월 11일

국민정신총동원 신전개의 기본방침
國民精神總動員新展開の基本方針

1. 취지

중일전쟁은 이제 동아시아의 신질서 건설로 전개되고 있다. 그러나 국제정세는 향후 세계적으로 실로 쉽지 않을 것이다. 실로 이번 가을 같이 국민의 일대 각오가 필요한 때가 없다.

일전에 중일전쟁이 발발하자마자 일찍이 국민들이 진충보국의 성의를 다해 거국일치하여 전시태세를 확립해 왔지만, 이제 다시 중대한 새로운 국면에 직면함으로써 국민정신총동원운동을 더 한층 강화하고 실천운동을 한 몸 한 뜻으로 추진해 나가야만 한다.

이제 우리나라의 급선무는 조국의 대(大)이상에 비추어 아시아의 부흥[興亞]이라는 성업(聖業)을 달성하고 국제적 난국의 앞길을 타개하기 위해 전 국민의 전통적인 정신력을 결속하고 국가총력을 비약적으로 증강시키는 데 달려 있다. 이에 전 국민은 일대 각성하고 결의를 새롭게 하고 나아가 한 덩어리가 되어 소기의 목적을 관철하는 데 매진해야 한다.

2. 강령

1) 조국의 대이상을 현양하고 동아시아의 신질서를 건설한다.
2) 국민정신을 크게 앙양하고 국가총력의 충실과 발휘를 기한다.
3) 1억 국민이 일심으로 각각 그 업무에 정진하고 봉공의 성의를 바친다.

3. 실시요령

1) 시국의 진상을 밝히고 세계적 중대성을 깊이 인식하고, 황국신민으로서 정신적 단결을

한층 더 강화하며 신동아 건설의 담당자답게 흘러넘치는 정신력과 탁월한 국민도덕을 떨쳐 일으키고 함양할 것
2) 생산력 확충과 더불어 물자운동, 물가조절 등의 경제국책에 적극적으로 협력하고, 특히 물자의 활용, 소비의 절약, 저축의 실행, 근로의 증진, 체력의 향상에 주력하고 업무와 생활을 쇄신할 것
3) 중일전쟁의 진전에 따라 점점 더 총후원호의 결실을 올릴 것

4. 실시에 있어 특히 유의해야 할 사항

1) 실로 관민일체의 결실을 올리고 명랑하고 원활한 국민운동이 되도록 해야 한다.
2) 정부의 여러 기관은 스스로 솔선하여 일치협력의 결실을 올리고, 이 운동의 취지를 끊임없이 적극적으로 여러 정책에 구현해야 한다.
3) 각종 단체는 서로 국민정신총동원중앙연맹을 중심으로 하되 긴밀하게 연락하여 충분한 기능을 발휘하도록 해야 한다. 특히 경제단체는 단체원이 그 업무를 수행할 때 이 운동의 효과가 한층 더 적절하게 나타나도록 궁리하여 실시해야 한다.
4) 관민의 지도적 지위에 있는 자는 솔선하여 실행해야만 한다.
5) 다음 세대의 기둥인 청년과 가정생활에서 중요한 역할을 담당한 부녀자의 한층 더 적극적인 분기(奮起)와 협력이 필요하다.
6) 일상생활에서 실천과 수련을 최우선으로 하고 주간운동은 가급적 통제하고 쓸데없이 형식적으로 하는 것이 없도록 해야 한다.
7) 종래의 경험에 비추어 도시에서는 각별한 주의를 기울여야 하는데, 특히 번성하는 산업 분야 관계자의 자숙과 경계를 철저히 해야 한다.
8) 이 운동을 전개할 때에는 지방의 실정, 운동의 대상에 따라 주력해야 할 점을 정하고 집중적으로 실천하도록 노력해야 한다. 각 방면에서 오는 1940년을 기하여 향후 1년간 실현될 수 있도록 구체적 목표를 정하고 이에 전력을 기울여야 한다.

자료 52	
	전시 국민사상 확립에 관한 기본방책요강
구분	각의결정
법령명/건명	전시 국민사상 확립에 관한 기본방책요강 戰時國民思想確立ニ關スル基本方策要綱
공포·개정·결정·폐지 연월일	1943년 12월 10일
구성	방침 4개 항목, 요령 7개 항목
선행 규범·법령	국민정신총동원 실시요강, 국민정신총동원 신전개의 기본방침
원문 일부	戰時国民思想確立ニ関スル基本方策要綱 更新日:2012年12月20日 昭和前半期閣議決定等凡例 収載資料:昭和社会経済史料集成 第22巻 大久保達正(他) 大東文化大学東洋所 1996.9 pp.112-115 当館請求記号:GB631-37 戰時国民思想確立ニ関スル基本方策要綱 昭和18年12月10日 閣議決定 第一 方針 一 万邦無比ノ皇国国体ノ本義ニ徹シ政教一二聖旨ヲ奉体シ深ク学問思想文化ノ根源ヲ匡シ愈々忠誠奉公ノ精神ヲ昂揚振起セシム 二 大東亜戦争ノ真義ヲ会得セシメ必勝ノ信念ヲ強化シ各々其ノ職域奉公ニ邁進セシムルト共ニ戦争遂行ノ前途ニ横ハル凡有ル障碍ト困難トヲ覚悟ノ上ニ物心両面ニ亘リ国情ニ即セル誠実真摯ナル生活ヲ営マシム 三 大東亜建設ノ重責ヲ荷フ国民タルノ識見ヲ涵養シ其ノ実践力ヲ体得セシム 四 政府ハ園ヨリ社会各層ニ於ケル指導者ハ叙上ノ点ニ関シ確乎不動ノ信念ヲ堅持シ率先垂範ノ実ヲ挙グルニ努ム
주요 내용 및 특징	○ 전세 악화에 따라 전시 국민사상 확립과 쇄신을 재차 강조함 ○ 학문, 사상 분야에서 자유주의, 개인주의, 사회주의 사상을 배격하도록 지시함 ○ 종교계의 국민사상 순화 도모하도록 지시함 ○ 국민에게 전쟁생활, 즉 전력증강, 식량자급, 전시생활의 확립을 강조하며 익찬운동을 강화하고 각종 국민조직을 총동원하여 강력하고 철저한 전 국민운동을 전개하도록 지시함 ○ 공산주의운동, 첩보활동, 반군사상, 비합법적 직접행동 등 사상의 예방과 단속을 강화할 것을 지시함 ○ 조선인과 대만인에 대한 사상 지도 강화에 힘쓰고, 황국신민이라는 의식을 철저히 갖게 하도록 특별히 지시함
법령 적용 범위	제국 전역 조선, 대만 강조
관련 법령 통합·폐지 사항	
유사·파생 법령	

각의결정

1943년 12월 10일

전시 국민사상 확립에 관한 기본방책요강
戰時國民思想確立ニ關スル基本方策要綱

방침

1. 세계 어디에도 없는 황국국체의 본의에 투철하여 정교일체의 성지를 온 몸으로 받들어 깊이 학문적, 사상적, 문화적 근원을 넓히고 유유히 충성과 봉공의 정신을 드높인다.
2. 대동아전쟁의 진의를 체득하고 필승의 신념을 강화하며 각각 맡은 직역에서 봉공에 매진하는 동시에, 전쟁 수행의 앞날에 무릇 예상되는 장애와 고난을 각오하고 물심양면에 걸쳐 국가의 정세에 따라 성실하게 진격하는 생활을 영위하도록 한다.
3. 대동아 건설의 중책을 짊어진 국민답게 식견을 함양하고 그 실천력을 체득한다.
4. 정부는 처음부터 사회 각계각층의 지도자가 이상의 방침에 관하여 확고부동의 신념을 견지하며 솔선수범의 결실을 거두도록 힘쓴다.

요령

1. 국체 본의의 투철과 교학의 쇄신 진흥
   1) 국가의 모든 시책은 충성을 최고로 발휘하도록 하는 것을 첫 번째로 한다.
   2) 학자, 사상가를 동원하여 황국의 도(道)를 천명하게 한다.
   3) 학문, 사상에서 자유주의, 개인주의, 사회주의적 사상을 불식하고 참된 일본정신에 기초하여 모든 학문을 철저히 확립하고 이것을 실제로 교육하고 교화하는 데 투철하도록 한다.
   4) 종교 및 종교활동의 순화(醇化)와 앙양을 도모한다.

2. 전의(戰意)의 앙양과 필승 신념의 강화

국민사상의 계발과 지도, 기타 각 분야의 시책에서 다음 방법을 강화하고 철저히 이행한다.

   1) 전쟁의 목적과 의의에 대해 한층 더 철저히 보급한다.

   2) 현대전의 성격과 이에 따른 국민생활 변화의 필연성에 관한 인식을 심화하는 동시에 이를 극복할 각오를 다지게 한다.

   3) 무력전에 의한 국부적(局部的) 파란(波瀾)에 대하여 국민의 정신력을 강인하게 함양한다.

   4) 전쟁의 실상에 근거하여 국난에 대한 감각을 적극 체득하게 하고 이에 대한 반발심과 적개심을 앙양하여 거국적으로 국난을 극복하려는 투지와 전의를 강화한다.

3. 전쟁생활의 확립

   1) 국내가 곧 전장이고 국민이 곧 전사라는 자각 아래 국민생활에 관한 관념을 완전히 전시의 인식으로 바꾸고 이에 근거하여 물심양면에 걸쳐 간소하고 강건하지만 정직한 전쟁생활태세를 확립한다.

   2) 제반 시책을 실시할 때에는 국가의 정세와 민심의 풍향에 대응하여 민심의 기미를 살피고 이에 따라 시책의 목적을 달성한다.

   3) 전력증강, 식량자급, 전시생활의 확립과 더불어 국민도덕, 특히 경제도의(道義)의 앙양에 관해 국민의 자발적 협력과 실천을 도모하기 위해 익찬운동을 강화하고 각종 국민조직을 총동원하여 강력하고 철저한 전 국민적 운동을 전개한다.

4. 대동아 건설의 중책을 짊어진 국민답게 식견을 함양

   1) 팔굉일우(八紘一宇)라는 대의에 기초한 대동아공동선언의 취지에 따라 대동아 건설이념을 투철히 한다.

   2) 대동아 건설의 중책을 짊어진 국민임을 자각하게 하는 동시에 국민의 교양 향상과 실천력을 체득하는 데 힘쓴다.

   3) 영미 숭배사상의 잔재를 불식하는 동시에 대동아의 여러 민족에 대한 모욕과 착취 사상을 근절하는 데 힘쓴다.

5. 지도층의 솔선수범
    1) 사회 각계 지도층에 대해서는 특히 전시의식의 강화를 도모하는 동시에 엄격한 전시생활의 실천에 매진하도록 한다.
    2) 공무원과 관리의 전시 직책이 특히 중요하다는 점을 감안하여 기강의 진숙(振肅)을 도모하고 솔선수범의 결실을 거두기 위해 필요한 조치를 강구한다.
    3) 생산의 책임을 담당하는 자의 의무적 수행에 철저를 기하는 동시에 이에 대한 포상에 대해서도 적절한 조치를 강구한다.

6. 사상의 단속
    1) 공산주의운동, 첩보활동, 반군사상, 비합법적 직접행동 등에 대한 방지를 강화한다.
    2) 다음의 여러 사상은 엄중하게 관찰하여 초기에 철저히 예방하고 단속한다.
        (1) 강화(講和)의 초래를 희구하는 사상과 기타 종전사상
        (2) 동맹국과의 긴밀한 관계를 이간하는 사상
        (3) 전시계획경제를 부정하고 민심을 교란하는 사상
        (4) 동기 여하를 불문하고 국정을 변란할 목적으로 직접행동을 유도하는 사상
        (5) 기타 국민의 전쟁의지나 전의를 분열시키고 약화를 유도하는 사상
    3) 여러 외국의 선전과 모략에 대해 이를 방어하고 단속하는 조치를 강화한다.

7. 조선인과 대만인의 사상 지도
    조선인과 대만인에 대해서는 제반 시책을 강구하고 그 지도의 강화에 힘쓰며 황국신민이라는 의식을 철저히 갖게 한다.

자료 53	
\multicolumn{2}{|c|}{전시 국민사상 확립에 관한 문교조치요강}
구분	각의결정
법령명/건명	전시 국민사상 확립에 관한 문교조치요강 戰時國民思想確立ニ關スル文教措置要綱
공포·개정·결정·폐지 연월일	1943년 12월 10일
구성	방침 1개 항목, 조치 7개 항목
선행 규범·법령	국민정신총동원 실시요강, 국민정신총동원 신전개의 기본방침
원문 일부	**戰時国民思想確立ニ関スル文教措置要綱** 更新日 : 2012年12月20日 收載資料:昭和社会経済史料集成 第22巻 大久保達正(他) 大東文化大学東洋所 1996.9 pp.116-117 当館請求記号:GB631-37 ……… 戰時国民思想確立ニ関スル文教措置要綱 昭和18年12月10日 閣議決定 第一 方針 国民思想ヲ国策遂行ニ凝集セシメ戦力増強ヲ阻碍スル一切ノ思想的ノ原因ヲ根絶シテ必勝ノ信念尽忠報国精神ノ昂揚、戦時国民道義ノ確立ヲ図ル為全面的ニ教学ノ刷新振作ヲ行フト共ニ国民ノ思想指導ヲ強力ニ実施スルモノトス 第二 措置 一 国体·日本精神ニ基ヅク学問、思想ノ創造発展ヲ図リ教学ノ全面ニ之ヲ浸透セシメ戦意ノ昂揚、戦力増強ノ根本ニ培フ為教育内容ノ検討刷新、訓育体制ノ強化、日本語学振興委員会ノ拡充等ニ付必要ナル措置ヲ講ズ
주요 내용 및 특징	○ 전세 악화에 따라 국민정신 혼란과 전력증강 저해를 방지하기 위해 교육의 내용을 쇄신하고 훈육체제를 강화할 것을 지시함 ○ 학도, 근로청년에 대한 전시사상 지도 강화, 학교의 사상지도체제 정비 ○ 종교단체와 종교교사에 대한 지도 강화 ○ 교육단체, 교화단체, 문화단체 등에 대한 지도 강화 ○ 이에(家)의식 주입 강조
법령 적용 범위	제국 전역
관련 법령 통합·폐지 사항	
유사·파생 법령	

각의결정

1943년 12월 10일

전시 국민사상 확립에 관한 문교조치요강
戰時國民思想確立ニ關スル文敎措置要綱

제1 방침

국민사상을 국책 수행에 응집시키고 전력증강을 저해하는 일체의 사상적 원인을 근절하여 필승의 신념과 진충보국의 정신을 앙양하고 전시국민의 도의를 확립하기 위해 전면적으로 교육과 학문[敎學]을 쇄신하고 진작하는 동시에 국민의 사상을 강력하게 지도한다.

제2 조치

1. 국체와 일본정신에 근거하여 학문과 사상의 창조와 발전을 도모하고 이를 교학에 전면적으로 침투시켜 전의를 앙양하고 전력을 증강하는 근본을 배양하기 위해 교육의 내용을 검토, 쇄신하고 훈육체제를 강화하고 일본제학진흥위원회(日本諸學振興委員會)를 확충하는 등 필요한 조치를 강구한다.
2. 국민사상을 혼란시키고 전력증강을 저해할 우려가 있는 학자의 사상과 학설을 규명하여 시정하고 국민의 사상, 생활을 문란하게 하는 사회 현상에 대해 사상적 규명을 하기 위해 문부성에 적절한 기관을 설치하는 등의 조치를 강구한다.
3. 학도와 근로청년에 대한 전시사상 지도를 강화하기 위해 지방사상대책연구회의 기능을 확충하고 학교에서의 사상지도체제를 정비하는 등 필요한 조치를 강구한다.
4. 종교와 종교활동에 의한 감화와 앙양을 도모하는 동시에 종교단체와 종교교사에 대한 지도를 강화하여 이들이 활발히 활동하도록 촉진한다.
5. 교육단체, 교화단체, 문화단체 등의 활동에 대해 진정한 일본적 사상과 문화의 근원을 확실히 파악하고 이를 앙양, 진작하도록 관계 관청이 협력하여 이를 적극적으로 지도

한다.
6. 가풍을 드높이고 우리나라 고유의 이에(家)의 본의를 철저히 함으로써 전시국민의 도의를 확립하고 전의를 앙양하는 원천이 되게 한다.
7. 본 요강의 실시에 필요한 경비에 대해서는 신속하게 필요한 예산 조치를 강구한다.

3. 조선인 인신(人身) 통제 관련 법령

일제는 국가총동원체제에 조선인을 신속히 편입시키고 효율적으로 동원하기 위해 조선의 민법과 호적제도 등을 일본식으로 개조하도록 강요하였다. 초기의 '민사령'(1912.03. 조선총독부 제령 제18호)은 기본적으로 일본 민법의 원리를 조선에 적용하되 기존 조선의 관습과 관행을 일부 용인하기도 하였다. 그러나 점차 일제는 조선의 관습법을 인정하지 않는 대신 일본의 민법에 따르는 방향으로 민사령을 개정해 나갔다.

이처럼 조선의 관습과 제도를 일본식 법제도로 개정한 것 가운데 가장 악명 높은 것이 바로 창씨개명(創氏改名)이다. 이는 일제의 가장 대표적인 민족말살정책 중 하나이기도 하다.

창씨개명을 실시하기 위해 조선총독부는 1937년 4월 '사법법규개정조사위원회'를 설치해 '민사령'의 개정을 추진하였다. 2년여 기간에 걸친 검토와 준비 끝에 조선총독부는 2개의 조선총독부 제령과 기타 부속 명령을 통해 창씨개명을 추진하였다.

1939년 11월 10일에 함께 공포된 '민사령 개정의 건'(조선총독부제령 제19호)과 '조선인 씨명에 관한 건'(조선총독부제령 제20호)이 바로 그것이다.

이 중에서 창씨개명의 핵심은 개정된 '민사령'의 제19호에 규정하였고, '조선인 씨명에 관한 건'은 이를 보완하는 역할의 제령이다.

또한 12월 26일 조선총독부령 제219호부터 제222호까지를 통해 관련 법령이 공포되었다. 조선총독부령 제222호는 '조선인 씨명 변경에 관한 건'이다.

개정된 '민사령'의 제19호에 따라 조선인에게도 일본인과 같이 '씨(氏)'의 창설이 강요되고, 조선총독부령 제220호(조선호적령 중 개정)에 의해 조선인의 '성명'이 '씨명(氏名)'으로 바뀌었다.

조선총독부는 창씨신고 만료기간이 다가오는데도 신고 실적이 부진하자 전 조선의 각 행정단위별로 노골적인 회유와 강요, 협박을 동원하였다. 결국 이러한 강압에 의해 약 80퍼센트의 조선인이 창씨의 신고를 하게 되었고 신고를 하지 않은 경우에도 개정된 '민사령'에 의해 기존의 '성'이 곧 '씨'로 강제되었다.

일본식 호적제도와 창씨개명을 통해 일제는 국민등록, 직업능력신고, 국민징용, 지원병, 징병을 실시하는 데 효율성을 극대화할 수 있었다.

또한 일제는 조선인을 전시의 인적(人的) 공급원(供給源)으로 파악하고 효율적으로 동원하기 위해 '기류(寄留)' 제도에 관한 법령을 시행하였다.

기류란 원래 다른 지역으로 여행 또는 일시적 체류를 하는 경우에 그 일시적 거소를 해당 지역의 관서에 등록하도록 하는 제도이다. 이는 일본에서 호적제도를 보완하는 제도로서 일본과 화태 지역에 일시 거주 또는 체류하는 일본인과 외국인을 등록시키려는 제도에서 출발한 것이다. 일본에서는 '기류법(寄留法)'[17]과 '기류수속령(寄留手續令)'[18] 그리고 '기류수속세칙(寄留手續細則)'[19]이 시행되고 있었지만, 조선과 대만 등 외지에서는 시행되지 않았다.

이러한 기류 제도를 마침내 조선에서도 시행하게 된 것은 당초 기류법의 대상인 조선에 일시 거주 또는 체류하는 일본인이 아니라, 곧 실시될 징병과 징집에 대비하여 모든 조선인의 거주와 가족관계 등을 면밀하게 파악하기 위해서였다. 또한 당시 조선 내에서 징용·징병·보국대 동원 등을 피하기 위해 타 지역의 친척과 지인 등의 거소로 이동하여 기숙하거나 도망 중인 자와 은닉 중인 독립운동가 또는 불령선인을 색출하고, 타 지역에서 3개월 이상 동원 중인 자, 외국인 등을 추적·관리해야 할 필요성도 시급하였다.

1942년 9월 26일 조선총독부는 조선기류령(제령 제32호)과 조선기류수속규칙(조선총독부령 제235호)을 공포하였다.

이것의 주요 내용은 90일 이상 거주할 목적으로 본적지 외 일정한 장소에 주소 또는 거소를 정한 자에게 부윤(府尹), 구장(區長, 경성부의 경우) 또는 각 읍면장에게 등록할 것을 의무화한 것이다. 기류 법령과 규칙은 거소를 등록하는 것뿐만 아니라 퇴거하는 경우에도 그 신고를 의무화하였다.

그리고 일제는 1943년 2월부터 3월까지에 걸쳐 징병예상자에 대한 '호적 및 기류 일제조사'를 단행하여 행정장부상 모든 조선인의 거주와 가족관계, 임시거주 형태, 징병예상자 등을 집중적으로 파악하였다.

기류령과 기류부에 따른 등록은, 기존의 호적제도와 달리 사상 최초로 각 개인을 '호(戶)'의 매개 없이 국가권력이 직접 대면하고 개인에 대한 직접적인 통제가 가능하게 한 것이다. 즉 기류령과 기류부의 효과는 민사령과 호주제도 외에 각 지역에 거주 또는 체류하는 모든 사

17　법률 제27호, 1914. 3. 31.
18　칙령 제226호, 1914. 10. 28.
19　사법성령 제10호, 1914. 10. 29.

람의 현재 상황을 당국이 파악하고 개인의 신병을 포착(捕捉) 및 포박(捕縛)하는 데 있다.[20]

이처럼 일제는 전시 총동원체제에 조선인을 완전히 편입시키고 군(軍)과 노무에 철저히 동원하기 위해 최소 단위인 개인의 성명과 호적제도를 뜯어 고치고, 거주와 이동 및 체류를 엄격히 통제·관리하는 기류제도를 시행하였지만, 시행과정에서 조선 민중은 신고를 해태(懈怠)하거나 허위로 신고하고, 주거은닉 등의 법령 위반과 도피 등으로 저항하였다.

총동원체제하에서 조선총독부는 조선인을 동원하기 위한 기본토대로서 인신(人身)에 대한 지배 및 통제 법령과 제도를 적극 시행하였지만 결과적으로 실패하였다.

이하에 번역, 수록한 주요 법령과 각의결정 등의 목록은 다음 표와 같다.

자료 번호	법령 및 각의결정 등의 명칭	형태	제정, 공포, 결정일	쪽수
54	조선민사령 중 개정의 건	제령	1939. 11. 10	305
55	조선인 씨명에 관한 건	제령	1939. 11. 10	308
56	조선호적령 중 개정	조선총독부령	1941. 4. 8	310
57	조선기류령	제령	1942. 9. 26	312
58	조선기류수속규칙	조선총독부령	1942. 9. 26	314

---

[20] 조선의 민사법과 호적, 창씨개명 등에 관해서는 이승일, 「조선호적령 제정에 관한 연구」, 『한국법사학회』 제32집, 2005; 정주수, 「일제강점기 창씨와 개명의 기본법제에 관한 소고」, 『사법행정(司法行政)』 제60권 제12호(통권 제708호), 2019; 정긍식, 「조선민사령과 한국 근대 민사법」, 『동북아법연구』 제11호 1, 2017; 이명종, 「일제말기 조선인 징병을 위한 기류(寄留)제도의 시행 및 호적조사」, 『사회와 역사』 제74호, 2007 등을 참조하였다.

자료 54	
\multicolumn{2}{c}{조선민사령 중 개정의 건}
구분	제령 제19호
법령명/건명	조선민사령 중 개정의 건 朝鮮民事令中改正ノ件
공포·개정·결정·폐지 연월일	1939년 11월 10일
구성	조선민사령 제11조 중 4개항 개정, 부칙 3개항
선행 규범·법령	1911년 법률 제30호 제1조, 조선민사령(제령 제7호, 1912년 3월 18일)
원문 일부	制令第十九號 朝鮮民事令中左ノ通改正ス 第十一條第一項中「但シ」ノ下ニ「氏、」ヲ、「認知、」ノ下ニ「婚姻又ハ縁組ガ無效ナルトキ子縁組ノ場合ニ於テ婚姻又ハ縁組ヲ取消シタルトキケル縁組又ハ」ヲ加ヘ同條ニ左ノ一項氏ハ戶主(法定代理人アルトキハ法定代理人)之第十一條ノ二ヲ第十一條ノ三トシ以下第十一條ノ第十一條ノ二 朝鮮人ノ養子縁組ニ在リテ養子ハヲ要セズ但シ死後養子ノ場合ニ於テハ此ノ限ニ塔養子縁組ハ養子縁組ノ屆出ト同時ニ婚姻ノ屆 朝鮮民事令中改正ノ件明治四十四年法律第三十號第一條及第ヲ役テ玆ニ之ヲ公布ス 昭和十四年十一月十日 制令第十九號 ○制令 朝鮮總督 朝鮮總督府官報
주요 내용 및 특징	○ 일본의 친족법 및 민법과 동일하게 성(姓)이 다른 사람을 양자로 들일 수 있는 '이성양자(異姓養子)', 사위를 양자로 들일 수 있는 '서양자(婿養子)' 제도를 조선에 도입 ○ 호주의 성을 씨로 바꾸게 하는 명령, 즉 창씨개명의 근거가 되는 개정임
법령 적용 범위	조선
관련 법령 통합·폐지 사항	조선호적령
유사·파생 법령	

조선총독부제령 제19호

1939년 11월 10일

조선총독 미나미 지로(南次郎)

조선민사령 중 개정의 건
朝鮮民事令中改正の件

조선민사령 중에서 다음과 같이 개정한다.

제11조 제1항 중에서 '다만'의 아래에 '씨'를, '인지'의 아래에 '재판상의 이연(離緣), 서양자(婿養子) 결연의 경우에 혼인 또는 결연이 무효가 되었을 때 또는 취소가 되었을 때 결연 또는 혼인의 취소'를 추가하고 동조에 다음의 항을 추가한다.
'씨는 호주(법정대리인이 있을 때에는 법정대리인)가 이를 정한다.'

제11조의 2를 제11조의 3으로 하고 이하 제11조의 8까지 순차적으로 하나씩 내려 쓴다.

제11조의 2 조선인의 양자결연에 있어 양자는 양친과 성을 같게 할 필요가 있다. 단, 사후양자의 경우에는 여기에 제한되지 않는다.
서양자 결연은 양자 결연의 신고와 마찬가지로 혼인신고를 함으로써 그 효력이 발생한다.
서양자는 처의 가(家)에 입적한다.
서양자 이연 또는 결연의 취소에 따라 그 가(家)를 떠나도 그 가녀(家女)의 직계비속은 그 가를 떠나지 아니하며, 태아가 생긴 때에는 그 가에 입적한다.

제11조의 9를 제11조의 10으로 하고 제11조 중에서 '제11조의 3 및 제11조의 4'를 '제11조의 4 및 제11조의 5'로 개정한다.

부칙

본 제령의 시행기일은 조선총독이 이를 정한다.

조선인 호주(법정대리인이 있을 때에는 법정대리인)는 본 제령 시행 후 6개월 이내에 새로운 씨를 정하여 이를 부윤 또는 읍면장에게 신고해야 한다.

전항의 규정에 따라 신고를 하지 않은 때에는 본 제령 시행 시점에 호주의 성으로 씨를 한다. 단, 일가를 창립하지 아니하는 여자호주인 때 또는 호주의 상속인이 분명하지 아니한 때에는 이전의 남자호주 성을 씨로 한다.

자료 55	
	조선인 씨명에 관한 건
구분	제령 제20호
법령명/건명	조선인 씨명에 관한 건 朝鮮人ノ氏名ニ關スル件
공포·개정·결정·폐지 연월일	1939년 11월 10일
구성	2개 조항, 부칙 1개 조항
선행 규범·법령	1911년 법률 30호 제1조 및 제2조, 조선민사령
원문 일부	(원문 이미지)
주요 내용 및 특징	○ 역대 어휘(御諱), 어명(御名)을 씨(氏) 또는 이름에 사용할 수 없게 함 ○ 씨명의 변경 금지, 단 조선총독이 허가한 경우만 가능 ○ 창씨개명을 위한 조선민사령의 개정
법령 적용 범위	조선
관련 법령 통합·폐지 사항	
유사·파생 법령	

조선총독부제령 제20호

1939년 11월 10일

조선총독 미나미 지로(南次郎)

조선인 씨명에 관한 건
朝鮮人ノ氏名ニ關スル件

제1조 역대 어휘(御諱) 또는 어명(御名)은 이를 씨(氏) 또는 이름에 사용할 수 없다.

자기의 성(姓) 이외의 성은 씨(氏)로 사용할 수 없다. 단, 일가(一家) 창립의 경우에는 여기에 제한되지 않는다.

제2조 씨명은 변경할 수 없다. 단, 정당한 사유가 있는 경우에 조선총독이 정하는 바에 의하여 허가를 받은 경우에는 여기에 제한되지 않는다.

부칙

본 제령의 시행기일은 조선총독이 이를 정한다.

[위의 시행일은 1939년 12월 26일 조선총독부령 제219호에 의해 1940년 2월 11일부터 시행]

자료 56	
조선호적령 중 개정	
구분	조선총독부령 제109호
법령명/건명	조선호적령 중 개정 朝鮮戶籍令中改正
공포·개정·결정·폐지 연월일	1941년 4월 8일
구성	조선호적령 제8조와 제10조 개정 내용
선행 규범·법령	조선호적령
원문 일부	○府令 朝鮮總督府令第百九號 朝鮮戶籍令中左ノ通改正ス 昭和十六年四月八日 朝鮮總督 南次郎 第八條第四項ヲ第五項トシ同項中「原本ト相違ナキ旨」ノ下ニ「及除籍者ニ關スル記載ノ謄寫ヲ省略シタルトキハ其ノ旨」ヲ加ヘ同條第三項ノ次ニ一項ヲ加フ 謄本ハ請求ニ因リ除籍者ニ關スル記載ノ謄寫ヲ省略シテ之ヲ作ルコトヲ得 第八條ノ二ノ戶籍ノ謄本又ハ抄本ノ記載事項ニ變更ナキコトノ證明ヲ受ケムトスル者ハ手數料ヲ納付シテ之ヲ請求スルコトヲ得 前條第二項及第五項ノ規定ハ前項ノ場合ニ付之ヲ準用ス 第八條ノ三 戶籍ニ記載シタル事項ニ付證明ヲ受ケムトスル者ハ手數料ヲ納付シテ之ヲ請求スルコトヲ得 第八條第二項、第三項及第五項ノ規定ハ前項ノ
주요 내용 및 특징	○ 조선호적령 중 제적자 등본 등사 및 발급에 관한 사항의 개정
법령 적용 범위	조선
관련 법령 통합·폐지 사항	조선기류령
유사·파생 법령	

조선총독부령 제109호

1941년 4월 8일

조선총독 미나미 지로(南次郎)

조선호적령 중 개정
朝鮮戶籍令中改正

조선호적령을 다음과 같이 개정한다.

제8조 제4항을 제5항으로 하고, 동항에서 '원본과 상이한 취지'의 아래에 '및 청구에 따라 제적자에 관해 기재한 등사를 생략한 때에는 그 취지'를 붙이고, 제8조 제3항의 다음에 다음의 항을 추가한다.

'등본은 청구에 따라 제적자에 관해 기재한 등사를 생략하며 이를 작성할 수 있다.'

제8조의 2 호적의 등본 또는 초본의 기재사항에 변경이 없음을 증명받으려는 자는 수수료를 납부하고 이를 청구할 수 있다.

제8조의 3 호적에 기재된 내용에 대해 증명을 받으려는 자는 수수료를 납부하고 이를 청구할 수 있다.

제8조 제2항, 제3항, 제5항의 규정은 전항의 경우에 이를 준용한다.

제10조에서 '제7조 및 제8조'를 '제7조, 제8조 및 제8조 3'으로 개정한다.

본 령은 발포한 날로부터 이를 시행한다.

자료 57

	조선기류령
구분	제령 제32호
법령명/건명	조선기류령 朝鮮寄留令
공포·개정·결정·폐지 연월일	1942년 9월 26일
구성	5개 조항, 부칙 1개항
선행 규범·법령	조선총독부령
원문 일부	朝鮮寄留令明治四十四年法律第三十號第一條及第二條ニ依リ勅裁ヲ得テ茲ニ之ヲ公布ス 昭和十七年九月二十六日 朝鮮總督　小磯　國昭 制令第三十二號 朝鮮寄留令 第一條　九十日以上居住スル目的ヲ以テ本籍外ニ於テ一定ノ場所ニ住所又ハ居所ヲ定メタル者ヲ寄留者トス本籍分明ナラザル者又ハ日本ノ國籍ヲ有セザル者ニシテ九十日以上居住スル目的ヲ以テ一定ノ場所ニ住所又ハ居所ヲ定メルモノ亦同ジ
주요 내용 및 특징	○ 90일 이상 조선 내에 일시 거주·체류하는 자의 신원을 부청, 읍면사무소에 신고하도록 강제함 ○ 본격적인 조선인 징병과 징용에 앞서 호적 외에 일시 거주자, 체류자의 모든 신원을 파악하기 위한 인신 통제 명령임
법령 적용 범위	조선
관련 법령 통합·폐지 사항	조선호적령
유사·파생 법령	조선기류령수속규칙

조선총독부제령 제32호

1942년 9월 26일

조선기류령
朝鮮寄留令

제1조 90일 이상 거주할 목적으로 본적지 외에 일정한 장소에 주소 또는 거소를 정한 자를 기류자라 하고, 본적이 없는 자, 본적이 분명하지 아니한 자 또는 일본 국적을 갖지 아니한 자로서 90일 이상 거주할 목적으로 일정 장소에 주소 또는 거소를 정한 자도 같다.

기류에 관한 사항은 신고 또는 직권으로 기류부에 기재하여야 한다.

제2조 기류에 관한 사무는 부윤 또는 읍면장이 관장한다.

제3조 기류사무는 부청 또는 읍면사무소의 소재지를 관할하는 지방법원의 원장이 감독한다.

기류사무의 감독에 관하여는 사법행정의 감독에 관한 규정을 준용한다.

제4조 기류에 관한 신고, 신고의무자, 신고기간, 기류부 기타 기류에 관한 사항은 조선총독이 정한다.

제5조 기류에 관한 신고를 태만히 한 자는 10엔 이하의 과료에 처한다.

과료의 재판은 과료에 처해질 자의 소재지 또는 거주지를 관할하는 지방법원이 행한다.

부칙

이 제령의 시행기일은 조선총독이 이를 정한다.

[조선기류령은 1942년 10월 15일부터 시행. 〈1942. 9. 26. 조선총독부령 제239호〉]

자료 58	
조선기류수속규칙	
구분	조선총독부령 제235호
법령명/건명	조선기류수속규칙 朝鮮寄留手續規則
공포·개정·결정·폐지 연월일	1942년 9월 26일
구성	22개 조항, 부칙 2개 조항
선행 규범·법령	조선총독부령
원문 일부	○府令 ●朝鮮總督府令第二百三十五號 朝鮮寄留手續規則左ノ通定ム 昭和十七年九月二十六日 　　　朝鮮總督　小磯　國昭 　　朝鮮寄留手續規則 第一條　寄留簿ハ府邑面內ノ寄留者ニ付寄留ノ場所ノ地番號ノ順序ニ從ヒ之ヲ編製ス 　一ノ府邑面內ニ於ケル各區劃ノ順序ハ戶籍編綴ノ順序ニ從フ 第二條　寄留簿ハ世帶ヲ同ジクスル者ニ付テハ一世帶每ニ一用紙ヲ備フベシ 前項ノ寄留者ヲ除クノ外同一番地ニ寄留スル者ハ之ヲ一用紙ニ列記スベシ但シ其ノ一人又ハ數人ニ付一用紙ヲ備フルコト
주요 내용 및 특징	○ 조선기류령에 관한 세부규칙을 규정함 ○ 기류부(寄留簿)의 기재내용과 작성요령 ○ 기류 신고 관서와 호적, 본적지 관서와의 사무처리 등에 관한 규정
법령 적용 범위	조선
관련 법령 통합·폐지 사항	조선기류령
유사·파생 법령	

조선총독부령 제235호

1942년 9월 26일

조선총독 고이소 구니아키(小磯國昭)

조선기류수속규칙
朝鮮寄留手續規則

제1조 기류부(寄留簿)는 부읍면 내의 기류자에 대해 기류 장소의 지번 순서로 편제한다.

    1항의 부읍면 내에서 각 구획 순서는 호적 편제의 순서에 따른다.

제2조 기류부는 세대를 함께하는 자에 대해서는 한 세대마다 하나의 용지로 작성해야 한다.

    전항의 기류자를 제외하고, 동일한 지번에 기류하는 자는 하나의 용지에 나열하여 기재해야 한다. 단, 한 사람 또는 여러 명에 대해 하나의 용지로 작성할 수 있다.

제3조 기류부는 다음 사항을 기재해야 한다.

    1. 기류자의 씨명 및 출생 연월일

    2. 세대를 함께하는 자에 대해서는 세대주의 씨명 및 세대주와 기류자의 관계

    3. 제17조의 기류자에 대해서는 장소와 건물 관리자의 씨명

    4. 기류자의 본적

    5. 기류자가 가족이 없을 때에는 호주의 씨명 및 호주와 기류자의 관계

    6. 배우자가 있는 자에 대해서는 배우자의 씨명

    7. 본적이 없는 자 및 본적이 분명하지 않은 자에 대해서는 해당 취지를 기재

    8. 일본의 국적이 없는 기류자에 대해서는 그자의 국적 또는 그자의 국적 없음을 기재

    9. 기류의 장소 및 연월일과 함께 기류의 장소 주소 또는 거소가 되는 곳

    10. 기류지를 변경한 자에 대해서는 원(源)기류소

    주소지 외에서 기류하는 자에 대해서는 주소지의 기류부에는 그 주소지 외의 기류 장소 및 연월일을 기재하고, 거소지의 기류부에는 그 주소를 기재해야 한다.

제4조 기류부에 기재하는 사항에 변경이 발생한 때에는 부윤 또는 읍면장이 변경 연월일

을 기재하고 그 사항에 관한 기재를 변경해야 한다.

기류부의 기재에 착오 또는 누락이 있음을 발견한 경우에는 전항의 규정을 준용한다.

제5조 기류자의 본적지 부윤 또는 읍면장은 그자의 호적에 용지(주거용지)를 첨부하고 여기에 씨명, 기류 장소 및 연월일과 함께 기류 장소의 주소 또는 거소가 되는 곳을 기재해야 한다.

전항의 용지에는 전항의 규정을 준용한다.

제6조 기류지의 부윤 또는 읍면장이 기류에 관한 신고서를 접수한 때에는 기류부에 기재를 한 다음 지체 없이 본적지의 부윤 또는 읍면장에게 신고서를 송부해야 한다.

기류지 또는 본적지의 부윤 또는 읍면장이 기류에 관한 신고를 접수한 경우에 원기류지 또는 주소지 또는 주소지 외의 기류지의 기류부에 이를 기재해야 할 때에는 지체 없이 신고서의 등본을 만들고 이를 해당 기류지의 부윤 또는 읍면장에게 송부해야 한다.

전항의 경우에 부윤 또는 읍면장은 신고서의 등본 송부를 받게 될 부윤 또는 읍면장의 수와 같은 수만큼의 신고서를 제출하도록 할 수 있다.

제7조 전항의 규정에 따라 신고서 또는 그 등본의 송부를 받은 부윤 또는 읍면장은 그 신고서 또는 등본에 따라 지체 없이 기류에 관한 기재를 해야 한다.

제8조 호적에 기재된 사항의 변경에 의해 기류부의 기재를 수정 또는 말소해야 할 경우에는 본적지의 부윤 또는 읍면장이 기류지의 부윤 또는 읍면장에게 수정 또는 말소해야 할 사항을 통지해야 한다. 단, 기류지의 부윤 또는 읍면장이 호적에 관한 신고서와 기타 서류를 받은 경우에는 여기에 제한되지 않는다.

전항의 단서의 경우에 기류지의 부윤 및 읍면장은 그 서류에 따라 기류부의 기재를 수정 또는 말소한 다음에 지체 없이 본적지의 부윤 또는 읍면장에게 그 내용을 통지해야 한다.

주소지 외의 기류지 부윤 또는 읍면장이 제1항의 단서 서류를 받은 때에는 주소지의 부윤 또는 읍면장에게, 주소지의 부윤 또는 읍면장이 이를 받은 때에는 주소지 외의 기류지 부윤 또는 읍면장에게 수정 또는 말소한 사항을 통지해야 한다.

제9조 본적지의 부윤 또는 읍면장이 제6조 제1항의 규정에 따라 송부를 받은 신고서의 기

재가 호적 또는 주거용지의 기재와 부합되지 않음을 발견한 경우에는 제8조 제1항 본문의 규정을 준용한다.

제10조 기류자가 기류지를 퇴거할 때에는 그에 관한 원기류지 기류부의 기재는 말소하고, 세대를 함께하는 기류자 전원이 퇴거할 경우에는 그 기류에 관한 용지를 폐쇄하고 이를 기류부에서 제거한다.

동일한 부읍면 내에서 기류소 및 본적을 지닌 기류자가 본적으로 복귀하거나 주소 및 거소를 지닌 기류자가 주소 및 거소를 퇴거할 경우에는 전항의 규정을 준용한다. 기류자가 기류 장소에 본적을 정할 경우와 기타 기류자를 기류부에서 제거할 경우 역시 마찬가지다.

제11조 제10조의 규정은 주거용지에 이를 준용한다.

제12조 부윤 또는 읍면장이 직권으로 기류부에 기재를 할 때에는 신고의무자에게 그 취지를 통지해야 한다.

전항의 경우에 제8조 제3항 규정에 준하여 기류부에 기재할 사항을 통지해야 한다. 제1항의 경우에 기류 장소 및 연월일에 관한 기재를 하는 때에는 본적지의 부윤 또는 읍면장에게도 그 사항을 통지해야 한다.

제13조 부윤 또는 읍면장이 제8조, 제9조 또는 제12조의 통지를 받은 때에는 지체 없이 기류에 관한 기재를 해야 한다.

제14조 기류자가 그 본적을 다른 부읍면으로 옮길 때에는 원적지의 부윤 또는 읍면장이 주거용지를 새로운 본적지의 부윤 또는 읍면장에게 송부하고 새로운 본적지의 부윤 또는 읍면장은 기류자의 새로운 호적에 이를 첨부해야 한다.

제15조 부윤 또는 읍면장은 감독재판소의 허가를 받아 언제든지 기류부 또는 주거용지를 다시 만들[改製] 수 있다.

제16조 기류에 관한 신고는 기류자가, 세대를 함께하는 자에 대해서는 세대주가 이를 해야 한다.

기류자가 신고를 할 수 없을 때에는 동거자가, 세대주가 신고를 할 수 없을 때에는 이를 대신하여 세대를 관리하는 자가 신고를 해야 한다.

제17조 기류소, 숙소, 기타 다수 동거를 목적으로 하는 장소와 가옥의 기류자에 대해서는

그 장소와 가옥을 관리하는 자가 기류에 관한 신고를 해야 한다.

제18조 기류에 관한 신고는 별도의 규정이 있는 경우를 제외하고, 본인이 기류지에 신고해야 한다.

제19조 다음 각 호의 어느 하나에 해당하는 사실이 있을 때에는 그 사실이 발생한 날로부터 14일 이내에 제1호 양식부터 제4호 양식에 따라 신고를 해야 한다.

1. 새로 기류했을 때
2. 기류 장소를 옮겼을 때
3. 기류자 본적 또는 주소로 복귀했을 때
4. 제8조 제1항 및 제2호의 경우, 그리고 행정구획, 토지의 명칭 또는 번지 수의 변경이 있을 경우를 제외하고, 기류부에 기재한 사항에 변경이 생겼을 때

제20조 제19조 제1항 제3호의 경우를 제외하고, 기류자가 새로 기류한 장소를 정하지 않고 기류지를 퇴거하거나 조선 밖으로 거주할 목적으로 기류지를 퇴거하려고 하는 때는 제5호 양식에 따라 미리 신고를 해야 한다.

제21조 신고를 태만히 한 자를 부윤 또는 읍면장이 알았을 때에는 상당한 기간을 정해 신고의무자에 대해 그 기간 내에 신고를 해야 한다는 취지를 최고(催告)해야 한다.

제22조 기류부 또는 제거된 기류부를 열람하거나 그 등본 또는 초본을 교부받고자 하는 자는 수수료를 납부하고 이를 청구할 수 있다.

수수료 외에 우송료를 납부하고 등본 또는 초본의 송부를 청구할 수 있다.

거주용지 및 제거된 주거용지에는 위 2개 항의 규정을 준용한다.

부칙

본 령은 조선기류령 시행일로부터 이를 시행한다.

본 령의 시행 전부터 이어서 거주하는 자로서 조선기류령 제1조 제1항의 규정에 해당하는 자는 본 령 시행일로부터 14일 이내에 기류 신고를 해야 한다.

(이하 양식 생략)

4. 중요산업 통제에 관한 법령과 각의결정

연차별 총동원계획 중 근간이 되는 것은 '물자동원계획(物資動員計劃)'이다. 이 물자동원계획이 수립된 다음 이에 따라 생산력확충, 자금·노무 등의 동원계획이 책정되는 것이다.

총동원계획과 물자동원계획 등은 국가총동원업무위원회(國家總動員業務委員會)와 산하의 물자동원위원회(物資動員委員會)가 책정하는데, 조선과 대만 등 식민지에서의 물자동원계획은 일본 국내와 마찬가지로 취급되었다. 중요물자의 수요와 공급에 대해서 총독부가 생산력확충, 수출과 민수용 수요 및 공급량 등을 기획원에 제출하면 기획원이 이를 검토하여 반영한 물자동원계획을 다시 총독부에 전달하고, 이에 따라 조선에서의 물자 생산, 수입, 배급, 절약, 대용, 회수 등의 실시계획이 수립되는 식이다.

이에 따라 조선의 생산력확충계획은 일본 전체의 생산력확충계획 속에서 '내외지별 생산'에 제시된 방침에 따라 결정되는데, 각 분야별 총동원계획 중 조선이 담당하는 역할이 가장 컸던 것이 바로 생산력확충계획이라 할 수 있다.

일제는 1938년부터 4개년 계획인 '제1차 생산력확충계획'에 따라 석탄, 경금속, 석유, 소다, 황산암모늄, 공작기계, 자동차, 철도차량, 선박, 항공기, 피혁 등에서 생산을 확충하는 데 초점을 맞추었는데, 조선의 광물자원 등에 큰 관심을 기울였다.

특히 일제는 1937년 '제철사업법(製鐵事業法)'을 조선에 적용하여 철강, 경금속의 제철공업을 장려하고, 조선의 희소 광물 개발과 증산에 주목하여 1938년 5월 '조선중요광물증산령(朝鮮重要鑛物增産令)'[21]의 시행을 통해 광공업자에게 사업설비의 신설·확장·개량을 명령하였다. '중요 광물'이란 금, 은, 납, 석광, 수은, 아연, 철, 텅스텐, 니켈, 코발트, 석탄, 마그네사이트 등이다.

나아가 일제는 이러한 중요물자를 생산, 조달하는 산업 분야에 대한 통제를 일찍이 법제화하였다. 일제는 전시총동원체제의 근간이 되는 물자를 생산·조달하는 주요 산업 분야에 대한 통제를 위해 각종 '통제회(統制會)'와 '통제조합(統制組合)'을 조직하였는데, 이는 1931년에 제정된 '중요산업 통제에 관한 법률', 일명 '중요산업통제법(重要産業統制法)'에 기인한다. 이 법

---

21 제령 제20호, 1938. 5. 12.

에서 일제는 중요산업을 통제하기 위해 통제협정 가입과 통제위원회 설치를 강제하였다.

그런데 주요 산업 분야의 통제가 시작된 것은 1931년부터이다. 1931년의 하마구치(浜口) 내각은 '중요산업의 공정한 이익을 보호하고 국민경제의 건전한 발전을 도모'한다는 명분으로 중요산업 24종의 기업과 공장, 생산자 등이 통제협정(統制協定)에 가입하도록 하고 이를 관리하는 통제위원회(統制委員會)를 두도록 강제하는 '중요산업 통제에 관한 법률(일명 중요산업통제법)'을 제정하였다. 민간의 산업 분야에 '통제'라는 용어를 사용한 것이 처음인데, 원래 5년의 시한부 법률이었지만 1936년에 10년으로 기한이 연장되었다. 그리고 1938년에 국가총동원법이 제정되면서 제2조에 중요산업 통제가 명시되고 나아가 1941년에 공포된 '중요산업단체령(重要産業團體令)'으로 더욱 구체화된 것이다. 결국 중요산업통제법이 국가총동원법과 중요산업단체령으로 흡수·대체된 것이고, 당초의 통제위원회가 곧 총동원체제에서 통제회와 통제조합 및 통제회사로 바뀐 셈이다.

중요산업단체령은 각 산업별 통제회와 통제조합의 사업과 운영, 조직 구성, 주무대신의 관리·감독과 처벌 등에 관하여 상세한 내용을 담고 있다. 특히 중요산업단체령은 조선과 대만 등 식민지에서 이를 적용하는 데 대해 다른 법령에 비해 매우 상세하게 명시하고 있다.

중요산업단체령 제53조부터 제55조까지의 내용은 모두 조선 등에서의 시행에 관한 내용이다. 예를 들면, 중요산업단체령에서 '주무대신, 관계 각 대신 또는 해당 통제회 또는 통제조합을 소관하는 대신'이라는 것을 조선 등에서는 각각 '조선총독 등'으로 한다든지, '도부현'과 '시정촌'이라고 한 것을 조선의 경우에 '도(道)'와 '부읍면(府邑面)'으로 한다든지, '각령(閣令)'을 '총독부령'으로 하는 것이다. 또한 제54조에서는 주무대신이 통제회에 관한 처분을 할 때 조선총독 등과 협의할 것을 명시하였고, 제55조는 조선총독 등이 명령 등 처분을 할 때 주무대신과 협의할 사항을 명시하였다.

특히 제22조에서 회비 등 부과금과 과태료를 체납한 통제회 소속 회원에 대해서는 시정촌세(稅)에서 선취(先取)하도록 하고 이때 선취한 금액 중 100분의 4를 시정촌에 납부하도록 하였는데, 제53조에서 조선의 경우에는 이를 100분의 5로 하는 등 차등을 두고 있다.

그 밖에 조선에서는 군용자원에 관한 비밀을 보호하기 위해 1940년 10월 조선총독부령으로 '조선총독 소관에 관계된 군용자원비밀 보호에 관한 건'[22]을 시행하였다. 이는 조선총독이 별도로 정한 군용자원비밀에 속하는 설비, 자료, 통계 등을 은닉(隱匿)하는 데 필요한 조치를 규정한 것이다. 군용자원비밀에 속하는 설비란 조선총독부 철도국장의 소관에 속하는 철로, 수송능력, 열차, 차량 등 수송에 관한 것, 조선총독부 체신국장, 철도국장, 도지사, 조선군사령관과 각 요새, 위수지, 항만, 비행장의 소관에 속하는 통신, 전화, 무선전신, 무선전화 등이다. 또한 조선과 내지, 화태, 관동주, 만주, 중국을 연결하는 통신시설, 그리고 기상관제에 속하는 사항 등도 여기에 속한다.

이하에서는 조선에 적용된 중요산업통제법과 중요산업단체령, 각 개정 법령과 시행규칙 등의 원문을 번역, 소개하였다.

이하에 번역, 수록한 주요 법령과 각의결정 등의 목록은 다음 표와 같다.

자료번호	법령 및 각의결정 등의 명칭	형태	제정,공포,결정일	쪽수
59	중요산업 통제에 관한 법률(중요산업통제법)	법률	1931. 4. 1	323
60	중요산업 통제에 관한 법률 중 개정법률(중요산업통제법 중 개정)	법률	1936. 5. 28	326
61	중요수출품단속법	법률	1936. 5. 28	329
62	중요산업 통제에 관한 법률을 조선에서 시행하는 건	칙령	1937. 2. 25	333
63	조선총독 소관에 관계된 군용자원비밀 보호에 관한 건	조선총독부령	1940. 10. 15	335
64	중요산업단체령	칙령	1941. 8. 30	340
65	중요산업단체령 시행규칙	각령	1941. 9. 1	352
66	중요산업지정규칙	각령	1941. 10. 30	358
67	국가총동원법 제18조 규정에 따른 법인 등이 행정관청의 직권을 행사하는 건에 관한 법률	법률	1942. 2. 18	361
68	중요산업지정규칙 중 개정	각령	1942. 4. 8	363
69	중요산업지정규칙 중 개정	각령	1942. 8. 4	365
70	행정관청직권위양령	칙령	1943. 1. 21	368
71	행정관청직권위양령 시행규칙	상공성령	1943. 1. 21	378
72	행정관청직권위양령 제14조 제1항 제6호 및 제7호 시행에 관한 건	내무성령철도성령	1943. 1. 23	386
73	철도성 소관의 직권에 관한 행정관청직권위양령 시행규칙	철도성령	1943. 1. 23	391
74	조선중요산업지정규칙	부령	1945. 2. 21	395

---

22 조선총독부령 제217호, 1940. 10. 15.

| 75 | 방위생산체제 확립에 관한 건 | 각의결정 | 1945. 5. 12 | 397 |
| 76 | 중요산업지정규칙 중 개정 | 각령 | 1945. 6. 8 | 404 |

자료 59	
중요산업 통제에 관한 법률(통칭 중요산업통제법)	
구분	법률 제40호
법령명/건명	중요산업 통제에 관한 법률 重要産業ノ統制ニ關スル法律
공포·개정·결정·폐지 연월일	1931년 4월 1일
구성	10개 조항, 부칙 1개 조항
선행 규범·법령	
원문 일부	法律第四十號 朕帝國議會ノ協贊ヲ經タル重要産業ノ統制ニ關スル法律ヲ裁可シ茲ニ之ヲ公布セシム 第一條 重要ナル産業ヲ營ム者生産又ハ販賣ニ關シ命令ノ定ムル同業者二分ノ一以上ノ加盟アルトキハ命令ノ定ムル期間内ニ更ニ廢止シタルトキ亦同ジ 前項ノ産業ノ種類ハ統制委員會ノ議ヲ經テ主務大臣之ヲ指定
주요 내용 및 특징	○ 중요산업에 대해 통제협정(統制協定)을 만들고 이에 가맹할 것을 강제 ○ 중요산업 분야별로 통제협정을 관리하고 통제하기 위해 통제위원회 설치를 명령함 ○ 이후 국가총동원법 제2조의 중요산업 통제와 이에 따른 산업별 각종 통제회 조직 및 운영에 관한 중요산업단체령의 전신에 해당함
법령 적용 범위	제국 전역
관련 법령 통합·폐지 사항	
유사·파생 법령	국가총동원법, 중요산업단체령, 중요산업통제법률을 조선에서 시행하는 건 (1937. 2. 25. 칙령 제25호)

법률 제40호

1931년 3월 31일

중요산업 통제에 관한 법률
重要産業ノ統制ニ關スル法律

제1조 중요한 산업을 영위하는 자가 생산 또는 판매에 관한 명령에서 정한 통제협정을 한 경우에 동 업자의 2분의 1 이상이 가맹한 때에는 명령이 정하는 기간 내에 이를 주무대신에게 신청해야 하며 이를 변경, 폐지할 때 역시 마찬가지다.

전항의 산업의 종류는 통제위원회의 논의를 거쳐 주무대신이 이를 지정한다.

전항의 규정에 따라 지정된 산업을 영위하는 자는 명령이 정하는 사항을 주무대신에게 신청해야 한다.

제2조 주무대신은 전조의 통제협정 가맹자의 3분의 2 이상이 신청한 경우에 해당 산업의 공정한 이익을 보호하고 국민경제의 건전한 발달을 도모하기 위해 특별히 필요하다고 인정한 때에는 통제위원회의 논의를 거쳐 해당 통제협정의 가맹자 또는 그 협정에 가맹하지 않은 동 업자에게 그 협정의 전부 또는 일부를 따르도록 명령할 수 있다.

제3조 주무대신은 제1조의 통제협정이 공익에 반하거나 해당 산업 또는 이와 밀접한 관련이 있는 산업의 공정한 이익을 해한다고 인정할 때에는 통제위원회의 협의를 거쳐 그 변경 또는 말소를 명령할 수 있다.

제4조 주무대신은 제1조의 통제협정에 대해 감독상 필요하다고 인정한 때에는 통제협정의 가맹자에 대해 또는 협정에 가입하지 않은 동 업자로 하여금 제2조의 규정에서 협정에 따를 것을 명령받은 자에 대해 업무에 관한 검사나 보고를 하도록 할 수 있다.

제5조 본 법에서 정한 것 외에 통제위원회에 관해 필요한 사항은 칙령으로 이를 정한다.

제6조 제1조 제1항의 규정을 위반한 자는 500엔 이하의 과료에 처한다.

제1조 제3항의 규정을 위반한 자는 100엔 이하의 과료에 처한다.

위 2개항의 과료에 대해서는 비송사건수속법(非訟事件手續法) 제206조부터 제208조까지의 규정을 준용한다.

제7조 중요한 산업을 영위하는 자가 다음 각 호의 하나에 해당할 때에는 1,000엔 이하의 벌금에 처한다.

    1. 제2조의 규정에 따라 주무대신의 명령을 위반하고 해당 통제협정을 따르지 않았을 때

    2. 제3조의 규정에 따라 주무대신의 명령을 따르지 않았을 때

제8조 제4조의 검사를 거부하고 방해 또는 기피하였을 때 또는 제4조의 규정에 따라 명령받은 보고하지 않았을 때, 또는 허위 보고한 자는 300엔 이하의 벌금에 처한다.

제9조 중요한 산업을 영위하는 자는 그 대리인, 호주, 가족, 신고인, 기타 종업원이 그 업무에 관하여 제7조의 죄를 범하였을 때에는 자기가 지시하지 않았다는 이유 때문에 그 처벌을 면할 수 없다.

제10조 제7조의 규정에 따라 중요한 산업을 영위하는 자에게 적용해야 할 벌칙은 그 자가 법인인 경우에 이사, 사장, 기타 법인의 업무를 집행하는 임원에게 이를 적용하고, 미성년자 또는 금치산자인 때에는 그 법정대리인에게 적용한다. 단, 영업에 관하여 성년자와 동일한 능력을 가진 미성년자에 대해서는 여기에 구애되지 않는다.

부칙

본 법의 시행기일은 칙령으로 이를 정한다.

자료 60	
중요산업 통제에 관한 법률 중 개정법률(통칭 중요산업통제법 중 개정)	
구분	법률 제25호
법령명/건명	중요산업 통제에 관한 법률 중 개정법률 昭和6年法律第40號中改正法律
공포·개정·결정·폐지 연월일	1936년 5월 28일
구성	11개 조항, 부칙 1개 조항
선행 규범·법령	중요산업통제법
원문 일부	法律第二十五號 昭和六年法律第四十號中左ノ通改正ス 第一條第一項中「同業者ノ二分ノ一以上」ヲ「加盟者以上ナルトキ又ハ加盟者ノ生産高若ハ販賣高ガ同業者ノ生産高若ルトキハ」ニ、同條中「主務大臣」ヲ「政府」ニ改ム 朕帝國議會ノ協贊ヲ經タル昭和六年法律第四十號中改正法律ヲ裁可シ茲ニ之ヲ公布セシム 裕仁
주요 내용 및 특징	○ 중요산업통제법에서 가맹업자의 범위를 기존의 '2분의 1 이상 가입' 기준에서 '생산량과 판매액 기준'으로 확대하고, 제2조의 범위를 '3분의 2 이상'으로 확대함 ○ 기존의 소관 부서를 '주무대신'에서 '정부'로 격상함 ○ 통제협정과 통제위원회의 처분과 명령 및 강제력의 범위를 확대함 ○ 당초 중요산업통제법의 시효를 '5년'에서 '10년'으로 연장함
법령 적용 범위	제국 전역
관련 법령 통합·폐지 사항	
유사·파생 법령	중요산업지정령

법률 제25호

1936년 5월 27일

중요산업 통제에 관한 법률 중 개정법률
昭和6年法律第40號中改正法律

제1조 제1항에서 '동 업자의 2분의 1 이상이 가맹한 때'를 '가맹자 수가 동 업자의 2분의 1 이상인 때 또는 가맹자의 생산량이나 판매액이 동 업자의 생산량이나 판매액의 2분의 1 이상인 때'로, 그리고 제1조의 '주무대신'을 '정부'로 개정한다.

제2조에서 '주무대신'을 '정부'로, '가맹자의 3분의 2 이상'을 '가맹자의 3분의 2 이상으로 하고 그 생산량이나 판매액이 가맹자의 생산량이나 판매액의 3분의 2 이상을 점하는 자가'로 개정한다.

제2조의 2. 정부의 생산제한이나 조업단축에 관한 협정에 대해 전조의 명령을 내린 경우에 특히 필요하다고 인정한 때에는 통제위원회의 논의를 거쳐 그 명령의 효력이 있는 기간에 한하여 해당 산업에서 기업의 신설이나 생산설비의 확장에 대해 명령으로 허가를 받게 할 수 있다.

제2조의 3. 제1조의 통제협정 가맹자를 위해 그 통제협정에 따라 공동판매에 관한 사항을 영위하는 자는 명령이 정하는 사항을 정부에 신고해야 한다.

제2조의 4. 중요한 산업을 영위하는 자로서 그 생산량이나 판매액이 해당 산업의 생산량이나 판매액의 2분의 1 이상을 차지하는 자는 명령이 정하는 사항을 정부에 신고해야 한다.

전항의 산업의 종류는 통제위원회의 논의를 거쳐 정부가 이를 지정한다.

제3조 정부는 제1조의 통제협정 또는 제2조의 규정에 해당하는 자의 생산량이나 판매액 또는 이에 영향을 미치는 거래조건이 상품의 원활한 공급을 방해하거나 부당하게 가격을 앙등시키고 또는 가격의 하락을 저지하고 기타 해당 산업이나 이와 밀접한 관련이 있는 산업이나 일반 소비자의 공정한 이익을 해한다고 인정한 때에는 통제위원회의 논의를 거쳐 그것의 변경 또는 취소, 기타 공익에 필요한 사항을 명령할

수 있다.

제4조 행정관청은 필요하다고 인정한 때에는 제1조의 통제협정 가맹자나 통제협정에 가맹하지 않은 동 업자나 제2조의 3 또는 제2조의 4 규정에 해당하는 자에 대해 업무에 관한 검사나 보고를 하게 할 수 있다.

제6조 제1항에서 제1조 제1항의 아래에 제2조의 3 또는 제2조의 4 제1항을 추가한다.

제7조 다음 각 호의 하나에 해당하는 자는 1,000엔 이하의 벌금에 처한다.

    1) 제2조의 규정에 따른 정부의 명령을 위반하고 해당 통제협정을 따르지 않은 자

    2) 제2조 2의 규정에 따른 정부의 명령을 위반하여 허가를 받지 않은 기업을 신설하거나 생산설비를 확장한 자

    3) 제3조의 규정에 따른 정부의 명령을 따르지 않은 자

제9조와 제10조에서 '중요한 산업을 영위하는 자'를 '제1조의 중요한 산업을 영위하거나 영위하려는 자 또는 제2조의 3이나 제2조의 4의 규정에 해당하는 자'로 개정한다.

부칙의 제2항에서 '5년간'을 '10년간'으로 개정한다.

부칙

본 법의 시행기일은 칙령으로 이를 정한다.

자료 61

	중요수출품단속법
구분	법률 제26호
법령명/건명	중요수출품단속법 重要輸出品取締法
공포·개정·결정·폐지 연월일	1936년 5월 28일
구성	18개 조항, 부칙 1개 조항
선행 규범·법령	중요수출품단속규칙(重要輸出品取締規則, 1928. 7. 9. 상공성령 제10호)
원문 일부	法律第二十六號 重要輸出品取締法 第一條 本法ノ適用ヲ受クル重要輸出品ノ種類ハ命令ヲ以テ之ヲ定ム 第二條 重要輸出品ハ命令ノ定ムル所ニ依リ主務大臣ノ認可ヲ受ケ檢查ヲ ノ檢查ニ合格シタルモノニ非ザレバ販賣ノ目的ヲ以テ之ヲ輸出スルコト 事情ニ依リ主務大臣ノ許可ヲ受ケタル場合ハ此ノ限ニ在ラズ 第三條 販賣ノ目的ヲ以テ重要輸出品ノ輸出ヲ爲サントスル者ハ命令ノ定 朕帝國議會ノ協贊ヲ經タル重要輸出品取締法ヲ裁可シ茲ニ之ヲ公布セシム 御名 御璽 昭和十一年五月二十七日
주요 내용 및 특징	○ 기존의 중요수출품단속규칙에서 구체적으로 명시한 중요수출품목의 종류는 별도의 명령으로 정하는 대신, 중요수출품 단속에 관한 상위 법률을 제정하여 수출을 통제함 ○ 중요수출품의 수출에 대해서 주무대신의 허가를 받도록 통제하고 검사와 허가를 강화함 ○ 수출 검사 위반에 관한 처벌을 강화함
법령 적용 범위	제국 전역
관련 법령 통합·폐지 사항	
유사·파생 법령	중요수출품단속법 시행규칙

법률 제26호

1936년 5월 27일

중요수출품단속법
重要輸出品取締法

제1조 본 법의 적용을 받는 중요수출품의 종류는 이를 명령으로 정한다.

제2조 중요수출품은 명령이 정하는 바에 따라 주무대신의 인가를 받아 검사를 실시하는 자(검사기관)의 검사에서 합격한 것이 아니면 판매할 목적으로 수출할 수 없다. 단, 특별한 사정에 따라 주무대신의 허가를 받은 경우에는 여기에 구애되지 않는다.

제3조 판매할 목적으로 중요수출품의 수출을 하려는 자는 명령이 정하는 바에 따라 그 중요수출품이 전조의 규정에 따라 수출된다는 것에 대해 행정관청의 검열을 받아야 한다.

제4조 검사기관이 검사의 전부 또는 일부를 정지하거나 폐지할 때에는 명령이 정하는 바에 따라 주무대신의 인가를 받아야 한다.

제5조 검사기관은 검사원을 두어야 한다.

　　　검사원의 선임 및 해임은 주무대신의 인가를 받아야 한다.

　　　주무대신이 필요하다고 인정한 때에는 검사원의 선임 또는 해임을 할 수 있다.

　　　검사기관은 검사원의 복무에 관한 규정을 정하고 주무대신의 인가를 받아야 하며 이를 변경할 때 역시 마찬가지다.

제6조 주무대신은 검사기관에 대해 검사 시행에 필요한 시설을 명령하고, 검사의 상황에 관하여 검사를 하거나 보고를 하도록 하며 기타 감독상 필요한 명령을 발령하거나 처분을 할 수 있다.

제7조 검사기관이 본 법 또는 본 법에 따른 명령이나 이에 따른 처분을 위반한 때에는 주무대신이 그 검사의 전부 또는 일부의 중지를 명령하거나 제2조의 인가를 취소할 수 있다.

제8조 주무대신은 중요수출품의 수출에 관하여 단속에 필요하다고 인정할 때에는 해당

관리로 하여금 보세지역 안이나 또는 점포, 창고, 공장과 기타 장소에서 임검하고 물품, 장부, 기타 물건을 검사하게 할 수 있다.

전항의 경우에 해당 관리는 제2조 또는 제3조의 규정을 위반하여 중요수출품을 수출하거나 수출하려는 자가 있다고 인정할 때에는 피의자 또는 참고인을 심문하거나 범죄 사실을 증명할 물건을 수색 또는 압수할 수 있다.

제9조 중요수출품의 검사에 관하여 제2조의 명령 규정에 따라 이에 대한 검사기관의 인장, 기호 또는 증표는 정당한 이유 없이 이를 말소하고 제거거나 은폐할 수 없다.

제10조 전조의 기호 또는 증표를 부정하게 사용한 자, 행사 목적으로 기호 또는 증표를 위조하거나 변조한 자, 또는 위조 또는 변조한 기호나 증표를 사용한 자는 3년 이하의 징역 또는 1,000엔 이하의 벌금에 처한다.

전항에 열거한 죄는 형법 제3조의 예에 따른다.

제11조 검사기관의 임원 또는 검사원이 그 직무에 관하여 뇌물을 수뢰하거나 이를 요구 또는 약속한 때에는 2년 이하의 징역에 처한다. 이에 부정행위를 하거나 상당한 행위를 한 때에는 5년 이하의 징역에 처한다.

전항의 경우에 수수한 뇌물은 몰수한다. 혹은 그 전부 또는 일부를 몰수할 수 없을 때에는 그 가액을 추징한다.

제12조 전조 제1항에 열거한 자에 대해 뇌물을 교부, 제공 또는 약속한 자는 2년 이하의 징역 또는 500엔 이하의 벌금에 처한다.

제13조 제2조, 제3조, 제9조 제2항의 규정을 위반하여 중요수출품을 수출하거나 수출하려 한 자는 1,000엔 이하의 벌금에 처한다.

전항의 경우에는 범인이 소유하거나 소지한 중요수출품을 몰수할 수 있다. 혹은 그 전부 또는 일부를 몰수할 수 없을 때에는 그 가액을 추징할 수 있다.

제14조 다음 각 호의 하나에 해당하는 자는 500엔 이하의 벌금에 처한다.

1. 정당한 이유 없이 제8조 규정에 따른 해당 관리의 임검, 검사, 수색 또는 압수를 거부, 방해 또는 기피하거나 그 심문에 대해 답변하지 않거나 허위 진술을 한 자
2. 제9조 제1항의 규정을 위반한 자

제15조 중요수출품에 관한 사업을 하는 자는 그 대리인, 호주, 가족, 동거자, 고용인과 기

타 종업원이 그 업무에 관하여 제13조 제1항의 죄를 범한 때에는 자기가 지시하지 않았다는 이유 때문에 그 처벌을 면할 수 없다.

제16조 본 법 또는 본 법에 근거하여 발령한 명령에 따라 적용할 벌칙은 그 대상자가 법인인 때에는 이사, 사장, 기타 법인의 업무를 집행하는 임원에 대해 적용하고, 미성년자나 금치산자인 때에는 그의 법정대리인에게 적용한다. 단, 영업에 관하여 성년자와 동일한 능력이 있는 미성년자에 대해서는 이에 구애되지 않는다.

제17조 다음의 경우에는 검사기관의 임원을 10엔 이상 500엔 이하의 과료에 처한다.

 1. 본 법에 따라 주무대신의 인가를 받아야 할 사항을 인가받지 않은 때

 2. 본 법에 따른 주무대신의 명령 또는 처분을 따르지 않은 때

 전항의 과료에 대해서는 비송사건수속법(非訟事件手續法) 제206조부터 제208조까지의 규정을 준용한다.

제18조 수출할 목적으로 중요수출품을 이출(移出)하는 데 대해서는 칙령이 정하는 바에 따라 본 법의 전부 또는 일부를 준용할 수 있다.

부칙

본 법의 시행기일은 칙령으로 이를 정한다.

자료 62

	중요산업 통제에 관한 법률을 조선에서 시행하는 건
구분	칙령 제25호
법령명/건명	중요산업 통제에 관한 법률을 조선에서 시행하는 건 昭和6年法律第40號ヲ朝鮮ニ施行スルノ件
공포·개정·결정·폐지 연월일	1937년 2월 25일
구성	1개 조항, 부칙 1개 조항
선행 규범·법령	중요산업통제법
원문 일부	朝鮮總督府官報 ○ 勅令 朕昭和六年法律第四十號ヲ朝鮮ニ施行スルノ件ヲ裁可シ玆ニ 御名 御璽 昭和十二年二月二十五日 内閣總理大臣 拓務大臣 勅令第二十五號 昭和六年法律第四十號ハ統制委員會ニ關スル規定ヲ除キ之 附則 本令ハ昭和十二年三月十日ヨリ之ヲ施行ス 〔參照〕 昭和六年法律第四十號 重要産業ノ統制ニ關スル法律
주요 내용 및 특징	○ 중요산업통제법을 1937년 3월 10일부터 조선에 시행할 것을 명령함
법령 적용 범위	조선
관련 법령 통합·폐지 사항	
유사·파생 법령	

칙령 제25호

1937년 2월 25일

중요산업 통제에 관한 법률을 조선에서 시행하는 건
昭和6年法律第40號ヲ朝鮮ニ施行スルノ件

중요산업 통제에 관한 법률은 통제위원회에 관한 규정을 제외하고 이를 조선에 시행한다.

부칙

본 령은 1937년 3월 10일부터 이를 시행한다.

자료 63	
\multicolumn{2}{c}{조선총독 소관에 관계된 군용자원비밀 보호에 관한 건}
구분	조선총독부령 제217호
법령명/건명	조선총독 소관에 관계된 군용자원비밀 보호에 관한 건 朝鮮總督ノ所管ニ係ル軍用資源秘密ノ保護ニ關スル件
공포·개정·결정·폐지 연월일	1940년 10월 15일 (조선총독부관보 1940년 10월 15일, 제4121호 게재)
구성	21개 조항, 부칙 별표 3개 조항
선행 규범·법령	군용자원비밀보호법 (법률 제25호, 1939년 3월 25일)
원문 일부	◉朝鮮總督府令第二百十七號 朝鮮總督ノ所管ニ係ル軍用資源秘密ノ保護ニ關スル件左ノ通定ム 昭和十五年十月十五日 朝鮮總督 南 次郎 ○府令 朝鮮總督府官報 第一條 本令ハ軍用資源秘密保護法(以下單ニ法ト稱ス)第二條ノ規定ニ依ル朝鮮總督ノ指定ニ係ル軍用資源秘密ノ保護ニ關スル事項及軍用資源秘密保護法施行令(以下單ニ令ト稱ス)第十三條ノ適用ニ關スル事項ヲ規定スルモノトス 第二條 法第二條ノ規定ニ依リ軍用資源秘密ヲ別表ノ如ク指定ス
주요 내용 및 특징	○ 군용자원비밀보호법 제2조에 따라 조선총독이 지정하는 군용자원비밀 보호에 관한 명령 ○ 군용자원비밀에 해당하는 사항은 조선의 철도와 선로, 차량, 통신, 전화, 기상관제 등의 모든 현황과 시설, 관련 문서, 도서, 물건을 망라한다. ○ 특히 1938년 1월 이후 조선과 내지, 대만, 화태, 관동주, 만주, 중국을 연결하는 통신, 전화 등 모든 소통 수단에 관한 것을 군용자원비밀로서 특정함
법령 적용 범위	제국 전역
관련 법령 통합·폐지 사항	
유사·파생 법령	군용자원비밀보호법 시행령

조선총독부령 제217호

1940년 10월 15일(조선총독부관보 1940년 10월 15일, 제4121호 게재)

조선총독 소관에 관계된 군용자원비밀 보호에 관한 건
朝鮮總督ノ所管ニ係ル軍用資源秘密ノ保護ニ關スル件

제1조 본 령은 군용자원비밀보호법(이하 간단히 '법'이라고 한다) 제2조의 규정에 의해 조선총독이 지정하는 군용자원비밀의 보호에 관한 사항과 군용자원비밀보호법 시행령(이하 간단히 '시행령'이라고 한다.) 제13조의 적용에 관한 사항을 규정한다.

제2조 법 제2조의 규정에 따라 군용자원비밀을 〈별표〉와 같이 지정한다.

제3조 조선총독은 법 제2조 제15호에 해당하는 군용자원비밀에 속하는 설비를 비닉하기 위해 필요하다고 인정할 때에는 해당 설비의 차폐와 기타 이를 비닉하는 데 필요한 조치를 한다. 또한 해당 설비를 소관하는 관서의 장으로 하여금 이를 하게 한다.

제4조 전조의 규정에 따라 비닉 조치를 하는 해당 설비의 장소에는 부록 〈그림 제1〉에서 정한 표식을 설치한다.

제5조 부속 〈그림 제1〉에서 정한 표식을 설치하는 설비의 장소에 대해서는 법 제6조의 규정에 따라 출입, 측량, 촬영, 모사, 모조, 녹취, 복사 또는 복제를 할 수 없다. 단, 조선총독의 허가를 받은 자는 여기에 구애되지 않는다.

제6조 전조에서 단서의 허가를 받으려는 자는 제1호 양식의 허가원서(3통)를 해당 설비를 소관하는 관서의 장을 경유하여 조선총독에게 제출해야 하며, 허가 받을 사항을 변경할 때 역시 마찬가지다.

제7조 시행령 제12조의 규정에 따라 조선총독이 소관하는 이외의 관청에서 제5조에 규정한 행위의 승인을 받으려고 할 때에는 제1호 양식 허가원서에 준하는 승인신청서(3통)를 조선총독에게 제출해야 하며, 승인받을 사항을 변경할 때 역시 마찬가지다.

제8조 법 제2조 제9호, 제12호, 제14호에 해당하는 군용자원비밀을 외국에 또는 외국을 위해 행동하는 자 또는 외국인에게 개시(開示), 교부 또는 공개하는 것, 또는 법 제2조 제15호에 해당하는 군용자원비밀을 다른 사람에게 개시, 교부 또는 공개할 것을 허

가 받으려는 자는 제3호 양식의 허가원서(4통)를 조선총독에게 제출해야 한다.

제9조 시행령 제18조 제1항의 규정에 따라 조선총독이 소관하는 이외의 관청에서 전조에 규정한 행위를 승인받으려 할 때에는 제2호 양식의 허가원서에 준하는 승인신청서(4통)를 조선총독에서 제출해야 한다.

제10조 조선총독이 등기부에 대해 시행령 제13조 제1항의 제한을 하려고 할 때에는 관할 등기소에 그 취지를 통지한다.

제11조 전조의 등기부를 열람하거나 그 등본 또는 초본의 교부를 받으려는 자는 조선총독의 허가를 받아야 한다.

전항의 규정에 따라 허가를 받으려는 자는 제3호 양식의 허가원서(5통)를 관할 등기소에 제출하고 그 사유를 소명할 필요가 있다.

원서가 제출된 때에 등기관리는 지체 없이 조사를 한 다음 의견을 밝혀서 지방법원장을 경유하여 이를 통달해야 한다.

제12조 시행령 제14조의 규정에 따라 조선총독이 소관하는 이외의 관청에서 전조에 규정한 행위의 승인을 받으려고 할 때에는 제3호 양식의 허가원서에 준하는 승인신청서(4통)를 조선총독에게 제출해야 한다.

제13조 조선총독의 허가 또는 승인을 얻어 제10조의 등기부 열람 또는 등기의 등초본을 교부받으려는 자는 신청서에 허가증 또는 승인서를 첨부해야 한다.

제14조 조선총독이 제6조 또는 제7조의 규정에 따라 허가 또는 승인을 하거나 조건을 붙여 허가 또는 승인을 할 때에는 부록 〈그림 제2〉의 허가증 또는 이에 준하는 승인증을 교부한다.

제15조 조선총독이 제8조 또는 제9조의 규정에 따라 허가 또는 승인을 하거나 조건을 붙여 허가 또는 승인을 할 때에는 신청서 1통에 그 취지를 기재하여 이를 교부한다.

제16조 조선총독이 제11조 또는 제12조의 규정에 따라 허가 또는 승인을 하거나 조건을 붙여 허가 또는 승인을 할 때에는 신청서 1통에 그 취지를 기재하여 이를 교부한다.

제17조 제5조에서 규정한 행위를 실시하는 자는 제14조의 허가증 또는 승인증을 반드시 휴대해야 하며 해당 시설의 간수, 헌병 또는 경찰관리가 요구할 때 언제든지 열람하도록 제시해야 한다.

제18조 제14조의 허가증 또는 승인증을 멸실한 자는 그 사유를 밝히고 해당 설비를 소관하는 관서의 장을 경유하여 조선총독에게 지체 없이 보고하며 필요에 따라 재신청을 해야 한다. 이 경우에 아직 재교부를 받지 않았더라도 해당 설비를 소관하는 관서의 장의 승인을 받은 때에는 해당 행위를 계속할 수 있다.

제19조 허가증을 소지해야 하는 자가 제17조의 열람을 거부한 때에는 10엔 이하의 과료(科料)에 처한다.

제20조 제4조에 규정한 표식을 훼손하거나 기타 방법으로 이를 무효화시킨 자는 50엔 이하의 벌금이나 과료에 처한다.

제21조 본 령의 규정에 따라 조선총독에게 제출해야 할 서류는 본 령 중에 별표의 규정이 있는 경우를 제외하고 1910년 조선총독부령 제5호의 규정에 구애됨이 없이 직접 조선총독부에 제출해야 한다.

부칙

본 령은 발포일로부터 이를 시행한다.

〈별표 1〉 법 제2조 제9호에 관한 내용

1. 조선총독부 철도국장이 소관하는 각 선로의 1938년 1월 이후에 수송능력(최대열차회수, 1열차의 최대연결차수 및 1열차의 최대견인환산량수를 가리킨다. 이하 마찬가지다.), 수송능력 판정자료인 열차 수, 차량 수에 관한 수송통계와 이에 관한 기록도표
2. 조선총독부 철도국장이 소관하는 1938년 1월 이후의 증기기관차 총수 및 형식별 수, 화차의 총수 및 종류별 수, 객차 총수와 이에 관한 기록도표
3. 조선총독부 철도국장이 소관하는 기관차의 평면도와 1938년 1월 이후 기관구 소속의 기관차 총수, 소속 승무원 총수와 이에 관한 기록도표
4. 조선총독부 철도국장이 소관하는 철도공장의 평면도와 1938년 1월 이후 기관차 직장에 속하는 종업원 총수, 증기기관차 제작량 또는 수선량, 이에 관한 기록도표

〈별표 2〉 법 제2조 제12호에 관한 내용

1. 조선총독부 체신국장, 철도국장, 도지사가 소관하며 1938년 1월 이후 조선총독부, 도청, 군사령부, 사단사령부, 요새사령부, 위수지, 요항부, 방비대, 비행장소 소재지 상호 간을 연결하는 각각의 통신, 전화, 무선전신, 무선전화 또는 2개 이상의 회선 총수, 동 각 구간의 전기통신, 각각의 소통능력과 이에 관해 표시하는 도서와 물건
2. 조선총독부 체신국장, 철도국장, 도지사가 소관하며 1938년 1월 이후 함경북도 내 육군관서와 부대, 통신전화관서, 경찰관서, 철도관서 상호 간을 연결하는 각각의 전신, 전화, 무선전신, 무선전화 또는 2개 이상의 회선 총수, 동 각 구간의 전기통신, 각각의 통신능력과 이에 관해 표시하는 도서와 물건
3. 1938년 1월 이후 조선과 내지, 대만, 화태, 관동주, 만주, 중국을 연결하는 통신, 전화, 무선통신, 무선전화 또는 각각의 회선 총수, 각 구간의 전기통신, 각각의 소통능력과 이에 관해 표시하는 도서와 물건

〈별표 3〉 법 제2조 제14호에 관한 내용

1. 기상관제에 관한 암호 서류
2. 기상관제 실시 중(폭풍우 등일 때 기상통보에 암호를 사용하지 않는 경우를 제외)에 다음의 기상에 관한 사항
    - 기압, 풍향, 풍속, 날씨, 구름량, 구름형태, 구름높이, 가시거리, 지표 100미터 이상의 기온 또는 습도, 날씨 개요, 날씨 예보, 폭풍경보

(이하 양식 생략)

자료 64	
중요산업단체령	
구분	칙령 제831호
법령명/건명	중요산업단체령 重要産業團體令
공포·개정·결정·폐지 연월일	1941년 8월 30일 (조선총독부관보 1941년 9월 12일, 제4393호 게재)
구성	56개 조항, 부칙 1개 조항
선행 규범·법령	국가총동원법(제18조)
원문 일부	朝鮮總督府 官報 ○勅令 朕重要産業團體令ヲ裁可シ茲ニ之ヲ公布セシム 御名 御璽 勅令第八百三十一號 重要産業團體令 第一章 總則 第一條 國家總動員法(昭和十三年勅令第三百十七號ニ於テ依ル場合ヲ含ム以下同ジ)第十八條ノ規定ニ基ク重要産業ニ於ケル事業ノ統制ヲ目的トスル團體ニ付テハ別ニ定ムルモノヲ除クノ外本令ノ定ムル所ニ依ル 第二條 本令ヲ適用スベキ重要産業ハ勅令
주요 내용 및 특징	○ 국가총동원법에 근거하여 중요산업별 통제회, 통제조합 조직과 이를 통한 전시동원 통제를 강제하는 명령 ○ 중요산업 중 군(軍) 또는 군수와 관련된 것은 육해군의 통제를 받도록 명시함 ○ 조선, 대만, 화태, 남양군도 등에 적용하는 것을 상세히 규정하고, 조선의 경우 차등을 둠
법령 적용 범위	제국 전역
관련 법령 통합·폐지 사항	중요산업통제법
유사·파생 법령	중요산업단체령 시행규칙, 중요산업지정규칙

칙령 제831호

1941년 8월 29일 (조선총독부관보 1941년 9월 12일, 제4393호 게재)

중요산업단체령
重要産業團體令

제1장 총칙

제1조 국가총동원법(1938년 칙령 제317호에 따른 경우를 포함한다. 이하 같다.) 제18조의 규정에 근거하여 중요산업에서 사업의 통제를 목적으로 하는 단체에 대해서는 별도로 정한 것을 제외하고 본 령이 정한 바에 따른다.

제2조 본 령을 적용해야 하는 중요산업은 각령으로 정한다.

제3조 본 령에 따른 단체는 통제회와 통제조합으로 한다.

통제회 또는 통제조합은 그 명칭에 통제회 또는 통제조합이라는 문자를 사용해야 한다. 단, 주무대신의 인가를 받은 때에는 여기에 구애되지 않는다.

제2장 통제회

제4조 통제회는 국민경제의 총력을 가장 유효하게 발휘하도록 해당 산업의 종합적인 통제와 운영을 도모하며 아울러 해당 산업에 관한 국책의 입안 및 수행에 협력하는 것을 목적으로 한다.

제5조 통제회는 산업의 종류별로 이를 설립한다.

제6조 통제회는 그 목적을 달성하기 위해 다음에 열거하는 사업을 한다.

1. 해당 산업에서 생산 및 배급과 해당 산업에 필요한 자재, 자금, 노무 등의 수급에 관한 정부의 계획과 기타 해당 산업에 관한 정부의 계획에 참여

2. 해당 산업에서 생산 및 배급에 관한 통제와 지도, 기타 해당 산업에서 회원 및 회원 단체를 조직한 자가 속한 사업에 관한 통제와 지도

3. 해당 산업의 정비 확립

4. 기술의 향상, 능률의 증진, 규격의 통일, 경리의 개선, 기타 해당 산업에서 회원 및 회원 단체를 조직한 자가 속한 사업의 발달에 관한 시설

5. 해당 산업에 관한 조사 및 연구

6. 해당 산업에서 회원 및 회원 단체를 조직한 자가 속한 사업의 검사

7. 위의 각 호에 열거한 것 외에 통제회의 목적을 달성하는 데 필요한 사업

제7조 통제회의 회원 자격을 가진 자는 다음에 열거하는 자로서 주무대신이 지정한다.

1. 해당 산업을 영위하는 자

2. 해당 산업을 영위하는 자가 조직한 단체

3. 제1호에 열거한 자와 전호에 열거한 단체가 조직한 단체 또는 전호에 열거한 단체가 조직한 단체

제8조 주무대신이 통제회를 설립하려고 할 때에는 각령이 정한 바에 따라, 전조의 규정에 따라 회원의 자격을 가진 자에 대해 통제회의 설립을 명령해야 한다.

전항의 규정에 따라 통제회의 설립을 명령이 있은 때에는 각령이 정하는 바에 따라 창립총회를 열고 정관과 기타 통제회의 설립에 필요한 사항을 정하여 주무대신의 인가를 받아야 한다.

제9조 통제회의 정관에 다음에 열거하는 사항을 기재해야 한다.

1. 목적

2. 명칭

3. 사무소의 소재지

4. 회원에 관한 규정

5. 사업과 그 집행에 관한 규정

6. 임원에 관한 규정

7. 회의에 관한 규정

8. 회계에 관한 규정

제10조 통제회는 제8조 제2항의 인가가 있을 때나 국가총동원법 제18조 제3항의 규정에 따라 정관을 작성한 때 성립한다.

전항의 경우에 주무대신은 통제회 성립의 취지와 정관을 고시해야 한다.

제11조 통제회가 성립한 때에는 그 회원의 자격을 가진 자는 모두 그 통제회의 회원으로 한다.

제12조 통제회는 다음의 임원을 두어야 한다.

회장　　1명

이사　　약간 명

감사　　약간 명

평의원　약간 명

통제회는 전항의 임원 외에 정관이 정하는 바에 따라 부회장 2명 이내 또는 이사장 1명을 둘 수 있다.

제13조 회장은 통제회를 대표하며 해당 산업의 통제와 지도, 기타 회무를 총리한다.

부회장은 회장을 보좌하고, 미리 회장이 정하는 순위에 따라 회장이 유고 시 그의 직무를 대리하며, 회장이 결원인 때에는 그 직무를 수행한다.

이사장은 회장과 부회장을 보좌하며 회무를 관장하고, 회장과 부회장이 모두 유고 시 회장의 직무를 대리하며, 회장과 부회장이 모두 결원인 때에는 회장의 직무를 수행한다.

이사는 회장, 부회장, 이사장을 보좌하며 회무를 분장하고, 미리 회장이 정한 순위에 따라 회장, 부회장, 이사장이 모두 유고 시 회장의 직무를 대리하며, 회장·부회장·이사장이 모두 결원인 때에는 그 회장의 직무를 수행한다.

감사는 통제회의 재산 상황을 감사한다.

평의원은 회장의 자문에 대해 답변하거나 회장에 대해 의견을 상신한다.

제14조 회장은 전형위원이 추천한 자 중에서 주무대신이 임명한다.

전항의 전형위원은 해당 산업에 관해 경험이 있는 자와 학식이 있는 자 중에서 주무대신이 임명한다.

부회장, 이사장, 이사 및 평의원은 해당 산업에 관해 경험이 있는 자와 학식이 있는 자 중에서 회장이 임명한다.

감사는 각령이 정한 바에 따라 평의원이 선임한다.

제3항의 규정에 따라 부회장, 이사장 및 이사의 임명은 주무대신의 인가를 받지 않으면 그 효력이 발생하지 않는다.

주무대신이 제1항의 규정에 따라 임명 또는 전항의 인가를 할 때에는 그 취지를 고시해야 한다.

제15조 통제회의 임원의 임기는 다음과 같다.

  회장 3년

  부회장 3년

  이사장 3년

  이사 3년

  감사 2년

  평의원 2년

회장이 필요하다고 인정한 때에는 임기 중이라도 부회장, 이사장 또는 이사를 해임할 수 있다.

전예항의 해임은 주무대신의 인가를 받지 않으면 효력이 발생하지 않는다.

주무대신이 전예항의 인가를 할 때에는 그 취지를 고시해야 한다.

제16조 회장, 부회장, 이사장 및 이사는 다른 직무 또는 상업에 종사할 수 없다. 단, 주무대신의 인가를 받은 때에는 여기에 구애되지 않는다.

제17조 통제회는 해당 산업에 관한 사항에 대해 관계 각 대신에게 건의할 수 있다.

통제회는 관계 각 대신의 자문에 답신해야 한다.

제18조 통제회는 해당 산업에 관한 사항의 조사를 하기 위해 회원 및 회원 단체를 조직한 자에게 필요한 자료의 제출을 요구할 수 있다.

전항의 규정에 따라 자료의 제출을 요구받은 자는 지체 없이 이를 제출해야 한다.

제19조 통제회는 정관이 정한 바에 따라 회원에 대해 경비를 부과할 수 있다.

제20조 통제회는 그 사업을 하기 위해 특별히 필요가 있을 때 각령이 정하는 바에 따라 주무대신의 인가를 받아 회원의 전부 또는 일부에 대해 전조의 규정에 따른 부과금 외에 특별부과금을 부과할 수 있다.

제21조 통제회는 정관이 정하는 바에 따라 정관 또는 통제규정을 위반한 회원에 대해 과태

금을 부과할 수 있다.

제22조 제19조 혹은 제20조 규정에 따라 부과금 또는 과태금을 체납한 자가 있을 경우에 통제회의 청구가 있을 때 시정촌세의 납부액에서 선취하여 처분한다. 이 경우에 통제회는 징수금액의 100분의 4를 시정촌에 교부해야 한다.

제1항의 규정에 따른 징수금 선취특권의 순위는 시정촌과 기타 이에 준하는 징수금 다음인데, 그 시효에 대해서는 시정촌세의 예에 따른다.

제23조 통제회는 해당 산업에서 회원과 회원 단체를 조직한 자가 종사하는 사업에 관해 통제규정을 설정해야 한다.

제24조 정관의 변경과 통제규정의 설정 및 변경은 주무대신의 인가를 받지 않으면 그 효력이 발생하지 않는다.

주무대신이 전항의 인가를 한 때에는 그 취지를 고시해야 한다.

제25조 통제회의 회원 및 회원 단체를 조직한 자는 해당 통제회의 통제규정을 따라야 한다.

제26조 통제회가 필요하다고 인정한 때에 통제회의 임원 또는 사용인은 회원과 회원 단체를 조직한 자의 업무 혹은 재산의 상황 또는 첩보서류, 설비, 기타 물건을 검사할 수 있다.

통제회의 회원 및 회원 단체를 조직한 자는 전항의 규정에 따라 검사를 거부, 방해 또는 기피할 수 없다.

통제회가 제1항의 규정에 따라 임원 또는 사용인으로 하여금 검사하도록 할 경우에는 그 신분을 밝히는 증표를 휴대하도록 해야 한다.

제27조 회장은 해당 통제회의 회원 법인 또는 회원 단체를 조직한 법인의 이사, 사장, 기타 법인의 업무를 집행하는 임원의 행위가 다음 각 호의 하나에 해당하고 해당 산업의 통제와 운영상 특히 지장이 있다고 인정한 때에는 주무대신의 인가를 받아 해당 법인에 대해 그 임원의 해임을 명령할 수 있다. 단, 해당 통제회의 회원인 통제조합의 이사장에 대해서는 여기에 구애되지 않는다.

1. 법령 또는 법령에 따라 행하는 행정관청의 처분을 위반한 때
2. 공익을 해할 때
3. 통제규정을 위반한 때

제28조 정기총회는 회장이 매년 1회 소집한다.

회장이 필요하다고 인정한 때에는 언제든지 임시총회를 소집할 수 있다.

제29조 다음에 열거하는 사항은 총회에 회부하여 회장이 결정한다.

1. 정관의 변경
2. 수지, 예산
3. 제19조 또는 제20조 규정에 따른 부과금의 부과와 징수 방법

제30조 회장은 매년 총회에 통제회의 사업 상황을 보고하고 감사로 하여금 재산의 상황을 보고하게 한다.

제31조 행정관청은 필요하다고 인정한 때에 국가총동원법 제31조 규정에 따라 통제회 또는 그 회원 혹은 회원 단체를 조직한 자에게 사업에 관한 보고를 요구할 수 있다. 또는 해당 관리로 하여금 그 사무소, 영업소, 공장, 사업장과 기타 장소를 임검하여 업무의 상황이나 장부, 서류, 설비, 기타 물건을 검사하도록 할 수 있다.

제32조 관계 각 대신은 통제회에 대해 해당 산업에 관한 사항의 조사를 명령할 수 있다.

제33조 주무대신이 해당 산업의 통제와 운영에 필요하다고 인정한 때에는 통제회에 필요한 사업의 시행을 명령하거나 정관의 변경, 기타 필요한 사항을 명령할 수 있다.

제34조 주무대신은 통제회에 업무 및 회계에 관한 감사에 필요한 명령을 내리거나 처분을 할 수 있다.

주무대신이 필요하다고 인정한 때에는 감사로 하여금 감사의 결과를 보고하도록 할 수 있다.

제35조 주무대신은 회장의 행위가 법령 또는 법령에 근거한 처분을 위반한 때, 공익을 해한 때, 기타 해당 산업의 통제와 운영에 회장이 부적합하다고 인정한 때에는 이를 해임할 수 있다.

주무대신은 부회장, 이사장, 이사, 감사 또는 평의원의 행위가 법령 혹은 법령에 근거한 처분을 위반한 때, 또는 공익을 해한 때에는 이를 해임할 수 있다.

주무대신이 위 2개항의 규정에 따라 회장, 부회장, 이사장 또는 이사를 해임한 때에는 그 취지를 고시해야 한다.

제36조 통제회는 주무대신의 명령에 따라 해산한다.

주무대신이 전항의 명령을 한 때에는 그 취지를 고시해야 한다.

제3장 통제조합

제37조 통제조합은 국민경제의 총력을 가장 유효하게 발휘하도록 해당 산업의 종합적인 통제와 운영을 도모하며 아울러 해당 산업에 관한 국책의 수행에 협력하는 것을 목적으로 한다.
제38조 통제조합은 일정한 지구에 산업의 종류별로 이를 설립한다.
전항의 지구는 특별한 경우를 제외하고 도부현(道府縣) 또는 2개 이상의 도부현의 구역으로 나눈다.
제39조 통제조합은 그 목적을 달성하기 위해 다음에 열거하는 사업을 한다.
　1. 해당 지구의 해당 산업에서 생산 및 배급에 관한 통제와 지도, 기타 소속 조합원의 사업에 대한 통제와 지도
　2. 해당 지구에서 해당 산업의 정비 확립
　3. 기술의 향상, 능률의 증진, 경리의 개선, 기타 소속 조합원의 사업 발달에 관한 시설
　4. 해당 지구의 해당 산업에 관한 조사 및 연구
　5. 해당 산업에서 소속 조합원의 사업 검사
　6. 위의 각 호에 열거한 것 외에 통제조합의 목적을 달성하는 데 필요한 사업
제40조 통제조합의 조합원 자격을 가진 자는 다음에 열거하는 자로서 주무대신이 지정한다.
　1. 해당 지구에서 해당 산업을 영위하는 자
　2. 해당 지구에서 해당 산업을 영위하는 자가 조직한 단체
　3. 제1호에 열거한 자 및 제2호에 열거한 단체로 조직한 단체, 또는 전호에 열거한 단체로 조직한 단체
제41조 주무대신이 통제조합을 설립하려고 할 때에는 각령이 정한 바에 따라 지구를 정하고, 전조의 규정에 따라 조합원의 자격을 가진 자에 대해 통제조합의 설립을 명령

해야 한다.

제42조 통제조합의 정관에 다음에 열거하는 사항을 기재해야 한다.

    1. 목적

    2. 명칭

    3. 지구

    4. 사무소의 소재지

    5. 조합원에 관한 규정

    6. 사업과 그 집행에 관한 규정

    7. 임원에 관한 규정

    8. 회의에 관한 규정

    9. 회계에 관한 규정

제43조 통제조합은 다음의 임원을 두어야 한다.

    이사장   1명

    이사   약간 명

    감사   약간 명

    평의원   약간 명

    통제조합은 전항의 임원 외에 정관이 정하는 바에 따라 부이사장 2명 이내를 둘 수 있다.

제44조 이사장은 통제조합을 대표하며 해당 산업의 통제와 지도, 기타 조합사무를 총리한다.

    이사장은 해당 산업에 관한 경험이 있는 자와 학식이 있는 자 중에서 해당 통제조합이 소속된 통제회의 회장이 이를 임명한다. 해당 통제조합이 소속된 통제회가 없을 때에는 해당 산업에 관한 경험이 있는 자와 학식이 있는 자 중에서 주무대신이 이를 임명한다.

    전항 앞부분의 규정에 따라 이사장의 임명은 주무대신의 인가를 받지 않으면 그 효력이 발생하지 않는다.

제45조 통제조합의 부이사장, 이사, 감사 및 평의원에 대해서는 제13조 제2항, 제4항부터

제6항까지, 제14조 제3항부터 제5항까지의 규정을 준용한다.

제46조 통제조합의 임원의 임기는 다음과 같다.

 이사장 3년

 부이사장 3년

 이사 3년

 감사 2년

 평의원 2년

 이사장이 필요하다고 인정한 때에는 임기 중이라도 부이사장 또는 이사를 해임할 수 있다.

 전항의 해임은 주무대신의 인가를 받지 않으면 효력이 발생하지 않는다.

제47조 통제회의 회장은 해당 통제회의 회원인 통제조합 이사장의 행위가 법령 또는 법령에 근거한 행정관청의 처분을 위반한 때, 공익을 해한 때, 기타 해당 산업의 통제와 운영에 이사장이 부적합하다고 인정한 때에는 이를 해임할 수 있다.

 전항의 해임은 주무대신의 인가를 받지 않으면 그 효력이 발생하지 않는다.

제48조 통제조합은 정관이 정한 바에 따라 총회를 대신하는 총대회를 열 수 있다.

 전항의 총대회에 관해서는 제28조부터 제30조까지의 규정을 준용한다.

제49조 통제조합은 각령이 정하는 바에 따라 등기를 할 필요가 있다.

 전항의 규정에 따라 등기해야 할 사항은 등기한 다음이 아니면 이를 제3자에 대항할 수 없다.

제50조 제8조 제2항, 제10조, 제11조, 제17조부터 제26조까지, 제28조부터 제30조까지, 제35조 제1항과 제2항, 제36조 제1항의 규정은 통제조합에 준용한다. 단, 주무대신 또는 관계 각 대신이라고 한 것은 제8조 제2항, 제10조 제2항, 제36조 제1항에 규정한 경우를 제외하고 행정관청으로 한다.

제4장 잡칙

제51조 제17조 제2항, 제31조 제1항, 제32조(각각 전조에서 준용하는 경우를 포함한다), 제33조(전조에서 준용한 경우를 포함한다. 이하 본조 및 제52조에서도 같다) 중에서 관계 각 대신, 행정관청 또는 주무대신이라고 한 것은 해당 자문, 보고, 임검, 검사 또는 명령이 군사상 필요에 따른 경우에는 육군대신 또는 해군대신으로 한다.

육군대신 또는 해군대신이 제33조의 규정에 따라 명령을 할 때에는 해당 통제회 또는 통제조합을 소관하는 대신에게 협의해야 한다.

제52조 해당 통제회 또는 통제조합을 소관하는 대신이 제33조의 규정에 따라 명령을 할 경우에 해당 명령이 군사상 영향을 미칠 때에는 육군대신 또는 해군대신에게 협의해야 한다.

제53조 제51조 제1항의 경우를 제외하고 본 령 중에서 주무대신, 관계 각 대신 또는 해당 통제회 또는 통제조합을 소관하는 대신이라는 것은 조선, 대만, 화태 또는 남양군도(이하 '외지'라고 한다)에서는 각각 조선총독, 대만총독, 화태청장관, 남양청장관으로 한다.

제7조 각 호의 하나에 해당하는 자로서 내지에 있는 자와 제7조 각 호의 하나에 해당하는 자로서 외지에 있는 자로 조직한 통제회에 관한 경우에, 본 령 중에서 주무대신, 관계 각 대신, 해당 통제회 또는 통제조합을 소관하는 대신이라 한 것은 외지에 관한 사항만 한정하며 전항의 규정에 구애됨이 없이 각각 조선총독, 대만총독, 화태청장관, 남양청장관으로 한다.

제22조 중에서 시정촌이라는 것은 조선의 경우에 부읍면(府邑面), 대만의 경우에 시가장(市街庄), 남양군도의 경우에 남양군도 지방비(地方費)라 하고 시정촌세라는 것은 조선의 경우에 국세, 대만의 경우에 시가장세, 남양군도의 경우에 지방비세라 하고, 100분의 4는 조선의 경우에 100분의 5로 한다.

제38조 중에서 도부현이라는 것은 조선의 경우에 도(道), 대만의 경우에 주(州) 또는 청(廳), 화태와 남양군도의 경우에 지청(支廳)관할구역으로 한다.

제2항의 통제회에 관한 경우를 제외하고 본 령 중에서 각령이라는 것은 조선 또는

대만의 경우에 총독부령으로, 화태 또는 남양군도의 경우에 청령(廳令)으로 한다.

제54조 주무대신이 전조 제2항의 통제회에 관해 다음에 열거하는 처분을 할 때에는 조선총독, 대만총독, 화태청장관, 남양청장관에게 협의해야 한다.

1. 제7조 혹은 제2항의 규정에 따른 임명. 단, 제7조의 규정에 따른 지정은 제7조 각 호의 하나에 해당하는 자로서 외지에 있는 자를 지정할 경우에 한한다.
2. 제8조 제1항, 제33조, 또는 제36조 제1항의 규정에 따른 명령. 단, 제33조의 규정에 따른 명령은 회원 또는 회원 단체를 조직한 자가 외지에서 수행하는 사업에 관한 경우에 한한다.
3. 제8조 제2항, 제14조 제5항, 제15조 제1항 또는 제27조의 규정에 따른 인가. 단, 제20조의 규정에 따른 인가는 해당 통제회의 회원으로서 외지에 본점 또는 주된 사업소를 둔 자에 대해 부과금을 부과할 경우, 제27조의 규정에 따른 인가는 해당 통제회의 회원 법인 또는 회원 단체를 조직한 법으로서 외지에 본점 또는 주된 사업소를 둔 자의 임원을 해임하는 경우에 한한다.
4. 제35조 제1항 또는 제2항의 규정에 따른 해임

제55조 조선총독, 대만총독, 화태청장관, 남양청장관이 다음에 열거하는 처분을 할 때에는 주무장관에게 협의해야 한다.

1. 제53조 제2항의 통제회에 대한 제33조의 규정에 따른 명령
2. 제53조 제2항의 통제회인 경우에 제41조의 규정에 따른 통제조합의 설립 명령
3. 제53조 제2항의 통제회 회원인 통제조합에 대해 제50조에서 준용하는 제36조 제1항의 규정에 따른 명령

제56조 본 령에서 규정한 것을 제외하고 통제회와 통제조합에 관해 필요한 사항은 각령으로 정한다.

부칙

본 령은 1941년 9월 1일부터 시행한다.(8월 29일 관보)

자료 65	
	중요산업단체령 시행규칙
구분	각령 제19호
법령명/건명	중요산업단체령 시행규칙 重要産業團體令施行規則
공포·개정·결정·폐지 연월일	1941년 9월 1일 (조선총독부관보 1941년 9월 12일, 제4393호 게재)
구성	31개 조항, 부칙 1개 조항
선행 규범·법령	중요산업단체령
원문 일부	●閣令第十九號 重要産業團體令施行規則左ノ通定ム 昭和十六年九月一日 內閣總理大臣 公爵 近衞 文麿 重要産業團體令施行規則 第一章 統制會 第一條 主務大臣重要産業團體令(以下令ト稱ス)第八條第一項ノ規定ニ依リ統制會ノ設立ヲ命ズル場合ニ於テハ左ニ揭グル事項ヲ指定シ之ヲ告示ス 一 産業ノ種類 二 設立ノ認可ヲ申請スベキ期限
주요 내용 및 특징	○ 중요산업단체령 제8조에 따른 통제회와 통제조합의 설립, 등기, 사업, 임원 선임 및 해임, 해산, 청산 등 운영 전반에 관한 규칙
법령 적용 범위	제국 전역
관련 법령 통합·폐지 사항	민법, 비송사건수속법 등 준용
유사·파생 법령	

각령 제19호

1941년 9월 1일(조선총독부관보 1941년 9월 12일, 제4393호 게재)

중요산업단체령 시행규칙
重要産業團體令施行規則

제1장 통제회

제1조 주무대신이 중요산업단체령(이하 '령'이라고 한다.) 제8조 제1항의 규정에 의해 통제회의 설립을 명령할 경우에는 다음에 열거하는 사항을 지정하여 고시한다.

1. 산업의 종류
2. 설립 인가를 신청해야 하는 기한

전항의 경우에 주무대신은 회원의 자격을 지닌 자 중에서 설립위원회를 명령하고 그 씨명이나 명칭 및 주소를 고시한다.

전항의 고시가 있은 때에는 설립위원회가 지체 없이 창립총회를 소집해야 한다.

제2조 창립총회를 소집하려면 회원 자격이 있는 자에 대해 적어도 2주 전에 회의 목적, 일시 및 장소를 고시하고 소집을 통지해야 한다.

제3조 다음에 열거하는 사항은 창립총회에 부의하여 설립위원회가 결정한다.

1. 정관
2. 통제회의 부담으로 귀속되는 창립비용 및 상각 방법
3. 1차 연도의 수지와 예산, 그리고 1차 연도에 부과할 령 제19조 규정에 의한 부과금의 징수 방법

제4조 창립총회를 종결하면 설립위원회가 지체 없이 통제회의 설립 인가를 신청해야 한다. 설립인가신청서에는 정관, 창립총회 회의록의 등본, 전조 제2호 및 제3호에 열거한 사항을 기재한 서면을 첨부해야 한다.

제5조 감사의 선임은 평의원 과반수로 한다.

제6조 평의원을 임명하거나 감사를 선임한 때에 통제회는 지체 없이 그의 씨명, 주소를 주

무대신에게 신고해야 한다.

회장, 부회장, 이사장, 이사, 감사, 평의원이 사임 또는 사망한 때에 통제회는 지체 없이 그 취지를 주무대신에게 신고해야 하고 임기 만료인 때에도 역시 마찬가지다.

회장, 부회장, 이사장, 이사에 대해 전항의 신고가 있을 때에 주무대신은 그 취지를 고시해야 한다.

제7조 통제회가 령 제20조의 규정에 따라 인가를 받으려 할 때에는 다음에 열거하는 사항을 기재한 신청서를 주무대신에게 제출해야 한다.

1. 특별부과금이 필요한 사유
2. 특별부과금의 수지와 예산 및 부과, 징수 방법

전항의 신청서에는 전항 제2호의 수지, 예산 명세서와 총회의 의사록 등본을 첨부해야 한다.

제8조 총회를 소집할 때에는 회원에 대해 적어도 2주 전에 회의의 목적, 일시 및 장소를 고시하고 소집을 통지해야 한다.

제9조 매사업연도의 수지예산과 령 제19조 규정에 따른 부과금의 부과, 징수 방법을 결정한 때에 통제회는 지체 없이 이를 주무대신에게 신고해야 하고 이를 변경할 때에도 역시 마찬가지다.

제10조 통제회는 해산한 다음이라도 청산의 목적 범위 내에서만 존속하는 것으로 간주한다.

제11조 주무대신이 통제회의 해산을 명령한 경우에는 그 취지를 해당 통제회의 주된 사무소가 있는 지역의 구(區)재판소에 통지해야 한다.

전항의 통지가 있은 때에 재판소는 직권으로 청산인을 선임한다.

재판소가 필요하다고 인정한 때에는 직권으로 청산인을 해임할 수 있다.

재판소가 청산인을 선임 또는 해임할 때에는 그 취지를 주무대신에게 통지해야 한다.

전항의 통지가 있은 때에 주무대신은 그 취지를 고시해야 한다.

제12조 청산인은 통제회를 대표하고 청산을 하는 데 필요한 모든 행위를 할 권한을 지닌다.

제13조 청산인은 청산과 재산처분의 방법을 정하고 재판소의 인가를 받아야 한다.

재판소는 필요하다고 인정할 때에 청산인에게 청산 및 재산처분의 방법 변경과 기타 감독상 필요한 명령을 할 수 있다.

제14조 통제회는 해산 후에도 재판소의 인가를 받아 그 채무를 완제하는 데 필요한 금액을 부과, 징수할 수 있다.

전항의 부과, 징수에 관해서는 령 제22조와 제53조 제3항의 규정을 준용한다.

제15조 주무대신은 재판소에 대해 청산에 관한 의견을 진술할 수 있다.

제16조 통제회의 청산이 종결된 때에 재판소는 그 취지를 주무대신에게 통지해야 하며, 전항의 통지가 있은 때에 주무대신은 그 취지를 고시해야 한다.

제2장 통제조합

제17조 주무대신이 령 제41조의 규정에 의해 통제조합의 설립을 명령할 경우에는 다음에 열거하는 사항을 지정하고 이를 고신한다.

1. 산업의 종류
2. 지구
3. 설립의 인가를 신청해야 하는 기한

제18조 통제조합에 대해서는 제1조 제2항과 제3항, 제2조부터 제5조까지, 제6조 제1항과 제2항, 제7조부터 제10조까지, 제11조 제1항부터 제4항까지, 제12조부터 제15조까지, 제16조 제1항의 규정을 준용한다. 단, 주무대신이라고 한 것은 제1조 제2항과 제11조 제1항에 규정한 경우를 제외하고 행정관청으로 하며, 총회라고 한 것은 총회 또는 총대회로 하며 제8조에서 회원은 조합원 또는 총대회를 구성하는 자로 한다.

제19조 통제조합이 성립한 때에는 각 사무소의 소재지에 다음의 사항을 등록할 필요가 있다.

1. 목적
2. 명칭
3. 지구

4. 사무소

5. 설립 연월일

6. 이사장, 부이사장, 이사의 씨명과 주소

전항에 열거한 사항에 변경이 발생한 때에는 변경 사항을 등록할 필요가 있다.

제20조 통제조합 성립 후 새로 사무소를 설립한 때에는 사무소의 소재지에 전조 제1항에 열거한 사항을 등록할 필요가 있다. 단, 기존의 사무소 소재지 등기소의 관할구역 내에 사무소를 새로 설립한 때에는 사무소 설립을 등기한 것으로 충분하다.

제21조 통제조합이 사무소를 이전한 때에는 구(舊)소재지에서 이전 등기를 하고 신(新)소재지에서는 제19조 제1항에 열거한 사항을 등기할 필요가 있다. 단, 동일한 등기소가 관할하는 지역에서 사무소를 이전한 때에는 이전 등기를 하는 것으로 충분하다.

제22조 통제조합의 해산 명령이 있은 때에는 각 사무소의 소재지에서 해산 등기를 할 필요가 있다.

제23조 통제조합의 청산인 선임이 있은 때에는 각 사무소의 소재지에서 청산인의 씨명과 주소를 등기할 필요가 있다.

전항의 경우에는 제19조 제2항의 규정을 준용한다.

제24조 통제조합의 청산이 종료된 때에는 각 사무소의 소재지에서 청산종료의 등기를 할 필요가 있다.

제25조 통제조합의 등기에 대해서는 그 사무소가 소재하는 구(區)재판소를 관리등기소로 한다.

각 등기소는 통제단체등기부를 구비한다.

제26조 제19조부터 제22조까지의 규정에 따른 등기는 해당 행정관청의 촉탁에 따라 한다.

제23조와 제24조의 규정에 따른 등기는 재판소의 촉탁에 따라 한다.

제27조 재판소는 등기한 사항을 지체 없이 고시해야 한다.

제28조 통제조합의 등기에는 비송(非訟)사건수속법 제125조 제1항(제150조, 제150조 3, 제177조의 규정을 준용하는 부분을 제외)의 규정을 준용한다.

제3장 잡칙

제29조 령 제26조 제3항(령 제50조에서 준용하는 경우를 제외한다.)의 증표는 별기 제1호 양식에, 령 제31조 제2항(령 제50조에서 준용하는 경우를 제외한다.)의 증표는 별기 제2호 양식에 따른다.

제30조 령 제50조(령 제31조 제1항의 규정을 준용하는 경우를 제외한다.)와 본 각령 제18조에서 행정관청이라는 것은, 광업 또는 모래광업의 통제조합으로서 그 지구가 광산감독국의 관할구역을 넘어서는 경우 또는 기타 통제조합으로서 그 지구가 도부현의 구역을 넘을 경우에는 주무대신으로 한다. 또한 광업 또는 모래광업의 통제조합으로서 그 지구가 광산감독국의 관할구역을 넘지 않을 경우 또는 기타 통제조합으로서 그 지구가 도부현의 구역을 넘지 않을 경우에는 이를 각 광산감독국장 또는 지방장관으로 한다.

제31조 통제회와 통제조합의 청산에 대해서는 민법 제79조, 제80조, 제82조 제2항, 그리고 비송사건수속법 제35조 제2항, 제36조와 제37조 2의 규정을 준용한다.

부칙

본 령은 공포한 날로부터 이를 시행한다.

(별기 생략)

자료 66	
\multicolumn{2}{c}{중요산업지정규칙}	

구분	각령 제26호
법령명/건명	중요산업지정규칙 重要産業指定規則
공포·개정·결정·폐지 연월일	1941년 10월 30일
구성	1개항, 부칙 1개항
선행 규범·법령	중요산업단체령
원문 일부	◉閣令第二十六號 重要産業指定規則左ノ通定ム 昭和十六年十月三十日 內閣總理大臣　東條　英機 閣令 重要産業指定規則 重要産業團體令第二條ノ規定ニ依リ同令ヲ適用スベキ重要産業ヲ定ムルコト左ノ如シ 鐵鋼ノ生産及販賣竝ニ製鐵原料タル鐵鑛、マンガン鑛及鐵屑ノ販賣ニ關スル事業（朝鮮ニ於ケル當該事業ヲ含ム）
주요 내용 및 특징	○ 중요산업단체령 제2조에 따라 특정 중요산업을 지정함 ○ 철광, 석탄, 원동기, 증기, 발전기기, 정밀기기, 차량, 자동차, 시멘트, 광산물, 비철금속, 무역, 조선(造船)을 중요산업으로 지정함
법령 적용 범위	제국 전역
관련 법령 통합·폐지 사항	
유사·파생 법령	

각령 26호

1941년 10월 30일

중요산업지정규칙
重要産業指定規則

중요산업단체령 제2조의 규정에 따라 이를 적용할 중요산업을 다음과 같이 지정한다.

○ 철광의 생산 및 판매, 그리고 제철 원료인 철광, 망간괴, 고철의 판매에 관한 사업(조선에서의 해당 사업을 포함한다.)
○ 석탄의 생산 및 판매에 관한 사업
○ 원동기(발전기 증기관, 증기터빈, 수차를 포함한다.) 및 생산용 증기의 제조 및 판매에 관한 사업
○ 발전기기, 발전용 증기관, 증기터빈, 수차, 그리고 전기통신기기의 제조 및 판매에 관한 사업
○ 정밀기기 제조 및 판매에 관한 사업
○ 차량 및 철도 통신보안장치 제조 및 판매에 관한 사업
○ 자동차 제조 및 판매에 관한 사업
○ 시멘트 제조 및 판매에 관한 사업
○ 광산물(석탄, 아탄, 석유, 아스팔트 제외)의 생산 및 판매에 관한 사업(철광, 니켈광, 알루미늄, 마그네슘 제조 및 판매에 관한 사업, 그리고 인광(燐鑛)의 판매에 관한 사업 제외)
○ 비철금속의 가공 및 그 가공품의 판매에 관한 사업
○ 무역업과 무역 진흥 및 통제에 관한 사업
○ 조선(造船) 사업

부칙

본 령은 공포한 날로부터 시행한다.

자료 67	
국가총동원법 제18조 규정에 따른 법인 등이 행정관청의 직권을 행사하는 건에 관한 법률	
구분	법률 제15호
법령명/건명	국가총동원법 제18조 규정에 따른 법인 등이 행정관청의 직권을 행사하는 건에 관한 법률 國家總動員法第十八條ノ規定ニ依ル法人等ヲシテ行政官廳ノ職權ヲ行ハシムルコトニ關スル法律
공포·개정·결정·폐지 연월일	1942년 2월 18일
구성	3개 항목, 부칙 1개 항목
선행 규범·법령	국가총동원법(법률 제55호) 제18조
원문 일부	法律第十五號 法令ニ定ムル行政官廳ノ職權ハ勅令ノ定ムル所ニ依リ之ヲル法人其ノ他ノ法人ヲシテ行ハシムルコトヲ得 前項ノ規定ニ依リ同項ノ法人ガ行フ行政官廳ノ職權ノ行用ニ付テハ同項ノ法人ハ之ヲ當該職權ヲ行フ行政官廳トニシテ同項ノ職權ニ屬スル事務ニ從事スルモノハ之ヲ當 朕帝國議會ノ協贊ヲ經タル國家總動員法第十八條ノ規定ニ依ル法人等ヲシテ行政官廳ノ職權ヲ行ハシムルコトニ關スル法律ヲ裁可シ茲ニ之ヲ公布セシム 裕仁
주요 내용 및 특징	○ 국가총동원법 제18조에 근거하여 통제회, 통제조합 등의 법인에 행정관청의 직권을 행사하도록 명령함 ○ 통제회, 통제조합 등 법인이 행정관청의 직권을 행사할 경우에 벌칙 적용 등의 처분 행위를 행정관청의 처분으로 간주하며 그 직원을 관리로 간주하게 하는 등 광범위한 권한을 위임함 ○ 이후 행정관청직권위양령에서 더욱 구체화됨
법령 적용 범위	제국 전역
관련 법령 통합·폐지 사항	
유사·파생 법령	행정관청직권위양령

법률 제15호

1942년 2월 17일

국가총동원법 제18조 규정에 따른 법인 등이 행정관청의 직권을 행사하는 건에 관한 법률

國家總動員法第十八條ノ規定ニ依ル法人等ヲシテ行政官廳ノ職權ヲ行ハシムルコトニ關スル法律

　법령이 정한 행정관청의 직권은 칙령이 정한 바에 따라 이를 국가총동원법 제18조의 규정에 따른 법인과 기타 법인이 행사하도록 할 수 있다.

　전항의 규정에 따라 동항의 법인이 행정관청의 직권을 행사할 경우에, 해당 직권에 관한 벌칙의 적용에 대해서는 동항의 법인은 해당 직권을 행사하는 행정관청으로 간주하며, 동항의 직권에 속하는 사무에 종사하는 법인의 임원 또는 사용인은 해당 사무에 종사하는 관리로 간주한다.

　전항에서 정한 자 외에 제1항의 규정에 따라 동항의 법인이 행정관청의 직권을 행사할 경우에 필요한 사항은 칙령으로 이를 정한다.

　부칙

　본 법의 시행기일은 칙령으로 이를 정한다.

자료 68	
	중요산업지정규칙 중 개정
구분	각령 제12호
법령명/건명	중요산업지정규칙 중 개정 重要産業指定規則中改正
공포·개정·결정·폐지 연월일	1942년 4월 8일
구성	1개 항목, 부칙 1개 항목
선행 규범·법령	중요산업지정규칙
원문 일부	○閣令 ●閣令第十二號 重要産業指定規則中左ノ通改正ス 昭和十七年四月八日 「造船事業」ヲ「造船事業(朝鮮及臺灣ニ於ケル地方鐵道事業及軌道事業ニ該當スル事業ヲ含ム)」ニ改ム 附則 本令ハ公布ノ日ヨリ之ヲ施行ス
주요 내용 및 특징	○ 중요산업지정규칙 중 '조선(造船)산업'의 내용에 '조선 및 대만에서 철도사업 및 궤도사업에 해당하는 사업을 포함한다'를 병기함
법령 적용 범위	제국 전역
관련 법령 통합·폐지 사항	
유사·파생 법령	

각령 제12호

1942년 4월 8일

중요산업지정규칙 중 개정
重要產業指定規則中改正

'조선(造船)산업'을 '조선(造船)사업(조선 및 대만에서 철도사업 및 궤도사업에 해당하는 사업을 포함한다.)'로 개정한다.

부칙

본 령은 공포한 날로부터 시행한다.

자료 69	
\multicolumn{2}{c}{중요산업지정규칙 중 개정}
구분	각령 제20호
법령명/건명	중요산업지정규칙 중 개정 重要産業指定規則中改正
공포·개정·결정·폐지 연월일	1942년 8월 4일
구성	1개 조항 22개 항목, 부칙 1개 조항
선행 규범·법령	중요산업단체령
원문 일부	●閣令第二十號 重要産業指定規則左ノ通改正ス 昭和十七年八月四日 內閣總理大臣 東條 英機 閣 令 重要産業指定規則 重要産業團體令第二條ノ規定ニ依リ同令ヲ適用スベキ重要産業ヲ定ムルコト左ノ如シ 一 鐵鋼ノ生産及販賣竝ニ製鐵原料タル鐵鑛、マンガン鑛及鐵屑ノ販賣ニ關スル事業(朝鮮ニ於ケル當該事業ヲ含ム) 二 石炭ノ生産及販賣ニ關スル事業
주요 내용 및 특징	○ 중요산업단체령 제2조에 따라 특정 중요산업을 지정함 ○ 기존의 철광, 석탄, 원동기, 증기, 발전기기, 정밀기기, 차량, 철도 통신보안장치, 자동차, 시멘트, 광산물, 비철금속, 무역, 조선(造船)의 중요산업 외에, 지방의 철도 및 궤도, 알루미늄 등, 화학공업품, 고무, 피혁, 유지, 면직물, 견직물, 모직물, 모시 등을 중요산업으로 새로 지정함 ○ 기존의 개정에 더하여 알루미늄 등 중요산업에 '조선 및 대만'을 특정함
법령 적용 범위	제국 전역
관련 법령 통합·폐지 사항	
유사·파생 법령	

각령 제20호

1942년 8월 4일

중요산업지정규칙 중 개정
重要産業指定規則中改正

중요산업단체령 제2조의 규정에 따라 이를 적용할 중요산업을 다음과 같이 지정한다.

1. 철광의 생산 및 판매, 그리고 제철 원료인 철광, 망간괴, 고철의 판매에 관한 사업(조선에서의 해당 사업을 포함한다.)
2. 석탄의 생산 및 판매에 관한 사업
3. 원동기(발전기 증기관, 증기터빈, 수차를 포함한다.) 및 생산용 증기의 제조 및 판매에 관한 사업
4. 발전기기, 발전용 증기관, 증기터빈, 수차, 그리고 전기통신기기의 제조 및 판매에 관한 사업
5. 정밀기기 제조 및 판매에 관한 사업
6. 차량 및 철도 통신보안장치 제조 및 판매에 관한 사업
7. 자동차 제조 및 판매에 관한 사업
8. 시멘트 제조 및 판매에 관한 사업
9. 광산물(석탄, 아탄, 석유, 아스팔트 제외)의 생산 및 판매에 관한 사업(철광, 니켈광, 알루미늄, 마그네슘 제조 및 판매에 관한 사업, 그리고 인광(燐鑛)의 판매에 관한 사업 제외)
10. 비철금속의 가공 및 그 가공품의 판매에 관한 사업
11. 무역업과 무역 진흥 및 통제에 관한 사업
12. 조선(造船) 사업(조선 및 대만에서 해당 사업을 포함한다.)
13. 지방의 철도 사업 및 궤도 사업
14. 알루미늄, 알루미나, 마그네슘, 인조수정석, 불화알루미늄의 제조 및 판매, 그리고 알루미늄설(屑), 마그네슘설, 보크사이트, 반토혈암(礬土頁巖)의 판매에 관한 사업(조선 및 대

만에서의 해당 사업을 포함한다.)

15. 화학공업품(황산암모늄, 석회질소, 과인산석회, 토머스인산비료, 화성비료, 질산, 질산암모늄, 아질산나트륨, 암모니아, 산소, 황산, 나트륨류, 염소, 염산, 염화석회, 탄화칼슘, 아세틸계 유도품, 아세톤-뷰탄올-에탄올 발효와 동 유도품, 가스경유 분류물, 콜타르 분류물, 타르계 중간물, 합성염류)의 제조 및 판매에 관한 사업(황산암모늄, 석회질소, 과인산석회, 토머스인산비료 및 화성비료의 판매에 관한 사업을 제외한다.)

16. 고무 판매와 고무 제품의 제조 및 판매에 관한 사업

17. 피혁과 피혁제품, 유제(鞣劑)의 제조 및 판매에 관한 사업

18. 유지제품(경화유, 경화납, 지방산을 포함한다.)과 도료의 제조 및 판매에 관한 사업(조선에서의 해당 사업을 포함한다.)

19. 면과 인조섬유로 만든 면사, 인조섬유실, 기타 실 제조와 그 가공 및 판매, 면과 인조섬유방직기에 의한 면직물, 인조섬유 직물과 기타 직물의 제조, 그리고 그 가공 및 판매, 면직 어망의 제조와 면화의 판매에 관한 사업

20. 견직기에 의한 견방사와 기타 실의 제조와 그 가공 및 판매, 인견펄프, 인조섬유 및 조견사의 제조, 가공 및 판매, 인견견직기에 의한 인조견직물, 견직물과 기타 직물의 제조와 그 가공 및 판매, 그리고 부스러기 명주실(부잠사)의 판매에 관한 사업

21. 모(毛)방직기에 의한 털실과 기타 실의 제조와 그 가공 및 판매, 모직기에 의한 모직물과 기타 직물의 제조와 그 가공 및 판매, 펠트 제조, 가공 및 판매와 양모의 판매에 관한 사업

22. 모시[麻] 제품의 제조 및 판매(면과 인조섬유직조기, 견방직기, 모방직기에 의한 실의 제조 및 면과 인조섬유직조기, 인견견직기, 모직기에 의한 직물의 제조와 그 판매를 제외한다.), 그리고 모시의 판매에 관한 사업

부칙

본 령은 공포한 날로부터 시행한다.

자료 70

	행정관청직권위양령
구분	칙령 제26호
법령명/건명	행정관청직권위양령 行政官廳職權委讓令
공포·개정·결정·폐지 연월일	1943년 1월 21일
구성	22개 조항, 부칙 2개 조항
선행 규범·법령	중요산업단체령, 국가총동원법 제18조 법인 등 행정관청 직권행사에 관한 법률
원문 일부	行政官廳職權委讓令 (昭和十八年一月二十一日勅令第二十六號)(總理、農林、大藏、商工、鐵道、內務大臣鷗署) 第一條 左ニ掲グル行政官廳ノ職權ハ重要産業團體令ニ依ル鐵鋼統制會(以下鐵鋼統制會ト稱ス)ニ之ヲ委任ス 一 製鐵事業法第三條、第四條第二項、第五條及第十七條第一項ノ規定ニ依ル許可、同法第四條第一項及第七條乃至第十條ノ規定ニ依ル指定、同法第十六條及第十七條第二項ノ規定ニ依ル認可竝ニ同法第十八條及第十九條ノ規定ニ依ル屆書ノ受理 二 製鐵事業法第二十三條第二項ノ規定ニ依リ報告徴收(前號、第三號及第六號ノ規定ニ依ル委任セラレタル職權ヲ行フニ必要ナル場合ニ限ル) 三 製鐵事業法施行令第七條乃至第二十一條及第二十二條ノ規定ニ依ル認可竝ニ同令第二十三條第一項後段ノ規定、第十九條、第二十一條及第二十二條但書ノ規定ニ依ル許可竝ニ同令第三條ノ規定ニ依ル延長、同令第二十三條第二項ノ規定ニ依ル提出命令 四 製鐵用輸入原料配給等統制令第二條及第四條但書ノ規定ニ依ル指定、同令第三條ノ規定ニ依ル命令 五 製鐵用輸入原料配給等統制令第六條第一項ノ規定ニ依ル報告徴收(前號ノ規定ニ依リ委任
주요 내용 및 특징	○ 중요산업단체령에 근거하여 행정관청의 직권을 특정 통제회 등에 위임하는 명령 ○ 철강통제회, 석탄통제회, 석탄배급통제회, 광산통제회, 시멘트통제회, 차량통제회, 자동차통제회, 정밀기계통제회, 전기기계통제회, 산업기계통제회 또는 금속공업통제회 등에 관한 규정
법령 적용 범위	제국 전역
관련 법령 통합·폐지 사항	제철사업법, 물자통제령, 중요광물증산법, 산금법 등
유사·파생 법령	행정관청직권위양령 시행규칙

칙령 제26호

1943년 1월 21일

(총리, 농무, 대장, 상공, 철도, 내무대신 배서)

행정관청직권위양령
行政官廳職權委讓令

제1조 다음에 열거하는 행정관청의 직권은 중요산업단체령(重要産業團體令)에 의해 철강통제회(鐵鋼統制會)(이하 '철강통제회'라고 한다)에 이를 위임한다.

1. 제철사업법(製鐵事業法) 제3조, 제4조 제2항, 제5조 및 제17조 제1의 규정에 따른 허가(許可), 같은 법 제4조 제1항 및 제7조에서 제10조까지의 규정에 따른 지정(指定), 같은 법 제16조 및 제17조 제2항의 규정에 따른 인가(認可), 그리고 같은 법 제18조 및 제19조의 규정에 따른 신고서의 수리(受理)

2. 제철사업법 제23조 제1항의 규정에 따른 보고징수(報告徵收)(전호, 제3호 및 제6호의 규정에 따라 위임받은 직권을 행사하는 데 필요한 경우로 한정한다)

3. 제철사업법시행령 제7조 제1항의 규정에 따른 지정, 같은 령 제7조 제2항의 규정에 따른 연장(延長), 같은 령 제19조, 제21조 및 제22조 단서 규정에 따른 인가, 그리고 같은 령 제23조 제1항 후단(後段) 규정에 따른 제출명령(提出命令)

4. 제철용 수입원료 배급 등 통제령(製鐵用輸入原料配給等統制令) 제2조의 단서 및 제4조의 단서 규정에 따른 허가, 그리고 같은 령 제3조의 규정에 따른 명령

5. 제철용 수입원료 배급 등 통제령 제6조 제1항의 규정에 따른 보고징수(전호의 규정에 따라 위임받은 직권을 행사하는 데 필요한 경우로 한정한다)

6. 제철사업법 시행규칙에 따른 직권으로서 상공대신이 정한 것

7. 1937년(昭和 12) 법률 제92호 제2조의 규정에 기반하여 발동한 명령에 따른 직권으로서 상공대신이 정한 것

8. 물자통제령(物資統制令)에 기반하여 발동한 명령에 따른 직권으로서 상공대신이 정한 것

철강통제회는 전항의 규정에 따라 위임받은 직권을 행사해야 한다. 단, 철강통제회는 제철사업법 제3조, 제5조 및 제17조의 규정에 따른 직권으로서 임시자금조정법 시행령(臨時資金調整法施行令) 제4조 제1항 제3호, 제5조 제1항의 단서나 제6조 3의 제1항, 제2조 또는 임시농지관리령(臨時農地管理令) 제7조 제1항 제4호의 규정이 적용되는 사항에 관한 것, 그리고 제철용 수입원료 배급 등 통제령 제3조의 규정에 따른 직권을 행사하려고 할 때에는 미리 상공대신의 승인을 받을 필요가 있다.

제2조 철강사업법 시행령 제16조 또는 제17조의 규정에 따라 상공대신에게 제출해야 하는 서류는 철강통제회를 경유해야만 한다.

제3조 다음에 열거하는 행정관청의 직권은 중요산업단체령에 따라 석탄통제회(石炭統制會)(이하 '석탄통제회'라고 한다)에 이를 위임한다. 단, 제3호에서 제6호까지 열거한 직권에 대해서는 석탄을 목적으로 하는 광업권에 관한 것으로 한정한다.

1. 석탄배급통제법(石炭配給統制法) 제1조 제3호의 규정에 따른 허가

2. 석탄배급통제법 제5조의 규정에 따른 보고징수(전호 및 제7호 전단의 규정에 따라 위임받은 직권을 행사할 필요가 있는 경우로 한정한다)

3. 중요광물증산법(重要鑛物增産法) 제3조 및 제14조 제2항의 규정에 따른 명령, 그리고 같은 법 제14조 제1항의 규정에 따른 인가

4. 중요광물증산법 제17조 제1항의 규정에 따른 보고징수(전호, 제5호 및 제7호 후단의 규정에 따라 위임받은 직권을 행사할 필요가 있는 경우로 한정한다)

5. 중요광물증산법 제4조 제2항의 규정에 따른 재정(裁定), 같은 법 제5조 제1항의 규정에 따른 명령, 같은 법 제5조 제2항의 규정에 따른 결정, 그리고 같은 법 제7조의 규정에 따른 대가(對價) 및 그 지불의 시기 결정(같은 법 제12조에서 준용하는 경우를 포함한다)

6. 중요광물증산법 시행령 제4조, 제5조 및 제7조의 규정에 따른 신고서의 수리, 그리고 동 시행령 제9조 및 제10조의 규정에 따른 직권

7. 석탄배급통제법 시행규칙 및 중요광물증산법 시행규칙에 따른 직권으로서 상공대신이 정한 것

8. 1937년 법률 제92호 제2조의 규정에 기반하여 발동한 명령에 따른 직권으로서

상공대신이 정한 것

9. 물자통제령(物資統制令)에 기반하여 발동한 명령에 따른 직권으로서 상공대신이 정한 것

석탄통제회는 전항의 규정에 따라 위임받은 직권을 행사해야 한다. 단, 석탄통제회는 중요광물증산법 제3조, 제4조 제2항, 제5조 제2항(같은 법 제12조에서 준용하는 경우를 포함한다.) 및 제14조의 규정에 따른 직권으로 임시자금조정법 시행령 제6조의 3 제1항 제2호, 또는 임시농지 등 관리령 제7조 제1항 제4호의 규정을 적용하는 사항에 관한 것을 행사하려고 할 때에는 미리 상공대신의 승인을 받을 필요가 있다.

석탄통제회가 제1항 제3호부터 제5호까지의 규정에 따라 위임받은 직권을 행사할 경우에 중요광물증산법 시행령 제5조의 규정은 적용하지 않는다.

제4조 석탄통제회가 전조 제1항 제5호의 규정에 따라 위임받은 직권을 행사할 때에는 중요광물증산법 시행령 제3조, 제6조 및 제8조의 규정에 구애됨이 없이 본조에서 정한 바에 따른다.

중요광물증산법 제11조 규정에 따른 등록은 석탄통제회에 촉탁하여 이를 행사한다.

석탄통제회가 재정신청서를 수리하거나 중요광물증산법 제5조 제1항의 규정에 따른 명령을 한 때에는 재정신청서나 명령서의 부본을 첨부하고 광산감독국장(鑛山監督局長)에게 해당 광업권에 대해 재정 신청 또는 명령이 있었다는 취지의 등록을 촉탁해야 한다.

석탄통제회가 중요광물증산법 시행령 제4조의 규정에 따른 신고서를 수리한 때에는 광산감독국장에 대해 해당 광업권의 이전 또는 변경의 등록을 촉탁하고, 동 시행령 제5조의 규정에 따른 신고서를 수리한 때에는 광산감독국장에게 해당 광업권의 이전 또는 변경의 등록과 해당 광업권에 대한 저당권 설정의 등록을 촉탁해야 한다. 이 경우에는 그 사실을 입증할 서면을 첨부해야 한다.

광산감독국장이 전항의 규정에 따른 촉탁에 기반하여 등록을 할 때에는 제3항의 규정에 따른 등록을 말소해야 한다.

다음 각 호의 하나에 해당하는 경우에 석탄통제회는 광산감독국장에게 제3항의 규정에 따른 등록의 말소를 촉탁해야 한다. 이 경우에는 그 사실을 입증할 서면을 첨

부해야 한다.

1. 재정 신청을 취하한 때
2. 재정 신청을 거부한 때
3. 중요광물증산법 제10조 제2항 규정에 따른 재정 또는 결정이 그 효력을 잃었을 때

제5조 석탄배급통제법 제7조 제2항, 제12조 제1항, 제13조, 제14조 제2항, 제15조 제1항, 제17조 또는 제21조부터 제23조까지의 규정에 따라 상공대신에게 제출해야 하는 서류는 석탄통제회를 경유해야만 한다.

제6조 다음에 열거하는 행정관청의 직원은 중요산업단체령에 따른 광산통제회(鑛山統制會) (이하 '광산통제회'라고 한다)에 이를 위임한다. 단, 제4호에서 제7호까지 열거한 직권에 대해서는 석탄, 아탄(亞炭), 석유 및 아스팔트 이외의 광물을 목적으로 하는 광업권에 관해서만 한정한다.

1. 산금법(産金法) 제3조 제1항의 규정에 따른 면허, 같은 법 제4조 제1항의 규정에 따른 허가, 같은 법 제4조 2항 및 제5조의 규정에 따른 인가, 같은 법 제4조 제3항, 제5조 제1항 및 제7조 제1항의 규정에 따른 신고의 수리, 그리고 같은 법 제5조 제2항 및 제7조 제2항의 규정에 따른 명령
2. 산금법 제10조 제1항의 규정에 따른 보고징수(전호, 제3호 및 제8호 전단의 규정에 따라 위임받은 직권을 행사할 필요가 있는 경우에 한정한다)
3. 산금법 시행령 제3조 제2항 및 제8조 제2호의 규정에 따른 허가, 동 시행령 제6조의 규정에 따른 면허, 그리고 같은 령 제10조 제1항, 제12조 및 제13조의 단서 규정에 따른 인가
4. 중요광물증산법 제2조 제1항 및 제3항, 제3조 및 제14조 제2항의 규정에 따른 명령, 같은 법 제2조 제2항의 규정에 따른 신고서의 수리, 그리고 같은 법 제14조 제1항의 규정에 따른 인가
5. 중요광물증산법 제17조 제1항의 규정에 따른 보고징수(전호, 제6호 및 제8호 후단의 규정에 따라 위임받은 직권을 행사할 필요가 있는 경우에 한정한다)
6. 중요광물증산법 제4조 제2항의 규정에 따른 재정, 같은 법 제5조 제1항의 규정에 따른 명령, 같은 법 제5조 제2항의 규정에 따른 결정, 그리고 같은 법 제7조의 규

정에 따른 대가 및 그 지불의 시기 결정(같은 법 제12조에서 준용하는 경우를 포함한다)

7. 중요광물증산법 시행령 제4조, 제5조 및 제7조의 규정에 따른 신고의 수리, 그리고 동 시행령 제9조 및 제10조의 규정에 따른 직무
8. 산금법 시행규칙 및 중요광물증산법 시행규칙에 따른 직권으로서 상공대신이 정한 것
9. 1937년 법률 제92호 제2조의 규정에 기반하여 발동한 명령에 따른 직권으로서 상공대신이 정한 것
10. 물자통제령에 기반하여 발동한 명령에 따른 직권으로서 상공대신이 정한 것

광산통제회는 전항의 규정에 따라 위임받은 직권을 행사해야 한다. 단, 광산통제회는 산금법 제3조 제1항 및 제4조 제2항, 산금법 시행령 제6조, 그리고 중요광물증산법 제2조 제3항, 제3조, 제4조 제2항, 제5조 제2항(같은 법 제12조에서 준용하는 경우를 포함한다.) 및 제14조의 규정에 따른 직권으로 임시자금조정법 시행령 제4조의 제1항, 제3호, 제5조 제1항의 단서 또는 제6조의 3 제1항 제2호 또는 임시농지 등 관리령 제7조 제1항 제4호의 규정을 적용하는 사항에 관한 것을 행사하려고 할 때에는 미리 상공대신의 승인을 받을 필요가 있다.

광산통제회가 산금법 시행령 제6조의 규정에 따른 업무로서 무쇠, 은괴 또는 아말감합금의 매입을 면허하려고 할 때에는 미리 상공대신의 승인을 받을 필요가 있다.

전항의 경우에 상공대신은 광산통제회에 대해 전항의 승인을 하려고 할 때에는 대장대신(大藏大臣)에게 협의해야 한다.

산금법 제18조 중에서 정부가 명령한 사항이라고 한 것은 정부 또는 제1항의 규정에 따라 광산통제회가 명령한 사항으로 한다.

광산통제회가 제1항 제4호에서 제6호까지의 규정에 따라 위임받은 직권을 행사할 경우에는 제3조 제3항의 규정을 준용한다.

제7조 광산통제회가 전조의 제1항 제6호의 규정에 따라 위임받은 직권을 행사하는 경우에는 제4조의 규정을 준용한다.

제8조 1937년 법률 제92호 제2조의 규정 또는 물자통제령에 기반하여 발동한 명령에 따른

행정관청의 직권으로서 상공대신이 정한 것은 중요산업단체령에 따른 시멘트통제회, 차량통제회, 자동차통제회, 정밀기계통제회, 전기기계통제회, 산업기계통제회 또는 금속공업통제회(이하 각각 시멘트통제회, 차량통제회, 자동차통제회, 정밀기계통제회, 전기기계통제회, 산업기계통제회 또는 금속공업통제회라 한다)에게 위임한다.

전항에 열거한 통제회는 전항의 규정에 따라 위임받은 직권을 행사한다.

제9조 자동차제조사업법, 자동차제조사업법 시행령, 공작기계제조사업법, 공작기계제조사업법 시행령, 중요기계제조사업법 또는 중요기계제조사업법 시행령에 따라 상공대신에게 제출해야 하는 서류는 명령이 정하는 바에 따라 차량통제회, 자동차통제회, 정밀기계통제회, 전기기계통제회 또는 산업기계통제회를 경유해야만 한다.

제10조 무역통제령 시행규칙에 따른 행정관청의 직권으로서 상공대신이 정한 것은 중요산업단체령에 따른 무역통제회(貿易統制會)(이하 '무역통제회'라고 한다)에게 위임한다.

무역통제회는 전항의 규정에 따라 위임받은 직권을 행사한다.

제11조 회사경리통제령(會社經理統制令)에 따라 행정관청에 제출해야 하는 서류는 회사가 철강통제회, 석탄통제회, 광산통제회, 시멘트통제회, 차량통제회, 자동차통제회, 정밀기계통제회, 전기기계통제회, 산업기계통제회, 금속공업통제회 또는 무역통제회의 회원이거나 회원이었던 단체를 조직한 자인 때에는 해당 통제회를 경유해야만 한다. 단, 회사경리통제령 시행규칙 제36조, 제38조 또는 제39조의 규정에 따라 일본은행(日本銀行)을 거쳐 제출해야 하는 것과 동 시행규칙 제45조의 규정에 따라 재정국출장소(財政局出張所)를 거쳐 제출해야 하는 것에 대해서는 여기에 제한되지 않는다.

전항의 본문인 경우에 서류를 제출하는 회사가 2개 이상의 통제회의 회원이거나 회원이던 단체를 조직한 자인 때에는 주요 관계가 있는 통제회를 경유하여 제출하는 것으로 충분하다. 이 경우에는 관계가 있는 다른 통제회의 명칭을 해당 서류에 부기해야 한다.

제12조 1937년 법률 제92호 제3조, 물자통제령 제20조 또는 무역통제령 제6조의 규정에 따른 행정관청의 보고징수의 직권은 중요산업단체령에 따른 통제회(이하 '통제회'

라고 한다.)에 이를 위임한다. 단 해당 통제회가 1937년법률 제92호 제2조의 규정, 물자통제령 또는 무역통제령에 기반하여 발동한 명령에 따른 행정관청의 직권으로서 본 령에 기반하여 해당 통제회가 위임받은 것을 행사할 필요가 있는 경우로 한정한다.

통제회는 전항의 규정에 따라 위임받은 직권을 행사한다.

제13조 상공대신이 공장사업장관리령(工場事業場管理令)에 따른 관리와 관련하여 공장사업장에 대해 같은 령에 따른 직권을 행사할 경우에는 해당 관리의 범위에 속하는 사업에 관하여 통제회가 이에 관한 사무를 취급하도록 할 수 있다.

제14조 다음에 열거하는 행정관청의 직권은 중요산업단체령에 따른 철도궤도통제회(鐵道軌道統制會)(이하 '철도궤도통제회'라고 한다)에 이를 위임한다.

1. 철도영업법(鐵道營業法) 제20조 및 제23조 제2항의 규정에 따른 인가
2. 지방철도법(地方鐵道法) 제26조 제1항의 규정에 따른 허가 및 같은 법 제27조 제1항의 규정에 따른 운수영업의 전부 또는 일부의 휴지(休止) 허가
3. 궤도법(軌道法) 제16조 제1항의 규정에 따른 사업 또는 운전의 관리 위탁 또는 수탁의 허가 및 같은 법 제26조에서 준용하는 지방철도법 제27조 제1항의 규정에 따른 운수영업의 전부 또는 일부의 휴지 허가
4. 육운통제령(陸運統制令) 제11조의 규정에 따른 인가
5. 철도운수규정, 지방철도법 시행규칙, 지방철도계원직제(地方鐵道係員職制), 지방철도운임할인규정, 궤도운수규정, 궤도계원규정, 궤도운임할인규정, 전용철도규정 및 육운통제령 시행규칙에 따른 직권으로서 철도대신이 정한 것
6. 육운통제령에 따른 직권으로서 궤도사업에 관한 것 가운데 철도대신과 내무대신이 정한 것
7. 궤도법 시행규칙에 따른 직권 및 1923년(大正 12) 내무성·철도성령 궤도법 제25조의 규정에 따른 직권위임에 관한 건에 의한 직권으로서 내무대신과 철도대신이 정한 것

철도궤도통제회는 전항의 규정에 따라 위임받은 직권을 행사해야 한다. 단, 철도궤도통제회가 전항의 제4호에 따른 직권으로서 임시자금조정법 시행령 제6조의 3 제

1항 제2호의 규정을 적용하는 사항에 관한 것을 행사하려고 할 때에는 미리 철도대신의 승인을 받을 필요가 있다.

제15조 본 령에서 정한 것 이외에 행정관청에 제출해야 하는 서류로서 통제회를 경유하는 것에 대해서는 주무대신이 명령으로 이를 정한다.

주무대신이 필요하다고 인정한 때에는 본 령에 기반하여 통제회를 경유하여 행정관청에 제출해야 하는 서류의 경유에 관해서 별도의 지시를 할 수 있다.

제16조 본 령에 기반하여 통제회가 행사하는 직권에 관해서는 통제회가 해당 직권에 관한 사항을 담당하는 주무대신(이하 '주무대신'이라고 한다)의 지휘감독을 받는 것으로 한다.

주무대신은 본 령에 기반하여 통제회가 내리는 처분으로서 법령을 위반하고 공익을 해하거나 권한을 넘어선다고 인정할 때, 기타 해당 처분이 부적당하다고 인정할 때에는 이를 정지하고 취소하거나 변경할 수 있다.

주무대신이 전항의 규정에 따라 통제회의 처분을 정지하고 취소하거나 변경한 때에는 그 취지를 고시해야 한다.

제17조 제1조 제4호의 규정에 따라 철도통제회가 행사하는 명령으로 인해 발생하는 손실은 국가총동원법 제27조의 규정에 따라 정부가 이를 보상한다.

전항의 규정에 따른 손실 보상은 제철용 수입원료 배급 등 통제령 제5조의 규정을 준용한다.

제18조 본 령에 기반하여 통제회가 행사하는 인가, 허가, 면허 또는 명령은 임시자금조정법 시행령 제4조 제1항 제3호, 제5호 제1항의 단서, 제6조의 3 제1항 제2호 또는 임시농지 등 관리령 제4조 제2호나 제6조 제2호의 규정을 적용할 경우 이를 행정관청의 인가, 허가, 면허 또는 명령으로 간주한다.

본 령이 정하는 바에 따라 통제회가 행사하는 재정 또는 결정은 임시자금조정법 시행령 제6조의 3 제1항 제2호 또는 회사경리통제령 시행규칙 제37조 제1항 제4호의 규정을 적용할 경우 이를 행정관청의 명령으로 간주한다.

위 2개항의 경우에 통제회가 행사하는 처분에 대해 주무대신이 본 령에 기반하여 승인을 하려고 할 때에는 당해 처분이 임시자금조정법 시행령 제4조 제1항 제3호에 관한 것인 경우에는 동조 동항의 주무대신에게, 같은 령 제5조 제1항의 단서에 관한 경우에는 동조 동항의 주무대신에게, 같은 령 제6조의 3 제1항 제2호에 관한 것인 경우에는 대장대신(주무대신이 철도대신인 경우에는 대장대신과 상공대신)에게, 임시농지 등 관리령 제7조 제1항 제4호에 관한 것인 경우에는 농림대신에게 협의해야 한다.

제19조 본 령에 기반하여 통제회가 행사하는 처분은 행정집행법 제5조의 규정을 적용할 경우 행정관청이 법령에 따라 행사하는 처분으로 간주한다. 이 경우에 동조의 해당 행정관청은 해당 처분에 관련된 사항에 관한 주무관청으로 한다.

제20조 본 령에 기반하여 통제회가 행정관청의 직권을 행사하는 경우 또는 행정관청에 제출해야 하는 서류가 통제회를 경유해야 하는 경우에는 허가인가 등 행정사무처리 간첩령(許可認可等行政事務處理簡捷令)을 적용할 경우 해당 통제회를 행정청으로 간주한다.

제21조 본 령에 기반하여 통제회가 행사하는 직권에 관한 사무의 취급에 필요한 경비는 해당 통제회가 부담한다.

제22조 본 령에서 정한 것 이외에 본 령에 기반하여 통제회가 행정관청의 직권을 행사하는 경우에 필요한 사항은 주무대신이 명령으로 이를 정한다.

부칙

본 령은 1942년(昭和 17) 법률 제15호의 시행일로부터 이를 시행한다.(1943년 2월 1일 시행)
본 령에 기반하여 통제회가 행사하는 직권에 관한 사항으로서 해당 사항에 관한 서류가 본 령 시행 이전에 행정관청에 수리된 것의 처리에 관해서는 종전의 사례에 따른다.

자료 71	
\multicolumn{2}{c}{행정관청직권위양령 시행규칙}
구분	상공성령 제3호
법령명/건명	행정관청직권위양령 시행규칙 行政官廳職權委讓令施行規則
공포·개정·결정·폐지 연월일	1943년 1월 21일
구성	16개 조항, 부칙 2개 조항
선행 규범·법령	중요산업단체령, 행정관청직권위양령
원문 일부	
주요 내용 및 특징	○ 중요산업단체령에 근거하여 행정관청의 직권을 특정 통제회 등에 위임하는 명령과 관련하여 철설배급통제규칙 등 하위 규칙에 관한 규정 ○ 철강통제회, 석탄통제회, 석탄배급통제회, 광산통제회, 시멘트통제회, 차량통제회, 자동차통제회, 정밀기계통제회, 전기기계통제회, 산업기계통제회 또는 금속공업통제회 등에 관한 하위 규정
법령 적용 범위	제국 전역
관련 법령 통합·폐지 사항	철설배급통제규칙, 제철사업법, 제철설비제한규칙, 철강통제규칙, 카바이드배급통제규칙, 중요광물증산법 시행규칙, 산금법 등
유사·파생 법령	

상공성령 제3호

1943년 1월 21일

행정관청직권위양령 시행규칙
行政官廳職權委讓令施行規則

제1조 행정관청위양령(이하 '령'이라고 한다) 제1조 제1항 제6호부터 제8호까지의 규정에 따라 직권을 정하는 것은 다음과 같다. 단, 철설배급통제규칙(鐵屑配給統制規則) 제2조 제4호 그리고 철설통제규칙 제9조 제1항 제2호 및 제15조의 단서 규정에 따른 직권에 대해서는 제4조 제1항 제4호 및 동조 제2항, 제6조 제1항 제8호 및 동조 제2항, 제9조 제1항 제2호 및 동조 제2항, 제11조 제1항 제6호 및 동조 제2항(제12조에서 준용하는 경우를 포함한다) 그리고 제15조의 직권을 제외한다.

1. 제철사업법 시행규칙 제2조 제1항(제3조에서 준용하는 경우를 포함한다), 제4조, 제7조, 제13조부터 제15조까지, 제16조 제1항·제3항(제18조에서 준용하는 경우를 포함한다), 제17조, 제19조, 제22조, 제24조 제1항·제3항·제4항, 제25조 제1항, 제26조 제1항, 제27조 및 제28조의 규정에 의한 직권

2. 철설배급통제규칙 제2조 제4호, 제2조의 2 제1항의 단서, 제4조의 2, 제6조의 단서, 제9조 제1항의 단서, 제10조의 단서, 제11조의 단서, 제12조 및 제14조 제2항의 규정에 의한 직권과 동 규칙 제15조 제1항의 규정에 의한 보고서의 수리

3. 제철설비제한규칙 제1조 및 제2조 제1항의 규정에 의한 직권

4. 철강통제규칙 제3조의 단서, 제8조, 제9조 제1항 제2호, 동조 제3항 및 제15조의 단서 규정에 의한 직권

5. 카바이드(탄화칼슘)배급통제규칙 제12조 제2항의 단서 규정에 따른 직권

전항 제5호의 직권은 양도하는 양 당사자가 중요산업단체령에 따른 철강통제회(이하 '철강통제회'라고 한다)의 회원 또는 회원인 단체를 조직한 자인 경우로 한정한다.

제2조 철강통제회령 제1조 제1항 제7호 및 전조 제1항 제3호의 규정에 따라 위임받은 제철설비제한규칙 제1조의 규정에 의한 직권으로서 임시자금조정법 시행령 제6조의

③ 제1항 제2호의 규정이 적용되는 사항에 관한 것을 행사할 때에는 미리 상공대신의 승인을 받을 필요가 있다.

제3조 제철사업법 시행규칙 제8조의 규정에 따라 상공대신에게 제출해야 하는 서류는 철강통제회를 경유해야만 한다.

제4조 령 제3조 제1항 제7호부터 제9호까지의 규정에 따른 직권을 정하는 것은 다음과 같다.

1. 석탄배급통제법 시행규칙 제2조 제1항의 단서, 제6조 및 제7조의 규정에 따른 직권

2. 중요광물증산법 시행규칙 제3조, 제5조 제1항 및 제8조의 규정에 따른 직권(석탄을 목적으로 하는 광업권에 관한 것으로 한정한다)

3. 석탄배급조정규칙 제6조부터 제7조의 2까지, 제8조 제1항, 제9조, 제10조 제2항, 제11조 제2항 및 제20조의 규정에 따른 상공대신의 직권(동 규칙 제7조의 규정에 따른 직권에 대해서는 동조 제1항의 규정에 따른 지정중매단체(指定仲買團體)의 지정을 제외한다)

4. 철설배급통제규칙 제2조 제4호, 철설통제규칙 제9조 제1항 제2호 및 제15조의 단서, 그리고 카바이드배급통제규칙 제12조 제2항의 단서 규정에 따른 직권

전항 제4호의 직권에는 제1조 제2항의 규정을 준용한다.

중요산업단체령에 따른 석탄통제회(이하 '석탄통제회'라고 한다)가 령 제3조 제1항 제5호 및 제6호의 규정에 따라 위임받은 직권을 행사하는 경우에 중요광물증산법 시행규칙 제6조 및 제7조의 규정에 구애됨이 없이 제4항 및 제5항이 정하는 바에 따른다.

중요광물증산법 시행령 제4조 또는 제5조의 규정에 따른 신고를 하는 경우에는 등록세액에 상당하는 금액을 석탄통제회에 납부해야 한다.

다음의 경우에는 석탄통제회가 신청서나 신고서를 수리하지 않는다.

1. 법령에 따라 재정을 신청할 수 없는 때

2. 중요광물증산법 시행령 제4조 또는 제7조의 규정을 위반하여 신고에 사실을 입증할 서류를 첨부하지 않은 때

3. 중요광물증산법 시행령 제5조의 규정을 위반하여 신고서에 당사자가 연서를 하지 않은 때

4. 중요광물증산법 시행규칙 제5조의 규정을 위반하여 재정신청에 기재해야 할 사항을 기재하지 않거나 첨부해야 할 서류 또는 도면을 첨부하지 않은 때

5. 제4항의 규정을 위반하여 등록세액에 상당하는 금액을 납부하지 않은 때

석탄통제회령 제3조 제1항 제7호 후단 및 본조 제1항 제2호의 규정에 따라 위임받은 직권을 행사할 경우에는 중요광물증산법 시행규칙 제10조의 규정을 적용하지 않는다.

석탄통제회령 제3조 제1항 제8호 및 본조 제1항 제3호의 규정에 따라 위임받은 석탄배급조정규칙 제7조의 2의 규정에 따른 직무를 행사할 경우에는 동조 제3항 중에서 '고시(告示)'는 '공시(公示)'라 한다.

제5조 석탄배급통제법 시행규칙 제8조, 제9조, 제11조 또는 제12조의 규정에 따라 상공대신에게 제출해야 하는 서류는 석탄통제회를 경유해야만 한다.

제6조 령 제6조 제1항 제8호부터 제10호까지의 규정에 따른 직권을 정하는 것은 다음과 같다.

1. 산금법(山金法) 시행규칙 제1조부터 제5조까지, 제6조(제7조에서 준용하는 경우를 포함한다.), 제9조, 제10조, 제11조 제1호 및 제2호, 제12조, 제14조, 제16조 그리고 제19조부터 제25조까지의 규정에 의한 직권

2. 중요광물증산법 시행규칙 제3조, 제5조 제1항 및 제8조의 규정에 따른 직권(석탄, 아탄, 석유 및 아스팔트 이외의 광물을 목적으로 하는 광업권에 관한 것으로 한정한다)

3. 구리,아연,주석등배급통제규칙 제1조 2의 단서, 제2조 제1항의 단서, 제4조 제4호, 제4조의 3, 제5조의 단서, 제9조의 단서 및 제10조의 단서 규정에 따른 직권

4. 백금(白金)등배급통제규칙 제2조의 단서, 제3조의 단서, 제4조의 단서, 제6조의 단서, 제7조의 단서, 제10조 및 제11조의 규정에 따른 직권

5. 광석(鑛石)배급통제규칙 제2조 제1항 제4항, 제4조 및 제5조의 규정에 따른 직권으로서 철광 이외의 광석에 관한 것, 그리고 동 규칙 제3조 및 제6조의 규정에 따

른 직권

6. 유황(硫黃)배급통제규칙 제3조 제1항의 단서 및 제8조의 규정에 따른 직권
7. 망간및크롬배급통제규칙 제3조 단서의 규정에 따른 직권 및 동조 제4조의 단서 규정에 따른 직권으로서 망간 또는 크롬을 양도하는 자가 망간 또는 크롬의 생산(판매할 목적으로 선광(選鑛)하는 경우를 포함한다)을 업으로 하는 자 또는 업무에 관해 망간 또는 크롬을 수입하거나 이입한 자인 경우에 관한 것
8. 철설배급통제규칙 제2조 제4호, 철강통제규칙 제9조 제1항 제2호 및 제15조의 단서, 그리고 카바이드배급통제규칙 제12조 제2항의 단서 규정에 따른 직권

전항 제8호의 직권에는 제1조 제2항의 규정을 준용한다.

중요산업단체령에 따른 광산통제회(이하 '광산통제회'라고 한다.)는 령 제6조 제1항 제8호 전단 및 본조 제1항 제1호의 규정에 따라 위임받은 직권을 행사할 경우에는 산금법 시행규칙 제11조 중 고시는 공시로 하고 동 규칙 제26조의 규정을 적용하지 않는다.

광산통제회령 제6조 제1항 제6호 및 제7호의 규정에 따라 위임받은 직권을 행사할 경우, 그리고 제4조 제6항의 규정은 광산통제회령 제6조 제1항 제8호 후단 및 본조 제1항 제2호의 규정에 따라 위임받은 직권을 행사할 경우에는 제4조 제3항부터 제5항까지의 규정을 준용한다.

광산통제회령 제6조 제1항 제9호 및 본조 제1항 제5호의 규정에 따라 위임받은 직권을 행사할 경우에는 광석배급통제규칙 제7조의 규정을 적용하지 않는다.

제7조 광산통제회령 제6조 제1항 제8호 전단 및 전조 제1항 제1호의 규정에 따라 위임받은 산금법 시행규칙 제1조 제3항의 규정에 따른 직권으로서 임시자금조정법 시행령 제6조 3 제1항 제2호의 규정이 적용되는 사항에 관한 것을 행사하려고 할 때에는 미리 상공대신의 승인을 받을 필요가 있다. 광산통제회가 그 회원 또는 회원인 단체를 조직한 자 이외의 자에 대해 령 제6조 제1항 제9호 및 전조 제1항 제5호의 규정에 따라 위임받은 광석배급통제규칙 제4조의 규정에 따른 직권을 행사할 때에도 마찬가지다.

제8조 백금등배급통제규칙 제8조 제1항의 규정에 따라 상공대신에게 제출해야 하는 서류

는 광산통제회를 경유해야만 한다.

제9조 령 제8조 제1항의 규정에 따라 중요산업단체령에 따른 시멘트통제회(이하 '시멘트통제회'라고 한다.)에 위임한 직권을 정하는 것은 다음과 같다.

1. 시멘트배급통제규칙 제3조, 제4조, 제5조의 단서, 제7조, 제8조 제5호, 제16조, 제17조의 규정에 따른 직권

2. 철설배급통제규칙 제2조 제4호, 철설통제규칙 제9조 제1항 제2호 및 제15조의 단서, 그리고 카바이드배급통제규칙 제12조 제2항의 단서 규정에 따른 직권

전항 제2호의 직권에는 제1조 제2항의 규정을 준용한다.

제10조 시멘트통제회령 제8조 제1항 및 전조 제1항 제1호의 규정에 따라 위임받은 배급통제규칙 제3조의 규정에 따른 직권으로서 임시자금조정법 시행령 제6조 3 제1항 제2호의 규정이 적용되는 사항에 관한 것을 행사하려고 할 때에는 미리 상공대신의 승인을 받을 필요가 있다.

제11조 령 제8조 제1항의 규정에 따라 중요산업단체령에 따른 차량통제회(이하 '차량통제회'라고 한다)에 위임한 직권을 정하는 것은 다음과 같다.

1. 주조(鑄造)설비제한규칙 제2조 제1항, 제3조 제1항 및 제4조의 규정에 따른 직권(차량 및 철도 신호보안장치의 제조업자가 해당 사업용으로 공급하는 주물의 제조에만 사용하는 주조설비를 신설, 증설, 양수(讓受), 빌리거나 또는 개조하는 경우로 한정한다)

2. 동 규칙 제2조 제2항에서 준용하는 동 규칙 동조 제1항, 동 규칙 제3조 제3항에서 준용하는 동 규칙 동조 제1항 및 동 규칙 제4조의 규정에 따른 직권(차량 및 철도 신호보안장치의 제조업자가 동 규칙 제2조 제2항에 열거한 용융로를 해당 사업의 목적으로 공급하는 주물의 제조용으로만 전용하는 경우로 한정한다)

3. 동 규칙 제5조의 규정에 따른 직권(차량 및 철도 신호보안장치의 제조업자가 동 규칙 동조에 열거한 설비에 따라 제조해야 하는 물품의 종류를 해당 사업용으로 공급하는 주물로만 변경할 경우로 한정한다)

4. 기계설비제한규칙 제2조, 제3조 제1항 및 제5조의 규정에 따른 직권(동 규칙 제2조에 열거한 설비가 차량 및 철도 신호보안장치 또는 그 부품의 제조나 가공에

만 사용되는 경우로 한정한다.)

5. 기계설비제한규칙 제6조의 규정에 따른 직권(변경 후 제조 또는 가공해야 할 물품이 차량 및 철도 신호보안장치 또는 그 부품인 경우로만 한정한다)

6. 철설배급통제규칙 제2조 제4호, 철강통제규칙 제9조 제1항 제2호 및 제15조의 단서, 그리고 카바이드배급통제규칙 제12조 제2항의 단서 규정에 따른 직권

차량통제회령 제8조 제1항 및 본조 제1항 제1호에서 제5호까지의 규정에 따라 위임받은 직권을 행사할 경우에는 주조설비제한규칙 제6조 및 기계설비제한규칙 제7조의 규정을 적용하지 않는다.

제12조 중요산업단체령에 따른 자동차통제회, 정밀기계통제회, 전기기계통제회 또는 산업기계통제회(이하 각각 '자동차통제회', '정밀기계통제회', '전기기계통제회' 또는 '산업기계통제회'라고 한다)에 위임한 령 제8조 제1항의 직권에 대해서는 전조의 규정을 준용한다. 단, 동조 중에서 차량 및 철도 신호보안장치라고 한 것은 자동차통제회에서는 자동차로, 정밀기계통제회에서는 정밀기계로, 전기기계통제회에서는 전기기기, 발전용 증기관(蒸氣罐), 증기터빈, 수차, 전기통신기기로, 산업기계통제회에서는 원동기(발전용 증기관, 증기터빈 및 수차는 제외) 및 생산용기기로 한다.

제13조 자동차통제회에 위임한 령 제8조 제1항의 직권은 전조에서 정한 것 이외에 자동차수리용부품통제규칙 제4조의 단서, 제6조 및 제7조의 규정에 따른 직권으로 한다.

제14조 자동차제도사업법, 자동차제조사업법 시행령, 자동차제조사업법 시행규칙 또는 우량자동차부분품및자동차재료인정규칙에 따라 상공대신에게 제출해야 하는 서류는 자동차통제회를 경유해야만 한다. 공작기계제조사업법, 공작기계제조사업법 시행령, 공작기계제조사업법 시행규칙, 공작기계시작(試作)장려금교부규칙 또는 우량공작기계인정규칙에 따라 상공대신에게 제출해야 하는 서류는 정밀기계통제회를 경유해야만 한다.

중요기계제조사업법, 중요기계제조사업법 시행령, 중요기계제조사업법 시행규칙 또는 중요기계제조연구장려금교부규칙에 따라 상공대신에게 제출해야 하는 서류는 차량 및 철도 신호보안장치에 관한 것의 경우에는 차량통제회를, 자동차에 관한 것의 경우에는 자동차통제회를, 정밀기기에 관한 것의 경우에는 정밀기계통제

회를, 전기기기, 발전용 증기관, 증기터빈 및 수차, 전기통신기기에 관한 경우에는 전기기계통제회를, 원동기(발전용 증기관, 증기터빈 및 수차는 제외한다) 및 생산용 기기에 관한 경우에는 산업기계통제회를 경유해야만 한다. 이 경우에는 중요기계제조연구장려금교부규칙 제12조의 규정을 적용하지 않는다.

전항의 경우에 서류를 경유해야 하는 중요산업단체령에 따른 통제회(이하 '통제회'라고 한다)가 2개 이상 있을 경우에는 주로 관계가 있는 통제회를 경유하는 것으로 충분하다. 이 경우에는 관계가 있는 다른 통제회의 명칭을 해당 서류에 부기해야만 한다.

제15조 중요산업단체령에 따른 금속공업통제회에 위임한 령 제8조 제1항의 직권은 주물통제규칙 제9조 제1항 제2호 및 제15조의 단서, 그리고 실[絲]배급통제규칙 제3조의 단서 및 제6조의 단서 규정에 따른 직권으로 한다.

전항의 직권에는 제1조 제2항의 규정을 준용한다.

제16조 중요산업단체령에 따른 무역통제회에 위임한 령 제10조 제1항의 직권은 무역통제령 시행규칙 제11조의 2, 제11조의 3, 제13조의 2, 제13조의 3, 제20조의 2 제2항 및 제20조의 3 제2항의 규정에 따른 직권으로 한다.

부칙

제17조 본 규칙은 령 시행일로부터 이를 시행한다. 단, 제18조부터 제21조까지의 규정은 공포일로부터 이를 시행한다.

제18조 이하 생략

자료 72	
행정관청직권위양령 제14조 제1항 제6호 및 제7호 시행에 관한 건	
구분	내무성령·철도성령 제1호
법령명/건명	행정관청직권위양령 제14조 제1항 제6호 및 제7호 시행에 관한 건 行政官廳職權委讓令第十四條第一項第六號及第七號ノ施行ニ關スル件
공포·개정·결정·폐지 연월일	1943년 1월 23일
구성	12개 조항, 부칙 1개 조항
선행 규범·법령	중요산업단체령, 행정관청직권위양령, 육운통제령, 철도궤도통제령, 궤도법
원문 일부	(원문 이미지)
주요 내용 및 특징	○ 행정관청직권위양령과 중요산업단체령에 근거하여 육운통제령 중 궤도사업에 관한 행정관청의 직권을 철도궤도통제회에 위임하는 명령
법령 적용 범위	제국 전역
관련 법령 통합·폐지 사항	철도궤도통제령, 궤도법, 임시자금조정법 시행령, 임시농지 등 관리령, 궤도법 시행규칙, 지방철도법 시행규칙
유사·파생 법령	

내무성령·철도성령 제1호

1943년 1월 23일

행정관청직권위양령 제14조 제1항 제6호 및 제7호 시행에 관한 건
行政官廳職權委讓令第十四條第一項第六號及第七號ノ施行ニ關スル件

제1조 행정관청직권위양령(行政官廳職權委讓令) 중 제14조 제1항 제6호 및 제7호에 관한 부분의 시행에 관해서는 본 령에서 정하는 바에 따른다.

제2조 행정관청직권위양령 제14조 제1항 제6호의 규정에 따라 중요산업단체령에 따른 철도궤도통제회(이하 '철도궤도통제회'라고 한다)에 위임한 행정관청의 직권은 육운통제령 중 궤도사업에 관한 부분의 시행에 관한 건 제2조에서 준용하는 육운통제령 시행규칙 제19조 및 제21조의 규정에 따른 서류의 수리 및 인가로 한다.

제3조 행정관청직권위양령 제14조 제1항 제7호의 규정에 따라 철도궤도통제령에 위임한 행정관청의 직권을 정하는 것은 다음과 같다.

   1. 궤도법 시행규칙 제27조에서 준용하는 지방철도법 시행규칙 제32조(양도의 경우는 제외한다) 및 제45조 제1항의 규정에 따른 서류의 수리

   2. 궤도법 시행규칙 제11조, 제21조(기본운임에 관한 것을 제외한다) 및 제22조, 그리고 제27조에서 준용한 지방철도법 시행규칙 제21조 제1항·제2항, 제25조 제1항 본문 및 제26조의 규정에 따른 인가

궤도법 시행규칙 제23조, 제24조(지방장관 앞으로 된 것은 제외한다) 및 제26조(즉시보고를 제외한다) 그리고 제27조에서 준용한 지방철도법 시행규칙 제18조(제8호를 제외한다), 제21조 제1항의 단서, 제22조, 제25조 제2항, 제33조, 제38조부터 제49조까지(영업보고서에 관한 것을 제외한다) 및 제51조의 규정에 따른 신고서 또는 보고서의 수리

   3. 궤도법 제25조의 규정에 따른 직권위임에 관한 건, 제2조의 규정에 따른 지방장관의 직권으로서 신설궤도에 관한 것과 병용궤도(倂用軌道)에 관한 것 중에서 별도로 정한 공사에 관한 것

궤도법 제25조의 규정에 따른 직권위임에 관한 건, 제3조의 규정에 따른 철도국장의 직권

제4조 철도궤도통제회가 제2조와 전조 제2호 및 제3호에 따른 직권으로서 임시자금조정법 시행령 제6조의 3 제1항 제2호 또는 임시농지 등 관리령 제7조의 규정을 적용받는 사항에 관한 것을 행사하려고 할 때에는 미리 철도대신의 승인을 받을 필요가 있다.

제5조 제3조의 규정에서 정한 행정관청의 직권에는 궤도법 시행규칙 제11조의 규정에 따른 직권으로서 운송 개시 전의 것 그리고 다음에 열거하는 사항에 관한 것은 포함되지 않는 것으로 한다.

1. 동력(動力) 및 궤간(軌間) 변경에 관한 공사
2. 복선(複線) 공사
3. 병용궤도에서 교량에 관한 공사
4. 병용궤도에서 궤도의 구조 및 도로의 포장에 관한 공사(인가를 받은 설계와 동일한 것은 제외한다.)
5. 국도(國道), 부현도(府縣道), 기타 교통이 번잡한 도로와의 교차로에 관한 공사
6. 다른 궤도 또는 철도와의 연락, 직통 또는 교차하는 공사
7. 전력 수급에 관련된 변전소 및 송배전선의 신설 또는 변경에 관한 공사
8. 제1종 및 계전연동(繼電聯動) 보안설비의 신설 또는 변경에 관한 공사
9. 특수설계에 관한 공사
10. 궤도법 시행규칙 제11조 제3항에 해당하는 공사
11. 지하철도 및 시가지에서의 고가선(高架線)에 관한 주요 공사
12. 기타 내무대신 및 철도대신이 지정하는 공사

제6조 제3조의 규정에서 정한 행정관청의 직권에는 궤도법 시행규칙 제27조에서 준용한 지방철도법 시행규칙 제25조 제1항의 본문 규정에 따른 직권으로서 운송개시 전의 것과 사용기간이 6개월을 초과한 공사에 관한 것은 여기에 포함되지 않는다.

제7조 궤도법 시행규칙 제1조 및 제27조에서 준용한 지방철도법 시행규칙 제31조의 규정에 따라 내무대신 또는 철도대신에게 제출해야 하는 서류는 철도궤도통제회를 경

유해야만 한다.

전항의 경우에는 궤도법 시행규칙 제22조의 2와 제29조의 규정을 적용하지 않는다.

제8조 철도궤도통제회 제3조의 규정에서 정한 직권으로서 철도법 시행규칙 제11조나 제27조에서 준용한 지방철도법 시행규칙 제25조 제1항의 본문 또는 궤도법 제25조의 규정에 따른 직권위임에 관한 건 제2조의 규정에 의한 것을 행사할 경우에 정류장의 폐지, 선로와 교량의 중요한 변경, 또는 도로 및 하천의 점용 방법이나 면적의 변경을 동반하는 것일 때에는 미리 관계 지방장관에게 협의해야만 한다.

철도궤도통제회가 전항의 규정에 따라 지방장관에게 협의해야 할 사항에 대한 처분을 한 때에는 그 취지를 해당 지방장관에게 보고해야만 한다.

제9조 철도궤도통제회가 행정관청직권위양령 제14조 제1항 제3호에 따른 처분을 한 때에는 서류를 구비하여 그 처분의 월일을 내무대신, 철도대신 및 관계 지방장관에게 보고해야 한다.

철도궤도통제회가 제3조의 규정에서 정한 직권으로서 궤도법 시행규칙 제21조의 규정에 따른 처분을 한 때에는 서류를 구비하여 그 처분의 월일을 철도대신 및 관계 지방장관에게, 동 규칙 제26조의 규정에 따른 신고서를 수리한 때에는 서류를 구비하여 내무대신, 철도대신 및 관계 지방장관에게 보고해야 한다.

제10조 철도궤도통제회가 제3조의 규정에서 정한 직권을 행사할 경우에 철도궤도통제회에 제출해야 하는 서류는 지방장관 또는 철도국장을 경유할 필요가 없다. 단, 영업휴지(營業休止)를 신청할 경우에는 신청서의 부본을 관계 지방장관에게 제출해야 한다.

전항의 경우에는 궤도법 시행규칙 제11조 제4항, 제22조의 2, 제24조의 2 및 제27조 제2항·제4항, 그리고 제27조 제1항에서 준용하는 지방철도법 시행규칙 제33조 제2항의 규정에 따른 부본의 제출은 필요하지 않다.

제11조 지방장관이 궤도법 제25조의 규정에 따른 직권위임에 관한 건, 제2조의 규정에 따른 처분을 한 때에는 서류와 도면을 첨부하여 철도궤도통제회에 통지해야 한다.

전항의 경우에 따라서는 궤도법 제25조의 규정에 따른 직권위임에 관한 건, 제2조의 규정에 따른 보고는 필요하지 않다.

제12조 철도궤도통제회가 본 령에서 정한 직권을 행사할 경우에는 철도성 소관의 직권에 관한 행정관청직권위양령 시행규칙 제9조의 규정을 준용한다. 단, 철도대신이라고 한 것은 내무대신과 철도대신으로 한다.

부칙

본 령은 1942년(昭和 17) 법률 제15호의 시행일로부터 이를 시행한다.

자료 73	

철도성 소관의 직권에 관한 행정관청직권위양령 시행규칙

구분	철도성령 제1호
법령명/건명	철도성 소관의 직권에 관한 행정관청직권위양령 시행규칙 鐵道省所管ノ職權ニ關スル行政官廳職權委讓令施行規則
공포·개정·결정·폐지 연월일	1943년 1월 23일
구성	9개 조항, 부칙 1개 조항
선행 규범·법령	행정관청직권위양령
원문 일부	◎鐵道省令第一號 鐵道省所管ノ職權ニ關スル行政官廳職權委讓令施行規則左ノ通定ム 昭和十八年一月二十三日 鐵道大臣　八田　嘉明 鐵道省所管ノ職權ニ關スル行政官廳職權委讓令施行規則 第一條　行政官廳職權委讓令中重要產業團體令ニ依ル鐵道軌道統制會(以下鐵道軌道統制會ト稱ス)ニ關スル部分ノ施行ニ關シテハ別ニ定ムルモノヲ除クノ外本令ノ定ムル所ニ依ル 第二條　行政官廳職權委讓令第十四條第一項第五號ノ規定ニ依リ鐵道軌道統制會ニ委任スル行政官廳ノ職權ヲ定ムルコト左ノ如シ 一　鐵道運輸規程、第三十六條及第八十條ノ規定ニ依ル認可 二　地方鐵道法施行規則、第十七條、第二十一條、第二十五條、第二十六條、第三十六條(基本運賃ニ關スルモノヲ除ク)、第三十九條及第四十一條ノ規定ニ
주요 내용 및 특징	○ 행정관청직권위양령과 중요산업단체령에 근거하여 행정관청의 직권을 철도궤도통제회에 위임하는 명령
법령 적용 범위	제국 전역
관련 법령 통합·폐지 사항	철도운송규정, 지방철도법 시행규칙, 지방철도계원직제, 지방철도운임할인규정, 궤도운수규정, 궤도계원규정, 전용철도규정, 육해통제령 시행규칙, 임시자금조정법 시행령, 임시농지 등 관리령 등
유사·파생 법령	

철도성령 제1호

1943년 1월 23일

철도성 소관의 직권에 관한 행정관청직권위양령 시행규칙
鐵道省所管ノ職權ニ關スル行政官廳職權委讓令施行規則

제1조 행정관청직권위양령(行政官廳職權委讓令)에 따른 철도궤도통제회(鐵道軌道統制會)(이하 '철도궤도통제회'라고 한다)에 관한 부분 시행에 관해서는 별도로 정한 것 외에는 본 령이 정한 바에 따른다.

제2조 행정관청직권위양령 제14조 제1항 제5호의 규정에 따라 철도궤도통제회에 위임한 행정관청의 직권은 다음과 같이 정한다.

  1. 철도운송규정 제36조, 제38조 및 제80조의 규정에 따른 인가

  2. 지방철도법 시행규칙 제17조, 제21조, 제25조, 제26조, 제36조(기본운임에 관한 것을 제외한다), 제39조 및 제41조의 규정에 따른 인가

    지방철도법 시행규칙 32조(철도의 양도인 경우를 제외한다) 및 제45조 제1항의 규정에 따른 서류의 수리

    지방철도법 시행규칙 제18조, 제21조, 제22조, 제25조, 제33조, 제37조에서 제39조 제3항까지, 제42조부터 제44조까지, 제47조부터 제49조까지(영업보고서에 관한 것을 제외한다) 및 제51조의 규정에 따른 신고서와 보고서의 수리

  3. 지방철도계원직제(地方鐵道係員職制) 제1조의 규정에 따른 신고서의 수리

  4. 지방철도운임할인규정 제6조의 규정에 따른 인가 및 동 규정 제5조의 규정에 따른 신고서의 수리

  5. 궤도운수규정 제4조 및 제6조의 규정에 따른 인가, 그리고 동 규정 제16조에서 준용하는 철도운수규정 제80조의 규정에 따른 인가

  6. 궤도계원규정 제1조에서 준용하는 지방철도계원직제 제1조, 동 규정 제2조 및 제4조의 규정에 따른 신고서의 수리

  7. 궤도운임할인규정에서 준용하는 지방철도운임할인규정 제6조의 규정에 따른 인

가 및 동 규정 제5조의 규정에 따른 신고서의 수리

8. 전용철도규정 제6조의 규정에 따른 허가

전용철도규정 제9조, 그리고 동 규정 제12조에서 준용하는 지방철도법 시행규칙 제17조, 제21조 및 제26조의 규정에 따른 인가

전용철도규정 제7조의 규정에 따른 신고서의 수리, 그리고 동 규정 제12조에서 준용하는 지방철도법 시행규칙 제18조, 제22조 및 제33조의 규정에 따른 신고서의 수리

9. 육해통제령 시행규칙 제19조 및 제21조의 규정에 따른 서류의 수리 및 인가

철도궤도통제회는 전항의 규정에 따른 직권으로서 임시자금조정법 시행령 제6조의 3 제1항 제2호 또는 임시농지 등 관리령 제7조 규정의 적용을 받는 사항에 관한 것을 행사할 때에는 미리 철도대신의 승인을 받을 필요가 있다.

제3조 전조 제1항의 규정에서 정한 행정관청의 직권에는 지방철도법 시행규칙 제17조 규정에 따른 직권으로서 운수(運輸) 개시 전의 것과 다음에 열거하는 사항에 관한 것을 포함하지 않는 것으로 한다.

1. 본 노선의 연장을 동반하는 공사
2. 동력(動力) 및 궤간(軌間) 변경에 관한 공사
3. 복선(複線) 공사
4. 다른 철도 또는 궤도와 연결, 직통 또는 교차하는 공사
5. 전력(電力) 수급에 관련된 변전소 및 송배전선의 신설 또는 변경에 관한 공사
6. 제1종 및 계전연동(繼電聯動)보안설비의 신설 또는 변경에 관한 공사
7. 특수설계에 관한 공사
8. 지하철도 및 시가지의 고가선(高架線)에 관한 주요 공사
9. 기타 철도대신이 지정하는 공사

제4조 제2조 제1항의 규정에서 정한 행정관청의 직권에는 지방철도법 시행규칙 제25조의 규정에 따른 직권으로서 운수 개시 전의 것과 사용기간이 6개월을 초과한 공사에 관한 것을 포함하지 않는 것으로 한다.

제5조 철도궤도통제회가 제2조 제1항의 규정에서 정한 직권을 행사할 경우에 지방철도법

시행규칙 제17조(정거장의 폐지, 노선 및 교량의 중요한 변경, 홍수범람지역에서 노선 및 교량의 변경에 관한 공사로 한정한다), 그리고 제25조(홍수범람지역과 관련된 노선 및 교량에 관한 공사 및 유수(流水) 단면을 축소하는 교량에 관한 가설공사로 한정한다)의 규정에 따른 인가를 할 때에는 미리 관계 지방장관에게 협의해야만 한다.

제6조 지방철도법 시행규칙 제17조, 제25조, 제31조 및 제36조의 규정에 따라 철도대신에게 제출해야 하는 서류는 철도궤도통제회를 경유해야 한다. 단, 정거장의 폐지노선 및 교량의 중요한 변경, 그리고 홍수범람지역에서 노선 및 교량의 변경에 관한 인가 신청서는 지방장관을 경유하고 이를 철도대신에게 제출해야 한다.

제7조 철도궤도통제회가 행정관청직권위양령 제14조 제1항 제2호에 따른 처분을 한 때에는 서류를 구비하여 그 처분의 월일을 철도대신, 관계 지방장관 및 관계 철도국장에게 보고해야 한다.

철도궤도통제회는 제2조 제1항의 규정에서 정한 직권으로서 지방철도법 시행규칙 제36조 및 제47조와 함께 전용철도규정 제6조 및 제9조의 규정에 따른 처분을 한 때에는 서류를 구비하여 그 처분의 월일을 철도대신에게 보고해야 한다.

제8조 철도궤도통제회가 제2조 제1항의 규정에서 정한 직권을 행사할 경우에 철도궤도통제회에 제출해야 하는 서류는 지방장관 또는 철도국장을 경유할 필요가 없다.

전항의 경우에는 지방철도법 시행규칙 제17조 제1항, 제21조 제3항, 제25조 제4항, 제26조 제3항, 제33조 제2항, 제45조 제3항(휴지(休止)의 경우에 한정한다), 그리고 전용철도규정 제12조에서 준용한 지방철도법 시행규칙 제17조 제1항, 제21조 제3항, 제26조 제3항 및 제33조 제2항의 규정에 따른 부본의 제출이 필요하지 않다.

제9조 철도궤도통제회가 그 직권에 관련된 사항으로서 이례(異例)에 속하는 사항과 기타 중대한 사항에 속하는 처분을 할 때에는 철도대신에게 품의해야 한다.

부칙

본 령은 1942년(昭和 17) 법률 제15호의 시행일로부터 이를 시행한다.

자료 74

	조선중요산업지정규칙
구분	조선총독부령 제21호
법령명/건명	조선중요산업지정규칙 朝鮮重要産業指定規則
공포·개정·결정·폐지 연월일	1945년 2월 21일 (조선총독부관보 1945년 2월 21일, 제5412호 게재)
구성	1개 조항, 부칙 1개 조항
선행 규범·법령	중요산업지정규칙
원문 일부	●朝鮮總督府令第二十一號 朝鮮重要産業指定規則左ノ通定ム 昭和二十年二月二十一日 朝鮮重要産業指定規則 重要産業團體令 第二條及第四十條第四項ノ規定ニ依リ同令ヲ適用スベキ重要産業ヲ定ムルコト左ノ如シ 土木建築ニ關スル事業
주요 내용 및 특징	○ 중요산업지정규칙에 따라 조선의 토목건축업을 중요산업으로 지정함
법령 적용 범위	조선
관련 법령 통합·폐지 사항	
유사·파생 법령	

조선총독부령 제21호

1945년 2월 21일(조선총독부관보 1945년 2월 21일, 제5412호 게재)

조선중요산업지정규칙
朝鮮重要産業指定規則

중요산업단체령 제2조 및 제4조 제4항의 규정에 따라 이를 적용할 중요산업을 다음과 같이 지정한다.

토목건축에 관한 사업

부칙

본 령은 발포한 날로부터 시행한다.

자료 75	
\multicolumn{2}{l	}{방위생산체제의 확립에 관한 건}
구분	각의결정
법령명/건명	방위생산체제의 확립에 관한 건 防衛生産體制ノ確立ニ關スル件
공포·개정·결정·폐지 연월일	1945년 5월 12일
구성	5개 항목, 비고 1개항
선행 규범·법령	국가총동원법
원문 일부	防衛生産体制ノ確立ニ関スル件 更新日:2012年12月20日 収載資料:日本陸運十年史 第1巻 日本国有鉄道 1951 pp.308-314 当館請求記号:DK31-15 昭和前半期閣議決定等凡例 -------- 防衛生産体制ノ確立ニ関スル件 昭和020年5月12日 閣議決定 第一 方針 戦争危険ノ激化ニ伴フ企業ノ危険ノ増大、生産諸要素ノ需給ノ逼迫、輸送上ノ困難等ニ対処シ総合戦力ニ就中刻下最大ノ要請タル軍需生産ノ維持確保ヲ期スル為コノ際企業ノ再整備再配置、企業ノ重点的機動運営及企業不安ノ除去ニ関スル措置ヲ強力迅速ニ行ヒ以テ自立的生産圏設定ノ要請ニ即応シ得ルガ如キ防衛生産体制ヲ確立シ併セテ生産諸要素ノ徹底的戦力化ヲ図ルモノトス
주요 내용 및 특징	○ 내각이 중일전쟁 장기화에 따라 군의 군수생산 확충 요구에 따라 방위생산체제 확립, 방어생산권 설정, 생산요소의 철저한 전략화를 지시함 ○ 항공기, 병기, 폭약 및 이와 관련된 산업, 공장, 사업장의 정비 지시 ○ 해당 산업의 공장, 사업장 소속 종업원에 대한 노무동원 강화를 위해 국민근로동원령 발동을 지시함 ○ 조선 등으로부터 물자수송을 위한 해상수송 확보 강조
법령 적용 범위	제국 전역
관련 법령 통합·폐지 사항	군수회사법, 기업정비령, 물자통제령, 방공법
유사·파생 법령	국민근로동원령

각의결정

1945년 5월 12일

방위생산체제의 확립에 관한 건
防衛生産體制ノ確立ニ關スル件

제1 방침

전쟁위험이 격화됨에 따라 기업 위험 증대, 여러 생산요소 수급의 핍박, 수송 곤란 등에 대처하고, 종합 전력(戰力) 중에서도 특히 현재 가장 시급히 요청되는 군수생산의 유지와 확보를 위해 기업의 재정비와 재배치, 기업의 중점 기동 운영 및 기업 불안 제거에 관한 조치를 강력하고 신속하게 이행함으로써, 자립적 생산권 설정이라는 요청에 호응할 수 있도록 하여 방위생산체제를 확립하는 동시에 모든 생산요소를 철저하게 전략화하고자 한다.

제2 요령

1. 방위생산체제의 확립은 작전 요청에 따라 항공기, 병기, 폭약 및 이와 관련된 산업 정비에 중점을 두는 동시에 일반 산업 부분의 정비를 실시한다.
2. 방위생산체제의 확립은 확보해야 하는 공장 및 사업장과 확보할 필요가 없는 것으로 구분하여 이를 실시한다. 이 구분은 정세의 변화에 따라 기동성 있게 수정한다.
3. 확보해야 하는 공장 및 사업장의 결정은 모든 생산조건을 감안하는 동시에 특히 방어에 필요한 것을 고려하되, 자립적 방어생산권에서 독립적으로 전쟁을 계속하는 데 필요한 최소한의 군수생산을 확보할 수 있는 것이어야 한다. 단, 항공기, 자동화 무기 및 이와 관련된 무기의 재료 등은 반드시 각 권역에서 자립적으로 생산, 확보할 수 있어야 한다.
4. 방어생산권 설정의 요청은 대체로 다음과 같다.
    1) 방어생산권은 방어 요청을 고려하여 적당한 지역(대체로 지방행정협의회의 구역을 예정한다.)별로 구분하여 설정한다.

2) 방어생산권을 설정하기 위해 산업에 관하여 다음의 조치를 강구한다.

  (1) 소재, 가공 및 제품 산업

    ① 부족한 산업에 대해서는 소규모일지라도 권역 내에 현존하는 공장 및 사업장의 배양을 강화하도록 힘쓴다.

    ② 부족한 산업을 확충하고 강화하기 위해 권역 내의 다른 건물, 설비 등을 적극적으로 전용한다.

    ③ 생산방식을 재검토하여 생산을 최우선으로 하고, 간이생산방식의 채용과 보급을 적극적으로 지도하고 조장한다.

    ④ 필요한 경우에는 권역 밖으로 소개(疏開)하거나 설비를 이전한다.

  (2) 물자 생산

    수송의 확보에 만전을 기하는 동시에 생산 또는 수송이 불가능할 때에는 대체 생산을 할 수 있도록 필요한 조치를 해 둔다.

  (3) 동력, 연료

    생산 동력, 연료원은 이를 전력(電力)으로 대체하도록 힘쓴다.

  (4) 수송

    조선, 규슈 및 홋카이도, 화태(사할린)로부터 일본 혼슈의 각 지역으로 해상수송하는 경우와 세토(瀨戸) 내해의 해상수송로는 어떠한 장애가 있더라도 이를 극복하여 반드시 확보한다. 동시에 육상수송로는 혼슈로부터 일본 주변부로 수송하는 루트에 중점을 두어 이를 확보하고 정비한다. 또한 작은 운송시설을 증강하여 각 권역 내에서 물자의 수송을 원활하게 한다.

5. 확보해야 하는 공장 및 사업장에 대해서는 생산 이전, 제품 전환, 설비자재 등의 이동 융통, 분산 소개, 복구 등을 기동적이며 종합적으로 운용하고 이를 원활하고 신속하게 실시할 수 있도록 생산체제를 극력 정비한다. 동시에 이러한 조치는 군수회사법, 기업정비령, 물자통제령, 방공법 등에 근거하여 정부의 명령에 따라 이를 실시한다.

6. 기업의 정비 및 기업의 기동적 종합적 운영을 과감하고 신속하게 실시하는 동시에 기업위험의 증대에 대해 대처할 수 있도록 통제회와 기타 통제단체(이하 '통제단체'라고 한다) 제도를 활용하여 확보해야 하는 공장 및 사업장에 속하는 기업에 대해 경리 차원의

획기적 조치를 강구한다.
7. 이 건의 실시를 원활하고 적정하게 하기 위해 기업의 재정비와 재배치에 따른 능력의 균형, 생산품종, 위치 관계 등을 고려하면서 기업 계열의 재조정, 전속(專屬) 등의 계열을 명확히 하고, 간소화에 관한 조치를 강력하게 실시한다.
8. 확보해야 하는 공장 및 사업장 이외의 공장 및 사업장에 대해서는 대체로 '전력증강기업 조정 기본요강'(특히 제1종 공업부분 조치요강)에 따라 폐지공장에 준하여 필요한 조치를 강구한다.
9. 본 건 실시에 있어서는 노무자의 배치 전환에 따라 노무자를 적정하게 배치하고 필요한 요원의 확보를 도모한다. 동시에 군요원, 농업요원, 군수요원, 통신요원 등 긴급한 수요에 동원하기 위해 강력한 조치를 강구한다.
10. 본 건에 따른 조치를 적용해야 하는 사업의 범위는 별도로 정한다.
11. 본 건의 실시에 따른 자금의 방출에 대해서는 강력한 인플레이션 방치 조치를 강구하는 동시에, 주가의 급격한 변동에 대해서는 필요한 조치를 취한다.
12. 본 건의 실시에 대해서는 방어생산권 내의 실정에 따라 신속하고 적확한 현지 처리를 추진하기 위해 가급적 지방행정기관에 광범위한 권한을 이양한다.

제3 조치

1. 확보해야 하는 공장 및 사업장의 결정
    1) 정부는 방어생산권 설정 요청을 고려하는 외에 필요한 원재료, 연료, 동력 등의 공급 전망, 공습과 기타 재해에 대비한 예비보유 등을 감안하여 조업과 보유로 구분하고 확보능력을 정한다. 이에 근거하여 방위상 적합 여부, 수송편의 여부, 기업 내용의 양호 여부, 기술의 우열 등을 고려하여 조업과 보유 공장 및 사업장을 결정하고 군수회사법, 기업정비령 등에 따라 필요한 명령을 시달한다.
    조업 능력과 조업 공장 및 사업장을 결정할 때에는 업종 간의 생산능력 균형, 생산능률 향상, 집중생산 강행을 기할 수 있도록 정한다.
    조업과 보유의 구분은 정세의 변화에 따라 기동성 있게 이를 수정한다.

정부가 이상의 결정을 할 때에는 통제단체의 기능을 적극 활용한다.

  2) 확보해야 하는 공장 및 사업장의 생산설비로서 보유할 필요가 있는 것은 공장 및 사업장의 현재지에서 보유하는 외에 소개(疏開)하여 보유하도록 한다. 소개 보유는 특별히 긴요한 공장 및 사업장에 대해서만 인정한다.

2\. 확보해야 하는 공장 및 사업장에 대한 조치

  1) 확보해야 하는 공장, 사업장 중에서 조업으로 구분한 공장 및 사업장에 대해서는 모든 생산요소를 여기에 집중시키고 최대한 생산능률을 발휘하도록 조치한다.

  2) 조업 공장 및 사업장으로서 업적이 우수하다고 인정되는 경우에는 통제단체가 해당 기업의 임원 및 종업자에 대해 보상장려금을 교부할 수 있다.

  3) 확보해야 하는 공장 및 사업장의 생산설비를 기동적 종합적으로 운용하기 위해 다음과 같은 조치를 강구한다.

    (1) 군수회사법, 기업정비령, 물자통제령, 방공법 등에 근거한 명령을 적극적으로 발동한다. 단, 이들 개별 명령에 따른 손실 보상은 특수한 것을 제외하고 원칙적으로 이를 하지 않으며, 후술하는 5) 또는 6)에 의거한 조치에 따라 보상하도록 운용한다.

    (2) 필요에 따라 기업을 합동, 권장 또는 강제한다.

    (3) 확보해야 하는 공장 및 사업장으로서 보유할 필요가 있는 것은 통제단체의 감리 하에 각 기업자로 하여금 이를 실시하도록 하는데, 필요에 따라 통제단체(특수회사를 포함한다)가 한꺼번에 보유하도록 하거나 또는 산업설비영단(産業設備營團)이 매입하여 보유하도록 할 수 있다. 이 경우에는 가급적 동종 기업에 위탁하여 보유하도록 조치한다.

  4) 확보해야 하는 공장 및 사업장에 속하는 기업의 배당, 또는 분배해야 하는 이익금에 대해서는 통제단체가 일정한 한도 내에서 이를 보상하는 동시에, 일정 한도를 초과할 때에는 특별부과금으로 이를 수납한다. 전항의 조치는 통제단체의 통제규정에 따라 실시한다.

  5) 확보해야 하는 공장 및 사업장의 방공 설비 시설, 분산 소개, 노무자 주택의 건설, 기타 기업에서 실시하기 곤란하다고 인정되는 것은 필요에 따라 정부 또는 통제단체에

서 이를 실시하도록 조치한다.

6) 2), 3)의 (3), 4), 그리고 5)에 대처하도록 하기 위해 통제단체에 특별회계를 설치한다. 특별회계에 손실이 발생한 때에는 정부가 이를 보상한다.

7) 공장의 분산 소개, 공습, 폭격, 멸실, 재정비, 재배치 등에 따른 기업 계열의 기동적인 재조정을 실시한다. 동시에 협력 공장 및 사업장의 전속화 및 계열 단계의 간소화를 적극 추진한다.

8) 확보해야 하는 공장 및 사업장 중에서 협력 공장에 대해서는 상위 발주 공장 및 사업장의 발주가격 등의 조정에 따르고, 그 밖에 상위 발주 공장 및 사업장이 직접 협력 공장 및 사업장에 설비를 실시하는 등의 조치를 취하여 협력 공장 및 사업장의 경리상 불안을 제거하도록 도모한다.

9) 기업에 속하는 공장 및 사업장의 전부 또는 대부분이 보유 공장 및 사업장이 될 경우에는 해당 기업에 대해 합병이나 해산 또는 기업의 신탁을 종용하도록 하고, 필요에 따라 통제단체의 설명과 상신에 따라 정부명령으로 이를 강제한다.

3. 확보해야 하는 공장 및 사업장 이외의 공장에 대한 조치

1) 확보해야 하는 공장 및 사업장 이외의 공장 및 사업장에 대해서는 원칙적으로 모든 생산요소의 배당을 하지 않는다.

2) 확보해야 하는 공장 및 사업장 이외의 공장 및 사업장의 건물, 설비 등은 신청에 따라 산업설비영단 또는 국민경정금고(國民更正金庫)에서, 원재료 등은 교역영단(交易營團)에서 매입하도록 하고, 전용 또는 폐기 처분 등 방위생산체제 확립을 위해 필요한 때에는 양도를 강제한다.

3) 산업설비영단 또는 국민경정금고에서 신속하게 매입하기 위해 간단한 특별평가기준을 설정하는 등 필요한 조치를 취한다.

4) 기업에 속한 공장 및 사업장의 전부 또는 대부분이 확보해야 하는 공장, 사업장 이외의 공장, 사업장이 되는 경우에는 기업에 속한 공장 및 사업장의 전부 또는 대부분이 보유 공장 및 사업장이 되는 경우에 준하여 기업의 합병이나 해산 또는 기업의 신탁 조치를 취한다.

4. 종업자에 대한 조치

1) 공장 및 사업장이 보유 또는 폐지 처분을 받음으로써 해당 기업의 직원, 노무자로서 해당 기업에서 필요 없게 된 자는 필요에 따라 기동적으로 조업 사업장에 전환배치한다. 이 경우에는 유기체인 조직을 파괴하지 않도록 가급적 집단배치를 고려한다.

   전항의 전환배치를 실시하기 위해 필요한 때에는 국민근로동원령을 발동한다.

2) 전환배치된 종업자에 대한 급여는 그 기술, 경험 등을 참작하여 이를 정한다. 전환배치가 결정되기까지 간극이 발생한 경우 또는 전환에 의해 생활비가 폭증한 경우에는 생활원호에 대해 필요한 보조의 방법을 강구한다.

3) 조업 공장 및 사업장의 요원을 확보하고, 그 이산(離散)을 방지하는 동시에 생산 의욕을 앙양하기 위해 적절한 조치를 취한다.

5. 기타

   1) 공장 설비 등의 신설, 확장은 원칙적으로 이를 정지하는 동시에 미완성인 공사는 원칙적으로 이를 중지하고 그 재료, 설비 등의 전용 또는 폐기를 촉진한다.

   2) 본 건의 실시를 원활하고 적정하게 하기 위해 통제단체의 정비와 쇄신을 도모한다. 특히 통제단체, 산업설비영단, 교역영단 등은 방위생산권 설정에 따라 지부와 기구를 정비한다.

   3) 본 건에 의한 경리상의 조치와 실시에 따라 통제단체와 각 기업에 대한 경리감사를 강화하는 조치를 취한다.

   4) 기업이 여러 개의 통제단체에 가입한 경우에는 2의 4) 조치는 관련 통제단체의 협의에 따라 하나의 통제단체가 일괄하여 이를 처리하도록 한다.

   5) 본 건을 실시할 때에는 기업정비자금조치법 등을 활용하여 인플레이션 방치 조치에 힘쓴다.

   6) 본 건의 실시는 금년 6월 말로 종료하는 것을 목표로 한다.

비고

본 건 실시의 세목에 관해서는 별도로 정한다.

자료 76	
\multicolumn{2}{c}{중요산업지정규칙 중 개정}
구분	각령 제17호
법령명/건명	중요산업지정규칙 중 개정 重要産業指定規則中改正
공포·개정·결정·폐지 연월일	1945년 6월 8일
구성	1개항, 부칙 1개항
선행 규범·법령	중요산업지정규칙
원문 일부	●閣令第十七號 重要産業指定規則中左ノ通改正ス 昭和二十年六月八日 第十九號ノ次ニ左ノ一號ヲ加フ 二十　石油精製業（石油精製業者ノ營ム人造石油、アルコール及石油類似品ノ製造事業ヲ含ム）並ニ原料油ノ輸入及販賣ニ關スル事業（原料油ノ輸入及販
주요 내용 및 특징	○ 중요산업지정규칙에 따라 석유정제업과 원료유의 수입 및 판매에 관한 사업을 중요산업에 추가함
법령 적용 범위	제국 전역
관련 법령 통합·폐지 사항	
유사·파생 법령	

각령 제17호

1945년 6월 8일

중요산업지정규칙 중 개정
重要産業指定規則中改正

제19호 다음에 아래의 1호를 추가한다.

20. 석유정제업(석유정제업자가 운영하는 인조석유, 알코올, 석유유사품의 제조 사업을 포함한다.)과 원료유의 수입 및 판매에 관한 사업(원료유의 수입과 판매에 관한 사업을 하는 자의 석유 수입 및 판매에 관한 사업을 포함한다.)

부칙

본 령은 공포한 날로부터 시행한다.

5. 국방 및 치안에 관한 법령 등

1912년 일제는 조선에 일본의 형법, 형사소송법 등을 원용하여 '조선형사령(朝鮮刑事令)'을 시행하였는데, 그 부칙에서 『형법대전(刑法大典)』 등 대한제국의 법령을 명시적으로 폐지하였다.

그리고 러시아혁명과 제1차 세계대전 이후 사회주의사상 등이 천황제와 식민 지배에 심각한 위협이 될 수 있다고 판단하였다. 이에 일제는 천황제, 즉 국체(國體)를 보호하고 유지하는 데 위협이 된다고 판단한 사회주의운동과 자유주의 등 일체의 사상과 운동을 탄압하기 위해 1925년 4월 '치안유지법(治安維持法)'[23]을 공포, 시행하였다.

나아가 치안유지법은 곧바로 칙령 '치안유지법을 조선, 대만 및 화태에 시행하는 건'[24]에 의해 조선을 비롯한 식민지의 독립운동과 일본에 저항하는 모든 사상과 움직임을 탄압할 목적으로 동시에 시행되었다. 또한 1928년 6월의 긴급칙령을 통해 '국체 변혁' 조항을 분리하여 처벌을 강화하고 '결사 행위' 역시 처벌할 수 있도록 치안유지법이 개정되었다.

이후 일제는 중일전쟁 발발 이후 일본과 조선 등 식민지에서의 치안유지와 군사기밀 등의 보안을 더욱 강화하는 통제법령을 잇달아 시행하였다.

조선에서는 사상범의 선도와 재범을 방지한다는 명분으로 1936년 12월 '조선사상범보호관찰령(朝鮮思想犯保護觀察令)'을, 1941년 2월에는 '조선사상범예방구금령(朝鮮思想犯豫防拘禁令)'을 시행하였는데, 이 법령 등은 사실상 사상범을 지속적으로 감시하고 끝까지 전향하지 않는 사상범을 임의로 구금하는 폭압적 조치들이었다.

또한 1941년 3월에는 '치안유지법 개정법률'[25]을 통해 제1조의 '국체 변혁'과 '사유재산제 부인'을 목적으로 하는 범죄를 각각 2개의 조문으로 독립시키고, 형벌 역시 엄벌주의로 강화하고, 형사절차에서도 항소심을 생략하고 피고인의 변호를 제한하기 위해 변호인 수를 제한하는 규정을 신설하는 등 전시체제기에 사상범 탄압을 더욱 강화하는 방향으로 치안유지법을 개정하였다.

---

23 법률 제46호, 1925. 4. 21.
24 칙령 제175호, 1925. 5. 8.
25 법률 제54호, 1941. 3. 10.

특히 변호인의 경우 조선총독이 사전에 지정한 68명의 변호사 중에서만 피고 1명당 2명을 선임할 수 있도록 엄격히 제한하였다.

한편 일본의 군부는 예상되는 전쟁, 즉 태평양전쟁에 대비하여 사전에 군사기밀을 보호하고 방첩을 목적으로 하는 법령 제정을 서둘렀다. 마침내 1941년 3월 7일 '국방보안법(國防保安法)'[26]이 공포되기에 이르렀다. 법률이 시행되자마자 일제는 본토는 물론이고 조선을 비롯한 외지를 망라하여 일제히 '방첩주간(防諜週刊)'을 실시하며 법률의 취지를 강조하였다.

국방보안법은 국가기밀, 군사기밀은 물론이고 외교, 재정, 경제와 관련된 거의 모든 국정 자체를 기밀로 상정하고 어전회의, 추밀원회의, 각의, 의회, 행정 각 부의 기밀사항을 누설하거나 적국 등 외국과 외국인에게 전달·공개하는 일체의 행위를 강력히 처벌하는 것이 골자이다. 심지어 경제활동을 방해하거나 미수, 교사, 선동, 예비한 것에 대해서까지 최고 사형을 적용한다는 법률이다.

또한 국방보안법은 기존의 형사소송법, 조선형사령, 치안유지법 등을 뛰어넘어 검사에게 광범위한 강제수사권을 부여하고 재판을 2심제로 제한하며 변호인의 선임도 엄격히 제한하는 폭압적 강제법률이다.

특히 일제는 조선에서 국방보안법과 치안유지법에 관한 전시특례를 만들어 이를 더욱 엄격하고 강력하게 시행하였다. 태평양전쟁에서 크게 패퇴하며 패색이 짙어지자 당황한 일제는 조선에서 일본의 패퇴에 관한 소문이 확산하고 독립과 반일에 관한 사상과 기운이 다시 준동할 것을 우려하여 이미 시행중인 치안유지법과 국방보안법 등 사상과 치안의 통제법령의 고삐를 더욱 바싹 조이는 차원에서 전시특례를 시행하였다.

1944년 2월 '조선에서 재판수속 간소화를 위한 국방보안법 및 치안유지법의 전시특례에 관한 법률'[27]이 공포되었다. 이는 단 하나의 조문으로 이루어진 특례 법률로서 그 내용은 '조선에서는 국방보안법 제34조 및 치안유지법 제34조의 규정을 전시에는 적용하지 않는다'라는 것이다.

국방보안법 제34조는 외국과 모의하거나 외국에 이익을 줄 목적의 행위 등에 관한 죄를

---

26 법률 제49호, 1941. 3. 7.
27 법률 제20호, 1944. 2. 15.

범한 자에 대해 판결에 적시하며, 2심 재판부가 원심을 파기하고 3심에 해당하는 항소재판소로 이송하는 것에 관한 조항이다. 치안유지법 제34조 역시 2심 재판부의 원심 파기 후 3심 이송에 관한 조항이다.

이는 곧 위의 전시 특례 법률이 전시에 조선에서 죄의 내용을 판결에 적시하거나 2심 재판부가 원심을 파기하고 3심으로 이송하는 것을 원천적으로 '적용하지 않는다'는 것으로서, 결국 조선에서는 판결문에 죄를 명시하지 않을 수 있으며 3심을 인정하지 않고 2심으로 제한한다는 것을 의미한다.

이처럼 일제는 전시총동원 시기에 국정과 국방의 보안을 보호한다는 명분으로 그리고 치안을 유지한다는 명분으로 천황제와 일본의 전시체제에 위협이 되거나 이를 방해할 우려가 있다고 판단되는 모든 사람을 사전과 사후에 이르기까지 철저히 감시하고 처벌하고 통제하는 폭압적 법령을 시행하였는데, 특히 조선의 경우에는 특례까지 만들어 강화하여 시행했음을 알 수 있다.[28]

이하에서는 국방보안법과 그 시행령, 치안유지법과 그 전시특례 등에 관한 법령의 원문을 번역, 게재하였다.

이하에 번역, 수록한 주요 법령과 각의결정 등의 목록은 다음 표와 같다.

자료 번호	법령 및 각의결정 등의 명칭	형태	제정, 공포, 결정일	쪽수
77	국방보안법	법률	1941. 3. 7	409
78	치안유지법	법률	1941. 3. 10	418
79	국방보안법 시행령	칙령	1941. 5. 7	429
80	국방보안법 시행기일의 건	칙령	1941. 5. 7	432
81	조선에서 재판수속 간소화를 위한 국방보안법 및 치안유지법의 전시특례에 관한 법률	법률	1944. 2. 15	434
82	조선에서 재판수속 간소화를 위한 국방보안법 및 치안유지법의 전시특례에 관한 법률 시행기일의 건	칙령	1944. 3. 1	436

---

28 조선의 치안유지법과 사법 통제에 관해서는 최창동, 「일제 '치안유지법'이 한반도에 미친 영향」, 『비교법연구(比較法研究)』 제4권 1호, 2003; 황민호, 「전시통제기 조선총독부의 사상범 문제에 대한 인식과 통제」, 『사학연구』 제79호, 2005; 홍종욱, 「치안유지법과 독립운동」, 『내일을 여는 역사』 제70호, 2018 등을 참조하였다.

자료 77	
국방보안법	
구분	법률 제49호
법령명/건명	국방보안법 國防保安法
공포·개정·결정·폐지 연월일	1941년 3월 7일
구성	2장 40개 조항, 부칙 5개 조항
선행 규범·법령	군기보호법, 군용자원비밀보호법, 형법, 육군형법
원문 일부	法律第四十九號 國防保安法 第一章 罪 第一條 本法ニ於テ國家機密トハ國防上外國ニ對シ祕匿スルコトヲ要スル他ニ關スル重要ナル國務ニ係ル事項ニシテ左ノ各號ノ一ニ該當スル圖書物件ヲ謂フ 朕帝國議會ノ協贊ヲ經タル國防保安法ヲ裁可シ茲ニ之ヲ公布セシム 昭和十六年三月六日 裕仁
주요 내용 및 특징	○ 국정 및 국방에 관련된 사항을 국가기밀로 정하고 이에 관한 보안과 처벌 등을 규정함 ○ 기존의 형법, 형사소송법, 군기보호법, 군형법 등을 뛰어넘는 강력한 기소와 재판 및 처벌을 규정함 ○ 내지 외에 조선, 대만 및 화태 시행을 특기함
법령 적용 범위	제국 전역
관련 법령 통합·폐지 사항	형사소송법, 조선형사령, 군기보호법
유사·파생 법령	국방보안법 시행기일의 건 국방보안법 시행령 조선에서 국방보안법 및 치안유지법의 전시특례 조선에서 재판수속 간소화를 위한 국방보안법 및 치안유지법의 전시특례에 관한 법률 시행기일의 건

법률 제49호

1941년 3월 6일

국방보안법
國防保安法

제1장

제1조 본 법에서 국가기밀이란 국방상 외국에 대해 비닉을 요하는 외교, 재정, 경제, 기타에 관해 중요한 국무와 관련 있는 사항으로서 다음 각 호의 어느 하나에 해당하는 것 및 이를 표시하는 도서, 물건을 말한다.

    1. 어전회의, 추밀원회의, 각의 또는 이에 준하는 회의에 관한 사항 및 의사(議事)

    2. 제국의회의 비밀회의에 관한 사항 및 의사

    3. 위의 2개 호의 회의와 관련된 준비사항, 기타 행정 각 부의 중요한 기밀사항

제2조 본 장의 벌칙은 누구를 막론하고 본 법이 시행되는 외지에서 죄를 범한 자에 대해서도 역시 이를 적용한다.

제3조 업무 때문에 국가기밀을 습득하고 또는 영유한 자는 이를 외국(외국을 위해 행동하는 자 및 외국인을 포함한다. 이하 이와 같다)에 누설하거나 또는 공개할 때에는 사형 또는 무기 또는 3년 이상의 징역에 처한다.

제4조 외국에 누설하거나 공개할 목적으로 국가기밀을 탐지하거나 수집한 자는 1년 이상의 유기징역에 처한다.

    전항의 목적으로 국가기밀을 탐지하거나 수집한 자가 이를 외국에 누설하거나 공개한 때에는 사형 또는 무기 또는 3년 이상의 징역에 처한다.

제5조 앞의 2개조에서 규정한 이유 외의 이유 때문에 국가기밀을 탐지하거나 영유한 자가 이를 외국에 누설하거나 공개한 때에는 무기 또는 1년 이상의 징역에 처한다.

제6조 업무 때문에 국가기밀을 탐지하거나 영유한 자가 이를 타인에게 누설한 때에는 5년 이하의 징역 또는 5,000엔 이하의 벌금에 처한다.

제7조 업무 때문에 국가기밀을 탐지하거나 영유한 자가 과실로 이를 외국에 누설하거나 공개한 때에는 3년 이하의 금고 또는 3,000엔 이하의 벌금에 처한다.

제8조 국방상 이익을 해칠 용도에 제공할 목적으로 또는 그 용도에 제공될 우려가 있음을 알고서 외국에 통보할 목적으로 외교, 재정, 경제, 기타에 관한 정보를 탐지하거나 수집한 자는 10년 이상의 징역에 처한다.

제9조 외국과 모의하거나 외국에 이익을 줄 목적으로 치안을 해칠 사항을 유포한 자는 무기 또는 1년 이상의 징역에 처한다.

제10조 외국과 모의하거나 외국에 이익을 줄 목적으로 금융계를 교란하거나, 중요물자의 생산 또는 배급을 저해하거나, 기타 방법으로 국민경제의 운행을 현저하게 저해할 우려가 있는 행위를 한 자는 무기 또는 1년 이상의 징역에 처한다.

전항의 죄를 범한 자에게는 정상을 참작하여 10만 원 이하의 벌금을 부과할 수 있다.

제11조 제3조부터 제5조까지, 제8조, 제9조 및 제10조 제1항의 미수죄는 이를 처벌한다.

제12조 제3조부터 제5조까지, 제9조 또는 제10조 제1항의 죄를 범할 것을 교사한 자는 피교사자가 그 실행을 저지르지 않은 때에는 10년 이하의 징역에 처한다.

제3조부터 제5조까지, 제9조 또는 제10조 제1항의 죄를 범하도록 타인을 유혹하거나 선동한 자의 죄도 전항과 마찬가지다.

제8조의 죄를 범할 것을 교사한 자는 피교사자가 그 실행을 저지르지 않은 때에는 3년 이하의 징역에 처한다.

제8조의 죄를 범하도록 타인을 유혹하거나 선동한 자의 죄도 전항과 마찬가지이다.

제13조 제3조부터 제5조까지, 제9조 또는 제10조 제1항의 죄를 범할 목적으로 이를 예비하거나 음모를 꾸민 자는 5년 이하의 징역에 처한다.

제8조의 죄를 범할 목적으로 이를 예비하거나 음모를 꾸민 자는 2년 이하의 징역에 처한다.

제14조 제4조 제1항, 제8조, 제11조부터 제13조까지의 죄를 범한 자가 아직 관에 발각되지 않고 자수한 때에는 그 형을 감경하거나 면제할 수 있다.

제15조 본 장에서 규정한 범죄행위를 조성한 물건, 그 범죄행위에 제공되거나 제공하려는

물건 또는 그 범죄행위로부터 발생하거나 이에 따라 얻게 된 물건은 그 물건이 범인 이외의 자에게 속하지 않는 한 이를 몰수한다. 재판에 의해 몰수한 경우를 제외하고 누구의 소유와 상관없이 검사가 이를 몰수할 수 있다.

전항의 범죄행위의 보수로 얻게 된 물건 그리고 전항에서 열거한 물건의 대가로서 얻게 된 물건은 그 물건이 범죄인 외의 자에게 속하지 않은 때에 한해 이를 몰수한다. 그 전부 또는 일부를 몰수할 수 없을 때에는 그 가액을 추징한다.

제2장 형사수속

제16조 본 장의 규정은 다음에 열거하는 죄에 관한 사건에 대해 적용한다.

1. 제3조부터 제13조까지의 죄
2. 군기보호법 제2조부터 제7조까지 및 이것들에 관한 제15조부터 제17조까지, 군용자원비밀보호법 제11조부터 제15조까지, 제17조, 형법 제2편 제3장, 육군형법 제27조부터 제29조까지 및 이것들에 관한 제31조, 제32조, 제34조, 해군형법 제22조부터 제24조까지 및 이것들에 관한 제26조, 제27조, 제29조 그리고 국가총동원법 제44조의 죄

본 장의 규정은 외국과 모의하거나 외국에 이익을 줄 목적으로 범하는 다음에 열거하는 죄에 관한 사건에 대해서도 이를 적용한다.

군기보호법(전항 제2호에서 열거한 죄를 제외), 군용자원비밀보호법(전항 제2호에서 열거한 죄를 제외), 요새지대법, 육군수송항역군사단속법, 1890년 법률 제83호(군항요새규칙 위범자 처분의 건), 군용전기통신법, 국경단속법, 형법 제2편 제1장, 제2장, 제4장, 제8장부터 제11장까지, 제15장부터 제18장까지, 제26장, 제27장 및 제40장, 조선형사령 제3조, 육군형법 제2편 제1장(전항 제2호에 열거한 죄를 제외), 제8장 및 제99조, 해군형법 제2편 제1장(전항 제2호에 열거한 죄를 제외), 제8장 및 제100조, 치안유지법, 1926년 법률 제60호(폭력행위 등 처벌에 관한 법률), 폭발물단속벌칙, 비도(匪徒)형벌령(1898년 율령 제24호), 불온문서임시단속법, 통화 및 증권 모조단속법, 통화 및 증권 모조단속규칙(1903년 율령 제14호), 1905년 법률 제

66호(외국에서 유통하는 화폐지폐은행권증권 위조·변조 및 모조에 관한 법률), 치안경찰법, 1910년 제령 제7호(정치에 관한 범죄 처벌의 건), 외국환관리법, 국세법, 1937년 법률 제92호(수출입품 등에 관한 임시조치에 관한 법률), 선박법, 항공법, 통신법, 무선통신법, 그리고 국가총동원법(전항 제2호에서 열거한 죄를 제외)의 죄

제17조 검사는 피의자를 소환하거나 소환을 사법경찰에게 명령할 수 있다.

검사의 명령에 따라 사법경찰관이 발부하는 소환장에는 명령을 내린 검사의 직책, 씨명, 명령에 따라 이를 발부한다는 취지를 기재해야 한다.

제18조 피의자가 정당한 사유 없이 17조의 규정에 따른 소환에 응하지 않거나 형사소송법 제87조 제1항 각 호에 규정한 사유가 있을 때에는 검사는 피의자를 구인하거나 구인을 다른 검사에게 위촉하거나 또는 사법경찰관에게 명령할 수 있다.

검사의 명령에 따라 사법경찰관이 발부하는 구인장은 제17조 제2항의 규정을 준용한다.

제19조 구인되는 피의자는 지정된 장소에 인치된 때로부터 48시간 이내에 검사 또는 사법경찰관이 이를 심문해야 하며, 그 시간 내에 구류장을 발부하지 않은 때에는 검사가 피의자를 석방하거나 사법경찰관이 이를 석방해야 한다.

제20조 형사소송법 제87조 제1항 각 호에 규정한 사유가 있을 때에는 검사가 피의자를 구류하거나 구류를 사법경찰관에게 명령할 수 있다.

검사의 명령에 따라 사법경찰관이 발부하는 구류장은 제17조 제2항의 규정을 준용한다.

제21조 구류에 대해서는 경찰관서 또는 헌병대의 구치장으로 감옥을 대신할 수 있다.

제22조 구류 기간은 2개월로 한다. 특히 계속 필요한 때에는 구역 재판소 검사는 검사정(正)의 허가, 지방재판소 검사는 검사장의 허가를 받아 1개월마다 이를 갱신할 수 있다. 단, 4개월을 초과할 수 없다.

치안유지법의 죄에 대해 특히 계속 필요가 있을 때에는 검사장의 허가를 받아 1개월마다 구류 기간을 갱신할 수 있다. 단, 1년을 초과할 수 없다.

검사총장 또는 그 지휘를 받는 검사는 형법 제73조, 제75조 또는 제77조부터 제79조까지의 죄를 수사하기 위해 특히 계속 필요가 있을 때에는 1개월마다 구류 기간

을 갱신할 수 있다. 단, 통산하여 6개월을 초과할 수 없다.

제23조 구류 사유가 소멸하고 기타 구류를 계속할 필요가 없다고 사료될 때에는 검사는 속히 피의자를 석방하거나 사법경찰관이 이를 석방하도록 해야 한다.

제24조 검사는 피의자의 주거를 제한하여 구류의 집행을 정지할 수 있다.

형사소송법 제117조 제1항에서 규정하는 사유가 있을 경우에는 검사는 구류의 집행정지를 취소할 수 있다.

제25조 검사는 피의자를 심문하거나 심문을 사법경찰관에게 명령할 수 있다.

검사는 공소제기 전에 한해 증인을 심문하거나 심문을 다른 검사에게 촉탁하거나 사법경찰관에게 명령할 수 있다.

사법경찰관이 검사의 명령에 따라 피의자 또는 증인을 심문할 때에는 명령을 내린 검사의 직책, 씨명 및 명령에 따라 심문하는 취지를 심문조서에 기재해야 한다.

증인심문에 관해서는 제17조 제2항 및 제3항의 규정을 준용한다.

제26조 검사는 공소제기 전에 한해 압수, 수색 또는 검증을 하거나 그 처분을 다른 검사에게 위촉하거나 사법경찰관에게 명령할 수 있다.

검사는 공소제기 전에 한해 감정, 통역 또는 번역을 명령하거나 또는 그 처분을 다른 검사에게 위촉하거나 사법경찰관에게 명령할 수 있다.

압수, 수색 또는 검증의 조서 및 감정인, 통역 또는 번역인의 심문조서에 관해서는 제25조 제3항의 규정을 준용한다.

제27조 별도의 규정이 있는 경우를 제외하고 피의사건에 관해서는 형사소송법 중 피고인의 소환, 구인 및 구류, 피고인 및 증인의 심문, 압수, 수색, 검증, 감정, 통역 그리고 번역에 관한 규정을 준용한다. 단, 보석 및 책부(責付)[29]에 관한 규정은 여기에 제한되지 않는다.

제28조 외국선박 또는 외국항공기가 법률 또는 이에 따라 내리는 명령에 의한 금지 또는 제한을 위반하며 해당 금지 또는 제한에 관한 구역을 침입한 경우에 검사는 수사를 위해 필요한 때에 그 선박 또는 항공기에 대해 지정된 장소로 회항할 것을 명령하거나 이를 구류하거나 또는 그 선박 또는 항공기의 장, 승조원 및 탑승객에 대해

---

[29] 친족 또는 보호기관의 책임 아래 피의자를 위탁하여 구류집행을 유예하는 제도.

지정된 장소에 체류할 것을 명령할 수 있다.

검사는 전항의 규정에 따른 처분을 사법경찰관에게 명령할 수 있다.

제29조 변호인은 사법대신이 미리 지정한 변호사 가운데 이를 선임해야 한다. 단, 형사소송법 제40조 제2항의 규정을 적용해도 무방하다.

제30조 변호인의 수는 피고인 1인당 2명을 초과할 수 없다.

최초에 정한 공판기일에 관한 소환장을 송달받은 날로부터 10일이 경과한 때에는 변호인을 선임할 수 없다. 단, 이미 부득이한 사유가 있을 경우에 재판소의 허가를 받은 때에는 이에 제한되지 않는다.

제31조 심판을 공개하는 공판정에서 변호인이 구두변론을 하는 경우에는 국가기밀, 군사상의 비밀, 군용자원비밀 또는 관청이 지정하는 총동원업무에 관한 관청의 기밀을 진술할 수 없다. 이 경우에 변호인은 그 사항을 기재한 서면을 제출하여 진술을 대신할 수 있다.

제32조 변호인이 소송에 관한 서류를 복사하고자 할 때에는 재판장 또는 예심판사의 허가를 받아야 한다.

제33조 제16조 제1항에 열거한 죄 또는 외국과 모의하거나 외국에 이익을 제공할 목적으로 동 조 제2항에 열거한 죄를 범했다고 인정되는 제1심의 판결에 대해서는 항소할 수 있다.

전항에서 규정한 제1심의 판결에 대해서는 직접 상고를 할 수 있다.

상고는 형사소송법에서 제2심의 판결에 대해 상고를 할 수 있는 이유가 있는 경우에 이를 할 수 있다.

상고재판소는 제2심 판결에 대한 상고 사건에 관한 수속에 따라 재판을 해야 한다.

제34조 재판소는 외국과 모의하거나 외국에 이익을 줄 목적으로 제16조 제2항에 열거한 죄를 범한 자로 인정될 때 그 취지를 판결에 적시해야 한다.

전항의 적시를 한 제1심 판결에 대해 상고가 있을 때에 상고재판소는 외국과 모의하거나 외국에 이익을 줄 목적으로 범죄를 저질렀다고 볼 수 없는 현저한 사유가 있다고 인정될 때에는 판결로서 원심 판결을 파기하고 사건을 관할 항소재판소로 이송해야 한다.

제16조에서 열거한 죄를 저질렀다고 인정하는 제1심 판결에 대해 상고가 있을 경우에 상고재판소는 동 조에 열거한 죄를 저질렀다고 볼 수 없는 현저한 사유가 있다고 인정될 때에도 전항과 마찬가지로 한다.

제35조 상고재판소는 공판기일의 통지에 관해 형사소송법 제422조 제1항의 기일에 따르지 않을 수 있다.

제36조 재판소는 본 장의 규정의 적용을 받는 죄에 관한 소송에 대해서는 다른 소송의 순서와 상관없이 신속하게 재판을 해야 한다.

제37조 제16조에서 규정한 범죄에 해당하는 사건(배심법 제4조에서 규정하는 것을 제외)은 배심 평의에 부칠 수 없다.

제38조 형사 절차에 관해서는 별도의 규정이 있는 경우를 제외하고 일반 규정을 적용한다.

제39조 본 장의 규정은 제21조, 제22조, 제28조, 제29조, 제30조 제1항, 제33조, 제34조 및 제37조의 규정을 제외하고 군법회의의 형사수속을 준용한다. 이 경우에 형사소송법 제87조 제1항은 육군군법회의법 제143조 또는 해군군법회의 제143조로 하고, 형사소송법 제422조 제2항은 육군군법회의법 제444조 제1항 또는 해군군법회의법 제446조 제1항으로 한다. 제24조 제2항 중 형사소송법 제119조 제1항에 규정한 사유가 있는 경우라고 한 것은 '어느 때나'로 한다.

제40조 조선 및 대만에서는 본 장에 열거한 법률은 제령 또는 율령에서 정한 경우를 포함한다.

조선에서는 제22조 제3항 중에서 형법 제73조, 제75조 또는 제77조부터 제79조까지 또는 형법 제73조, 제75조 또는 제77조부터 제79조까지 또는 조선형사령 제3조로 한다. 제35조 중 형사소송법 제422조 제1항 또는 조선형사령 제31조로 한다.

조선에서는 본 장의 사법대신은 조선총독으로, 검사총장은 고등법원검사장으로, 검사장 또는 검사정은 복심(覆審)법원검사장으로, 지방재판소검사 또는 구(區)재판소검사는 지방법원검사로 한다.

대만에서는 본 장의 사법대신은 대만총독으로, 검사총장 또는 검사장은 고등법원검찰관장으로, 검사정은 지방법원검찰관장으로, 지방재판소검사 또는 구재판소검사는 지방법원검찰관 또는 지방법원지부검찰관으로, 검사는 검찰관으로, 예심판사는 예심판관으로 한다.

부칙

본 법의 시행기일은 칙령으로 정한다.

본 법은 내지, 조선, 대만 및 화태에서 시행한다.

본 법 시행 전 공소를 제기한 사건에 대해서는 제2장의 규정을 적용하지 않는다.

본 법 시행 전 조선형사령 제12조부터 제15조까지의 규정에 따른 수사절차는 본 법 시행 후에도 그 효력을 지닌다.

본 법에서 전항의 수사절차에 상당하는 규정이 있는 것은 본 법에 따른 것으로 간주한다.

자료 78	
\multicolumn{2}{c}{치안유지법}
구분	법률 제54호
법령명/건명	치안유지법 治安維持法
공포·개정·결정·폐지 연월일	1941년 3월 10일 (조선총독부관보 1941년 5월 1일, 제4278호 게재)
구성	3장 65개 조항, 부칙 8개 조항
선행 규범·법령	형사소송법
원문 일부	治安維持法 第一章 罪 第一條 國體ヲ變革スルコトヲ目的トシテ結社ヲ組織シタル者又ハ結社ノ役員其ノ他指導者タル任務ニ從事シタル者ハ死刑又ハ無期若ハ七年以上ノ懲役ニ處シ情ヲ知リテ結社ニ加入シタル者又ハ結社ノ目的遂行ノ爲ニスル行爲ヲ爲シタル者ハ…… 法律第五十四號 朕帝國議會ノ協贊ヲ經タル治安維持法改正法律ヲ裁可シ茲ニ之ヲ公布セシム 裕仁
주요 내용 및 특징	○ 천황제, 즉 국체(國體)유지와 전시체제, 총동원체제 운영을 위해 천황제와 일제의 시책에 반하는 사회주의, 자유주의, 사유제반대론 등 모든 사상범을 강력하게 단속하고 처벌하는 법령 ○ 기존의 형법, 형사소송법, 군형법을 초월하여 강력하게 처벌함 ○ 예방구금 등을 규정함
법령 적용 범위	제국 전역
관련 법령 통합·폐지 사항	형사소송법, 육군군법회의법, 해군군법회의법, 조선사상범예방구금령, 조선형사령
유사·파생 법령	

법률 제54호

1941년 3월 8일(조선총독부관보 1941년 5월 1일, 제4278호 게재)

치안유지법
治安維持法

제1장 죄

제1조 국체를 변혁하려는 목적으로 결사를 조직한 자 또는 결사의 간부, 기타 지도자의 임무에 종사한 자는 사형이나 무기 또는 7년 이상의 징역에 처하며, 사정을 알고서 결사에 가입한 자 또는 결사의 목적 수행을 위한 행위를 한 자는 3년 이상의 유기징역에 처한다.

제2조 전조의 결사를 지원할 목적으로 결사를 조직한 자 또는 결사의 간부, 기타 지도자의 임무에 종사한 자는 사형이나 무기 또는 5년 이상의 징역에 처하며, 사정을 알고서 결사에 가입한 자 또는 결사의 목적 수행을 위한 행위를 한 자는 2년 이상의 유기징역에 처한다.

제3조 제1조의 결사의 조직을 준비할 목적으로 결사를 조직한 자 또는 결사의 간부, 기타 지도자의 임무에 종사한 자는 사형이나 무기 또는 5년 이상의 징역에 처하며, 사정을 알고서 결사에 가입한 자 또는 결사의 목적 수행을 위한 행위를 한 자는 2년 이상의 유기징역에 처한다.

제4조 제3조의 목적을 갖고 집단을 결성한 자 또는 집단을 지도한 자는 무기 또는 3년 이상의 징역에 처하며, 제3조의 목적을 갖고 집단에 참가한 자 또는 집단에 관하여 제3조의 목적 수행을 위한 행위를 한 자는 1년 이상의 유기징역에 처한다.

제5조 제1조부터 제3조까지의 목적을 갖고 그 목적 사항의 실행에 관하여 협의 또는 선동을 하거나 또는 그 목적 사항을 선전하고 기타 그 목적 수행을 위한 행위를 한 자는 1년 이상 10년 이하의 징역에 처한다.

제6조 제1조부터 제3조까지의 목적을 갖고 소요, 폭행, 기타 생명, 신체 또는 재산에 해를

가하는 범죄를 선동한 자는 2년 이상의 유기징역에 처한다.

제7조 국체를 부정하거나 신궁(神宮) 또는 황실의 존엄을 매도하는 사항을 유포할 목적으로 결사를 조직한 자 또는 결사의 간부, 기타 지도자의 임무에 종사한 자는 무기 또는 4년 이상의 징역에 처하며, 사정을 알고서 결사에 가입한 자 또는 결사의 목적 수행을 위한 행위를 한 자는 1년 이상의 유기징역에 처한다.

제8조 전조의 목적을 갖고 집단을 결성한 자 또는 집단을 지도한 자는 무기 또는 3년 이상의 징역에 처하며, 전조의 목적을 갖고 집단에 참가한 자 또는 집단에 관하여 전조의 목적 수행을 위한 행위를 한 자는 1년 이상의 유기징역에 처한다.

제9조 위의 8개조의 죄를 범할 목적으로 금품과 기타 재산상의 이익을 공여하거나 요구 또는 약속을 한 자는 10년 이하의 징역에 처하며, 사정을 알고서 공여를 받거나 그 요구 또는 약속을 한 자도 이와 같다.

제10조 사유재산제도를 부인할 목적으로 결사를 조직한 자 또는 사정을 알고서 결사에 가입한 자 또는 결사의 목적 수행을 위한 행위를 한 자는 10년 이하의 징역 또는 금고에 처한다.

제11조 전조의 목적을 갖고 그 목적 사항의 실행에 관해 협의를 한 자 또는 그 목적 사항의 실행을 선동한 자는 7년 이하의 징역 또는 금고에 처한다.

제12조 제10조의 목적을 갖고 소요, 폭행, 기타 생명, 신체 또는 재산에 해를 가하는 범죄를 선동한 자는 10년 이하의 징역 또는 금고에 처한다.

제13조 위의 3개조의 죄를 범할 목적으로 금품과 기타 재산상의 이익을 공여하거나 요구 또는 약속을 한 자는 5년 이하의 징역 또는 금고에 처하며, 사정을 알고서 공여를 받거나 그 요구 또는 약속을 한 자도 이와 같다.

제14조 제1조부터 제4조까지, 제7조, 제8조, 제10조의 미수죄는 이를 처벌한다.

제15조 본 장의 죄를 범한 자가 자수한 때에는 그 형을 경감 또는 면제한다.

제16조 본 장의 규정은 누구든지 본 법을 시행하는 외지에서 죄를 범한 자에 대해서도 마찬가지로 적용한다.

제2장 형사수속

제17조 본 장의 규정은 제1장에서 열거한 죄에 관한 사항에 대해 이를 적용한다.

제18조 검사는 피의자를 소환하거나 그 소환을 사법경찰관에게 명령할 수 있다.

검사의 명령에 따라 사법경찰관이 발부하는 소환장에는 명령을 내리는 검사의 직책, 씨명, 기타 명령에 따라 발부한다는 취지를 기재해야 한다.

소환장의 송달에 관한 재판소 서기 및 집달리(執達吏)에 속하는 직무는 사법경찰관리가 이를 행할 수 있다.

제19조 피의자가 정당한 사유 없이 전조의 규정에 따른 소환에 응하지 않거나 형사소송법 제87조 제1항의 각 호에 규정한 사유가 있을 때에는 검사가 피의자를 구인하거나 다른 검사에게 구인을 위탁하며 또는 사법경찰관에게 구인을 명령할 수 있다.

전조 제2항의 규정은 검사의 명령으로 사법경찰관이 발부하는 구인장에 대해서도 이를 준용한다.

제20조 구인한 피의자는 지정한 장소에 인치한 때로부터 48시간 이내에 검사 또는 사법경찰관이 심문해야 하며, 그 시간 이내에 구류장을 발부하지 않은 때에는 검사가 피의자를 석방하거나 사법경찰관이 이를 석방하도록 해야 한다.

제21조 형사소송법 제87조 제1항 각 호에서 규정한 사유가 있을 때에는 피의자를 구류하거나 그 구류를 사법경찰관에게 명령할 수 있다.

검사의 명령에 따라 사법경찰관이 발부하는 구류장은 제18조 제2항의 규정을 준용한다.

제22조 구류에 대해서는 사법경찰서 또는 헌병대의 유치장을 감옥으로 대용할 수 있다.

제23조 구류 기간은 2개월로 한다. 특별히 계속할 필요가 있을 때에는 지방재판소 검사 또는 구(區)재판소 검사가 검사장의 허가를 받아 1개월마다 구류 기간을 갱신할 수 있다. 단, 통산하여 1년을 초과할 수 없다.

제24조 구류의 사유가 소멸하고 기타 구류를 계속할 필요가 없다고 사료된 때에 검사는 신속하게 피의자를 석방하거나 사법경찰관이 석방하도록 해야 한다.

제25조 검사는 피의자를 심문하거나 그 심문을 사법경찰관에게 명령할 수 있다.

검사는 공소 제기 전에 한하여 증인을 심문하며 또는 그 심문을 다른 검사에게 위탁하거나 사법경찰관에게 명령할 수 있다.

사법경찰관이 검사의 명령에 따라 피의자 또는 증인을 심문할 때에는 명령을 내린 검사의 직책, 씨명과 기타 명령에 따라 심문한다는 취지를 심문조서에 기재해야 한다.

증인심문에 대해서는 제18조 제2항 및 제3항의 규정을 준용한다.

제27조 검사는 공소 제기 전에 한하여 압수, 수색 또는 검증을 하며 또는 그 처분을 다른 검사에게 위탁하거나 사법경찰관에게 명령할 수 있다.

검사는 공소 제기 전에 한하여 감정, 통역 또는 번역을 명령하거나 그 처분을 다른 검사에게 위탁 또는 사법경찰관에게 명령할 수 있다.

압수, 수색 또는 검증의 조서 및 감정인, 통역 또는 번역인의 심문조서에 대해서는 전조 제3항의 규정을 준용한다.

감정, 통역 및 번역에 대해서는 제18조 제2항 및 제3항의 규정을 준용한다.

제28조 별도의 규정이 있는 경우를 제외하고 피의사건에 대해서는 형사소송법 중 피고인의 소환, 구인 및 구류, 피고인 및 증인의 심문, 압수, 수색, 검증, 감정, 통역 및 번역에 관한 규정을 준용한다. 단, 보석 및 책부(責付)에 대해서는 반드시 여기에 구애되지 않는다.

제29조 변호인은 사법대신이 미리 지정한 변호사 중에서 선임해야 한다. 단, 형사소송법 제40조 제2항의 규정의 적용을 배제하지 않는다.

제30조 변호인의 수는 피고인 1명당 2명을 초과할 수 없다.

최초의 공판기일에 관한 소환장을 송달받은 날로부터 10일을 경과할 때에는 변호인을 선임할 수 없다. 단, 어쩔 수 없는 사유가 있을 경우에 재판소의 허가를 받은 때에는 반드시 여기에 구애되지 않는다.

제31조 변호인이 소송에 관한 서류의 등사를 할 때에는 재판장 또는 예심판사의 허가를 받을 필요가 있다.

변호인의 소송에 관한 서류의 열람은 재판장 또는 예심판사가 지정하는 장소에서만 해야 한다.

제32조 피고가 사건공판에 회부된 경우에 검사가 필요하다고 인정한 때에는 관할 이전을 청구할 수 있다. 단, 제1회 공판기일이 지정된 후에는 반드시 여기에 구애되지 않는다.

전항의 청구는 사건의 계류 중인 재판소와 이전할 재판소가 공통하는 가장 가까운 상급재판소에 해야 한다.

제1항의 청구가 있을 때에는 결정이 있을 때까지 소송수속을 정지해야 한다.

제33조 제1장에서 열거한 죄를 범했다고 인정되는 제1심의 판결에 대해서는 항소할 수 없다.

전항에 규정한 제1심 판결에 대해서는 직접상고를 할 수 있다.

상고는 형사소송법에서 제2심의 판결에 대해 상고를 할 수 있는 이유가 있는 경우에 할 수 있다.

상고재판소는 제2심의 판결에 대한 상고 사건에 관한 수속에 따라 재판을 해야 한다.

제34조 제1장에서 열거한 죄를 범했다고 인정되는 제1심의 판결에 대해 상고한 경우에 상고재판소는 제1장에서 열거한 죄를 범하지 않았다고 의심하기에 충분하고 현저한 사유가 있다고 인정한 때에는 판결로서 원심 판결을 파기하고 사건을 관할 항소재판소로 이송해야 한다.

제35조 상고재판소는 공판기일의 통지에 대해서 형사소송법 제422조 제1항의 기일에 의하지 않을 수 있다.

제36조 형사수속에 대해서는 별도의 규정이 있는 경우를 제외하고 일반 규정을 적용한다.

제37조 군법회의의 형사수속은 제22조, 제23조, 제29조, 제30조 제1항, 제32조, 제33조, 제34조의 규정을 제외하고, 본 장의 규정을 준용한다. 이 경우에 형사소송법 제87조 제1항에 있는 내용은 육군군법회의법 제143조 또는 해군군법회의법 제144조 제1항 또는 해군군법회의법 제446조 제1항으로 하며, 제25조 제2항 중에서 형사소송법 제119조 제1항에 규정한 사유가 있는 경우라고 한 것은 '어느 때나'로 한다.

제38조 조선에서는 본 장에서 사법대신이라고 한 것은 조선총독으로, 검사장이라고 한 것은 복심법원 검사장, 지방재판소 검사 또는 구(區)재판소 검사라고 한 것은 지방법

원 검사, 형사소송법이라고 한 것은 조선형사령에 따른 것을 정한 형사소송법이라고 한다. 단, 형사소송법 제422호 제1항은 조선형사령 제31조로 한다.

제3장 예방구금

제39조 제1장에서 열거한 죄를 범하여 형에 처해진 자가 그 집행을 마치고 석방된 경우에 석방 후에 다시 제1장에서 열거한 죄를 범할 우려가 현저한 때에 재판소는 검사의 청구로 본인을 예방구금에 처한다는 취지를 명령할 수 있다.

제1장에 열거한 죄를 범하고 형에 처해져 그 집행을 마친 자 또는 형의 집행유예를 언도받은 자가 사상범보호관찰법에 따라 보호관찰에 처해진 경우에도, 제1장에 열거한 죄를 범할 위험을 방지하기 곤란하고 다시 범죄를 저지를 우려가 현저할 때에도 역시 전항과 마찬가지다.

제40조 예방구금의 청구는 본인의 현 주소지를 관할하는 지방재판소의 검사가 그 재판소에 청구한다.

전항의 청구가 보호관찰에 처해진 자일 때에는 그 보호관찰을 하는 보호관찰소의 소재지를 관할하는 지방재판소의 검사가 그 재판소에 청구할 수 있다.

예방구금을 청구할 때에는 미리 예방구금위원회의 의견을 구해야 한다.

예방구금위원회에 관한 규정은 칙령으로 정한다.

제41조 검사가 예방구금을 청구할 때에는 필요한 취조를 하거나 공무소에 조회하여 필요한 사항의 보고를 요구할 수 있다.

전항의 취조를 하는 데 필요한 경우에는 사법경찰관에게 본인을 동행하도록 할 수 있다.

제42조 검사는 본인이 일정한 주거가 없는 경우나 도망한 경우 또는 도망할 우려가 있는 경우에 예방구금의 청구를 하는 데 필요한 때에 본인을 예방구금소에 임시수용할 수 있다.

단, 어쩔 수 없는 사유가 있는 경우에는 감옥에 임시수용하는 것도 배제하지 않는다.

전항의 임시수용은 본인의 진술을 청취한 후에만 할 수 있다. 단, 본인의 진술을 인정하지 않거나 도망한 경우에는 이에 구애되지 않는다.

제43조 전조의 임시수용 기간은 10일로 한다. 그 기간 이내에 예방구금의 청구를 하지 않은 때에는 신속하게 본인을 석방해야 한다.

제44조 예방구금의 청구가 있은 때에 재판소는 본인의 진술을 듣고 결정을 해야 한다. 이 경우에 재판소는 본인에게 출두를 명령할 수 있다.

본인이 진술을 인정하지 않거나 도망한 때에는 진술을 청취하지 않고 결정을 할 수 있다.

형의 집행 종료 전에 예방구금의 청구가 있은 때에는 재판소가 형의 집행이 종료된 다음이라도 예방구금에 처한다는 취지의 결정을 할 수 있다.

제45조 재판소는 사실의 취조를 하는 데 필요한 경우에 참고인에게 출두를 명령하고 사실의 진술 또는 감정을 하도록 할 수 있다.

재판소는 공무소에 조회하여 필요한 사항의 보고를 요구할 수 있다.

제46조 검사는 재판소가 본인에게 진술을 하도록 하거나 참고인에게 사실의 진술 또는 감정을 하게 할 경우에 입회하여 의견을 개진할 수 있다.

제47조 본인이 속한 집의 호주, 배우자 또는 4친(親) 이내의 혈족 또는 3친 이내의 인척은 재판소의 허가를 받아 보좌인이라고 할 수 있다.

보좌인은 재판소가 본인에게 진술을 하도록 하거나 또는 참고인에게 사실의 진술 또는 감정을 하도록 하는 경우에 입회하여 의견을 개진하며 또는 참고할 자료를 제출할 수 있다.

제48조 다음의 경우에 재판소는 본인을 구인할 수 있다.

1. 일정한 주거가 없을 때
2. 도망한 때 또는 도망할 우려가 있을 때
3. 정당한 이유 없이 제44조 제1항의 출두명령에 응하지 않을 때

제49조 전조 제1호 또는 제2호에 규정한 사유가 있을 때 재판소는 본인을 예방구금소에 임시수용할 수 있다. 단, 어쩔 수 없는 사유가 있을 때에는 감옥에 임시수용하는 것을 배제하지 않는다.

본인이 감옥에 있을 때에는 전항의 사유가 없더라도 임시로 수용할 수 있다.

제1항의 경우에 제42조 제2항의 규정을 준용한다.

제50조 별도의 규정이 있는 경우를 제외하고, 제48조의 구인에 대해서는 형사소송법 중 구인에 관한 규정을, 제42조와 전조의 임시수용에 관해서는 형사소송법 중 구류에 관한 규정을 준용한다. 단, 보석과 책부에 관한 규정은 여기에 구애되지 않는다.

제51조 예방구금에 처하지 않는 취지의 결정에 대해 검사는 즉시 항고할 수 있다.

예방구금에 처하는 취지의 결정에 대해 본인과 보좌인은 즉시 항고할 수 있다.

제52조 별도의 규정이 있는 경우를 제외하고, 제44조의 결정은 형사소송법 중 결정에 관한 규정을, 전조의 즉시 항고에 대해서는 형사소송법 중 즉시 항고에 관한 규정을 준용한다.

제53조 예방구금에 처해진 자는 예방구금소에 수용하여 뉘우치게 하는 데 필요한 처치를 한다.

예방구금소에 관한 규정은 칙령으로 정한다.

제54조 예방구금에 처해진 자는 법령의 범위 내에서 타인과 접견하거나 서신 또는 기타 물품의 수수를 할 수 있다.

예방구금에 처해진 자에 대해서는 서신과 기타의 물품을 검열, 압수 또는 몰수하고 또는 보안이나 징계를 위해 필요한 처치를 할 수 있다. 임시로 수용된 자와 본 장의 규정에 의해 구인장 집행을 받아 유치된 자에 대해서도 마찬가지다.

제55조 예방구금의 기간은 2년으로 한다. 특히 계속할 필요가 있는 경우에 재판소는 결정으로 이를 갱신할 수 있다.

예방구금의 기간 만료 전에 갱신의 청구가 있는 때에는 재판소가 기간만료 다음이라도 갱신의 결정을 할 수 있다.

갱신의 결정이 예방구금 기간 만료 후에 확정된 때라도 이를 기간 만료 시 확정된 것으로 간주한다.

갱신의 경우에 제40조, 제41조, 제44조부터 제52조까지의 규정을 준용한다. 이 경우에 제49조 제2항 중에 감옥은 예방구금소로 한다.

제56조 예방구금의 기간은 결정이 확정된 날로부터 기산한다.

구금 일수 또는 형의 집행을 위해 구금된 일수는 결정이 확정된 다음이라도 전항의 기간에 산입하지 않는다.

제57조 결정 확정 시 본인이 수형자인 때에는 형의 집행 종료 후에 예방구금을 집행한다.

감옥에 있는 본인에 대해 예방구금을 집행하려 할 경우에 이송 준비와 기타 사유 때문에 특히 필요한 때에는 일시 구금을 계속할 수 있다.

예방구금의 집행은 본인에 대한 범죄의 수사와 기타 사유 때문에 특히 필요한 때에는 결정을 한 재판소의 검사 또는 본인의 현 주소지를 관할하는 지방재판소의 검사가 지휘함으로써 이를 정지할 수 있다.

예방구금의 집행에 관해서는 형사소송법 제534조부터 제536호까지, 제544조부터 제552조까지의 규정을 준용한다.

제58조 예방구금에 처해진 자가 수용 후에 예방구금의 필요가 없어진 때에는 제55조에서 규정하는 기간 만료 전이라도 행정관청의 처분으로 퇴소하도록 해야 한다.

전항의 경우에 제40조 제3항의 규정을 준용한다.

제59조 예방구금의 집행을 하지 않고 2년이 된 때에는 결정을 한 재판소의 검사 또는 본인의 현 주소지 관할 지방재판소의 검사가 사정에 따라 그 집행을 면제할 수 있다.

전항의 경우에는 제40조 제3항의 규정을 준용한다.

제60조 천재지변 시 예방구금소 내에 피난 수단이 없다고 인정한 때에는 수용된 자를 다른 곳으로 호송해야 하며, 만약 호송할 겨를이 없을 때에는 일시 이를 석방할 수 있다.

석방된 자는 석방 후 24시간 이내에 예방구금소 또는 경찰관서에 출두해야 한다.

제61조 본 장의 규정에 따라 예방구금소 또는 감옥에 수용된 자 또는 구인장 또는 체포장이 집행된 자가 도주한 때에는 1년 이하의 징역에 처한다.

전조 제1항의 규정에 의해 석방된 자가 동조 제2항의 규정을 위반한 때에도 전항과 마찬가지다.

제62조 수용설비 또는 계구를 손괴하거나 폭행 또는 협박하거나 2인 이상 통모하여 전조 제1항의 죄를 범한 자는 3개월 이상 5년 이하의 징역에 처한다.

제63조 위의 2개조 미수죄는 이를 벌한다.

제64조 본 법에 규정한 것 이외에 예방구금에 관해 필요한 사항은 명령으로 정한다.

제65조 조선에서 예방구금에 관해 지방재판소가 해야 하는 결정은 지방법원의 합의부가 이를 한다.

조선에서 본 장 중에 지방재판소의 검사라는 것은 지방법원의 검사로 하고, 사상범보호관찰법이라고 한 것은 조선사상범보호관찰령으로 하고, 형사소송법이라고 한 것은 조선형사령에 의해 정한 형사소송법으로 한다.

부칙

본 법 시행의 기일은 칙령으로 정한다.

제1장의 개정 규정은 본 법 시행 전 종전의 규정인 죄를 범한 자에 대해서도 이를 적용한다. 단, 개정 규정에서 정한 형이 종전의 규정에서 정한 형보다 무거운 때에는 종전의 규정에서 정한 형에 따라 처단한다.

본 법 시행 전에 공소를 제기한 사건에 대해서는 제2장의 개정 규정을 적용한다.

제3장의 개정 규정은 종전의 규정에서 정한 죄에 대해 본 법 시행 전의 형에 처해진 자에 대해서도 마찬가지로 적용한다.

본 법 시행 전에 조선형사령 제12조부터 제15조까지의 규정에 따른 수사수속은 본 법 시행 다음이라도 그 효력을 갖는다.

전항의 수사수속으로서 본 법에서 이에 상당하는 규정이 있는 것은 이를 본 법에 따른 것으로 간주한다.

본 법 시행 전에 조선사상범예방구금령에 따른 예방구금에 관한 수속은 본 법 시행 다음이라도 그 효력을 갖는다.

전항의 예방구금에 관한 수속으로서 본 법에서 이에 상당하는 규정이 있는 것은 본 법에 따른 것으로 간주한다.

자료 79	
\multicolumn{2}{c}{국방보안법 시행령}
구분	칙령 제542호
법령명/건명	국방보안법 시행령 國防保安法施行令
공포·개정·결정·폐지 연월일	1941년 5월 7일
구성	3개 조항, 부칙 1개항, 부도
선행 규범·법령	국방보안법
원문 일부	國防保安法施行令 第一條　主務大臣ハ國家機密ニ屬スル各事項ニ付其ノ取扱者其ノ他特ニ關係アル者ニ對シ秘密保持上執ルベキ措置其ノ他ノ取扱方ニ關シ必要ナル指示ヲ爲スベシ 前項ノ規定ハ國防保安法第一條第一號又ハ第二號ニ規定スル國家機密ニ屬スル事項ニ付テハ御前會議ニ在リテハ內閣總理大臣、其ノ他ノ會議ニ在リテハ當該會議ノ長又ハ主宰者ニ之ヲ準用ス 朕國防保安法施行令ヲ之ヲ公布セシム 裕仁　御璽 昭和十六年五月六日
주요 내용 및 특징	○ 국가기밀 취급 및 관계자에 대한 비밀보유 조치 및 취급방법에 관한 지시 ○ 국가기밀에 관한 도서, 물건에 대한 표기, 비닉 등에 관한 지시
법령 적용 범위	제국 전역
관련 법령 통합·폐지 사항	
유사·파생 법령	

칙령 제542호
1941년 5월 6일

국방보안법 시행령
國防保安法施行令

제1조 주무대신은 국가기밀에 속하는 각 사항에 대해 그 취급자, 기타 특히 관계자에 대해 비밀보유상 취해야 할 조치와 기타 취급방법에 관해 필요한 지시를 해야 한다.

국방보안법 제1조 제1호 또는 제2호에 규정한 국가기밀에 속하는 사항에 대해서는 어전회의는 내각총리대신이, 기타 회의는 해당 회의의 장 또는 주재자가 전항의 규정을 준용한다.

제2조 제1조의 지시와 관련된 국가기밀에 속하는 사항을 표시한 도서, 물건의 보관자는 부도(附圖)에 있는 표기를 해당 도서, 물건에 수록해야 한다.

제3조 주무대신 및 제1조 제2항에 규정된 자는 각 지시와 관련된 국가기밀에 속하는 사항이 국방상 외국에 대해 비닉할 필요가 있을 경우에는 관계자에게 그 취지를 인지시키기 위해 필요한 조치를 취해야 한다.

전항의 경우에 제2조의 도서, 물건의 보관자는 해당 도서, 물건에 수록되는 표기를 말소해야 한다.

부칙

본 시행령은 국방보안법 시행일부터 이를 시행한다.

부도(附圖)

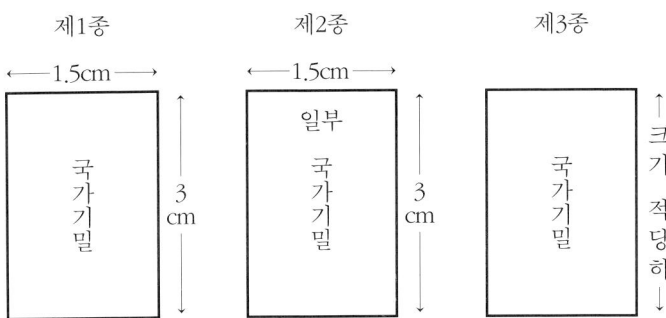

자료 80	
\multicolumn{2}{c}{국방보안법 시행기일의 건}	
구분	칙령 제541호
법령명/건명	국방보안법 시행기일의 건 國防保安法施行期日ノ件
공포·개정·결정·폐지 연월일	1941년 5월 7일
구성	1개 조항
선행 규범·법령	국방보안법
원문 일부	勅令第五百四十一號 國防保安法ハ昭和十六年五月十日ヨリ之ヲ施行ス 朕國防保安法施行期日ノ件ヲ裁可シ茲ニ之ヲ公布セシム 御名御璽 昭和十六年五月六日 裕仁
주요 내용 및 특징	○ 국방보안법을 1941년 5월 10일부터 시행할 것을 명령
법령 적용 범위	제국 전역
관련 법령 통합·폐지 사항	
유사·파생 법령	

칙령 제541호

1941년 5월 6일

국방보안법 시행기일의 건
國防保安法施行期日ノ件

국방보안법은 1941년(昭和 16) 5월 10일부터 이를 시행한다.

자료 81	
조선에서 재판수속 간소화를 위한 국방보안법 및 치안유지법의 전시특례에 관한 법률	
구분	법률 제20호
법령명/건명	조선에서 재판수속 간소화를 위한 국방보안법 및 치안유지법의 전시특례에 관한 법률 朝鮮ニ於ケル裁判手續簡素化ノ爲ノ國防保安法及治安維持法ノ戰時特例ニ關スル法律
공포·개정·결정·폐지 연월일	1944년 2월 15일
구성	1개 항목, 부칙 3개 항목
선행 규범·법령	국방보안법, 치안유지법
원문 일부	
주요 내용 및 특징	○ 조선에서는 전시에 국방보안법 제34조 및 치안유지법 제34조를 적용하지 않을 것을 명령함 ○ 국방보안법 제34조 및 치안유지법 제34조는 2심 파기 후 3심(항소) 이송에 관한 조항으로서, 사실상 조선에서 재판을 2심으로 제한한다는 내용임
법령 적용 범위	조선
관련 법령 통합·폐지 사항	국방보안법, 치안유지법
유사·파생 법령	조선에서 재판수속 간소화를 위한 국방보안법 및 치안유지법의 전시특례에 관한 법률 시행기일의 건

법률 제20호

1944년 2월 15일

조선에서 재판수속 간소화를 위한 국방보안법 및 치안유지법의 전시특례에 관한 법률
朝鮮ニ於ケル裁判手續簡素化ノ爲ノ國防保安法及治安維持法ノ戰時特例ニ關スル法律

조선에서는 국방보안법 제34조 및 치안유지법 제34조의 규정을 전시에는 적용하지 않는다.

부칙

본 법률의 시행기일은 칙령으로 이를 정한다.

본 법률은 본 법률 시행 전에 제1심 변론이 종결된 사건에 대해서는 이를 적용하지 않는다.

전시가 종료된 때에는 필요한 경과규정을 칙령으로 정한다.

자료 82	
\multicolumn{2}{c}{조선에서 재판수속 간소화를 위한 국방보안법 및 치안유지법의 전시특례에 관한 법률 시행기일의 건}
구분	칙령 제100호
법령명/건명	조선에서 재판수속 간소화를 위한 국방보안법 및 치안유지법의 전시특례에 관한 법률 시행기일의 건 朝鮮ニ於ケル裁判手續簡素化ノ爲ノ國防保安法及治安維持法ノ戰時特例ニ關スル法律施行期日ノ件
공포·개정·결정·폐지 연월일	1944년 3월 1일
구성	1개 항목
선행 규범·법령	국방보안법, 치안유지법, 조선에서 재판수속 간소화를 위한 국방보안법 및 치안유지법의 전시특례에 관한 법률
원문 일부	
주요 내용 및 특징	○ 조선에서 재판수속 간소화를 위한 국방보안법 및 치안유지법의 전시특례에 관한 법률을 1944년 3월 15일부터 시행할 것을 명령
법령 적용 범위	조선
관련 법령 통합·폐지 사항	국방보안법, 치안유지법
유사·파생 법령	조선에서 재판수속 간소화를 위한 국방보안법 및 치안유지법의 전시특례에 관한 법률

칙령 제100호

1944년 3월 1일

조선에서 재판수속 간소화를 위한 국방보안법 및 치안유지법의
전시특례에 관한 법률 시행기일의 건
朝鮮ニ於ケル裁判手續簡素化ノ爲ノ國防保安法及治安維持法ノ
戰時特例ニ關スル法律施行期日ノ件

1944년(昭和 19) 법률 제20호는 1944년 3월 15일부터 이를 시행한다.

6. 국민동원계획 관련 법령 및 각의결정

　총동원체제 중 노무동원에 관한 법령과 각의결정 등에 관해서는 당초의 계획에 따라 별도의 총서로 구성할 예정이다. 이에 이 책에서는 아시아·태평양전쟁 중반 이후 기존의 노무동원계획이 '국민동원계획(國民動員計劃)'으로 명칭을 달리하게 되는 배경과 주요 각의결정의 원문을 번역하여 소개하고자 한다.

　기존의 '노동력동원계획'은 1942년도부터 '국민동원계획'으로 명칭이 변경되었다. 각의결정 '1942년도 국민동원실시계획 책정에 관한 건'이 바로 그것이다. 이는 아시아·태평양전쟁의 확대에 따라 기존의 노동력 동원만으로 감당할 수 없다는 판단 아래 조선, 대만 등 외지와 동남아지역에 이르기까지 각 지역의 인구 추이와 직업 분포를 파악하여 산업별 배치계획을 책정하고자 한 것이다.

　1943년 1월 20일에 책정된 '생산증강근로긴급대책요강'에 따라 '1943년도 국민동원실시계획'이 각의에서 결정되었다. 전년도까지는 노동력 공급을 기초로 노동력 수급계획을 수립했다면, 1943년도의 계획은 노동력 수요에 기초하여 이를 충족하는 데 중점을 두었다. 주요 방침은 기존의 목표에 군수의 수요 충족과 중요물자의 생산을 추가하고 수송력 증강에도 노동력을 배치하는 데 있었다.

　또한 이 동원계획과 동시에 5월에는 국민징용령, 국민근로보국협력령, 노무조정령, 임금통제령 개정 등의 법제 강화 조치와 징용제도의 강화 및 국민근로보국대제도 확충 등의 조치가 뒤따랐다.

　국민동원계획은 군수성과 후생성이 계획, 책정하고 그 실시는 후생성이 담당하는 식으로 분담하였다. 1944년도의 국민동원계획은 8월에서야 겨우 각의에서 결정되었다. 이에 앞서 후생성과 군수성은 '긴급국민근로동원방책요강'(1944년 1월 17일), '근로앙양방책요강'(1944년 3월 18일)을 작성하여 각의에서 결정하였다. 이들 요강에서는 노동력 동원에서 징용의 중요성을 인식하여 그 토대로서 국민등록제도의 발본적 개혁과 노동력 공급원으로 학교 거주자 및 여자 동원의 강제적 운용과 실시가 제시되었다. 이러한 계획하에서 노동력 수요 총수가 1943년 계획의 약 2배에 달하는 454만 명을 넘게 되었다.

　그 밖에 1944년의 국민동원계획에서 중점을 둔 것은 항공기·함선·무기·석탄 등의 주요 기초물자와 이것의 수송, 국방에 필요한 토건 분야에 각계각층의 국민을 '완전히 동원'하는 것인데, 특히 여성동원의 강화, 학생학도동원의 철저가 강조되었다.

실시 요령에서는 수요에 대해서 1941년부터 도입된 '상시요원' 및 '임시요원'의 구별을 폐지하고 '외지'나 만주·중국에서의 요원 수요는 최소화하는 대신, 공급에 대해서는 여자, 학생학도 동원의 철저와 강화는 물론이고 조선인의 일본 이입을 '비약적으로 증가'시키는 것과 중국인 노무자의 본격적 이입이 지시되었다.

이후 1944년도 국민동원계획에 근거하여, '국민직업능력신고령'의 개정에 의한 징용제 정비, 여자근로정신대제도 강화 등의 후속 조치가 이루어졌다.

1944년 말부터 1945년도 이르기까지 대도시의 산업시설이 공습으로 파괴되고 내지는 물론이고 조선 등 외지의 신규 노동력 공급원이 사실상 고갈되고 수송도 두절됨에 따라, 기존의 총동원계획과 국민동원계획의 이행은 말할 것 없고 계획의 책정조차 불가능한 지경에 이르렀다.

이에 일제는 비상계획과 결전태세로 전환하여 노동력 동원에 관한 여러 법령을 '국민근로동원령(國民勤勞動員令)'으로 통폐합하였다. 이는 학교와 학생학도에 관한 동원 관련 법령, '국민징용령', '노무조정령', '국민근로보국협력령', '여자정신근로령' 등을 모두 폐지하고 그 내용을 통합한 것으로서, 사실상 성별과 계층을 망라한 전 국민의 무제한 총동원 법령이라 할 수 있다.

또한 국민동원계획이 사실상 무용지물이 되자 정부는 1945년 3월 21일 각의에서 '결전 근로동원 실시에 관한 건'을 결정하여 국토의 요새화, 식량 증산, 결전무기의 생산 등 본토결전에 필요한 부문에 대한 노동력의 배치에 집중하였다. 그러나 대도시와 중소도시에서의 노동력 동원은 공습과 전쟁 말기의 사회적 파탄 분위기 속에서 이미 붕괴된 상태였다.[30]

이상 총동원체제하에서 국민동원계획에 관해 간략히 살펴보았는데, 전반적인 노무동원에 관한 법령과 각의결정 등은 추후 연차계획에 따라 별도의 총서에서 상세하게 번역, 게재할 것이다.

---

[30] 노무동원과 국민동원 등에 관해서는 정혜경, 「국민징용령과 조선인 인력동원의 성격: 노무자와 군속의 틀을 넘어서」, 『한국민족운동사학회』 제56호, 2008; 안자코 유카, 「조선총독부의 '총동원체제'(1937~1945) 형성정책」, 고려대학교 박사학위논문, 2006 등을 참조하였다.

이 책에서는 1942년도 이후의 국민동원실시계획과 전쟁 말기 결전태세에 대비하여 붕괴되어 가는 국민동원실시계획을 강화하고자 하는 주요 각의결정의 원문들, 그리고 기타 각의결정으로서 '포로수용소령'과 '과학기술자동원계획', 그리고 '조선 및 대만 동포에 대한 처우개선에 관한 건'의 원문만 수록하기로 한다.

　제6절에 번역, 수록한 주요 법령과 각의결정 등의 목록은 다음 표와 같다.

자료번호	법령 및 각의결정 등의 명칭	형태	제정, 공포, 결정일	쪽수
83	1942년도(昭和 17) 국민동원실시계획 책정에 관한 건	각의결정	1942. 5. 26	441
84	생산증강근로긴급대책요강	각의결정	1943. 1. 20	450
85	1943년도(昭和 18) 국민동원실시계획 책정에 관한 건	각의결정	1943. 5. 3	454
86	긴급국민근로동원방책요강	각의결정	1944. 1. 17	460
87	근로앙양방책요강	각의결정	1944. 3. 18	465
88	과학기술자동원계획 설정에 관한 건	각의결정	1944. 7. 11	471
89	1944년도(昭和 19) 국민동원계획 책정에 관한 건	각의결정	1944. 8. 16	474
90	조선 및 대만 동포에 대한 처우개선에 관한 건	각의결정	1944. 12. 22	478

자료 83

\multicolumn{2}{c}{1942년도(昭和 17) 국민동원실시계획 책정에 관한 건}
구분	각의결정
법령명/건명	1942년도(昭和 17) 국민동원실시계획 책정에 관한 건 昭和17年度國民動員實施計劃策定ニ關スル件
공포·개정·결정·폐지 연월일	1942년 5월 26일
구성	2개 항목(일반 방침, 책정 요령)
선행 규범·법령	국가총동원법, 국민동원실시계획
원문 일부	昭和17年度国民動員実施計画策定ニ関スル件 更新日: 2012年12月20日 昭和前半期閣議決定等几例 収載資料:国家総動員史 資料編 第1 石川準吉著 国家総動員史刊行会 1975.8 pp.1101-1105 当館請求記号: AZ-668-5 ……… 昭和17年度国民動員実施計画策定ニ関スル件 昭和17年5月26日 閣議決定 昭和十七年度国民動員実施計画ハ大東亜戦争完遂ノ為戦争遂行力ノ確保増強ヲ目途トシ将来ニ亘ル国民職業ノ再編成ヲ考慮シツツ昭和十七年度各種総動員計画ニ照応シテ重要業務ニ於ケル要員ノ充足並ニ勤労総力ノ最高度発揮ヲ図ル根本方針ノ下ニ左ノ要領ニ依リ之ヲ策定ス 第一 一般方針 一、本計画ニ於テハ前年度同様常時要員ト臨時要員ニ区分シタルモ計画ノ対象タル業務及要員ノ範囲ヲ拡大スルコトトシ労務動員ノ名称ヲ本年度ヨリ国民動員ト改ム 二、需給計画ハ給源逼迫ノ現状ニ鑑ミ努メテ需要ヲ圧縮シ之ガ為生ズル要員ノ不足ハ生産能率ノ増進ニ依リ補塡スルモノトス
주요 내용 및 특징	○ 1942년도 국민동원실시계획에 관한 방침 ○ 필요 인원을 충원하기 위해 직업을 재편성, 재배치하게 함 ○ 징용공장사업장의 요원 충원, 노무관리 지도 철저를 지시 ○ 만주개척민, 만주개척청소년의용군 공출 지시 ○ 노무조정령, 국민징용령, 국민근로보국협력령 등의 개정을 지시 ○ 조선인 노무자에 대해 내지 외에 만주, 화태, 남양군도 및 남방 지역으로 공출하여 주로 생산확충계획산업과 국방토목건축업에 종사시킬 것을 특별히 지시함
법령 적용 범위	제국 전역
관련 법령 통합·폐지 사항	노무조정령, 중요사업장노무관리령, 학교졸업자사용제한령
유사·파생 법령	

각의결정

1942년 5월 26일

1942년도(昭和 17) 국민동원실시계획 책정에 관한 건
昭和17年度國民動員實施計劃策定ニ關スル件

    1942년도 국민동원실시계획은 대동아전쟁 완수를 위해 전쟁 수행력의 확보와 증강을 목표로 장래에 국민직업의 재편성을 고려하면서 1942년도의 각종 총동원계획에 즉각 대응하고 중요 업무에 필요한 요원을 충원하는 동시에 근로총력을 최고도로 발휘하는 기본방침 아래 다음의 요령에 따라 책정한다.

제1 일반 방침

1. 본 계획에서는 전년도와 마찬가지로 상시요원과 임시요원으로 구분하지만 계획의 대상인 업무와 요원의 범위를 확대하기로 하고 노무동원의 명칭을 금년도부터 국민동원으로 개칭한다.
2. 수급계획은 공급원이 압박을 받는 현 상황을 감안하여 수요를 압축하는 데 힘쓰며 이 때문에 발생하는 요원의 부족은 생산능률 증진으로 보전한다.
3. 노무배치의 중점화를 철저히 하기 위해 별도로 「1942년도 국민동원중요공업사업장 노무실시계획」을 설정하여 노무를 우선적으로 충원한다.
4. 징용의 신속, 적정을 기하기 위해 징용계획 특히 기능자에 대해서는 공장사업장별, 개인별 계획을 확립하며 징용공장사업장의 노무관리에 대하여 구체적인 지도방침을 수립한다.
5. 수급계획의 실시, 특히 중요 공장사업장에 대한 요원의 충원을 확보하고 노무관리를 조정하여 능률을 증진시키기 위해 노무조정령과 중요사업장노무관리령의 적정한 운용과 노무관리 등을 활용한다.
6. 만주개척민, 만주개척청소년의용군에 대해서는 만주개척 제2기 5개년 계획에 따라 실행

가능한 한도에서 적극 공출한다.

남방 점령지의 노무요원 충원에 대해서는 원칙적으로 현지에서 조달하지만, 필요한 지도자의 송출에 대해서는 사태의 추이를 살펴서 별도로 고려한다.

7. 신규 국민학교 수료자와 신규 중학교 졸업자의 공급원을 확보하기 위해 불급하다고 인정되는 학교, 특히 문부대신이 인가하지 않은 각종학교와 이에 준하는 시설에 대해서는 제한 또는 수용 정원을 억제하는 등의 별도 조치를 취한다.

8. 학교졸업자사용제한령에 근거하여 1942년 9월과 12월에 졸업하는 자의 할당은 금년도부터 지정학교와 지정학교과에 토목건축을 추가하여 별도로 실시한다.

제2 책정 요령

○ 상시요원

1. 상시요원의 수요에 대하여 특히 고려한 사항은 대략 다음과 같다.

    1) 상시요원은 일반 노무자, 사무직원, 공무요원의 세 종류로 구분하여 계획한다.

    2) 산업별 수요는 기존의 군수산업, 생산확충계획사업, 동 부대산업, 생산필수품산업, 교통업, 국방토목건축업 외에 농업과 수산업을 추가하기로 하고, 사무직원에 금융보험업의 추가도 고려한다.

    3) 군수의 충족과 수송의 확보에 중점을 두고 그 요원을 적극 충원한다.

    4) 생산확충계획사업은 1942년도 생산확충계획에 즉각 대응하도록 철강, 석탄, 전력, 알루미늄, 비철금속, 석유생산, 조선(造船) 등에 대하여 그 요원의 충원에 특히 힘쓴다.

    5) 2개 이상의 계획산업과 관련되고 이중 어느 한두 개를 계상하는 것이 적당하지 않은 산업의 요원은 편의상 생산확충부대산업에 포함시킨다.

    6) 생활필수품산업에서는 국민생활의 안정을 도모하는 것이 현재 매우 긴요하다는 점에 비추어 전년도의 계획범위를 확대하고 이것의 생산 확보에 힘쓴다.

    7) 생산확충부대산업 및 생활필수품산업 중에서 기업정비 대상인 업종에 대해서도 정비 이후의 조업에 필요한 요원을 고려한다.

    8) 교통업에서는 선박과 철도에 의한 수송에 중점을 두고 동시에 이와 관련된 인부를 충

원하는 데 힘쓴다.

9) 농업에서는 그 중요성을 감안하여 요원을 확보하는 것 외에 농지개발영단 등의 신규 간척 및 목탄제조 요원을 계상한다.

10) 사무직원은 중등학교 이하의 신규 졸업자로 충당할 수 있는데 하급 사무직원을 대상으로 일반 노무자에 준하여 취급한다.

11) 공무요원은 시국에 비추어 충원이 필요한 경찰소방관리, 국민학교 조교 및 청년학교 전임지도원, 간호부, 관청 및 공공단체의 고용원을 대상으로 필요한 요원을 계상한다.

2. 상시요원의 공급에 대해 특별히 고려한 사항은 대략 다음과 같다.

1) 공급원은 신규 국민학교 수료자, 신규 중학교 졸업자, 전직자, 청장년등록자, 이입 조선인 노무자로 한다.

2) 여자에 대해서는 주로 미혼자를 대상으로 이들의 동원을 강화하기로 하고 특히 사무직원과 공무직원에서는 가급적 남자를 여자로 대체시킨다.

3) 상업(접객업 포함) 종사자에서의 공출은 소매업 정비에 관한 실시방침에 준거하여 1942년도 중에 정리가 가능하다고 인정되는 업종에 대해 고려한다.

4) 공업 종사자에서의 공출은 물자 관련과 사업의 중요도를 고려하여 그 정리 범위를 정하고 이를 적극 확보한다.

5) 농업 종사자에서의 공출은 만주개척민 외에는 노무수요의 성격 등을 맞추어 불가피한 한도까지만 하고, 농업생산통제령 제8조의 통제를 받는 농업자 이외의 자에 한한다.

6) 가사 사용인, 일반 토목건축업 종사자, 기타 유업자와 무직자에서의 공출은 청장년등록자 중에서 직업전환의 난이도 등을 감안하여 정한다.

7) 이입 조선인 노무자는 공장, 광산, 국방토목건설, 인부 등의 요원에 충당하기로 하고 금년 2월의 각의결정 「조선인 노무자 활용에 관한 방책」에 따라 내지와 조선의 노무사정을 감안하여 전년도에 비해 다수를 증가하여 계상한다.

○ 임시요원

임시요원의 수급에 대하여 고려한 사항은 대략 다음과 같다.

1) 수요는 상시요원에서 계획한 산업 외에 재해복구 및 방제사업 등의 임시적 또는 계절적 요원으로서 미리 추정할 수 있는 자와 공무요원으로 한다.
2) 농업의 수요에 대해서는 식량생산의 중요성과 농촌의 노무사정을 감안하여 가급적 다수를 계상한다.
3) 일반 국민의 공출은 국민개로(國民皆勞)의 정신에 따라 공급 범위의 확대에 힘쓰고 청장년등록자와 연령 14세와 15세인 자에 대해서 학생생도가 아닌 자를 기초로 하여 가급적 이들을 다수 동원한다.
4) 학생생도의 공출은 학교의 종류에 상관없이 연령 14세 이상인 자를 동원한다. 단, 청년학교 생도의 경우 그 성격을 감안하여 최소한의 인원만 경비요원 충원을 위해 계상한다.
5) 임시요원의 수급 조정 및 활용은 주로 국민근로보국협력령이 운용될 때까지 기다린다.

〈표 1〉 국민동원수급계획(총괄)

상시요원 단위: 명

(1) 수요

구분	남	여	계
신규 수요 증가	777,900	207,100	985,000
일반 노무자	740,000	172,100	912,100
하급 사무직원	25,600	26,000	51,600
공무요원	12,300	9,000	21,300
감모(減耗) 보충요원	453,100	433,400	886,500
외지(外地) 요원	76,300	20,000	96,300
계	1,307,300	660,500	1,967,800

(2) 공급

구분	남	여	계
신규 국민학교 수료자	417,800	352,900	770,700
신규 중학교 졸업자	55,700	38,400	94,100
전직자	501,000	147,000	648,000

		남	여	계
	기타 직업 있는 자	184,000	60,900	244,900
	실업자	28,800	61,300	90,100
	조선인 노무자	120,000	-	120,000
	계	1,307,300	660,500	1,967,800

2. 임시요원   단위: 만 명(연인원)

구분		남	여	계
(1) 수요		8,200	2,500	10,700
(2) 공급		8,200	2,500	10,700
일반		5,920	1,700	7,620
학생·생도		2,280	800	3,080
비고	본 계획은 사태의 추이에 따라 수정할 수 있다.			

〈표 2〉 상시요원 신규 수요

1. 내지의 일반 노무자 신규 수요   단위: 명

구분	남	여	계
신규 수요 증가수	740,000	172,100	912,100
군수산업	397,600	101,100	498,700
생산확충계획산업	164,300	19,100	183,400
전호의 부대산업	35,300	25,900	61,200
생활필수품산업	8,300	8,400	16,700
교통업	80,100	13,900	94,000
국방토목건축업	32,300	3,300	35,600
농업	22,100	400	22,500
감모 보충요원 수	400,400	383,200	783,600
계	1,140,400	555,300	1,695,700

비고
1) 수산업에서 필요한 7만 명을 확보하되 이를 별도로 계상하지 않는다.
2) 감모 보충요원 수에 농업 및 수산업의 순감모 보충으로서 신규 국민학교 수료자 중에서 3만 명을 계상한다.

2. 내지의 하급 사무직원 신규 수요

구분	남	여	계
신규 수요 증가수	25,600	26,000	51,600
군수산업	5,300	2,300	7,600

구분	남	여	계
생산확충계획산업	5,900	3,000	8,900
전호의 부대산업	1,400	1,000	2,400
생활필수품산업	700	300	1,000
교통업	3,400	1,300	4,700
국방토목건축업	800	100	900
금융보험업	5,000	3,900	8,900
농업	3,100	14,100	17,200
감모 보충요원 수	28,400	29,000	57,400
계	54,000	55,000	109,000

3. 내지의 공무요원 신규 수요

구분	남	여	계
신규 수요 증가수	12,300	9,000	21,300
경찰관사	2,000	-	2,000
소방관사	1,200	-	1,200
국민학교 조교 및 청년학교 전임지도원	1,800	2,300	4,100
간호부	-	2,400	2,400
고용원(관청)	5,800	3,500	9,300
고용원(공공단체)	1,500	800	2,300
감모 보충요원 수	24,300	21,200	45,500
계	26,600	30,200	66,800

4. 외지, 만주, 중국 등의 내지에 대한 신규 수요

구분	남	여	계
조선	7,500	100	7,600
대만	1,000	-	1,000
만주	45,400	18,700	64,100
신규 중등학교 졸업자 및 신규 초등학교 수료자	17,200	700	17,900
청소년의용군	12,100	-	12,100
일반 개척민	15,400	17,400	32,800
지도원	700	600	1,300
중국	2,400	200	2,600
군현지 부대요원	20,000	1,000	21,000
계	76,300	20,000	96,300

비고
1) 내지에서 화태로 도항할 노무자 10만 명을 확보하지만, 이를 별도로 계상하지 않는다.
2) 조선, 대만 및 중국의 신규 수요 수는 신규 중학교 졸업자 및 신규 국민학교 수료자에 할당된 수를 합계한다.
3) 신규 중학교 졸업자의 수요 수는 할당이 끝나지 않은 1942년 12월 ■상 졸업자에 대해서는 편의상 전년도의 같은 시기 졸업자에 할당된 수로 대신한다.

〈표 3〉 내지의 상시요원 공급

구분	남	여	계
신규 국민학교 수료자	417,800	352,900	770,700
농촌관계	125,000	195,000	320,000
기타	292,800	157,900	450,700
신규 중등학교 졸업자	55,700	38,400	94,100
요정리(要整理)공업 종사자	134,300	60,700	195,000
상업 종사자	366,700	86,300	453,000
가사 사용인	2,000	25,000	27,000
그 외 직업 있는 자	78,000	21,600	99,600
일반 토목건축업 종사자	20,000	-	20,000
농업 종사자	84,000	14,300	98,300
무직자	28,800	61,300	90,100
조선인 노무자	120,000	-	120,000
계	1,307,300	660,500	1,967,800

〈표 4〉 내지의 임시요원 수요목표

단위: 만 명(연인원)

구분	남	여	계
군수산업	302	75	377
생산확충계획산업	779	21	800
전호의 부대산업	252	95	347
생활필수품산업	45	93	138
교통업	471	44	515
국방토목건축업	1,437	100	1,537
화재복구사업	909	-	909
금융보험업	1	6	7

농업		3,224	2,029	5,253
공무요원		780	37	817
계		8,200	2,500	10,700

<표 5> 내지의 임시요원 공급목표　　　　　　　　　　　　　　　　단위: 만 명(연인원)

1. 일반	구분	남	여	계
	군수산업	192	48	240
	생산확충계획산업	705	21	726
	전호의 부대산업	201	86	287
	생활필수품산업	30	70	100
	교통업	393	-	393
	국방토목건축업	1,107	100	1,207
	화재복구사업	729	-	729
	금융보험업	-	2	2
	농업	2,387	1,353	3,740
	공무요원	176	20	196
	계	5,920	1,700	7,620
2. 학생생도	구분	남	여	계
	군수산업	110	27	137
	생산확충계획산업	74	-	74
	전호의 부대산업	51	9	60
	생활필수품산업	15	23	38
	교통업	78	44	122
	국방토목건축업	330	-	330
	화재복구사업	180	-	180
	금융보험업	1	4	5
	농업	837	676	1,513
	공무요원	604	17	621
	계	2,280	800	3,080

자료 84	
생산증강근로긴급대책요강	
구분	각의결정
법령명/건명	생산증강근로긴급대책요강 生産增强勤勞緊急對策要綱
공포·개정·결정·폐지 연월일	1943년 1월 20일
구성	5개 항목
선행 규범·법령	국가총동원법
원문 일부	
주요 내용 및 특징	○ 국민근로충실과 근로총력을 최고도로 발휘하는 방책으로서 국민징용제도를 쇄신, 강화, 운영 개선할 것을 지시함 ○ 국민징용원호제도 확충 ○ 전환배치 강화 철저 지시 ○ 국민근로보국대제도 쇄신, 출근기간 연장 ○ 학교 폐쇄, 정원 제한 대신 학생생도의 근로보국대 조직 확충 ○ 근로청소년 연성 강화 ○ 여성동원 강화
법령 적용 범위	제국 전역
관련 법령 통합·폐지 사항	
유사·파생 법령	

각의결정

1943년 1월 20일

생산증강근로긴급대책요강
生産增強勤勞緊急對策要綱

생산증강은 현재 매우 긴요한 업무로서 이것의 완수는 국민근로의 충실과 발양에 기대는 점이 매우 크다는 점에 비추어 근로총력을 최고도로 발휘하기 위해 특별히 다음과 같은 방책을 긴급하게 실시하도록 한다.

제1 국민징용제도의 쇄신, 강화

1. 국민징용의 국가성(國家性) 명확화
    1) 피징용자 전원이 한 몸이라는 태세로 생산증강에 매진할 수 있도록 사장을 징용하고 기타 필요한 조치를 취한다.
    2) 징용은 미리 합격자를 정하여 기존의 국가시설에 수용하며 교양과 훈련을 실시한 후 공장사업장에 배치한다.
    3) 피징용자가 공장사업장에서 지급받는 급여가 해당 피징용자가 이전에 받은 것에 비해 크게 감소한 경우에는 이를 보전하는 방법을 취하며 그 재원은 국가에서 상당액을 부담한다.
2. 국민징용제도의 운영 개선
    1) 현행 징용기간은 연장하고 필요한 경우에 다시 갱신할 수 있도록 하는 동시에 징용을 해제하는 경우를 명확하게 한다.
    2) 징용전형을 엄정하고 권위 있게 하기 위해 국민징용관제도를 확립하는 동시에 국민직업지도소의 기능을 증진하는 데 필요한 조치를 취한다.
    3) 징용 보급원 확보와 더불어 전형을 엄정하게 하기 위해 전형에서 징용 제외의 범위를 축소하는 동시에 적정한 전형기준을 정한다.

4) 국민등록의 범위를 다시 확대하고 피징용자 전형에 편리하도록 이를 정비한다.

5) 피징용자로서 특히 근로 상황이 양호하지 않은 자에 대해서는 국가의 특별연성시설에서 연성을 실시하고 이를 교화하고 선도하는 데 힘쓴다.

3. 국민징용원호제도의 확충

피징용자가 걱정하지 않도록 그 유가족에 대해 원호제도를 확충, 강화하는 동시에 피징용자의 사기를 앙양하기 위해 위문과 격려에 특별한 조치를 취한다.

제2 국민근로의 중점적 배치 강화 철저

1. 산업과 기업 간의 중점 이동에 즉각 대응하는 기업정비가 진척됨에 따라 공장사업장 간에 근로자의 전환배치를 용이하고 신속하게 하기 위해 필요한 조치를 취한다.
2. 중소상공업자의 전시중요생산으로의 전환을 한층 더 촉진하기 위해 필요한 조치를 취한다.
3. 국민근로보국대제도의 쇄신을 꾀하며, 각 지역과 직역 또는 단체에서 보국대를 상시조직하고 편성하며 그 출근기간을 연장한다.
4. 불급하다고 인정되는 학교, 특히 시국에 긴요하지 않은 각종 학교와 이러한 종류의 시설을 폐쇄하고 제한하거나 수용정원을 감소하는 동시에 학생과 생도의 근로보국대 조직을 확충, 강화한다.
5. 여자로 대체할 수 있는 업종과 직종에 대해 각각 여자의 사용인원수 표준을 정하는 동시에 여자근로관리를 확립함으로써 여자의 동원을 강화한다.

이상과 관련하여 남자의 취업제한이나 금지를 실시한다.

제3 근로관리의 쇄신, 강화

1. 근로관리행정의 강화

1) 황국 본래의 근로관을 확립하고 공장사업장에서 근로관리기구와 근로관리의 진용을 정비하기 위해 필요한 조치를 취한다. 동시에 특히 근로능률이 불량한 공장사업장에

대해 근로관리를 개선하기 위해 강력한 지도를 실시한다.

2) 관리관, 노무관, 공무관 등이 긴밀하게 일체의 태세를 정비하고 중요 공장사업장의 생산능률 증강에 대해 종합적이고 강력한 지도를 실시한다.

2. 근로청소년 보도, 연성

국력의 근간인 근로청소년의 불량을 미연에 방지하는 동시에 건전한 근로청소년 육성을 위해 별도의 「근로청소년보도 긴급대책요강」에 따라 이들의 보도와 연성에 철저를 기한다.

3. 취업시간제도의 쇄신

현행 취업시간 관련 법규를 개정하고 전시생산에 즉각 대응하여 탄력성 있게 운영할 수 있도록 한다.

4. 전시적정임금제도 확립

근로자 생활의 항상성을 확보하고 근로능률의 향상을 기하기 위해 임금통제를 합리화하는 동시에 임금통제에 필요한 조치를 별도로 강구한다.

제4 근로자용 물자, 주택 등에 관한 대책 강화

1. 근로자용 물자의 할당과 배급은 원칙으로 산업보국회 조직만 통하도록 일원화한다.
2. 공장, 광산, 사업장의 구매회를 배급기구상의 지위로 인정하고 이를 적극적으로 활용한다.
3. 근로자의 주택, 기숙사, 후생시설은 나라에서 일정한 규격을 정하고 공장시설과 일체화하여 계획한다. 동시에 신설 또는 기존의 건물을 유효하게 이용하는 등에 대해서는 별도의 조치를 취한다.

제5 본 요강의 실시에 관해 필요한 경비에 대해서는 예산에서 조치한다.

자료 85	
\multicolumn{2}{c}{1943년도(昭和 18) 국민동원실시계획 책정에 관한 건}
구분	각의결정
법령명/건명	1943년도(昭和 18) 국민동원실시계획 책정에 관한 건 昭和18年度國民動員實施計劃策定ニ關スル件
공포·개정·결정·폐지 연월일	1943년 5월 3일
구성	4개 항목
선행 규범·법령	국가총동원법, 국민동원실시계획
원문 일부	昭和18年度国民動員実施計画策定ニ関スル件 更新日：2012年12月20日 収載資料：国家総動員史 資料編 第2 石川準吉著 国家総動員史刊行会 1975.8 pp.237-246 当館請求記号：AZ-668-5 昭和前半期閣議決定等凡例 …… 昭和18年度国民動員実施計画策定ニ関スル件 昭和18年5月3日 閣議決定 昭和十八年度国民動員計画実施計画ハ大東亜戦争ノ現段階ニ即応シ労務給源拡充ニ強力ナル措置ヲ講ジ戦時生産ノ増強ニ必要ナル要員ヲ充足スルト共ニ勤労総力ノ最高度発揮ヲ図ルヲ目途トシ左ノ要領ニ依リ之ヲ策定ス 第一 方針 一、軍需ノ充足其ノ他緊要物資ノ生産並ニ輸送ノ増強ニ重点ヲ置キ之ガ要員ノ確保ヲ図ル 二、労務給源ノ拡充並ニ之ガ適時的確ナル配置ヲ期ス為男子就業ノ禁止制限, 不急学校ノ整理, 配置転換ノ強制, 国民徴用実施ノ強化等強力ナル動員ヲ行フ 三、産業整備ハ国民動員上ノ必要ヲ考慮シ迅速且強力ニ遂行スルト共ニ休廃止企業ノ従業者ニ付テハ国家ニ於テ計画的ニ重点企業ヘノ転換ヲ図ル
주요 내용 및 특징	○ 1943년도 국민동원실시계획에 관한 방침 ○ 군수 충족과 기타 긴요 물자 생산, 수출 증강에 중점 ○ 노무자원 확충을 위해 남자 취업 금지와 제한, 학교 정리, 전환배치 강제, 국민징용 실시 강화, 여자 동원 강화 등을 지시 ○ 국민근로보국대를 상시조직으로 전환하도록 지시 ○ 노무조정령, 국민징용령, 국민근로보국협력령 등의 개정을 지시 ○ 조선인 노무자에 대해 내지 체류 조선인과 중국인 노무자, 포로 및 형무소 수감자 등의 활용을 지시 ○ 조선인 노무자에 대해 내지 외에 만주, 화태, 남양군도 및 남방 지역으로 공출하여 주로 생산확충계획산업과 국방토목건축업에 종사시킬 것을 지시
법령 적용 범위	제국 전역
관련 법령 통합·폐지 사항	노무조정령, 중요사업장노무관리령, 학교졸업자사용제한령
유사·파생 법령	

각의결정
1943년 5월 3일

1943년도(昭和 18) 국민동원실시계획 책정에 관한 건
昭和18年度國民動員實施計劃策定ニ關スル件

1943년도 국민동원계획실시계획은 대동아전쟁의 현 단계에 즉각 대응하고 노무자원 확충에 강력한 조치를 강구하며 전시생산의 증강에 필요한 요원을 충원하는 동시에 근로총력을 최고도로 발휘하는 것을 목표로 다음의 요령에 따라 책정한다.

제1 방침

1. 군수 충족과 기타 긴요 물자의 생산과 수출의 증강에 중점을 두고 이와 관련된 요원의 확보를 도모한다.
2. 노무자원의 확충과 더불어 이를 적시에 적확하게 배치하기 위해 남자 취업의 금지 제한, 불급한 학교의 정리, 전환배치의 강제, 국민징용 실시 강화 등 강력한 동원을 실시한다.
3. 산업의 정비는 국민동원상의 필요를 고려하여 신속하고 강력하게 수행하는 동시에 휴폐업 기업의 종사자에 대해서는 국가가 계획적으로 중점기업으로 전환배치하도록 한다.
4. 조선인 노무자의 내지 이입은 대체로 전년도와 마찬가지로 하되 내지 체류 조선인과 중국인 노무자, 포로 및 형무소 수감자 등의 활용을 도모하고 국민동원실시계획에 탄력성을 유지하도록 한다.
5. 농업 노무자에 대해서는 전시식량 생산의 중요성을 감안하여 광공업 노무자와의 조정을 고려하여 이를 확보한다.
6. 여자에 대해서는 그 특성과 민족력 강화의 필요를 감안한다. 강력하고 적극적으로 동원한다.
7. 생산증강근로긴급대책(금년 1월 20일 각의결정)의 실효성을 높이는 동시에 노무의 확

충과 근로능력의 고도 발휘를 저해하는 원인을 제거하기 위해 근로자용 물자를 확보하고 수용시설의 정비와 통근수송을 확보한다.

제2 요령

본 계획에서는 상시요원, 임시요원의 구분과 계획의 대상인 업무 및 요원의 범위 등에 대해 대체로 전년도와 마찬가지로 하되, 상시요원 중 일반 노무자에 대해서는 제1종 공장사업장과 기타의 것으로 구분하고 다음에 따라 편성한다.

○ 상시요원

1. 수요
   1) 군수의 충족과 5개 물자의 생산에 필요한 노무자, 그리고 수송, 특히 선원의 확보에 중점을 두어 이를 극력 충족시킨다.
      이 외에 중요 금속, 공작기계, 중요 기계, 철도차량, 전력, 석유와 기타 제1종 공장사업장에 대해 특히 그 요원의 충족에 힘쓴다.
   2) 농업에 대해서는 신규 국민학교 수료자의 일정 수를 확보하도록 하고 특히 전년도에 비해 남자 수가 증가하도록 한다.
   3) 사무직원은 그 수요를 극력 억제하고 감소인력 보충의 한도를 없앤다.
   4) 공무요원 중 경찰관리와 소방관리, 국민학교 조교, 청년학교 전임지도원, 간호부에 대해서는 가급적 그 수요를 억제하고 감소인력 보충의 증가를 도모하되 관청과 공공단체의 고용원 감소인력 충원의 한도를 없앤다.
   5) 남자 취업의 금지 또는 제한에 따라 필요한 보충요원은 여자 또는 남자 고교생 연령자로 이를 보충한다.
   6) 남방지역의 요원은 대체로 지도자와 특수기능자로 하고 이에 필요한 한도를 없앤다.
2. 공급
   1) 공급원은 전년도계획에서 열거한 자 외에 산업의 정비에 따른 전환자, 남자 취업 금

지와 제한에 따른 전환자, 각종 학교 재학생, 내지 체류 조선인으로 하고, 남자에 대해서는 대략 연령 45세 미만인 자를 공출한다.

2) 신규 중등학교 졸업자에 대해서는 각종학교 졸업자도 포함시키고 취직통제를 강화하여 상당한 증가를 예정한다.

3) 정리해야 하는 각종 학교 중에서 주로 ■■교육을 하는 학교의 재학생을 공급원으로 예상한다.

4) 기존 방침에 따른 소매업 정비 외에 앞으로 실시될 산업의 정비에 따라 전환되는 자를 예상한다.

5) 서기나 간단한 업무 등 여자로 대체하기 적당한 직종에 대해서는 남자의 취업을 금지하거나 제한하고, 이에 따라 남자를 공출한다.

6) 농업 분야에서의 공출은 만주개척민과 만주개척청소년의용군 외에는 노무수요의 성격 등에 비추어 어쩔 수 없는 한도를 없애고, 농업생산통제령 제8조의 통제를 받는 농업인 이외의 자에 한한다.

7) 여자에 대해서는 주로 미혼자를 대상으로 전년도에 비해 공급 총수에서 여자 비율을 높이고, 특히 군무직원과 공무요원 중에서 고용원에 대해서는 그 대부분을 여자로 충원한다.

8) 내지 체류 조선인에 대해서는 주로 도시에 체류하는 조선인을 대상으로 이들을 계획 산업으로 공출한다.

9) 중국인 노무자, 포로, 형무소 수감자 등 사용인원수는 국민동원실시계획 외에 두고, 이를 사용하는 공장사업장에 대해 노무자를 할당할 때에는 사용인원수를 참작한다.

○ 임시요원

1. 일반 국민의 동원은 실시할 때 편의를 고려하고 공출단체별로 계획한다.
2. 동원할 사람의 연령과 범위를 확장하며 국민근로보국대의 협력기간을 연장한다.
3. 농업의 수요는 농업 부문에서 공조적인 것은 제외하고 다른 곳에서 공급받는 것만 계상하고, 농업노무의 현상을 감안하여 가급적 다수를 예정한다.

제3 조치

본 계획을 실시할 때에는 강력한 법제적 행정적 수단이 필요하기 때문에 대체로 다음의 조치를 취한다.

1. 본 계획을 실시하기 위해서는 특히 일선 노무행정기구의 기능을 증진하는 것이 중요하다는 점을 감안하고 국민직업지도소의 확충과 강화를 도모한다.
2. 노무조정령, 국민징용령, 국민근로보국협력령 등에 대해 필요한 개정을 한다.
3. 공급원 확보를 위해 다음에 열거하는 자에 대해서는 국민징용 제외 조치를 하지 않는다.
   1) 병역법 제41조 제1항의 규정에 따라 징집을 연기할 수 있는 학교로 지정된 학교와 중등학교, 그리고 문부대신과 후생대신이 협의하여 지정한 각종 학교 이외의 학교에 재학하는 자
   2) 관청과 공공단체에 근무하는 자로서 여자나 고령자로 대체할 수 있다고 인정되는 자
   3) 내지 체류 조선인
4. 휴폐업 기업의 종업원을 전환하는 경우에 그 기능과 경험을 활용하도록 하고, 곧바로 계획 배치할 수 없는 자에 대해서는 그 생활보호와 연수 및 중점기업으로의 전환조치를 취한다.
5. 고등여학교와 이에 준하는 학교의 졸업자에 대해서는 졸업 후 일정기간 권장에 의해 적당한 직장에 취업하도록 지도한다.
6. 국민근로보국대는 가급적 상시조직으로 하고 공장사업장과 긴밀한 관계를 갖도록 운용하며, 특히 학생과 생도의 근로보국대인 경우에는 학교의 종류에 따라 실수(實數)를 거두도록 실시한다.
7. 긴요 산업의 청년학교 생도와 공장사업장기능자양성령을 적용하는 양성공에 대해서는 생산증강의 필요에 따라 그 교과목의 수업에 탄력성을 유지하도록 고려한다.
8. 교대제 실시와 여자 사용의 확대에 따라 휴양, 탁아 및 급식시설의 확충을 도모하는 동시에 이에 필요한 요원 양성에 힘쓴다.
9. 본 계획에 즉각 대응하여 도부현별 수급 관계를 분명히 하기 위해 도부현이 그 수급계획을 설정하도록 지도한다.

제4 외지, 만주, 남방 지역 간 이동 노무자

1. 조선인 노무자는 내지 외에 만주, 화태, 남양군도 및 남방지역으로 공출하여 주로 생산 확충계획산업과 국방토목건축업에 종사시킨다.
2. 대만 본도인은 원칙적으로 남방지역으로 공출하여 필요한 요원으로 충당시킨다.

표 (생략)

자료 86	
	긴급국민근로동원방책요강
구분	각의결정
법령명/건명	긴급국민근로동원방책요강 緊急國民勤勞動員方策要綱
공포·개정·결정·폐지 연월일	1944년 1월 17일
구성	2개 항목
선행 규범·법령	국가총동원법, 국민동원실시계획
원문 일부	**緊急国民勤労動員方策要綱** 更新日: 2012年12月20日 昭和前半期閣議決定等凡例 収載資料: 内閣制度百年史 下 内閣制度百年史編纂委員会 内閣官房 1985.12 pp.254-255 当館請求記号: AZ-332-17 -------- 緊急国民勤労動員方策要綱 昭和19年1月17日 閣議決定 第一 方針 国民勤労総力ノ最高度ノ発揚ヲ目途トシ国民勤労ノ配置ノ適正化其ノ他国民勤労能率ノ飛躍的向上ヲ図ルト共ニ軍動員ト緊密ナル連繋ヲ保持シツツ国家ノ動員所要数ヲ充足スル為総合的且計画的国民勤労動員ヲ強力ニ実施スルニ付左ノ方途ヲ講ズルモノトス 尚昭和十九年度国民動員計画ノ策案ニ際シ更ニ必要ナル方途ヲ講ズルコトアルモノトス 第二 要領 一 国民登録制度ノ確立 現行青壮年登録及技能者登録ノ制度ヲ統合スルト共ニ登録ノ範囲ヲ拡大シ一元的普遍的ナル国民登録制度ヲ確立スルコト 二 国民徴用運営ノ改善 国民徴用ノ実施範囲ノ拡大ニ伴ヒ
주요 내용 및 특징	○ 국민등록제도 확립 ○ 국민징용 범위 확대, 직역징용제도 창설 지시 ○ 징용의 국가성을 선명하게 천명 ○ 학생 근로동원 적극 시행 ○ 여자 근로동원 촉진 ○ 조선인 노무자의 내지 집단이입을 강화 ○ 중국인 노무자의 내지 이입을 본격화 ○ 국민운동 전개
법령 적용 범위	제국 전역
관련 법령 통합·폐지 사항	
유사·파생 법령	

각의결정

1944년 1월 17일

긴급국민근로동원방책요강
緊急國民勤勞動員方策要綱

제1 방침

국민근로총력을 최고도로 발휘하는 것을 목표로 국민근로 배치의 적정화와 기타 국민근로 능률의 비약적 향상을 도모하는 동시에 군 동원과의 긴밀한 연계를 유지하면서 국가의 동원 소요 수를 충족하기 위해 종합적이며 계획적인 국민근로동원을 강력하게 실시하는 데 대해 다음의 방법을 강구하기로 한다.

제2 요령

1. 국민등록제도 확립

현행 청장년등록제도와 기능자등록제도를 통합하는 동시에 등록 범위를 확대하여 일원적이며 보편적인 국민등록제도를 확립한다.

2. 국민징용 운용 개선

국민징용의 실시 범위 확대에 따라

   1) 현행 거주지 중심의 징용제도 외에 직역징용제도를 창설한다.

   2) 피징용자의 신상, 종사할 총동원업무의 종류 등에 따라 징용기간과 징용의 해제방법에 대해 탄력적 운용을 더욱 강화한다.

   3) 피징용자의 원호에 관한 조치를 강화한다.

   비고: 징용의 국가성을 다시 선명하게 밝히고, 징용에 관하여 신상필벌을 장려하는 등 근본적인 방책의 수립에 대해 별도로 신속하게 입안한다.

3. 학교 재학생의 근로동원

학교 재학생의 근로동원을 보다 적극적으로 시행하고 이를 위해 취해야 할 조치에 대해서는 이를 별도로 정한다.

4. 여자의 근로동원

우리나라의 가족제도와 더불어 여자의 특성과 민족력 강화의 필요를 감안하면서 여자의 근로동원을 촉진하고 확대한다. 이를 위해

1) 기존의 모든 방책을 다시 강화하여 추진한다.
2) 정신대제도의 운용을 강화하는 동시에 가정에서 통근하는 제도를 적극 도입하고 학교별, 지역별로 책임자를 두어 이들을 통솔하도록 하는 등 제도의 개선과 정비에 힘쓴다. 그리고 그 조직, 운영, 대원, 대원의 기율, 처우 등에 대한 법적 조치를 강구한다.
3) 각 산업별, 공장사업장별 등에 대해 여자사용목표율을 명시하고 여자사용의 범위를 확대한다.
4) 남자의 취업제한에 따른 여자의 보충은 산업의 중요도에 따라 중점적이고 계획적으로 시행한다.
5) 재택여성의 근로력 활용에 대해 유효한 조치를 강구한다.

비고: 여자의 근로관리는 특히 현재 전혀 준비되지 않은 실정을 감안하여 이에 관한 구체적인 방법을 철저히 이행하는 데 별도로 특단의 조치를 강구한다.

5. 근로 보급원의 확보

1) 존속시키기로 결정한 학교 이외의 각종 학교에 재학 중인 자를 적극적으로 근로에 동원한다.
2) 근로 보급원의 공출을 목표로 하는 기업정비를 강력하고 계획적으로 수행한다.
3) 남자의 취업제한 범위를 보다 확충한다.
4) 현행 근로배치규칙의 연령 범위를 높인다.
5) 요원의 충원이 곤란한 긴요산업부문에 대해서는 근로자 충원에 관한 현행 제도의 제한을 완화 또는 철폐한다.
6) 조선인 노무자의 내지 집단이입을 강화한다.
7) 중국인 노무자의 내지 이입을 본격화한다.
8) 수감자 활용과 더불어 포로의 이용을 확충한다.

비고 1) 국민의 직업 자유전환을 폭넓게 규제하는 것에 관하여 별도의 연구를 진행한다.
　　 2) 청소년에 대해 포괄적으로 일정기간 근로에 복무하는 의무를 부과하는 것에 대해서도 신속하게 연구를 추진한다.

6. 적정한 근로배치

　1) 지방장관은 국민동원계획에 따라 도도부현별로 수급계획을 설정하게 하고 이에 따라 적시에 적합한 요원을 충족하게 한다.

　2) 농업, 공업, 광업, 수송과 기타 긴급산업에 적정한 근로배치를 확보하기 위해 계획적, 일원적으로 근로배치를 강력하게 조정하는 조치를 취한다.

　3) 근로자의 수요는 현지에서 적극 충족하는 방침을 채택하는 동시에 현재 공업사업장에 취업하는 자에 대해서도 지역적 배치전환에 관하여 강력한 조치를 취한다.

　4) 기업계열의 조정과 강화에 즉각 대응하여 상위 공장과 하위 협력공장을 일체화하는 근로배치태세를 확립한다.

　5) 손쉬운 작업에 종사하는 남자 근로자는 중노동 작업 부문으로 전환시키고 남녀의 근로배치 재편과 정비를 단행한다.

　6) 기술자와 숙련노무자의 전면적인 활용을 도모하기 위해 현장배치, 전환배치, 적정배치를 도모한다.

　7) 중등학교와 전문학교 이상의 졸업자에 대해서는 직장에서 특별히 양성하는 등의 방법을 강구하고 현장의 간부 공원이나 직원이 이를 담당하도록 조치한다.

　8) 상비 근로보국대를 다시 정비하고 상시 대기태세를 확립하여 신속정확하게 출동하도록 한다.

　비고: 생산 등의 양과 질에 대응하여 필요한 근로의 양과 질을 명확하게 하고 각 공장사업장에 대해 생산 등의 계획에 가장 적합한 근로요원을 배치하기 위해 근로정원제 확립 등 필요한 조치를 신속하게 연구한다.

7. 근로능률의 증진

근로관리의 쇄신, 근로정신의 앙양, 근로자의 원호 확충, 근로자 규율의 확립, 근로자 보건, 작업능률 증진, 근로자용 주택 및 물자의 확보 등을 중점으로 근로능률의 증진에 대해 별도의 구체적인 조치를 정한다.

그리고 조선인 노무자와 중국인 노무자의 근로관리 쇄신과 강화에 대해서는 특별히 별도의 조치를 강구한다.

비고 1) 6과 7에 관하여 신속하게 행정사찰을 실시한다.

2) 근로자 급여제도의 근본적인 합리화에 관해서는 속히 연구를 추진한다.

8. 행정 쇄신

근로동원업무의 확대와 강화에 따라 동원행정기능과 기구의 쇄신을 꾀한다.

9. 국민운동 전개

1) 운동의 주체는 대정익찬회로 하고 관계 각 성과 관계 단체는 이에 협력한다.

2) 운동의 중점을 황국근로관의 철저, 국민동원의 촉진, 근로능률의 발양에 둔다.

자료 87	
\multicolumn{2}{c}{근로앙양방책요강}
구분	각의결정
법령명/건명	근로앙양방책요강 勤勞昂揚方策要綱
공포·개정·결정·폐지 연월일	1944년 3월 18일
구성	2장 방침 및 요령(9개 항목), 비고 2개 항목
선행 규범·법령	국가총동원법, 근로동원실시계획
원문 일부	**勤労昂揚方策要綱** 更新日:2012年12月20日 収載資料:軍需省関係資料 第8巻 軍需省関係政策資料 1997 pp.193-203 当館請求記号:AZ-675-G30 昭和前半期閣議決定等凡例 勤労昂揚方策要綱 昭和19年3月18日 閣議決定 第一 方針 戦力緊急増強ノ要請ニ即応シ且勤労動員ノ範囲ノ拡大並ニ勤労ノ国家性ノ強化ニ伴ヒ工場、事業場ニ於ケル勤労能率ノ飛躍的向上ヲ図リ清新ナル勤労生活ヲ確立スル為勤労精神ノ昂揚、勤労体制ノ整備及ビ教育訓練ノ徹底ヲ中心トシテ勤労管理ヲ刷新スルモノトス 第二 要領 一、勤労統率組織ノ確立ニ勤労組織即生産組織ナル本質ニ基キ企業ニ於ケル生産責任ノ衝ニ当ル者(概ネ軍需会社ニ於ケル生産責任者又ハ生産担当者ニ相当ス)ヲ頂点トスル勤労統率組織ヲ確立スルコト 之ガ為 (イ)社長、所長、工場長、職場長以下各級部署主任者(以下統率者ト称ス)ノ系列ニ依リ統率系列ヲ整備スルコト 此場合統率系列ノ各段階ノ規模ハ之ヲ適宜管理ヲ可能ナラシムル如ク整備スルモノトシ、必要ニ応ジ各級統率者ニ対シ輔佐機関ヲ配属スルコト (ロ)統率系列ノ各段階ノ統率者ノ責任及全体生産ニ対スル当該部署ノ責任ヲ明確ナラシムルモノトスルコト (ハ)各級統率者ニハ其ノ部署ノ規模ニ応ジ部下ノ信頼ヲ受ケ之ヲ掌握シ得ベキ統率ノ能力アル者ヲ選任スル如ク特段ノ配慮ヲ為シ夫々部下全員ニ対スル職能上ノ諸般ノ指揮監督ヲ綜合的ニ所掌
주요 내용 및 특징	○ 근로의 국가성 강화에 따라 근로정신의 앙양(昂揚), 근로체제의 정비, 교육훈련의 철저를 중심으로 근로관리를 쇄신할 것을 지시함 ○ 근로통솔조직의 확립, 근로사무기관의 정비, 근로자의 양성 및 훈련의 강화, 학생학도에 대한 군사훈련 실시, 응징사(膺懲士) 등 훈련시설 확충 ○ 근로환경, 위생 개선
법령 적용 범위	제국 전역
관련 법령 통합·폐지 사항	긴급학도근로동원방책요강, 결전비상조치요강에 따른 학도동원실시요강, 여자근로동원 촉진에 관한 건
유사·파생 법령	

각의결정

1944년 3월 18일

근로앙양방책요강
勤勞昂揚方策要綱

제1 방침

전력긴급증강의 요청에 대응하고 근로동원의 범위 확대와 더불어 근로의 국가성 강화에 따른 공장, 사업장에서 근로능률의 비약적 향상을 도모하며 청신(淸新)한 근로생활을 확립하기 위해 근로정신의 앙양(昂揚), 근로체제의 정비, 교육훈련의 철저를 중심으로 근로관리를 쇄신하기로 한다.

제2 요령

1. 근로통솔조직의 확립, 근로조직이 곧 생산조직이라는 본질에 기반하여 기업에서 생산책임을 담당한 자(대체로 군수회사에서 생산책임자 또는 생산담당자에 해당한다.)를 정점으로 하는 근로통솔조직을 확립한다. 이를 위해 다음의 조치를 취한다.
   1) 사장, 소장, 공장장, 직장장 이하 각급 부서주임자(이하 '통솔자'라고 한다.)의 계열에 따라 통솔계열을 정비한다.
      이 경우 통솔계열 각 단계의 규범은 적당히 관리가 가능하도록 정비하고, 필요에 따라 각급 통솔자에 대해 보좌기관을 배속한다.
   2) 통솔계열의 각 단계별 통솔자의 책임 및 전체 생산에 대한 해당 부서의 책임을 명확하게 한다.
   3) 각급 통솔자에는 그 부서의 규모에 따라 부하의 신뢰를 얻고 이들을 장악할 수 있도록 통솔능력이 있는 자를 선임하도록 특단의 배려를 하고, 각 부하 전원에 대한 직능상의 제반 지휘감독을 종합적으로 관장하는 동시에 부하 전원에 대한 생활지도의 임

무를 강력하게 담당하도록 한다. 특히 중견통솔자는 솔선하고 해당 부서의 생산을 현장에서 지도할 수 있도록 실력을 갖춘 자로 해야 한다.

4) 통솔의 요점은, 근로의 국가성에 대한 투철한 인식하에 부하 전원에 대해 해당 부서를 담당하는 책임에 따라 명확하고 적절한 명령과 적정한 감독을 통해 엄정한 기강 아래 각 직원의 장점을 살리고 그 의사를 전달함으로써 각 직원의 근로의욕을 최고도로 끌어올리는 동시에, 상하 단결하고 화목하는 정신으로 특히 한 가족이라는 이념에 따라 부하 전원의 생활을 직장과 일관되게 하고 이를 청신하고 명랑하게 하는 데 있다.

5) 근로자에 대해 일정한 기준에 따라 직급제를 실시한다. 이 경우 공적인 검정 방법도 고려한다.

2. 근로사무기관의 정비

1) 근로 일반에 관한 사무를 관장하기 위해 간소한 기관을 생산책임을 담당하는 자의 아래에 별도로 정비한다.

2) 근로관리의 일반적 기획 및 고사와 더불어 근로자의 충원, 양성, 훈련, 배치, ■■생활 및 복지에 관한 일반적 사무는 직원 및 공원(工員)을 통틀어 근로사무기관에서 일원화한다.

3) 학도 및 여자에 관한 전임 담당자를 둔다.

비고 (1) 기업의 사무처리 및 연구 등의 조직은 근로통솔조직을 강화하는 취지 아래 정하고, 양자의 관계는 실정에 따라 이를 조정할 것

(2) 위의 1)과 2)의 실시는 지도하는 것을 원칙으로 하되 필요에 따라 명령으로 확실히 실시되도록 한다.

3. 근로자의 양성 및 훈련의 강화

1) 근로자의 양성 및 훈련은 직원 및 공원을 통해 한층 더 강화하고, 특히 통솔조직의 각급 통솔자와 중견직원, 중견공원에 중점을 둔다. 이를 위해 다음과 같이 한다.

(1) 정부에서 훈련시설을 정비하고 충실히 한다.

(2) 각 기업 또는 각종 관계 단체로 하여금 정부가 지시하는 지도요강에 따라 주로 공원의 지도와 훈련을 하도록 한다.

2) 중등학교 졸업자 등에 대해서는 특별히 이를 중견간부로 만들기 위해 단기특별교육을 실시한다.

3) 청소년에 대해서는 특별히 그 지도훈련을 철저히 하고 기능의 향상을 도모하는 동시에 엄격한 규율과 질서의 수립을 도모한다.

4) 여자에 대해서는 그 특성을 감안하여 특별한 교육과 지도 시설, 그리고 조치를 강구한다.

5) 학도에 대해서는 근로, 즉 교육의 실체에 따르도록 특별히 교육과 더불어 군사훈련에 필요한 배려를 한다.

6) 응징사(膺懲士), 기타에 대한 입소 전 훈련을 다시 강화하기 위해 국가훈련시설의 확충과 정비를 도모한다.

4. 근로고사(勤勞考査)의 철저, 즉 근로자의 근태, 능률의 양호불량에 대해 엄격한 고사를 실시하고, 신상필벌을 장려하고 특히 각급 통솔자에 대해 이를 철저히 하도록 한다. 이를 위해 다음과 같이 한다.

1) 각 기업에 근로고사 규정 및 근로 상벌규정을 만들게 하고 고사 판정 기준을 확립한다.

2) 상벌은 근로자 개인에 대한 것 외에 근로부서 전체에 대해서도 이를 실시하며 상급 통솔자에 대해서도 이를 적용한다.

3) 근로우수자 또는 우수부서에 대해서는 정부가 직접 포상하는 제도를 정비, 강화한다.

4) 근로불량자에 대해서는 특별연수 및 단속을 강화, 확충하고, 또한 이를 위해 필요한 국가적 시설과 제도의 정비에 관해 필요하다면 법적 조치를 강구한다.

5. 요원(要員) 기준의 설정 등 근로배치의 적정

1) 생산량에 따라 해당부서의 요원 기준을 명백히 하고 노동력의 절약과 더불어 유휴노동력의 근절을 도모하는 동시에 생산재료, 소요물품의 입수 지연 등에 따라 해당 부서에 잉여 노동력이 발생한 경우에는 이를 기동적으로 활용하든가 특단의 조치를 강구하도록 한다.

2) 근로자의 학력, 경력, 체력, 기능에 따라 적재적소에 배치하는 것을 철저히 한다.

3) 공정관리 개선, 특히 작업의 단순화에 한층 더 노력하고 근로배치의 적정화를 도모한다.

특히 여자와 학도를 동원하는 작업에 대해서는 그 작업공정의 단순화에 특단의 배려를 하는 동시에 배치장소를 적정하게 한다.

6. 근로자의 생활환경 순화(醇化)

　1) 근로자의 구체적인 생활문제 처리에 대해 생활상담시설을 설치하고 근로사무기관이 이를 관리하도록 한다.

　2) 기업은 근로자가 그 사생활 때문에 고민하지 않고 직장생활에 매진할 수 있도록 모든 창의적인 궁리를 아끼지 않도록 한다.

　3) 기숙사에 거주하는 근로자에 관해서는 기숙사가 기거수련의 도장이 되도록 하는 동시에, 근로능력을 배양하는 하나의 큰 가정이라는 취지에 비추어 관리에 철저를 기한다. 이를 위해 다음과 같이 한다.

　　(1) 직장에서의 생활과 일관된 생활지도를 한다.

　　(2) 사감 및 료보(寮母)의 선임과 배치를 적정하게 하는 동시에 이들의 양성을 촉진한다.

　　(3) 여자 기숙자에 대해서는 그 전용을 철저히 하고 여자에게 필요한 시설을 정비한다.

7. 근로위생의 쇄신

　1) 근로위생은 근로자의 건강과 보건 및 근로능력의 배양과 강화에 중점을 두고 근로자 자신의 보건 유지에 유의하도록 하는 동시에, 생산책임을 담당한 자를 근로위생의 책임자로 하고 이것의 증강에 관해 적절한 시설을 하도록 한다. 이를 위해 다음과 같이 한다.

　　(1) 기업은 근로위생을 담당하는 기관을 근로사무기관에 특설하고 위생시설의 충실, 작업장의 청결 유지, 근로자의 영양충실 및 전염병, 식중독 등의 발생 방지에 특별히 유의한다.

　　(2) 병자와 약자의 근로능력 회복, 육성에 대해 특단의 조치를 강구하는 동시에 지체부자유자와 기타 심신기능에 장애가 있는 자에 대해서는 각각에 적합한 작업 등을 감안하고 근로능력의 회복, 향상에 힘쓰게 한다. 필요하다면 특별작업장을 설정하는 등 적당한 조치를 강구하도록 한다.

　2) 근로동원의 경우에는 미리 간소하고 정확한 건강진단검사를 실시하고 그 근로능력에 따라 적당하게 배치하도록 한다.

3) 각종 건강진단을 일원화하고 그 검사사항을 중점화한다.

4) 청소년과 여자 근로자에 대해서는 그 체력의 특수성을 감안하고 이들의 건강유지에 대해 특별히 고려하도록 한다.

5) 과로, 공업중독, 직업성 특이질환 등에 관해 종합적 과학적 연구를 하고 특단의 방지대책을 강구한다.

6) 내지로 건너온 근로자에 대해서는 방역상 만전의 조치를 강구하기 위해 현지에서 미리 건강검진검사, 예방주사, 곤충의 구제(驅除)를 실시하는 등의 조치를 강구하는 동시에 검역의 강화를 도모한다.

7) 일본의사회 등으로 하여금 공장, 사업장에 대한 의사 등의 정신(挺身)활동을 하도록 하고 일본의료단으로 하여금 근로자를 위해 그 시설을 활용하도록 하는 등, 의료 관계 단체의 적극적인 협력을 도모한다.

8. 학도와 여자를 수용하는 태세의 정비, 즉 학도와 여자의 동원에 대해서는 그 고유의 조직을 기초로 하고, 이들을 받아들이는 태세에 대해서는 이전의 각의와 차관회의 결정에 따른 「긴급학도근로동원방책요강」, 「결전비상조치요강에 따른 학도동원실시요강」, 「여자근로동원 촉진에 관한 건」의 방침에 기반하여 신속하게 이를 정비하도록 한다.

9. 협력공장의 근로관리에 관한 모(母)공장의 지도와 원조, 즉 협력공장의 근로관리에 관해서도 대체로 이 요강에 준하여 조치하는데, 특히 발주공장(모공장)이 이를 지도, 원조할 책임을 지고, 발주공장과 협력공장을 통틀어 근로관리를 일체화, 긴밀화하도록 한다.

비고

1. 이 요강은 공장사업의 실정에 따라 이를 실시하고, 획일적이 되지 않도록 유의할 것

2. 이 요강에 따라 근로관리의 신속하고 적확한 실시를 위해 민간단체 등에서도 적합한 인재를 선발하고 근로관리의 지도사찰감독에 관한 직원을 확충할 것, 그리고 필요에 따라 군수감리관과 노무관에 여자도 임용한다.

자료 88	
\multicolumn{2}{c}{과학기술자동원계획 설정에 관한 건}
구분	각의결정
법령명/건명	과학기술자동원계획 설정에 관한 건 科學技術者動員計劃設定ニ關スル件
공포·개정·결정·폐지 연월일	1944년 7월 11일
구성	3개 항목(방침, 요령, 조치)
선행 규범·법령	국가총동원법, 국민동원계획
원문 일부	科学技術者動員計画設定ニ関スル件 更新日：2012年12月20日 昭和前半期閣議決定等凡例 収載資料：国家総動員史 資料編 第2 石川準吉著 国家総動員史刊行会 1975.8 pp.975-977 当館請求記号：AZ-668-5 -------- 科学技術者動員計画設定ニ関スル件 昭和19年7月11日 閣議決定 科学技術者動員計画設定要綱 第一 方針 大東亜戦争ノ決戦段階ニ即応シ航空機ノ積極的増産ヲ中核トスル戦力ノ急速ナル増強ヲ図ランガ為之ガ基底タル科学技術要員ノ迅速適確ナル充足其ノ積極的動員再配置ヲ目途トシ国民動員計画ノ一環トシテ新ニ「科学技術者動員計画」ヲ設定セントス 第二 要領 本計画ノ内容ハ概ネ次ノ如キモノトス 一、科学技術要員ノ年度需給計画ヲ策定スルコト尚本計画ノ特殊性ニ鑑ミ年度計画ノ外特ニ長期需給計画ノ設定ヲモ考慮スルコト 二、需要トシテハ概ネ左ノ如キモノヲ考慮スルコト
주요 내용 및 특징	○ 결전에 대비하여 항공기 증산을 위한 과학기술요원 충원, 동원, 재배치를 목표로 한 과학기술자동원계획 설정을 지시함 ○ 생산, 교통통신, 건설, 과학기술, 과학기술자 교육, 의료위생기술 요원에 대한 공급 확충 및 동원을 지시함 ○ 이공계 학교 졸업자 증원, 졸업자의 계획적 배치, 과학기술자 단기 양성 추진을 지시함
법령 적용 범위	제국 전역
관련 법령 통합·폐지 사항	국가 제(諸) 계획 책정의 분담에 관한 건
유사·파생 법령	

각의결정

1944년 7월 11일

과학기술자동원계획 설정에 관한 건
科學技術者動員計劃設定ニ關スル件

제1 방침

대동아전쟁의 결전 단계에 즉각 대응하여 항공기의 적극적 증산을 핵심으로 하는 전력을 급속히 증강하기 위해 그 바탕이 되는 과학기술요원을 신속정확하게 충원하고 이를 적극적으로 동원, 재배치하는 것을 목표로 국민동원계획의 일환으로서 새롭게 「과학기술자동원계획」을 설정한다.

제2 요령

본 계획의 내용은 대체로 다음과 같다.
1. 과학기술요원의 금년도수급계획을 책정한다. 또한 이 계획의 특수성을 감안하여 연도별 계획 외에 별도로 장기수급계획의 설정을 고려한다.
2. 수요로서 대략 다음의 것을 고려한다.
   1) 생산기술요원
   2) 교통통신기술요원
   3) 건설기술요원
   4) 과학기술연구요원
   5) 과학기술자교육요원
   6) 의료위생기술요원
   7) 위의 각 호 이외의 과학기술요원
3. 공급으로서 대략 다음의 것을 고려한다.

1) 이과계 학교 졸업자

2) 과학기술자 단기양성에 의한 ■■자

3) 동원재배치 대상인 과학기술자

4) 학도동원을 할 경우에 그 대상인 전문학교 이상의 이과계 학도

4. 수급계획을 설정할 때에는 특히 다음의 사항을 고려한다.

1) 수급계획의 중점을 항공기공업과 이와 관련된 산업의 요원을 충원하는 데 두고, 아울러 전파무기와 기타 중요 군수품, 국방, 토건, 전력, 철강, 경금속, 선박, 차량, 중요 기계, 액체연료, 석탄, 중요 광물, 중요 화학공업품, 화학비료, 식량, 수송, 통신 등의 중점산업요원을 확보한다.

2) 중요 과학기술연구요원, 과학기술자교육요원, 그리고 의료위생기술요원을 확보한다.

제3 조치

1. 본 계획의 책정에 대응하고 특히 다음 조치를 취할 때의 요령은 별도로 정한다.

1) 이과계 학교의 졸업자 증가를 도모한다. 동시에 이과계 학교 졸업자 전반에 걸쳐 이들을 계획적으로 배치한다.

2) 중요한 공업사업장과 연구시설 등에서 중견 과학기술자를 단기로 양성한다.

3) 기존 과학기술자의 중점적 재배치와 우수 과학기술자의 고도 활용을 도모한다.

2. 본 계획의 책정에 관해서는 1944년 1월 7일의 각의결정 「국가 제(諸) 계획 책정의 분담에 관한 건」의 국민동원계획 책정의 경우에 준하여 조치한다.

또한 본 계획을 책정하고 실시할 때 관계 각 청은 상호 긴밀하게 연락하는데, 다시 말해 적당한 연락기관을 설치한다.

3. 본 계획은 1944년도부터 이를 실시한다.

자료 89	
\multicolumn{2}{c}{1944년도(昭和 19) 국민동원계획 책정에 관한 건}
구분	각의결정
법령명/건명	1944년도(昭和 19) 국민동원계획 책정에 관한 건 昭和19年度國民動員計劃策定ニ關スル件
공포·개정·결정·폐지 연월일	1944년 8월 16일
구성	3개 항목
선행 규범·법령	국가총동원법, 국민동원계획
원문 일부	昭和19年度国民動員計画策定ニ関スル件 更新日: 2012年12月20日 昭和前半期閣議決定等凡例 収載資料: 国家総動員史 資料編 第2 石川準吉著 国家総動員史刊行会 1975.8 pp.990-992 当館請求記号: AZ-668-5 ……… 昭和19年度国民動員計画策定ニ関スル件 昭和19年8月16日 閣議決定 昭和十九年度国民動員計画ハ決戦ノ現段階ニ即応シ戦時生産ノ急速ナル増強ヲ図ル為動員トノ関係ヲ考慮シ人的国力ノ完全動員ヲ期スルコトシ左ノ要領ニ依リ之ヲ策定ス 第一 方針 一 需要ニ付テハ最少要員ヲ以テ最大効率ヲ発揮セシムル ヲ本旨トスルト共ニ緊急増産ノ要度ヲ考慮シ特ニ航空機、艦船、兵器、石炭、其ノ他ノ主要基礎物資、輸送及国防土建ニ重点ヲ置ク 二 減耗補充要員ノ算定ニ付テハ特ニ軍動員ノ強化ヲ考慮ス 三 供給ニ付テハ国民戦意ノ昂揚ヲ基調トシ国民各層ノ完全動員ヲ行ヒ特ニ女子動員ノ強化、学徒ノ徹底動員、男子従業者ノ配置規正等ニ重点ヲ置ク 四 戦局ノ推移ニ伴フ生産事情ノ変化ニ即応シ動員ニ機動性ヲ発揮スルコトトシ勤労ノ全面的活用ヲ図ル
주요 내용 및 특징	○ 결전에 대비하여 긴급히 증산이 필요한 항공기, 함선, 무기, 석탄, 기타 주요 기초물자, 수송 및 국방토건 분야에 인적 동원을 최대화할 것을 지시함 ○ 특히 여성동원의 강화, 학도의 철저한 동원, 남자종업원의 배치규정 등에 중점을 둘 것을 지시함 ○ 기존 국민동원계획에서 상시요원과 임시요원의 구분을 폐지함 ○ 조선인 노무자의 내지 이입을 비약적으로 증가하는 동시에 중국인 노무자의 본격적 이입을 지시함 ○ 여자의 사용제한, 여자정신대제도를 강화하는 외에 여자 징용을 지시함
법령 적용 범위	제국 전역
관련 법령 통합·폐지 사항	
유사·파생 법령	여자정신근로령

각의결정

1944년 8월 16일

1944년도(昭和 19) 국민동원계획 책정에 관한 건
昭和19年度國民動員計劃策定ニ關スル件

1944년도 국민동원계획은 결전의 현 단계에 즉각 대응하며 전시생산을 급속하게 증강하는 차원에서 군 동원과의 관계를 고려하여 인적 국력의 완전한 동원을 기하기 위해 다음의 요령에 따라 이를 책정한다.

제1 방침

1. 수요에 대해서는, 최소 요원으로 하여금 최대 효율을 발휘하게 하는 동시에 긴급한 증산을 고려하여 특히 항공기, 함선, 무기, 석탄, 기타 주요 기초물자, 수송 및 국방토건에 중점을 둔다.
2. 감소인원을 충원할 요원의 산정에 대해서는 특별히 군 동원의 강화를 고려한다.
3. 공급에 대해서는, 국민의 전의(戰意) 앙양을 기조로 하고 국민 각계각층을 완전히 동원하며 특히 여성동원의 강화, 학도의 철저한 동원, 남자종업원의 배치규정 등에 중점을 둔다.
4. 전황의 추이에 따라 생산 사정의 변화에 즉각 대응하여 동원에 기동성을 발휘하고 근로의 전면적 활용을 꾀한다.

제2 요령

1. 수요
   1) 계획 대상인 업무와 요원의 범위는 대체로 전년도와 동일하되 상시요원과 임시요원의 구분을 폐지한다.
   2) 방침 1에서 열거한 이외의 산업의 요원에 대해서는 신규 증가를 적극 억제하고 어쩔

수 없는 경우에 대해서는 원칙적으로 여자로 충원한다.

3) 하급사무직원과 공무직원(경찰, 소방, 형무관리 제외)에 대해서는 원칙적으로 신규 증가를 인정하지 않으며, 어쩔 수 없는 경우에 대해서는 원칙적으로 여자로 충원한다.
4) 농업에 대해서는 전년도와 마찬가지로 신규 국민학교 수료자에서 일정수를 확보한다.
5) 외지와 만주의 요원에 대해서는 내지 근로수급과의 조절을 감안하여 최소 한도로 공출한다.

2. 공급

1) 일반 남자에 대해서는 각 산업의 공출 가능한 부문에서 철저히 동원하는 외에, 여자로 대체할 수 있는 남자 종업원을 특히 남자를 필요로 하는 긴급한 부문으로 전환배치하는 수를 상당수 늘린다.
2) 여자에 대해서는 동원 수단을 강화하고 무업자는 물론이고 유업자에서도 상당수를 공출한다.
3) 학교에 대해서는 상시 철저히 동원하고 중등학교 2년 이하와 국민학교 고등과도 동원 대상으로 한다.
4) 농공의 조정에는 특단의 주의를 기울이고 농업에서의 공출은 만주개척청소년의용군 외에는 최소한으로 한다.
5) 조선인 노무자의 내지 이입을 비약적으로 증가하는 동시에 중국인 노무자의 본격적 이입을 실시한다.

제3 조치

1. 각 산업 부문에서 양과 질에 관해 최대한의 요원을 추산하고 이를 기초로 적정한 직업배분을 도모한다.
2. 노동자의 계획배치와 관련하여 근로자의 이동제한을 강화하고 철저히 한다.
3. 각 업종별로 여자사용표준율을 설정하고 남자 종업원의 배치규정을 실시한다.
4. 징용제도의 운용에 대해 사전에 전형을 실시하는 등 탄력성을 부여하고 지방장관이 적시에 적확한 조치를 취한다.

5. 여성동원에 대해서는 여자의 사용제한, 여자정신대제도를 강화하는 외에 여자를 징용한다.
6. 여성동원의 강화에 따라 교대제에서 여자의 야간작업에 관한 제한을 완화한다.
7. 위 2개 항과 관련하여 공장사업장에서 여자의 근로관리, 특히 보호를 강화하고 철저히 하기 위해 특단의 조치를 취한다.
8. 학도의 연중 동원 실시에 따라 학교보국대 조직에 의한 동원을 강화한다.
9. 국민학교 고등과와 중등학교 저학년 생도를 포함한 학도의 동원 강화에 대응하여 이들을 수용하는 공장사업장의 관리태세를 정비하고 확충한다.
10. 기업계열의 정비강화에 대응하여 새로운 공장 및 협력공장을 포함한 기업집단 내에서 노무의 상호 융통을 인정하고 이것의 기동적 활용을 도모한다.
11. 일용노무자의 통제를 강화하기 위해 특단의 조치를 강구하는 동시에, 임시로 긴급한 필요가 있는 경우에 고도의 기동적 근로배치를 목적으로 하는 동원조직을 고려한다.
12. 근로동원의 종합적 기동적 처리를 꾀하기 위해 새롭게 법적 조치를 강구한다.
13. 공장사업장에서 근로의 실체를 파악하는 데 힘쓰고, 근로배치의 적정화와 근로관리의 쇄신에 대해 지휘를 강화한다.
14. 공장사업장의 각급 통솔자는 부하의 통솔력 함양을 위해 이에 대한 지도훈련을 강화한다.
15. 근로자원호제도는 근로동원의 확대 실시에 대응하여 획기적으로 확충한다.
16. 본 계획에 따라 각 지방의 실정에 맞는 4분기별 실시계획을 수립하여 적시에 적절한 동원을 실시한다.

자료 90	
	조선 및 대만 동포에 대한 처우개선에 관한 건
구분	각의결정
법령명/건명	조선 및 대만 동포에 대한 처우개선에 관한 건 朝鮮及臺灣同胞ニ對スル處遇改善ニ關スル件
공포·개정·결정·폐지 연월일	1944년 12월 22일
구성	3개 항목
선행 규범·법령	국가총동원법, 국민동원계획
원문 일부	朝鮮及台湾同胞ニ対スル処遇改善ニ関スル件 更新日: 2012年12月20日 収載資料: 内閣制度百年史 下 内閣制度百年史編纂委員会 内閣官房 1985.12 pp.262-263 当館請求記号: AZ-332-17 昭和期半期閣議決定等凡例 朝鮮及台湾同胞ニ対スル処遇改善ニ関スル件 昭和19年12月22日 閣議決定 戦局ノ現段階ニ処シ朝鮮及台湾同胞ヲシテ益々皇民タルノ自覚ニ徹シ一億一心ノ実ヲ挙ゲ大東亜建設ノ聖業完遂ニ邁進セシムルノ要緊切ナルモノアルニ鑑ミ朝鮮及台湾同胞ニ対スル政治上ノ処遇ニ付特ニ考究ヲ進ムルト共ニ一般ノ処遇改善ニ関シ左ノ方策ヲ実施スルモノトス 第一 内地在住朝鮮同胞ニ対スル処遇改善要領 一 一般内地人ノ啓発 朝鮮同胞ヲ包擁シテ之ヲ完全ナル皇国民トシテ同化融合シ真ニ一億一心ノ国民的団結ヲ図ルハ朝鮮統治ノ窮極ノ目的ナル所以ヲ国民各階層ニ徹底認識セシメ之ヲ以テ内地人ノ朝鮮同胞ニ対スル日常ノ処遇ニ反映セシムルコト 二 内地渡航制限制度ノ廃止 朝鮮同胞ノ内地渡航制限制度ハ之ヲ廃止スルコト尚之ニ関シテハ労務ノ計画的配置ノ確保等ノ為必要ナル措置ヲ講ズルコト
주요 내용 및 특징	○ 본토결전에 대비하여 절대 부족한 인력을 충원하기 위해 조선인과 대만인을 최대한 동원하는 유인책으로서 조선인과 대만인에 대한 처우개선을 지시함 ○ 조선인에 대한 내지도항제한 폐지, 노무 배치 강화, 경찰의 차별 완화, 일본 내 조선인 노무자의 노무관리 개선, 조선인 학생과 자녀의 유학 및 진학 장려, 취업 알선, 이적(移籍) 허용
법령 적용 범위	일본, 조선, 대만
관련 법령 통합·폐지 사항	
유사·파생 법령	

각의결정

1944년 12월 22일

조선 및 대만 동포에 대한 처우개선에 관한 건
朝鮮及臺灣同胞ニ對スル處遇改善ニ關スル件

현 단계의 전세에 대처하고 조선과 대만의 동포를 더욱 철저히 황민답게 자각시키고 일억이 한마음으로 단결하여 대동아 건설의 위대한 업적을 완수하는 데 매진하는 것이 매우 중요하다는 점을 감안하여, 조선과 대만의 동포에 대한 정치적 처우에 대해 별도의 고안을 추진하는 동시에 일반적 처우개선에 관해 다음의 방책을 실시한다.

제1 내지에 거주하는 조선인 동포에 대한 처우개선 요령

1. 일반 내지인의 계발

조선인 동포를 포섭하여 이들을 완전한 황국 국민으로서 동화시키고, 융합하고 일억이 한마음의 국민으로서 단결시키는 것은 조선 통치의 궁극적인 목표라는 것을 국민 각계각층에 철저히 인식시키고 이를 내지인의 조선 동포에 대한 일상 처우에 반영한다.

2. 내지도항제한제도의 폐지

조선인 동포의 내지도항제한제도는 폐지한다. 그리고 이와 관련하여 노무의 계획적 배치 확보 등에 필요한 조치를 취한다.

3. 경찰 방면의 처우개선

경찰 방면의 처우개선에 관해서는 제반 사항에 걸쳐 적극적으로 개선하는 방법을 취하고 차별받는다는 느낌이 발생하지 않도록 배려하는 동시에 다른 보호지도기관과 협력하여 조선 동포의 보호에 만전을 기한다.

4. 노무관리의 개선

내지를 왕래하는 조선인 노무자가 해당 지역에 안주하고 생활에 만족하며 근로에 최고의 능률을 발휘할 수 있도록 근로관리를 쇄신하고 개선한다.

5. 후생(厚生)사업의 쇄신

내지에 거주하는 조선인 동포의 황민화를 더욱 촉진하는 동시에 일반 내지인을 계도하기 위해 후생사업을 쇄신한다.

6. 진학 지도

내지에 정주하는 조선인 동포의 자녀 교육에 대해서는 내지인의 자녀와 마찬가지로 취급한다는 취지를 한층 더 철저히 한다. 동시에 조선에 거주하는 자녀를 내지의 전문학교 이상 학교로 전학시키거나 조선인 동포를 육영하는 데 대해서는 적절한 조치를 취한다.

7. 취업 알선

조선인 동포에 대해 그 인물과 재능에 따라 취직 향상의 기회를 부여하기 위해 각 관청은 조선인 학교 졸업자의 채용방침을 적극적으로 다시 추진한다. 동시에 민간회사 등에서도 능력과 학력 등에 따라 취직과 승진의 길을 열어 주도록 지도하고 알선한다.

8. 이적(移籍)의 길 허용

내지에 정주하는 조선인 동포에 대해 희망에 따라 일정한 조건 하에 내지로 이적하는 길을 열어준다.

제2 내지에 거주하는 대만인 동포에 대한 처우개선 요령

제1의 조선인 동포에 대한 조치는 대만인 동포에 대해서도 대체로 비슷한 방침으로 실시한다.

제3 조선 및 대만 내에서의 처우개선

조선 및 대만 내에서는 조선인 및 대만인 동포의 황민화를 한층 더 철저히 하는 방책을 강화하는 동시에 내선일체, 내만일체를 거듭 촉진하는 모든 제도를 개선하고 기타 본 건이 결정하는 취지에 따라 적절한 조치를 취한다.

7. 언론, 집회, 결사 통제 관련 법령

중일전쟁 발발 이후 일제는 조선에서 총동원체제를 순조롭게 운용하기 위해 언론 통제를 강화하였다. 물자와 인력, 사상을 통제하기 위해서 언론과 출판, 결사의 자유를 철저히 통제하는 것이 긴요하였기 때문이다.

국가총동원법 제20조에서 국가총동원에 필요할 때에는 신문과 출판의 게재를 제한하거나 금지할 수 있다고 명시하였다. 이에 일제는 1940년 8월 내무성이 각종 출판업자의 일원적 통제기관으로 '일본출판문화협회'를 설립하였다. 명분은 서적과 잡지 배급기관의 결함을 시정하겠다는 것이지만, 실제는 출판사에 용지를 할당하고 편집내용에 간섭하면서 모든 국책에 협력하도록 통제함으로써 불응하는 잡지는 폐간시키고 나머지 잡지는 모두 통폐합되는 결과를 낳았다.

1941년 1월에 공포된 '신문지 등 게재 제한령'[31]은 아예 국가총동원법에 근거하여 신문지와 기타 출판물의 게재에 관한 제한 또는 금지, 제20조 제2항의 규정에 따라 신문지와 기타 출판물의 발매 및 배포의 금지, 그리고 차압 및 원판의 차압 등을 규정한 칙령이다.

'신문지 등 게재 제한령'에서 게재를 금지하는 사항은 총동원업무에 관한 관청의 기밀, 군사상의 비밀, 군용자원의 비밀, 외교와 재정경제정책 그리고 기타 국책에 '중대한' 지장을 초래할 우려가 있는 사항으로 명시되어 있는데, 이를 판단하고 게재 금지 등의 강제 조치를 행사하는 것은 내각총리대신과 조선총독에게 위임하고 있다. 이는 곧 정부와 조선총독부의 관헌과 군부 책임자 등의 판단만으로 신문과 출판의 기사 게재를 금지하고 차압 등의 강제 조치를 취할 수 있다는 의미이다.

시간이 지날수록 언론, 출판계에 대한 통제와 탄압이 한층 조직화되었으며, '지도'라는 미명하에 편집과정과 경영조직에까지 간섭하기에 이르렀다. 당국의 통제 아래 '자주적 통제', 즉 업자들 상호 간의 감시가 강화되었으므로 신문과 잡지 등은 하나같이 규격화되었다.

언론 통제를 관장하던 내무성·외무성의 정보부가 정보국으로 승격하였는데 여기에 육해군의 군인이 개입하기 시작하였다. 조선에서는 총독부 내 정보과를 신설하여 정보선전활동

---

[31] 칙령 제37호, 1941. 1. 11.

의 강화를 명분으로 언론을 통제하였다. 조선에서의 언론 통제는 아예 신문사 통폐합으로 노골화하였다.

이전부터 출판사 편집 책임자를 소집하여 이루어지던 '잡지·출판간담회'에 육해군 장교와 정보관 등이 출석하여 '전황보고'를 하면서 편집자들에게 '게재 금지사항'을 전달하였다. 또한 이들은 '관제원고'의 게재를 강요하고, 심지어 주요 잡지의 편집계획과 예정 집필자에 대한 사전보고까지 요구하였다.

용지의 제한은 단지 물자 부족으로 인한 것이 아니었다. 전쟁 수행에 유해하거나 불필요하다고 판단되는 잡지에 대해서는 이를 말살하기 위해 용지를 제한하였다. 용지할당은 또한 기업정리와 연계되었다. 즉 내적으로는 편집내용, 편집자와 집필자에 대한 간섭, 외적으로는 용지할당 제한과 기업정리라는 형태로 '언론의 일원화', 즉 언론 탄압이 자행되었던 것이다.

이러한 언론, 출판 등에 대한 통제는 태평양전쟁 발발 이후 더욱 폭압적으로 시행되었다.

진주만 공습 직후 도조(東篠) 내각은 미야모토 유리코(宮本百合子) 등 수많은 좌익 내지 반전 사상가를 스파이 용의자로 지목하여 일제히 검거한 데 이어서, 1941년 12월 16일부터는 제78회 임시의회를 소집해 '언론, 출판, 집회, 결사 등 임시단속법'[32]을 통과시켰다. 이 법은 종래 신고제였던 집회와 결사를 허가제로 바꾸었을 뿐만 아니라, 기존 결사도 다시 허가를 받도록 하고 언론과 출판에 대해서도 단순히 발매금지에 그치지 않고 전면 발행중지를 명령할 수 있도록 규정한 것이다. 이 과정에서 허가를 신청한 500여 단체 가운데 입헌양정회(立憲養正會)를 비롯해 반수 이상이 정리되었다. 그런데 기성 정당, 노동조합, 농민조합 등은 그 이전에 이미 해산된 상황이었으므로 일부 우익단체만 존속할 수 있었다.

조선에서는 살아남은 신문사들에게 조선신문회를 결성하게 하고 조선언론보국회를 조직하여 통제하였다. 이들 조직은 내선일체의 이상을 구현하는 것을 목표로 일본의 전쟁 수행과 총동원체제를 홍보하고 선전하는 수단에 불과하였다. 이들 조직에 편입되어 명맥을 유지한 10여 개의 신문사들은 '성전 완수 매진', 일본어 보급, 징병제 권유 등 일제의 시국에 부응하는 '보도보국(報道報國)'의 임무를 적극적으로 수행하였다.[33]

---

32 법률 제97호, 1941. 12. 19.
33 이상 언론에 관해서는 일본역사학연구회 지음, 아르고(ARGO)인문사회연구소 편역, 『태평양전쟁사 2: 광기와 망상의 폭주』(전쟁과 평화 학술총서), 채륜, 2019; 박용규, 「일제 말기(1937~1945)의 언론통제정책과 언론구

국가총동원법 공포 이후 영화, 신문, 출판 사업의 인허가에 관한 특례 조치로서 '영화사업, 신문사업 및 출판사업 관련 허가인가 등 임시조치령 시행규칙'[34]을 만들었다. 이는 기존의 영화법, 신문사업령 또는 출판사업령에서 정한 인허가의 조치에 대해 관련된 주무대신 간의 협의에 따라 인허가를 달리할 수 있다는 특례를 적용한다고 명시한 것이다. 이는 곧 기존의 인허가를 더욱 엄격하게 통제할 수 있다는 의미이다.

이하에서는 언론 통제와 관련된 법령으로서 위의 '영화사업, 신문사업 및 출판사업 관련 허가인가 등 임시조치령 시행규칙', '신문지 등 게재 제한령', '조선임시보안령', '언론, 출판, 집회, 결사 등 임시단속법'과 그 시행규칙의 원문을 번역, 수록하였다.

이하에 번역, 수록한 주요 법령과 각의결정 등의 목록은 다음 표와 같다.

자료번호	법령 및 각의결정 등의 명칭	형태	제정, 공포, 결정일	쪽수
91	신문지 등 게재 제한령	칙령	1941. 1. 10	484
92	언론, 출판, 집회, 결사 등 임시단속법	법률	1941. 12. 19	487
93	언론, 출판, 집회, 결사 등 임시단속법 시행규칙	내무성령	1941. 12. 20	491
94	조선임시보안령	제령	1941. 12. 26	494
95	보도, 선전 및 국민운동의 연락조정에 관한 건	각의결정	1943. 12. 7	498
96	영화사업, 신문사업 및 출판사업 관련 허가인가 등 임시조치령 시행규칙	각령·내무성령·문부성령·후생성령·철도성령	1944. 5. 29	500

조변동」, 『한국언론학보』 제46-1호, 2001을 참조하였다.
[34] 각령·내무성령·문부성령·후생성령 제3호, 1944. 5. 29.

자료 91	
\multicolumn{2}{c}{신문지 등 게재 제한령}
구분	칙령 제37호
법령명/건명	신문지 등 게재 제한령 新聞紙等揭載制限令
공포·개정·결정·폐지 연월일	1941년 1월 10일
구성	5개 조항, 부칙 1개 항목
선행 규범·법령	국가총동원법
원문 일부	勅令第三十七號 新聞紙等揭載制限令 第一條 國家總動員法(昭和十三年勅令第三百十七號ニ於テ場合ヲ含ム以下同ジ)第二十條第一項ノ規定ニ基ク新聞紙其他ノ出版物ノ揭載ニ付テノ制限又ハ禁止、同條第二項ノ規... 朕新聞紙等揭載制限令ヲ裁可シ茲ニ之ヲ公布セシム 御名 御璽 昭和十六年一月十日
주요 내용 및 특징	○ 국가총동원법 제20조에 근거하여 신문지, 기타 출판물의 게재, 발매, 배포 금지, 그리고 차압 등에 관한 명령 ○ 총동원업무의 기밀, 군기보호법의 비밀, 군용자원비밀에 관한 사항을 위반한 경우, 그리고 외교, 재정, 기타 국정 수행에 지장을 초래할 우려가 있는 사항을 위반한 경우 신문과 출판을 금지하고 차압하게 함
법령 적용 범위	제국 전역
관련 법령 통합·폐지 사항	국가총동원법, 군기보호법, 군용자원비밀보호법
유사·파생 법령	언론, 출판, 집회, 결사 등 임시단속법

칙령 제37호

1941년 1월 10일

신문지 등 게재 제한령
新聞紙等揭載制限令

제1조 국가총동원법(1938년 칙령 제317호에 따른 경우를 포함한다. 이하 같다.) 제20조 제1항의 규정에 따라 신문지와 기타 출판물의 게재에 관한 제한 또는 금지, 제20조 제2항의 규정에 따라 신문지와 기타 출판물의 발매 및 배포의 금지, 그리고 차압 및 원판의 차압에 관해서는 본 칙령이 정하는 바에 따른다.

제2조 다음 각 호의 어느 하나에 해당하는 사항은 이를 신문지와 기타 출판물에 게재하는 것을 금지한다.

    1. 국가총동원법 제44조의 규정에 의해 해당 관청이 지정하는 총동원업무에 관한 관청의 기밀

    2. 군기보호법의 규정에 따른 군사상의 비밀

    3. 군용자원비밀보호법의 규정에 따른 군용자원비밀

제3조 내각총리대신은 다음의 각 호에 어느 하나에 해당하는 사항에 대해 시달(示達)을 통해 신문지와 기타 출판물에 대한 게재사항의 제한 또는 금지를 할 수 있다.

    1. 외교에 관해 중대한 지장을 초래할 우려가 있는 사항

    2. 외국에 대해 비닉할 필요가 있는 사항

    3. 재정경제정책의 수행에 중대한 지장을 초래할 우려가 있는 사항

    4. 기타 국책의 수행에 중대한 지장을 초래할 우려가 있는 사항

제4조 위 2개조의 제한 또는 금지를 위반하는 신문지와 기타 출판물의 발매 및 배포의 금지, 그리고 신문의 차압 및 원판의 차압은 내각총리대신이 이를 행사한다.

제5조 본 칙령 중 내각총리대신은 조선, 대만, 화태 또는 남양군도에서 각각 조선총독, 대만총독, 화태청장관 또는 남양청장관으로 한다.

부칙

본 칙령은 공포한 날로부터 이를 시행한다.

자료 92	
언론, 출판, 집회, 결사 등 임시단속법	
구분	법률 제97호
법령명/건명	언론, 출판, 집회, 결사 등 임시단속법 言論、出版、集會、結社等臨時取締法
공포·개정·결정·폐지 연월일	1941년 12월 19일
구성	18개 조항, 부칙 5개 항목
선행 규범·법령	국가총동원법, 신문지 등 게재 제한령
원문 일부	法律第九十七號 言論、出版、集會、結社等臨時取締法 第一條 本法ハ戰時ニ際シ言論、出版、集會、結社等ノ取締ヲ適正ナラシメ以テ安寧保持スルコトヲ目的トス 第二條 政事ニ關スル結社ヲ組織セントスルトキハ命令ノ定ムル所ニ依リ發起人ニ於テ官廳ノ許可ヲ受クベシ 朕帝國議會ノ協贊ヲ經タル言論、出版、集會、結社等臨時取締法ヲ裁可シ茲ニ之ヲ公布セシム 裕仁
주요 내용 및 특징	○ 진주만 공습 직후 전시체제하 언론, 결사, 집회 등을 엄격히 통제하는 명령 ○ 정치 및 공적 결사의 조직을 엄격히 통제 ○ 기존 신문, 출판의 게재·배포·판매 중지의 처벌을 이제 발행을 금지하고 발행인을 엄격히 처벌할 수 있게 함 ○ 기존 형법의 병합죄 규정을 적용하지 않는 등 처벌을 강화
법령 적용 범위	제국 전역
관련 법령 통합·폐지 사항	신문지법, 신문지 등 게재 제한령, 형법
유사·파생 법령	언론, 출판, 집회, 결사 등 임시단속법 시행규칙

법률 제97호

1941년 12월 19일

언론, 출판, 집회, 결사 등 임시단속법
言論、出版、集會、結社等臨時取締法

제1조 본 법은 전시에 언론, 출판, 집회, 결사 등의 단속을 적정하게 함으로써 안녕과 질서를 유지하는 데 목적이 있다.

제2조 정사(政事)에 관한 결사를 조직하려는 때에는 명령이 정하는 바에 따라 발기인이 행정 관청의 허가를 받아야 한다.

제3조 정사에 관한 결사를 개최하려는 때에는 명령이 정하는 바에 따라 발기인이 행정관청의 허가를 받아야 한다. 단, 법령으로 조직된 의회의 의원후보자인 자를 평가하기 위한 집회 및 선거운동을 위한 집회, 그리고 공중이 회동하지 않는 집회는 명령이 정하는 바에 따라 발기인이 행정관청에 신고서를 제출하는 것으로 충분하다.

제4조 공사(公事)에 관한 결사 또는 집회로서 정사와 관계가 없는 것이라도 필요한 경우에는 명령으로 위의 2개조의 규정에 따르게 할 수 있다.

제5조 옥외에서 공중이 회동하거나 또는 다중운동을 하려는 때에는 명령이 정하는 바에 따라 발기인이 행정관청의 허가를 받아야 한다. 단, 명령으로 정한 경우에는 여기에 제한되지 않는다.

제6조 법령으로 조직된 의회의 의원이 의사(議事) 준비를 위해 서로 단결하는 것에 대해서는 제2조의 규정을 적용하지 않으며, 의사 준비를 위해 서로 회동하는 것에 대해서는 제3조의 규정을 적용하지 않는다.

제7조 신문지법에 의한 출판물을 발행하려는 자는 명령이 정하는 바에 따라 행정관청의 허가를 받아야 한다.

제8조 행정관청이 필요하다고 인정한 때에는 제2조부터 제5조까지 또는 제7조의 규정에 따라 허가를 취소하거나 제3조 또는 제4조의 규정에 따라 신고서를 제출한 집회의 금지를 명령할 수 있다.

제9조 출판물의 발매 및 배포를 금지한 경우에 행정관청이 필요하다고 인정한 때에는 해당 제호의 출판물 이후의 발행을 중지하거나 또는 동일인 또는 동일 회사가 발행에 관여한 출판물의 발행을 중지시킬 수 있다.

제10조 제7조의 규정 또는 제9조의 규정에 따른 중지 명령을 위반하여 발매 또는 배포할 목적으로 인쇄한 출판물은 행정관청이 이를 차압할 수 있다.

제11조 제2조의 규정(제4조의 규정에 근거하여 이루어진 경우를 포함한다)을 위반한 자는 1년 이하의 징역 또는 금고 또는 1,000엔 이하의 벌금에 처한다.

제12조 제3조의 규정(제4조의 규정에 근거하여 이루어진 경우를 포함한다), 또는 제5조의 규정을 위반한 자는 6개월 이하의 징역 또는 금고 또는 500엔 이하의 벌금에 처한다.

제13조 제7조의 규정을 위반한 자는 1년 이하의 징역 또는 금고 또는 1,000엔 이하의 벌금에 처한다.

제14조 제9조의 규정에 의한 중지 명령을 받은 출판물을 발행한 자는 6개월 이하의 징역 또는 금고 또는 500엔 이하의 벌금에 처한다.

제15조 제10조의 규정에 의한 차압 처분의 집행을 방해하는 자는 6개월 이하의 징역 또는 금고 또는 500엔 이하의 벌금에 처한다.

제16조 위의 3개조의 죄는 형법의 병합죄 규정을 적용하지 않는다.

제17조 시국에 관해 유언비어를 하는 자는 2년 이하의 징역 또는 금고 또는 2,000엔 이하의 벌금에 처한다.

제18조 시국에 관해 인심(人心)을 어지럽히는 사항을 유포하는 자는 1년 이하의 징역 또는 금고 또는 1,000엔 이하의 벌금에 처한다.

부칙

본 법의 시행 기일은 칙령으로 이를 정한다.

본 법의 시행 단계에 존재하는 결사(제6조 전단의 규정에 해당하는 것을 제외한다) 또는 제4조의 명령 시행 단계에 존재하는 해당 명령과 관련된 공사(公事)에 관한 결사에 대해서는 명령이 정하는 바에 따라 그 존속에 대해 책임자가 행정관청의 허가를 받아야 한다.

전항의 허가는 제8조의 규정을 준용하고, 이 항의 규정을 위반한 자에 대해서는 제11조의 규정을 준용한다.

집회 또는 다중운동에서 제3조 또는 제5조의 규정에 의해 허가 또는 신고서가 필요한 것에 대해서는 본 법 시행 후 3일 이내에 한해서만 종전의 예에 따른다.

본 법을 시행할 때 기존 규정과 수속을 거쳐 신문지법에 의해 출판물을 발행한 자는 제7조의 규정에 따라 허가를 받은 자로 간주한다.

자료 93	
	언론, 출판, 집회, 결사 등 임시단속법 시행규칙
구분	내무성령 제40호
법령명/건명	언론, 출판, 집회, 결사 등 임시단속법 시행규칙 言論, 出版, 集會, 結社等臨時取締法施行規則
공포·개정·결정·폐지 연월일	1941년 12월 20일
구성	7개 조항, 부칙 1개 항목
선행 규범·법령	언론, 출판, 집회, 결사 등 임시단속법
원문 일부	◉內務省令第四十號 言論、出版、集會、結社等臨時取締法施行規則左ノ通定ム 昭和十六年十二月二十日 內務大臣 東條 英機 言論、出版、集會、結社等臨時取締法施行規則 第一條 言論、出版、集會、結社等臨時取締法(以下法ト稱ス)第二條及第四條ノ規定ニ依リ結社ノ許可ヲ受ケントスルトキハ其ノ社名、社則、事務所及其ノ主幹者ノ氏名ヲ具シ事務所所在地ヲ管轄スル地方長官(東京府ニ在リテハ警視總監)ヲ經由シ內務大臣ニ願出ヅベシ
주요 내용 및 특징	○ 언론, 출판, 집회, 결사 등 임시단속법 제2조, 제4조에 근거하여 전시에 결사를 통제하는 세부규칙 ○ 결사, 집회 준비 시 사전에 관할 경찰관서에 신고하고 허가를 받도록 함 ○ 사상에 관한 결사 및 집회는 엄격히 통제함 ○ 신문지 발행 인허가 및 신청을 엄격히 통제함
법령 적용 범위	제국 전역
관련 법령 통합·폐지 사항	신문사업령 시행규칙
유사·파생 법령	

내무성령 제40호

1941년 12월 20일

언론, 출판, 집회, 결사 등 임시단속법 시행규칙
言論、出版、集會、結社等臨時取締法施行規則

제1조 본 법은 전시에 언론, 출판, 집회, 결사 등 임시단속법(이하 '법'이라고 칭한다.) 제2조 및 제4조의 규정에 의해 결사의 허가를 받으려 할 때에는 결사의 명칭, 사칙(社則), 사무소 및 주관자의 씨명을 구비하여 사무소 소재지를 관할하는 지방장관(도쿄부에서는 경시총감)을 경유하여 내무대신에게 출원해야 한다.

전항의 사항을 변경할 때에는 주관자가 전항에 준하여 신청해야 한다.

제2조 법 부칙 제2항의 규정에 따른 허가에 대해서는 전항의 규정을 준용한다.

전항의 허가신청은 본 시행령 시행일로부터 30일 이내에 이를 해야 한다.

제3조 법 제3조 및 제4조의 규정에 의해 집회의 허가를 받으려 할 때에는 발기인이 개회 2일 이전에 그 장소, 목적 및 개최 연월일시를 구비하여 회의장 소재지의 관할 경찰관서에 출원해야 한다.

법 제3조 및 제4조의 규정에 의한 집회의 신청은 전항에 준하여 개회 6시간 이전에 이를 해야 한다.

전항의 집회에서 소정의 시각으로부터 3시간을 경과하여 개회하지 않거나 3시간 이내에 중단할 때에는 허가 또는 신청의 효력이 상실된다.

제4조 사상에 관한 결사 및 집회는 법 제2조 및 제3조의 규정에 따라야 한다.

제5조 법 제5조의 규정에 의해 허가를 받으려 할 때에는 발기인이 2일 이전에 회동할 장소, 목적, 연월일시와 통과할 노선을 관할 경찰관서에 출원해야 한다. 단 제사와 장례, 신사(神社)의 행사, 학생생도의 체육운동과 기타 관례상 허락된 것은 여기에 제한되지 않는다.

제6조 법 제7조의 규정에 따른 신문지 발행의 허가를 받으려 할 때에는 그 발행인, 편집인 및 소유주인 자가 연서하여 아래의 사항을 구비하여 그 발행 장소를 관할하는 지방

장관(도쿄부에서는 경시총감)을 경유하여 내무장관에게 출원해야 한다.

1. 제호
2. 게재사항의 종류
3. 시사에 관한 사항의 게재 유무
4. 발생 시기. 또는 시기를 정하지 않는 때에는 그 취지를 기재
5. 발행소 및 인쇄소
6. 소유주의 씨명. 또는 법인일 때에는 그 명칭 및 대표자의 씨명
7. 발행인, 편집인의 씨명, 단, 편집인이 2인 이상일 때에는 주로 편집사무를 담당하는 자의 씨명

전항 제2호부터 제7호까지의 사항을 변경하고자 할 때에는 전항에 준하여 허가를 받을 필요가 있다.

발행인 또는 편집인이 사망하거나 신문지법 제2조에 해당하게 될 때에는 임시 발행인 또는 편집인을 정하여 7일 이내에 변경 허가를 신청해야 하는데 그 신청에 대해 허가 또는 불가 처분이 있는 날까지 계속해서 발행을 할 수 있다.

제7조 신문사업령 시행규칙 제3조의 규정에 따른 허가의 신청은 위의 제6조의 허가 출원을 겸하는 것으로 간주한다.

부칙

본 시행규칙은 1941년 법률 제97호 시행일부터 이를 시행한다.

자료 94	
\multicolumn{2}{c}{조선임시보안령}
구분	제령 제34호
법령명/건명	조선임시보안령 朝鮮臨時保安令
공포·개정·결정·폐지 연월일	1941년 12월 26일[35]
구성	21개 조항, 부칙 4개 항목
선행 규범·법령	국가총동원법, 신문지 등 게재 제한령
원문 일부	
주요 내용 및 특징	○ 전시에 조선의 언론, 출판, 집회, 결사 등을 단속하는 임시 통제령 ○ 공적인 결사, 집회 시 조선총독의 허가를 받도록 강제 ○ 행정관청과 경찰관이 집회, 다중운동, 집합 등 결사에 대해 해산명령을 할 수 있게 함 ○ 조선총독이 신문지, 기타 출판물의 수입, 이입, 발매, 배포의 금지, 신문사 인허가 취소 등을 명령할 수 있게 함
법령 적용 범위	조선
관련 법령 통합·폐지 사항	신문지규칙, 광무11년(1907) 법률 제1호 신문지법, 융희3년(1909) 법률 제6호 출판법, 조선형사령
유사·파생 법령	

제령 제34호
1941년 12월 23일

조선임시보안령
朝鮮臨時保安令

제1조 본 령은 전시에 언론, 출판, 집회, 결사 등의 단속을 적정하게 함으로써 질서와 안녕을 유지하는 것을 목적으로 한다.

제2조 공사(公事)에 관한 결사를 조직하려고 할 때에는 조선총독이 정하는 바에 따라 발기인이 행정관청의 허가를 받아야만 한다.

제3조 공사에 관한 집회를 열려고 할 때에는 조선총독이 정하는 바에 따라 발기인이 행정관청의 허가를 받아야만 한다.

제4조 옥외에서 공중이 회동하거나 다중을 동원하려고 할 때에는 조선총독이 정하는 바에 따라 발기인이 행정관청의 허가를 받아야만 한다.

제5조 조선총독이 정하는 경우에는 제3조의 규정은 이를 적용하지 않는다.

제6조 행정관청이 필요하다고 인정한 때에는 결사의 해산을 명령할 수 있다.

제7조 경찰관이 필요하다고 인정한 때에는 집회, 다중운동 또는 군집을 제한하며, 금지하거나 해산시킬 수 있다.

제8조 경찰관이 필요하다고 인정한 때에는 무기, 흉기, 폭발물, 기타 위험한 물건의 휴대를 금지할 수 있다.

제9조 신문지, 기타 출판물의 발매 및 배포의 금지가 있을 경우에 행정관청이 필요하다고 인정한 때에는 해당 제호의 출판물의 이후 발행을 정지하거나 동일인 또는 동일 신문발행사의 발행에 관해 다른 출판물의 발행을 정지할 수 있다.

전항의 규정에 따른 정지의 명령을 위반하여 발매 또는 배포할 목적으로 인쇄한 출

---

35 천황이 조선임시보안령을 재가한 것은 위의 원문 일부의 그림과 같이 '12월 23일'이다.

판물은 행정관청이 이를 압수할 수 있다.

제10조 조선총독이 필요하다고 인정한 때에는 신문지, 기타의 출판물의 수입 또는 이입을 제한하거나 금지할 수 있다.

전항의 규정에 따른 제한 또는 금지의 명령을 위반하여 수입하거나 이입한 출판물은 행정관청이 이를 압수할 수 있다.

제11조 행정관청이 필요하다고 인정한 때에는 제2조부터 제4조까지, 신문지규칙 제1조, 광무11년(1907) 법률 제1호 신문지법 제1조 또는 융희3년(1909) 법률 제6호 출판법 제2조의 규정에 따라 허가 또는 인가를 취소할 수 있다.

전항의 규정에 따라 인가를 취소한 융희3년(1909) 법률 제6호 출판법에 따른 출판물은 행정관청이 그 발매 또는 배포를 금지하며 이를 압수할 수 있다.

제12조 제2조의 규정 또는 제6조의 규정에 따른 명령을 위반한 자는 3년 이하의 징역이나 금고 또는 3,000엔 이하의 벌금에 처한다.

제13조 제3조 또는 제4조의 규정을 위반한 자는 1년 이하의 징역이나 금고 또는 1,000엔 이하의 벌금에 처한다.

제14조 제7조의 규정에 따른 제한 또는 금지의 명령을 위반한 자, 동조의 규정에 따라 해산을 명령받은 후에도 해산하지 않은 자 또는 제8조의 규정에 따른 금지의 명령을 위반한 자는 10개월 이하의 징역이나 금고 또는 500엔 이하의 벌금에 처한다.

제15조 신문지규칙 제1조 또는 광무11년(1907) 법률 제1호 신문지법 제1조의 규정을 위반한 자는 1년 이하의 징역이나 금고 또는 1,000엔 이하의 벌금에 처한다.

제16조 제9조 제1항의 규정에 따른 정지의 명령을 위반한 자는 1년 이하의 징역이나 금고 또는 1,000엔 이하의 벌금에 처한다.

제17조 신문지, 기타의 출판물에 대한 본 령, 신문지규칙, 광무11년(1907) 법률 제1호 신문지법, 출판규칙 또는 융희3년(1909) 법률 제6호 출판법에 따른 압수처분의 집행을 방해한 자는 6개월 이하의 징역이나 금고 또는 500엔 이하의 벌금에 처한다.

제18조 제10조 제1항의 규정에 따른 제한이나 금지의 명령을 위반한 자는 1년 이하의 징역이나 금고 또는 1,000엔 이하의 벌금에 처한다.

제19조 제4조의 죄에는 조선형사령(朝鮮刑事令)에 의해 정한 형법의 병합죄 규정을 적용하

지 않는다.

제20조 시국에 관해 유언비어를 유포한 자는 2년 이하의 징역이나 금고 또는 2,000엔 이하의 벌금에 처한다.

제21조 시국에 관하여 인심을 교란하는 사항을 유포한 자는 1년 이하의 징역, 금고나 구류 또는 1,000엔 이하의 벌금이나 과태료에 처한다.

부칙

본 령은 공포한 날로부터 이를 시행한다.

본 령을 시행할 때 현존하는 공사(公事)에 관한 결사에 대해서는 그 존속에 대해 조선총독이 정하는 바에 따라 주간자(主幹者)가 행정관청의 허가를 받아야 한다.

제11조의 규정은 전항의 허가를, 제12조의 규정은 동항의 규정을 위반한 자에게 이를 준용한다.

집회나 다중운동으로서 제3조나 제4조의 규정에 따른 허가가 필요한 것에 대해서는 본 령의 시행 후 10일 이내에 하는 것으로 한정하며 종전의 사례에 따른다.

자료 95	
	보도, 선전 및 국민운동의 연락조정에 관한 건
구분	각의결정
법령명/건명	보도, 선전 및 국민운동의 연락조정에 관한 건 報道宣傳及國民運動ノ連絡調整ニ關スル件
공포·개정·결정·폐지 연월일	1943년 12월 7일
구성	방침 1개 항목, 요령 6개 항목
선행 규범·법령	보도계발 및 선전(대적(對敵)을 포함) 기능의 쇄신에 관한 건
원문 일부	報道宣伝及国民運動ノ連絡調整ニ関スル件 更新日:2012年12月20日 収載資料:戦前の情報機構要覧 1964.3 p.305 当館請求記号:AZ-357-18 昭和前半期閣議決定等凡例 ……… 報道宣伝及国民運動ノ連絡調整ニ関スル件 昭和18年12月7日 閣議決定 方針 現下ノ重大時局ニ対処シ与論指導ト国民運動指導ノ統一強化ヲ図ル為左ノ要領ニ依リ各省間ノ連絡調整ヲ行フモノトス 要領 一、各省ノ発表及記事指導ハ各省発表主任官ニ於テ之ヲ行フモノトシ各省ハ発表主任官ヲ指定シ之ヲ情報局ニ通報スルモノトス 二、各省発表官会議ヲ定例的ニ開催シ(差当リ月ニ二回)各省発表及記事指導ニ関スル連絡調整ヲ為ス
주요 내용 및 특징	○ 각 성의 보도, 발표 기사를 통제하기 위해 발표주임관을 지정하고 정보국이 이를 통제하게 함 ○ 검찰이 중지시킨 사항을 신문에 게재할 때에는 정보국에 연락하여 중지, 해제를 통제하게 함 ○ 각 성의 보도, 발표 기사에 관하여 대정익찬회와 산하 단체를 통해 국민운동을 전개하게 함
법령 적용 범위	제국 전역
관련 법령 통합·폐지 사항	
유사·파생 법령	

각의결정

1943년 12월 7일

보도, 선전 및 국민운동의 연락조정에 관한 건
報道宣傳及國民運動ノ連絡調整ニ關スル件

방침

현재의 중대한 시국에 대처하고 여론의 지도와 국민운동의 지도를 통일, 강화하기 위해 다음의 요령에 따라 각 성 간의 연락조정을 실시한다.

요령

1. 각 성의 발표와 기사 지도는 각 성의 발표주임관이 하는 것으로 하고, 각 성은 발표주임관을 지정하여 정보국에 통보한다.
2. 각 성의 발표관회의를 정례적으로 개최하고(우선 월 2회), 각 성의 발표와 기사 지도에 관한 연락조정을 한다.
3. 각 성은 1942년 11월 17일의 각의결정 「보도계발 및 선전(대적(對敵)을 포함) 기능의 쇄신에 관한 건」에서 1의 단서와 2에 힘쓴다.
4. 검찰 당국이 중지시킨 사항으로서 이를 신문에 게재하려 할 때에는 정치적·사회적·경제적으로 중요한 영향을 미칠 우려가 있는 것에 대해서는 중지해제 전에 정보국에 연락하고 이에 관한 취급 방법을 협의한다.
5. 각 성에서 대정익찬회와 그 산하단체를 통해 실시하는 국민운동은 사전에 정보국에 연락하거나 협의한다.
6. 그리고 대정익찬회가 실시하는 국민운동에 대해서는 별도의 연락방법을 정한다.

자료 96	
영화사업, 신문사업 및 출판사업 관련 허가인가 등 임시조치령 시행규칙	
구분	각령·내무성령·문부성령·후생성령 제3호
법령명/건명	영화사업, 신문사업 및 출판사업 관련 허가인가 등 임시조치령 시행규칙 映畫事業, 新聞事業又ハ出版事業關係許可認可等臨時措置令施行規則
공포·개정·결정·폐지 연월일	1944년 5월 29일
구성	2개 항목, 부칙 1개 항목
선행 규범·법령	허가인가 등 임시조치령 영화법, 신문사업령 또는 출판사업령
원문 일부	
주요 내용 및 특징	○ 영화, 신문, 출판 사업에 관한 인허가를 관련 정부와 주무대신 간 협의에 따라 규제하는 특례
법령 적용 범위	제국 전역
관련 법령 통합·폐지 사항	허가인가 등 임시조치령, 영화법, 신문사업령, 출판사업령
유사·파생 법령	

각령·내무성령·문부성령·후생성령 제3호
1944년 5월 29일

영화사업, 신문사업 및 출판사업 관련 허가인가 등 임시조치령 시행규칙
映畫事業、新聞事業又ハ出版事業關係許可認可等臨時措置令施行規則

허가인가 등 임시조치령(이하 '령'이라고 칭한다.) 제4조 제2항의 규정에 따라 특례를 정할 것은 다음과 같다.

1. 영화법, 신문사업령 또는 출판사업령에 근거하여 주무대신의 인허가에 관해서는 현행 규정에 따른다.
2. 영화사업, 신문사업 또는 출판사업 관련 사단법인 또는 재단법인은 내각총리대신, 내무대신 및 문부대신이 함께 관련된 것 또는 내각총리대신 및 내무대신이 함께 관련된 것에 대한 민법 제1편 제2장의 규정에 근거하여, 인허가에 대한 령의 적용에 관해서는 내각 관련 인허가 등 임시조치령 시행규칙 제2호의 규정을 준용한다.

부칙

본 시행규칙은 1944년 6월 1일부터 이를 시행한다.

8. 방공 관련 법령 및 각의결정

일제는 1920년대 후반부터 도시를 중심으로 방공(防空)훈련을 시행하기 시작하였다. 1931년 만주사변(滿洲事變) 전후로 일본 내지는 물론 조선과 대만 그리고 관동주 등 식민지에서도 본격적인 '방공'연습과 방호단체가 조직되기 시작하였다. 그런데 당시 식민지에서 실제 공습에 대비하는 것이라기보다는 이를 통해 해당 지역과 식민지인들을 조직·관리하고 '애국심'이나 단체행동을 주입하려는 의도가 더 강했다고 할 수 있다.[36]

초기에는 지방 재향군인회와 청년단을 비롯한 관변단체를 중심으로 방공연습이 이루어졌는데, 점차 진해, 평양, 부산 등 요새사령부, 항공대, 헌병대 등 조선군사령부와 총독부, 지방 관공서, 재향군인회 등이 적극 참여하는 형태로 진행되었다.

그러나 조선에서 방공의 중요성이 더욱 강조되고 법제화에 따른 방공 조직과 사무 등이 갖춰지기 시작한 것은 1937년 중일전쟁 발발 이후이다. 일본에서는 전쟁 발발 직전인 4월에 '방공법(防空法)'이 공포되었다. 이에 따라 등화관제, 소방, 방독, 피난 및 구호, 그리고 이상에 관해 필요한 감시, 통신 및 경보, 그리고 방공계획이라고 칭하는 방공의 실시와 방공 설비 또는 자재의 정비에 관한 계획 등이 수립되고 방공훈련이 조직적으로 실시되었다. 또한 이를 위한 조직으로서 각 지역 단위별로 방공위원회를 조직하도록 하였다.

조선에서 방공법은 1937년 11월에 별도의 시행령인 '방공법 조선시행령(防空法朝鮮施行令)'[37]을 통해 시행되었다. 방공법 조선시행령에서 일제는 '제13조 제2항, 제14조 제2항 등을 제외하고 방공법을 조선에 시행'한다고 했는데, 예외 조항은 방공을 실시할 때 수용(收用)되는 토지·가옥·물건에 대한 손실 보상과 방공 명령에 따른 특수기능자와 종업원의 동원에 관한 실비 변상에 대해 불복하거나 재판소에 제소할 수 있다는 내용이다. 이에 대해서는 방공법 조선시행령 제3조에서 조선총독에게 재결(裁決)을 신청할 수 있다고 규정하였다. 다시 말해, 조선에서 방공을 실시할 때에는 손실 보상과 실비 변상에 대해 이의를 제기하거나 재판에 소송

---

36 조건의 연구에 따르면 1938년 국가총동원법 공포 이전 기간 동안 조선에 실시된 대규모 방공연습은 1933년 6월 경성, 11월 부산, 1934년 6월 평양, 7월 나남의 네 차례인 것으로 확인된다. 조건, 「전시체제기 조선 주둔 일본군의 방공(防空) 조직과 활동」, 『숭실사학』 제27집, 2011.
37 칙령 제661호, 1937. 11. 18.

을 제기할 수 없도록 하는 대신, 이를 조선총독의 재량에 맡긴 것이다.

그러나 이 무렵까지 일본 본토와 조선에서는 전투가 벌어지지 않았기 때문에 관민을 막론하고 전반적으로 공습에 대한 지식이나 인식 수준이 낮은 상황이었다. 당시 조선총독부와 방공 관련 조직들이 주안점을 둔 것은 등화관제, 방독, 방화였다.

조선에서의 등화관제는 1938년 4월에 제정된 등화관제규칙을 원용하여 12월에 조선총독부령인 '조선등화관제규칙(朝鮮燈火管制規則)'으로 공포되었다. 이 규칙에서는 공습에 대비한 관제를 경계관제와 공습관제로 나누고 각각의 경보와 빛의 차단 시간, 실시 요령, 그리고 지하터널과 소방, 인명 구조 등의 예외 사항, 조선총독과 조선군사령관 및 진해요항부사령관 등의 분장과 관할 구역 등을 규정하고 있다.

등화관제 요령은 관제 상태에 따라 등화의 소등(消燈), 은폐(隱蔽), 차광(遮光), 감광(減光)하도록 하는 것이다. 조선에서는 등화관제에 관한 인식을 높이기 위해 일반적인 선전활동 외에 연습 실시, 소방 및 경찰 관헌의 방문 검사, 전단지 배포 등 다양한 방법이 시행되었다.

1941년 1월 내각은 '국토방공 강화에 관한 건'을 결정하였는데, 여기에서 '방공긴급시책안'을 통해 지시하기를 국토 전반에 걸쳐 방공의 조직과 제도를 강화, 정비하도록 하였다. 각의 결정에서는 주요 도시에서 중요 기관, 공장, 학교, 주택 등의 밀집을 방지하고 분산시킬 것, 방공교육조직 확충, 방화 및 소방 시설 확충, 전기·가스·수도·석유 탱크 등 주요 시설의 방호, 식량창고의 분산, 방공연구 등을 긴급하게 지시하고 있다.

조선에서 공습이 실질적인 위협으로 다가오기 시작한 것은 역시 태평양전쟁 개전 이후였다. 조선에서의 방공법 시행과 민방공(民防空) 역시 조선 주둔 일본군의 군방공(軍防空)에 맞추어 전개되었다.

조선 주둔 일본군은 미군의 공습에 대비하여 방공지구를 개편하고 지속적으로 방공부대를 확충해 나갔다. 태평양전쟁이 시작되었을 때 조선의 방공지구는 크게 북선(北鮮), 중선(中鮮), 남선(南鮮)으로 나누었는데, 북선은 나진·회령·나남·함흥 지구로, 중선은 평양·경성·원산 지구로, 남선은 제주도와 부산을 중심으로 구획하였다. 이후 전황이 악화됨에 따라 당초 소련군에 대비한 동북부지역의 방공지구가 점차 한반도 남서해안 방비를 강화하는 방향으로 개편되었다.

조선에서의 방공활동은 조선총독부와 조선군사령부 사이에 방위연락위원회를 통해 시행,

유지되었다. 방위연락위원회는 1945년 3월 본토결전 준비에 앞서 새롭게 확대·개편되었다. 《매일신보》와 《경성일보》 등의 신문에는 방공영화회, 방공강연회, 방공좌담회, 방공선전(전람)열차 운행 등을 소개하고 선전하였다.[38]

이하에서는 방공법과 그 시행령 및 시행규칙, 방공법 조선시행령과 조선등화관제규칙, 각의결정 '국토방공 강화에 관한 건' 등의 원문을 번역, 수록하였다.

이하에 번역, 수록한 주요 법령과 각의결정 등의 목록은 다음 표와 같다.

자료번호	법령 및 각의결정 등의 명칭	형태	제정, 공포, 결정일	쪽수
97	방공법	법률	1937. 4. 5	505
98	방공법 시행령	칙령	1937. 9. 29	510
99	방공법 조선시행령	칙령	1937. 11. 18	516
100	방공법 시행규칙	조선총독부령	1937. 11. 18	519
101	등화관제규칙	내무성령·육군성령·해군성령·체신성령·철도성령	1938. 4. 4	524
102	조선등화관제규칙	조선총독부령	1938. 12. 15	527
103	방공법 조선시행령 중 개정	칙령	1940. 9. 18	530
104	국토방공 강화에 관한 건	각의결정	1941. 1. 10	532

---

[38] 이상 방공(防空)에 관해서는 조건, 「전시체제기 조선 주둔 일본군의 방공(防空) 조직과 활동」, 『숭실사학』 제27집, 2011; 김혜숙, 「1937~1939년 식민지 조선의 가정방공(家庭防空)과 가정용 대피시설의 특징」, 『한일민족문제연구』 제23집, 2012; 이대화, 「1930년대 전반기 조선의 '방공정책(防空政策)' 선전 보급」, 『한일민족문제연구』 제23집, 2012를 참조하였다.

자료 97	
방공법	
구분	법률 제47호
법령명/건명	방공법 防空法
공포·개정·결정·폐지 연월일	1937년 4월 5일
구성	22개 조항, 부칙 1개 항목
선행 규범·법령	국가총동원법, 총동원기본계획강령 규정의 건, 총동원경비요강 설정에 관한 건, 총동원경비계획잠정강령
원문 일부	(원문 이미지)
주요 내용 및 특징	○ 전시 및 사변 시 항공기의 공습에 대비하여 군이 실시하는 방공계획과 방공훈련 등에 관한 통제법령 ○ 지역별로 방공계획을 수립하고 방공 실시에 필요한 설비, 자재 정비 ○ 특수기능을 보유한 자로 하여금 방독, 구호, 기타 방공의 실시에 종사하도록 명령함 ○ 등화관제, 방독, 방공위원회 등 필요한 사항을 별도 칙령으로 정하도록 함 ○ 조선 등에서 방공 실시에 관해 별도의 칙령으로 정하도록 함
법령 적용 범위	제국 전역
관련 법령 통합·폐지 사항	
유사·파생 법령	방공법 시행령, 방공법 조선시행령, 방공법 시행규칙, 등화관제규칙, 조선등화관제규칙

법률 제47호

1937년 4월 2일

방공법
防空法

제1조 본 법에서 방공이라고 칭하는 것은 전시 또는 사변 시에 항공기의 공습으로 인해 발생하는 위해를 방지하고 이로 인한 피해를 경감하기 위해 육해군이 행하는 방어에 따라 육해군 이외의 자가 행하는 등화관제, 소방, 방독, 피난 및 구호, 그리고 이상에 관해 필요한 감시, 통신 및 경보, 그리고 방공계획이라고 칭하는 방공의 실시 및 이에 관해 필요한 설비 또는 자재의 정비에 관한 계획을 가리킨다.

제2조 방공계획은 칙령이 정하는 바에 따라 지방장관(도쿄부에서는 경시총감을 포함한다. 이하 같다.) 또는 지방장관이 지정하는 시정촌장이 방어위원회의 의견을 받아 이를 설정하고 주무대신 또는 지방장관의 인가를 받아야 한다.

제3조 주무대신은 칙령이 정하는 바에 따라 규모가 큰 사업 또는 시설에 방공상 특히 필요가 있을 때에 행정관청과 관련이 없는 자를 지정하여 방공계획을 설정하게 할 수 있다.

제4조 방공계획의 설정자는 방공계획에 근거한 방공을 실시하고 또한 방공의 실시에 관한 필요한 설비 또는 자재를 정비한다.

제5조 지방장관은 칙령에서 정한 바에 따라 방공계획에 근거하여 특수시설의 관리자 또는 소유자로 하여금 방공의 실시에 관해 필요한 설비 또는 자재를 정비하도록 하며, 또한 방공의 실시에 관해 필요한 설비 또는 자재를 제공하도록 할 수 있다.

제6조 지방장관은 칙령에서 정한 바에 따라 특수기능을 보유한 자로 하여금 방독, 구호, 기타 방공의 실시에 종사하도록 할 수 있다.

　제3조 제1항의 규정에 따라 방공계획의 설정자는 기타 종사자로 하여금 방공의 실시에 종사하도록 할 수 있다.

제7조 방공의 실시 개시 및 종료에 관해 필요한 사항은 칙령으로 이를 정한다.

제8조 등화관제를 실시할 경우에는 명령이 정하는 바에 따라 실시 구역 내에서 빛을 발하는 설비 또는 장치의 관리자 또는 이에 준하는 자는 다른 법령의 규정과 상관없이 그 빛을 비닉(庇匿)해야만 한다.

제9조 방공을 실시함에 있어 긴급하게 필요한 때에는 지방장관 또는 시정촌장이 타인의 토지 또는 가옥을 일시 사용하고 물건을 수용(收用) 또는 사용하고 또는 방공의 실시 구역 내에 있는 자로 하여금 방공의 실시에 종사하도록 할 수 있다.

전항의 규정에 따른 처분에 의해 지게 될 의무의 이행을 시정촌장이 강제할 경우에 행정집행법 제5조 및 제6조 규정과 함께 이에 근거하여 발령한 명령을 준용한다.

제10조 주무대신은 방공계획의 설정자에 대해 방공계획의 전부 또는 일부에 근거하여 방공훈련의 실시를 명령할 수 있다.

전항의 규정에 따라 방공훈련을 할 경우에는 제3조 제1항의 규정에 따라 방공계획의 설정자는 그 종업원을 방공훈련에 종사시킬 수 있다.

제1항의 규정에 따라 등화관제훈련을 할 경우에는 명령이 정한 바에 따라 훈련 구역 내에서 빛을 발하는 설비 또는 장치의 관리자 또는 이에 준하는 자는 다른 법령의 규정에 상관없이 그 빛을 비닉해야만 한다.

제11조 방공에 관한 조사를 위해 필요할 때에는 주무대신, 지방장관 또는 시정촌장이 칙령이 정한 바에 따라 관계자에 대해 자료의 제출을 명하고 또는 관리를 관련 장소에 입회시켜 검사하도록 할 수 있다. 단, 개인의 저택 및 업무상 비밀에 속하는 사항 및 설비에 대해서는 여기에 제한되지 않는다.

해당 관리가 제1항의 규정에 따라 관련 장소에 입회할 경우에는 그 증표를 휴대해야 한다.

제12조 제6조 또는 제9조 제1항의 규정에 따라 방공의 실시에 종사하는 자가 이로 인해 부상장애를 입거나 질병에 걸리거나 또는 사망한 경우에는 지방장관, 시정촌장 또는 제3조 제1항의 규정에 따른 방공계획의 설정자는 칙령이 정한 바에 따라 본인 또는 그 장례를 주관하는 자에 대해 요양 또는 장례에 필요한 비용을 지급해야 한다.

제13조 지방장관은 제5조 규정에 따라 방공을 실시할 때 필요한 설비 또는 자재를 제공하도록 하며 또한 지방장관 또는 시정촌장이 제9조 제1항의 규정에 따라 토지·가

옥·물건을 수용 또는 사용할 경우에는 칙령이 정한 바에 따라 그 손실을 보상해야 한다.

전항의 규정에 따라 보상을 받아야 하는 자가 보상에 대해 불복할 경우에는 그 금액의 결정 통지를 받은 날로부터 제공·수용 또는 사용 후 6개월이 경과하고 난 후에, 그리고 보상금액의 결정 통지를 받지 못한 때에는 그 기간이 경과한 날로부터 6개월 이내에 통상재판소에 출원할 수 있다.

제14조 지방장관은 제6조 제1항의 규정에 따라 특수기능을 보유한 자로 하여금 방공의 실시에 종사하도록 하거나 또는 제3조 제1항의 규정에 따라 방공계획의 설정자가 제6조 제2항의 규정에 따라 그 종업원을 방공 실시에 종사시킬 경우에는 칙령이 정한 바에 따라 그 실비를 변상해야 한다.

전항의 실비 변상에는 제13조 제2항의 규정을 준용한다.

제15조 방공계획의 설정, 방공의 실시, 방공의 실시에 관해 필요한 설비 또는 자재의 정비, 제10조 제1항의 규정에 따른 방공의 훈련 또는 제12조의 규정에 따른 급여를 하는 데 필요한 비용을 지방장관이 부담할 경우에는 홋카이도 또는 부현이 이를 부담하고, 시정촌장의 경우에는 시정촌이 부담하고, 제3조 제1항의 규정에 따라 방공계획의 설정자가 부담할 경우에는 설정자가 이를 부담한다.

제16조 방공위원회에 관한 규정은 칙령으로 이를 정한다.

제17조 국고는 칙령이 정한 바에 따라 다음의 제반 경비에 대해 그 2분의 1 이내를 보조한다.

1. 제15조 제1항의 규정에 따라 홋카이도, 부현, 시정촌 또는 제3조 제1항의 규정에 따른 방공계획의 설정자가 부담하는 비용

2. 제15조 제2항의 규정에 따라 특수시설의 관리자 또는 소유자가 부담하는 비용

3. 방공위원회에 관해 홋카이도, 부현 또는 시정촌이 부담하는 비용

제18조 특수기능을 보유하는 자가 이유 없이 제6조 제1항의 규정에 의한 지방장관의 명령에 따르지 않은 때에는 3개월 이하의 징역 또는 100엔 이하의 벌금에 처한다.

제19조 제8조의 규정을 위반한 자는 300엔 이하의 벌금, 구류 또는 과태료에 처한다.

이유 없이 제11조 제1항의 규정에 의한 자료 제출을 거부하거나 또는 허위 자료를

제출하거나 해당 관리의 입회검사를 거부 또는 방해하는 자 역시 전항과 같다.

제20조 정촌(町村)조합에서 정촌 사무의 전부 또는 사무소의 사무를 공동으로 처리하는 것은 본 법을 적용함에 있어 이를 1개 정촌으로 간주하며, 그 조합관리자는 정촌장으로 간주한다.

정촌제를 시행하지 않는 지역에서는 본 법에서 정촌에 관한 규정은 정촌에 준하는 것으로 하고, 정촌장에 관한 규정은 정촌장에 준하는 자에게 이를 준용한다.

제21조 국가가 관리하는 시설에 관한 방공에 대해서는 칙령이 정하는 바에 따른다.

제22조 본 법을 조선, 대만, 또는 화태에서 시행할 경우에 필요가 있을 때에는 칙령으로 특별히 정할 수 있다.

부칙

본 법 시행기일은 칙령으로 이를 정한다.

자료 98	
\multicolumn{2}{c}{방공법 시행령}
구분	칙령 제549호
법령명/건명	방공법시행령 防空法施行令
공포·개정·결정·폐지 연월일	1937년 9월 29일
구성	17개 조항, 부칙 1개 항목
선행 규범·법령	방공법
원문 일부	勅令第五百四十九號 防空法施行令 第一條　地方長官（東京府ニ在リテハ警視總監ヲ含ム以下之ニ同ジ）ハ道府縣ノ全區域又ハ數市町村ノ區域ニ亘リ計畫スベキ防空計畫ヲ設定スベシ其ノ他必要ト認ムル事項ニ關シ防空計畫ヲ設定スベシ 前項ノ防空計畫ハ道府縣防空委員會ノ意見ヲ徵シ之ヲ設定 朕防空法施行令ヲ裁可シ茲ニ之ヲ公布セシム 昭和十二年九月二十八日 裕仁
주요 내용 및 특징	○ 전시 및 사변 시 항공기의 공습에 대비하여 군이 실시하는 방공계획과 방공훈련 등 시행에 관한 명령 ○ 지역별로 방공계획을 수립하고 방공 실시가 필요한 기관, 사업장, 설비를 지정함 ○ 의사, 간호사 등 특수기능자를 지정함 ○ 방공관제, 경보 발령 등에 관한 규정 ○ 등화관제, 방독, 소방 등의 설비
법령 적용 범위	제국 전역
관련 법령 통합·폐지 사항	
유사·파생 법령	방공법 조선시행령, 방공법 시행규칙, 등화관제규칙, 조선등화관제규칙

칙령 제549호

1937년 9월 28일

방공법시행령
防空法施行令

제1조 지방장관(도쿄부에서는 경시총감을 포함한다. 이하 같다.)은 도부현의 전 구역 또는 시정촌의 구역에 걸쳐 계획해야 하는 사항과 기타 필요하다고 인정하는 사항에 관하여 방공계획을 설정해야 한다.

전항의 방공계획은 도부현방공위원회의 의견을 구하여 이를 설정하며 내무대신의 인가를 받아야 한다.

방공법 제2조의 규정에 따라 지정된 시정촌의 장은 시정촌 구역에서 계획해야 할 사항과 기타 필요하다고 인정한 사항에 관하여 방공계획을 설정해야 한다.

전항의 방공계획은 시정촌방공위원회의 의견을 구하여 이를 설정하며 지방장관의 인가를 받아야 한다.

제2조 방공법 제3조 제1항의 사업 또는 시설은 공장, 광산, 철도, 궤도, 무선전신, 무선전화, 전기, 가스, 해운, 항공에 관한 사업 또는 시설로 한다.

제3조 방공법 제5조의 규정에 따라 정비하도록 할 수 있는 시설 또는 자재는 다음 각 호에 열거하는 것으로 한다.

　1. 전기공작물, 공장, 광산, 철도, 궤도, 진료소 등에 대해서는 등화관제와 관련하여 필요한 사항

　2. 수도, 하수도, 가스공작물, 석유탱크, 공장, 광산 등에 대해서는 소방과 관련하여 필요한 사항

　3. 극장, 진료소, 백화점, 지하에 부설하는 철도 또는 궤도, 지하실이 있는 건축물 등에 대해서는 방독, 피난, 구호와 관련하여 필요한 사항

방공법 제5조의 규정에 따라 공여하도록 할 수 있는 시설 또는 자재는 다음 각 호에 열거하는 것으로 한다.

1. 고층건축물 등에 대해서는 감시와 관련하여 필요한 사항

2. 경보기가 있는 시설에 대해서는 경보와 관련하여 필요한 사항

3. 학교, 집회장, 극장, 진료소, 백화점, 지하에 부설하는 철도 또는 궤도, 지하실이 있는 건축물, 피난에 유효한 공터가 있는 공장, 기타의 건축물, 운동장 등에 대해서는 방독, 피난, 구호와 관련하여 필요한 사항

제4조 방공법 제6조 제1항의 특수기능을 지닌 자는 다음 각 호에 열거하는 자로 한다.

1. 의사, 치과의사, 수의사, 약제사, 간호부

2. 방공에 관한 기능에 대해 특수교육과 특수훈련을 받은 자로서 내무대신의 인가를 받고 지방장관이 지정한 자

방공법 제3조 제1항의 규정에 따른 방공계획 설정자의 종업원으로서 그 방공계획에 따라 방공의 실시에 종사해야 하는 자와 기타 정당한 사유가 있는 자는 방공법 제6조 제1항의 규정에 따라 방공의 실시에 종사하도록 할 수 없다.

제5조 방공의 실시 개시와 종료는 내무대신이 이를 명령한다.

전항의 명령은 관계 지방장관과 방공법 제3조 제1항의 방공계획에 따른 방공계획 설정자에 대해서는 내무대신이 명령하고, 관계 시정촌의 장에 대해서는 내무대신의 통지로써 지방장관이 이를 발령한다.

내무대신이 제1항의 명령을 하는 데에는 그 시효와 구역에 관해서 육군대신 또는 해군대신의 통지에 따라야 한다.

제6조 전조의 규정에 따라 방공의 실시 개시명령이 있을 때에는 방공계획의 설정자는 감시 및 이에 따른 통신을 받은 즉시 이를 실시하고, 방공에 필요한 기타 사항에 관해서는 그 준비를 하여 시의적절하게 이를 실시해야 한다.

감시 및 이에 따른 통신은 전조의 규정에 따라 방공의 실시 종료명령이 있을 때까지 이를 계속해야 한다.

제7조 방공을 실시할 경우에 항공기의 내습에 관해서는 다음 각 호의 구분에 따라 방공경보를 발령한다.

1. 경계경보   항공기 내습의 우려가 있는 경우

2. 경계경보 해제   항공기 내습의 우려가 없어졌을 경우

3. 공습경보　　　항공기 내습의 위험이 있는 경우

4. 공습경보 해제　　항공기 내습의 위험이 없어졌을 경우

해당 구역의 방위를 담당하는 방위사령관, 사단장, 요새사령관, 진수부사령장관, 요항부사령관(이하 '육해군사령관'이라고 한다.) 또는 그가 지정한 자가 발령하는 방공경보는 전항의 방공경보로 한다.

제8조 방공법 제11조 제1항의 관계자는 제2조에 열거하는 사업이나 시설, 또는 제3조에 열거하는 특수시설의 관리자나 소유자로 하며, 관계 있는 장소는 이러한 자가 관리 또는 소유하는 토지 및 건물과 기타 공작물로 한다.

방공법 제11조 제3항의 증표는 별기 양식에 따른다.

제9조 방공법 제12조의 규정에 따라 요양 또는 장의에 필요에 비용은 방공의 실시에 종사하는 자에게 이를 지급해야 한다.

전항의 비용 지급에 관해 필요한 사항은 지방장관 또는 방공법 제3조 제1항의 규정에 따라 방공계획 설정자의 경우에 내무대신의 인가를 받아 이를 정하고, 시정촌의 장의 경우에는 지방장관의 인가를 받아 이를 정한다.

제10조 방공법 제13조의 규정에 따라 보상해야 할 손실은 통상 발생하지 않는 손실에 한 한다.

제11조 방공법 제14조의 규정에 따라 실비 변상에 관해 필요한 사항은 지방장관이나 방공법 제3조 제1항의 규정에 따른 방공계획 설정자가 내무대신의 인가를 받아 이를 정한다.

제12조 방공법 제17조의 규정에 따른 국고보조는 지출예산액을 대상으로 한다. 단, 기부금과 기타 수입이 있을 때에는 이를 공제한 금액에 대해서 보조한다.

전항의 규정에 따라 교부한 국고보조금은 다음에 열거하는 경우에 그 전부 또는 일부를 반환하도록 할 수 있다.

1. 설비 또는 자재를 폐기하거나 변경하여 당초의 목적을 달성할 수 없게 되었을 때

2. 보조금 교부의 조건을 위반한 때

제13조 방공법 제3조 및 제10조의 주무대신은 내무대신으로, 방공법 제11조의 주무대신은

내무대신, 육군대신, 해군대신으로 한다.

제14조 육해군사령관은 감시망 구성의 개요에 대해 육해군의 방위상 필요에 의해 사용을 금지하거나 제한할 수 있으며, 토지와 건물에 대해서는 방공계획의 설정에 필요한 사항을 방공계획 설정자에게 통지해야 한다.

전항의 통지가 있을 때에는 이에 따라 방공계획을 설정해야 한다.

제15조 방공계획을 인가할 경우에 육해군의 방위에 즉시 대응할 필요가 있는 사항에 관해서는 내무대신이 육군대신과 해군대신에게 협의해야 하고, 지방장관이 육해군사령관에게 협의해야 한다.

제16조 다음에 열거하는 사항에 관해서는 내무대신이 관계 각 대신에게 협의해야 하고, 지방장관이 관계 지방관청에 협의해야 한다.

    1. 방공계획을 인가하는 경우에 해당 계획 중 국가에서 관리하는 토지, 가옥, 건물의 사용에 관한 사항

    2. 방공계획을 인가하는 경우에 설비나 자재의 정비 또는 제공함에 있어 다른 법령에 따라 인가 또는 허가가 필요한 사항

    3. 방공법 제3조 제1항의 규정에 따른 지정 및 방공법 제2조에 따른 인가

    4. 설비나 자재의 정비 또는 제공함에 있어 다른 법령에 따라 인가 또는 허가가 필요한 사항에 관한 방공법 제5조 규정에 따른 명령

    5. 방공법 제3조 제1항의 규정에 따른 방공계획 설정자에 대한 방공법 제10조 제1항의 규정에 따른 명령

제17조 정촌(町村)조합에서 정촌 사무의 전부 또는 사무소업무를 공동으로 처리하는 것은 본 령을 적용하는 경우 이를 1정촌으로 간주하며, 그 조합관리자는 이를 정촌의 장으로 간주한다.

정촌제를 시행하지 않는 지역에서는 본 령 중 정촌에 관한 규정을 정촌에 준하는 것으로 하고, 정촌의 장에 관한 규정은 정촌의 장에 준하는 자로 이를 적용한다.

부칙

본 령은 방공법을 시행한 날로부터 이를 시행한다.

(이하 별기 양식 생략)

자료 99

	방공법 조선시행령
구분	칙령 제661호
법령명/건명	방공법 조선시행령 防空法朝鮮施行令
공포·개정·결정·폐지 연월일	1937년 11월 18일
구성	5개조, 부칙 1개 항목
선행 규범·법령	방공법
원문 일부	勅令第六百六十一號 防空法朝鮮施行令 第一條 防空法ハ第十三條第二項、第十四條第二項及第二十一條ヲ除クノ外之ヲ朝鮮ニ施行ス 第二條 防空法中第十六條及第二十二條ノ規定ヲ除クノ外勅令ヲ以テ定ムル規定ハ朝鮮總督府令トシ同法第九條中行政執行法トアルハ 朕防空法朝鮮施行令ヲ裁可シ茲ニ之ヲ公布セシム 御名御璽 昭和十二年十一月十七日
주요 내용 및 특징	○ 방공법을 조선에 시행할 것을 명령함 ○ 방공법에 따른 보상, 변상 등에 관한 규정 ○ 조선방공위원회에 관한 규정
법령 적용 범위	조선
관련 법령 통합·폐지 사항	행정집행령
유사·파생 법령	조선등화관제규칙

칙령 제661호

1937년 11월 17일

방공법조선시행령
防空法朝鮮施行令

제1조 방공법은 제13조 제2항, 제14조 제2항 및 제20조의 규정을 제외하고 이를 조선에서 시행한다.

제2조 방공법 중에서 제16조 및 제22조의 규정을 제외하고 칙령이라고 한 것은 조선총독부령으로 하고, 같은 법 제9조 중에서 '행정집행법'이라고 한 것은 '행정집행령'으로 한다.

　　방공법 중에서 주무대신이라고 한 것은 조선총독으로 한다. 단, 동법, 제11조 중에서 '주무대신'이라고 한 것은 '조선총독, 조선군사령관, 진해요새부사령관'으로 한다.

　　동법 중에서 '지방장관이 지정하는 시정촌장' 또는 '시정촌장'이라고 한 것은 '지방장관이 지정하는 행정청'으로 하고, '홋카이도 또는 부현' 또는 '홋카이도, 부현'이라고 한 것은 '도(道)'로 하고, '시정촌'이라고 한 것은 '지방장관이 지정하는 행정청이 통할하는 공공단체'로 하며 '방공위원회'라고 한 것은 '조선방공위원회'로 한다.

제3조 방공법 제13조 제1항의 규정에 따라 보상을 받아야 하는 자가 보상에 불복할 경우에는 그 금액의 결정 통지를 받은 날로부터 이용 제공, 수용 또는 사용 후 6개월이 경과하고 난 후에, 그리고 보상금액의 결정 통지를 받지 않은 때에는 그 기간이 경과한 날로부터 6개월 이내에 조선총독이 정하는 바에 따라 재결(裁決)을 신청할 수 있다.

　　방공법 제14조 제1항의 실비 변상은 전항의 규정을 준용한다.

제4조 지방장관은 방공법 제15조 제1항의 규정에 따라 도(道)가 부담하는 비용의 일부를 조선총독이 정하는 바에 따라 관내에 있는 관련 공공단체가 부담하게 할 수 있다.

제5조 조선에서 방공법의 시행에 대해서는 본 령에 정하는 것 외에 방공법 시행령 제5조, 제7조, 제14조 및 제15조의 규정에 따른다. 단, 같은 령 제5조 중에서 '내무대신'이라고 한 것은 '조선총독'으로 하고, '관계된 시정촌장'이라고 한 것은 '지방장관이 지정

한 행정청'으로 한다. 같은 령 제7조 중에서 '방위사령관, 사단장, 요새사령관, 진수부사령장관 또는 요새사령관'이라고 한 것은 '조선군사령관, 사단장, 요새사령관 또는 진해요항부사령관'으로 한다. 같은 령 제15조 중에서 '내무대신'이라고 한 것은 '조선총독'으로 하고 '육군대신 및 해군대신'이라고 한 것은 '조선군사령관 및 진해요항부사령관'으로 한다.

부칙

본 령은 공포한 날로부터 이를 시행한다.

	방공법 시행규칙
구분	조선총독부령 제181호
법령명/건명	방공법 시행규칙 防空法施行規則
공포·개정·결정·폐지 연월일	1937년 11월 18일
구성	18개조, 부칙 1개 항목
선행 규범·법령	방공법, 방공법 조선시행령
원문 일부	●朝鮮總督府令第百八十一號 防空法施行規則左ノ通定ム 昭和十二年十一月十八日 ○府令 防空法施行規則 第一條 道知事ハ道ノ全區域又ハ數府邑面ノ區域ニ亙リ計畫ニ依ル防空計畫ノ設定ナキ區域ニシテ防空ノ三項ノ規定ニ依ル防空計畫ノ設定ナキ區域ニシテ防空ノ區域内ニ於テ計畫スベキ事項其ノ他必要ト認ムル事項ニ定スベシ
주요 내용 및 특징	○ 조선에서의 방공법 시행에 관한 세부규칙을 명령함 ○ 도지사에게 방공계획 수립을 명령함 ○ 방공 시설 또는 자재를 구비할 시설, 공장, 철도 등을 규정함 ○ 의사, 간호사 등 특수기능자를 지정함 ○ 방공 관제 및 경보에 관한 규정
법령 적용 범위	제국 전역
관련 법령 통합·폐지 사항	
유사·파생 법령	조선등화관제규칙

조선총독부령 제181호

1937년 11월 18일

방공법 시행규칙
防空法施行規則

제1조 도지사는 도(道)의 전 구역 또는 몇몇 부읍면의 구역에 걸쳐 계획해야 하는 사항, 제3항의 규정에 따라 방공계획이 설정되지 않은 구역에 방공의 필요가 있다고 인정하는 구역에 대해 계획해야 할 사항과 기타 필요하다고 인정하는 사항에 관하여 방공계획을 설정해야 한다.

전항의 방공계획은 도지사가 관할하는 구역에 속하는 지방방공위원회의 의견을 구하여 이를 설정하며 조선총독의 인가를 받아야 한다.

도지사가 지정하는 행정관청은 관할하는 공공단체의 구역 내에서 계획해야 할 사항과 기타 필요하다고 인정하는 사항에 관하여 방공계획을 설정해야 한다.

전항의 방공계획은 해당 구역이 속한 지방방공위원회의 의견을 구하여 이를 설정하며 도지사의 인가를 받아야 한다.

제2조 방공법 제3조 제1항에서 규정하는 사업 또는 시설은 공장, 광산, 철도, 궤도, 무선전신, 무선전화, 전기, 가스, 해운, 항공에 관한 사업 또는 시설로 한다.

제3조 방공법 제5조의 규정에 따라 정비하도록 할 수 있는 시설 또는 자재는 다음에 열거하는 것으로 한다.

　　1. 전기공작물, 공장, 광산, 철도, 궤도, 진료소 등에 대해서는 등화관제와 관련하여 필요한 사항

　　2. 수도, 하수도, 가스공작물, 석유탱크, 공장, 광산 등에 대해서는 소방과 관련하여 필요한 사항

　　3. 극장, 진료소, 백화점, 지하실이 있는 건축물 등에 대해서는 방독, 피난, 구호와 관련하여 필요한 사항

제4조 방공법 제5조의 규정에 따라 공여하도록 할 수 있는 시설 또는 자재는 다음에 열거

하는 것으로 한다.

1. 고층건축물 등에 대해서는 감시와 관련하여 필요한 사항
2. 경보기가 있는 시설에 대해서는 경보와 관련하여 필요한 사항
3. 학교, 집회소, 극장, 진료소, 백화점, 지하실이 있는 건축물, 피난에 유효한 공터가 있는 공장, 기타의 건축물, 운동장 등에 대해서는 방독, 피난, 구호와 관련하여 필요한 사항

제5조 방공법 제6조 제1항의 특수기능을 지닌 자는 다음에 열거하는 자로 한다.

1. 의사, 치과의사, 수의사, 약제사, 간호부, 산파
2. 방공에 관한 기능에 대해 특수교육과 특수훈련을 받은 자로서 도지사가 지정한 자

도지사는 전항에 열거한 자일지라도 방공법 제3조 제1항의 규정에 따른 방공계획 설정자의 종업원으로서 그 방공계획에 따라 방공의 실시에 종사해야 하는 자와 기타 정당한 사유가 있는 자는 방공법 제6조 제1항의 규정에 따라 방공의 실시에 종사하도록 할 수 없다.

제6조 방공의 실시 개시와 종료는 조선총독이 이를 명령한다.

제7조 전조의 규정에 따라 방공의 실시 개시명령이 있을 때는 방공계획의 설정자는 감시 및 이에 따른 통신을 받은 즉시 이를 실시하고 방공에 필요한 기타 사항에 관해서는 그 준비를 하여 시의적절하게 이를 실시해야 한다.

감시 및 이에 따른 통신은 전조의 규정에 따라 방공의 실시 종료명령이 있을 때까지 이를 계속해야 한다.

제8조 방공을 실시할 경우에 항공기의 내습에 관하여 발령하는 방공경보는 다음의 구분에 따른다.

1. 경계경보　　　　항공기 내습의 우려가 있는 경우
2. 경계경보 해제　　항공기 내습의 우려가 없어졌을 경우
3. 공습경보　　　　항공기 내습의 위험이 있는 경우
4. 공습경보 해제　　항공기 내습의 위험이 없어졌을 경우

해당 구역의 방위를 담당하는 조선군사령관, 사단장, 요새사령관, 진해요항부사령관(이하 '육해군사령관'이라고 한다) 또는 그가 지정한 자가 발령하는 방공경보는

전항의 방공경보로 한다.

제9조 방공법 제11조 제1항의 관계자는 제2조에 열거하는 사업이나 시설, 또는 제3조나 제4조에 열거하는 특수시설의 관리자나 소유자로 하며, 관계 있는 장소는 이러한 자가 관리 또는 소유하는 토지 및 건물과 기타 공작물로 한다.

방공법 제11조 제3항의 증표는 별기 양식에 따른다.

제10조 방공법 제12조의 규정에 따라 요양 또는 장의에 필요에 비용은 방공의 실시에 종사하는 자에게 이를 지급해야 한다.

전항의 비용 지급에 관해 필요한 사항은 도지사 또는 방공법 제3조 제1항의 규정에 따라 방공계획 설정자의 경우에 조선총독의 인가를 받아 이를 정하고, 도지사가 지정하는 행정청의 경우에는 도지사의 인가를 받아 이를 정한다.

제11조 방공법 제13조의 규정에 따라 보상해야 할 손실은 통상 발생하지 않는 직접적인 손실에 한한다.

제12조 방공법 제14조의 규정에 따라 실비 변상에 관해 필요한 사항은 도지사나 방공법 제3조 제1항의 규정에 따른 방공계획 설정자가 조선총독의 인가를 받아 이를 정한다.

제13조 방공법 제13조 제1항의 규정에 따라 손실 보상을 받을 자가 보상에 대해 불복할 때에는 다음 각 호에서 정하는 바에 따라 조선총독에게 재정을 요구할 수 있다.

1. 도지사가 지정하는 행정청이 시행하는 손실 보상에 대해 불복할 때에는 그 금액의 결정 통지를 받은 날로부터 제공·수용 또는 사용 후 6개월을 경과해야 하고, 그리고 보상금액의 결정 통지를 받지 않은 때에는 그 기간이 경과한 날로부터 6개월 이내에 도지사에게 불복 신청을 하며, 도지사의 결정에 불복할 때에는 결정이 있은 날로부터 1개월 이내에 조선총독에게 재정을 요구할 수 있다.

2. 도지사가 시행하는 손실 보상에 대해 불복할 때에는 그 금액의 결정 통지를 받은 날로부터 제공·수용 또는 사용 후 6개월을 경과해야 하고, 그리고 보상금액의 결정 통지를 받지 않은 때에는 그 기간이 경과한 날로부터 6개월 이내에 조선총독에게 재정을 요구할 수 있다.

세14조 진조의 규정에 따라 불복의 신청 또는 재정을 하는 자는 다음에 열거하는 사항을 기재한 불복신청서 또는 재정신청서에 증빙서류를 첨부하여 처분청을 경유하여 해당 행정관청에 제출해야 한다.

  1) 불복신청자 또는 재정신청자의 주소, 씨명, 명칭

  2) 토지, 가옥, 설비를 제공 또는 사용하도록 한 때에는 그 소재지, 도면 물건 또는 자재를 제공, 수용, 사용하도록 한 때에는 그 종류와 수량

  3) 손실 보상의 금액과 내역

  4) 제공, 수용, 사용의 시기와 기간

  5) 불복신청 또는 재정신청의 사유

제15조 위 2개조의 규정은 방공법 제14조 제1항의 규정에 따른 실비 변상에 대해 이를 준용한다.

제16조 도지사는 방공법 제15조 제1항의 규정에 따라 도의 부담에 속하는 비용 중 제1조 제3항의 규정에 따라 방공계획을 설정한 구역에서 도지사가 방공의 필요가 있다고 인정한 구역 내에서 계획해야 할 사항에 대해 방공의 실시, 방공의 실시에 관해 필요한 설비 또는 자재의 정비를, 또는 방공법 제10조 제1항의 규정에 따른 방공의 훈련에 필요한 경비를 관계 부읍면에 부담하도록 할 수 있다. 단, 국고보조금과 기부금, 기타 수입을 공제한 금액을 초과하여 부담할 수 없다.

제17조 방공법 제17조의 규정에 따른 국고보조는 지출정산액에 대해 한다.

제18조 전항의 규정에 따라 교부한 국고보조금은 다음에 열거하는 경우에 그 전부 또는 일부를 반환하도록 할 수 있다.

  1) 설비나 자재를 폐기하거나 변경하여 당초의 목적을 달성할 수 없게 되었을 때

  2) 보조금 교부의 조건을 위반한 때

부칙

본 령은 발포한 날로부터 이를 시행한다.

(이하 별기 양식 생략)

자료 101	
\multicolumn{2}{c}{등화관제규칙}
구분	내무성령·육군성령·해군성령·체신성령·철도성령 제1호
법령명/건명	등화관제규칙 燈火管制規則
공포·개정·결정·폐지 연월일	1938년 4월 4일
구성	10개조, 부칙 1개 항목
선행 규범·법령	방공법
원문 일부	省令 內陸海遞鐵 務軍軍信道 省省省省省 令第一號 燈火管制規則左ノ通定ム 昭和十三年四月四日 燈火管制規則 第一條 燈火管制ヲ實施シ又ハ共ノ訓練ヲ爲ス場合ニ於テ防空法第八條及第十條第三項ノ規定ニ依ル光ノ祕匿ハ本令ノ定ムル所ニ依ル 第二條 燈火管制ハ第四條ニ規定スル場合
주요 내용 및 특징	○ 방공법에 따른 등화관제에 관한 규칙 ○ 등화관제는 경계관제와 공습관제로 구분 ○ 터널 등 등화관제 예외 시설 명시 ○ 등화관제 실시 요령
법령 적용 범위	제국 전역
관련 법령 통합·폐지 사항	방공법 시행령
유사·파생 법령	

내무성령·육군성령·해군성령·체신성령·철도성령 제1호

1938년 4월 4일

등화관제규칙
燈火管制規則

제1조 등화관제를 실시하거나 그 훈련을 할 경우에 방공법 제8조 및 제10조 제3항의 규정에 따라 본 령으로 빛의 비닉(庇匿)을 정한다.

제2조 등화관제는 제4조에서 규정한 경우 외에 경계관제와 공습관제로 한다.

경계관제는 경계경보나 공습경보 해제가 발령된 때로부터 경계경보가 해제되거나 공습경보가 발령되기까지 실시한다.

공습관제는 공습경보가 발령된 때로부터 공습경보가 해제되기까지 실시한다.

제3조 경계관제 또는 공습관제 중에 빛의 비닉은 일몰부터 일출까지 제1호표부터 제7호표까지 열거하는 정도로 이를 실시한다.

제4조 제1호표의 옥외등(표식등, 가로등, 옥외작업등 종류를 제외)에서 지방장관이 지정하는 자는 정해진 기간의 일몰부터 일출까지 경계관제의 정도에 따라 빛을 비닉해야 한다.

지방장관은 전항의 규정에 따라 옥외등을 지정하고 그 빛을 비닉해야 할 기간을 정할 때에는 이를 고시해야 한다.

제5조 다음의 각 호에 열거하는 빛에 대해서는 본 령의 제한을 적용하지 않는다.

1. 건축물, 차량, 선박, 터널, 지하도 등의 내부 빛으로서 밖으로 새지 않는 것
2. 특별한 사정에 따라 필요하다고 인정하여 지방장관이 지정한 빛

제6조 다음에 열거하는 경우에는 본 령의 규정에도 불구하고 필요최소한도의 빛을 사용할 수 있다.

1. 소방, 인명구조 등을 위해 긴급하게 필요한 때
2. 특별한 필요에 따라 경찰서장의 허가를 받은 때

제7조 제1호표에서 제7호표 중에서 경계관제의 갑(甲)의 정도를 적용하지 않는 구역은 방

공법 시행령 제7조의 육해군사령관(이하 '육해군사령관'이라고 한다)의 통지에 따라 지방장관(도쿄부에서는 경시총감. 이하 같다)이 이를 정한다. 기타 구역은 을(乙)의 정도를 적용하는 구역으로 한다.

전항의 규정에 따르기 어려운 해상의 구역에 대해서는 별도로 정한다.

제8조 제1호표, 제2호표, 제4호표 및 제5호표 중에서 허가 또는 지정은 지방장관이 하는 것으로 한다.

제9조 제1호표, 제2호표, 제4호표, 제5호표 및 제7호표 중에서 은폐란 개구부(開口部)와 그 외 부분을 덮어 외부로 빛이 새어나가지 않게 하는 것을 가리킨다.

제1호표부터 제5호표까지 중에서 차광(遮光)이란 광원을 직접 덮거나 그에 준하는 방법을 취하여 각 표에 열거한 조건에 따라 빛을 차단하는 것을 가리킨다.

제4호표부터 제5호표까지 중에서 확인거리란 등화의 목적에 따라 실용에 적당한 정도로 인식할 수 있는 최대한의 거리를 가리킨다.

제1호표, 제3호표부터 제5호표까지와 제7호표 중에 투시거리란 광원과 그 반사광 등 일체의 빛을 인식할 수 있는 최대한의 거리를 가리킨다.

제10조 다음에 열거하는 경우에는 지방장관 또는 경찰서장이 육해군사령관과 협의해야 한다. 단, 미리 육해군사령관과 협정한 사항에 관해서는 여기에 구애되지 않는다.

1. 제1호표, 제2호표, 제4호표 및 제5호표에 따라 허가 또는 지정을 할 때
2. 제4조 제1항의 규정에 따라 옥외등을 지정하고 그 빛을 비닉해야 할 기간을 정하려고 할 때
3. 제5조 제2호의 규정에 따라 빛을 지정하려고 할 때
4. 공습관제의 경우에 제6조 제2호의 규정에 따라 허가를 하려고 할 때

부칙

본 령은 1938년 4월 10일부터 이를 시행한다.

(이하 부록 표 생략)

자료 102	
	조선등화관제규칙
구분	조선총독부령 제241호
법령명/건명	조선등화관제규칙 朝鮮燈火管制規則
공포·개정·결정·폐지 연월일	1938년 12월 15일(조선총독부관보 제3573호 게재)
구성	10개조, 부칙 1개 항목
선행 규범·법령	방공법, 등화관제규칙, 방공법 조선시행령
원문 일부	●朝鮮總督府令第二百四十一號 朝鮮燈火管制規則左ノ通定ム 昭和十三年十二月十五日 朝鮮燈火管制規則 第一條 燈火管制ヲ實施シ又ハ其ノ訓練ヲ爲ス十條第三項ノ規定ニ依ル光ノ秘匿ハ本令ノ定 第二條 燈火管制ハ第四條ニ規定スル場合ノ外警戒管制ハ警戒警報又ハ空襲警報解除ノ發セ又ハ空襲警報ノ發セラルル迄ノ間之ヲ行フ
주요 내용 및 특징	○ 방공법에 따른 등화관제에 관한 규칙 ○ 등화관제는 경계관제와 공습관제로 구분 ○ 터널 등 등화관제 예외 시설 명시 ○ 등화관제 실시 요령
법령 적용 범위	조선
관련 법령 통합·폐지 사항	방공법 시행령
유사·파생 법령	

조선총독부령 제241호

1938년 12월 15일(조선총독부관보 제3573호 게재)

조선등화관제규칙
朝鮮燈火管制規則

제1조 등화관제를 실시하거나 그 훈련을 할 경우에 방공법 제8조 및 제10조 제3항의 규정에 따라 본 령으로 빛의 비닉을 정한다.

제2조 등화관제는 제4조에서 규정한 경우 외에 경계관제와 공습관제로 한다.

경계관제는 경계경보나 공습경보 해제가 발령된 때로부터 경계경보가 해제되거나 공습경보가 발령되기까지 실시한다.

공습관제는 공습경보가 발령된 때로부터 공습경보가 해제되기까지 실시한다.

제3조 경계관제 또는 공습관제 중에 빛의 비닉은 일몰부터 일출까지 제1호표부터 제7호표까지 열거하는 정도로 이를 실시한다.

제4조 제1호표부터 제7호표까지의 등화에 관해 도지사가 지정하는 자는 정해진 기간과 지역에 대해 일몰부터 일출까지 경계관제의 정도에 따라 빛을 비닉해야 한다.

도지사는 전항의 규정에 따라 등화를 지정하고 그 빛을 비닉해야 할 기간과 지역을 정할 때에는 이를 고시해야 한다.

제5조 다음의 각 호에 열거하는 빛에 대해서는 본 령의 제한을 적용하지 않는다.

 1. 건축물, 차량, 선박, 터널, 지하도 등의 내부 빛으로서 밖으로 새지 않는 것

 2. 특별한 사정에 따라 필요하다고 인정하여 도지사가 지정한 빛

제6조 다음에 열거하는 경우에는 본 령의 규정에도 불구하고 필요최소한도의 빛을 사용할 수 있다.

 1. 소방, 인명 구조 등을 위해 긴급하게 필요한 때

 2. 특별한 필요에 따라 경찰서장의 허가를 받은 때

제7조 제1호표부터 제7호표 중에서 경계관제의 갑(甲) 또는 을(乙)의 정도를 적용해야 할 구역은 조신군사령관 및 진해요항부사령관의 통지에 따라 조선총독이 이를 정한다.

전항의 규정에 따르기 어려운 해상의 구역에 대해서는 별도로 정한다.

제8조 제1호표, 제2호표, 제4호표 및 제5호표 중에서 허가 또는 지정은 도지사가 하는 것으로 한다.

제9조 제1호표, 제2호표, 제4호표, 제5호표 및 제7호표 중에서 은폐란 개구부(開口部)와 그 외 부분을 덮어 외부로 빛이 새어나가지 않게 하는 것을 가리킨다.

제1호표부터 제5호표까지 중에서 차광(遮光)이란 광원을 직접 덮거나 그에 준하는 방법을 취하여 각 표에 열거한 조건에 따라 빛을 차단하는 것을 가리킨다.

제4호표부터 제5호표까지 중에서 확인거리란 등화의 목적에 따라 실용에 적당한 정도로 인식할 수 있는 최대한의 거리를 가리킨다.

제1호표, 제3호표부터 제5호표까지와 제7호표 중에 투시거리란 광원과 그 반사광 등 일체의 빛을 인식할 수 있는 최대한의 거리를 가리킨다.

제10조 다음에 열거하는 경우에는 도지사 또는 경찰서장이 방공법 시행령 제7조의 육해군사령관과 협의해야 한다. 단, 미리 육해군사령관과 협정한 사항에 관해서는 여기에 구애되지 않는다.

1. 제1호표, 제2호표, 제4호표 및 제5호표에 따라 허가 또는 지정을 할 때
2. 제4조 제1항의 규정에 따라 등화를 지정하고 그 빛을 비닉해야 할 기간 및 지역을 정하려고 할 때
3. 제5조 제2호의 규정에 따라 빛을 지정하려고 할 때
4. 공습관제의 경우에 제6조 제2호의 규정에 따라 허가를 하려고 할 때

부칙

본 령은 발포한 날로부터 시행한다.

자료 103	
\multicolumn{2}{c}{방공법 조선시행령 중 개정}
구분	칙령 제617호
법령명/건명	방공법 조선시행령 중 개정 防空法朝鮮施行令中改正ノ件
제·개정, 결정, 폐지 연월일	1940년 9월 18일
구성	1개조, 부칙 1개 항목
선행 규범·법령	방공법 조선시행령
원문 일부	
주요 내용 및 특징	○ 기존의 방공법 조선시행령에서 육군대신, 해군대신, 방위사령관의 권한을 조선총독, 조선군사령관, 진해요항부사령관으로 개정하여 위임함
법령 적용 범위	조선
관련 법령 통합·폐지 사항	
유사·파생 법령	

칙령 제617호
1940년 9월 17일

방공법 조선시행령 중 개정
防空法朝鮮施行令中改正ノ件

방공법 조선시행령을 다음과 같이 개정한다.

제5조에서 '방위사령관'을 '군사령관'으로 개정하고, '단, 같은 령 제5조 중에서 내무대신이라고 한 것은 조선총독으로 하고'의 아래에 '육군대신 또는 해군대신이라고 한 것은 조선군사령관 및 진해요항부사령관으로 한다'를 붙인다.

부칙

본 령은 공포한 날로부터 이를 시행한다.

자료 104	
\multicolumn{2}{c}{국토방공 강화에 관한 건}
구분	각의결정
법령명/건명	국토방공 강화에 관한 건 國土防空強化ニ關スル件
공포·개정·결정·폐지 연월일	1941년 1월 10일
구성	2개 항목, 방공긴급시책안 3개 항목
선행 규범·법령	방공법
원문 일부	国土防空強化ニ関スル件 更新日:2012年12月20日 昭和前半期閣議決定等凡例 収載資料:内閣制度百年史 下 内閣制度百年史編纂委員会 内閣官房 1985.12 pp.235-236 当館請求記号:AZ-332-17 国土防空強化ニ関スル件 昭和16年1月10日　閣議決定 航空機ノ発達ニ伴ヒ直接国内要衝ニ対シ絶大ナル武力戦的破壊行為ヲ恣ニスルニ到リ他面我ガ国防空態勢ノ現状ハ不備欠陥頗ル多クカツフルニ都市ノ対空禍脆弱性大ナルモノアルニ鑑ミ高度国防国家態勢確立ノ為速カニ国土防空ノ強化ヲ図ル 之ガ為速カニ左記事項ヲ実施ス 一、時局ニ鑑ミ緊急必要ナル防空施策ヲ行フガ為必要ナル資金及資材ニ関シ他ノ重要問題ト密ニ調整ヲ図ル
주요 내용 및 특징	○ 방공긴급시책안을 제시하여 국토 전역에 걸쳐 중요 도시, 시설에 대한 방공 계획과 방공조직을 강화할 것을 지시함
법령 적용 범위	제국 전역
관련 법령 통합·폐지 사항	
유사·파생 법령	

각의결정

1941년 1월 10일

국토방공 강화에 관한 건
國土防空強化ニ關スル件

항공기의 발달에 따라 직접 국내 요충지에 대한 막대한 무력적 파괴행위를 하기에 이르렀다. 한편 우리나라의 방공태세 현상은 대비가 부족하고 결함이 너무 많아서 도시의 대공 취약성이 크다는 점에 비추어 고도의 국방국가태세 확립을 위해 국토의 방공을 강화한다.

이를 위해 신속하게 다음 사항을 실시한다.

1. 시국에 비추어 긴급하고 필요한 방공시책을 실시한다. 이를 위해 필요한 자금 및 자재에 관해 여타 중요한 문제와 밀접하게 조정을 도모한다.
2. 향후 있을 시책에서 강력한 방공에 필요한 요구를 투철하게 구현한다.

방공긴급시책안

1. 국토 전반에 걸쳐 방공조직, 방공제도를 강화, 정비한다.
2. 게이힌(京浜), 한신(阪神),[39] 주쿄(中京),[40] 기타큐슈(北九州) 부근에 있는 도시 및 외지의 중요한 도시 및 군항도시에 대해 대체로 다음의 요령에 따라 방공을 강화한다.
    1) 도시의 과대화 방지
    2) 방공에 필요한 녹지, 광장 및 대도로의 설치
    3) 도시에서 중요 시설의 합리적 배치 및 도심으로부터의 이산(離散)
    4) 중요 국가기관의 대피 및 일반의 피난에 관한 대책

---

39 오사카와 고베 등 지역 일대.
40 나고야 주변 일대.

5) 중요 지역에서 건축물 및 중요 시설의 강화

6) 공장지대의 정리와 분산 배치

7) 공습 시 국민생활 및 전쟁 수행에 필요한 물자의 확보 및 배급 대책

8) 기타 방공에 필요한 여러 시설의 완비

3. 위의 사항을 실시할 때 안팎의 여러 정세를 고려하고 또한 자재의 상황도 고려하여 지역 사정과 내용의 완급에 따라 착수 순위를 결정해야 하지만 다음의 응급조치는 급히 실시할 필요가 있다.

1) 방공시책 실시를 위해 중앙기구의 강화 도모

2) 방공교육조직의 확충

3) 감시통신망의 확대, 강화. 특히 해상감시 통신시설의 정비

4) 중요 도시(제2호의 도시. 이하 같다)의 방화시설의 정비

 (1) 녹지의 보존과 더불어 증설 방도를 강구한다.

 (2) 소방시설의 획기적 확충(방화, 보수의 촉진, 소방기구의 증비, 소방수리시설의 충실)

5) 중요 도시의 주요 시설 방호

 (1) 통신중추기관의 방호 및 분산

 (2) 중앙관청의 방호 및 대피

 (3) 전기, 가스, 수도 시설의 중요 부분 방호

 (4) 석유 탱크의 방호 및 분산

6) 중요 도시의 현재 이상의 팽창 억제

 (1) 관청, 학교(소학교를 제외) 등은 중요 도시의 지정구역 내에서 신설하지 않을 것

 (2) 공장사업장 등은 중요 도시의 지정구역 내에서 신설을 허가하지 않을 것

 (3) 중요 도시의 지정구역 내에서는 주택의 신축을 제한할 것

7) 식량창고의 분산 배치(관민 시설을 통합운영한다)

8) 퇴거, 피난, 대피 및 이에 다른 교통 등에 관한 조사연구의 촉진과 더불어 여러 시설을 급히 시행

9) 중요 도시를 근본적으로 개조하기 위한 조사연구

10) 방공연구의 통제와 방공연구에 대한 각 성의 적극적인 협력

9. 결전비상조치 관련 각의결정

1943년 초까지 이어진 과달카날 해전에서 일본군은 기동 가능한 육해공군을 차례로 투입해 대거 상실하였고, 이후 전투는 계속 수세적 입장에서 패퇴를 거듭하였다. 남서태평양 지역과 뉴기니 동남부에서도 일본군은 계속 패퇴하였다. 1943년 12월 미군은 라바울의 뉴브리튼섬 서쪽 끝 마커스곶에 상륙해 방어 중인 일본군을 물리쳤다. 그리고 1944년 2월 맥아더가 직접 지휘하는 미군 사단이 애드미럴티제도에 상륙함으로써, 30만의 육군과 해군 그리고 항공 병력의 주력을 바탕으로 일본군이 확보하고자 했던 솔로몬제도에서의 주도권은 이제 연합군에 넘어갔다. 중부태평양 방면에서도 길버트제도의 타라와섬, 마킨섬 등이 미군에 넘어갔고 곧이어 팔라우섬에도 미군이 상륙하였다.

이처럼 태평양 지역에서의 패퇴는 중국과 버마, 인도차이나 지역의 수비는 물론이고 전쟁의 승패와 일본 열도의 방어마저 위험에 빠뜨릴 우려가 있었다. 그러나 이미 한계를 넘어선 총동원체제하에서 더욱 긴박해진 생산력확충에 필요한 최소한의 물자와 인력마저 고갈 상태에 이르렀다.

이에 내각은 마침내 1944년 2월 '결전비상조치요강(決戰非常措置要綱)'를 결정하여 모든 분야에 걸쳐 비상조치를 강구하도록 지시하였다. 결전비상조치요강의 골자는 더 이상 성인 남자의 노동력 충원이 불가능한 상태에서 학생학도의 본격적인 동원과 국민근로체제 쇄신의 명목으로 여성동원을 노골화한 데 있으며, 방공(防空) 강화, 소개(疏開) 실시, 식량 저장과 배급, 향락 금지, 수송 및 해운력 강화, 행정·재판·검찰업무 간소 및 신속, 국민총동원운동 전개 등 여러 분야에 걸쳐 사실상 결전에 대비하여 최대한 통제를 강요하는 데 있다.

특히 학생·학도 동원의 경우 중등 이상의 학생에게 학교 수업 대신에 1년 내내 상시로 근로에 동원하고, 이과(理科) 학생에 대해서는 군 관련 공장이나 병원 등의 직장에 배치하여 근로에 종사시키는 한편, 학교를 군수공장으로 전환하여 이를 비상창고, 비상병원, 피난주택, 기타 군사용으로 전용할 것을 지시하고 있다.

이로써 방대한 규모의 학생들이 산업 분야에 동원되었다. 1945년까지 300만 명 이상의 학생들이 노무에 동원되었는데, 이들은 1944년부터 1945년 사이에 징병으로 소집된 자들을 대신해 노동력을 보충하는 최대 원천이 되었다. 보수는 작업량에 따르지 않고 학년 수준과 성별로 지급했지만, 이마저도 학교를 통해 지불되었고 졸업 후에 전달한다는 명목으로 강제저축을 당하였다. 근로시간이 10시간 이상에 달했지만 일반적으로 사용자는 무보수로 2시간의 잔업을 시킬 수 있었고, 오히려 학생들에게 '애국심'을 강요할 수 있는 권한이 주어졌다. 어린 학생들이 건강이 나빠질 정도로 노동을 했지만 임금은 정규직 노동자보다 낮았고, 그마저도 직접 지불되지 않아서 학생들의 분노와 적개심이 컸다. 이에 당국은 특별수사관에게 학생들의 '위험사상'을 경계하라는 명령을 내리기까지 하였다.

남성 노동력의 부족은 여성들로 보충하였다. 1940년부터 1944년 사이에 여성 근로자가 약 126만 명 증가한 것을 볼 수 있다. 여성징용은 '황국 고유의 가족제도에 악영향을 미친다'라고 하며 처음에는 주저했지만, 1943년 미혼 여성을 반년간 단기노동에 참가시키기 위해 여자근로보국대를 결성한 이래 6월에는 노무조정령을 개정하여 17개 지정 직업에 대해 남성의 취업을 금지하고 그 자리를 여성들로 채웠고, 1944년에는 여자정신대로 재편하였다. 1944년 2월에는 12세부터 39세까지의 미혼 여성을 도나리구미(隣組)를 통해 모두 정신대에 강제 편입시켰다. 정신대원은 1945년 3월까지 45만 명을 넘었다. 상류계급의 여자아이들 대부분이 아버지나 친척 회사의 여자 사무원 등으로 등록해 교묘하게 강제노동을 피한 데 반해, 일반 국민의 여자아이들 대부분은 꼼짝없이 군수생산에 동원되었다. 여자·아동의 야간취업 금지나 위험직업 고용제한 등과 같은 보호법규들은 무시되었다. 일부 지역에서는 여자들을 탄광의 광부로까지 사용하였다. 이처럼 결전비상조치요강은 학생과 여성을 본격 동원하는 계기가 되었다는 점에서 큰 의미가 있다.

이후 내각은 결전비상조치요강의 각 분야별로 구체적인 별도의 결정을 잇달아 내놓았다. 결정비상조치요강에 따른 후속 내각결정으로서, '국민학교 아동 학교급식, 공터 이용 철저 등에 관한 건', '대도시 국민학교 아동 학교급식에 관한 건', '일반소개(疏開)촉진요강',[41] '학도동원실시요강',[42] '식량 가공저장의 철저에 관한 건',[43] '수송제한에 관한 건',[44] '중앙행정관청

---

41 내각결정, 1944. 3. 3.
42 내각결정, 1944. 3. 7.
43 내각결정, 1944. 3. 10.
44 내각결정, 1944. 3. 14.

의 허가인가 등의 사무 폐지 및 지방위양에 관한 건',[45] '여행수송의 제한에 관한 건',[46] '지방철도·궤도철도 차량수리의 확보에 관한 건',[47] '전기통신의 긴급조치에 관한 건',[48] '전기통신설비의 동원에 관한 건',[49] '관공영선공사(官公營繕工事)의 조치방침에 관한 건',[50] '공장방공강화대책 실시요령에 관한 건'[51] 등이 있다.

이처럼 결전비상조치들을 강화했음에도 일본군은 1944년 말 마리아나제도를 상실하고, 11월 말부터 사이판섬, 티니안섬, 괌섬에서 이륙한 미 폭격기가 도쿄 등 대도시를 매일 공습하기에 이르렀다. 1944년 12월에 대본영은 레이테 전투를 포기하였다.

이제 바야흐로 본토결전에 대비하는 수밖에 없었다. 이에 일제는 마지막 수단으로 국방과 일반 행정을 완전히 일치시키고 국내 총력을 군수 생산과 방어에만 집중한다는 지시, 즉 각의결정 '긴급시책조치요강'을 1945년 1월 12일에 내놓았다. 이는 사실상 중앙정부와 지방의 모든 행정기관을 대본영의 지시에 합치시킨다는 내용이었으며, 중점 시책으로 방공태세 강화, 군수공업의 분산과 소개, 식량 증산, 국민개로(皆勞)동원, 물자 비축 등을 지시한 것이다.

이어서 대본영과 내각은 '본토결전방침' 아래 1월 25일에 두 번째 '결전비상조치요강'을 각의에서 결정하였다. 이것은 이날 최고전쟁지도회의가 채택한 안을 더욱 구체화한 것인데, 항공기를 중심으로 한 무기·생산자재·액체연료·선박·차량의 생산, 생산방공태세의 확립, 식량생산 확보, 노동력의 배치전환, 요원지정제 실시, 학도근로동원 강화, 여자 징용 단행, 육상 및 해상 수송력 증강 등의 목적을 위해 국가정책과 군 작전을 일체화하고, 암시장을 단속하고 배급을 합리화하는 방침 등을 담고 있다.

전술한 바와 같이 1945년 2월 18일 이후 일제는 전국의 학교에 대해 '수업 정지'를 결정하고, 3월 18일 각의결정 '결전교육조치요강'에 따라 모든 학교 수업을 전면적으로 중단하고 사실상 전시태세에 돌입하였다. 이로써 일본과 조선의 학생들은 전시상태에서 수업 대신 노

---

[45] 내각결정, 1944. 3. 18.
[46] 내각결정, 1944. 3. 27.
[47] 내각결정, 1944. 3. 31.
[48] 내각결정, 1944. 4. 11.
[49] 내각결정, 1944. 5. 3.
[50] 내각결정, 1944. 5. 5.
[51] 내각결정, 1944. 5. 17.

동이 일상인 생활을 하고 전투요원으로서 전투조직에 편입되었다.

이는 5월 22일 '전시교육령'을 제정·공포하기에 앞서 4월 13일에 나온 각의결정 '상세급박한 경우에 대응하는 국민전투조직에 관한 건'에서 예견되었다. 이 건에서는 병역법에 규정한 자 이외에 연령 15세 이상 55세 이하의 남자와 연령 17세 이상 40세 이하의 여자에 대해서도 병역의무에 따라 '병(兵)'으로서 동원하며 통수권하에서 복역할 수 있게 필요한 법적 조치를 강구하고, 이들을 각 지역의 국민의용대(國民義勇隊)를 전투대(戰鬪隊)로 전환하고 일치시킬 것을 지시하고 있다.[52]

이것은 '전시교육령'에 따라 학도대를 결성하여 학생들에게 식량증산, 군수생산, 방공방위, 중요 연구에 동원하는 것으로 법제화되었다.

이하에서는 1944년의 결전비상조치요강과 이에 따른 후속 각의결정들 중 일부 사례, 그리고 1945년의 긴급시책조치요강과 긴급비상조치요강, 그리고 국민전투조직에 관한 각의결정의 원문을 소개, 게재하였다.

이하에 번역, 수록한 주요 법령과 각의결정 등의 목록은 다음 표와 같다.

자료번호	법령 및 각의결정 등의 명칭	형태	제정, 공포, 결정일	쪽수
105	결전태세확립방책에 관한 각의합의	각의합의	1943. 6. 1	539
106	결전비상조치요강	각의결정	1944. 2. 25	541
107	결전비상조치요강에 따른 국민학교 아동 학교급식, 공터 이용 철저 등에 관한 건	각의결정	1944. 3. 3	546
108	결전비상조치요강에 따른 대도시 국민학교 아동 학교급식에 관한 건	각의결정	1944. 3. 3	549
109	결전비상조치요강에 따른 식량 가공저장 철저에 관한 건	각의결정	1944. 3. 10	551
110	긴급시책조치요강	각의결정	1945. 1. 12	554
111	결전비상조치요강	각의결정	1945. 1. 25	557
112	상세급박한 경우에 대응하는 국민전투조직에 관한 건	각의결정	1945. 4. 13	566

---

52 본토결전 시 한반도의 병사노무동원에 관해서는 신주백, 「1945년 한반도에서 일본군의 '본토결전' 준비: 편제와 병사노무동원을 중심으로」, 『역사와 현실』 제49호, 2003을 참조할 것.

자료 105	
\multicolumn{2}{c}{결전태세확립방책에 관한 각의합의}
구분	각의합의
법령명/건명	결전태세확립방책에 관한 각의합의 決戰態勢確立方策ニ關スル閣議申合セ
공포·개정·결정·폐지 연월일	1943년 6월 1일
구성	3개 항목
선행 규범·법령	국민총동원법
원문 일부	決戰態勢確立方策ニ関スル閣議申合セ 更新日：2012年12月20日 昭和前半期閣議決定等凡例 収載資料：内閣制度百年史 下 内閣制度百年史編纂委員会 内閣官房 1985.12 p.245 当館請求記号：AZ-332-17 ……… 決戰態勢確立方策ニ関スル閣議申合セ 昭和18年6月1日　閣議申合 一、方針 今年戰局ノ大勢ニ鑑ミ、國民ノ戰意ヲ昂揚シ國民總力ヲ擧ゲテ重要軍需物資ノ增強、食糧自給力並ニ輸送力ノ緊急强化ニ一向ハシメンガ為、國民動員ノ態勢ヲ更ニ强化シ、以テ擧國決戰態勢ノ促進ヲ期シ、左ノ要項ニ依リ措置スルコト 二、要領 　(一)勤勞動員ノ強化 　　國民各層ニ亘ツテ其ノカヲ悉ク活用シテ戰力增强ニ資セシムルコト 　(二)決戰ニ直接關係無キ公私ノ行事ハ之ヲ停、廃止スルコト 　　今秋行ハルベキ府縣會議員總選擧等ハ此ノ趣旨ニ基キ之ヲ停止スルコト 　(三)食糧自給力ノ緊急增加 　　國民餘力ノ活用ニ即應シテ荒廃地空地ノ完全利用ヲ計ルコト 　(四)物資資金ノ集中强化 　　愈々消費ノ節約國民貯蓄ノ增强ニ努ムルコト 三、処置 各当局ニ於テ早速之ガ實施ノ方策ヲ講ズルコト
주요 내용 및 특징	○ 결전태세에 대비하여 중요군수물자의 증강, 식량자급력과 수송력의 긴급강화를 위해 국민동원태세 강화를 지시함 ○ 근로동원 강화 ○ 행사, 총선거 중단, 폐지 ○ 식량자급력 증강 ○ 물자·자금 집중 강화, 소비절약, 저축 증강
법령 적용 범위	제국 전역
관련 법령 통합·폐지 사항	
유사·파생 법령	

각의결정

1943년 6월 1일

결전태세확립방책에 관한 각의합의
決戰態勢確立方策ニ關スル閣議申合セ

1. 방침

 금년도 전황의 대세에 비추어, 국민의 결의를 앙양하고 국민의 총력을 기울여 중요군수물자의 증강, 식량자급력과 수송력의 긴급강화를 위해서는 국민동원의 태세를 다시 강화함으로써 거국적 결전태세를 촉진하고 다음의 요강에 따라 조치한다.

2. 요령

 1) 근로동원의 강화

  국민 각계각층에 걸쳐 그 힘을 여실히 활용하여 전력증강에 이바지하도록 한다.

 2) 결전에 직접 관계없는 공사(公私)의 행사는 중단, 폐지한다.

  이번 가을에 실시하는 부현회(府縣會) 의원 총선거 등은 이 취지에 따라 이를 중지한다.

 3) 식량자급력의 긴급증강

  국민 여력의 활용에 따라 황무지와 공터를 완전히 이용하도록 한다.

 4) 물자와 자금의 집중 강화

  소비절약과 국민저축의 증강에 노력한다.

3. 조치

각 당국이 조속히 이를 실시하는 방책을 강구한다.

자료 106	
\multicolumn{2}{c}{결전비상조치요강}
구분	각의결정
법령명/건명	결전비상조치요강 決戰非常措置要綱
공포·개정·결정·폐지 연월일	1944년 2월 25일
구성	17개 항목
선행 규범·법령	국민총동원법
원문 일부	**決戰非常措置要綱** 更新日：2012年12月20日 昭和前半期閣議決定等凡例 收載資料：軍需省關係資料 第8卷 軍需省關係政策資料 1997 pp.95-102 当館請求記號：AZ-675-G30 決戰非常措置要綱 昭和19年2月25日 閣議決定 決戰ノ現段階ニ即應シ國民卽戰士ノ覺悟ニ徹シ國ヲ擧ゲテ精進刻苦其ノ総力ヲ直接戰力増強ノ一点ニ集中シ當面ノ各緊要施策ノ急速徹底ヲ圖ルノ外左ノ非常措置ヲ講ズ 一、學徒動員體制ノ徹底 (1) 原則トシテ中等學校程度以上ノ學生生徒ハ総テ今後一年、常時之ヲ勤勞其ノ他非常任務ニ出動セシメ得ル組織ノ態勢ニ置キ必要ニ應ジ隨時活發ナル動員ヲ實施ス (2) 理科系ノモノハ其ノ専門ニ應ジ概ネ之ヲ軍關係工場病院等ノ職場ニ配置シテ勤勞ニ從事セシム (3) 學校校舍ハ必要アル場合ハ軍需工場化シ又ハ之ヲ軍用、非常倉庫用、非常病院用、避難住宅用其ノ他緊要ノ用途ニ之ヲ轉用ス
주요 내용 및 특징	○ 결전비상조치로서 학도동원체제, 국민근로체제, 방공체제 등을 강화할 것을 지시함 ○ 중등학교 이상 학생, 생도를 1년간 상시근로와 비상임무에 출동시킬 수 있는 태세를 갖출 것을 지시함 ○ 이과 학생을 군 공장, 병원 등에 배치하여 동원함 ○ 학교를 군수공장으로 전환함 ○ 국민근로체제로서 전환배치, 여성동원, 응징자동원 강화 ○ 공습에 대비하여 소개(疏開), 분산, 방호 대비를 강화 ○ 국민생활 간소화, 식량 저장, 빈집 활용, 식량배급 개선, 향략 금지 등 지시 ○ 수송, 해운력 강화
법령 적용 범위	제국 전역
관련 법령 통합·폐지 사항	
유사·파생 법령	

각의결정

1944년 2월 25일

결전비상조치요강
決戰非常措置要綱

결전의 현 단계에 즉각 대응하고 국민, 즉 전사의 각오를 철저히 하여, 거국적으로 각고의 노력으로 정진하고 총력을 기울여 오직 전투력 증강에 집중함으로써 당면한 각종 중요 시책을 신속하고 철저하게 이행하는 한편, 우선 다음의 비상조치를 취한다.

1. 학도동원체제의 철저
    1) 원칙적으로 중등학교 정도 이상의 학생생도는 모두 앞으로 1년 상시근로와 기타 비상임무에 출동시킬 수 있는 조직적 태세를 갖추고 필요에 따라 수시로 활발하게 동원을 실시한다.
    2) 이과(理科) 계통의 자는 전문에 따라 대체로 이를 군 관련 공장이나 병원 등의 직장에 배치하고 근로에 종사시킨다.
    3) 학교 교사(校舍)는 필요가 있을 경우 군수공장으로 전환하며 또는 이를 군용, 비상창고, 비상병원, 피난주택, 기타 중요한 용도로 전용한다.

2. 국민근로체제의 쇄신
    직업전환, 적정배치와 더불어 근로관리, 특히 학도 여자 및 응징자(징용 중인 자) 등에 관한 수용태세를 신속하게 쇄신·강화하는 동시에 가정의 중심인 자를 제외하고 여자는 여자정신대로 강제 가입하는 길을 마련하고, 또한 이에 따른 관청의 지도, 알선, 보호를 충실히 하는 데 만전을 다한다.
    이상과 관련하여 신속하게 동원기구를 정비하고 특히 군 동원과의 관계를 긴밀히 하도록 한다.

3. 방공체제의 강화

1) 중요 공업에 대해 가능한 한 방공시설을 실시함과 동시에 공장의 방공조직을 완비하는 등 공장 방공을 신속하게 강화한다.

2) 공습 피해가 극심한 경우에 대비한 훈련을 철저히 한다.

3) 공습에 따른 물적 피해의 수리와 복구, 식량배급의 확보, 구호, 공습 시 사용할 수 있는 간이주택의 건설 등 공습 시 선후조치에 관한 준비를 신속하게 완성한다.

4) 일시 소개(疏開)의 실시를 강력히 촉진하는 동시에 제2차 관청을 소개하며, 약체 목조 관청의 건물을 이전 또는 제거하고, 통제회 또는 단체 건물 및 지방의 회사출장소, 사교클럽 등의 정리를 실시한다.

5) 양로원, 정신병원, 형무소(생산에 영향이 없는) 등은 모두 신속하게 지방으로 소개 또는 정리시킨다.

6) 공습 피해에 대비하여 가까운 부현의 농촌 또는 소도시에 소재하는 친척, 지인의 허가를 얻어 필요한 최소한의 의류나 생필품을 철저하게 예탁하도록 한다.

7) 위의 각 항 외에 방공과 더불어 소개에 대해서는 신속하고 철저하게 모든 조치를 강구한다.

4. 간소 생활 철저의 각오와 식량배급의 개선 정비

1) 시국을 돌파하기 위해 국민생활을 철저하게 간소화하고, 일선 장병들의 고충과 결핍을 생각하며 어떠한 생활도 견뎌내겠다는 각오를 다진다.

2) 대도시에서 당면한 식량배급을 개선하는데 특히 소년 등에 대해서는 각별한 조치를 취한다.

3) 고구마, 감자 등을 건조하고 어류는 소금에 절여 두는 등 식량의 가공과 저장을 철저히 한다.

5. 빈집 이용 철저

가정, 도나리구미(隣組), 학교 생도, 청소년단, 장년단, 산업보국회, 기타를 동원하고 특히 대도시에서 공원, 정원, 식물원 등은 물론 학교 운동장, 공장 주변의 빈집과 기타 공터는 철저하게 식량의 작물에 이용한다.

6. 제조금지 품목의 확대와 규격통일 철저

제조금지 품목의 범위를 확대하는 동시에 규격의 통일에 철저히 한다.

7. 고급 향락의 중지

고급 요리점, 회합장소, 찻집은 휴업시키고 또한 고급 흥행오락장 등은 일시 폐쇄하고 그 시설은 필요에 따라 이를 다른 용도로 이용하는 동시에 시국에 따라 해당 시설 관계자를 다른 용도로 활용한다.

8. 중요 수송 강화

여행을 철저하게 제한하고 노선의 전용을 강화함으로써 전력을 증강하는 동시에 방공과 소개에 필요한 수송을 강화한다.

9. 해운력 쇄신 강화

해운 행정의 쇄신·강화를 추진하는 동시에 선박 건조의 급속한 증가와 선박 운행의 효율을 획기적으로 향상시킴으로써 해운력을 철저히 강화시킨다.

10. 평시 및 장기 계획한 사무와 사업의 중지

관청, 공공단체, 기타 표기 사무 및 사업은 일단 1년간 전부 중지하고 또한 보존에 필요한 최소한의 범위로 축소하고 해당 직원은 다른 중요한 사무로 돌린다.

또한 이상의 대응원칙에 따라 일단 1년간 관청의 신규 보수공사는 중지하고 또한 자문성격의 위원회는 중지한다.

11. 중앙감독사무의 지방 위임

중앙 각 관청의 인허가 등 감독사무는 일단 1년간 원칙적으로 이를 모두 각각 지방의 관청 또는 관리에게 위임한다. 즉 미리 대강의 원칙을 지시하거나 또는 사후보고를 하도록 한다.

12. 재판·검찰의 신속화

    재판, 검찰의 신속화를 철저히 하되 특히 시국사범에 대해서는 신속하게 처리하도록 방법을 강구한다.

13. 보유물자의 적극적 활용

    널리 관공서, 회사, 가정 등에 보유물자의 적극적인 활용과 공출을 도모한다.(예를 들면 각 관공서, 회사 등에서 물자의 보존기한 등을 극도로 단축한다.)

14. 신상필벌의 철저와 사찰의 강화

    관리, 공무원, 기타 시국산업 관계자 등에 대해서는 신상필벌을 엄격하고 철저히 하는 동시에 행정 전반에 걸쳐 강력한 사찰을 실시한다.

15. 국민운동의 전개

    황국의 성쇠가 기로에 섰으니 거국 필승의 신념을 철저히 하고 국민총동원체제를 강화하며 실로 총력을 기울여 전력을 증강하고 식량증산 등 각각의 맡은 바 임무에 정진하는 동시에, 시국을 돌파하기 위해 국민생활을 철저하게 간소화하며, 어떠한 일이라도 참고 견디겠다는 각오로 진지하고 맹렬하게 국민운동을 전개한다.

16. 국민 지도 계발

    시국의 현실을 국민들, 특히 지도계급에게 담대하고 솔직하게 알려 줌으로써 발분하도록 하는 동시에 철저한 적개심을 앙양하도록 강구한다.

17. 관청의 휴일을 감축하고 상시집무 태세를 확립한다.

자료 107	
결전비상조치요강에 따른 국민학교 아동 학교급식, 공터 이용 철저에 관한 건	
구분	각의결정
법령명/건명	결전비상조치요강에 따른 국민학교 아동 학교급식, 공터 이용 철저에 관한 건 決戰非常措置要綱ニ依ル國民學校兒童學校給食、空地利用徹底等ニ關スル件
공포·개정·결정·폐지 연월일	1944년 3월 3일
구성	3개 항목
선행 규범·법령	결전비상조치요강
원문 일부	決戰非常措置要綱ニ依ル国民学校児童学校給食、空地利用徹底等ニ関スル件 更新日：2012年12月20日 収載資料：戰時農業政策資料集　第1集　第5巻　楠本雅弘他　柏書房　1988.1　pp.55-56　当館請求記号：DM17-E1 昭和前半期閣議決定等凡例 決戰非常措置要綱ニ依ル国民学校児童学校給食、空地利用徹底等ニ関スル件 昭和19年3月3日　閣議決定 一、大都市国民学校児童ニ対スル学校給食 （省略） 二、空地利用ノ徹底 空閒地ヲ徹底的ニ食糧農作物ノ栽培ニ動員スル為左ノ措置ヲ講ズルモノトス （一）利用対象タル土地ハ宅地、庭園、公園、運動場、学校校庭、工場敷地、工場周辺空地、空荒地、河川敷、堤防、材木伐採跡地、競馬場、ゴルフ場、道路側等トス 猶右ノ外南瓜ノ特性ヲ活用シ軒先、屋根、立木、崖等ヲ利用スル立体的栽培ヲ図ルモノトス
주요 내용 및 특징	○ 결전비상조치로서 국민학교 아동 학교급식에 관한 철저 지시 ○ 공터를 식량농작물의 재배와 생산에 철저히 이용할 것 지시 ○ 고구마, 호박, 채소, 콩, 메밀, 옥수수, 피, 밤 등의 잡곡, 호박, 고구마, 토란, 참깨 등 유지작물 특정 ○ 수확물은 할당하여 공출하도록 지시
법령 적용 범위	제국 전역
관련 법령 통합·폐지 사항	
유사·파생 법령	

각의결정

1944년 3월 3일

결전비상조치요강에 따른 국민학교 아동 학교급식, 공터 이용 철저에 관한 건
決戰非常措置要綱ニ依ル國民學校兒童學校給食、空地利用徹底等ニ關スル件

1. 대도시 국민학교 아동에 대한 학교급식

(생략)

2. 공터 이용 철저

　　공한지를 식량농작물의 재배에 철저히 동원하기 위해 다음의 조치를 강구한다.

　1) 이용대상인 토지는 택지, 정원, 공원, 운동장, 학교 교정, 공장부지, 공장 주변 공터, 황무지, 하천부지, 제방, 목재 벌채터, 경마장, 골프장, 도로 옆 등으로 한다.

　2) 재배작물은 시가지에서는 고구마, 호박, 채소 등을 주로 하고, 농촌에서는 콩, 메밀, 옥수수, 피, 밤 등의 잡곡과 호박, 고구마, 토란 등 이외에 참깨 등 유지작물을 주로 한다.

　3) 실시(實施)는 이용대상인 토지의 상황에 따라 각자 가정과 마을조직, 학교, 공장, 도시별로 학도와 청소년, 각종 단체, 기타 도시의 비농가를 동원하고 협력하게 한다.

　4) 종묘의 확보에 대해서는 도도부현과 긴밀하게 연락하는 동시에 가능한 한 중앙에서 이를 충족하는 데 힘쓴다. 특히 고구마 종묘에 대해서는 농업학교 등에서 이를 조기에 생산하도록 한다.

　5) 보급선전 및 기술지도

　　마을반상회, 알림판, 라디오, 신문, 주보 등을 이용하는 동시에 대정익찬회와 협력하여 기술자, 농업 관련 학교 교직원, 농업 관련 단체 직원, 농업지도자 등을 동원하여 강습과 기타 순회지도를 하도록 한다.

6) 수확물에 대한 조치

　　수확물은 할당하여 공출하도록 한다.

3. 농상본성의 직원을 대략 나누어서 식량증산 또는 배급통제의 연락업무로 전환하여 종사하게 한다.

자료 108	
\multicolumn{2}{l}{결전비상조치요강에 따른 대도시 국민학교 아동 학교급식에 관한 건}
구분	각의결정
법령명/건명	결전비상조치요강에 따른 대도시 국민학교 아동 학교급식에 관한 건 決戰非常措置要綱ニ依ル大都市國民學校兒童學校給食ニ關スル件
공포·개정·결정·폐지 연월일	1944년 3월 3일
구성	10개 항목, 부칙 2개 항목
선행 규범·법령	결전비상조치요강
원문 일부	決戰非常措置要綱ニ依ル大都市国民学校児童学校給食ニ関スル件 更新日: 2012年12月20日 収載資料: 学校給食十五年史 学校給食十五年記念会 1962.7 pp.11-12 当館請求記号: 374.95-G14g 決戰非常措置要綱ニ依ル大都市国民学校児童学校給食ニ関スル件 昭和19年3月3日　閣議決定 国民学校児童ニ対スル学校給食 国民学校児童ニ対シ左ノ要領ニ依リ学校給食ヲ行フモノトス 一　実施区域ハ現下ノ食糧事情ニ鑑ミ六大都市トス 二　実施時期ハ昭和十九年四月一日ヨリトス 三　給食ハ国民学校児童全部ニ対シ之ヲ行フ 四　給食費ハ一人一日当リ七勺(代用食ヲ含ム)トス 五　給食ニ必要ナル数量ハ政府ヨリ都府県ニ対シ供給スルモノトス
주요 내용 및 특징	○ 결전비상조치로서 대도시 국민학교 아동의 급식에 대한 통제와 요령 지시 ○ 1인 1일 7작(勺)으로 제한
법령 적용 범위	제국 전역
관련 법령 통합·폐지 사항	
유사·파생 법령	

각의결정

1944년 3월 3일

결전비상조치요강에 따른 대도시 국민학교 아동 학교급식에 관한 건
決戰非常措置要綱ニ依ル大都市國民學校兒童學校給食ニ關スル件

국민학교 아동에 대한 학교급식

국민학교 아동에 대하여 아래의 요령에 따라 학교급식을 시행한다.

1. 실시 구역은 현재의 식량 사정을 감안하여 6개 대도시로 한다.
2. 실시 시기는 1944년 4월 1일부터 한다.
3. 급식은 국민학교 아동 전부에 대해 시행한다.
4. 급식비는 1인 1일 7작(勺)(대용식 포함)으로 한다.
5. 급식에 필요한 수량은 정부에서 도부현으로 공급한다.
6. 급식시설 등의 관계에 따라 필요한 경우에는 빵으로 급식을 고려한다.
7. 급식방법은 국민학교에서 취사하여 점심을 급식하는 것으로 하며 취사방법에 대해서는 별도로 창의적인 방법을 추가하도록 한다.
8. 학교급식에 필요한 된장[味噌] 등 부식물의 특별배급에 대해서도 함께 고려한다.
9. 본 건을 실시할 때에는 공습 시에 취사장소를 전용하는 것에 대해서도 고려해야 한다.
10. 본 건 실시에 관한 구체적 조치에 대해서는 지방장관이 적절하게 실시한다.

비고

본 건 실시에 관해 금년도의 경우 육해군으로부터 협력을 받는다.
본 건 실시에 관해 내년도 이후에는 양조용 쌀의 삭감을 고려한다.

자료 109	
\multicolumn{2}{l}{결전비상조치요강에 따른 식량 가공저장 철저에 관한 건}
구분	각의결정
법령명/건명	결전비상조치요강에 따른 식량 가공저장 철저에 관한 건 決戰非常措置要綱ニ依ル食糧加工貯藏ノ徹底ニ關スル件
공포·개정·결정·폐지 연월일	1944년 3월 10일
구성	2개 항목
선행 규범·법령	국민총동원법
원문 일부	決戰非常措置要綱ニ依ル食糧加工貯藏ノ徹底ニ關スル件 更新日:2012年12月20日 収載資料:徴兵制・国家総動員法体制と学校 国民教育研究所 1980.7 p.134 当館請求記号:AZ-668-G2 昭和前半期閣議決定等凡例 決戰非常措置要綱ニ依ル食糧加工貯藏ノ徹底ニ關スル件 昭和19年3月10日 閣議決定 (学徒動員必携第一輯) 食糧需給及輸送ノ実情ニ鑑ミ加工貯藏物資ノ増産ヲ徹底スル為藷類魚類等ニ付左ノ措置ヲ講ズルモノトス 一 藷類ノ加工貯藏 (一)食用干甘藷製造ニ要スル甘藷裁断機械及乾燥設備ヲ甘藷ノ生産地ニ早急ニ普及セシムルコトトシ之ニ対スル資材ノ確保ニ努ムルモノトス (二)食用干甘藷製造ニ要スル労力ノ不足ヲ補フ為藷洗ヒ、裁断、乾燥等ニ付学徒ノ勤労動員ヲ強化スルモノトス (三)食用干甘藷製造ノ為企業整備等ニ因リ生ズル不急不用設備ヲ優先利用スルモノトス (四)甘藷、馬鈴薯ニ付極力生産地ニ於ケル澱粉化ヲ図ルモノトス 二 魚類ノ加工貯藏 (一)鰮、鰊、鱈、柔魚、昆布等主要多獲魚介藻ニ付原料別地域別状況ニ応ジ素干、煮干、節類、塩干、塩藏、魚粉、練製品、冷凍品ノ増産ヲ強化徹底セシムルモノトス (二)加工貯藏ニ必要ナル塩、澱粉其他ノ資材ニ付テハ其ノ必要ナル数量ノ確保並ニ之ガ効率的
주요 내용 및 특징	○ 결전태세에 대비하여 식량 가공저장 조치를 지시함 ○ 고구마 등 저류(藷類)의 건조, 저장, 전분화 추진 ○ 멸치, 청어, 대구, 오징어, 다시마 등 어류의 가공, 저장 강화 ○ 노동력 부족을 보완하기 위해 고구마 세척, 재단, 건조 등에 학도의 근로동원을 강화 ○ 소비지와 시장, 생선상점 등의 배급업무 종사자의 노동력과 기술을 적극적으로 활용
법령 적용 범위	제국 전역
관련 법령 통합·폐지 사항	
유사·파생 법령	

각의결정

1944년 3월 10일

결전비상조치요강에 의한 식량 가공저장의 철저에 관한 건
決戰非常措置要綱ニ依ル食糧加工貯藏ノ徹底ニ關スル件

(학도동원 필수휴대 제1집)

식량의 수급 및 수송 실정에 비추어 가공저장물자의 증산을 철저히 하기 위해 저류(諸類)[53]와 어류 등에 대해 다음의 조치를 강구한다.

1. 저류의 가공저장

    1) 식용 건조고구마 제조에 필요한 고구마 제단기계 및 건조시설을 고구마 생산지에 조속하게 보급하도록 하고 이에 대한 자재의 확보에 힘쓴다.

    2) 식용 건조고구마 제조에 필요한 노동력 부족을 보완하기 위해 고구마 세척, 재단, 건조 등에 학도의 근로동원을 강화한다.

    3) 식용 건조고구마 제조를 위해 기업정비 등으로 발생하는 불용 불급한 설비를 우선 이용하도록 한다.

    4) 고구마, 감자에 대해 생산지에서 전분화(澱粉化)를 적극 추진한다.

2. 어류의 가공저장

    1) 멸치, 청어, 대구, 오징어, 다시마 등 많이 잡히는 주요 어류와 해초에 대해서는 원료별로 지역별 상황에 따라 그늘에서 말리기, 삶아서 말리기, 가열건조, 소금 간으로 말리기, 염장, 어분(魚粉), 어묵, 냉동품의 증산을 강화하고 철저히 하도록 한다.

    2) 가공저장에 필요한 소금, 전분, 기타 재료에 대해서는 필요한 수량의 확보와 이의 효율적인 사용에 힘쓰는 동시에, 지역적 생산계획에 따라 필요하다면 생산지에서 예비

---

53 감자, 고구마, 토란 등을 통틀어 일컫는 말.

조치를 취한다.

그리고 소금의 절약과 품질저하를 방지하기 위해 대가리와 내장을 제거한 제품의 생산을 함께 장려한다.

3) 노동력 부족을 보완하기 위해 학도의 근로동원을 강화하는 동시에 소비지와 시장, 생선상점 등의 배급업무 종사자의 노동력과 기술을 적극적으로 활용하도록 한다.

자료 110	
긴급시책조치요강	
구분	각의결정
법령명/건명	긴급시책조치요강 緊急施策措置要綱
공포·개정·결정·폐지 연월일	1945년 1월 12일
구성	8개 항목
선행 규범·법령	결전비상조치요강
원문 일부	**緊急施策措置要綱** 更新日: 2012年12月20日 昭和前半期閣議決定等ノ例 收載資料: 內閣制度百年史 下 內閣制度百年史編纂委員會 內閣官房 1985.12 pp.263-264 當館請求記号: AZ-332-17 …… 緊急施策措置要綱 昭和20年1月12日 閣議決定 防衛ト一般行政トノ吻合並施策運營ノ迅速果敵ト滲透実踐ヲ圖リ国内総力ヲ擧ゲテ生產及防衛ノ一体的強化ヲ期スル為左ノ緊急施策ヲ實施ス 一、地方行政協議會ノ区域及軍管区及鎮守府管区トノ間ニ必要ナル調整ヲ加フ 二、地方行政協議會長軍司令官及鎮守府司令長官トノ間ニ密ニ連繫ノ方途ヲ講ジ防衛ノ完璧並戦力增強ノ為必要ナル軍事ト行政一般トノ吻合推進ヲ圖ル 三、陸海軍及各省權限ノ地方委讓ヲ更ニ擴大ス 四、地方行政協議會長ノ区域內地方長官及各特殊地方行政機關ノ長ニ對スル權限並軍司令官及鎮守府司令長官等ノ管內軍機關ニ對スル權限ヲ強化擴大ス
주요 내용 및 특징	○ 행정업무를 군(軍)과 일치시킴 ○ 지방행정협의회 구역 및 육군의 군관구(軍管區) 및 해군의 진수부(鎭守府) 관구 사이에 필요한 조정을 지시하여 사실상 군의 지시에 따르게 함 ○ 육해군 및 각 성(省)의 권한을 지방에 이양함으로써 지역이 각자도생할 것을 지시함 ○ 결전에 대비하여 방공태세, 군수공업 분산, 식량자급자족, 국민개로(皆勞), 물자 임기응변 조달 등을 지시함
법령 적용 범위	제국 전역
관련 법령 통합·폐지 사항	
유사·파생 법령	

각의결정

1945년 1월 12일

긴급시책조치요강
緊急施策措置要綱

국방과 일반 행정의 합치 및 시책 운영의 신속하고 과감한 삼투와 실천을 도모하고 국내 총력을 기울여 생산 및 방어의 일체적 강화를 기하기 위해 다음의 긴급시책을 실시한다.

1. 지방행정협의회 구역 및 육군의 군관구(軍管區) 및 해군의 진수부(鎭守府) 관구 사이에 필요한 조정을 가한다.
2. 지방행정협의회장과 군사령관 및 진수부사령장관 간에 밀접하게 연계하는 방도를 강구하고, 방어의 완비 및 전력 증강을 위해 필요한 군사와 행정 일반의 합치, 추진을 도모한다.
3. 육해군 및 각 성(省) 권한의 지방 이양을 더욱 확대한다.
4. 지방행정협의회장의 구역 내 지방장관 및 각 특수 지방행정기관의 장에 대한 권한과 더불어 군사령관 및 진수부사령장관 등의 관내 군 기관에 대한 권한을 강화, 확대한다.
5. 지방행정협의회장의 보좌기관을 정비한다.
6. 민간기구에 대해서도 이상에 조응하는 체제를 채용하도록 한다.
7. 이상의 체제에 따라 중앙의 방침에 근거하여 우선 실행해야 할 중점 시책은 다음과 같다.
    1) 방공태세 강화
        적의 공습이 점차 격화하는 정세에 대응하여 각 지역의 방공태세를 비약적으로 강화시키고 특히 군관민 방공의 일체화를 꾀한다.
    2) 군수공업 등의 기업 재정비와 분산, 소개
        방위 강화 및 노무, 자재 등의 철저한 전력화를 도모하기 위해 군수공업 등의 기업 재정비와 분산, 소개(지하 이전을 포함)를 철저하게 실행하는 동시에 이러한 공업지역의 종합자립성을 향상하는 데 힘쓴다.

3) 식량의 비약적 증산과 자급태세의 강화

    식량에 관해서는 국내 자급의 비약적 증강에 힘쓴다.

4) 근로태세의 강화와 국민개로(皆勞)동원

    노무의 동원 및 관리에 관해 일관된 조정을 강화하는 동시에 해당 구역 내 소요 노무에 관해서는 우선적으로 해당 지역 내 인적 총동원으로 이를 충당하도록 하고, 특히 각 지방장관은 노무의 기동적 운용 및 관민의 조직적 정신(挺身)과 출로(出勞)를 강력하게 지휘하도록 한다. 또한 군에서도 부대의 출동을 적극적으로 고려한다.

5) 소재 물자 등의 철저한 전력화

    해당 지역 내에 소재하는 물자 등의 현황을 적확하게 파악하고 이를 보호, 이용하는 등의 조치에 만전을 기하는 동시에, 특히 긴급한 수요에 대해서는 군관민을 통해 임기응변으로 융통하는 조치를 취한다.

8. 본 건은 2월 1일부터 발족하도록 준비를 촉진한다.

자료 111		
	\multicolumn{2}{c}{결전비상조치요강}	
구분	각의결정	
법령명/건명	결전비상조치요강 決戰非常措置要綱	
공포·개정·결정·폐지 연월일	1945년 1월 25일	
구성	2개 항목, 7개조	
선행 규범·법령	결전비상조치요강(각의결정, 1944년 2월 25일)	
원문 일부	**決戰非常措置要綱** 更新日:2012年12月20日 収載資料:商工政策史 第13巻 通商産業省 商工政策史刊行会 1979.3 pp.654-657 当館 請求記号:509.1-Tu783s ……… 決戰非常措置要綱 昭和20年1月25日 閣議決定 付箋 本要綱第一及第二ハ軍政及統帥両機関合議ニ依ル提案ニシテ閣議ハ之ヲ無条件承認セルモノナリ 第一 方 針 第一条 帝国今後ノ国内施策ハ速カニ物心一切ヲ結集シテ国家総動員ノ実効ヲ挙ケ以テ必勝ノ為飽ク迄戦ヒ抜クノ確固不抜ノ基礎態勢ヲ確立スルニ在リ 之力為具体的施策ヲ更ニ強化徹底シテ近代戦完遂ニ必要ナル国力並国力ノ維持増強ニ遺憾ナキヲ期ス 而シテ今後採ルヘキ各般ノ非常施策ハ即刻之ヲ開始シ昭和十九年度末ヲ目途トシテ之カ完成ヲ図ルモノトス 第二 国力並戦力造成要綱 第二条 当面ノ情勢ニ鑑ミ国力並戦力造成上ノ基本方針左ノ如シ	
주요 내용 및 특징	○ 1945년 1월, 향후 예상되는 본토결전에 대비하여 국가총동원체제의 마지막 태세를 정비하고 강화할 것을 지시함 ○ 육해군 전력 정비로서 항공기와 한정된 특공전력을 우선하여 정비 ○ 보통강재, 철강, 석탄, 액체연료 등 중요물자의 확보 규모를 명시 ○ 선박 건조, 차량, 철도차량, 운송차량 등 건조 규모 명시 ○ 식량 증산, 관리 철저 강화 ○ 노무 근로동원, 근로총동원, 전환배치, 국민동원 강화 ○ 학도 및 여자 징용 지시 ○ 육상 및 해상 수송력 강화 ○ 국민정신총동원태세 강화	
법령 적용 범위	제국 전역	
관련 법령 통합·폐지 사항		
유사·파생 법령		

각의결정

1945년 1월 25일

결전비상조치요강
決戰非常措置要綱

제1 방침

제1조 향후 제국의 국내 시책은 신속하게 물심(物心) 일체를 결집시켜 국가총동원 시행을 통해 필승을 위해 끝까지 싸우겠다는 확고하고 흔들림 없는 기초태세를 확립하는 데에 있다. 이를 위해 구체적인 시책을 더욱 철저히 강화하고 현대전의 완수에 필수적인 국력 및 국력의 유지와 증강에 만전을 기해야 한다. 그리고 앞으로 취하게 될 모든 비상조치는 즉각 개시하여 1944년 말을 목표로 완성하도록 한다.

제2 국력 및 전력(戰力) 조성 요강

제2조 당면한 정세로부터 국력과 전력을 조성하기 위한 기본방침은 다음과 같다.
　1. 작전상 중핵전력으로서 전과 같이 항공기와 한정된 특공전력을 우선하여 정비한다.
　2. 국력의 창출은 일본, 만주, 중국의 자원을 기반으로 하고 자급이 불가능한 남방의 자원을 충족하고 이를 종합적으로 운영하는 가운데 현대전의 수행능력 확립에 주안점을 둔다. 아울러 각 지역마다 공격전략태세를 강화한다. 이를 위해 액체연료의 신속한 증산, 해상·육상 수송력의 유지와 증강, 생산방공태세의 철저한 강화, 식량의 증산 특히 국내 자급의 비약적 증강을 최우선적으로 실현한다. 그리고 현 상태를 감안하여 다음의 사항에 관해서는 특단의 조치를 강구한다.
　　　항휘(航揮)의 급속한 송환, 자급 불능인 남방자원의 급속한 송환
제3조 1945년도에 전력과 국력을 창출하는 것을 목표로 하고 이것의 완수를 위해 준거해

야 할 사항은 다음과 같다.

1. 육해군의 군수 정비

   1) 전력 증강은 항공전력의 유지증강과 특공전력의 급속한 대량 조성을 최우선으로 하고, 다음으로 대잠, 대공 무기 등에 대해서도 가능한 한 다량을 정비해야 한다.

   2) 항공기 생산은 중점기종의 정비와 기종의 정리통합이 점점 더 중요해지는데, 상반기의 노력 목표는 2만 대, 완수 목표는 1만 6,000대로 한다. 하반기에는 우선 노력 목표를 2만 4,000대로 하여 모든 시책을 추진하고 완수 목표에 관해서는 금년 3월경의 정세를 판단하여 결정한다.

   중요물자의 공급력 저하에 대처하고 목표를 반드시 달성해야 한다. 이를 위해 수율(收率)의 향상, 강제(鋼製) 및 목제 항공기의 양산 촉진, 알루미늄 공급력의 증강시책을 강행하는 동시에 개수(改修)의 긴축, 심사규격의 전시화, 보충품의 철저한 합리화 등 할 수 있는 시책을 강력하게 추진하기로 한다. 특히 육해군은 협력지원에 각별한 노력을 기울여야 한다.

   3) 전력의 운용과 정비의 건설은 육해군이 진정으로 일체가 되어서 이를 종합적으로 운영하고 최고의 능력을 발휘하는 데 만전을 기해야 한다.

2. 물적 국력(액체연료 제외) 확보의 규모

   1) 현대전 완수능력을 보유하고 계속 운영하는 데 만전을 기하기 위해 1945년도에 보통강재 270만 톤을 생산한다. 이에 필요한 관련 중요물자의 공급력을 절대최저한도로 확보하는 것을 목표로 하는 데 만전을 다하여 기본국력인 보통강재 300만 톤을 달성하는 데 힘쓴다.

   수송력이 곤궁한 현실에 비추어 특히 철강생산에서는 국내 철원료의 공출에 철저를 기하고, 국내 철광석의 최대 활용과 수송, 강점성결정탄(強粘性結晶炭) 배합 비율의 합리적 절감, 잉여 전력(電力)의 활용에 의한 전격(電撃)제련의 촉진, 만주와 중국에서의 제철 증강, 농산촌에서 목탄선(銑)의 생산 장려 등 모든 비상조치를 단행하도록 한다.

   2) 국내 석탄의 1945년도 생산노력 목표를 5,500만 톤, 확보 목표를 5,200만 톤으

로 잡고 이것의 달성을 위해 자재 및 노무의 확보 등에 관해 특단의 조치를 강구하도록 한다.

   3) 알루미늄의 1945년도 생산확보 목표를 15만 톤으로 하고, 이를 위해 생산설비의 확충을 강력하고 급속하게 촉진하는 동시에 생산용 원재료 확보에 관해서는 특단의 조치를 강구한다. 국내 원료로 전환하는 기간의 과도적 대책으로서 1944년도 제4분기와 1945년도 초에 보크사이트를 가능한 한 일찍 조달한다.

   4) 생고무, 주석 등 남방에 의존하고, 이를 탈피하기 어려운 남방특산자원은 육해군에서 이를 조달하여 확보하는 방법을 강구하도록 한다.

3. 액체연료

   1) 액체연료는 1945년도에 200만kl(제품)을 절대최소확보 목표로 하고 모든 방법을 동원해 노력목표인 250만kl를 달성하도록 노력한다. 그리고 모든 시책은 1945년도 제1분기에 위기를 극복하는 데 주안점을 두되, 어디까지나 1944년 10월 28일 최고전쟁지도회의의 결정에 따라 일본, 만주, 중국의 액체연료 생산노력 목표 달성에 만전을 기하는 동시에 남방 연료의 조달은 상반기에 약 50만kl의 확보를 목표로 하고 그 조달량은 당시 정세에 따라 결정한다.

   2) 일본, 만주, 중국의 증산은 1945년도 초 이후 대만으로부터 설탕의 조달을 기대할 수 없기 때문에 원칙적으로 이에 대한 대책을 강구하도록 한다. 이 때문에 가능한 한 필요 자재의 확보에 노력하는 동시에 일본, 만주, 중국에서의 철저한 유전 개발, 감자와 고구마 등의 대량생산을 강행하고 나아가 석탄 건류(乾溜)설비 잉여 능력의 활용, 중국산 유지(油脂)의 취득을 도모한다. 다만 상반기에 위기 극복을 위해 이상의 시책과 병행하여 대만산 설탕의 조달에 극력 힘쓴다.

   3) 현행 시책에 관해 군관민이 함께 소비를 최대한 규제하고 대체연료 촉진에 더욱 힘쓴다. 특히 육해군은 에틸알콜 항공기 대체 촉진에 획기적인 조치를 강구하도록 한다.

4. 선박 건조

1) 갑(甲) 조선[54]

    (1) 1945년도 건조 목표를 약 159만 톤으로 하고 화물선과 유조선의 건조 비율은 전술한 물적 국력의 최저 확보에 필요한 화물선 건조를 우선으로 하여 배분하는 동시에, 상반기에 일찍 건조하는 데에 주안점을 둔다. 화물선 약 107만 톤, 유조선 약 38만 톤, 잡화선 약 14만 톤을 건조한다.

    (2) 과거의 다량생산주의를 탈피하여 질적 전환, 특히 속도를 빠르게 하고 준공선의 품질을 제고하는 동시에 대잠, 대공능력 강화와 더불어 하역능력 향상이라는 견지에서 가능한 한 소형이면서도 짧고 탑재량이 우수한 선박을 다량 생산하는 방향으로 이행한다. 또한 연료 수급에 압박을 받고 있는 현실에 대처하기 위해 중유를 연료로 하는 화물선을 석탄을 연료로 하는 선박으로 전부 전환하도록 한다.

    (3) 새로 건조하는 유조선은 전부 항공휘발유 탑재선으로 하고, 또한 상황의 추이에 대응할 수 있도록 일부 유조선은 화물선으로 개조할 수 있도록 설계한다.

    (4) 손상 및 고장 선박의 수리 촉진을 더욱 중시한다.

2) 을(乙) 조선

    1945년도 건조 목표를 45만 톤 이상(전년도의 순연분 포함)으로 하는데, 신속한 정비와 완성을 도모하는 동시에 특히 예인선과 바지선을 중시한다. 또한 현재 운항하는 배와 이미 발주한 배를 가능한 한 대체연료 기관으로 교체하는 동시에 신속하게 현존하는 배를 대체연료 기관으로 다량 교체한다. 또한 1945년도 국력의 기반이 을(乙) 조선에 의존하는 바가 크다는 점에 비추어 이 계획의 완수, 특히 자재의 현물화에 관해서는 특단의 노력을 기울이도록 한다.

3) 정세의 추이에 따라 앞의 갑, 을 조선량을 종합적으로 조정할 것을 미리 예상해야 한다.

---

[54] 일제의 전시표준선방침(戰時標準船方針)에 따른 조선(造船) 기준. '갑(甲) 조선'은 철강을 이용한 선박이고, '을(乙) 조선'은 목조 선박을 가리킨다.

5. 차량 건조

  1) 철도차량

    1945년도 건조 목표를 기관차 207량, 화차 7,500량으로 하되, 특히 조기 달성을 도모한다.

  2) 소형 운송차량

    1945년도 건조 목표를 화물자동차 5,500량, 경차량 14만 9,000량으로 하되 특히 짐수레를 늘린다.

6. 생산방공태세의 강화

  1) 적의 본격적인 대규모 공습에 대비하여 생산의 유지와 계속 운영에 만전을 기하는 데 주안점을 두고, 중요 기업이 직접 방공, 기업형태, 근로체제 등에 관해 유기적이며 근본적인 조치를 강구하고, 또한 국력창출의 기반으로서 일본, 만주, 중국의 육해교통로를 보전하고 운영하는 데 특단의 조치를 강구한다.

  2) 생산방공태세의 신속하고 활발한 촉진을 위해 우선 분산과 소개(疏開)를 신속하게 완료하는 동시에, 특히 중요한 것은 지하시설로 이행하는 것이다. 이를 위해 우선 항공병기, 갑(甲) 조선 관련 기타 특정 중요한 공장의 분산과 소개를 최우선으로 한다. 이상은 늦어도 금년도 말까지 완료되도록 한다. 또한 이와 관련하여 지역별 생산태세의 최대 확립을 도모한다.

  3) 공습 등 비상사태, 특히 교통기관 두절 등의 경우에 필요한 통신(방송 포함) 연락의 확보를 도모하기 위해 통신비상체제를 강화한다.

7. 식량

내지에서 식량자급의 획기적인 증강을 기하는 동시에 식량의 현행 배급기준을 견지하기 위해 다음의 조치를 취한다.

1) 내지에서 식량 증산 및 관리 철저를 강화한다. 이를 위해 다음과 같이 한다.

  (1) 쌀과 보리 외에 이를 대신할 식량과 알코올의 원료인 감자·고구마 등을 획기적으로 증산한다.

  (2) 보리류 및 감자·고구마의 집하 확보 및 처리가공에 대해 특단의 조치를 취한다.

(3) 식량의 공출 할당량의 강화와 절대량 확보에 철저를 기하는 동시에 현행 배급 방법을 개정한다.

(4) 국내 대체식량 공급원의 철저한 개발과 배양을 도모하는데, 특히 단백질 보급원으로 수산식량의 확보에 노력한다.

(5) 식량증산 확보에 필요한 비료 및 농기구 등의 최저필요량 충족을 위해 필요한 자재의 확보를 도모한다.

2) 1945년도의 미곡 수급상 외지 및 만주의 곡류에 의존해야 하는 필요량에 대해서는 수입물량으로 대체한다.

3) 강인하고 확고한 식량자급체제 확보 차원에서 도시의 유한(有閑)인구 소개(疏開)를 강화한다.

8. 노무

1) 인적(人的) 국력의 종합 발휘를 위해 군(軍)동원과 근로동원의 적정한 종합조정 계획을 수립하고 그 운영을 강화하도록 한다.

2) 근로총동원을 강화하는 동시에 장래에 군동원 실시에 병력이 될 노무자원의 배치 전환, 상황에 따른 배치방법의 철저, 요원지정제 실시 등 국민동원의 적정과 쇄신을 도모하는 동시에 학도근로동원의 강화 및 여자 징용을 단행하여 적극적인 대체와 활용을 촉진하다.

제4조 수송력은 전력 및 국력 창출의 기본이라는 사실에 비추어 1945년도 해상수송력은 약 3,200만 톤, 육상수송력은 약 8억 5,000만 톤을 확보목표로 한다. 이를 증강(해상수송력에서 노력목표는 약 3,500만 톤으로 한다.)하는 동시에 해상수송의 종합운영을 강화하기 위해 다음의 조치를 취한다.

1. 해상수송력 증강

1) 선박소모 방지, 특히 해상방위 강화와 이를 위해 특히 육해일체(陸海一切)의 비약적 조치를 취한다.

2) 해운 행정의 근본적 쇄신과 항만 행정의 일원화

3) 선박수리의 획기적 촉진과 강화

4) 가동률의 향상

5) 남방항로에서 각종 선박의 종합수송력 향상

6) 목선 건조 및 운항 체제의 쇄신·강화, 내지 범선의 계획적 이용

2. 육상수송력 강화

1) 여객열차의 극한적 압축 등에 의해 화물수송을 증강하고, 직장 근처로 이전하여 통근수송을 최대한 억제

2) 화차운용 효율 향상

3) 좁은 노선 구간에 수송시설 증강

4) 요원 확보 및 근로력 강화

5) 육상 소형운송의 획기적 강화

3. 육해 수송의 종합운영 강화

1) 대륙수송의 일원적 운용

2) 중계수송력의 강화

제5조 향후 국가계획의 책정은 본 요강의 강력한 시행에 만전을 기해야만 한다.

제3 국내태세 강화쇄신 요강

제6조 정신동원의 강화를 중시하면서 국내태세를 강화·쇄신하여 거국총력전태세를 확립한다.

제7조 국정운영 및 국내 일반의 태세에 대해 가급적 신속하게 다음의 시책을 단행한다.

1. 국력작전과의 긴밀한 일체화를 구현하도록 필요한 조치를 실시한다.

2. 일본, 만주, 중국의 생산 및 수송의 계획 및 그 운영이 종합적으로 가능하도록 필요한 조치를 취한다.

3. 강력한 국내 방위태세를 확립한다.

4. 생산, 교통, 식량, 노무 등에 관하여 중앙의 계획에 따라 국내 각 지역의 전력을 조직하는 동시에 방위와 긴밀하게 일체화시키기 위해 지방행정기관을 강화·쇄신하고 육해군 관계 기관과 긴밀하고 밀접한 관계를 수립한다.

5. 군수생산 행정의 일원화 및 노무와 자금에 관한 행정의 일원화를 도모한다.

6. 전세가 엄중한 상황에 대처하여 중요 군수기업, 교통수송기관 및 금융기관의 정비를 단행하고 유지·운영에 만전을 기해야 한다.
7. 각 부문의 통제기구와 모든 현행 통제법규에 대해 생산성 제고에 철저하도록 필요한 개폐 정비를 단행한다.
8. 암시장을 단속하고 배급제도 등을 합리화함으로써 국민생활의 명랑화를 도모한다.
9. 행정, 특히 생산·수송 부문의 감독 및 생산기술의 지도를 장려한다.

자료 112

\[제목\]	상세급박한 경우에 대응하는 국민전투조직에 관한 건
구분	각의결정
법령명/건명	상세급박한 경우에 대응하는 국민전투조직에 관한 건 狀勢急迫セル場合ニ應ズル國民戰鬪組織ニ關スル件
공포·개정·결정·폐지 연월일	1945년 4월 13일
구성	1개 항목, 비고 3개 항목, 각의양해사항 1개 항목
선행 규범·법령	결전비상조치요강(1945. 1. 25. 각의결정)
원문 일부	状勢急迫セル場合ニ応ズル国民戦闘組織ニ関スル件 更新日: 2012年12月20日 昭和前半期閣議決定等一覧 収載資料: 国民義勇隊関係資料 北博昭編 不二出版 1990 (十五年戦争極秘資料集 第23集) p.5 読めない部分は「資料日本現代史 13」(GB631-39)pp.527-528により補った。 当館請求記号: GB511-216 ……… 状勢急迫セル場合ニ応ズル国民戦闘組織ニ関スル件 昭和20年4月13日 閣議決定 一億皆兵ニ徹シ其ノ総力ヲ結集シテ敵撃滅ニ邁進スル為状勢急迫セル場合国民義勇隊ハ左ニ準拠シ之ヲ戦闘組織ニ転移セシム 状勢急迫セバ戦争トナル可キ地域ノ国民義勇隊ハ軍ノ指揮下ニ入リ夫々郷土ヲ核心トシ防衛戦闘等ニ任ズル戦闘隊(仮称)ニ転移スルモノトシ之ヲ発動ハ軍管区司令官、鎮守府司令長官、警備府司令長官ノ命令ニ依ル
주요 내용 및 특징	○ 15~55세 남자, 17~40세 여자의 일반 국민을 병사로서 동원하여 국민의용대를 전투조직으로 전환할 것을 지시함 ○ 지역별 향토 국민의용대에 편입하고 군의 지휘하에 방위전투에 임할 것 ○ 각 군관구사령관, 진수부사령장관, 경비부사령장관의 명령에 따라 전투에 임할 것 ○ 국민을 '병(兵)'으로서 동원하는 데 필요한 병역법 개정 지시
법령 적용 범위	제국 전역
관련 법령 통합·폐지 사항	병역법
유사·파생 법령	

각의결정

1945년 4월 13일

상세급박한 경우에 대응하는 국민전투조직에 관한 건
狀勢急迫セル場合ニ應ズル國民戰鬪組織ニ關スル件

1억 국민이 모두 병사로서 총력을 결집하여 적의 격멸에 매진하기 위해 상황이 급박한 경우에 국민의용대는 다음에 준거하여 전투조직으로 전환한다.

상황이 급박해지면 전투가 벌어질 수 있는 지역의 국민의용대는 군의 지휘하에 들어가 각각 향토를 중심으로 방위전투 등에 임하는 전투대(가칭)로 전환하도록 하는데, 이것의 발동은 군관구사령관, 진수부사령장관, 경비부사령장관의 명령에 따른다.

이를 위해 병역법에 규정한 자 이외의 제국 신민(대체로 연령 15세 이상 55세 이하의 남자와 연령 17세 이상 40세 이하의 여자로 예정하고, 학령 이하의 자녀가 있는 부녀자 등의 부적합자는 제외한다.)도 새롭게 병역의무에 따라 '병(兵)'으로서 동원하며 통수권하에서 복역할 수 있게 필요한 법적 조치를 강구한다.

전투대 조직과 국민의용 조직은 서로 일체가 되도록 한다.

지방장관은 군관구사령관, 진수부사령장관, 경비부사령장관이 지시하는 곳에서 의용대 조직을 따라 전투대로 전환할 준비태세를 갖추고, 이들의 군사훈련은 군관구사령관, 진수부사령장관, 경비부사령장관이 담당한다.

비고

1. 재향군인방위대는 발전적으로 해소하지만 재향군인은 전투대 훈련과 지도를 담당하도록 한다.
2. 국민의용대의 간부였던 재향군인의 일부가 전투대가 된 경우에도 군에서 개별적으로 소집하지 않고 기존의 전투대 간부로서 남을 수 있도록 별도의 조치를 취한다.
3. 국민의용대원 중에 전투조직에 편입되지 않은 자의 조직 등에 대해서는 각 지방장관이

별도로 정한다.

각의양해사항

경방단(警防團)은 국민의용대 조직에 일체화시키는 것을 목표로 하는 한편, 경방에 조금의 틈이나 지장이 없도록 필요한 조치를 강구한다.

10. 총동원체제 관련 신문기사

제10절에서는 일제와 조선총독부가 국가총동원법 공포 이후 발표한 주요 방침과 정책, 법령 및 각의결정 등에 관하여 어떠한 태도와 입장을 보였는지 살펴보기 위해 조선의 주요 신문기사를 발췌하여 번역, 소개하고자 한다.

앞에서 해제하고 번역한 법령과 각의결정 등의 내용만으로는 총동원체제의 전체적인 배경과 각 방침 등의 취지와 목적, 그리고 일제와 조선총독부의 구체적 의도를 파악하기 어려운 측면이 있다. 이에 해당 방침과 정책 및 법령 등이 공포, 시행될 무렵 일제와 조선총독부의 주요 인사들이 신문에 게재한 성명, 훈시, 훈령, 담화, 설명, 해설 등은 당시의 실정과 분위기를 생생하게 보여 준다는 점에서 유익하다고 할 수 있다.

단, 이러한 기사는 어디까지나 일제와 조선총독부 등 당국의 일방적인 의도와 지시를 밝히는 데 그 목적이 있으며, 신문사와 신문기사의 편집 취지 역시 총동원체제의 엄격한 언론 통제 속에서 작성된 것이기 때문에 기사의 내용과 방향이 모두 천황제를 옹호하고 내선일체, 황국신민화를 지향하며 전시총동원체제의 원활한 운용을 목적으로 한 것이었음을 먼저 이해할 필요가 있다.

이하에 번역, 수록한 기사는 조선에서 발행된 《경성일보》, 《조선중앙일보》, 《매일신보》[55], 《부산일보》, 《조선시보》의 5종이다.

《경성일보》는 일제강점기의 대표적인 친일 관변 매체로서 통감부와 조선총독부의 기관지 역할을 했으며 일본어로 발행되었다.

《조선중앙일보》는 최남선이 주도한 《시대일보》를 이상협이 인수하여 《중외일보》로 개칭한 후, 1933년에 여운형이 제호를 《조선중앙일보》로 고치면서 《조선일보》, 《동아일보》와 함께 조선의 3대 일간지로 자리잡았다. 그러나 1936년 8월 베를린올림픽 마라톤 우승자인 손기정 선수의 일장기 사진을 지운 것을 계기로 정간(停刊) 조치를 당한 뒤 일제의 엄격한 검열 하에서 결국 1937년 11월 폐간되었다.

---

[55] 《매일신보》에 게재된 기사는 2022년 동북아역사재단에서 강제동원 신문 목록 및 내용 관련 자료집(김윤미 편)을 발간하였다. 이 책에서는 위의 자료집에 수록된 것과 중복되지 않는 기사만 발췌하였다.

《매일신보》는 영국인 베델이 발행한 반일 성향의 《대한매일신보》를 일제가 강제 인수하여 조선총독부의 기관지로 만든 것이다. 1920년 《조선일보》, 《동아일보》가 창간되기 전까지 유일한 우리말 신문이었지만 조선총독부의 관제 신문으로서 조선인에게 일제의 통치를 옹호하고 선전하는 역할을 수행하였다.

《부산일보》는 1907년 부산 지역의 일본인들이 창간한 신문으로서 일제강점기 《경성일보》와 더불어 대표적인 일본어 신문으로 손꼽혔다. 일제강점기 부산을 비롯한 경남, 경북 일대의 주요 사건과 재조일본인에 관한 기사를 다수 보도하였다.

《조선시보》는 부산에 본사를 둔 일본어 신문이다. 부산 지역의 재조일본인들을 대상으로 부산 지역의 경제·상업을 전문적으로 보도하는 것을 목적으로 창간되었으나, 여러 차례 경영난을 겪다가 1941년 조선총독부의 언론통폐합방침에 따라 《부산일보》에 통합되었다.

발췌한 신문기사의 시기와 내용은 1938년 국가총동원법 공포 이후 총동원체제, 국가총동원법, 국민정신총동원운동, 국민동원, 물자동원 등에 관한 주요 기사를 선별하였다.

총동원체제와 관련된 신문기사의 숫자는 매우 방대하지만, 총서의 전체 분량과 위에서 게재한 주요 법령 등과의 관련성을 감안하며 그리고 여타 총서에서 이미 게재한 기사를 제외하는 등 어쩔 수 없이 극히 일부만 선별할 수밖에 없는 사정이 있다. 이에 이하에서는 일부 물자동원과 경제 통제를 제외하고, 총동원체제 전반 및 인적 동원과 관련된 기사를 주로 선별하였음을 미리 밝혀 둔다.

《경성일보》와 같이 일본어 신문의 경우는 국문으로 번역하였으며, 《매일신보》와 같이 국한문 혼용인 신문의 경우에는 현대어로 번역하였다. 번역할 때 현대 국문의 문법이나 문체와 다소 맞지 않더라도 법령과 각의 등에서 결정된 주요 용어와 상투적 표현을 되도록 그대로 유지하였고, 공식적인 용어와 표현이 아닌 경우 또는 어려운 한자와 일본어 원문은 되도록 쉽고 익숙한 용어와 표현으로 풀어쓰고자 하였다.

이하에 수록한 신문기사의 목록은 아래 표와 같다.

자료번호	신문기사 제목	신문명	게재일	쪽수
113	국가총동원으로 민심작흥(民心作興)운동, 각지의 행사	부산일보	1932. 11. 12	572
114	국가총동원계획, 조선자원을 조사	조선중앙일보	1936. 2. 6	579
115	국가총동원령, 조선에도 실시	조선중앙일보	1936. 7. 2	580
116	국가총동원 실시	매일신보	1937. 11. 30	582
117	국가총동원요강	매일신보	1938. 2. 3	584
118	전시강력입법인 국가총동원법	매일신보	1938. 2. 3	588
119	총동원법 시행에 관한 오노(大野) 정무총감 담화	경성일보	1938. 5. 6	590
120	3대칙령안요강	매일신보	1938. 11. 3	592
121	국가총동원법의 재강화(再强化)	매일신보	1938. 11. 03	594
122	국가총동원법의 전면적 발동은 시급	매일신보	1938. 11. 10	596
123	조선의 총동원운동은 "정신"총동원이 목표	매일신보	1938. 12. 8	598
124	국가총동원해설	매일신보	1939. 1. 4	601
125	물자동원계획과 인적 동원을 병행	매일신보	1939. 3. 30	607
126	국민정신총동원, 드디어 개병(皆兵)의 강화	조선시보	1939. 4. 11	612
127	정신총동원운동 강화에 대하여, 미나미(南) 총독 담화	매일신보	1939. 4. 16	614
128	총동원법 발동, 미나미 총독 담화를 발표	부산일보	1939. 9. 21	617
129	제3차 도지사회의, 총동원체제 강화, 미나미 총독 훈시	매일신보	1940. 4. 24	619
130	제3차 도지사회의, 총독 지시사항	매일신보	1940. 4. 24	627
131	성전완수를 위하여 국가총동원체제 확립	매일신보	1940. 8. 2	631
132	국가총동원에 대비, 노무기술자를 조사	매일신보	1941. 1. 25	633
133	국가총동원체제 급속정비에 매진	매일신보	1941. 7. 14	635
134	근로총동원체제의 급속정비	경성일보	1941. 8. 30	638
135	조만간 흥아보국단(興亞報國團) 탄생	경성일보	1941. 8. 30	640
136	전 국민 남김없이 국가의 노역에	부산일보	1941. 9. 13	642
137	반도 청년의 광영(光榮), 국민징용령 발동	경성일보	1942. 1. 9	644
138	생산증강근로긴급대책요강	경성일보	1943. 1. 21	646
139	결전 반도의 두뇌동원체제(頭腦動員體制) 확립	매일신보	1943. 10. 10	651
140	국민개로책(國民皆勞策)의 강화	매일신보	1943. 10. 10	654

자료 113

국가총동원으로 민심작흥(民心作興)운동, 각지의 행사

《부산일보》 1932년 11월 12일
국가총동원으로 민심작흥운동
각지의 행사

홍성군(洪城郡)

충남 홍성군의 민심작흥에 대해서는 계획 중인데, 대체로 다음에 따라 실시하였다. 11월 10일 오전 9시를 기하여 도청에서 다음과 같이 조서(詔書)의 봉독식(奉讀式)을 거행하였다.

1. 조서봉독식
2. 국기게양

    국기게양탑을 준비하고, 민심작흥 기간은 11월 10일부터 5일간 국기를 게양한다.

3. 경종 및 기적 울리기

    11월 10일 오전 5시 30분을 기하여 공업학교 모터사이렌이 홍성경찰서의 ■종, 호서양조합명회사(湖西釀造合名會社)의 기적, 홍■면 5관리의 종을 일제히 3분간 울려서 일반 민중

에게 여명을 알리고 민심작흥의 기분을 긴장시킨다.

4. 신문지 이용

《조선중앙신문》, 《부산일보》 홍성지국의 협조를 구하여 민심작흥운동에 관해 필요한 기사를 게재하도록 한다.

5. 강연회 개최

11월 13일 오후 1시부터 홍성공립보통학교 내에서 강연회를 개최하여 민심작흥의 취지를 철저히 주지시킨다. 강연자는 충청남도 주(朱) 참여관(參與官)과 다카하시(高橋) 농무과장으로 한다.

6. 선전삐라 배포

선전삐라를 배포하여 민심작흥에 관한 취지와 실행사항을 일반인에게 주지시킨다.

7. 실행사항

1) 일반에 아침 일찍 기상하여 시간의 낭비를 경계하는 동시에 능률증진과 근로증가를 실행하게 한다.
2) 술과 담배를 절약하고 부식물을 소박하게 하여 지출의 경감을 실행할 것
3) 민심작흥 기념으로 적당한 저금을 하고 자력갱생의 기초로 삼게 한다.

상주군(尙州郡)

상주에서는 각 관공서, 각 단체, 각 학교, 신문지국 등을 군청에 소집하여 11월 9일 오후 1시부터 민심작흥에 관한 관민 간담회를 개최하였다. 김(金) 군수는 1923년(大正 12) 11월 10일 대환발(大渙發)[56]의 작흥조서(作興詔書)[57]에 따라 민심작흥을 위해 11월 10일부터 1주일간, 그리고 12월 10일부터 1주일간 실행해야 할 사항에 대해 협의한다고 말하고 다음과 같이 협의하였다.

1. 11월 10일 오전 6시 20분 사이렌을 울려 읍민을 전부 집합시켜 오전 7시 개회

---

56 천황이 세상에 널리 발포(發布)하는 것을 가리킨다.
57 1923년 11월 10일 다이쇼(大正)의 섭정인 황태자(뒤의 쇼와昭和)가 발포한 '국민정신작흥에 관한 조서'

1) 작흥조서 봉독

　　2) 요배식(遙拜式)

　　3) 실행사항 협의

장소는 상주신사 앞으로 하였다.

협의사항은 △민심작흥시설요항(실행강목)이라 하는데 그 내용은 다음과 같다.

1. 충군애국의 본뜻에 입각하여 공존공영의 정신에 따라 일본인과 조선인이 일치협동의 공민으로서 훈련을 거듭하여 사회의 진보를 도모한다.

　　1) 국기를 게양하고 우리나라 연호를 사용한다.

2. 묵묵히 실행하는 것을 정관(靜觀)하고 의뢰심을 배제하고 극기인고(克己忍苦)를 깊이 수련하고 자력갱생의 기력을 배양한다.

　　1) 아침 일찍 기상하여 요배를 하고 집 앞의 도로를 청소, 미화하는 작업을 실행한다.

3. 산업의 발달을 도모하고 합리적인 소비에 힘써 새로운 생활의 기본을 확립한다.

　　1) 관혼상제의 개선, 구체안은 구장(區長)회의에서 협의

　　2) 신사 경내에서 청소를 실천하고, 구체안은 구장회의에서 결정

　　3) 민심작흥 기념 저축의 실천, 11월 10일부터 가족 1명당 1전(錢)씩 1주일간 실천

4. 사회연대의식을 기르고 공동협동의 미풍을 조장하되, 특히 향토 촌락의 진흥에 힘쓴다.

5. 퇴폐하고 이완된 기풍을 소탕하고 긴장하고 노력하는 정신을 진작하는데, 특히 관공서 관리와 교육자, 종교 종사자는 자기의 사명에 맞게 솔선수범에 힘쓴다.

　　1) 시간의 절약

6. 경제생활의 도덕적 의미를 밝히고 교화하여 국민의 실생활에 적용시킨다.

　　1) 절주(節酒)와 절연(節煙)

　　2) 색상 있는 의복의 착용

예천군(禮泉郡)

11월 7일 오후 3시부터 경북 예천면 소재 관공서 관리와 각 단체장을 군청에 모이게 하여 관계 기관의 지시에 따라 민심작흥운동의 실행방법에 대해 협의하고, 11월 10일부터 1주일,

12월 10일부터 1주일간 다음의 협정사항에 따라 실천하기로 하였다.

11월 10일을 기점으로 민심작흥주간 중 실행사항

제1일(11월 10일)
  - 시보(時報)
  - 아침조회
  - 국민체조
  - 조서봉독식
  - 예천군농촌진흥위원회 조직협의
  - 강연회
  - 선전삐라 배포
기타 실천사항
  - 국기게양
  - 금주금연
  - 저축실행, 낭비절약
  - 시간존중
  - 기타
  - 유흥금지

제2일(11월 11일)
  - 시보
  - 아침조회
  - 국민체조
  - 강연회
  - 색복(色服) 장려
  - 각 면 농촌진흥실행위원회 조직지도협의

기타 실천사항

- 전날과 같음. 단, 국기는 게양탑에만 게양

제3일(11월 12일)

- 시보
- 아침조회
- 국민체조
- 강연회
- 색복 장려
- 은사(恩賜) 진료, 제1반은 용문면 사무소에서 실시(용문, 상리, 하리, 예천 4개 면), 제2반은 유천공립보통학교에서 실시(유천, 용궁, 개포 3개 면)

기타 실천사항

- 전날과 같음

제4일(11월 13일)

- 시보, 전날과 같음
- 아침조회
- 국민체조
- 강연회를 하리, 용문, 유천에서 실시
- 은사 진료, 제1반은 호명역 앞에서 실시(호명, 보문, 예천 3개 면), 제2반은 지보면 마전리에서 실시(지보, 풍양 2개 면)

기타 실천사항

- 전날과 같음

제5일(11월 14일)

- 시보, 아침조회, 국민체조는 전과 같음
- 강연회를 용문, 개포, 감천에서 실시

기타 실천사항
- 전날과 같음

제6일(11월 15일)
- 시보, 아침조회, 국민체조는 전과 같음
- 강연회를 보문, 호명에서 실시
기타 실천사항
- 전날과 같음

제7일(11월 16일)
- 시보, 아침조회, 국민체조는 전과 같음
- 강연회를 지보면, 풍양면에서 실시

감포(甘浦)

경북 감포학교조합번영회, 기타 각 단체와 관공서, 각 구장은 11월 8일 오후 1시부터 학교조합사무소에서 1923년(大正 12) 11월 10일의 국민정신작흥에 관한 조서 발포 기념일을 기하여 민심작흥운동협의회를 개최하고, 1명의 결석자도 없이 우선 미즈시마(水島) 관리자가 주도하여 협의한 결과 다음의 사항을 실행하기로 결정하고 오후 5시 산회하였다.

▲ 제1회 11월 10일부터 1주일간
1. 11월 10일은 각 집마다 국기를 게양한다.
2. 11월 10일부터 1주일간 감포 중앙의 높은 곳 마당에 국기게양탑을 만들어 대형 국기를 게양한다.
3. 동 기간 중 음주유흥을 절대 삼간다.
4. 각 집마다 아침 일찍 일어나 노무에 복무한다.
5. 신사, 불당, 묘지, 도로, 하수도, 해안을 청소하고, 사회봉사로서 시의 미화를 실시한다.

6. 경찰, 청년단, 재향군인 등이 협력하여 교통정리를 한다.

7. 강연회를 개최한다.

8. 감포부인회를 조직한다.

9. 기존의 각 조합과 단체는 기념일에 사회사업의 진흥을 한층 더 도모한다.

10. 금융조합, 우편소 등을 독려하여 저축을 장려하도록 한다.

봉화군(奉化郡)

경북 봉화군에서 민심작흥운동에 관하여 합의한 사항

1. 요배식

   장소·일시: 봉화신사 10일 오전 9시

   식순: 착석, 요배, 조서봉독, 총독성명 낭독, 군수 담화

2. 실시요목

   1) 국기게양 실천

   2) 은사 치료시설의 실시

   3) 군 농촌진흥위원회 개최

   4) 농촌부인요양시설

   5) 근로존중 장려

   6) 저축 장려

   7) 색복 착용

   8) 도로와 기타 미화 작업

   9) 기간 중 음주유흥의 상호 삼가

> 자료 114

국가총동원계획, 조선자원을 조사

《조선중앙일보》 1936년 2월 6일
국가총동원계획, 조선자원을 조사
관계 방면에서 협의

　국가총동원계획(國家總動員計劃)에 의한 조선자원조사회(朝鮮資源調査會)는 5일 오전 10시 반 총독부 제3회의실에서 개회하고 자원국과 척무성, 총독부를 비롯하여 각 국, 부 관계자가 출석하여 총동원에 대한 경비(警備) 관계의 의제를 중심으로 협의를 거듭하였는데, 동 회는 오는 14일까지 계속하고 다시 17일부터는 함북(咸北) 지방에서 속행할 예정이라고 한다.

자료 115

국가총동원령, 조선에도 실시

《조선중앙일보》 1936년 7월 2일
국가총동원령, 조선에도 실시
경찰부장회의 최종일

 각 도(道) 경찰부장회의 최종일이 1일 오전 9시부터 개회되었다. 타 국(局)의 경무 관계 사항에 대하여 총독부 각 국, 그리고 체신, 전매, 철도 각의 지시, 주의, 의견, 희망, 각 사항에 대하여 각 국장이 순차 설명하고 최후에 사에다(佐枝) 군참모장(軍參謀長)이 군경(軍警)이 일치협력할 것을 희망하고 군사시설에서부터 국가총동원 수행의 중요 사항, 국경경비, 기타 시국에 대처하는 각종 지시, 주의사항을 진술하고, 다시 경무국 관계의 협의사항을 협의하여 비상시에 대처할 경비망의 확충을 위시하여 다음을 강조하였다.
 1. 종교 유사단체의 정리, 숙정(肅正), 구체안에 관한 사항

2. 도(道)의 예규(例規) 정리, 보고의 간소화, 입안에 관한 사항

3. 공제조합원의 폐결핵 요양 및 예방대책에 관한 건

자료 116

국가총동원 실시

《매일신보》 1937년 11월 30일
국가총동원 실시
조선총독부, 내각훈령을 통첩

내각에서는 11월 10일부로 국가총동원 실시에 관한 훈령을 발하였는데, 본 조선총독부에서는 29일에 이에 기반하여 각 소속 관서에 통첩을 발령하였다. 이 내각훈령의 요지는 다음과 같다.

이번 사변(중일전쟁)은 그 연원하는 바가 극히 멀고 깊다. 그 화근(禍根)을 제거함으로써 제국의 부동의 국시인 동아시아의 영원한 평화의 확립을 기하기 위하여, 밖으로는 응징의 군을 진격시켜 저 폭주하는 군벌정권의 철저한 반성을 촉구하는 동시에 안으로는 더욱 국민정신을 앙양시켜 국가총동원체제를 정비하여 군수(軍需)의 충족과 국민생활의 확보를 도모함으로써 거국적으로 그 성과를 거두는 데 전력을 경주하여야 하겠다.

    공직을 수행하는 자는 이러한 취지를 잘 체득하여 그 직분에 따라 내외 협력하고 직무에 정려(精勵)하여 국가총동원업무에 완벽을 기하라.

자료 117

국가총동원요강

《매일신보》 1938년 2월 3일
국가총동원요강

제1 국민총동원이란 전시 혹은 사변 시 국방 목적 달성을 위하여 국가의 전력(全力)을 가장 유의(有意)하게 발휘하도록 인적(人的) 물적(物的) 자원을 통제 운용하는 것
제2 총동원물자란 다음에 열거하는 것이다.

1. 병기, 함정, 탄약 등 기타의 군용자원
2. 국가총동원을 위하여 필요한 피복, 식량, 음료 및 사료
    1) 의약품, 의료기계, 의료기구, 기타 위생용 물자와 수의용(獸醫用) 물자
    2) 선박, 항공기, 차량, 마필(馬匹), 기타 수송 물자
    3) 통신용품 물자
    4) 토목건축용 물자와 연료 및 전력(電力)
3. 전호에 열거한 것의 생산, 수리, 배급, 보호에 필요한 원료재료, 기계, 기구, 장치 및 물자
4. 앞의 각 호에 열거한 것 이외에 칙령으로서 지정한 국가총동원에 필요한 물자

제3 총동원업무라는 것은 다음에 열거하는 것을 말함
    1. 총동원물자의 생산, 수리, 배급, 수출, 수입 또는 보관에 관한 업무
    2. 운수 또는 통신에 관한 업무
    3. 금융에 관한 업무
    4. 위생과 구호에 관한 업무
    5. 교육훈련에 관한 업무
    6. 앞의 각 호에 열거한 것 이외에 칙령으로 지정한 국가총동원에 필요한 업무

제4 정부는 전시 혹은 사변 시 국가총동원을 위하여 필요한 때에는 칙령에 의하여 제국 신민을 징용하여 총동원업무에 종사하게 할 수 있음

제5 정부는 전시 또는 사변 시 국가총동원을 위하여 필요한 때에는 칙령에 의하여 제국 신민 및 제국의 법인, 기타 단체로 하여금 국가 또는 지방의 공공단체의 사무에 속하는 총동원업무에 협력하게 할 수 있음

제6 정부는 전시 또는 사변 시 국가총동원에 필요할 때에는 칙령에 의하여 다른 법령의 규정에 구애되지 않고 종업자의 사용, 고입, 또는 해고 또는 임금, 기타의 노무조건에 대하여 필요한 명령을 할 수 있음

제7 정부는 전시 또는 사변 시 국가총동원에 필요한 때에는 칙령으로 노동쟁의의 예방 또는 해결 또는 작업소의 폐쇄, 작업 또는 업무의 중지, 기타 노동쟁의에 관한 행위의 제한 또는 금지에 관하여 필요한 명령을 할 수 있음

제8 정부는 전시 또는 사변 시 국가총동원에 필요한 때에는 총동원물자의 생산, 수리, 배급, 양도, 기타의 처분, 작용, 소비, 소지 또는 이동에 관하여 필요한 명령을 발하고 또는 처분을 할 수 있음

제9 국가총동원에 필요할 때에는 칙령이 정하는 바에 따라 회사의 설립, 자본의 증가, 합병, 목적 변경, 사채의 모집 혹은 2회 이상의 주식대금 납입에 대하여 제한 또는 금지를 하고, 이익금의 처분에 관해 필요한 명령을 하고, 또는 은행, 기타 금융 업무를 취급하는 자에 대하여 자금의 운용에 관해 필요한 명령을 할 수 있음

(제10~12 게재 없음)

제13 정부는 칙령에 의하여 총동원업무에 관한 사업에 속하는 설비의 전부 또는 일부와 이에 제공하기 위해 필요한 토지, 가옥, 창고, 기타의 공작(工作)을 관리, 사용 또는 수용(收用)할 수 있음

제14 정부는 칙령에 의하여 광업권(鑛業權), 채취권 등의 사용에 관한 권리, 저작권 또는 출판권을 사용 또는 수용할 수 있음

(제15 게재 없음)

제16 정부는 칙령에 의하여 사업에 속하는 설비의 신설, 확장의 제한과 금지를 하고 또는 총동원업무에 관한 사업에 속하는 설비를 신설, 확장, 개량할 수 있음

(제17~18 게재 없음)

제19 정부는 칙령에 의하여 물가, 운임, 보관료, 보험료, 가공비, 기타의 가격에 관하여 필요한 명령을 할 수 있음

제20 칙령에 의하여 정부는 집회 또는 다중운동의 제한 또는 금지에 관하여 필요한 명령을 할 수 있음

제21 정부는 칙령이 정하는 바에 따라 신문지 혹은 출판물의 게재사항에 관하여 제한 또는 금지를 할 수 있음

(제22~25 게재 없음)

제26 정부는 칙령에 의하여 총동원업무에 관한 사업의 사업주로 하여금 전시 또는 사변 시 실시할 총동원업무에 관한 계획을 설정하게 하고 또는 이 계획에 따라 필요한 연습을 하게 할 수 있음

(제27~33 게재 없음)

제34 본 령을 위반하는 자에 대해서는 적당한 벌칙을 설정함

끝

자료 118

전시강력입법인 국가총동원법

《매일신보》 1938년 2월 3일
전시강력입법인 국가총동원법
정부에 고도통제권 부여

전시에 있어서 강력입법으로 주목되고 있는 국가총동원법이 드디어 이번 의회에 제출되었는데, 이 국가총동원의 목적은 전시에 국가의 모든 자원, 자금, 설비, 사업 등에 대해 경비, 정보, 선전 등 국가가 필요한 대로 통제 운용할 수 있는 강제권을 정부가 갖느냐는 것으로서

이번 의회에서 가장 중요한 법안으로 주목되고 있다.

그 골자는 1918년(大正 7) 데라우치(寺內) 내각 당국에서 제정한 군수공업동원법인데, 여기에 임시자금조정법 등을 흡수하여 단일화한 것으로서 종래의 그것에 비하여 특히 강화된 주목할 점은, 첫째 공업과 사업의 관리, 사용, 수용(收用)에 관하여 종래에는 생산설비만 대상으로 한 데 대해 새로운 법에서는 위생설비 같은 것도 관리, 수용의 목적물에 넣은 것, 둘째 종래에는 공장, 사업장의 종업원을 징용할 수 있는 규정(만 — 역자) 할 수 있게 되었는데, 새로운 법에서는 의료, 교통, 군수 등 중요 업무의 종업원도 징용할 수 있는 것, 셋째 언론 통제의 강화 등이다.

이제 정부가 이 법안의 성립을 급히 서두른 이유로는, 첫째 국민으로 하여금 우선 국가총동원체제를 숙지시켜 평시부터 갑작스러운 유사시에 대비하도록 하여 실제로 이를 시행할 때에 신속하고 원활하게 할 필요가 있는 것, 둘째 현재 시국에서 정부는 군수공업동원법의 일부 적용에 의하여 적당한 조치를 강구하고 있는데 시국의 추이에 따라서는 경제적 단교 혹은 제3국의 참전 등 중대한 사태의 발생도 있을 수 있기 때문에 따라서 오늘부터 최악의 경우에 대비하여 준비해 둘 필요가 있다고 한다. 이에 대해 법안의 정식 제출안이 없는 현재로서는 귀족원과 중의원의 분위기가 아직 명확하지 않지만 부분적으로는 상당히 심각한 논의가 있을 터이다.

자료 119

총동원법 시행에 관한 오노(大野)[58] 정무총감 담화

《경성일보》 1938년 5월 6일
시국 중대한 가을, 총동원체제 완비가 절대적으로 필요
총동원법 시행에 관해 오노 정무총감이 담화를 발표

58　오노 로쿠이치로(大野綠一郎), 조선의 제9대 정무총감(1936년 8월 5일~1942년 5월 29일).

전시체제하에서 열린 제73회 의회에서 정부가 제출한 국가총동원법안을 신중하게 토론한 결과, 만장일치 승인을 얻어 마침내 5월 5일부터 내지와 조선, 그리고 대만에서 새로운 법률을 시행하게 되었다. 이에 대해 5일 오노 정무총감은 다음과 같은 담화를 발표하고 새로운 법률과 국민의 마음자세에 대해 강조하였다.(사진은 오노 정무총감)

지난 번 제국의회에서 승인된 국가총동원법이 드디어 금일부터 일본 내외지(內外地)를 통하여 일제히 시행되는데, 생각건대 현재 전쟁의 특색은 모든 국력을 종합하여 쟁패하는 것이므로 국가가 지닌 인적(人的), 물적(物的) 자원을 총동원하여 전쟁을 해야만 한다. 이러한 전쟁 목적을 달성하기 위해서는 육해군의 분투는 물론 이에 상응하여 총후(銃後)에서도 국가총동원체제의 완비가 절대로 필요함은 말할 것도 없다.

국가총동원법은 이러한 현대전의 특성에 따라 소위 넓은 의미의 국방을 법률로써 공표한 것인데, 국가에 대해서는 전시에 즈음하여 필요한 조치를 국가가 신속하게 강구할 수 있는 준칙을 명확하게 하고 또한 국민에 대해서도 그 나아가야 할 바를 명시하여 서로 종합적으로 협력할 수 있게 한 것이다.

이와 같은 국가총동원에 관한 법률은 대전(大戰) 이래 세계 각국이 그 제정을 앞다투어 하고 있는데, 이번에 우리나라에서도 오랫동안 현안이 되어 오던 차에 비로소 해결되어 총동원법의 제정과 그 시행을 보게 된 것은 진실로 매우 경하(慶賀)하는 바이다. 앞으로 이 법의 원활한 운용에 대해서는 국민 각자의 이해와 협력을 희망해 마지않는다.

국가총동원법은 크게 전시(戰時)의 규정과 전시에 대한 평시(平時)의 준비규정으로 나눌 수 있는데, 이것들은 모두 소위 기준적인 규정으로써 총동원법의 각 조문을 실제로 시행할 경우에는 각 조(條)마다 세부규칙인 시행칙령이 필요할 것이며, 오늘부터 법이 시행된다 하더라도 즉시 적용되는 것은 이 법률의 시행과 동시에 종래에 있던 군수공업동원법이 폐지되기 때문에 군수공업동원법에 의하여 현재 시행 중에 있는 공장사업장 관리의 근거가 되는 조항, 즉 제13조의 일부만 발동되는 것이어서 현재로서는 특별히 기존과 다름이 없다.

다만 국민으로서는 이 법률의 시행에 따라서 앞으로 전쟁에 즈음하여 국가의 비상한 조치와 이에 관해 국민이 협력해야 할 사항을 알 수 있는 것인데, 평소에 이 법률을 규범으로 하여 전쟁과 같은 사태에 대처할 준비를 항시 유의하여 둘 필요가 있다고 생각한다.

자료 120

3대칙령안요강

《매일신보》 1938년 11월 3일
3대칙령안요강
조선서도 추수실시(追隨實施)

이제 전기한 바와 같이 세 가지 칙령을 새로 내리게 된 것에 대하여 앞으로 조선에서도 이것을 실시하기로 하였는데 특별히 학교에서 기술자를 양성하는 데 주력하는 것과 공장에서도 직공을 고용시키는 외에 1개 기술공으로 양성할 의무를 가지게 하는 것 등 상당히 주요한 내용이다. 이제 세 가지 칙령을 간단히 소개하면 다음과 같다.

1. 학교 및 양성소에서의 기능자 양성에 관한 칙령안

    대학전문학교, 실업학교, 청년학교, 기타 각종 학교에 대하여 기능자의 종류 및 인원수를 지정하여 양성하는 것을 문부대신 혹은 지방장관이 명령하며 그 외에 학과의 신설, 학생생도의 정원 증가, 특수지도 등을 명령함

2. 공장, 사업장에서의 기능자 양성에 관한 칙령안

    공장, 사업장에서는 16세 이상의 남자 노동자를 기능자로 양성할 것과 원칙적으로 고등소학교 졸업 정도로 할 것이며 양성 기간은 3개년으로 하되 특수한 경우에는 2개년으로 단축할 수도 있다는 것이다. 그리고 사업주는 양성공에게 덕성함양과 중견직공이 될 지식과 기능을 가르칠 것이며 양성 시간과 취업 시간은 합하여 11시간으로 제한하여 그들의 보건위생에 주의할 것

3. 사업설비의 신설, 확장 또는 개량에 관한 칙령안

    전시 하에 필요한 물자생산력의 확충을 위하여 특히 필요하다고 생각할 때에는 총동원 업무에 대한 설비의 신설과 확장 혹은 개량을 명령한다는 것이다.

자료 121

국가총동원법의 재강화(再强化)

《매일신보》 1938년 11월 3일
필요한 기술자 양성과 생산시설에 명령권
장기전에 대처할 3대칙령안을 결정
국가총동원법의 재강화

한커우(漢口) 함락을 계기로 장기경제전(長期經濟戰)에 선처할 만한 방침으로 기획원(企劃院)에서는 국가총동원법(國家總動員法)을 전체적으로 널리 활용하는 한편, 이 법을 근거로 하는

새로운 칙령(勅令)을 내리기로 하고 벌써부터 그 원문(原文)을 성안하던 중 드디어 지난 31일에 국가총동원심의회를 수상 관저에서 개최, 다음 세 가지의 칙령안을 결정하였다.

　이번에 새로이 칙령을 내리기로 한 것은, 전시하에서 군수적으로 필요한 자원을 만들어 내는 기술자를 학교와 공장에서 책임을 지고 양성해 내는 것이고 또 전시하에 필요한 자원을 생산해 내는 공장에서는 생산시설을 명령에 의하여 확충 혹은 증설할 의무가 있다는 것의 세 가지이다.

　그리하여 이상 세 가지 칙령안은 법제국에서 정리를 마치는 대로 각의에 상정한 후 이달 상순 안으로 공포, 실시할 터인데, 이 세 가지 칙령은 그중 중요성에 비추어 외지(外地)에 있어서도 이것을 실시한다는 조문을 뚜렷이 밝힌 만큼 조선에서도 이것을 따라가게 되었다.

자료 122

국가총동원법의 전면적 발동은 시급

《매일신보》 1938년 11월 10일
국가총동원법의 전면적 발동은 시급
사토(佐藤) 육군정보부장 담화

[도쿄전화동맹] 정부는 시국에 비추어 국가총동원법의 전면적 발동에 대하여 각 관계 성(省)에서 연락, 연구를 진행하기로 8일 각의에서 결정하였는데, 사토(佐藤) 육군정보부장은 이상에 관하여 9일 다음과 같이 말하였다.

국가총동원법이 광범위로 발동됨에 따라 본 법의 근거정신에 비추어 그 발동운용에 관해서 약간의 소견을 말하려 한다.

군수공업동원법은 군수공업의 동원을 주로 하고 이에 관련하는 사항을 규정하였는데 이것만으로는 불충분하기 때문에 종합적 동원법을 제정한 것이 국가총동원법이다. 그러므로 총동원법의 특질은 군수공업의 동원이라든가 자금의 조정이라든가 하는 개개의 규정보다도 국가기구 운영의 전반에 걸쳐 유기적으로 전시태세를 구성하는 점에 있다.

다만 각 분야의 사정이나 특례의 준비 등 사무적 변경에 있어서 모든 조항의 동시발동은 곤란할지 모르지만 이미 '동아 신질서 건설'이라는 커다란 이상(理想)을 선언하고 또 현재 내외의 여러 정세에 비추어 볼 때 될 수 있는 대로 주요한 조항은 전부 지체함이 없이 발동시켜 유기적, 전시태세를 완성한다는 것이 당장의 급선무이다.

그러므로 전 국민이 일치협력하여 함께 전시태세를 구성하고 함께 이를 짊어지고 서로 희생을 당하는 것이 이 법의 근본방침이 되어야 한다. 만약 이것이 어떤 조항은 적용하지 않음으로써 총동원법의 부담규정을 어떤 부문만 면하게 되는 것과 같은 일이 발생한다면 법 제정의 근본방침이 사라져 버리고 또 전 국민의 협력일치를 저해하는 것이기 때문에 경솔하게 간과할 수 없는 것이다.

예를 들면, 생산력확충과 같은 것은 앞으로 가장 노력하여야 할 것인데 지금의 전시태세하에서 이를 완전히 영리추구에 입각하여 생각하는 것은 바람직하지 않다. 물론 영리를 금한다든지 혹은 극도로 혹은 불필요하게 간섭통제를 하는 것이 아니더라도 국가본위, 국책본위의 기업이나 금융 등에 지당한 통제가 시행되지 않으면 안 된다. 특히 은진(殷賑)산업의 높은 배당과 같은 것은 부진한 사업이나 전사자의 유족 등의 일을 생각하면 크게 개정을 필요로 하는 바이다.

앞으로 정비될 전시태세는 총동원법이 가진 근본정신을 기조로 하고 전 국민이 부담을 같이하여 일치협력함으로써 조금의 낭비도 없이 전 국력을 대륙정책 수행에 목표를 두고 또 국가총력을 국가본위에 서서 더욱 확충하기에 노력하는 것이 현대 국가의 영광 있는 책무로 장래 번영을 도모하는 원동력이 될 것이다. 뜨거운 화염 속에 유골을 안고 한커우(漢口)로 진격한 제일선 장병의 심중을 전 국민이 마음에 새기고 총후(銃後)의 노력을 다하여야 할 때이며 또 그렇게 된다면 앞으로 전시체제의 강화에 스스로 귀일하는 바가 있을 것이다.

자료 123

조선의 총동원운동은 "정신"총동원이 목표

《매일신보》 1938년 12월 8일
조선의 총동원운동은 "정신"총동원이 목표
미나미(南) 총독, 연맹의 근본취지를 천명(闡明)

미나미(南) 총독은 7일 정오 왜성대(倭城臺) 관저의 가와시마(川島) 총재 이하 연맹 간부 초대 오찬회 석상에서 연맹의 근본취지를 천명하여 내지 혹은 만주의 유사조직과의 차이 등도 설명하였다. 특히 총독은 '정신' 두 글자에 관하여 강조하여 아래와 같은 요지의 인사를 하였다.

총회의 자리를 빌려서 특히 내가 본 연맹에 관하여 관심을 기울인 점을 말하고자 한다. 이를 통해 여러분들이 협력하는 데 기초로 삼았으면 한다.

그것은 바로 '국민정신총동원연맹'이라는 말 중에서 특히 '정신'이라는 두 글자를 붙인 점이다.

오늘날 내지에서 강조하는 '국민총동원'과는 의미가 다르다는 점을 분명히 말해 두고 싶다. 이는 만주국의 협화회(協和會)와도 다소 의미가 다르다. 협화회는 정신 방면으로나 정치 방면으로나 만주국 전부가 통일되어 관여하기로 되어 있다. 이를 외국의 사례에 비추어 보건대 독일, 이탈리아, 소련 등에서는 일국일당(一國一黨)으로서 정신적으로나 정치적으로 한 덩어리가 되어서 나아가고 있다.

내가 가장 힘을 기울인 것은 조선에서의 정신총동원이며 전 조선의 교육, 언론, 종교, 기타 남녀 모든 단체가 종합된 결성이다.

정치는 총독으로부터 총감 이하 모든 기관을 통하여 각 민중에 투철하게 된다. 정신 방면에서는 모든 방면의 개인이 자기의 발의(發意)에 의해서 민중생활의 안정을 기하는 것이 연맹의 근본정신이다.

정치 방면의 통일은 지금 나의 커다란 포부로서 착착 실행되고 있는바, 이번 가을을 맞이하여 모든 방면이 정신적으로 완전히 일치하여 힘차게 국력의 증강에 협력하는 것이 필요하다는 것을 확신하고 있다. 특히 정치와 정신 방면을 분리한 데에는 이러한 의미가 있는 것이다.

오늘날 내지에서 시행되고 있는 국민총동원의 성과는 언젠가 우리의 표본이 되리라 생각하나, 반도에서는 이미 4개월 전에 이상에서 내가 말한 것이 결성되었지만 이를 강화하여 유종의 미를 거두기 위하여 민간에서 탁견을 가진 인사로 알려진 가와시마(川島) 각하를 맞이하였는데 각하와 각위는 정신연맹의 진정한 의의를 파악하고 지도편달이 있기를 간절히 바라는 바이다. 세부적인 사무에 대하여는 정치와 정신은 종이 한 겹의 관계가 있기 때문에 그 행하는 바는 자연히 정치에서도 추진하게 되어 있고 정신이 정한 바를 행정에서도 실로 철저하게 이행해 가고자 한다.

아군은 건국 이래 천황 중심에 따른 황국신민으로서의 체제가 완전히 결정되어 있다. 이제 새삼스럽게 국민체제를 새로이 하는 것은 필요 없다. 이에 관해서는 어떠한 논의도 필요하지 않다. 지난 7월 7일의 칙어(勅語)에서 명시하신 성지(聖旨)는 우연하게도 같은 날 결성된 연맹의 근본정신이다. 우리는 이에 대해서도 커다란 영광으로 여겨야 할 것이다.

이상, 오직 '정신'이라는 한 가지 글자에 관하여 특히 내가 비상한 고심을 기울였다는 것을 양해하여 주기 바란다.

자료 124

국가총동원해설

《매일신보》 1939년 1월 4일
국가총동원해설
최후 승리의 관건은 인적, 물적 총동원 완성 여하에
현대전(現代戰)은 국력전(國力戰)

총동원은 근대전(近代戰)의 특징에 의하여 요구되는 역사적 산물이다. 근대전의 특색은 모든 국력의 총화(總和)를 기울여서 싸우는 소위 '국력전(國力戰)'이어서 전쟁의 목적 달성을 위해서는 육해군의 분투와 아울러 국가총동원태세를 완비하지 않으면 안 된다. 즉 전시 또는 전시에 준하는 사변(事變)에 즈음하여서 물심 양 방면에 걸쳐 모든 자원을 총동원함으로써 군수의 충실을 도모할 뿐 아니라 국민생활을 확보하고 전쟁 수행에 필요한 각 분야의 국가적 활동을 원활하게 하여 국가와 국민의 전력을 가장 유효하게 발휘하는 것이 전쟁 목적을 달성하는 데 필수의 조건이 아니면 안 된다. 그러므로 국가총동원에 대한 본질적 파악은 근대전에 대한 기본적인 이해가 없이는 불가능하다.

오늘날의 전체전(全體戰)은 병기전(兵器戰)이며 '전쟁은 정치의 연장'이라는 '클라우제비츠'[59]의 공식을 수정한 '루덴도르프'[60] 장군의 주장에 따를 것도 없이 정치기구는 전적으로 전쟁 목적 달성을 위하여 동원되는 것이 필요하며 정부는 광범위하고 강대한 입법상의 권한을 의회로부터 위임받아야만 그 사명을 수행할 수 있다.

이와 같이 현대전은 전 시민이 직접 또는 간접으로 동원된 '전체전'인 이상 최대의 자원과 가장 효과적인 경제조직을 가지는 국가가 또는 국민의 심적 원천인 정신적 동원을 조직적으로 앙양하게 하는 국가가 최후의 승리를 자기의 것으로 획득할 가능성을 갖게 되는 것이 당연하다. 전쟁의 이러한 성격은 세계대전을 통하여 여실히 구현된바, 대전 이후 세계 각국은 정도와 방법의 차이는 있을지언정 부분적인 것으로부터 점차 전체적인 국가총동원 형태를 정비하여 준전시체제의 수립에 부심하고 있다. 말할 것도 없이 전시 또는 준전시체제는 국가의 통일적 의사에 따라 계획적인 통제를 의미하는 것으로서 그 범위는 국민정신 작흥을 위시하여 전시 공업, 소비, 배급, 노동, 농업, 무역, 해운, 물가, 재정, 금융 등 극히 광범위한 분야에 걸쳐 전시물자의 보육과 획득에 매진함을 의미한다.

이와 같이 국가의 지도통제가 국민의 물심 양 방면의 생활에 미치게 되는 것이 곧 국가총동원의 의미이다. 요컨대 전쟁이 가져오는 국민적 희생을 최소한도로 축소하게 하고 국민의 생활을 적극적으로 보장하는 동시에 각 사람으로 하여금 그 분수에 따라 최고의 능률을 발

---

59 카를 폰 클라우제비츠(Carl Phillip Gottlieb von Clausewitz). 프로이센의 전쟁사상가. 『전쟁론』의 저자이다.
60 에리히 루덴도르프(Erich Friedrich Wilhelm Ludendorff). 독일의 장군. 『총력전론』의 저자이다.

휘하게 하고 거국일치로 전쟁을 수행하기 위하여 전력(全力)을 기울이는 것이 국가총동원의 최대 사명이다.

이러한 견지에서 당면한 지나사변(중일전쟁)에서 우리나라는 동아시아 건설의 암(癌)인 장개석 정권을 궤멸하는 동시에 그 배후에서 직간접으로 후원하는 제3국 세력을 배제하기 위하여 국가총동원체제의 강화로 일로매진할 것이다.

총동원의 목적과 그 내용

국가총동원에는 두 가지 큰 목적이 있다고 할 수 있다.
하나는 군수(軍需)의 충족이고, 다른 하나는 국민생활의 확보이다.
거국일치하여 이 두 가지 목적을 달성하는 것이 국가총동원의 최대 임무이다.
이 두 가지 목적을 달성하기 위해서는 우선 국력발휘의 원천을 진작하고 종합 국력의 확충과 운용에 잘못된 예측이 없도록 하는 것이 긴요하다. 국력 원천의 진작이라 함은 국민정신 앙양을 의미하며, 국력의 확충과 운용이라 함은 생산의 확충, 수급의 조절, 배급의 적정, 국제수지의 균형을 도모함을 의미한다.

그러므로 국가총동원은 노동계, 산업계, 금융계를 통제하여 인적 및 물적 자원을 조절하여 국방력을 강화하는 대규모의 국가적 활동이므로 이를 1) 인적 동원(人的動員)과 2) 물적 동원(物的動員)으로 대별할 수 있으며 그 내용에 따라 (1) 정신총동원, (2) 노무자총동원, (3) 마필(馬匹)총동원, (4) 산업총동원, (5) 공업총동원, (6) 금융총동원, (7) 재정경제총동원, (8) 교통총동원 등의 명칭으로 세분할 수 있다.

그리고 시간적 규준으로서는 단기총동원과 장기총동원으로 구분할 수 있으며 지역적으로는 국지적(局地的) 총동원과 전국적(全國的) 총동원으로 나눌 수도 있지만, 이곳에서는 보편적 견지에서 국가총동원을 인적 총동원, 국민정신총동원, 물적 총동원의 세 방면으로 살펴보려고 한다.

인적 총동원(人的總動員)

국운의 성쇠는 물론 다른 물적 자원의 풍부 여하에 의존함이 대단히 크지만 그 근간이 되는 것은 인적 요소의 완벽 여하에 달려 있다. 아무리 자원이 많은 국가라 할지라도 그것을 이용하는 인적 요소가 결핍하다든지, 또는 인적 요소가 숫자적으로 방대하다 할지라도 그것이 질적으로 조직적 훈련과 통일을 결여한 것이라면, 그 국가는 조기에 멸망의 길을 걷지 않을 수 없다. 전쟁에서 패한 독일이 전후 20년 내외에 장족의 발전을 도모하여 다시금 유럽에 군림하게 된 것은 '나치' 정치조직에 의한 바가 크다는 점은 말할 것도 없거니와, 어느 의미로는 인구의 증가를 근간으로 한 국민정신의 적극적 앙양의 결과라고 할 수 있다. 반면에 프랑스의 출산 감소가 국력에 불리한 영향을 끼치고 있는 점을 생각할 때 인구의 증가는 고금동서를 막론하고 국가발전을 뒷받침하는 요인이 됨을 알 수 있다.

우리나라 인구의 동태를 관찰하면, 그 증가 경향에 어떠한 비관적 소재도 없다. 오직 국민체위(體位)의 향상과 정신력의 작흥, 지적 기술의 계발에 한층 더 주력함이 현재의 급선무라 할 것이다. 우리나라 인구는 해마다 100만 명 정도 증가하는데 이를 팽창이라는 견지에서 본다면 '발전일본'의 표상으로서 축하할 일이지만, 이를 국민보건의 견지에서 본다면 낙관할 수 없는 상황이다. 그러므로 정부는 보건국책의 확립과 실현에 매진하여 국민체위의 적극적 향상에 노력하는 동시에 국민의 집단정신 육성발양을 포함한 인적 자원 보호에 주력하고 있다.

정신총동원(情神總動員)

국민의 집단정신 육성과 발양은 실로 인적 자원의 근본문제인 동시에 그것은 국민정신총동원운동의 출발점이 된다. 그러므로 이번의 정신총동원은 순수한 교화선전의 운동이 아니고 지나사변(중일전쟁)에 대한 관민일체의 거국적 국민운동인 동시에 야마토혼(大和魂, 일본 정신)의 '실행운동'이다. 따라서 그것은

첫째, 사변이 아무리 장기간에 이를지라도 중도에서 좌절하지 않는 견인지구(堅忍持久)의 정신과 어떠한 난관에 봉착하더라도 최후까지 관철하고야 마는 필승의 신념을 함양할 필요가 있다.

둘째, 고난과 결핍에 인내하는 심신의 단련인바 이를 위해서는 평소부터 생활을 견실히 하고 화려함과 유약함을 삼가야만 한다.

셋째, 어떠한 일에도 불구하고 협력하고 공공에 봉사하는 정신을 중심으로 하는 것인데, 각 개인이나 일부, 한 지방의 이해에 구애됨이 없이 모든 대립과 항쟁을 일소하고 국가사회의 거대한 통일적 이익에 따라 행동함이 긴요하다.

넷째, 총후의 후원으로서, 현재의 총후후원은 어느 의미로 보나 유감없이 진행되고 있지만 이 열의를 끝까지 강화하고 지속하여 가는 것이 가장 중요한 일이라 할 것이다.

다섯째, 비상시 재정경제정책에 대한 국민의 협력이다. 상술한 바와 같이 현대전은 병력전인 동시에 경제전이므로 국민의 전부가 일치협력하여 경제전에 승리할 결심하에 노동자든 자본가든 막론하고 국가의 재정경제정책에 협력함이 매우 필요한 일이다.

여섯 번째로 실행할 것은 자원의 애호(愛護)로서, 현대전의 특성은 국력전인 동시에서 대규모의 소비전인 만큼 자원이 부족한 우리나라에서 자원애호는 더욱 긴요한 일이 아닐 수 없다.

이상의 주지를 철저히 할 필요에서 고노에(近衛) 내각은 1937년 8월 24일의 각의에서 야스이(安井) 문부상의 제안에 따라 국민정신총동원시행요강을 결정한 후 추가예산을 계상하여 시행요강에 따라 구체적인 실천사항을 결정한 다음 중앙과 지방의 각 관청과 학교, 각종 단체, 은행, 회사, 공장, 상점 등 관민일치, 정치, 경제, 사회의 일상생활을 통하여 국민정신의 작흥을 도모하게 되었다.

이후 내지에서 국민정신총동원중앙연맹, 조선에 국민정신총동원조선연맹이 결성되어 활발한 운동을 전개하고 있는데, 정부에서는 우한삼진(武漢三鎭)과 광둥(廣東) 함락 후의 동아 신질서 건설의 현 단계에 즈음하여 국민재조직을 결성하고자 ■■8상회의에서 그 취지와 강령을 결정하기에 이르렀다. 이 국민재조직안에 대하여는 각 방면에 이러저러한 논의가 떠돌고 있으나, 요컨대 국민정신총동원중앙연맹을 변모, 재생하게 하면서 국민운동의 강화와 재건을 도모하려는 것으로서 일반은 운용기관의 인적 요소의 정비에 적잖은 관심을 가진 듯하다.

물적 총동원(物的總動員)

물적 자원의 보육은 부(富)의 발달증진을 도모함으로 귀결되는데, 그것은 첫째 부의 생산의 유지개발이며, 둘째는 부의 이용의 유효적정을 도모함에 있다.

그런데 우리나라는 불행하게도 '원료부족국'이라서 열강의 원료자원에 따라 전시에 공업자원이 비관적인 상태에 놓일 수 있음은 일반이 주지하는 바이다.

그러므로 그 결핍부족한 점을 명확히 인식하여 앞으로 대처할 방책을 명확히 하는 동시에 그 실시에 노력함이 급선무이다. 준전시체제가 전시체제로 발전함에 따라 국제적 불안과 그 대립이 첨예화하면 할수록 열강의 경제'블록'은 한층 더 강화되어 자유통상이 극도로 저해될지 모른다. 따라서 물적 자원의 보육책으로서 제일 중요한 것은 자원의 창조보육 문제이다.

이에 대용품 등장의 사회적 원인이 있게 되는데, 대용품은 실로 근대산업, 특히 우리나라 현재 산업의 특색을 형성하는 것으로서 예컨대 '스테이플 파이버', 인조견사, 인조장뇌, 인조피혁, 인조고무, 질산의 합성, 상온에서의 질소 고정 등 이미 완성되거나 또는 완성되려는 것이 적지 않으며, 더욱이 현재 우리나라에서는 빈광(貧鑛) 처리, 사철(沙鐵)의 정련(精鍊)에 의한 철광 부족의 보급, 석탄액화합성의 방법에 의한 인조석유의 제조 등은 절대로 필요하다.

이같이 대용품의 제조는 물자총동원에서 하나의 고민이 되고 있지만 적지 않은 대용품이 발견되고 있다. 이는 물적 총동원의 완벽을 위하여 자원의 창조보육을 얼마나 적극적으로 주력해야 하는가를 보여 주는 사례이다.

정부는 부족한 자원의 보충에 노력할 뿐만 아니라 미곡, 설탕, 식량, 양모견직물, 목재 펄프, 철강, 석유, 석탄, 선박, 전력 등 각 방면의 물자에 걸쳐 적절한 동원준비 또는 동원실시에 유감이 없도록 해야 할 것이다.

자료 125

물자동원계획과 인적 동원을 병행

《매일신보》 1939년 3월 30일
물자동원계획과 인적 동원을 병행
히라누마(平沼) 수상 포부 경륜담(經綸談)

[도쿄전화동맹] 정부는 의회 종료 후 연일 각의를 열고 의회를 통과하여 성립한 모든 법률의 실시와 의회에서 언명한 여러 정책의 실행에 관하여 착착 그 구체화를 꾀하고 있는바, 29일 오후 4시 히라누마(平沼) 수상은 수상관저에서 내각기자단과 의회 후 처음으로 회견을 하고 수상이 품고 있는 포부의 경륜과 당면한 여러 문제에 대하여 다음과 같은 기탄없는 의견을

토로하였다.

그리고 정부가 앞으로 시정으로서 그 중점을 국방충실과 생산력확충에 두고 이것의 달성을 위하여 물자동원계획에 전력을 기울인다는 취지를 천명하고 다시 물자동원계획과 병행하여 사람의 동원에도 주력을 기울여야 할 것을 강조하였다는 것은 의회에서 수상이 기회 있을 때마다 언명한 것으로서 주목된다.(사진은 히라누마 수상)

의회 후의 시정(施政) 태도

정부의 시정방침은 이미 의회에서 언명하였으므로 앞으로는 순차적으로 이를 구체화하여 갈 일이다. 이를 위하여 우선 첫 번째로 힘을 들여야 할 것은 국방의 충실과 생산력의 확충을 기하는 일이다. 이를 위해서는 물자동원계획의 매개를 얻지 않으면 안 된다. 의회를 통과한 예산안도 국방과 물자동원계획이 서로 병행해야 비로소 실행되는 것으로서, 그 목표는 국방력의 충실을 기하기 위하여 막대한 물자를 국내에서 자급자족시킨다는 데 있다.

일일이 돈으로 외국물품을 구입하는 일은 피해야 한다. 따라서 이 생산력확충, 국방계획의 완벽을 기하기 위해서는 내정의 개혁이 필요하다. 이 중점은 현재 물자동원계획을 시행하고 있는데 이것만 아니라 예를 들면 기술의 경우, 즉 생산확충을 위하여 기술을 동원해야 한다. 사람도 동원해야 한다. 따라서 종래의 물자동원과 병행하여 앞으로는 인적 동원을 계획해야 한다고 생각한다.

통제강화와 중소상공업대책

국방충실과 생산력확충을 위하여 예산을 실행할 때에는 신중한 태도가 필요하다.

예를 들면, 물가정책인데 물가를 이대로 방임하는 경우에는 예산의 실행도 불가능하게 될 우려가 있다. 따라서 생산력확충도 될 수 없다.

그러므로 이들에 대하여 상당한 통제가 필요한데, 혹자에 대하여는 현재의 통제도 강화해야 할 필요가 생길 것이다. 개별적 문제의 통제 범위와 정도에 대하여는 구체적으로 말할 수 없으나 필요한 부분부터 국가총동원법을 발동해 나갈 생각이다. 경제 통제가 진행됨에 따라 중소상공업자 중에 실업자가 생기는데 이들 희생자는 될 수 있는 대로 적게 하겠다. 이 점에 대하여는 농무상도 의회에서 언명했고 이 계획도 현재 연구 중이다. 산업조합의 발달에 대하여 국가에 공헌한 점도 많은데 또한 중소상공업자의 보호도 필요하다. 요컨대 전 국민이 안온(安穩)하게 나아가는 것이 일본 정치의 요점이다. 이 점에 대하여 정부는 충분히 유의하고 있다.

각료 보충

겸임하고 있는 체신상, 척무상은 보충할 방침인데 아직 생각이 결정되지 않았으므로 보충의 시기에 대하여는 말할 수 없다. 내각의 개편은 하지 않겠다. 또 각료의 입각도 대체로 하지 않을 생각이다. 고노에(近衛) 무임소대신도 당분간 그대로 나아갈 생각이다.

행정기구의 개혁

내각제도는 현재의 조직을 가지고 각 부의 연락을 꾀하면 그것으로 충분하므로 새삼스럽게 변경하지는 않겠다. 그러나 무역행정에 관한 기구에 대하여는 아직 생각하지 않았지만 머지않아 구체화하겠다. 환율은 대영(對英) 1■2편(片)을 끝까지 유지하여 가겠다.

문관임용령(文官任用令) 개정

문관임용령은 개정하지 않으면 안 된다. 자신보장령(自身保障令)을 철폐할 필요는 없다. 임용령개정안은 이미 되어 있으므로 가까운 시일에 결정할 것이다. 의회제도의 개정은 부현제(府縣制), 시제(市制), 정촌제(町村制)와 병행하여 생각하지 않으면 안 되기 때문에 아직 고려 중이다.

사변(중일전쟁) 처리

- 사변 처리에 대해서는 이전 내각에서 이미 그 근본방침을 결정, 확립하였으므로 이 방침에 따라 착착 진행시켜 가겠다. 재차 성명을 발표할 생각은 아직 없다. 또 어전회의의 주청, 대본영과 정부의 연락회의는 당분간 열 생각이 없다.
- 지나(支那)에 중앙정부라 할지 중앙위원회라 할지, 그러한 중심적 기구가 성립되지 않으면 안 되리라고 생각하는데 곧 탄생할지, 어떨지 모르겠다. 현재 중국에서는 임시(臨時), 유신(惟新)의 양 정부가 있지만 이것만이 아니다. 따라서 임시, 유신 양 정부만으로는 중국의 정부가 될 수 없다. 그렇다고 결코 이 두 정부를 무시하는 것은 아니다.
- 동아 신질서 건설, 중국 식민지화의 반대, 방공(防共)정신에서 우리와 일치하는 의견을 소지하고 배일(排日)에서 깨어나 일본의 목적에 부합한다면 우리는 누구든지 배척하지 않겠다.

일본·만주·지나[日滿支] 연락

일만지(日滿支)연락통일기구, 예를 들면, 흥아성(興亞省) 같은 것을 새로 설치하는 것은 현재 생각하지 않지만 일만지 연락 문제는 생산확충, 물자동원계획과도 관련이 있는 것이므로 고려해야 한다고 생각한다. 이를 위하여 대만(對滿)사무국, 흥아원(興亞院), 기획원 간의 연락이 필요하기 때문에 어떻게 이 연락을 원활하게 할 것인가에 대하여 현재 각 방면에서 연구 중이다. 요컨대 기관만 설치하는 것보다 현재 각 기관의 운용연락을 잘 취하면 그로써 충분하다고 생각한다.

대외관계 문제

- 외교의 근본방침에 대하여는 이전 내각과 다를 바 없으나 이에 대처할 구체적 방법은 세계의 정세 변화에 대응하며 가야 한다.
- 현재 전체주의국가군(群)과 민주주의국가군이 각각의 '블록'을 형성하고 있다. 일본은 이

들의 어느 편도 아니다. 또 이들과 대립할 것도 아니다. 이 점에 대하여는 이미 누차에 걸쳐 언명한 바 있다.

일■어업 문제

지금 언명할 수 없으나 이 문제의 성공에 대하여는 낙관을 불허하지만 비관도 하여서는 안 된다.

일본·독일·이탈리아 문제

일독이(日獨伊)의 방공협정(防共協定)을 앞으로 어떻게 할 것인가에 대하여는 지금 말할 수 없으나 이 문제에 대하여 조만간 어떤 성명이라도 발표하지 않겠는가. 장래에 그럴 필요가 있으리라고 생각한다.

영국·미국·프랑스 관계

영미불(英美佛) 국교조정 문제는 상당히 어려운 문제이나 해결하지 않으면 안 될 것이다. 다만 어떻게 할 것인가의 구체적인 의견은 지금 말할 수 없다.

자료 126

국민정신총동원, 드디어 개병(皆兵)의 강화

《조선시보》 1939년 4월 11일
국민정신총동원, 드디어 개병의 강화
정무총감의 양해를 얻어 대대적인 진용 개편

[경성전화동맹] 전 반도에 걸쳐 국민정신의 앙양과 국가총력의 발휘를 강화하고 국민정신총동원조선연맹의 활동에 대해 긴밀하게 연락협조를 유지하도록 총독부의 기구 확충에 대해서 추가예산 41만 원을 계상하고 있는데, 이는 총독부관방에서 총동원과(가칭)를 신설하

고 여기에 사회, 교육, 문서, 농업진흥 각 과의 관계 사무를 일괄 관장하도록 한 당초의 예정을 변경하여 이제 총독부 부내에 관민 일동의 총동원위원회를 설치하도록 하였다.

또한 전 조선의 부읍면에서 연맹의 활동을 촉진하기 위해 국고보조로서 필요한 경비를 교부하기로 결정하고 총동원과의 신설은 유산되었다. 이를 대신하여 총동원위원회는 오노(大野) 정무총감의 귀임(歸任)을 기다려 곧 설치될 것인데, 총독부군부연맹뿐만 아니라 민간의 각 방면에서 유력자를 망라하여 실로 관민일치의 대기구를 만들게 되었는데, 사무문서과에서 이를 처리하게 되었다.

자료 127

정신총동원운동 강화에 대하여, 미나미(南) 총독 담화

《매일신보》 1939년 4월 16일

전 조선을 거(擧)하여 세포조직을 확충

정신총동원운동 강화에 대하여

미나미(南) 총독 담화

총독부에서는 이번 국민정신총동원운동의 지도기관으로 총독부 내에 국민정신총동원위원회와 동 간사회를 설치하는 동시에 연맹의 기구를 확충, 정비하여 이 운동의 강화를 도모하며 또 이 위원회, 간사회와 연맹에 관한 사무는 종래 학무국(學務局) 사회교육과(社會教育課)의 소관으로 되어 있었는데 이 운동을 일부 국(局)에 치우치지 않게 하는 의미에서 이것을 관방문서과(官房文書課)에 이관하여 관장하기로 결정함은 이미 보도한 바와 같은데, 이에 대하여 미나미(南) 총독이 15일에 다음과 같은 담화를 발표하였다.

담화 내용

반도에서의 국민정신총동원운동은 작년 7월 사변(중일전쟁) 1주년을 즈음하여 경성에 조선연맹이 조직된 이래 전 조선에서 걸쳐 각 단위, 단체에서도 결성되고 훈련과 실천의 과정이 진행되어 온 데 대해 나는 기쁘게 생각한다.

그리하여 본 운동은 이전의 유례없이 새로운 제목 아래 대규모의 조직력을 발휘하는 본질상 가급적 조선의 모든 관민들의 중의(衆意)를 반영, 종합하여 본래의 취지를 철저히 관철할 필요가 있다.

관계 당국자로 하여금 기구의 정비를 도모하라는 지시를 했는데 드디어 이를 결정, 실현하게 되었다.

이 요점은 총독부 내에 관계된 중요 사항을 조사·심의하기 위하여 국민정신총동원위원회와 동 간사회를 설치하고 총독부의 모든 국(局)이 총동원하여 기획심의에 참여하기로 하고, 한편 조선연맹에서는 관민 대표를 망라하여 기획과 시행 기관인 이사회(理事會)와 참사회(參事會)를 설치하게 한다.

그리고 총독부의 위원과 간사인 자는 동시에 연맹의 이사와 참사인 자격으로 하여 항상 총독부와 연맹 간에 밀접한 연락을 유지한다. 그리하여 총독부에서 위원회, 간사회, 연맹에 관한 사무는 정신총동원운동을 일부 국(局)에 치우치지 않도록 하는 견지에서 종래의 학무국으로부터 관방문서과로 이전하여 이를 관장하도록 하였다.

또한 기존에 설립된 단체와의 관계에 있어서 농촌진흥운동의 기구는 이 운동과 상응하여 표리일체의 활동을 시키고 기타 종래의 물심양면에 걸쳐 행정적 지도기구도 그 본래의 목적에 매진하는 것은 물론, 다시 이를 확충·강화하는 데 노력하는 동시에 특히 그 정신적 지도에 있어서 연맹의 지도원리 목표에 귀일(歸一) 수렴하여 혼연일체인 정신운동에 노력하기로 되었다.

　이를 요컨대, 연맹의 운동은 반도 전체에 걸쳐 일제히 계통적 세포조직의 확충을 도모하고 내선일체, 즉 반도의 전체 관민에 대하여 황국신민으로서 일본정신의 앙양에 철저하여 거국일치의 형세를 정비하여 성지(聖旨)를 받들고 만민이 보필하는 결실을 거두는 것이므로, 누구나 사심(私心)을 버리고 구습에 구애되지 말고 대화대동(大和大同)의 대정신(大情神)을 가지고 국민총력의 발휘에 매진할 각오를 해야만 한다. 전 조선의 관민 모두에게 깊이 촉구하는 바이다.

자료 128

총동원법 발동, 미나미(南) 총독 담화를 발표

《부산일보》 1939년 9월 21일
조선도 모든 어려움을 없애고 저물가정책에 매진
총독부 방침에 협력을 간절히 기대한다
총동원법 발동, 미나미(南) 총독 담화를 발표

[경성전화] 지난 19일 정부에서는 물가, 운임, 임금 등의 전면적 인상 금지를 위해 국가총동원법 제6조, 제11조 및 제19조를 발동하기로 결정했는데 이와 관련하여 미나미(南) 총독이 다음과 같이 담화를 발표하였다.

물가 앙등의 억제는 현 시국에서 경제정책이 중대한 과제이기 때문에 조선에서도 중앙정부의 근본방침에 순응하여 가격억제에 만전을 기해 왔다.

일반 업자들 역시 비상시국을 인식하고 많은 희생을 감내하며 자숙하고 자제하며 총독부의 저물가정책에 협력해 왔는데, 물가 앙등의 추세가 여전히 끈질기게 이어지고 암거래와 공정가격 무시 등의 유감스런 사례가 발생하기에 이르렀다.

국민생활에 미치는 영향이 큰 재정경제정책이 수포로 돌아갈 우려가 있으며 더욱이 때마침 유럽에서 전란이 발발함에 따라 물가 오름 추세가 한층 더 박차를 가할 염려가 있음에 비추어 볼 때, 중앙정부로서는 지난 19일의 각의에서 드디어 총동원법을 발동하여 물가와 관련된 모든 분야에 걸쳐 강력한 통제를 가하기로 하였다.

원래 조선에서도 내지의 방침과 일체가 되어 수많은 어려움을 참고 견디며 저물가정책에 매진할 각오를 갖고 있었다. 황국의 유일하고 최대의 목표인 동아 신질서 건설이라는 위대한 업적의 앞길이 순탄치 않으며 유럽에서의 전운이 또한 끊이지 않지만, 각자 국민이 하루도 방심하지 않고 가을 동안 경제인사는 물론 일반 국민들도 총독부의 방침에 순응하여 문제가 될 수 있는 행동을 엄중히 경계하고 성전(聖戰) 수행의 원동력인 전시경제의 원활한 운용에 협력해 주기를 간절히 기대한다.

자료 129

제3차 도지사회의, 총동원체제 강화, 미나미(南) 총독 훈시

《매일신보》 1940년 4월 24일
성전(聖戰)하 제3차 도지사회의 금일 개막
흥아유신(興亞維新)에 따라 반도 민중의 나아갈 방향 명시
벽두(劈頭) 미나미(南) 총독 훈시

　흥아유신(興亞維新)에 즉응할 병참기지인 반도의 사명 완수를 목표 삼아 빛나는 기원(紀元) 2600년과 시정 30주년에 있어서 의미 있게 맞이하는 1940년 각 도지사회의는 벚꽃이 만개한 23일 오전 9시 30분을 기하여 총독부 제1회의실에서 개최되었다.

신년도 벽두에 즈음하여 도지사회의를 개최하고 현 시국의 중요 업무에 관하여 소신을 밝히고 또 각위의 보고와 의견을 듣는 동시에 전시하 반도의 시정에 대처하는 각오를 새롭게 함은 본직이 기뻐하는 바이다.

1. 흥아유신과 우리의 각오

올해로 기원 2600년을 기념하는 기원의 축일에 즈음하여 황공하옵게도 성상 폐하께옵서는 특히 대조(大詔)를 발표하옵시사 계국(啓國)의 큰 이상(理想)에 따라 천명의 드넓은 성지(聖旨)를 내리신 것을 국민이 다함께 감격하는 바이다. 이 깊은 조서의 말씀을 공손히 마음에 새길 때에 본직은 우리의 숭엄한 국체(國體) 아래 유구하고 일관된 역사에 비추어 현 시국에 임하여 상하가 서로 화합하고 관민이 진력하여 시대의 어려움을 단호히 극복할 결의를 한층 더 굳게 하여 각위와 함께 성지의 본체를 받들겠다고 서약함으로써 금년도의 반도 시정에 임하기를 기하는 바이다.

사변(중일전쟁)이 이미 4년차에 들어가는데 그사이 황군의 연전연승(連戰連勝)과 총후국민의 거국일치 협력에 의하여 파죽지세로 위대한 전과를 올린 결과 지난 3월 30일 난징(南京)에서는 친일배공(親日排共)의 새로운 중국 중앙정부를 수립하게 되어 사변은 신질서 건설의 1단계에 도달하였다.

그러나 제3국의 지원을 믿는 충칭(重慶)정권은 여전히 항일전을 계속하여 황군의 점령지구 내에는 불령한 무리의 소요세력이 잔존하고 있는 데다가 또 장개석(蔣介石)을 지원하고 일본을 억제하려는 제3국의 책동도 있기 때문에 사변 처리의 앞날은 아직 요원하다. 우리 국민으로서는 다시 장기 지구전의 태세가 필요함은 말할 나위가 없는데 이번 사변에서 우리의 전쟁목적이 동아시아의 평화를 확보하고 신질서를 건설하려는 성업(聖業)이니 그 행동이 공명정대하여 추호의 사심을 갖지 않았다. 그러므로 마침내 중국 민중의 인심을 귀의시키고 장개석을 지원하는 열국을 반성하게 함으로써 드넓은 황도(皇圖)가 세계평화에 기여하는 까닭에 신질서 건설의 형태로 실증됨을 확신한다. 이런 의미에서 국민은 성전의 목적을 달성하기 위하여 장기간 지구(持久)의 태세를 견지함을 각오하지 않으면 안 된다.

지금 동양과 서양이 크게 요동하고 있다. 한창 동양에서는 일본이 핵심이 되어 동아 신질서 건설에 매진하고 있다. 다시 말해서, 세계적으로 유신의 계절이다. 더구나 흥아유신은 실로 세계의 유신에 선구가 되는 것으로서 실로 세계에 모범이 되는 대(大)성업이다. 이것을 달성하는 데에는 허다한 고난을 조우할 것이며 따라서 이것을 타파하자면 상당한 시일이 필요할 것은 당연하다. 이러 의미에서도 국민은 장기간 오래 참는 태세를 견지할 각오를 갖지 않으면 안 된다.

우리나라의 과거를 회고하건대 진무(神武)천황의 건국을 비롯하여 다이카(大化)혁신이라든가 메이지유신(明治維新)이든가 모두 국운이 크게 비약하는 역사적 위업에는 반드시 군신일체가 장기에 걸쳐 고심하고 준비하는 기일이 필요하고 또 심상치 않은 고난과 희생이 수반됨은 역사가 명시하는 바이다. 이런 실례에 비추어 보더라도 흥아유신의 영도자인 일본 국민으로서 장기간 오래 참을 각오가 필요하다는 이유는 말하지 않아도 명백하다.

유구한 2600년의 영광과 찬란한 국사의 발자취를 회고하여 조선에서 관민이 심기일전하고 시정 당국에 있는 자는 마땅히 인심의 긴장을 유도하여 사변체제를 완벽하게 하고 성지를 받들어야 할 것이다.

2. 병참기지 사명 완수

빛나는 황기(皇紀) 2600년은 동시에 조선에서의 시정 30주년과 겹치므로 마치 조선 내 여러 정세의 귀추가 금년을 기하여 통치사상 새로운 단계를 향하여 발족하는 것 같은데, 우리는 과거 30여 년에 걸친 선인의 고심과 탁월할 치적을 사모하는 동시에 앞으로 다시 새로운 의지 아래 한층 연구와 구상을 더하여 반도로 하여금 모든 의미에서 일본의 일익이 되는 결실을 거두기 위하여 관민이 함께 그 분수에 따라 결의를 견고히 할 것을 더욱 기대한다.

반도가 대륙전진의 병참기지라는 국책의 대사명을 가짐은 이미 내외 각 방면의 식자들이 모두 인식하는 바이고 사변의 진행에 따라 사실은 인식의 영역을 벗어나 점차 그 구체화의 길을 밟고 있음은 명백하다.

그리고 이 사명을 앞으로 완수할 길은 인적(人的) 자원의 배양육성과 광의(廣義)의 국방산업 발달에 있으므로 금년도의 총독부 예산은 인적 방면에서는 국민정신운동기구의 강화, 반도민중의 교육 및 훈련에 대하여 다대한 예산을 할애하여 황국신민 된 자질을 단련하는 동시에 물적 방면에서는 생산력의 적극적 증강을 주안으로 삼아 편성한 것이다.

그 결과 한편에서는 낭비되는 경비를 생략하였음에도 불구하고 추가되는 부분을 합치면 실로 8억 6,600여만 엔이라는 미증유의 방대한 금액에 달한 것이다.

그 내용 중 약간의 중점을 예시하면, 국민식량 문제에 안전을 주려는 산미 및 각종 축산의 증식과 더불어 임산, 수산의 개발계획 또는 지하자원에서 있어서는 금과 중요한 여러 광물의 증산 장려, 공업 방면에서 있어서는 각종 조사와 시험 기관의 신설·확장, 교육기관에 대한 기술자 양성, 시설의 강화 등에 걸쳐 전면적으로 적극 증산을 기하고 있다.

그리고 보통교육확충계획의 수행에 필요한 시설을 비롯하여 교통·운수·통신사업의 촉진, 무역의 조장, 치안의 확보, 국가총동원업무의 정비 등과 같은 경비의 증액을 보이는 여러 부문에 있어서도 그 목적은 반도의 병참기지인 사명 수행을 의도함에 있는 것이다.

인적, 물적 총능력을 배양, 종합해서 국가경제의 충실에 매진하는 것이다.

그리고 이처럼 대규모 예산에 있어서 세입재원으로는 본 예산의 2할 3푼을 공채금으로 충당하는 외에 조세, 관업(官業) 수입 등을 주로 한 조선의 자력으로써 부담하게 되어 이 점 크게 마음을 든든히 하는 동시에, 한편 각 도(道)의 팽창하는 예산과 함께 일반 경제계에 미치는 영향에 대하여는 그 시행에 크게 주의를 하지 않으면 안 된다. 즉 근본적으로는 생산의 확충으로 인해 물가억제에 기대를 갖는 반면에 일시적으로는 이에 필요한 기능의 확대와 그 자금 방출로 인해 물가 앙등을 자극하는 모순을 수반하는 점이 있으니, 이 미묘하고 복잡한 경제현상에 대하여 소기의 목적을 달성하는 방도는 오로지 예산을 집행할 때 투철한 통찰에 의하여 그 영향을 조정하고 완화하는 수밖에 없다.

이런 의미에서 조선 내 관공리는 직접 예산운용에 관여하든 관여하지 않든지 불문하고 예산의 집행, 경비의 사용에 대하여 깊고 세심한 배려가 필요하니 엄정하고 치밀하여 적어도 방만하게 흐르는 일이 없도록 미리 충분한 고려가 있기를 바란다.

물론 물자수급 통제의 강화와 저물가정책의 강행은 전시경제의 운용에 불가결한 조건이다. 지난해에 공포된 각종 경제통제법령의 정신은 엄연히 존재하고 여기에 수반한 기획부 및 물가조정의 기구, 경제경찰의 단속기구도 금년도에 대략 정비되었으므로, 그 운용에 최선을 기하여 적극 수급의 원활을 도모하는 동시에 암거래, 매점매석 등을 단속하고 악질적인 경제사범에 대해서는 단호하게 적발하여 국민생활의 불안을 제거하지 않으면 안 된다.

요컨대 이것은 병참기지인 반도의 대임을 부여하기 위하여 철저하게 생산력을 증강할 것, 그 과정에 야기될 만한 물가의 폭등을 억제하고 저물가정책을 견지·수행하고 또 물자수급의 조절을 도모함이 금년도 시정의 최대 중점이 되는 것이니 각위는 충분히 그 취지를 이해하고 총독부와 긴밀하게 연락하여 각 분야의 조치에 매진하기를 바란다.

3. 총동원체제의 강화

지난여름 큰 가뭄을 전후하여 취한 조치와 각위의 노력에 의하여 오늘까지 대개 무사히 경과한 것은 매우 기쁜 일이지만 문제는 오히려 이제부터이다.

즉 현재 직면한 춘궁기를 극복하여 보리의 수확기에 이르도록 평온하게 고비를 넘는 것이 절대 필요하다.

총독부에서는 내지와 만주국으로부터 잡곡 수입에 최대한의 노력을 다하고 있으나 여러 장애요인 때문에 조선 내 수급의 조절에 따른 자력 해결에 중점을 두고 금년 식량문제의 난국을 돌파하려고 한다.

그런데 만주국에서는 국내 상황이 상당히 곤란함에도 불구하고 선린우호 상호부조의 정신에 의하여 최근에 상당량의 잡곡을 수입하도록 해 주니 이는 반도 관민이 감사하여 마지않는 바이다.

그리고 이 경우 깊이 기대하는 것은 전 조선에서 상조의 관념 철저와 어려움에 인내하는 정신을 앙양하는 것이다.

그런데 다행히 재작년 이래 현 시국에 활동을 전개해 온 국민정신조선연맹의 운동과 1932년(昭和 7) 이래 배양된 농촌진흥운동과의 협력적 훈련의 성과에 의하여 인심에 동요가 없이 고난극복, 생업보국의 길을 걷고 있음은 반도의 관민이 모두 자랑하는 바이다. 무릇 물(物)을 통제하려면 먼저 마음[心]을 다스려야 한다. 만약 이기적인 개인이 방종의 관념에 방임한다면 국가총동원체제의 완전을 얻기는 불가능하다. 왜냐하면 생산의 증강, 배급의 원활, 소비의 절약, 저축의 장려, 암거래의 방지 등에 의한 물가의 조정을 기도함에는 먼저 민중을 통틀어 멸사봉공(滅私奉公)의 정신 앙양을 전제로 해야 한다.

따라서 금년도는 다시 국민정신총동원의 기구를 강화하여 농촌에서는 농촌진흥운동과 표리일체가 되어 농산물 가격 및 노임 앙등 등에 수반하는 여러 나쁜 폐단을 교정하고 경제력을 배양하는 데 노력할 것, 도읍(都邑)지대에서는 경제국책에 대한 철저한 협력을 실현하기를 바라는 바이다.

현재의 비상시국을 타파할 요체는 국민총훈련의 마음가짐으로써 조선의 관민이 한 덩어리로써 성업의 수행에 매진하는 외에는 다른 길이 없다. 그러자면 먼저 관공기관인 교육, 경무, 산업, 경제, 기타 각 부문에 걸쳐 소관 부서를 불문하고 민중을 유도하여 상호 제휴하는 데 힘써 그 전력을 발휘할 준비가 필요하다.

세간에서는 종종 기존의 구습에 걸려서 시국에 대응하는 각종 시책을 백안시하는 편이 없지 않고 특히 경제계 일부는 아직도 시국을 분별하지 못하거나 혹은 고의로 인식을 기피하는 불건전한 무리가 있고 또한 소위 지식계급이라 칭하는 자들의 일부에서도 소극적이고 비판적 태도를 일삼아 사상전의 전사라는 소임을 자각하지 못하는 자가 있음은 심히 유감으로 여기는바, 현재 총동원체제 강화에 있어서는 이 몰지각한 분자를 대상으로 한 엄격한 계몽의 방도를 강구해야만 한다.

내선일체의 진의가 해마다 내외의 광범위에 양해되어 그 본의가 힘차게 각 분야의 형태로 발현되어 감은 매우 기쁘게 여기는 바이다. 예를 들면, 지원병의 증원에 대하여 희망자가 격증한 것은 반도인 자제들의 황국신민인 열의를 짐작하기에 충분하거니와 이에 따라 내년도에 걸쳐 청년훈련시설을 크게 확장하고자 하는데 그 성과를 깊이 기대하는 바이다.

또한 기원의 아름다운 계절을 기다렸다가 시행되는 씨(氏)제도는 반도통치 사상 한 획을 긋는 바이다. 이는 역사적 사실에 비추어 대화대애(大和大愛)의 계국(啓國)정신을 받드는 국가 본연의 소산인 동시에 내선일체의 대도(大道)로 나아가는 반도의 동포에게 다시 문호를 개방한 것에 다름 아니다. 각위는 마땅히 본 제도의 큰 정신을 잘 숙지하고 관내 민중 각층에 철저히 주지시키기 바란다.

다음은 관가의 기강을 엄중하게 세우는 데 대해서 특히 한마디 주의를 환기시키겠다. 여기에 대해서는 해마다 본회의 석상에서 언급한 바 있으며 각위도 충분히 유의하는 바이지만 아직 한층 더 노력함으로써 진숙(振肅)이 필요하다. 대개 국가의 총동원체제를 철저히 하고 경제의 통제를 강화하는 데에는 관공리가 민간업자의 경제행위에 간섭할 부문은 더욱 번다하고 심각해질 것이다. 따라서 관공리의 소질, 신조 여하에 따라서는 허다하게 우려할 만한 화근이 잠재해 있음을 예견할 수 있다. 특히 경제 관련 사무를 담당하는 자는 물론이고 일반 관공리도 청렴, 공정을 유지하도록 경계하고 조심을 게을리해서는 안 된다.

동시에 병참기지 사명 완수를 위하여 민간사업자와 서로 진심으로 제휴, 협력하여 적정하고 활발하게 처리하고, 책상 위의 이상과 언론에 치우치지 말고 실정에 맞는 합리적 처리를 생각하고, 모든 수속을 위하여 통제경제의 운영에 원활하지 못한 사태가 발생하지 않도록 각별히 유의하기 바란다.

4. 재외조선인의 지도

동아시아에 약동하는 새로운 기운에 대처하기 위하여 우리는 내지와 만주, 중국에 체류하는 반도 동포에 관하여 중대한 고려를 해야 한다.

방금 내지에 있는 반도인 수는 약 100만에 달하는데, 주로 학생과 노동자로서 특히 노동자가 그 태반을 차지하며 앞으로도 점점 증가하는 추세에 있다. 따라서 저들의 지향과 소질 여부에 따라서는 내지인의 조선 인식에 큰 영향이 미치는 동시에 반도 동포 전체의 안녕과 복지에 지대한 관련이 발생하게 된다.

그러므로 총독부에서는 내지의 관계 당국과, 특히 중앙협화회와 각 부현의 협화회와 밀접한 연락을 취하여 그 보호와 지도를 기대하고 있다.

그런데 최근 도항노동자층에 있어서는 종래의 불평을 만회하여 각종 산업부문의 기업가 측으로부터 환영을 받는 상황에 있음은 기쁜 현상이다. 그 원인은 첫째 현 시국에 노동력이 부족한 데 기인하고, 다른 하나는 도항 전에 각 도가 인선하고 준비한 효과가 나타난 것이다. 특히 후자의 힘이 큰 것을 간과할 수 있다. 각위로서는 앞으로 더욱 도항노동자의 소질 향상을 도모하여 미리 내지의 풍속과 습관, 그리고 간단한 국어(일본어) 이해 등에 관한 예비지식을 부여하여 훈련하고 교육함으로써 내선일체의 정신에 철저하고 내선인이 서로 행복을 증진하는 데 노력하기를 바란다.

다음 만주국에 재류하는 반도인은 그 수가 약 120만에 달하되, 저들 개척민은 주로 농업부문에서 산업개발에 종사하며 만주국의 보호 아래 복지를 향유하여 만주국의 국운 신장에 공헌하고 있다. 이 역시 내지와 마찬가지로 최근에 종래의 불평을 크게 만회하고 있음에 몹시

기뻐하는 바이다. 그 원인은 첫째 만주로 가기 전에 각 도에서 개척민의 자격을 엄선하고 예비 훈련한 효과에 있으며, 다른 하나는 일만(日滿) 일억일심(一億一心)의 도의정신에 기초한 만주국의 포용력과 반도 동포에 대한 이해의 증진에 있다.

그러나 다시 만주국으로 하여금 반도 동포를 환영하는 심경에 도달하기 위해서는 더욱 개척민의 소질 향상을 꾀해야 하는데, 각 도에서는 중요 국책의 하나로서 상술한 취지에 한층 더 철저히 노력하기 바란다.

또한 북중국을 위시하여 중국 중부와 남부에 산재하는 약 10만의 반도인은 일부의 정상적인 사업자를 제외하고 나머지 대부분은 내외인이 대체로 불평을 하므로 반도 동포의 전부에 대한 경멸의 인식을 배양하고 있는 현상은 진실로 유감스럽다. 특히 중앙정부의 수립에 따라 중국의 질서가 점차 회복됨에 따라 더욱 그 결점을 드러내고 있음에 비추어 앞으로 진출하는 자에 대해서는 만주와 같거나 혹은 그 이상으로 적격자를 엄선하고 예비교육과 훈련에 조력하지 않으면 안 된다.

요컨대 반도 동포로서 내외에 재류하는 자가 상대편의 관민 일반에 나쁜 평판을 주고 있음은 동아시아 민족의 협동에 의한 약진과 부흥의 대기운에 나쁜 결과를 초래할 것이 명백하니, 조선 시정을 맡은 자는 반드시 이 점에 비추어 장래를 생각하고 반도 밖으로 진출하는 동포의 소질과 선정, 그 교양과 훈련에 관하여 세심한 주의를 기울여야 한다. 또한 문제의 중대한 이유에 대하여 조선에서 일반 관민의 이해 증진과 협력을 촉구함으로써 훗날 나쁜 원인을 배양하지 않도록 주도면밀한 주의를 기대하는 바이다.

이상 4개 항목으로서 모두 각위의 깊은 이해와 굳센 협력이 필요하다. 본직은 각위의 식견과 열렬한 보답의 정신을 신뢰함으로써 성전의 목적 완수에 매진하여 성지를 받들기 기대하는 바이다.

더욱 상세한 점에 대해서는 정부총감의 훈시와 지시가 있을 터이니 각위는 충분히 숙지한 뒤에 총독부의 해당 국과 완전한 연락하에 최선을 다하기를 간절히 기대하는 바이다.

1940년 4월 23일

조선총독 미나미 지로(南次郞)

자료 130

제3차 도지사회의, 총독 지시사항

《매일신보》 1940년 4월 24일
총독 지시사항(36항)

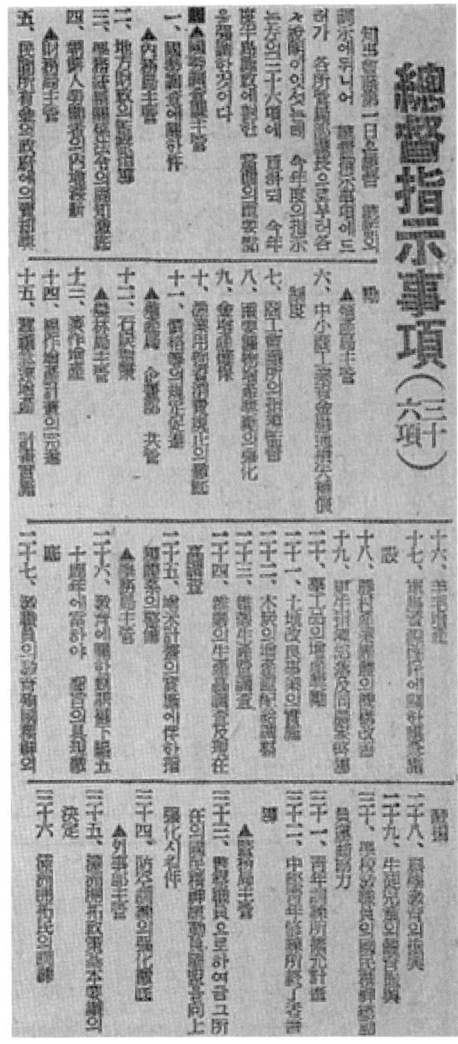

도지사회의 제1일은 총독, 총감의 훈시에 뒤이어 총독 지시사항에 들어가 각 소관 국(局), 부(部), 과(課)의 장으로부터 각각 설명이 있었는데, 금년도의 지시는 다음의 36개 항목에 걸쳐 금년도 반도 시정에 대한 당면 중점을 강조한 것이다.

▲ 국세조사과(國勢調査課) 주관
1. 국세조사에 관한 건

▲ 내무국(內務局) 주관
2. 지방재정의 감찰 지도
3. 학무(學務) 통제 관련 법령의 주지 철저
4. 조선인 노동자의 내지 도항

▲ 재정국(財政局) 주관
5. 민간 소유금의 정부 매각 장려

▲ 식산국(殖産局) 주관
6. 중소상공업 자금, 금융 손실 보상 제도
7. 상공회의소의 지도감독
8. 중요 광물 증산 장려 강화
9. 금 증산 확보
10. 어업용 물자 소비 규정(規正) 철저
11. 가격 등의 규정(規定) 촉진

▲ 식산국(殖産局), 기획부(企劃部) 공동 주관
12. 석탄 대책

▲ 농림국(農林局) 주관

13. 보리농사 증산
14. 면화농사 증산계획의 완수
15. 잠사(蠶絲) 급속증산계획 실시
16. 양모(羊毛) 증산
17. 군마(軍馬)자원 확보에 관한 응급 시설
18. 농촌산업단체의 기구 개선
19. 갱생지도부락 및 동 농가 계도
20. 볏짚[藁] 공예품의 증산 장려
21. 토지개량사업의 실시
22. 목탄의 증산 및 배합 조정
23. 잡곡 생산비 조사
24. 잡곡의 생산량 조사 및 현재 양 조사
25. 쌀증산계획의 실시에 따른 지도체계의 정비

▲ 학무국(學務局) 주관
26. 교육에 관한 칙어 하사 50주년에 즈음하여 성지의 구현 철저
27. 교직원의 교육순국정신 발양
28. 과학교육의 진흥
29. 생도아동의 체육 진흥
30. 학교 교직원의 국민정신총동원운동 협력
31. 청년훈련소 확충계획
32. 중견청년수련소 종료 후 선도

▲ 경무국(警務局) 주관
33. 경찰 직원으로 하여금 그 소재의 국민정신총동원연맹을 향상 강화시킬 것
34. 방공(防空)훈련의 강화 철저

▲ 외사부(外事部) 주관

35. 만주개척정책기본요강의 결정

36. 만주개척민의 훈련

자료 131

성전완수를 위하여 국가총동원체제 확립

《매일신보》 1940년 8월 2일
성전완수(聖戰完遂)를 위하여 국가총동원체제 확립
정부, 기본국책을 구체적으로 실시

[도쿄전화] 정부는 기본국책요강과 고노에(近衛) 수상 담화를 발표하여 정치와 군사의 일치 아래 신(新)국방국가체제를 확립하고자 변화무쌍한 세계정세에 대응하여 국방의 충실과

외교자주의 적극적 쇄신, 국내의 강력한 신정치체제 확립 및 대동아경제권 확립을 향하여 매진하기를 내외에 천명했는데, 이상 기본국책의 구체적 실현에 관해서는 기획원을 중심으로 현재 성안을 서두르고 있으며 이것의 구체방침 실행 매진에 유감이 없도록 하고 있다.

그런데 한편 국민이 주시하고 있는 고노에 수상의 신정치체제 확립에 관해서는 고노에 수상으로부터 구체적으로 소신을 발표할 예정이므로 신정치체제운동은 이를 계기로 하여 본격적인 새로운 전개를 보일 것이라고 기대하고 있는데, 본 국책요강에서 명확해진 신정치체제의 목표와 방향은

1. 관민협력 일치하여 직역에 따라 국가에 봉공하는 것을 기조로 하는 새로운 국민조직(國民組織)의 확립
2. 의회 익찬체제(翼贊體制)의 확립
3. 관계(官界) 신체제의 확립에 있고, 그 근본방침은 팔굉일우(八紘一宇)의 발현과 세계평화의 확립에 만주와 중국을 근간으로 하는 대동아의 신질서를 건설함에 있으며 이 성업의 완수를 위하여 조직적이고 계획적인 국가총동원의 체제를 형성, 확립하려는 것이다.

자료 132

국가총동원에 대비, 노무기술자를 조사

《매일신보》1941년 1월 25일
국가총동원에 대비, 노무기술자를 조사
조선에도 통계령을 실시

　전시 하에 노무자와 기술자를 통제 있게 동원하여 생산력확충에 유감이 없도록 금년부터 조선에서도 노동및기술통제령실시조사령(勞動及技術統制令實施調査令)을 실시하기로 하였다.
　국가총동원법에 의하여 이미 특수한 기술 130여 가지에 대해서는 국민등록(國民登錄)의 형식으로 그 기술을 신고하게 되어 항상 기술자의 움직임과 그 기술자의 기술 정도를 국가가 통제하도록 되어 있는데, 이번에 실시하는 조사령은 노무자와 기술자의 실제 수효를 1년에 한 번 반드시 신고하게 하여 각 방면의 산업계에 동원되고 있는 기술자와 노무자의 수효를 확실히 알고 시국산업 혹은 국가적으로 필요한 산업으로 동원시키도록 하는 것이다.

이 조사령은 공장, 상점, 사업장, 기타 어떠한 곳을 막론하고 다섯 사람 이상을 사용하고 있는 곳에서는 언제든지 그 사업주 혹은 공장주가 이것을 신고하여 인원, 기술 방면, 기타 언제부터 종업하고 있는지를 신고하기로 한 것이다.

이 신고는 매년 6월을 정기로 하고 이러한 산업 방면의 노무자와 기술자의 수효를 확실히 등록시켜 국가적으로 동원계획을 실시하고자 하는 것이다.

그리고 총독부 국세조사과(國勢調査課)에서는 이번 조사를 하기 위하여 45만 엔의 예산을 계상하였고 각 도에 조사사무를 보게 될 인원도 상당히 많이 배치할 작정이라고 한다.

| 자료 133 |

국가총동원체제 급속정비에 매진

《매일신보》 1941년 7월 14일
국가총동원체제 급속정비에 매진
금후 제(諸) 시책, 전시 색채 농후화 예상

[도쿄전화] 긴박화한 국제정세에 대처할 제국의 의연한 방침이 지난 2일 어전회의(御前會

議)에서의 결단을 받들어 결정되었으므로, 정부는 이제 급속하게 국내 총력전체제를 정비, 확립할 결의를 하고

 1. 기본국책요강의 실천 촉진

 2. 국가총동원법의 적극적 발동

 3. 필요한 긴급조치의 단행

등 시책의 전면에 걸쳐 강력한 조치를 실시하고자 기획원을 중심으로 관계 각 성(省)의 동향이 최근 갑자기 활발하게 되었는데, 정부가 취할 앞으로의 제(諸) 시책은 참으로 전시적(戰時的) 색채가 농후한 것으로, 이에 따라 군관민일체(軍官民一體)가 된 확고부동의 국방국가체제(國防國家體制) 건설이 추진될 것이어서 매우 주목된다. 즉

 1. 지난 10일의 정례 각의에서 결정한 재정금융기본방침요강으로써 고도의 국방국가 건설 강령인 기본국책요강의 구체적 계획화가 거의 완료되었으므로, 아래의 8개 요강이 결정되었다.

  (1) 국토계획설정요강

  (2) 일본·만주·중국(日滿支)경제건설계획요강

  (3) 근로신체제확립요강

  (4) 인구정책요강

  (5) 경제신체제확립요강

  (6) 교통운수신체제확립요강

  (7) 과학기술신체제확립요강

  (8) 재정금융기본방책요강

 이 밖에 농업신체제확립요강, 생활신체제에 관한 요강의 입안을 진행하고 있는데, 이들 제 요강은 종래 자칫하면 각의결정 후 실천이 지체되어 진행되지 않는 경향이 있으므로 관계 각 성을 독려하여 차제에 급속히 실시할 방침이다.

 벌써 실천의 과정에 들어간 경제신체제확립요강에 대해서는 중요산업별 통제회(統制會)의 설립을 촉진하는 동시에 법적 배경인 칙령과 중요산업별 단체령의 공포와 실시를 서두르고, 또한 재정금융신체제에 대해서는 새로운 법률을 통해서 할 것과 총동원법 발동을 통해서 할

것 등으로 구분하여 실현을 촉진한다.

1. 국가총동원법은 제76회 의회에서 개정, 강화되어 전시전권위임법적(戰時全權委任法的)인 성격을 띠게 되었는데 이번 달 하순경에는 개정 후 처음으로 총동원심의회를 개최하여 중요산업단체령안(重要産業團體令案)과 배전통제령안(配電統制令案) 등을 부의할 방침이고 앞으로도 적극적으로 이 법을 발동하여 총동원체제의 정비를 착착 진행한다.

2. 국제정세의 급변에 대응할 물자동원계획과 생산력확충계획의 개정과 정비는 지난 9일의 임시각의에서 결정하고 또 내년도 예산편성방침은 8일의 정례각의에서 결정되었는데, 이에 따르면 앞으로 경제 통제를 비롯하여 모든 시책에서 중점주의가 더욱 강화되고 그 결과 국민생활의 전시화(戰時化)가 한층 강화될 것은 필연이므로 이러한 총동원법의 발동만을 가지고는 불가능한 경우도 예상되는바 그 경우에는 필요한 긴급조치를 단행할 준비도 가지고 있다.

이처럼 초비상시국에 직면하여 정부는 견고한 결의를 가지고 국내 체제를 정비하는 동시에 국민이 일억일심으로 정부의 긴급한 제 시책에 협력하여 시국 돌파에 매진하기를 요망하고 있다.

자료 134

근로총동원체제의 급속정비

《경성일보》 1941년 8월 30일
근로총동원체제의 급속정비
노무긴급대책 각의결정
근로보국정신 앙양을 바탕으로
8항목의 실시안 완성

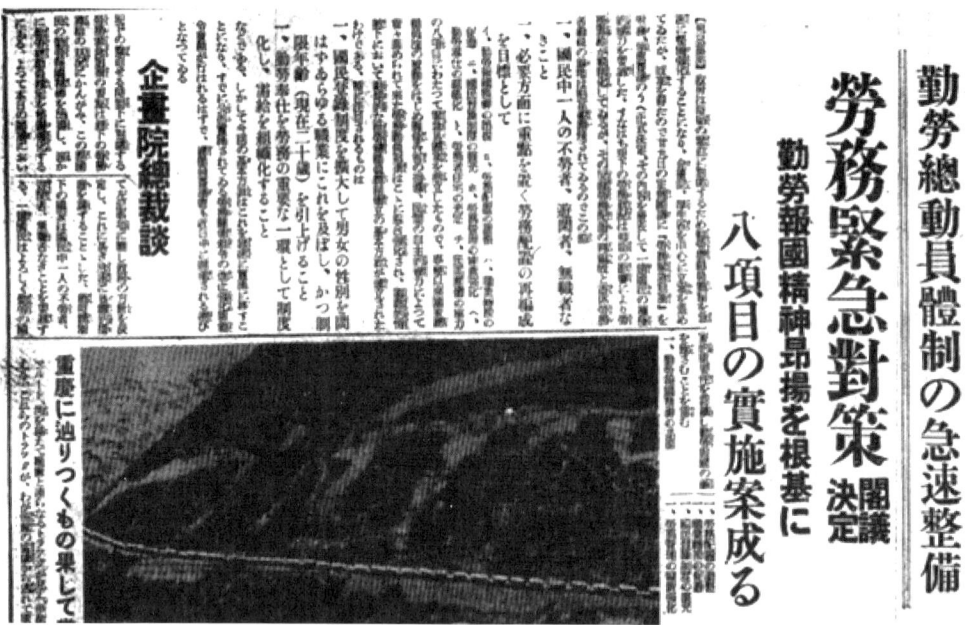

[도쿄전화] 정부는 급박한 시국에 대처하기 위해 근로총동원체제를 급속하게 정비, 강화하기로 하고 기획원, 후생성을 중심으로 입안을 진행해 왔는데, 이것이 완성되었기에 29일 정례각의에서 「노무긴급대책」을 부의하여 신중하게 심의를 한 끝에 정식으로 결정하고 그 내용을 발표하면서 1억 국민의 적극적 협력을 요청하였다.

다시 말해, 현재의 노무 상황은 시국의 영향 때문에 노무수급이 궁핍화하고 있는 반면, 노무배치의 재편성과 유휴노무자 동원의 여지는 상당히 남아 있기 때문에 이번에 아래의 사항을 목표로 하고 있다.

1. 국민 가운데 한 사람의 불로자(不勞者), 유한자(遊閑者), 무직자도 없을 것
2. 필요한 방면에 중점을 두어 노무배치를 재편성할 것

    1) 노무보국정신의 앙양

    2) 노무배치의 조정

    3) 직업전환의 촉진

    4) 국민등록제도의 확충

    5) 노무관리의 쇄신, 강화

    6) 근로봉사의 조직화

    7) 노무자 주택의 충족

    8) 민간단체의 협력

이상 8개 항목에 걸쳐 긴급구체안을 수립함으로써 중일전쟁 이래 국가총동원법의 발동을 비롯해 관계 각 성(省)의 지도, 민간의 자주적인 협력에 의해 착착 진행해 온 노무동원대책이 이로써 종합·강화되었고 임전(臨戰)의 정세하에서 획기적인 근로총동원체제 확립의 기본방침이 확립된 것이다.

특히 주목되는 것은 다음과 같다.

1. 국민등록제도를 확대하여 남녀의 성별을 막론하고 모든 직업에 이를 적용하고, 또한 제한연령(현재 20세)을 끌어올린 것
2. 근로봉사를 노무의 중요한 일환으로서 제도화하고, 수급을 조직화한 것

이미 공포·실시되고 있는 노무 관련 칙령의 개정, 강화, 신칙령 발동이 이루어질 텐데, 총동원심의회도 조만간에 개최될 예정이다.

자료 135

조만간 흥아보국단(興亞報國團) 탄생

《경성일보》 1941년 8월 30일
전 조선의 방방곡곡에서
들고 일어서는 황국민
조만간 '흥아보국단' 탄생

지나사변(중일전쟁) 발발 당초에 피력된 반도 민중의 열렬한 애국심이 긴박한 현 시국하에 다시 나타나 이제 전 반도에서는 왕성한 애국의 열정이 들끓고 병기의 헌납, 헌금, 폐품회수 등 수많은 총후의 미담들을 만들어 내고 있는데, 이러한 민심에 부응하여 지난 5일 이동치호 (伊東致昊, 윤치호)씨 이하 반도인 유력자가 솔선하여 민중의 임전체제(臨戰體制) 강화를 제창하

며 미나미(南) 총독, 오노(大野) 정무총감을 방문하여 그 열의를 밝혔다.

이에 대해 총독과 정무총감은 전폭적인 지지와 격려를 하였고 조만간 흥아보국단이 탄생할 것을 기대하기에 이르렀다.

이로써 흥아보국단의 결성 준비를 국민총력연맹과 긴밀하게 연락하면서 지난 23일 조선호텔에서 전 조선의 유력자들이 모여 구체적인 검토를 하였고, 이어서 25일에는 경성부민관에서 각 방면과 각 계층의 지도자를 망라하여 임전체제협의회가 개최되는 등 실로 반도 민중의 자발적인 협력과 실천을 향한 기세를 보여주고 있다.

이처럼 보국단 탄생을 향한 건설적인 앞길은 소기의 애국적 목적을 목표로 하는 것만으로도 강력한 협력이 배양될 뿐만 아니라, 총독부 당국으로서도 이것이 조속하고 원활하게 탄생할 것을 크게 기대하며 절대적으로 지원한다는 태도를 표명하고 있다. 한편 총력연맹도 적극적으로 협력하고 있기 때문에 그동안의 미진함에도 불구하고 보국단의 사명이 가급적 조속하게 전 조선의 방방곡곡에까지 파급되어 진실로 반도의 민중이 시국의 인식에 근거하여 황국민다운 열의가 무르익어 보국단의 탄생이 실현되기를 희망한다.

오늘까지 준비 경과는 이러한 요망에 비추어 볼 때 순조롭게 진척되고 있기 때문에 반도 민중이 기대하는 보국단의 탄생도 드디어 가까운 시일 내에 강력하게 발족하리라 기대하고 있다.

자료 136

전 국민 남김없이 국가의 노역에

《부산일보》 1941년 9월 13일
전 국민 남김없이 국가의 노역에
노무총동원 임전체제(臨戰體制)

　[도쿄전화] 전시하에 국민들 가운데 한 사람의 유한자(有閑者)나 무직자가 없도록 1억 국민의 개로(皆勞)를 목표로 하는 노무총동원 임전체제(臨戰體制) 근로보국대(勤勞報國隊)제도에 관한 칙령안요강이 11일 총동원심의회에서 원안대로 가결되어 드디어 근로총진군(勤勞總進軍)이 강력하게 시작되었다.

이 보국대의 편성에 따라 근로보국의 기풍을 한층 더 진흥시키고 또한 실질적으로는 현 시국하에서 긴요한 부문에 근로를 집중시키고 한 사람 한 사람이 질서정연하게 국가의 노역에 임하는 체제를 정비하게 되는데, 문자 그대로 '전선(戰線)에서는 총(銃)으로, 총후(銃後)에서는 노력(勞力)으로'라는 국민총동원체제가 확립된 것이다.

이 국민근로보국대의 내용은

1. 편성

보국대의 협력을 받게 되는 측, 예를 들면 민간군수공장, 농장, 광산 등이 보국대의 협력을 신청한 경우 시정촌장, 청소년단장, 학교장 등에게 알리고 그 취지를 주무대신과 지방장관이 그 편성을 명한 작업의 종류, 기간, 장소, 기타 필요한 사항을 지정하게 한다. 편성명령을 받은 단체는 이에 따라 각자 그 연령과 직업, 신체 상태, 가정 상황 등, 목적에 참가할 것을 선정하여 본인에게 통지한다. 그리고 국민근로보국대는 결성된 작업을 개시한다. 또한 협력 기간은 원칙적으로 1년 동안 3개월을 초과할 수 없다.

2. 참가자

참가자의 연령은 남자는 14세부터 40세 미만, 여자는 미혼자로 14세 이상 25세 미만인 자인데, 육해군 군인으로 현재 현역 또는 소집 중인 육해군 생도, 군속, 기타 징용된 자, 군사상 필요한 총동원업무에 종사하는 자 등은 제외된다.

노약자와 어린이, 불구자 등의 보호책임이 있는 자, 신체 상황에 따라 노무를 감당할 수 없는 자는 참가 의무가 없지만, 이러한 자라도 지원하면 참가할 수 있다.

3. 작업

   1) 농번기 농촌노동력 보충

   2) 군수공장, 생산 관련 공장 등의 작업으로서 비교적 숙련이 필요 없는 일

   3) 군 작업장의 작업, 모두 비교적 숙련이 필요 없는 쉬운 작업

4. 기타

근로보국대에 참가해 총동원업무에 협력하는 경우 근로보국의 취지에 따라 보상을 받지 않는 것을 원칙으로 하는데, 협력해야 할 경우 여비, 숙박 등의 실비 또는 업종과 참가할 본인의 사정 등에 따라 수당을 지급하는 경우도 있고 그 경비는 공장, 사업장 등의 협력을 받는 측이 부담한다. 또는 불행히 사망, 부상 등의 경우에는 충분한 위로 방법을 강구하도록 한다.

자료 137

반도 청년의 광영(光榮), 국민징용령 발동

《경성일보》 1942년 1월 9일
반도 청년의 광영, 국민징용령 발동
이시다(石田) 후생국장의 담화

　1939년(昭和 14) 7월에 발포된 국민징용령이 반도에서도 그해 10월 1일에 공포되었는데, 드디어 이번에 발동을 하게 되어 반도의 청년들도 황국신민으로서의 광영을 입을 날이 왔다. 이시다(石田) 후생국장이 8일 징용령 발동에 즈음하여 다음과 같이 담화를 발표하여 총후(銃後)와 응징자(膺懲者) 자신의 마음가짐에 만전을 기할 것을 요청하였다.

　이번에 조선에서 처음으로 국민징용령이 발동됨에 따라 다수의 청년이 현재 가장 중요하고도 긴급한 정부의 사업에 종사하게 되었는데, 이는 우리 반도에서 청년들에게 일대의 광영일 뿐만 아니라 또한 조선으로서도 실로 일대 약진이다. 지난해 대동아전쟁이 발발함에 따라 우리 반도에서는 각 방면에서 수많은 총후의 후원에 관한 미담이 있었는데 국민징용에 의한 응징자는 특히 근로를 통해 직접 성업의 일익을 담당할 수 있다. 이미 내지에서는 다수의 청년이 징용에 응하여 의연하게 국가의 중요한 사업에 참가하여 성업의 일익을 보좌하는 데 매진하고 있는데, 우리 반도의 청년에 대해서도 내지의 청년과 마찬가지로 차별하지 않는 길이 열린 것은 응소자 본인은 물론이고 일족과 지역으로서도 커다란 영광이며 또한 커다란 감격이라고 하지 않을 수 없다. 정부로서는 이러한 응소자의 취급에 대해서 충분히 주의를 기울일 것이며 신분과 기타에 대해서도 한층 더 우대하는 방법을 강구할 것이며 본인 또는 그 가족부조 또는 원호의 은전도 강구하고 있음은 물론이며, 일반 노무자와 달리 취급하고 있다. 징용령서(徵用令書)를 교부받은 사람들은 영장에 적힌 취지를 잘 이해하고 정부가 명령하는 바를 숙지함으로써 내선일체의 결실을 거두기 바란다. 또한 일반 국민은 이러한 근로 전사에 대해 병사와 마찬가지로 성의를 갖고 대하며 그 책무의 완수에 협력하기를 기대하는 바이다.

자료 138

생산증강근로긴급대책요강

《경성일보》 1943년 1월 21일
생산증강근로긴급대책 완성
국민징용제를 쇄신 강화
동원 대상을 전 국민으로 확충

[도쿄전화] 정부는 대동아전쟁 완수를 위해 생산증강의 중요 요소가 되는 동원체제의 긴

급강화에 대해 기획원과 후생성에서 검토해 왔는데, 완성을 보게 되었기에 20일 각의에서 '생산증강근로긴급대책'을 부의하여 이를 결정하고, 이날 오후 4시 그 요강을 정보국에서 발표하였다.

이번에 결정된 '생산증강근로긴급대책'은 작년 가을 결정된 '노무긴급대책'을 한층 더 심화하고 장기건설전의 현 단계에 대응하여 현재 긴급한 국민근로의 최대한 효율 발휘에 적합한 시책을 부여한 것으로서 그 의미가 매우 심대한 것이다.

이 요강의 핵심이 되는 것은 '국민징용제도의 쇄신, 강화'이며 국민동원의 대상이 기존의 노무자에서 전 국민으로 확충된 것에서도 알 수 있듯이 앞으로 국민징용제도는 곧 노무배치에 불가피할 것이며 여기에 황국근로관(皇國勤勞觀)의 수립이 강력하게 요청되는 것이다.

그리고 국민징용의 국가성을 명료화한 대책으로서 피징용자에게 교양훈련을 실시하고 또한 공여하는 보급에 대해서도 국가의 부담을 정하고 나아가 징용의 전형(銓衡)을 엄정하게 하기 위해 국민징용관(國民徵用官) 제도를 확립하고 적정한 전형기준을 설정하는 것은 획기적인 시도라 할 수 있다.

다음으로 이번 의회에 제출되는 '전시행정직권특례(戰時行政職權特例)'에 의한 ■■주의, 생산의 현실적인 요청에 따라 노무자를 배치 ■■를 쉽고 신속하게 하기 위해 당연히 노무조정령(勞務調整令)의 개정이 있어야 할 것으로 전망된다.

게다가 이와 동시에 여자의 적극적인 활용을 명시한 것이 주목된다. 또한 취업시간제한령에 고도의 탄력성을 부여하고, 취업시간 제한과 정도에 관련이 있는 임금제도도 현행 임금통제령을 쇄신하여 여기에 탄력성을 부여하였다. 이를 계기로 임금제도의 근본대책이 수립된 데에 의미가 크다. 마지막으로 응징자용 생활필수물자의 확보, 주택환경에 만전을 기하고, 이를 위해 산업보국회를 활용하기로 한 것은 본래의 사명 재확인을 촉구하는 것이며 공장, 사업장 등에서의 강연회 활용도 현실적인 시책이 나온 것이라 할 수 있다.

근로긴급대책요강(勤勞緊急對策要綱)

생산증강은 국가의 긴요한 업무에 대해 이를 완수하기 위해서는 국민근로의 충실, 발휘에 결정적으로 달려 있다는 점에 비추어 근로총력을 최고도로 발휘하기 위해 특별히 다음과 같은 방책을 긴급실시하기로 하였다.

제1 국민징용제도의 쇄신, 강화

1. 국민징용령의 국가성 명확화
    1) 피징용자 전원 일체의 태세로 생산증강에 매진할 수 있도록 필요한 조치를 강구할 것
    2) 징용은 미리 합격자를 정하고 될 수 있는 한 국가시설에 수용하여 교양훈련을 실시한 다음 공장사업장에 배치할 것
    3) 공장사업장에서 지급을 받는 피징용자의 급여가 해당 피징용자의 전수에 비해 현저히 감소할 때에는 이를 보급하는 방도를 강구하고 그 재원은 국가에서 대부분 부담할 것(이 부담은 별도 국민용 원호제도의 확충에 의하여 이를 실행한다)
2. 국민징용제도의 운영개선
    1) 현행 징용기간은 이를 연장하고 필요할 때에는 다시 더 갱신할 수 있도록 하는 동시에 징용을 해제할 수 있는 경우를 명확히 할 것
    2) 징용전형을 엄정, 권위 있게 하기 위하여 국민징용관제도를 확립하는 동시에 국민직업지도소의 기능증진에 필요한 조치를 강구할 것, 징용관은 지방현의 관계 고등관으로 하여금 이를 관장하게 할 것
    3) 징용급원의 확보와 전형의 엄정을 기하기 위하여 전형에 대한 징용 제외의 범위를 축소하는 동시에 적정한 전형기준을 정할 것
    4) 국민등록의 범위를 더욱 확대하여 피징용자 전형에 잘 사용할 수 있도록 그 준비를 도모할 것
    5) 피징용자로서 특히 근로 상황이 불량한 자는 국가의 특별연성시설에서 연성을 실시하여 그 교화 선도에 노력할 것
3. 국민징용원호제도의 확충
    피징용자로 하여금 후원의 우려가 없게 하기 위하여 그 유가족에 대한 원호제도를 확충 강화하는 동시에 피징용자의 사기를 앙양하기 위하여 위문격려에 대해 특별한 조치를 강구할 것

제2 국민근로의 중점적 배치의 강화 철저

1. 산업 및 기업 간 중점의 이동에 즉응하는 기업정비의 진척에 따라 공장사업장 간의 근로자 배치전환을 용이하게 하고 또한 신속하게 하기 위하여 필요한 조치를 강구할 것
2. 중소상공업자의 전시 중요 생산에의 전환을 한층 더 촉진시키기 위하여 필요한 조치를 강구할 것
3. 국민근로보국대제도의 쇄신을 도모하고 각 지역 직역 또는 단체의 보국대의 상시 조직을 편성시키고 그 출동기간을 연장할 것
4. 급하지 않은 것으로 인정된 학교, 특히 시국하 긴요하지 않은 각종 학교 및 이와 유사한 시설의 폐쇄제한 또는 소요정원의 감소를 행하는 동시에 학생생도의 근로보국대 조직에 대해서는 특히 그 확충 강화를 도모할 것
5. 여자로서 대신할 수 있는 업종 및 직종에 대해서 각각 여자의 사용원수 표준을 정하는 동시에 여자근로관리를 확립하여 여자의 동원 강화를 도모할 것

위와 관련하여 남자의 취업제한 내지 금지를 행한다.

제3 근로관리의 쇄신, 강화

1. 근로관리행정의 강화
   1) 황국 본래의 근로관을 확립하고 공장사업장의 근로관리 기구 및 근로관리의 진용을 정비시키기 위하여 필요한 조치를 강구하는 동시에 특히 근로능률이 불량한 공장사업장에 대하여 근로관리를 개선하기 위해서 강력한 지도를 할 것
   2) 관리관, 노무관, 공무관 등 긴급한 일체의 체제를 정비하고 중요 공장사업장의 생산능률의 증강에 대하여 종합적이며 강력한 지도를 할 것
2. 근로청소년의 보도연성, 국력의 기간인 근로청소년의 불량화를 미연에 방지하는 동시에 건전한 근로청소년 육성을 위하여 별안(근로청소년 보도 긴급대책요강)에 의하여 그 보도 연성의 철저를 도모할 것
3. 취업 중 시간 제도의 쇄신

현행 취업시간 관계 법규를 개정하여 전시생산에 즉응할 강력성이 있는 운영을 할 수 있도록 할 것
4. 전시적성임금제도의 확립

근로자의 생활 항상성을 확보하고 근로율의 향상을 기하고자 임금통제를 합리적으로 하는 동시에 임금통제상 필요한 조치를 별도 강구할 것

제4 근로자용 물자

주택 등에 관한 대책 강화
1. 근로자용 물자의 할당과 배급은 원칙적으로 산업보국회의 조직을 통하기로 하고 그 일원화를 도모한다.
2. 공장, 광산, 사업장에서의 구매회의 배급기구상 지위를 인정하고 이의 적극적 활용을 도모한다.
3. 근로자 주택 기숙사는 후생시설은 나라에서 일정한 기획을 정해 공장시설과 일체적으로 계획하게 하며 기존에 건립된 건물의 유효이용에 대하여 특별한 조치를 강구할 것

제5 본 요강 실시에 관해 필요한 경비에 대해서는 예산상의 조치를 강구할 것

자료 139

결전 반도의 두뇌동원체제(頭腦動員體制) 확립

《매일신보》 1943년 10월 10일
결전 반도의 두뇌동원체제 확립
'조선연구소(朝鮮硏究所)' 신설
완승에 과학기술총동원

총독부에서는 반도과학기술진영과 사회경제조사기능을 총동원하여 결전필승의 생산전력(戰力)을 추진하고 아울러 일본국토계획의 조선에서의 전개에 대하여 확고한 기초자료를 제공하여 고도국방국가 건설과 도의(道義)조선 확립에 기여하는 획기적 시설을 강구중인바, 재단법인 '조선연구소'를 신설하기로 되어 이에 관한 설립요강과 과학동원체제확립요강, 사회경제조사연구요강을 각각 결정하고 9일 정보과장(情報課長) 담화로 각 요강을 발표하였는데, 결전하 반도 관민의 두뇌동원체제가 이에 확립되었다.

두뇌동원의 참모본부인 조선연구소는 관민 연구기관과 개인의 종합기구로서 총독부 내에 설치하고 소장에 정무총감, 이사장에 총무국장, 상임이사에 총무국 기획실장이 되고, 과학기술부와 사회경제부를 두어

1. 과학기술부에서는 총독부중앙실험소, 지질조사소, 선광(選鑛)연료연구소, 농업실험장, 임업시험장, 수산실험장 등 관청의 실험연구기관을 비롯하여 민간기관, 학술기관, 각 공장사업장, 광산 등 현장, 총독부 각 국(局)으로 하여금 연구과제를 제출시켜, 이것을 정리하여 과학동원체제확립요강에 의하여 설치된 조선과학기술심의회에서 심의결정한 다음, 총독부로부터 직접 각 연구기관에 총동원법(總動員法)에 의한 연구명령(研究命令)을 내리거나 또는 조선연구소 과학기술부에 명령을 내리면 소속 기술자와 설비를 동원하여 연구에 종사한다. 한편 연구소는 내지의 과학동원협회, 만주국협화회과학기술연합부회(部會)와도 긴밀히 연락하여 내외 과학두뇌의 교류를 도모한다.
2. 사회경제부에서는 관청, 민간, 학술 각 기관과 사회, 개인, 총독부 각 국으로 하여금 연구과제를 제출하게 하여 정리한 다음 기존에 설치된 총독부 국토계획위원회에서 심의결정하고 총독부에서 직접 또는 연구소를 통하여 단체, 기관과 개인에 연구명령을 내리는데, 동 부(部)에서는 다시 내지의 조사연구연맹과도 긴밀히 연락한다. 새로 설치되는 조선과학기술심의회는 총독부 각 국장, 각 학술기관장, 관민기관 연구기관장, 주요 공장사업장 대표자로 구성하고 위원장에는 정무총감이 된다.

조선과학동원체제 확립요강

제1 방침

대동아전쟁 결전 단계에 처하여 생산확충의 철저한 추진을 목표로 하고 조선 내에 관민일치, 과학기술의 총동원체제를 확립하려는 데 있다.

제2 요령

1. 과학기술심의회의 설치
    1) 조선총독부에 과학기술심의회를 설치하고 정무총감을 위원장으로 하여 총독부 국장, 학술기관의 장, 관민 실험연구기관의 장 및 주요 공장사업장의 대표 등으로 조직함.
    2) 본 심의회의 심의사항은 다음과 같다.
        (가) 각종 실험기관의 동원방책
        (나) 기술자와 각종 물적 시설의 실험연구 동원방책
        (다) 실험연구사항의 심의
        (라) 기타 과학기술에 관한 중요 사항

2. 조선연구소의 활용
    1) 조선 내에 관민 과학기술연구기능의 계획적 동원을 꾀하고 전력증강을 촉진하기 위하여 별도로 설치될 조선연구소 내에 과학기술부를 설치함.
    2) 본 연구소는 과학기술에 관하여 총독부가 결정한 바에 의하여 각종 실험연구기관과 공장사업장 등의 기술자 및 물적 시설을 총동원하여 사람과 시설을 결합시켜 시험연구에 종사하게 함으로써 그 주요한 기능으로 함.
    3) 본 연구소로 하여금 내지의 과학총동원협회 및 만주의 협화회과학기술연합부회 등의 연락을 장악하게 함.

자료 140

국민개로책(國民皆勞策)의 강화

《매일신보》 1943년 10월 10일
사설 – 국민개로책의 강화

1. 총독부에서는 지난 8일 생산증강노무강화대책요강(生産增强勞務强化對策要綱)을 결정, 발표하였다. 이제 이 요강의 요점을 보면, 첫째는 국민징용의 범위를 확대해서 조선 내의 철강, 경금속 등의 중요산업에 적용하되 징용기간은 대체로 1개년 정도로 할 것, 둘째는 도회지에서 놀고먹는 자와 불요불급한 산업에 종사하고 있는 자를 우선적으로 징용하는 외에 도시의 근로보국대와 여자의 노무를 적극적으로 활용할 것, 셋째는 책임자의 진두지휘를 강조하고 노무자의 이동을 방지할 것, 넷째는 노무자의 의식주를 확보하여 능률증진에 조금도 영향이 없도록 할 것 등 네 가지가 그 중요한 골자이다.

여기에서 새삼스럽게 말할 것도 없이 전시하에서 노무동원은 병력동원과 아울러 승패의 중요한 요소가 된다.

병기의 제조, 지하자원의 개발, 식량증산 등, 전력증강에 필요한 일체의 행동은 모두 노동력 자원의 확보를 그 출발점으로 한다.

그런 만큼 국민의 근로총력을 적절히 배치해서 최고도의 능률을 발휘하게 하는 것은 당장의 급선무이다.

이 의미에서 긴급생산 부문에 대한 노무의 배치를 적정하고 원활하게 하기 위하여 국민징용을 한층 더 강화한 것은 적절한 조치이다.

2. 그러나 시국의 노무대책이 결정되었다고 문제가 해결되는 것은 아니다. 중요한 것은 대책의 나열에 있지 않고 국민의 인식 철저 여하에 달려 있다. 징용된 노무자가 황국의 근로정신에 철저하지 못하여 능률을 올리지 않으면 안 될 것이며 국민 중 한 사람이라도 놀고먹는 사람이 있어서도 안 될 것이다. 우리 반도에는 재래로 근로를 천시하는 사상이 있었다. 선조의 덕택으로 가정이 다소 부유하면 아무것도 하는 것 없이 소위 고등 유민(遊民)으로 일생을 허송하는 자가 많다. 그러나 지금은 전시이다. 한 사람이라도 낮잠을 불허할 때이며 놀고먹어서는 안 될 때이다.

보라. 놀고먹는 그대들과 동년배의 동포들은 폭탄이 비처럼 쏟아지는 전선에 나아가 조국을 위하여 싸우고 있지 않은가. 여자라 하더라도 혹은 군 관계 병원에서 혹은 농번기의 보모로서 용감하게 노력하고 있지 않은가. 훤한 대낮부터 영화관, 다방에나 출입하며 한담과 객설로 소일하는 것은 황국신민으로서 큰 치욕이다. 모든 반도 청년의 이름을 더럽히는 것이다. 프랑스는 어째서 패하였는가? "그것은 프랑스 청년이 너무나 나태하였기 때문이다."라고 '앙드레 모루아'는 말하지 않았는가. 일찍이 프랑스가 '나폴레옹'이 인솔하여 전 유럽을 떨게 한 것은 오늘과 같이 방탕한 남녀가 난무하는 때가 아니었다. 아침 일찍 일어나 들로 나가고 저녁 늦게야 집으로 돌아오는 수백만의 농부가 있었기 때문이다.

우리는 살을 베어 내고 뼈를 깎아 내는 한이 있더라도 이 전쟁을 이겨야만 한다.

그러자면 우리는 한 사람도 놀지 않고 모두 나라를 위하여 근로봉공해야만 한다.

3. 우리는 먼저 근로에 대한 인식부터 새로이 가져야 한다. 근로는 자기의 이익을 증대하기 위해서나 자기의 생계를 유지하기 위해서 하는 것이라고 생각한다면 큰 잘못이다. 이렇게 생각하기 때문에 반도의 청년 가운데에는 다소 생활이 풍족하면 놀고먹고 조금만 수입에 여유가 있어도 결근하는 사람이 있는 것이다. 그러나 근로는 황국민으로서의 봉사활동이다. 황국에 대한 황국민의 책임인 동시에 영예이다. 근로는 개인의 것이 아니고

국가의 것이다. 임금은 근로에 대한 대가가 아니라 국가가 주는 생활보장이다. 그러므로 우리나라에서는 국민의 생활이 부유하다고 해서 근로를 않고 놀고먹어서는 안 된다. 빈부, 남녀를 불문하고 모두 국가를 위하여 근로해야만 한다.

이 획기적인 근로강화대책이 유종의 성과를 드러내서 전력을 증강하고 따라서 적(適)인 미영(美英)을 처부수기 위해서는 국민이 위정 당국에 협력하여 근로보국에 정신(挺身), 매진해야만 한다.

총후의 1억 국민이 모두 나라의 부르심을 받는 것과 같은 각오로 전투배치에 서야 한다.

자료 목록

수록 법령 및 각의결정 등의 목록

자료번호	관련 항목	법령 및 각의결정 등의 명칭	형태	제정, 공포, 결정일	본문 쪽수
1	총동원	군수공업동원법	법률	1918. 4. 16	44
2	총동원	군수공업동원법을 조선, 대만 및 화태에 시행하는 건	칙령	1918. 10. 2	49
3	총동원	총동원계획설정처리업무요강안	각의결정	1929. 6. 18	51
4	총동원	잠정총동원기간계획 설정에 관한 방침의 건	각의결정	1930. 4. 1	56
5	총동원	총동원기본계획강령 규정의 건	각의결정	1930. 4. 8	60
6	총동원	국책기준	각의결정	1936. 8. 11	82
7	총동원	제2차 총동원기간계획강령 설정의 건	각의결정	1936. 8. 28	85
8	총동원	1936년도(昭和 11), 1937년도(昭和 12) 총동원계획 설정의 건	각의결정	1936. 9. 15	88
9	총동원	제2차 총동원기간계획강령 등 설정의 건	각의결정	1936. 12. 26	90
10	총동원	총동원경비계획잠정강령	각의결정	1936. 12. 26	93
11	총동원	국가총동원 준비에 관한 건	내각훈령	1937. 5. 27	121
12	총동원	북지사변(중일전쟁)에 적용해야 할 국가총동원계획요강	각의결정	1937. 9. 4	123
13	총동원	군수공업동원법의 적용에 관한 법률	법률	1937. 9. 10	132
14	총동원	군수공업동원법 적용에 관한 법률을 조선, 대만 및 화태에 시행하는 건	칙령	1937. 9. 18	134
15	총동원	국책대강	각의결정	1938. 1. 20	136
16	총동원	국가총동원법	법률	1938. 4. 1	139
17	총동원	국가총동원법을 조선, 대만 및 화태에 시행하는 건	칙령	1938. 5. 3	149
18	총동원	남양군도에서의 국가총동원에 관한 건	칙령	1938. 5. 4	151
19	총동원	국가총동원상 긴급을 요하는 제 정책의 철저 강행에 관한 건	각의결정	1938. 6. 23	153
20	총동원	1939년도(昭和 14) 국가총동원실시계획 설정에 관한 건	각의결정	1938. 9. 13	156
21	총동원	국민직업능력신고령	칙령	1939. 1. 7	158
22	총동원	1940년도(昭和 15) 이후 국가총동원계획 설정방침에 관한 건	각의결정	1939. 6. 16	164
23	총동원	총동원업무사업설비령	칙령	1939. 7. 1	168
24	총동원	총동원업무지정령	칙령	1939. 7. 5	171
25	총동원	총동원업무사업주계획령	칙령	1939. 7. 26	173
26	총동원	관동주국가총동원령	칙령	1939. 8. 26	176
27	총동원	총동원시험연구령	칙령	1939. 8. 30	178
28	총동원	국가총동원법 등 시행의 통할에 관한 건	칙령	1939. 9. 30	181

자료번호	관련 항목	법령 및 각의결정 등의 명칭	형태	제정, 공포, 결정일	본문 쪽수
29	총동원	가격 등 통제령	칙령	1939. 10. 18	183
30	총동원	소작료통제령	칙령	1939. 12. 6	191
31	총동원	총동원물자사용수용령	칙령	1939. 12. 16	196
32	총동원	국민체력법	법률	1940. 4. 8	203
33	총동원	1940년(昭和 15) 국세조사시행령	칙령	1940. 5. 24	208
34	총동원	기본국책요강	각의결정	1940. 7. 26	212
35	총동원	국가총동원법 중 개정법률	법률	1941. 3. 3	216
36	총동원	국가총동원법 중 개정법률 시행기일의 건	칙령	1941. 3. 12	221
37	총동원	국정처리의 전시태세화에 관한 건	각의결정	1941. 7. 25	223
38	총동원	총동원업무지정령	칙령	1942. 1. 31	227
39	총동원	전시해운관리령	칙령	1942. 3. 25	229
40	총동원	국가총동원법에 기반을 둔 칙령에 의한 재단 등의 등기수속에 관한 건	사법성령	1942. 5. 20	241
41	총동원	1943년도(昭和 18) 국가총동원계획 등의 편성에 관한 건	각의결정	1943. 2. 19	245
42	총동원	1944년도(昭和 19) 국가동원계획 책정에 관한 건	각의결정	1943. 8. 3	248
43	총동원	총동원경비요강 설정에 관한 건	각의결정	1944. 8. 15	251
44	총동원	총동원업무지정령 중 개정	칙령	1945. 2. 28	266
45	국민정신	국민정신총동원 실시요강	각의결정	1937. 8. 24	272
46	국민정신	국민정신총동원 실시에 관한 내각훈령	내각훈령	1937. 9. 9	276
47	국민정신	국민정신총동원 실시에 관한 내각고유	내각고유	1937. 9. 9	278
48	국민정신	국민정신총동원 총후보국 강조주간 실시에 관한 건	통첩	1938. 4. 9	281
49	국민정신	1938년도(昭和 13) 국민정신총동원 실시기본방침	각의결정	1938. 4. 28	285
50	국민정신	국민정신총동원 강화방책	각의결정	1939. 2. 9	289
51	국민정신	국민정신총동원 신전개의 기본방침	각의결정	1939. 4. 11	292
52	국민정신	전시 국민사상 확립에 관한 기본방책요강	각의결정	1943. 12. 10	295
53	국민정신	전시 국민사상 확립에 관한 문교조치요강	각의결정	1943. 12. 10	299
54	조선인 인신	조선민사령 중 개정의 건	제령	1939. 11. 10	305
55	조선인 인신	조선인 씨명에 관한 건	제령	1939. 11. 10	308
56	조선인 인신	조선호적령 중 개정	조선총독부령	1941. 4. 8	310
57	조선인 인신	조선기류령	제령	1942. 9. 26	312
58	조선인 인신	조선기류수속규칙	조선총독부령	1942. 9. 26	314
59	중요산업	중요산업 통제에 관한 법률(중요산업통제법)	법률	1931. 4. 1	323
60	중요산업	중요산업 통제에 관한 법률 중 개정법률(중요산업통제법 중 개정)	법률	1936. 5. 28	326
61	중요산업	중요수출품 단속법	법률	1936. 5. 28	329
62	중요산업	중요산업 통제에 관한 법률을 조선에서 시행하는 건	칙령	1937. 2. 25	333
63	중요산업	조선총독 소관에 관계된 군용자원비밀 보호에 관한 건	조선총독부령	1940. 10. 15	335
64	중요산업	중요산업단체령	칙령	1941. 8. 30	340
65	중요산업	중요산업단체령 시행규칙	각령	1941. 9. 1	352
66	중요산업	중요산업지정규칙	각령	1941. 10. 30	358

자료번호	관련 항목	법령 및 각의결정 등의 명칭	형태	제정, 공포, 결정일	본문 쪽수
67	중요산업	국가총동원법 제18조 규정에 따른 법인 등이 행정관청의 직권을 행사하는 건에 관한 법률	법률	1942. 2. 18	361
68	중요산업	중요산업지정규칙 중 개정	각령	1942. 4. 8	363
69	중요산업	중요산업지정규칙 중 개정	각령	1942. 8. 4	365
70	중요산업	행정관청직권위양령	칙령	1943. 1. 21	368
71	중요산업	행정관청직권위양령 시행규칙	상공성령	1943. 1. 21	378
72	중요산업	행정관청직권위양령 제14조 제1항 제6호 및 제7호 시행에 관한 건	내무성령·철도성령	1943. 1. 23	386
73	중요산업	철도성 소관의 직권에 관한 행정관청직권위양령 시행규칙	철도성령	1943. 1. 23	391
74	중요산업	조선중요산업지정규칙	조선총독부령	1945. 2. 21	395
75	중요산업	방위생산체제 확립에 관한 건	각의결정	1945. 5. 12	397
76	중요산업	중요산업지정규칙 중 개정	각령	1945. 6. 8	404
77	국방, 치안	국방보안법	법률	1941. 3. 7	409
78	국방, 치안	치안유지법	법률	1941. 3. 10	418
79	국방, 치안	국방보안법 시행령	칙령	1941. 5. 7	429
80	국방, 치안	국방보안법 시행기일의 건	칙령	1941. 5. 7	432
81	국방, 치안	조선에서 재판수속 간소화를 위한 국방보안법 및 치안유지법의 전시특례에 관한 법률	법률	1944. 2. 15	434
82	국방, 치안	조선에서 재판수속 간소화를 위한 국방보안법 및 치안유지법의 전시특례에 관한 법률 시행기일의 건	칙령	1944. 3. 1	436
83	국민동원	1942년도(昭和 17) 국민동원실시계획 책정에 관한 건	각의결정	1942. 5. 26	441
84	국민동원	생산증강근로긴급대책요강	각의결정	1943. 1. 20	450
85	국민동원	1943년도(昭和 18) 국민동원실시계획 책정에 관한 건	각의결정	1943. 5. 3	454
86	국민동원	긴급국민근로동원방책요강	각의결정	1944. 1. 17	460
87	국민동원	근로앙양방책요강	각의결정	1944. 3. 18	465
88	국민동원	과학기술자동원계획 설정에 관한 건	각의결정	1944. 7. 11	471
89	국민동원	1944년도(昭和 19) 국민동원계획 책정에 관한 건	각의결정	1944. 8. 16	474
90	국민동원	조선 및 대만 동포에 대한 처우개선에 관한 건	각의결정	1944. 12. 22	478
91	언론	신문지 등 게재 제한령	칙령	1941. 1. 10	484
92	언론	언론, 출판, 집회, 결사 등 임시단속법	법률	1941. 12. 19	487
93	언론	언론, 출판, 집회, 결사 등 임시단속법 시행규칙	내무성령	1941. 12. 20	491
94	언론	조선임시보안령	제령	1941. 12. 26	494
95	언론	보도, 선전 및 국민운동의 연락조정에 관한 건	각의결정	1943. 12. 7	498
96	언론	영화사업, 신문사업 및 출판사업 관련 허가인가 등 임시조치령 시행규칙	각령·내무성령·문부성령·후생성령	1944. 5. 29	500
97	방공	방공법	법률	1937. 4. 5	505
98	방공	방공법 시행령	칙령	1937. 9. 29	510
99	방공	방공법 조선시행령	칙령	1937. 11. 18	516

자료번호	관련 항목	법령 및 각의결정 등의 명칭	형태	제정, 공포, 결정일	본문 쪽수
100	방공	방공법 시행규칙	조선총독부령	1937. 11. 18	519
101	방공	등화관제규칙	내무성령·육군성령·해군성령·체신성령·철도성령	1938. 4. 4	524
102	방공	조선등화관제규칙	조선총독부령	1938. 12. 15	527
103	방공	방공법 조선시행령 중 개정	칙령	1940. 9. 18	530
104	방공	국토방공 강화에 관한 건	각의결정	1941. 1. 10	532
105	결전비상조치	결전태세확립방책에 관한 각의합의	각의합의	1943. 6. 1	539
106	결전비상조치	결전비상조치요강	각의결정	1944. 2. 25	541
107	결전비상조치	결전비상조치요강에 따른 국민학교 아동 학교급식, 공터 이용 철저 등에 관한 건	각의결정	1944. 3. 3	546
108	결전비상조치	결전비상조치요강에 따른 대도시 국민학교 아동 학교급식에 관한 건	각의결정	1944. 3. 3	549
109	결전비상조치	결전비상조치요강에 따른 식량 가공저장 철저에 관한 건	각의결정	1944. 3. 10	551
110	결전비상조치	긴급시책조치요강	각의결정	1945. 1. 12	554
111	결전비상조치	결전비상조치요강	각의결정	1945. 1. 25	557
112	결전비상조치	상세급박한 경우에 대응하는 국민전투조직에 관한 건	각의결정	1945. 4. 13	566

신문기사 제목

자료번호	신문기사 제목	신문명	게재일	본문 쪽수
113	국가총동원으로 민심작흥(民心作興)운동, 각지의 행사	부산일보	1932. 11. 12	572
114	국가총동원계획, 조선자원을 조사	조선중앙일보	1936. 2. 6	579
115	국가총동원령, 조선에도 실시	조선중앙일보	1936. 7. 2	580
116	국가총동원 실시	매일신보	1937. 11. 30	582
117	국가총동원요강	매일신보	1938. 2. 3	584
118	전시강력입법인 국가총동원법	매일신보	1938. 2. 3	588
119	총동원법 시행에 관한 오노(大野) 정무총감 담화	경성일보	1938. 5. 6	590
120	3대칙령안요강	매일신보	1938. 11. 3	592
121	국가총동원법의 재강화(再强化)	매일신보	1938. 11. 3	594
122	국가총동원법의 전면적 발동은 시급	매일신보	1938. 11. 10	596
123	조선의 총동원운동은 "정신"총동원이 목표	매일신보	1938. 12. 8	598
124	국가총동원해설	매일신보	1939. 1. 4	601
125	물자동원계획과 인적 동원을 병행	매일신보	1939. 3. 30	607
126	국민정신총동원, 드디어 개병(皆兵)의 강화	조선시보	1939. 4. 11	612
127	정신총동원운동 강화에 대하여, 미나미(南) 총독 담화	매일신보	1939. 4. 16	614
128	총동원법 발동, 미나미(南) 총독 담화를 발표	부산일보	1939. 9. 21	617

자료번호	신문기사 제목	신문명	게재일	본문쪽수
129	제3차 도지사회의, 총동원체제 강화, 미나미(南) 총독 훈시	매일신보	1940. 4. 24	619
130	제3차 도지사회의, 총독 지시사항	매일신보	1940. 4. 24	627
131	성전완수를 위하여 국가총동원체제 확립	매일신보	1940. 8. 2	631
132	국가총동원에 대비, 노무기술자를 조사	매일신보	1941. 1. 25	633
133	국가총동원체제 급속정비에 매진	매일신보	1941. 7. 14	635
134	근로총동원체제의 급속정비	경성일보	1941. 8. 30	638
135	조만간 흥아보국단(興亞報國團) 탄생	경성일보	1941. 8. 30	640
136	전 국민 남김없이 국가의 노역에	부산일보	1941. 9. 13	642
137	반도 청년의 광영(光榮), 국민징용령 발동	경성일보	1942. 1. 9	644
138	생산증강근로긴급대책요강	경성일보	1943. 1. 21	646
139	결전 반도의 두뇌동원체제(頭腦動員體制) 확립	매일신보	1943. 10. 10	651
140	국민개로책(國民皆勞策)의 강화	매일신보	1943. 10. 10	654

참고 문헌

慶尙北道, 『邑面行政例規』, 1942
宮孝一, 『朝鮮徵用問答』, 每日新報社, 1944
企劃院 編, 『國家總動員法 第1-5卷』, 日本圖書センター, 1989
企劃院 編, 『國家總動員法令集』, 1943
內閣情報局, 『國家總動員法 解說』, 1941
唐島基智三, 『國家總動員法解說』, 淸敎社, 1938
山內敏彦 外, 『朝鮮經濟統制法全書』, 1945
産業經濟學會, 『戰時經濟と勞務統制』, 1941
産業報國聯盟, 『各國の國民組織と勞働組織』, 1940
石川準吉, 『國家總動員史』 上·下, 國家總動員史刊行會, 1983·1986
石川準吉, 『國家總動員史資料編』 補卷, 國家總動員史刊行會, 1987
石川準吉, 『國家總動員史資料編』 別卷, 國家總動員史刊行會, 1982
石川準吉, 『國家總動員史資料編』 第1~第9, 國家總動員史刊行會, 1975~1982
『昭和15年度生産擴充計劃書』(朝鮮總督府), 友邦協會 所藏
『昭和19年緊急食糧增産經費』, 友邦協會 所藏
『昭和19年勞務對策緊急要費』, 友邦協會 所藏
『昭和19年度中小商工業對策實施に要する經費』, 友邦協會 所藏
狩野廣之, 『勞働配置』, 東洋書館, 1942
水田財務局長, 『昭和18年5月 貯蓄債券報國債券賣上制度整備擴充に關する件』, 友邦協會 所藏
水田直昌 編, 『總督府時代 の財政-朝鮮近代財政の確立』, 財團法人友邦協會, 1974
乘富丈夫, 『徵用勞務管理』, 東洋書館, 1942
原朗·山崎志郎 編, 『開戰期物資動員計劃資料』 1~12, 現代史料出版, 1999~2000
原朗·山崎志郎 編, 『軍需省關係初期資料』 1~8, 現代史料出版, 1997
原朗·山崎志郎 編, 『生産力擴充計劃資料』 1~12, 現代史料出版, 1994
原朗·山崎志郎 編, 『初期物資動員計劃資料』 1~12, 現代史料出版, 1997~1998
原朗·山崎志郎 編, 『後期物資動員計劃資料』 1~14, 現代史料出版, 2001~2002
鵜野久吉, 『工場鑛山産業報國會設立運營指針』, 國民安全協會, 1938

朝鮮總督府,『改訂 朝鮮制裁法規』, 1939

朝鮮總督府,『施政30年史』, 1941

佐々木正制,『工場鑛山産業報國會の組織と運營』, 東洋書館, 1941

樋口雄一 編,『戰時下朝鮮人勞務動員基礎資料集』1~5, 綠陰書房(복각판), 1999

後藤淸,『勞務統制法』, 1941

아르고(ARGO)인문사회연구소 편역,『태평양전쟁사 2: 광기와 망상의 폭주』(전쟁과 평화 학술총서), 채륜, 2019

안자코 유카 편,『朝鮮勞務』총4권, 綠陰書房(복각판), 2000

이상의,『일제하 조선의 노동정책 연구』, 혜안, 2006

정혜경,『1945년 국민의용대 제도』, 도서출판 선인, 2017

정혜경,『일본제국과 조선인 노무자 공출』, 도서출판 선인, 2011

[논문]

곽진오,「일제와 조선 교육정책: 조선교육령을 중심으로」,『日本文化學報』제50호, 2011

김민영,「식민지시대 노무동원 노동자의 송출과 철도·연락선」,『한일민족문제연구』4, 한일민족문제학회, 2003

김민철,「전시체제하(1937~1945) 식민지 행정기구의 변화」,『한국사학보』제14호, 2003

김영희,「국민정신총동원운동의 전개 형태와 그 침투」,『한국근현대사연구』제22집, 2002

김윤미,「총동원체제와 근로보국대를 통한 '국민개로'-조선에서 시행된 근로보국대의 초기 운용을 중심으로 (1938~1941)」,『한일민족문제연구』14, 2008

김인호,「太平洋戰爭期(1940~1945) 日帝의 조선공업통제와 생산력 확충」,『한국사연구』제90호, 1995

김혜숙,「1937~1939년 植民地 朝鮮의 家庭防空과 家庭用 待避施設의 特徵」,『한일민족문제연구』제23집, 2012

남상호,「근대일본의 교화총동원운동과 사상동원」,『한일관계사학회』제62집, 2018

남상호,「일본 국민정신총동원운동과 교화」,『한일관계사연구』제70호, 2020

박용규,「일제 말기(1937~1945)의 언론통제정책과 언론구조변동」,『한국언론학보』제46-1호, 2001

신주백,「1945년 한반도에서 일본군의 '본토결전' 준비: 편제와 병사노무동원을 중심으로」,『역사와 현실』제49호, 2003

심재욱,「'공원명표'를 통해 본 전시체제기 구일본육군조병창의 조선인 군속동원」,『한국민족운동사연구』66, 2011

심재욱,「"舊日本海軍朝鮮人軍屬關聯資料(2009)"를 통해 본 태평양전쟁기 日本海軍燃料廠의 조선인 군속 동원」,『한국민족운동사연구』99, 2019

庵逧由香,「조선총독부의 총동원체제(1937~1945) 형성 정책」, 고려대학교 박사학위논문, 2006

이대화,「1930年代 前半期 朝鮮의 '防空政策' 宣傳 普及」,『한일민족문제연구』제23집, 2012

이명종, 「일제말기 조선인 징병을 위한 기류(寄留)제도의 시행 및 호적조사」, 『사회와 역사』 제74호, 2007

이승일, 「조선호적령 제정에 관한 연구」, 『한국법사학회』 제32집, 2005

전성현, 「전시체제기 학교 隊조직의 변화와 집단 노동력 동원-조선총독부의 학생동원정책을 중심으로」, 『石堂論叢』 제62호, 2015

정긍식, 「조선민사령과 한국 근대 민사법」, 『동북아법연구』 제11호 1, 2017

정주수, 「일제강점기 창씨와 개명의 기본법제에 관한 소고」, 『韓國司法』 제60권 제12호, 2019

정혜경, 「국민징용령과 조선인 인력동원의 성격: 노무자와 군속의 틀을 넘어서」, 『한국민족운동사학회』 제56호, 2008

정혜경, 「국민징용령과 조선인 인력동원의 성격」, 『한국민족운동사연구』 56, 2008

정혜경, 「조선총독부의 노무동원 송출관련 행정조직 및 기능 분석」, 『한국민족운동사연구』 54, 2008

조건, 「일제 강점 말기 조선주둔일본군의 조선인 포로감시원 동원과 연합군 포로수용소 운영」, 『한국근현사연구』 제67집, 2013

조건, 「일제강점 말기 '조선 주둔 일본군' 상주사단의 韓人 병력동원 양상과 특징」, 『한국독립운동사연구』 제51집, 2015

조건, 「전시체제기 조선 주둔 일본군의 防空 조직과 활동」, 『숭실사학』 제27집, 2011

진필수, 「일제 총동원체제의 기원과 특징에 대한 재검토: 전쟁인류학의 모색」, 『비교문화연구』 제22집 2호, 2016

최창동, 「일제 '치안유지법'이 한반도에 미친 영향」, 『比較法研究』 제4권 1호, 2003

표영수, 「일제강점기 육군특별지원병제도와 조선인 강제동원」, 『한국민족운동사연구』 79, 2014

한긍희, 「일제하 전시체제기 지방행정 강화 정책」, 『국사관논총』 88, 국사편찬위원회, 2000

한혜인, 「총동원체제하 직업소개령과 일본군 위안부 동원-제국 일본과 식민지 조선의 차별적 제도운영을 중심으로-」, 『사림』 46, 2013

홍종욱, 「치안유지법과 독립운동」, 『내일을 여는 역사』 제70호, 2018

황민호, 「전시통제기 조선총독부의 사상범 문제에 대한 인식과 통제」, 『사학연구』 제79호, 2005

樋口雄一, 「戰時末期朝鮮邑面の機能と朝鮮人民衆との乖離について」, 『地域社會から見る帝國日本と植民地』, 思文閣出版, 2013

[사료 소장 및 검색 기관]

《매일신보》

《동아일보》

『朝鮮』

『朝鮮地方行政』

『조선총독부관보』

국가기록원 총독부기록물(http://theme.archives.go.kr/next/government/viewMain.do)

국립공문서관 디지털아카이브(https://www.digital.archives.go.jp)
국립국회도서관 각의결정 자료(https://rnavi.ndl.go.jp)
국립중앙도서관 디지털컬렉션(https://www.nl.go.kr/NL/contents/N20201000000.do)
아시아역사자료센터 소장 자료(http://www.jacar.go.jp)
일본법령색인(https://hourei.ndl.go.jp)
한국역사정보통합시스템(www.koreanhistory.or.kr)

찾아보기

ㄱ

가격 12, 13
개척 247, 441, 442, 444, 447, 457, 476, 625, 626, 630
건축 45, 140, 171, 172, 227, 228, 266, 267, 395, 396, 441, 443, 444, 446~449, 454, 459, 511, 512, 520, 521, 525, 528, 534, 585
결사 78, 100, 258, 406, 419, 420, 481~484, 487, 488, 489, 491, 492, 494, 495, 497
결전비상조치 465, 470, 535~538, 541, 542, 546, 547, 549, 550~552, 554, 557, 558, 566
결전태세 42, 439, 440, 538~540, 551
경방단 256, 260, 568
경비(警備) 39, 40, 77, 123, 130, 251, 579
공용(供用) 29
공장사업장 29
과학자 18
관동주 30
관알선 34, 35
광부 35
교육 29
국가총동원법 16, 22~35
국민개로 445, 537, 554, 556, 571, 654
국민교화 60, 76, 268, 269, 272, 273, 285, 288
국민근로 250, 397, 403, 438~441, 445, 450~452, 454, 457, 458, 460, 461, 535, 541, 542, 643, 647, 649
국민동원계획 438~440, 455, 463, 471~475, 478
국민등록 65, 125, 158, 302, 438, 452, 460, 461, 633, 639, 648

국민사상 40, 84, 136, 137, 270, 271, 295~297, 299, 300
국민정신총동원 268~273, 276~279, 281~283, 285~287, 289~295, 299, 557, 570, 571, 599, 603~605, 612, 615, 624, 629, 630
국민징용 302, 438, 439, 441, 450~452, 454, 455, 458, 460, 461, 571, 644~648, 654, 655
국민징용령 438, 439, 441, 454, 458, 571, 644, 648
국방보안법 407~410, 429, 430, 432~437
국책대강 40, 42, 136, 137, 212
군수 41, 42, 44~47, 49, 50, 51, 67, 69, 70, 75, 124, 125, 132~135, 139, 148, 149, 153~155, 162, 249, 340, 397~401, 412, 438, 443, 446, 448, 449, 454~456, 466, 472, 473, 536~542, 554, 555, 559, 565, 573, 578, 583, 589, 591, 595, 597, 602, 603, 643
군수공업동원법 42, 44, 45, 49, 50, 51, 132~135, 139, 148, 149, 589, 591, 597
군수품 44~47, 70, 249, 473
근로보국대 271, 438, 450, 452, 454, 457, 458, 463, 536, 642, 643, 649, 654
기능자 67, 143, 159, 442, 456, 458, 461, 502, 510, 519, 593
기류 303, 304, 310, 312~318

ㄴ

남양군도 42, 56~58, 61, 151, 152, 160, 162, 170, 175, 180, 183, 184, 188~192, 194, 195, 202, 239, 340, 350, 351, 441, 454, 459, 485

남양청 97, 162, 170, 175, 180, 182, 188, 189, 190, 194, 202, 239, 240, 350, 351, 485
노무동원계획 438
노무조정령 438, 439, 441, 442, 454, 458, 536, 647
노무 통제 29, 31

ㄷ

대만 22, 30, 33
대만총독부 30
대정익찬회 31
도지사 30
등화관제 18, 22

ㅁ

만주사변 25
모집 34, 35

ㅂ

방공(防共) 610
방공(防空) 93, 94, 502, 535, 629
방공훈련 255, 269, 502, 505, 507, 510
방송 73, 101, 103, 107, 120, 256, 257, 269, 271, 562
벌금 47, 48, 145~147, 206, 207, 219, 325, 328, 331, 338, 410, 411, 489, 496, 497, 508
벌칙 100, 147, 189, 207, 216, 325, 332, 361, 362, 410, 412, 587
보국대 260, 271, 303, 438, 450, 452, 454, 457, 458, 463, 477, 536, 642, 643, 649, 654
보도(輔導) 68
보조금 144, 155, 177, 180, 513, 523
부윤 162, 303, 307, 313, 315,~318

ㅅ

사업계획 173

사업주 41, 43, 66, 142~144, 168, 173, 174, 176, 178, 179, 203, 205, 207, 216, 218, 587, 593, 634
사할린 252, 399
생산력확충 41, 154, 246, 247, 269, 319, 535, 597, 608, 633, 637
생산증강 438, 440, 450, 451, 455, 458, 571, 646~648, 654
선박 38, 41, 45~47, 53, 62, 63, 73, 80, 85, 87, 96, 103, 111, 113, 114, 126, 128, 129, 140, 142, 162, 187, 210, 229, 230~240, 249, 319, 413, 414, 443, 473, 525, 528, 537, 544, 557, 561, 563, 564, 585, 606
선박운영회 41, 229, 230, 232~240
선원 41, 90, 91, 113, 158, 162, 229, 230, 233, 234, 237, 239, 240, 456
소개(疏開) 399, 401, 535, 536, 541, 543, 562, 563
소비절약 126, 128, 153, 154, 283, 285, 287, 539, 540
소작료 41, 43, 191~195
수용 41, 43~46, 48, 57, 62, 63, 65, 70, 124, 141, 142, 145, 196~202, 217, 219, 249, 262, 319, 424~427, 440, 443, 451, 452, 456, 470, 477, 502, 507, 508, 517, 522, 523, 542, 586, 589, 648
수의사 158, 162, 512, 521
시험연구 40, 41, 43, 141, 144, 146, 178~180, 653
식량 38, 40, 42, 45, 58, 60, 64, 68, 69, 76, 85, 86, 111, 123, 128, 130, 140, 245, 246, 248, 250, 295, 297, 439, 445, 455, 473, 503, 534, 535~541, 543~548, 550~552, 554, 556~558, 562~564, 585, 606, 622, 623, 654
신문 78, 97, 98, 119, 143, 146, 260, 269, 271, 481~485, 487, 488, 490, 491~496, 498~501, 504, 547, 569~571, 573, 587

ㅇ

알선 67, 68, 187, 478, 480, 542
여성동원 439, 450, 474, 475, 477, 535, 541
여자 158, 307, 438, 439, 444, 452, 454~458, 460, 462,

465, 467~470, 474, 476, 477, 536~538, 542, 557, 563, 566, 567, 643, 647, 649, 654, 655
여자근로정신대 439
여자정신근로령 439, 474
영화 269, 274, 483, 500, 501, 504, 655
예방구금 406, 418, 424~428
위양 41, 321, 361, 368, 369, 378, 379, 386, 387, 389, 390, 391, 392, 394, 537
응징사 465, 468
의사 39, 67, 93, 158, 162, 205, 224, 285, 292, 354, 406, 410, 414, 422, 467, 470, 488, 510, 512, 519, 521, 574, 580, 602, 653
임금 40, 65, 141, 160, 183, 216, 217, 438, 453, 536, 585, 618, 647, 650, 656

ㅈ

재판 100, 193, 195, 306, 313, 317, 354~356, 407~409, 412, 413, 415, 416, 421~428, 434~437, 502, 503, 508, 535, 545
쟁의 40, 41, 67, 78, 95, 99, 136, 141, 154, 164, 165, 214, 269, 278, 281, 286, 294, 296~298, 438, 455, 472, 535, 585, 591, 602
전력(戰力) 248, 398, 558, 652
전력(電力) 62, 156, 157, 248, 250, 393, 399, 559, 585
전시교육령 538
전시태세 43, 223, 224, 293, 537, 597
전환배치 403, 450, 452, 454, 455, 463, 476, 541, 557
제령(制令) 20
조선군사령관 39, 93, 321, 503, 517, 518, 521, 528, 530, 531
조선기류령 303, 304, 310, 312, 313, 314, 318
조선민사령 304~306, 308
조선(造船) 129, 245, 247, 358, 359, 363~366, 443
조선직업소개령 34
조선총독 18~20, 22, 30, 33~35
조선총독부 18, 19, 22, 30, 33~35
조선형사령 17
조선호적령 17
종입자 29, 32, 35
중등학교 18
중요산업 17
중요산업단체령 17
중요산업통제법 17
중일전쟁 18, 23, 25, 26, 28, 34
지원병 271, 302, 624
직업능력신고 302
진해요항부 503, 518, 521, 528, 530, 531
집회 100, 258, 264, 481~484, 487, 488, 490, 491, 492, 494, 495, 497, 512, 521, 586
징병 46, 208, 268, 271, 302, 303, 312, 482, 535
징병제 271, 482
징용 40, 41, 44, 46, 48, 141, 146, 161, 208, 210, 229, 230, 233, 234, 237, 240, 268, 279, 302, 303, 312, 438, 439, 441, 442, 450~452, 454, 455, 458, 460, 461, 474, 476, 477, 536, 537, 542, 557, 563, 571, 585, 589, 643~648, 654, 655

##

창씨개명 302
철도 41, 45, 46, 53, 56, 57, 58, 61, 62, 73, 78, 96, 97, 101, 102, 105, 109, 111~113, 126, 128, 187, 256, 257, 319, 321, 335, 338, 339, 359, 363, 364~366, 369, 375~377, 383, 384, 386~394, 443, 456, 483, 504, 511, 512, 519, 520, 524, 525, 537, 557, 562, 580
청소년 441, 442, 447, 450, 453, 457, 463, 468, 470, 476, 543, 547, 643, 649
총독부령 180, 188~190, 202, 302, 303, 304, 309~315, 320, 321, 335, 336, 338, 351, 395, 396, 503, 504, 517, 519, 520, 527, 528
총동원계획 38, 40,~43, 51~53, 56, 57, 60~62, 81, 85, 86, 88~91, 123, 124, 154, 164, 165, 166, 245,~248,

265, 319, 439, 442, 571, 579
총동원물자 40, 41, 43, 140, 141, 143~145, 178, 179, 196~202, 217, 584, 585, 586
총동원업무 40, 41, 43, 75, 140~144, 146, 160, 165, 168, 169, 171~174, 176, 178, 216, 217, 219, 227, 228, 266, 267, 319, 415, 461, 481, 484, 485, 584~587, 593, 622, 643
총동원체제 37, 38, 40~42, 121, 132, 134, 139, 153, 268, 270, 302, 304, 319, 320, 418, 438, 439, 481, 482, 535, 545, 557, 569~571, 583, 589~591, 603, 619, 623, 624, 631, 635, 637~639, 643, 653
총력전체제 636
출판 78, 98, 99, 131, 143, 146, 258, 260, 481~485, 487~492, 494,~496, 500, 501, 586, 587
치안 39, 77, 78, 93, 98, 99, 103, 112, 131, 251~253, 258, 260, 263, 285, 286, 406~409, 411~413, 418, 419, 434~437, 622
치안유지법 98, 99, 406~409, 412, 413, 418, 419, 434~437

탄광 536
토목 140, 171, 172, 227, 228, 266, 267, 395, 396, 441, 443, 444, 446~449, 454, 459, 585
통제조합 319, 320, 340, 341, 345, 347~352, 355~357, 361
통제회 41, 319, 320, 323, 340~346, 348~355, 357, 361, 368~394, 399, 543, 636
통제회사 320

특례 218, 242, 407, 408, 409, 434, 435, 436, 437, 483, 500, 501, 597, 647

포로 68, 107, 108, 117, 118, 440, 454, 455, 457, 462, 618, 626
피징용선원 230, 233, 234, 237

ㅎ

학교급식 536, 538, 546, 547, 549, 550
학교 기능자 29
학교졸업자 29
학도 17
학도동원 17
학생 16, 17, 18, 36
해운 38, 41, 43, 64, 73, 82, 84, 229, 230, 234~236, 241, 242, 511, 520, 535, 541, 544, 563, 602
형무소 111, 454, 455, 457, 543
호적 83, 302~305, 310~312, 314~317
화태 40, 42, 49, 50, 56~58, 97, 115, 134, 135, 139, 149, 150, 160, 162, 170, 175, 180~183, 188~190, 202, 210, 239, 240, 252, 303, 321, 335, 339, 340, 350, 351, 399, 406, 409, 417, 441, 448, 454, 459, 485, 486, 509
화태청 97, 162, 170, 175, 180, 182, 188~190, 202, 210, 239, 240, 350, 351, 485
황민화정책 268, 270

동북아역사재단 일제침탈사 자료총서 79
강제동원편

전시동원 기구와 제도(1)
―총동원체제 관련 주요 법령 및 각의결정 등

초판 1쇄 인쇄 2022년 12월 5일
초판 1쇄 발행 2022년 12월 15일

기획 | 동북아역사재단 일제침탈사 편찬위원회
편역 | 오일환·정혜경·허광무·김종구
펴낸이 | 이영호
펴낸곳 | 동북아역사재단

등록 | 제312-2004-050호(2004년 10월 18일)
주소 | 서울시 서대문구 통일로 81 NH농협생명빌딩
전화 | 02-2012-6065
팩스 | 02-2012-6186
홈페이지 | www.nahf.or.kr
제작·인쇄 | (주)동국문화

ISBN 978-89-6187-752-7 94910
       978-89-6187-751-0 (세트)

- 이 책은 저작권법으로 보호를 받는 저작물이므로 어떤 형태나 어떤 방법으로도 무단전재와 무단복제를 금합니다.
- 책값은 뒤표지에 있습니다. 잘못된 책은 바꾸어 드립니다.